City Guide

© Angers Tourism / Diathem

Statue du roi René
à Angers

Angers

© Angers Tourisme / Lesage

Eglise Saint-Serge

Le Petit Futé 2004-2005
ANGERS

Dépôt légal : 3e trimestre 2004
Le Petit Futé a été fondé par Dominique Auzias.
Il est édité par Les Nouvelles Editions de l'Université
18, rue des Volontaires - 75015 Paris.
✆ 01 53 69 70 00 - Fax 01 42 73 15 24
Internet : www.petitfute.com
SARL au capital de 600 000 € - RC PARIS B 309 769 966

EDITION
Responsable d'édition : Christian GUILLE
Auteurs : Françoise Angrand, Mélanie Giblin avec Patrick Meltz, Antoine Humeau, Yoann Cormier, Christian Guille, Françoise Jamin-Milteau, Fabien Leduc, Dominique Auzias, Jean-Paul Labourdette, Madeleine Racat, Valérie Bouvet.

ADMINISTRATION
Gérant : Jean-Paul Labourdette
Directeur Administratif et Financier : Gérard Brodin
Directrice des Ressources Humaines : Dina Bourdeau assistée de Sandrine Delée
Comptabilité : Isabelle Bafourd, Bérénice Baumont, Angélique Helmlinger.
Recouvrement : Fabien Bonnan, Sandra Brijlall
Secrétariat : Sandra Morais

PUBLICITE / COMMUNICATION
Directeur Commercial : Luc Régnard, assisté d'Alain Ruiz et Michel Granseigne
Régie publicitaire Nationale : Stanislas Leblanc-Bontemps
Chefs de publicité : Perrine de Carné Marcein, Caroline de Yrigoyen, Stéphane Bouby, Caroline Gentelet
Régie publicitaire Internationale : Karine Virot

Diffusion et promotion :
Direction : Christophe Didierlaurent, assisté de Carla de Sousa et Maud Ghisolfi
Responsable Commercial : Jocelyn Bodé
Magasinier : Youri Egret
Service Facturation : Nathalie Thénaud assistée de Patricia Carvalho
Responsable informatique : Pascal Le Goff
Responsable Partenariat Presse-Média : Jean-Mary Marchal

FABRICATION
Direction du studio : Guillaume Duserre assisté de Jacky Lagrave
Responsable production Maquettes : Nathalie Thénaud
Responsables collection : Claire Delbos Romain David
Assistant d'édition : Fabien Barbier
Responsable photothèque : Julien Chadaigne
Création maquettes et montage : Reine Vitry, Sandrine Mecking et Marjorie Charpy Cambon
Crédit photos : © Alain Chudeau, © Alain Moineau, © Anthony Serex, © Angers Tourisme/Lesage, Diathem, Buss, © Château de Serrant, © Château d'Epiré, © Château de Baugé, © Christian Pineau, © Fabien Bonsergent, © Guillaume Genon, © Karine Mattioni, © Hôtel de France, © Le Studio des Photographes/B. Bachelot, © Lusley/Cheminard, © Manuel Thiery, © Musées d'Angers/Pierre David, © Moulin de Sarré, © Philippe Berthé/CMN, Paris, © Michel Sedan, © Patrick Joly, © Passagers du Vent, © Philippe Lusley, © Photos.com,
Couverture : Musée des Beaux-Arts d'Angers, salle du 19e siècle © Musées d'Angers / Pierre David
Impression : Léonce Deprez, Ruitz

TABLE DES MATIERES

Avertissement

Les informations contenues dans ce guide ont été recueillies entre les mois de mars et juin 2004. Les renseignements concernant les coordonnées, les tarifs et les jours et heures d'ouverture sont donnés à titre indicatif et n'ont aucun caractère contractuel. Ils sont susceptibles d'avoir fait l'objet de modifications ultérieures pour lesquelles le Petit Futé décline toute responsabilité.

TABLE DES MATIERES

Repères

- numéros utiles
- se rendre à Angers
- circuler dans Angers
- où dormir

Numéros utiles

HOTEL DE VILLE **Boulevard de la Résistance-et-de-la-Déportation ✆ 02 41 05 40 00.** *E-mail : mairie.angers@ville-angers.fr. Accueil du lundi au vendredi de 9h à 17h30.*

OFFICE DE TOURISME **7, place Kennedy ✆ 02 41 23 50 00.** *Site internet : www.angers-tourisme.com. Accès également rue Toussaint.*

Office de tourisme : le 32 65

32 65 : Depuis fin mars 2003, en composant ce seul numéro de téléphone, vous êtes relié à la destination française de votre choix. Il vous suffit d'annoncer la destination touristique pour laquelle vous souhaitez une information et vous serez automatiquement transféré vers le site touristique concerné. Ce numéro est disponible dans un premier temps uniquement pour les appels provenant de France métropolitaine. Il est cependant redirigé en métropole ou dans les DOM.

32 65 : Ce numéro renvoie l'utilisateur vers les 3 600 Offices du tourisme et Syndicats d'initiative, les 100 comités départementaux du tourisme, les 26 comités régionaux et 200 sites touristiques à ce jour (Marineland, Mémorial de Caen, Futuroscope...).

32 65 : Le coût de l'appel est légèrement plus élevé que celui d'un appel national, soit 0,35 € la minute, mais en tout cas plus avantageux que l'appel du 12. Il pourra progressivement donner accès à des services interactifs. Enfin, vous pouvez toujours consulter le site de la Fédération nationale des Offices du tourisme et Syndicats d'initiative : www.tourisme.fr.

LA MAISON DU PORT (O.T.) **Cale de la Savatte - Quartier Doutre ✆ 02 41 24 98 92.** *Ligne ouverte uniquement l'été. Ouvert les week-ends de mai, juin, septembre, et tous les jours en juillet et août.* Cette annexe propose des activités liées au tourisme fluvial, à la randonnée pédestre ou à vélo, et aux visites découvertes.

COMITE DEPARTEMENTAL DU TOURISME **Place Kennedy ✆ 02 41 23 51 51.** Maison départementale du tourisme.

Jumelage

OFFICE DE COOPERATION INTERNATIONALE DE LA VILLE D'ANGERS **Parvis de l'Hôtel-de-Ville ✆ 02 41 86 71 46.** *Fermé le jeudi.*

Secours aux personnes

APPEL D'URGENCE EUROPEEN ✆ 112. *Fixes et portable.*

CENTRE ANTIPOISON **4, rue Larrey ✆ 02 41 48 21 21**

CLINIQUE DE LA MAIN ✆ 02 41 86 86 41

PHARMACIES DE GARDE ✆ 02 41 57 52 00. Appeler le commissariat.

POLICE SECOURS ✆ 17

POMPIERS ✆ 18

SAMU (MÉDECINS DE GARDE) ✆ 15

URGENCES ✆ 02 41 35 37 12

URGENCE DENTISTE ✆ 02 41 87 22 53. Le week-end.

Et aussi

La pharmacie du Centre Commercial Saint-Serge (Carrefour) est pratiquement toujours de garde la nuit.

ACCUEIL SANS ABRI ✆ 115

AIDES LUTTE CONTRE LE SIDA ✆ 08 00 84 08 00

ALCOOLIQUES ANONYMES ✆ 02 41 48 49 48

ALLO ENFANCE MALTRAITEE ✆ 119

DROGUE INFO SERVICE ✆ 08 00 23 13 13 (gratuit d'un poste fixe)

Secours aux biens

ASSAINISSEMENT ✆ 02 41 05 51 51. Voir également rubrique "Environnement : déchetteries, vidanges, curage...".

EAU ✆ 02 41 05 50 50

EDF-GDF ✆ 08 10 49 49 49 (7j/7 et 24h/24)/08 10 33 30 49 (numéro azur)

MAIRIE 5 SUR 5 ✆ 08 00 49 05 05. Ce numéro, facile à mémoriser (0800 = ligne gratuite ; 49, notre département, et "5 sur 5") est à la disposition des habitants pour signaler tout problème d'intendance de la ville : lampadaire défectueux, signalisation routière endommagée, etc.

OBJETS TROUVES ✆ 02 41 05 44 79. Ce service est également géré par la police municipale. N'hésitez pas à déposer au 4, rue des Ursules les objets que vous trouvez (merci pour les étourdis qui retrouvent leurs biens grâce à vous !).

COMMISSARIAT CENTRAL 15, rue Dupetit-Thouars ✆ 02 41 57 52 00

GENDARMERIE ✆ 02 41 88 53 80

POLICE MUNICIPALE ✆ 02 41 05 40 17. *Du lundi au samedi, de 8h30 à 0h30.* Des policiers qui ont une bonne réputation en ville par leur sens du service public. La brigade canine patrouille jusqu'à 0h30. Après, il faut faire le 17.

Secours solidaires

ALLO ENFANCE MALTRAITEE ✆ 119

CENTRE COMMUNAL D'ACTION SOCIALE ✆ 02 41 05 49 49

POINT D'ACCUEIL SANTE-SOLIDARITE 5, rue de Crimée ✆ 02 41 88 87 40

SAMU SOCIAL SANS-ABRI ✆ 115

SOS AMITIE ✆ 02 41 86 98 98

SOS FEMMES ✆ 02 41 87 97 22

Château de Pignerolle

© Anthony Serex

Mondial du Lion

Se rendre à Angers

Pour rejoindre Angers, les accès sont classiques mais efficaces. En TGV, Paris est à 1h35 d'Angers, Nantes à seulement 40 minutes, Lyon à 4 heures, Avignon à 6 heures, Lille à 3h30 et Bruxelles à 4h10. Par l'autoroute, Angers est à 3 heures de Paris, Nantes à 50 minutes, Saumur à 40 minutes, Cholet à 30 minutes. La liaison vers Rennes est plus difficile en train, puisqu'il faut passer par Nantes ou Le Mans, mais en voiture, par la quatre voies, Nantes est à 50 minutes de Rennes. Il faut noter que le Puy-du-Fou et La Baule sont à 1h30 d'Angers et le Futuroscope et le Mont-Saint-Michel à deux heures de route. Enfin, hôtels, chambres d'hôtes, meublés de vacances, gîtes, hébergements collectifs et campings représentent 6 400 lits au total, sachant que les hôtels d'Angers comptent plus de 1 800 chambres, hors établissements quatre étoiles.

Par la route

SOCIETE D'AUTOROUTE COFIROUTE ✆ 01 41 14 70 00

Nantes-Angers : 90 kilomètres par l'A11.

Paris-Angers : 300 kilomètres par l'A10 et l'A11.

Tours-Angers : 120 kilomètres par l'A85.

Rennes-Angers : 125 kilomètres.

Le Mans-Angers : 90 kilomètres par l'A11.

Cholet-Angers : 60 kilomètres par l'A87.

Par rail

Par TGV, Angers est à 1h30 de Paris, à 3h30 de Lille et à 4 heures de Lyon.

SNCF ✆ 08 92 35 35 35

Par autocar

08 20 16 00 49

GARE ROUTIERE Place de la Poissonnerie - Place Pierre-Semart ✆ ~~02 41 88 59 25~~. *A côté de la gare SNCF.* Besoin de vous déplacer ou envie de visiter la région à votre rythme ? Le service de car de la gare routière est à votre disposition en direction de Saumur, Cholet, Segré mais également Laval, Rennes, La Flèche, Poitiers. Pour les horaires de départ se renseigner à la gare.

Transports départementaux

ANJOU BUS Gare routière d'Angers - Place de la Poissonnerie. *Renseignements détaillés à l'Hôtel du département 08 20 16 00 49.* Pas moins de 37 lignes sillonnent l'Anjou dont l'exploitation a été confiée par le Conseil général à 12 transporteurs, à partir de la gare routière. Les lignes sont nombreuses, bien équilibrées sur l'ensemble de l'habitat et bien rares sont les personnes éloignées d'une ligne. Le choletais a notamment été renforcé, ainsi que les axes Brissac, Gennes, Doué la Fontaine et Thouarcé.

Aéroport Angers-Marcé

Peu d'évènements auront autant fait couler d'encre et généré autant de luttes adverses que cet aéroport. Au début des années 90, déjà, les premiers doutes commençaient à s'immiscer dans le cœur de beaucoup d'Angevins, inquiets de l'ampleur des dépenses et sceptiques quant aux débouchés de cet aéroport. Avec l'aéroport de Nantes à moins de 100 kilomètres, et le TGV permettant d'atteindre directement les aéroports parisiens en moins de 2h, et Lyon en 3h30, était-il réellement judicieux de vouloir se placer sur ce marché-là ? Le combat des écologistes avait aussi opposé de solides arguments contre ce projet, sans parler de tous ceux dont les terres et maisons avaient été "confisquées" par la Région. Le bilan après une dizaine d'années d'exploitation est loin d'être réconfortant : l'aéroport dort depuis le 1er mars 2004, pour ce qui est des vols collectifs, longue distance. Ne fonctionneront plus que les vols privés pour hommes d'affaires… et les clubs de vols à voile. Un aéroport devenu une station de taxis améliorée en quelque sorte, et qui risque fort de ressembler dans quelques années, à l'aéroport d'Avrillé : un paysage de désolation, que l'on reboisera pour effacer la mémoire des Angevins.

AEROPORT DE NANTES-ATLANTIQUE ✆ 02 41 84 80 00. Angers est à 45 minutes (en train) de l'aéroport de Nantes.

Conseil général de Maine-et-Loire

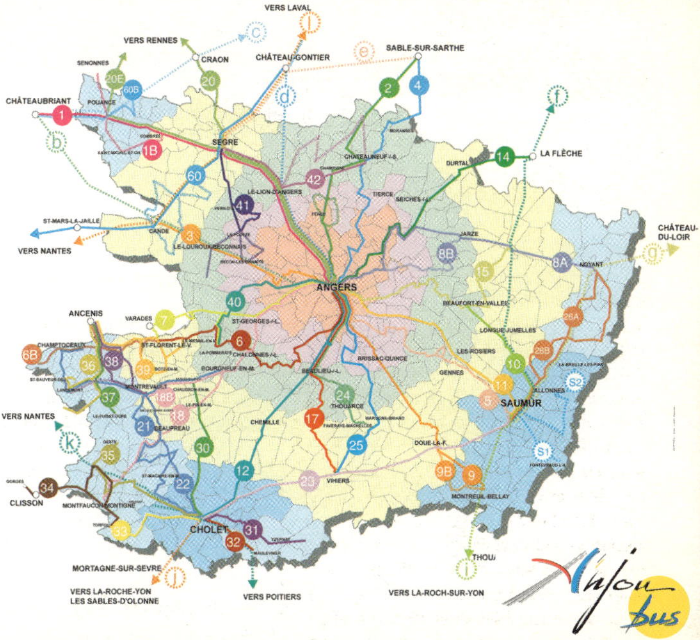

TARIFICATION

Intérieur d'une zone ou franchissement d'une frontière zonale	1,40 €	10 €	29 €
Franchissement de 2 frontières zonales	3,50 €	25 €	40 €
Franchissement de 3 frontières zonales	5,00 €	35 €	58 €
Franchissement de 4 frontières zonales	6,50 €	45 €	88 €

NB : une frontière zonale correspond sur la carte à un changement de couleur.

TARIFS PARTICULIERS

Tarif solidarité réservé aux bénéficaires du RMI, demandeurs d'emploi... 0,50 €/voyage
Tarif carte jeunes : 1,40 €/voyage
Tarifs ligne 23 et lignes 20 et 20E
(Se renseigner auprès du Département des gares routières ou des transporteurs)

BESOIN D'UN RENSEIGNEMENT

Conseil général de Maine-et-Loire
Bureau des transports scolaires et de voyageurs
Place Michel Debré - B.P. 94104
Tél. 02 41 81 49 49 - Fax 02 41 81 47 86 - www.cg49.fr

LES GARES ROUTIÈRES

Angers - Place de la Poissonnerie - Tél. 0820 16 00 49
Saumur - Place St-Nicolas - Tél. 02 41 50 24 65
Cholet - Boulevard Faidherbe - Tél. 02 41 62 11 86

CHÂTEAU-GONTIER
CHÂTEAU-GONTIER
N162
AVENUE PIERRE-MENDÈS FRANCE
D107
Golf
ROUTE D'ÉPINARD
Aérodrome d'Angers-Avrillé
AVRILLÉ
D122
D106
Verneau
St-Lazare
ROUTE D'ÉPINARD
RUE DE LA MEIGNANNE
Parc de la Haye
BEAUCOUZÉ
St-Jacques
BD G. CLÉMENCEAU
Belle-Beille
La Doutre
N23
AVENUE DU GÉNÉRAL PATTON
BD DU BON PASTEUR
NANTES
A11
Lac de Maine
Mollières
Lac de Maine
la Maine
BD J. PORTET
BOUCHEMAINE
Roseraie
D111
le Louet
D411
STE-GEMMES-SUR-LOIRE

AGGLOMÉRATION D'ANGERS

Circuler dans Angers

Circuler et s'orienter dans Angers ne présente pas d'énormes difficultés. La géographie est simple : une rivière qui traverse la ville, un centre commerçant concentré entre de grands boulevards, et une voie rapide (mais attention aux radars !) reliant les directions Nantes-Paris qui traversent la ville sous les tours du château. Comme ça, on se repère vite ! L'hypercentre est bien accessible aux voitures, avec 3, bientôt 4 parkings souterrains, et même un autre extérieur gratuit (si, si !) sur une grande place (La Rochefoucauld), à 10 minutes à pied du Ralliement. Et ce ne sont pas les quatre malheureuses rues piétonnes de la ville qui vont perturber le circuit des automobilistes. La ville bouchonne comme partout ailleurs à certaines heures (17h), mais Angers a tout de même sa spécificité, celle des terribles engorgements que connaît la ville dès lors que se produit le moindre accrochage sur l'autoroute du centre-ville. Vivement le contournement Nord. Question transports en commun, Angers n'est pas championne. Malgré la présence de 30 000 étudiants dans la ville, malgré aussi l'aménagement des très salutaires couloirs pour les bus sur les grands boulevards, et en attendant un tramway à pneus d'ici environ huit ans, le réseau de bus angevins reste désuet. Fréquence très médiocre, notamment pour les lignes secondaires et pendant le week-end et les vacances scolaires, accès difficile pour les poussettes et les personnes à mobilité réduite. Sans parler de la moue quotidienne de certains chauffeurs et des tarifs qui n'incitent pas à laisser la voiture au garage. En revanche, Angers fait des progrès pour faciliter et inciter la circulation à vélo. Depuis quatre ans, les pistes se sont multipliées mais ne sont pas encore toutes suffisamment sécurisées. Une association active d'usagers veille au grain. Du coup, les adeptes du roller peuvent davantage circuler, même s'ils ne courent pas encore beaucoup les rues à Angers. Quant aux piétons, ils n'ont pas la vie trop dure à Angers, mais l'agrandissement du plateau piétonnier, pour une ville de cette taille, pourrait largement s'envisager.

Circulation

ASSOCIATION DES USAGERS DU VELO A ANGERS (AUVA) 41, rue Jean-de-La-Fontaine

FOURRIERE AUTOMOBILE ✆ 02 41 21 55 00

METEO ✆ 08 36 68 00 00

VOIRIE ✆ 02 41 21 54 00

En savoir plus

BIEN VIVRE SA VILLE A VELO !

Circuler à vélo quotidiennement peut se révéler extrêmement pratique, rapide, économique et écologique. Mais attention, un certain nombre de paramètres sont à intégrer pour " Bien vivre sa ville à vélo ".

Equipement :

Tout d'abord, il est primordial d'être très attentif à l'état général du vélo afin de rouler en toute sécurité. Vérifiez régulièrement l'état, des pneus, de la transmission et des freins. Des pneus sous gonflés ou usés peuvent causer une perte d'adhérence lors de la prise de virages, une chaîne qui saute peut provoquer un arrêt brusque. Quant à un freinage défaillant, il peut engendrer des accidents relativement graves.

Portez un casque ! Quelle que soit la distance à parcourir et l'état de la circulation, le port du casque doit devenir un réflexe.

Etre visible et audible est certainement l'un des premiers impératifs. De jour, le cycliste se fond dans un flot d'informations visuelles et sonores qui le rendent difficilement repérable. De nuit il se confond avec l'obscurité. En toutes circonstances il faut donc rouler avec un vélo équipé d'éclairage, de bandes réfléchissantes et d'une sonnette (exigés par la réglementation). On sera aussi plus visible en portant des vêtements de couleurs vives ou des accessoires de signalisation.

Les vélos modernes proposent une multitude d'équipements :

Les garde-boue et le carter de chaîne éviteront toutes projections d'eau et de graisse. Une selle large et confortable se révèle fort agréable surtout pour vos premières sorties. Les vitesses ! Adaptez le nombre de vitesses en fonction du profil de la ville. 3 vitesses peuvent suffirent dans une ville à faible dénivelé, en revanche, 18/21 vitesses peuvent devenir indispensables. Il existe un système de changement de vitesses spécialement conçu pour la ville permettant de changer celle-ci même à l'arrêt sans dérailler (NEXUS). Pour limiter les risques de vol, attachez toujours le cadre à un objet fixe et privilégiez les endroits éclairés et fréquentés.

Comportement :

Le code de la Route ne s'applique pas uniquement aux automobilistes. Même si l'on s'accorde volontiers quelques libertés avec celui-ci, pensant que l'on peut se faufiler partout, il est nécessaire de le respecter afin d'assurer sa sécurité et celle des autres. Et oui, nous ne roulons pas tout seul ! Le trafic, devenu de plus en plus dense avec des vitesses souvent très élevées, n'excuse malheureusement aucun faux pas. Il peut ainsi être intéressant, pour un cycliste qui ne conduit pas, d'apprendre et bien sur d'appliquer les règles de base.

En matière de comportement, le cycliste urbain doit avant tout faire preuve de bon sens et d'anticipation : une allure toujours maîtrisée, une attention visuelle et auditive permanente, des gestes visibles et compréhensibles lorsqu'on change de file ou de direction, vous permettrons de rouler en toute sérénité. Car quoi qu'il en soit la pratique du vélo doit rester un plaisir !

PLAN
SEMAINE
COTRA
2004-2005
NOTRE ACCUEIL TÉLÉPHONIQUE
02 41 33 64 64
NOTRE SITE INTERNET
www.cotra.fr
MONTREUIL-JUIGNÉ
AVRILLÉ
BEAUCOUZÉ
BOUCHEMAINE
SAINTE-GEMMES-SUR-LOIRE
Ligne Suburbaine
Avrillé Salette
Avrillé Déziere
Belle-Beille
Beaucouzé
Z.I. Beaucouzé
Front de Maine
Val de Maine
La Roseraie
J. Vilar
Bouchemaine
Chanteloup
Ste-Gemmes
Gare Papin
Maison de Technopole
Lac de Maine Accueil
Lac de Maine Camping
Centre Commercial
Pont-Tré
A
B
C
D
E
1
2
3
4
5
6
7
8
9
10

COTRA
Rue du Bois Rinier - B.P. 90032
49180 St BARTHÉLEMY CEDEX
-mail : contact@cotra.fr
Place Lorraine
Notre guichet pour vous renseigner ou vous délivrer un titre de transport
Du lundi au vendredi : de 7h45 à 18h30
Le samedi : de 8h45 à 12h15 et de 13h30 à 17h30
sytra
Syndicat des Transports Angevins
SAINT-SYLVAIN
ÉCOUFLANT
Ile Saint-Aubin
SAINT-BARTHÉLEMY
TRÉLAZÉ
LES PONTS-DE-CÉ
Ile aux Chevaux
MÛRS-ERIGNÉ
CARTO CONCEPT
Tél : 03-20-43-21-26
LIGNES URBAINES
1 Belle-Beille — Roseraie
2 Eventard / Monplaisir — St Lézin / Trélazé
3 Avrillé — St Barthélemy
4 Claverie / La Baronnerie / Copernic — Espérance
5 Europe — Monplaisir
6 St Sylvain / Schweitzer — Bouchemaine / Chantourteau
7 Z.I. Est — Pouillé / Guillebotte
8 Beaucouzé / Z.I. Beaucouzé — Mûrs-Erigné
9 Montreuil-Juigné — J. Vilar / La Fresne
10 Carrefour St-Serge — Pyramide / Guillebotte
15 Front de Maine — Espace Anjou / Foucaudière
16 L'Orée Lac de Maine — Sainte-Gemmes
Arrêt permettant la correspondance entre les arrêts urbains et suburbains
LIGNES SUBURBAINES
Sarrigné — Le Plessis-Grammoire — Angers
Briollay — Ecouflant — Angers
Soucelles — Villevêque — Pellouailles-les-Vignes — Angers
Feneu — Cantenay-Epinard — Angers
Le Plessis-Macé — La Meignanne — Angers
St-Léger-des-Bois — St-Lambert-la-Potherie — Angers
St-Martin-du-Fouilloux — St-Jean-de-Linières — Angers
Savennières — Epiré — Chantourteau
St-Clément-de-la-Place — St-Lambert (La Collrie) — Angers
La Membrolle-sur-Longuenée — Angers
Ecouflant (Bourg) — Eventard
LEGENDE
Centre Commercial
Château
Collège, Lycée
Eglise
Hôpital, Clinique
Mairie
Salle de Sports
Stade
Université et Ecole Supérieure
Info Vente COTRA
Borne Information COTRA
Terminus
Edition : Septembre 2004

Transports

Transports en commun

COTRA Place Lorraine ✆ 02 41 33 64 64. Réseau des autobus urbains d'Angers. 12 lignes urbaines, 10 lignes suburbaines qui relient Angers aux communes situées dans un rayon de 20 kilomètres autour de la ville. Tarifs : 1,10 € si acheté dans les bus, valable une heure, ou 3 € pour un ticket valable toute une journée, il existe des tarifs réduits : coupons trimestriels (nouveaux tarifs au 1er septembre 2004), carnets (8,70 €), abonnements, plus de 60 ans, famille nombreuse (6,70 € le carnet de 10 tickets), demandeurs d'emploi.

TAXI ✆ 02 41 87 65 00. *Ils sont basés 7j/7 et 24h/24 à trois bornes différentes : à la gare, place du Ralliement et près du CHU d'Angers.* Ils organisent des visites guidées de la ville en lien avec l'Office de tourisme et font partie des anges gardiens qui vous ramènent chez vous après une soirée trop arrosée. Les tarifs varient en fonction des aléas de la course (bouchons et feux, horaires de nuit…).

Transports départementaux

ANJOU BUS Gare routière d'Angers - Place de la Poissonnerie. *Renseignements détaillés à l'Hôtel du département 08 20 16 00 49.* Pas moins de 37 lignes sillonnent l'Anjou dont l'exploitation a été confiée par le Conseil général à 12 transporteurs, à partir de la gare routière. Les lignes sont nombreuses, bien équilibrées sur l'ensemble de l'habitat et bien rares sont les personnes éloignées d'une ligne. Le Choletais a notamment été renforcé, ainsi que les axes Brissac, Gennes, Doué la Fontaine et Thouarcé.

Stationnement

Durant les travaux de feu les Halles en hypercentre (mars 2004 au printemps 2005), une navette gratuite assure les déplacements depuis la place la Rochefoucault (à hauteur de l'école des Arts et Métiers) à destination de la place du Ralliement et inversement du lundi au samedi de 7h30 à 19h30.

ANGERS STATIONNEMENT 14, rue Chevreul ✆ 02 41 24 13 40

Parcs de stationnement payants

Les deux premiers sont souvent complets.

PLACE DU RALLIEMENT. Ce parking souterrain reste le plus proche des commerces du centre. 450 places.

PLACE LECLERC (Le Mail). Parc de stationnement souterrain et extérieur. 950 places.

PLACE FRANCOIS-MITTERRAND

LA POISSONNERIE. Ombragé, peu cher et accès direct de l'autoroute Nantes-Paris.

PLACE MARENGO (Gare SNCF). Surface et étage. 480 places. Parking silo à la gare, très esthétique et accès direct aux quais avec horaires de trains à chaque étage.

LE HARAS (Patinoire). Surface et étage 250 places.

PLACE LAFAYETTE. En surface.

PLACE KENNEDY (Château). En surface.

RUE BRESSIGNY. Surface et étage.

TIERS-BOISNET. Ouverture prévue début 2005 - 420 places sur sept niveaux.

Parcs de stationnement gratuits

Place de La Rochefoucauld • Rue Thiers • Rue Maillé • Rue du Port-de-l'Ancre • Rue Choudieu • Bas de la rue du Commerce • Bas de la rue du Canal • Quai Gambetta • Avenue de la Blancheraie • Avenue Besnardière.

Loueurs de vélos

La ville a le projet d'occuper feu le Colisée (anciennes salles de cinéma boulevard Foch) pour une plate-forme de prêt de vélos afin d'habituer les Angevins aux nouveaux modes de déplacements de la ville (pistes cyclables, tramways, etc.) Ces vélos seraient prêtés moyennant une couverture d'assurance et un engagement de bonne utilisation. Ce dossier Gaumont, pas très net dans son "montage", nous a "pompés" et cache peut-être une "danseuse" municipale. En tout cas "la roue tourne", on en connaît "un rayon", et voilà que le lieu désaffecté va enfin se remettre "en selle". Affaire à suivre au "cycle" des saisons. Cela "cadre" bien avec la politique urbaine. Si ce projet n'est que provisoire, la ville a bien des projets dans ses "sacoches". Retenons qu'en matière de vélo, il n'est pas aisé de franchir les ponts de la basse et de la haute "chaîne", on ne va pas se "braquet" contre la voirie, il faut écouter toutes les o"pignons". "Cesbron" pour le moral, c'est bon, bon, c'est bon, bon !

L'Office de tourisme loue des vélos en saison (mai-septembre).

- en centre-ville, place Kennedy (château) 02 41 23 50 00

- à la Maison du Port, cale de la Savatte (quartier Doutre) 02 41 24 98 92.

Et aussi

GABILLARD 2, rue Jean-Perrin ✆ 02 41 88 21 69. Derrière la gare SNCF.

SPORT ECO Rue Maillé ✆ 02 41 87 07 77. Centre-ville, proche boulevard Ayrault.

Où dormir

Hôtels

Hors centre-ville

HOTEL BALLADINS **Face au Parc Expo - Parc d'activités du Bon Puits - SAINT SYLVAIL D'ANJOU ✆ 02 41 37 05 05.** *Fax : 02 41 37 05 85. Prix de la chambre en semaine : 37 € pour une ou deux personnes, 32 € le week-end (du vendredi au dimanche). Petit déjeuner : 6 €. Soirée étape : 51 €. Restaurant fermé les week-ends et jours fériés (sauf groupes sur demande). Formules buffets et carte. Menus : 12 €, 14 €, 15 € et 7 € (enfant).* L'accès est aisé par l'autoroute en direction de Paris et le cadre est verdoyant. Idéal pour faire une halte et s'oxygéner le matin. Canal Satellite, TPS, douche et toilettes. Connexion à Internet. Une salle de séminaire (40 personnes) est disponible à bas prix. Animaux acceptés : 3,05 €.

LE BOSQUET **2, rue Maurice-Berné - LES PONTS-DE-CE ✆ 02 41 57 72 42.** *Site Internet : www.le.bosquet.com. 10 chambres de 50 € à 58 € dont une familiale de deux pièces à 79 €. Petit déjeuner 6,50 €. Télévision par satellite, téléphone direct, prises ADSL en projet. Table d'hôte sur réservation et soirée étape à 59 €.* Situé sur l'ancienne route de Cholet, ce petit hôtel de charme de 10 chambres vient de connaître des changements notoires : Le restaurant gastronomique longtemps tenu par le couple Adam a changé de mains et l'hôtel a été entièrement refait à neuf, équipé de meubles différents dans chaque chambre. Le bar, la salle des petits déjeuners, et les communs ont été refaits aussi et les grandes salles reçoivent 150 convives pour les réceptions, mariages et séminaires. Un parc de 5 000 m² au bord du Louet équipé d'un barnum permet là de belles réceptions en perspective. Un projet de guinguette était en pourparlers au bouclage du guide.

HOTEL CAMPANILE** **Avenue Prosper-Guilhem - BEAUCOUZE ✆ 02 41 36 06 60.** *Fax : 02 41 36 06 50. E-mail : angers.beaucouze@campanile.fr. Prix de la chambre (1 ou 2 personnes) : de 45 € à 65 €. Petit déjeuner : 6,80 €. Menus : de 12,70 € à 18,70 € sous forme de buffet.* Toutes les chambres disposent d'un plan de travail suffisamment grand pour y déposer l'ordinateur portable et les dossiers des VRP de passage. Séminaires et location de salles possibles. Certaines chambres sont accessibles aux handicapés. Les animaux sont admis et un parking est à disposition

© Manuel Thiery

Musée Pincé Prendre

KYRIAD HOTEL-RESTAURANT** **62, avenue Gallieni (Route de Cholet) - LES PONTS-DE-CE ✆ 02 41 44 92 44.** *Fax : 02 41 44 92 24. E-mail : angers.pontsdece@kyriad.fr. Ouvert toute l'année de 6h30 (8h le week-end) à 23h sinon possibilité de réserver par carte bancaire au guichet automatique. Chambre : 58 €. Petit déjeuner : 6,50 € et 3,05 € (moins de 12 ans). Les animaux acceptés (4 €).* Les chambres possèdent toutes le confort nécessaire : salle de bains avec baignoire et sèche-cheveux, toilettes, télévision avec Canal Satellite, téléphone et prise minitel. Salle de réunion et repas de groupe possibles. Le restaurant propose des grillades et un buffet avec menus à 12 €, 13 €, et 16,50 €, menu enfant à 7 €.

PREMIERE CLASSE ZAC Moulin-de-Marcille - LES PONTS-DE-CE ✆ 02 41 69 42 63. *Fax : 02 41 69 40 67. Site Internet : www.envergure.fr/pclasse/fr. Chambres : 1, 2 ou 3 personnes : 29 €. Petit déjeuner : 4 €.* Si l'hôtel répond désormais aux normes des premières classes, il a pour cadre la précédente enseigne Nuit d'hôtel, avec quelques améliorations. L'avantage principal de cet héritage est l'accès aux chambres, qui ne se fait pas par des coursives extérieures mais par la réception. Chambres équipées d'une douche, de toilettes, d'un lavabo et d'un bureau, ainsi que l'accès à Canal+ et à trois chaînes de Canal Satellite. Accès aux chambres et au parking 24h/24 par un guichet automatique. **Autre adresse : Avenue Guilhem-Paul-Prosper - BEAUCOUZE 02 41 48 17 17.**

VILLAGES HOTEL CA du Pin - BEAUCOUZE ✆ 02 41 72 21 80. *Fax : 02 41 72 23 28. Chambres à 29 € pour 1, 2 ou 3 personnes, douche et W.-C. privés ; 40 € la chambre familiale de 4 personnes avec deux enfants de moins de 14 ans. Confort minimum avec télévision, Canal+, Canal Satellite. Animaux admis (4 €), petit déjeuner buffet à volonté 4,50 €.* Un nouveau couple de gérants vous accueille de 6h30 à 21h, Stéphane et Aurélie Mercier, en dehors de ses horaires l'accès au parking et à l'hôtel se fait par carte bancaire 24h/24.

En ville

HOTEL DES LICES 25, rue des Lices ✆ 02 41 87 44 10. *Fax : 02 41 87 44 10. Très bien placé proche de la gare et du centre-ville. 13 chambres, toutes avec douche, télévision et téléphone (jusqu'à 21h), de 34 € (double) à 44 € (triple). Petit déjeuner à 4,30 €.* Ici, toute la déco a été entièrement refaite en 2003. Cage d'escalier et chambres (le double vitrage a été ajouté) donnent désormais dans des tons clairs avec moquette lie de vin et papier jaune tournesol. Quant aux meubles (table de nuit, armoire, bureau), ils sont en loupe d'orme. Rien que ça ! Un ton de fraîcheur, égayé par la bonne humeur des deux sœurs, Brigitte et Véronique, qui tiennent l'établissement. Et si vous savez vous montrer sympa, les animaux ne paieront pas leur place. Idéal pour des séjours de courte durée.

Deux étoiles

HOTEL CONTINENTAL **14, rue Louis-de-Romain ✆ 02 41 86 94 94.** *Fax : 02 41 86 96 60. Prix de la chambre : lit 1 place de 42 € à 44 € ; lit 2 places à 52 € (pour 1 personne seule) et 56 € (2 personnes). Lit supplémentaire 8 €. Petit déjeuner : 6,50 €. Animaux admis (5 €).* Sa situation et sa façade de mosaïque rendent cet hôtel incontournable en centre-ville. Idéal pour profiter de l'hypercentre (parking souterrain à 50 mètres, 1 € la nuit), les chambres bénéficient d'un double vitrage et on y trouve tout le confort nécessaire à ce type d'hôtel : toilettes, salle de bains ou douche, sèche-cheveux, téléviseur, téléphone et Internet à haut débit dans toutes les chambres. Les salles de bains ont été rénovées en 2002 et une partie de la literie est renouvelée tous les ans. Le hall de l'hôtel a été refait à neuf en 2003. L'accueil est chaleureux et souriant.

Club Destination Anjou

Créé et soutenu par la CCI d'Angers, Destination Anjou regroupe des hôtels, des restaurants et des sites touristiques.

Ces professionnels engagés dans une démarche qualité sont contrôlés régulièrement par un cabinet spécialisé. Vous êtes à la recherche d'un hôtel de qualité, ambassadeur de l'Anjou, de son terroir et de ses bonnes tables, alors réservez vos nuits dans l'un des 28 établissements arborant le sigle Hôtels de Qualité. Durant toute l'année, ce Club vous propose des animations en rapport avec la qualité du terroir.

Pour obtenir le guide Destination Anjou ou les forfaits hôtel, restaurant et visite de sites pour votre passage en Anjou 02 41 23 50 20.

HOTEL DE L'EUROPE **3, rue Château-Gontier ✆ 02 41 88 67 45.** *Fax : 02 41 86 17 42. Site Internet : www.hoteldeleurope-angers.com. E-mail : hoteldeleurope-angers@wanadoo.fr. 29 chambres avec téléphone direct. Prix de la chambre 1 à 2 personnes : 41 € à 60 €. Petit déjeuner (buffet) : 6,50 €. Animaux acceptés (3,20 €). Parking public à 20 mètres, fermé la nuit.* Toutes les chambres sont équipées d'une salle de bains, douche ou baignoire, toilettes, télévision (14 chaînes TPS Star) dans un adorable hôtel moderne situé à 200 mètres des rues piétonnes et des vivants boulevards. Il est entièrement rénové et offre un confort aux décorations chaudes, différentes dans chaque chambre.

HOTEL IBIS **Rue de la Poissonnerie ✆ 02 41 86 15 15.** *Fax : 02 41 87 10 41. Chèques-vacances acceptés. Chambres : 67 € en semaine et entre 42 € et 50 € le week-end. Supplément 3e personne : 7 €. Petit déjeuner : 6 €.* Cet hôtel de qualité est idéalement situé à 200 mètres du château, entre la gare et un accès direct aux bords de la Maine. La décoration générale de l'hôtel et les salles de bains ont été refaites en 2002 ; celles-ci sont lumineuses et l'ambiance chaleureuse (sol imitation parquet). Les chambres sont "fumeurs" ou "non-fumeurs" et équipées de toilettes et de téléviseur avec Canal Satellite. Trois chambres communicantes pour famille ou groupe d'amis de six personnes. Location de salle. Animaux admis. Le restaurant, l'Estaminet, propose deux menus (2 plats : 12 €, 3 plats : 17 €). Accès aisé au parking ombragé en face de l'hôtel (souvent complet mais peu onéreux), ou se garer au parking souterrain (attention ! il est fermé pour travaux jusqu'à mi-2005).

HOTEL DU MAIL **8, rue des Ursules ✆ 02 41 25 05 25.** *Fax : 02 41 86 91 20. Prix des chambres : 1 personne, 41 € à 44 € ; 2 personnes : 49 € à 61 €. Petit déjeuner : 7 € et 7,70 € (dans la chambre).* Cet hôtel de luxe du XVIIe siècle se situe en plein centre-ville et bénéficie d'un cadre verdoyant. Les pierres de tuffeau et le jardin sont charmants et les animaux sont admis (5 €). Un code d'accès permet de rentrer après l'heure de fermeture. A noter que la salle à manger a été refaite à neuf au début de l'année.

ROYAL HOTEL **8bis, place de la Visitation ✆ 02 41 88 30 25.** *Fax : 02 41 81 05 75.* Idéalement situé entre la belle nouvelle gare et le château, ce charmant hôtel du centre avec ascenseur possède 40 chambres spacieuses meublées de neuf en 2001, de 38,10 € (simple) à 46,20 € (double), 52,30 € (triple) et 60,40 € (quadruple). Les chambres sont équipées d'une baignoire ou d'une douche, d'un téléphone et d'un téléviseur avec Canal Satellite. Avec seulement un lavabo, pour une et deux personnes : 28,20 €. Petit déjeuner : 5 €. Garage fermé : 5 € la nuit. Les animaux sont admis (2,50 €). Atout très intéressant : l'hôtel propose des connexions Internet gratuites.

LE ROYALTY **21, boulevard Ayrault ✆ 02 41 43 78 76.** *Fax : 02 41 60 37 51. HOTEL NON FUMEUR. Prix des chambres : 40 € à 44 € (simple), 45 € à 54 € (double), jusqu'à 65 € (quadruple). Soirée étape en partenariat avec la taverne de Maître Kanter (repas, nuit et petit déjeuner) : 58 € pour une personne. Petit déjeuner : 6 €. Toutes les chambres sont équipées du téléphone, d'une prise Internet et d'un téléviseur (câble et Canal+).* L'établissement date du début du XXe siècle et propose pour ses soirées étapes un dîner dans l'ancien routier situé de l'autre côté de la place Mitterrand, sur le même trottoir, "La Haute Chaîne", du nom du pont qui traverse la Maine. A noter que l'hôtel part sur de nouvelles bases car non seulement la climatisation s'installe partout,

mais les chambres vont être refaites du sol au plafond, ainsi que l'ensemble du bâtiment qui a été redécoré. Enfin, il est bon de savoir que l'hôtel est entièrement non-fumeurs (c'est unique sur la ville).

LE SAINT-JULIEN 9, place du Ralliement © 02 41 88 41 62. *Fax : 02 41 20 95 19. E-mail : s-julien@wanadoo.fr. Prix des chambres : 1 personne : de 40 € à 50 €. 2 personnes : de 46 € à 56 €. Petit déjeuner : 6 €. Chambres équipées d'un mini-bar, d'un téléviseur câblé, d'un téléphone et d'une prise pour accéder à Internet avec son ordinateur portable.* Pour qui veut découvrir la ville sans trop d'effort, cet hôtel est idéalement placé puisqu'il trône au centre même de la ville. La proximité des restaurants (Provence Caffé et brasseries de la place) permettra d'organiser soi-même ses soirées étapes. Animaux admis, 8 €, mais il est rare qu'il fasse payer.

L'UNIVERS 2, place de la Gare © 02 41 88 43 58. *Fax : 02 41 86 97 28. 45 chambres. Prix d'une chambre 2 personnes avec grand lit et W.-C. dans la chambre : 45 €. Avec bain dans la chambre : 52 €. Avec W.-C. sur palier et douche dans la chambre : 35 €. Plateau-repas : 9,20 €. Petit déjeuner : 5,80 €. Soirée étape : de 64 € à 68 € (repas, nuit et petit déjeuner).* L'Univers a une belle façade ancienne qui contraste avec la nouvelle gare située en face, dont le parking est accessible (1 € la nuit). Les chambres sont refaites au fur et à mesure depuis 2001 : les couleurs dominantes deviennent le blanc, le bleu et le vert. Elles sont toutes équipées de toilettes, d'une douche ou d'une baignoire, téléphone et téléviseur avec Canal Satellite. Originalité, l'hôtel a des formules étape qui permettent de dîner à proximité de l'hôtel dans deux restaurants au choix et de choix : Le Relais et Le Bistrot.

Trois étoiles

BLEU MARINE (FUTUR KYRIAD) 18, boulevard Foch © 02 41 87 37 20. *Fax : 02 41 87 49 54. Prix des chambres : de 78 € à 96 € (1 personne) et de 86 € à 106 € (2 personnes). Possibilité d'ajouter un lit supplémentaire (15 € à partir de 12 ans). Petit déjeuner : 9,50 €. Animaux "sages et propres" admis. Petit garage privé.* Situé en plein milieu du Foch, avec ses 69 chambres et ses suites équipées de toilettes, salle de bains, téléphone, téléviseur avec Canal Satellite et mini-bar, cet hôtel vous accueille avec tout le service dû par les trois-étoiles. A noter, l'agréable "plateau accueil" dans la chambre (thé, café, biscuits). Sans supplément, les clients bénéficient également d'une petite salle de sauna et de musculation, ainsi que d'une borne Internet à la réception. Enfin, l'hôtel est l'un des plus adaptés aux séminaires et conférences, avec 5 salles dont une des plus grandes du centre-ville (capacité de 150 personnes en conférence). L'hôtel venant d'être racheté, on attend des changements imminents dans la restauration totale de l'hôtel. Le restaurant attenant qui sert les petits déjeuners, a supprimé l'enseigne "Côte à côte" et devrait ouvrir indépendamment sous une enseigne privée.

HOTEL D'ANJOU 1, boulevard Foch © 02 41 21 12 11. *Fax : 02 41 87 22 21. Internet : www.hoteldanjou.fr. E-mail : info@hoteldanjou.fr. Prix des chambres, pour 1 ou 2 personnes : 103 € et 112 € (grand confort), 139 € et 149 € (luxe), 156 € et 166 € (grand luxe). Petit déjeuner : 11 €. Animaux admis : 6 €. Petit garage privé (8 €). Soirées étapes : 88 €/personne. Chèques-vacances acceptés.* L'hôtel racheté depuis un an a subi un profond changement. Un nouvel agencement complet a été commencé avec l'installation de la climatisation et des doubles vitrages, mais aussi le renouvellement de la décoration et du mobilier des chambres. Chacune possède son propre style mais avant tout on recherche le confort avec une double porte à l'entrée pour plus de discrétion. Ce magnifique hôtel séduira les amateurs d'art-déco. Lors de sa rénovation, de superbes mosaïques ont été découvertes et alimentent les circuits des guides touristiques de la ville. Le hall a été entièrement refait par un architecte angevin : tout de marbre, il ne donne qu'un aperçu du luxe des chambres. Ces dernières sont équipées du téléphone, télévision avec Canal+, câble, mini-bar et salle de bains complète. Les soirées étapes permettent de profiter d'une table gastronomique et réputée à La Salamandre, située dans l'hôtel. Les salles de séminaire peuvent accueillir jusqu'à 100 personnes.

HOTEL DE FRANCE 8, place de la Gare ✆ 02 41 88 49 42. *Fax : 02 41 86 76 70. Etablissement acceptant les chèques-vacances. 55 chambres insonorisées : 73 € à 86 € (1 personne), 90 € à 103,50 € (2 personnes) et 109 € à 120 € (3 personnes). Petit déjeuner servi dans la chambre ou au buffet : 11 €.* Dans un splendide immeuble dont l'intérieur est tenu impeccablement et situé face à la nouvelle gare et ses parkings, l'hôtel est tenu par la famille Bouyer (hôteliers restaurateurs) depuis 1893. Toutes les chambres sont équipées de toilettes, salle de bains, mini-bar, téléviseur avec Canal Satellite et de l'Internet haut débit Wifi. Elles sont toutes climatisées et certaines sont non-fumeurs. La proximité des Plantagenêts (pour les gastronomes) et du Bistrot (pour manger plus simplement mais avec un certain standing) fait partie des nombreux avantages de l'hôtel. Animaux acceptés (8 €) et location de salles pour réceptions et séminaires possibles. Parking : 7 €.

HOTEL MERCURE CENTRE 1, place Mendès-France ✆ 02 41 60 34 81. *Fax : 02 41 60 57 84. E-mail : HO540@accor-hotels.com. Participe à l'opération "bon week-end en ville". Prix des chambres : 94 €/1 personne et 106 €/2 personnes. Petit déjeuner : 11,50 € (en salle ou en chambre). Parking : 8 €.* Entièrement rénové ces deux dernières années et aux couleurs du château d'Angers, cet hôtel est attenant au Centre des congrès et il y possède un accès direct. Les chambres sont toutes équipées d'un mini-bar, d'un téléviseur avec Canal Satellite et du téléphone. L'environnement du Jardin des Plantes en fait l'un des plus agréables de la ville. Les Saisons, restaurant Mercure, avec ses immenses baies vitrées, donne toute sa mesure au cadre verdoyant du jardin. Menus de 13,50 € à 19,50 €. Le joli bar aux tons reposants "couleur cointreau" s'est étoffé d'une atmosphère œnophile, en proposant des dégustations de vins au verre, de toutes provenances. Location de salles de 8 à 25 personnes.

HOTEL MERCURE LAC DE MAINE Route de Nantes - Sortie lac de Maine ✆ 02 41 48 02 12. *Fax : 02 41 48 57 51. Etablissement acceptant les chèques-vacances. A deux pas de l'autoroute A10/A11. Prix des chambres : à partir de 68 € le week-end, 95 € en semaine. 9 salles de réunion (capacité : jusqu'à 300 personnes).* Les hommes d'affaires s'y arrêtent notamment lors des grands salons de l'année, mais l'hôtel fonctionne fort bien toute l'année. Confortable et climatisé il offre une multitude de services dont de grands salons de réceptions. Le cadre, à proximité du lac de Maine, est agréable, surtout lorsqu'un animal à quatre pattes vous accompagne (admis à l'hôtel, 7 €). Les chambres sont équipées d'une salle de bains, sèche-cheveux, toilettes, téléviseur avec TPS, téléphone et mini-bar. A proximité, un club de remise en forme, un restaurant de qualité, Le Diffen (voir chapitre Restaurants), et un parking fermé la nuit.

Châteaux Hôtels

CHATEAU DE NOIRIEUX 26, route du Moulin - BRIOLLAY ✆ 02 41 42 50 05. *Fax : 02 41 37 91 00. E-mail : noirieux@relaischateau.com. Chambres : 175 € (avec douche à jet), supérieur : 250 € ou 275 €, luxe : 330 €. Petit déjeuner : 19 € et 11 € (enfant). Animaux : 14 €.* A un quart d'heure au nord d'Angers, un petit paradis avec vue sur le Loir. Au-delà de la majestueuse grille d'entrée, intimiste à souhait, bienvenue dans le seul Relais & Châteaux d'Anjou. Assurément le plus bel hôtel du Maine-et-Loire, dont les neuf chambres les plus luxueuses, dans le "château", offrent un raffinement suprême, chacune ayant son style (Arts-Déco, Directoire, Régence...). Moins spacieuses et plus classiques, les dix chambres du manoir voisin sont aussi de très bon goût avec des salles de bains entièrement rénovées. Le grand salon avec piano et cheminée est de même très réussi ; le petit bar voisin, délicieusement feutré, invite à s'éterniser à l'issue d'un magistral dîner dans le restaurant où Gérard Côme, le maître des lieux, fait merveille. Ajoutez à cela une admirable terrasse, un parc paisible, tennis, piscine et bain à remous, et vous aurez compris qu'à Noirieux, l'art de vivre à la française et la douceur angevine se conjuguent au plus que parfait, d'autant plus que l'accueil d'Anja Côme est tout en gentillesse sincère. Voir aussi le chapitre Restaurants.

CHATEAU DES BRIOTTIERES Hedwige et François de Valbray - CHAMPIGNE ✆ 02 41 42 00 02. *Fax : 02 41 42 01 55. Site Internet : www.briottieres.com. Quinze chambres (une grande partie non-fumeur) dont 6 dans le gîte, de 120 € à 320 €. Lit supplémentaire : 30 €. Dîner aux chandelles à 46 €. Petit déjeuner à 11 €.* Hôtel dans le château du XVIIIe siècle, chambres d'hôtes dans l'orangerie, aménagée en gîte, mais toujours un luxe précieux, avec un cadre soigné dans les moindres détails, intime et chaleureux. Toute l'année, on peut louer le château deux jours avec toutes les chambres en exclusivité, à partir du vendredi soir. Quant au gîte, on peut le réserver pour 12 personnes pour une semaine complète. Depuis l'été dernier, des chefs cuisiniers du "Cordon-bleu" (22 établissements dans 12 pays) se relaient chaque été de juin à septembre en cuisine. En 2003, c'est une Coréenne qui officiait. Le parc immense et splendide est amoureusement entretenu par des châtelains simples et généreux. Les bords de la piscine offrent un havre de paix tandis que le golf ou le tout nouveau court de tennis vous extirpent des "lézarderies". Les chambres spacieuses, toutes différentes, sont équipées comme un quatre-étoiles. A n'en pas douter, un séjour ici comblera plus d'un curieux.

Auberge de jeunesse

AUBERGE DE JEUNESSE 5, rue Darwin - Belle-Beille © 02 41 22 61 20. *Capacité de 200 lits.* Structure adhérente à la Ligue Française des Auberges de Jeunesse. En outre, ce centre propose un internat pour les jeunes apprentis ainsi qu'un Foyer de jeunes travailleurs.

CENTRE D'ACCUEIL INTERNATIONAL Parc de loisirs du Lac-de-Maine © 02 41 22 32 10. *Site Internet : www.lacdemaine.fr. Hébergement et restauration pour groupes et particuliers. 59 chambres, 150 lits.* A côté de la Maison de l'environnement et du swin-golf, il fait partie du Réseau international des auberges de jeunesse.

Aire de service pour camping-cars

Cale de la Savatte, port de plaisance (quartier de la Doutre face au château), toute l'année.

Gîtes de France

MAISON DEPARTEMENTALE DU TOURISME Place Kennedy © 02 41 23 51 23. *Site Internet : www.gites-de-France-anjou.com. E-mail : gites-de-France-anjou@wandoo.fr.* Label national de gîtes et de chambres d'hôtes. Association Gîtes de France Anjou. Certains gîtes et chambres sont à réserver par la centrale de réservation, d'autres peuvent être loués directement auprès des propriétaires. Demander les catalogues.

Adresses de qualité dans un rayon de 30 kilomètres d'Angers

CHATEAU DE REZEAU Andard © 02 41 74 09 21. *Catherine & Christian Beziau.*

ALAIN PLESSIS Cantenay Epinard © 02 41 23 51 23

LE MOULIN DU CHAPITRE Chanzeaux © 02 41 74 01 42. *Famille Lelièvre.*

MICHEL SAULNIER La Daguenière © 02 41 76 79 27

LE CLOS DE LA SOURCE Feneu © 02 41 32 87 48. *Claudie Bourdon.*

LE MOULIN GASTE Grezillé © 02 41 45 53 61

LA CLOSERIE Juigné-sur-Loire © 02 41 54 64 67. *Daniel et Patricia Bonin.*

LYDIE PAPET Juigné-sur-Loire © 02 41 79 31 69

LE JAU Murs-Erigné © 02 41 57 70 13/06 83 26 38 80. *Françoise Terrière.*

LE PLATEAU **Montreuil-Juigné ✆ 02 41 42 32 35.** *Jean-Louis Huez.*

LE PONCEAU **Sainte-Gemmes-sur-Loire ✆ 02 41 79 20 52/06 81 08 24 60.** *Olivier Gripon.*

FONTCLAR **Saint-Martin-du-Fouilloux ✆ 02 41 39 55 18.** *Nelly Ribot.*

LA RABINELAIE **Saint-Martin-du-Fouilloux ✆ 02 41 39 72 61.** *Mme Dominique-Quinton.*

LE LOGIS DE L'APPARTENANCE **Saint-Melaine/Aubance ✆ 02 41 45 27 44.** *B. et P.-Prudhomme.*

LA BECHALIERE **Saint-Sylvain-d'Anjou ✆ 02 41 76 72 22.** *Mme Poitevin-Saintonge.*

LORCIVAL **Savennières ✆ 02 41 72 28 10.** *Evelyne Marchesi.*

JOELLE & CLAUDE PERRAULT **Rue de la Pierre-de-Coulaine - SAVENNIERES ✆ 02 41 77 95 67**

LE MOULIN DE CLABEAU **Vauchrétien ✆ 02 41 91 22 09.** *Nelly et François Daviau.*

Gîte restaurant

LA GABARE **Rue de l'ormeau - JUVARDEIL**

NOUVEAU

✆ 02 41 60 81 95. *Nuitée adulte, 14,50 € (19,50 € avec petit déjeuner), enfants - de 12 ans 9 € (11,65 € avec petit déjeuner), pension adulte 37,80 €, demi-pension adulte 27,90 €, pension enfants 26,60 €, demi-pension enfant 19,15 €. Menus à 9,90 € le midi en semaine, et 16,90 €, menu enfants à 7,50 €. Groupes, remises de 5 à 10 % et tarifs studios/4 personnes se renseigner en fonction du calendrier.* Ce nouvel établissement ouvert au printemps 2004 offre une capacité fabuleuse puisque un car entier de touristes (60 lits) peut y faire halte. Divisé en minis appartements et en espaces pour 6 personnes (3x2) avec salle de bains séparée, le gîte siège au bord de la Sarthe et recèle une piscine chauffée au centre du patio. Une salle de détente avec jacuzzi et sauna, ainsi qu'une cuisine pour faire ripaille soi-même et un restaurant, complètent cette belle réalisation. Une double terrasse dont une suspendue en forme de proue de gabare (anciens voiliers de Loire à fond plat), et l'autre plus près de l'eau, apporte un réel sentiment de détente verdoyante dans un calme absolu. Au restaurant on dégustera par exemple une fricassée d'anguilles au beurre d'ail ou un jarret d'agneau confit et sa tarte aux échalotes.

Camping

CAMPING DU LAC DE MAINE**** **Avenue du Lac-de-Maine ✆ 02 41 73 05 03.** *Site Internet : www.lacdemaine.fr. E-mail : camping@lacdemaine.fr. Accès : base de loisirs du Lac de Maine, direction Nantes sortie Lac de Maine. Ouvert du 25 mars au 10 octobre. 163 emplacements, 15 bungalows et 6 mobile homes. Accueil juillet et août de 8h à 22h. Tarifs 2004 (du 15 juin au 31 août) : 14 € en haute saison et 10 € en basse saison (forfait 2 personnes emplacement et véhicule) ; branchement électrique : 3,10 €.* "La nature à la ville", selon le dépliant du camping. En effet, à la limite de la ville, mais dans l'écrin de verdure du Lac de Maine, ce camping est idéalement situé pour les vacanciers, qui peuvent laisser leur voiture sur place et gagner le centre d'Angers à vélo en suivant les berges jusqu'à la cale de la Savatte. La piscine du camping n'empêche pas de goûter à la baignade en eau douce, sur la plage surveillée du lac (sable et vaste pelouse), et l'on peut partir faire son jogging directement de sa tente (circuits de 5 à 12 kilomètres), ou monter à bord de son bateau à voile grâce au centre nautique qui dispense également des cours de planche à voile.

Découverte

- grande et petites histoires
- gloires locales
- quoi de neuf
- visiter
- flâner

© Pierre David

Musée des Beaux-Arts, cabinet suspendu

Grande et petites histoires

Une ville pas inconnue de César

Certes, des traces de vie humaine, des silex datant du paléolithique ont été trouvés à l'écart du centre historique et vingt-deux haches de pierre polie attestent également d'une vie durant la période néolithique. Mais le début de l'histoire d'Angers a surgi sous la poste actuelle, où des débris de poteries gallo-romaines ont été mis à jour, **dans les années trente du XXe siècle.** Le pays d'Anjou était alors occupé par la peuplade gauloise des Andes qui, un an après la défaite de Vercingétorix (**51 avant Jésus-Christ**), avait résisté à l'envahisseur sous le commandement de leur chef : Dumnacus. La domination romaine établie, Angers prend le nom du vainqueur : Juliomagus (ville ou bourg de Jules). La ville devient alors un port actif et un carrefour des voies romaines (le long des rives, le plus souvent) venant de Rennes, Le Mans, Nantes, Tours et Poitiers. Voies romaines si solides qu'on les utilisait et qu'on en parlait encore onze siècles plus tard.

© Le Studio des Photographes / B. Bachelot

Cathédrale d'Angers

Premier repli derrière une enceinte

Vers 300, face aux invasions germaniques, la population se resserre derrière une enceinte de 1 200 mètres environ, épaisse de 3 à 4 mètres et construite à l'aide de monuments détruits, colonnes ou sculptures. Un siècle plus tard, la première communauté chrétienne s'installe à Angers (un baptistère datant de cette époque et retrouvé lors de fouilles place du Ralliement, a été reconstruit dans le jardin du musée Saint-Jean).

L'avènement méthodique des Plantagenêts

Longtemps, les Angevins réussiront à repousser les assauts conjugués des Normands et des Bretons mais ces derniers pilleront la ville **en 849.** Charles le Chauve reprendra la ville **en 873.**

Le fondateur de la dynastie féodale aurait été un certain Ingelger, qui se serait fait apprécier dans la défense de Tours contre les Normands. Son fils Foulque le Roux passera le relais à Foulque Nerra, jusqu'en 1040.

Au XIIe siècle, le fils de ce dernier, Geoffroy le Bel, continue la conquête guerrière et use d'une adroite stratégie matrimoniale : à 15 ans, il épouse la veuve d'Henry V d'Angleterre, petite-fille de Guillaume le Conquérant et héritière de la couronne d'Angleterre et du duché de Normandie. L'histoire retiendra le surnom de cet homme qui aimait porter une branche de genêt fleuri à son casque : Plantagenêt.

A sa mort, son fils de 19 ans, Henri, lui succède, et il sait ce qu'il a à faire : il épouse Aliénor, fille du défunt duc d'Aquitaine, ce qui élargit ses possessions jusqu'aux Pyrénées. A 22 ans, il reçoit à Westminster la couronne d'Angleterre. Les comtes d'Anjou tiennent alors en respect les rois de France. Mais il s'éteint à 57 ans à Chinon, trahi par son entourage. Il sera inhumé à l'abbaye de Fontevraud. Lorsque son fils, Richard Cœur de Lion meurt, le frère de ce dernier, Jean sans Terre, qui contestait l'héritage, assiège Angers.

Jusqu'à l'arrivée des Capétiens

La fin de la domination des Plantagenêts commence avec Philippe Auguste, un Capétien. Une période d'essor sans précédent perdure **jusqu'au XIIIe siècle :** nouveaux bourgs, développement du commerce, rayonnement de la vie religieuse, intellectuelle et artistique. Les bâtiments actuels de la cathédrale Saint-Maurice sont le résultat des reconstructions engagées ensuite sous la dynastie des Capétiens.

La cathédrale, qui succédait à un édifice carolingien dont on a retrouvé les fondations sous la nef, avait été détruite **en 1032** par un incendie. C'est alors que fut construite aussi la double forteresse destinée à se défendre contre le duc de Bretagne allié aux Anglais. Construite **en 1230** sous saint Louis, cette muraille aux 50 tours encerclait les 945 mètres d'enceinte du château. Lors des luttes religieuses **du XVe siècle,** il avait été ordonné de démolir le château. On se contenta de décapiter les toitures des tours.

Puis la peste et les Anglais

De 1347 à 1351, la peste noire dévaste l'Europe entière. Angers est touché **en 1348,** la Doutre est infestée. Pour se défendre, on fait des feux de sarments dans lesquels on jette du laurier vert, de la camomille et de l'encens. **Fin 1349,** la peste fait place à la famine durant plusieurs années. **En 1425,** Le Mans est occupé par les Anglais. Cela durera 25 ans. Angers est barrière et boulevard de guerre, soumise aux incursions anglaises. L'apaisement vient avec le "bon roi" René (il aimait tellement les ablettes qu'il accepte la friture qu'un pauvre pêcheur lui offre pour seul loyer), roi de Jérusalem et de Sicile, duc d'Anjou, de Lorraine et de Bar, comte de Provence et né dans le château.

Son neveu Louis XI prendra sa suite, un roi de France au devenir certain et érudit qui crée **en 1475** la mairie d'Angers, avec un maire élu tous les ans, le premier mai. La Renaissance apporte une prospérité matérielle malgré de nombreuses épidémies de peste (près d'une dizaine particulièrement grave, **de 1487 à 1598**).

Angers rayonne par son université où plusieurs centaines d'étudiants sont originaires de contrées lointaines. Ambroise Paré et Rabelais ont fait une partie de leurs études à la faculté de médecine.

Pillages et guerres civiles

L'année de la conjuration d'Amboise et de la montée sur le trône de Charles IX, **en 1560,** un premier affrontement éclate entre catholiques et protestants : c'est la journée des Mouchoirs (les protestants arborant à leur chapeau un mouchoir en signe de ralliement). C'est le début de trente années de guerre civile. Les protestants pilleront ensuite la cathédrale et brûleront la châsse et les reliques de saint René. **En 1619,** la ville se trouve au centre des troubles de la régence, lorsque Marie de Médicis, la reine mère, dressée contre son fils, se réfugie dans son gouvernement d'Anjou. Richelieu écrit justement **en 1619** qu'Angers "est grandement peuplée mais de gens rudes et malaisés à contenir tant à cause du grand nombre qu'il y en a dans leur humeur naturelle" (**vers le milieu du XVIIe siècle,** on compte, dans les 16 paroisses d'Angers, entre 30-000 et 35 000 habitants, un chiffre qu'on ne retrouvera **qu'après 1830**). L'armée royale mettra fin aux violences seulement un an plus tard, en prenant les fortifications des Ponts-de-Cé.

En 1652, les troupes royales pénètrent dans Angers après les troubles de la Fronde : la ville est décimée par plusieurs années de famine et de peste. Angers perd alors son autonomie municipale.

Angers, déchirée par la Révolution

D'après un recensement réalisé **en 1769** dans les 16 paroisses de la ville, on ne compte plus à l'époque que 25 044 habitants, et les 4-116 maisons recensées étaient faites de bois, de torchis et de schiste, avec un ou deux étages en encorbellement. Angers est alors une cité commerçante et manufacturière tirant sa prospérité de la fabrication des étoffes peintes et des toiles à voiles en chanvre (cultivé dans les champs alentour), qui approvisionnaient la Marine de la batellerie de Loire, très active à l'époque. Mais la Révolution fut fatale à la synergie en marche. Nombre des 5 abbayes, des 27 couvents et de la cinquantaine d'églises disparurent dans la tourmente révolutionnaire. Six mois après la prise de la Bastille, les dames de la noblesse et de la grande bourgeoisie brodèrent symboliquement les étendards tricolores de la milice, bénis solennellement ensuite à la cathédrale Saint-Maurice **le 14 janvier 1790.** La ville sera ensuite âprement disputée lors des guerres de Vendée. Elle fut d'abord en majorité républicaine, puis occupée par les Blancs quelques mois. Mais le retour des républicains marque le début de la Terreur, particulièrement brutale à Angers. La cathédrale et les prisons regorgent de détenus. **Du 27 au 29 décembre 1793,** 1 250 d'entre eux sont exécutés sommairement dans les prés de Sainte-Gemmes-sur-Loire et des Ponts-de-Cé, s'ajoutant aux quelque 3-000 guillotinés dans la cité même.

Boudée ensuite par la révolution, industrielle cette fois-ci

Le XIXe siècle n'apporte pas ensuite les bouleversements industriels connus par d'autres villes. Même **dans la première moitié du XXe siècle,** durant laquelle la ville abrite 150 expéditeurs de fleurs et 40 expéditeurs de fruits et légumes, l'essor économique reste timide. De ces activités, une vinaigrerie et une distillerie émergent. Le guignolet à base de cerises sauvages et le triple sec à base d'écorces d'oranges amères font encore la gloire de la maison Cointreau. Mais Angers affiche bien une certaine léthargie pointée du doigt par Julien Gracq (né non loin, à Saint-Florent-le-Vieil) : "ce site mesquin choisi à l'écart du fleuve, les ruelles peuplées de chats dormeurs où à peine entrevoyait-on, jadis, de loin en loin, flotter silencieusement la robe d'un prêtre". Une parenthèse qui se ferme avec la fin de l'industrie textile **en 1966,** laissant place aux industries métallurgiques, mécanique et électronique. La transition est accélérée par l'ouverture de l'université publique **en 1970,** tandis que les enseignements de l'Université catholique de l'ouest d'Angers (fondée **en 1875**) continuent à porter l'accent sur les sciences, l'ingénierie agricole et les mathématiques.

Carte d'identité

Nombre d'habitants

156 000, au sein d'une agglomération de 272 000 habitants, regroupant 30 communes. L'annexion de la ville des Ponts-de-Cé dans l'agglomération angevine en 2005 fait passer Angers à la 13e place des agglomérations françaises, devant Grenoble, Brest, Dijon et Le Mans. Préfecture du département du Maine-et-Loire, mais ici, on parle plutôt de l'Anjou, du nom de l'ancienne province, dont les limites historiques sont légèrement plus grandes que celles du département.

Maire

Jean-Claude Antonini, socialiste. Maire depuis 1998.

Jumelage

Angers est jumelée ou amie avec 7 grandes villes européennes : Osnabrück (Allemagne) et Haarlem (Pays-Bas) depuis 1964, Bamako (Mali) depuis 1974, Pise (Italie) depuis 1982, Wigan (Angleterre) depuis 1988, Södertälje (Suède) et Séville (Espagne), la prochaine ville jumelle.

Climat

C'est au poète ligérien Joachim Du Bellay que l'on doit l'expression de "douceur angevine". Elle s'applique complètement à la météo locale, qui ne fait jamais de grands excès. Les hivers sont rarement rigoureux, les bonhommes de neige étant une espèce rare à Angers, ou du moins ont-ils une durée de vie très momentanée. Le printemps réserve de belles journées, et l'été affiche des températures agréables, exceptionnellement caniculaires en juillet/août. Reste que la grisaille peut envelopper la ville tout au long de l'année, Angers étant sur le chemin tout tracé des nuages chargés en provenance de l'Atlantique. Cela étant, selon Météo France, l'Anjou serait l'une des régions les moins arrosées de France.

Economie

Hormis l'extraction de l'ardoise à Trélazé, qui date de plusieurs siècles, la corderie Bessonneau et quelques distilleries réputées (Cointreau, Giffard), Angers n'a pas un passé industriel très marqué. La ville a réellement démarré son développement économique dans les années 60, avec le début d'implantations de grosses sociétés françaises et étrangères, et ce jusque dans les années 90. Actuellement, l'économie angevine se caractérise par 4 secteurs :

- **Le secteur tertiaire,** qui représente environ un salarié angevin sur trois : principalement l'éducation, la santé, l'administration et les sociétés de service (Axa, CNP, Groupe Mederic, Groupama, centres d'appel de Chronopost, Dolphin Télécoms, Packard Bell). L'ADEME (Agence pour la maîtrise de l'énergie) s'est installée à Angers fin 2003.

- **L'électronique, l'informatique, et l'automobile** : 8 000 personnes sont employées dans la production et les NTIC (Bull, installé depuis les années 60, Nec Computers International, et Thomson Multimédia) ; l'industrie automobile est représentée par Bosch, Valéo, Motorola et Scania.

- **Le végétal** : l'Anjou est une importante et ancienne région de production horticole, viticole, fruitière et maraîchère. Ce secteur est dynamisé par la forte synergie établie entre les domaines de la production (Vilmorin, Turc, Barrault, groupe Limagrain, Pomanjou…), de la distribution, de la recherche (INRA, Institut national de l'horticulture, université) et de la formation. Depuis 1997, l'Office communautaire des variétés végétales (émanant de l'Union européenne) est installé à Angers, et l'un des grands projets de l'agglomération est l'ouverture d'un Parc du Végétal, lieu unique en France.

- **La santé humaine et animale** : elle constitue un pôle de recherche en développement, incluant l'Inserm, une vingtaine de laboratoires hospitaliers et universitaires, et des entreprises telles que Parke-Davis, Intervet Pharma R & D.

Enfin, quelques grands noms du prêt-à-porter de luxe sont établis à Angers : Yves Saint-Laurent, Christian Lacroix.

Quelques chiffres clés

- 40 % de la population ont moins de 30 ans. 15 % de la population est retraitée.
- Le taux d'activité de la population est de 54 %.
- 30 000 étudiants fréquentent l'université d'Etat (17 000), l'université catholique ("la Catho", 8 600), et les 14 grandes écoles et instituts.
- 630 hectares d'espaces verts, et 42 par habitant.
- Les 5 premiers employeurs sont : le CHU (4 500 personnes), la Ville et l'Agglomération (3 353), Thomson multimédia (1 350), Nec Computer international et Valéo (1 000 chacun).
- Sport : 32 000 licenciés, tous sports confondus.

Pour en savoir plus, et suivre l'actualité municipale : Site Internet : www.ville-angers.fr.

gloires locales

Les grands personnages (glorieux ou moins glorieux) nés dans la ville ou qui y ont habité et œuvré, ont été classés par ordre chronologique.

Foulque Nerra

Comte d'Anjou du XIe siècle, membre de la dynastie des comtes Foulque et figure caractéristique du féodalisme du Moyen Age en France. Foulque Nerra fait d'Angers la capitale d'une puissante principauté féodale, qui s'étend des Mauges (région de Cholet), au Maine (Sarthe et Mayenne) et à la Touraine. Grand et cruel administrateur, bâtisseur de châteaux, il fonde à Angers les abbayes Saint-Nicolas et du Ronceray, autour desquelles va se développer le quartier de la Doutre.

Henri II Plantagenêt

Descendants et successeurs des Foulques, les Plantagenêts (du nom de la fleur de genêt qu'ils portaient sur leur armure) deviennent, jusqu'au XIIIe siècle, par les conquêtes guerrières et matrimoniales, les maîtres d'un vaste empire anglo-angevin, s'étendant de l'Angleterre à l'Aquitaine. Henri II Plantagenêt fut roi d'Angleterre et époux d'Aliénor d'Aquitaine. Sous son règne (1154-1189) se développent l'architecture "Plantagenêt" et la fameuse et élégante voûte angevine. Il fonde notamment à Angers l'hôpital Saint-Jean, plus ancien que les Hospices de Beaune. L'hôpital fonctionnera jusqu'au milieu du XIXe siècle ; il abrite actuellement la tapisserie contemporaine de Jean Lurçat intitulée le "Chant du Monde".

Le bon roi René (1409-1480)

Un boulevard porte son nom, il a sa statue près du château. Le dernier des ducs d'Anjou était aussi roi de Jérusalem, des Deux-Siciles, de Hongrie, duc de Lorraine et comte de Provence. Bonjour le cumul des mandats ! Plutôt occupé au raffinement de sa cour qu'à guerroyer, il fut un prince poète, s'entourant d'artistes et d'écrivains, côtoyant les humbles.

C'est certainement lui qui fit naître la fibre végétale d'Angers car, grand amateur de botanique, il introduisit en Anjou des plantes rapportées de ses nombreux voyages.

David d'Angers (1788-1856)

Sculpteur. Pierre-Jean David, de son vrai nom. A pris pour nom d'artiste David d'Angers, en reconnaissance à la municipalité d'Angers qui lui a accordé une bourse pour aller étudier aux Beaux-Arts à Paris. Son œuvre à Paris et dans de nombreuses villes est immense : bustes, médaillons, statues d'hommes illustres. Il était par ailleurs profondément républicain, progressiste, et ami de Victor Hugo. Ses œuvres d'atelier sont magnifiquement exposées dans l'ancienne abbatiale Toussaint du XIIIe siècle, sous une toiture de verre.

Cointreau, histoire d'une famille et d'un produit (1849-1999)

La fameuse distillerie angevine a fêté ses 150 ans en 1999. La liqueur à base d'écorces d'oranges douces et amères est connue et exportée dans le monde entier. Elle est toujours fabriquée à Angers. Depuis l'histoire des fondateurs Adolphe et Edouard-Jean, du créateur Edouard-Charles en 1875, au contrôle qualité actuel, en passant par l'aventure de la publicité et de la communication, le musée Cointreau raconte tout. Quatorze tonnes d'archives en tous genres ont été dépouillées pour sa réalisation.

Bessonneau, du nom d'un empire industriel

Cette corderie est une référence dans le passé industriel angevin. S'étendant sur 60 hectares, employant jusqu'à 5 000 salariés, elle culmina pendant la Première Guerre mondiale pour cesser son activité au milieu du XXe siècle. Sa solide tradition de paternalisme social a marqué de nombreux Angevins.

Jean Lurçat (1892-1966)

Artiste reconnu parmi les grands peintres contemporains de la première moitié du XXe siècle. En 1937, il découvre à Angers la tenture médiévale de l'Apocalypse ; elle apparaît pour lui comme une révélation. En 1957, il commence à Aubusson une gigantesque tapisserie, le "Chant du Monde", véritable hommage moderne à l'Apocalypse. Sa réalisation fut interrompue en 1966 à la mort de l'artiste. Son épouse choisit Angers et l'ancien hôpital Saint-Jean pour exposer les deux tiers de l'œuvre.

Spécialités locales

Artisanat

Par essence et par histoire, en toute logique, l'artisanat collabore en parfaite symbiose avec la nature. En effet, avant la fin du XXe siècle, tout artisan ne travaillait que les matériaux de la nature. En ce sens l'Anjou s'est démarquée des autres régions par sa géologie. **L'ardoise d'Angers**, ce fameux schiste, pur et bleuté, reconnu mondialement comme le plus noble, couvre l'intégralité des toitures des demeures et châteaux de la vallée de la Loire. Aujourd'hui encore, extraite des mines de Trélazé, elle garde son prestige bien que l'ensemble des toitures de pavillons du grand ouest utilise celle d'Espagne, beaucoup plus abordable mais moins qualitative. Le **tuffeau**, blanc crémeux, extrait du sous-sol saumurois et tourangeaux, a permis pendant des siècles d'édifier tous les châteaux et habitations du val de Loire. Toutes les anciennes constructions et Monuments historiques sont obligatoirement restaurés dans ce noble et sublime matériau crayeux. On peut aujourd'hui observer sa magnificence grâce au programme total de ravalement de façades de toute la ville d'Angers, et bien sûr, en allant se promener dans les lumineux villages de la vallée de la Loire. L'argile de qualité, extrêmement présente dans les sols du nord d'Anjou, dévoile encore et toujours ses aspects édificateurs. Les célèbres **carreaux des Rairies**, pavés d'argile, sont encore fabriqués à l'ancienne par plusieurs ateliers de la région de Durtal. Carrelages, dallages de jardin, claustras, élévations décoratives, parement de murs, sont autant d'utilisations possibles de ce bel et authentique matériau, utilisé pur ou émaillé. Les constructeurs, architectes et magasins d'équipement de la maison, ont considérablement apporté leur contribution à leur utilisation.

Gastronomie

Côté salé

Si l'Anjou compte une grande variété de produits du terroir, elle possède paradoxalement peu de recettes ou de plats typiquement régionaux. Quelques exceptions cependant :

Le champignon dit de Paris est en fait majoritairement produit en Anjou depuis la fin du Moyen Age. Cultivé dans les galeries du Saumurois, il ressort bien blanc ou blond des ténèbres caverneuses pour le plaisir de nos palais. Quand on le laisse grossir, son chapeau devient tellement large et lourd, tout en fragilisant ses racines, qu'il tombe en roulant de la butte sur laquelle il est cultivé, et fait alors la galipette. Cette roulade lui a donné son nom, **"la Galipette"**. On le farcit au beurre d'ail, aux rillettes ou au fromage, et on le cuit dans le four à fouaces. Servi surtout en Saumurois, on commence à le rencontrer dans quelques restaurants angevins.

Les fouaces ou fouées (petits pains) servaient autrefois à contrôler, selon certains, la température du four avant de cuire les fournées de pain ; elles sont ressorties des tiroirs depuis une vingtaine d'années et sont servies dans les restaurants troglodytes du Saumurois et, depuis peu, dans certains restaurants thématiques.

La gogue (sorte de boudin colossal roulé avec des épinards ou tétragones et oignons).

La matelote d'anguille est aussi prisée des restaurants de Loire et du Layon. Une fête lui est en partie consacrée en juillet à Saint-Aubin-de-Luigné.

Y'a pas d'âge pour déguster les fouées du Moulin de Sarré

© Moulin de Sarré

L'oie d'Anjou est certes méconnue, mais elle appartient au paysage agricole local depuis des siècles (les marchés les plus anciens remontent à 1450). Chaque année, une cinquantaine d'éleveurs de la région produisent plus de 60-000 oies à rôtir (3 à 4 kg la pièce), commercialisées sous les labels "l'Angevine" ou "Duchesse d'Anjou". Presque exclusivement consommées lors des fêtes de fin d'année, ces oies sont parfaitement accommodées dans des recettes mises au point par Jean-Pierre Maussion, de l'Auberge d'Eventard à Saint-Sylvain-d'Anjou (voir site Internet : www.auberge-eventard.com). Trois grandes foires aux oies subsistent dans le département : Brissac-Quincé, Longué et Vihiers.

Les poissons de rivière et de Loire, notamment le sandre, sont servis au beurre blanc. Cette sauce est revendiquée par les Nantais mais elle s'est installée dans le lit de la Loire depuis fort longtemps. On dira qu'elle est ligérienne, afin de contenter tout le monde. Toujours est-il que l'utilisation des échalotes grises de Saumur apporte un plus évident à son bouquet.

Le poulet à l'angevine (volaille rôtie accompagnée de champignons, échalotes et lardons).

Les rillauds d'Anjou (morceaux de poitrine de porc cuits au saindoux) servis froids en charcuterie ou réchauffés en accompagnement de salade. Ils se nomment rillons en Touraine et, en plus petit, grattons en Auvergne.

Côté laitier

Aucun fromage traditionnel n'est né en Anjou. Les fromages de chèvre régionaux concernent surtout les Deux-Sèvres, la Touraine et le Poitou. Cependant, une onctueuse préparation baptisée **Crémet d'Anjou**, élaborée à partir de fromage frais mêlé à des blancs en neige et un peu de crème, est servie en fromage avec aromates (poivre, ciboulette, ail, cumin, safran, sarriette, etc.) ou au dessert avec un coulis de fruits (rouges le plus souvent).

Certains fromagers le vendent (notamment sur les marchés) et quelques (trop rares) restaurants lui offrent les honneurs de leur carte.

Côté sucré

La seule véritable tradition se range du côté de la reine-claude. Ce fruit délicieux, mûr aux environs du 15 août, est disposé entier avec son noyau, comme pour une tarte, sur une pâte mi-sablée mi-briochée (chacun sa recette) que l'on referme

Pierre-Auguste, Jean, Bernard et les autres... 100 ans d'une dynastie hôtelière

Famille Bouyer, Hôtel de France et restaurant les Plantagenêts, une dynastie angevine aux services des voyageurs et des gourmets.

En 1993, l'Hôtel de France fêtait ses 100 ans, tandis que la famille Bouyer, elle, comptait sa quatrième génération à la tête de cet établissement. L'histoire de la famille Bouyer, c'est l'histoire de l'Hôtel de France, et l'histoire de la gare Saint-Laud, une histoire faisant corps avec l'Histoire. Des charrettes à bras, aux premiers tramways, des locos à charbon au TGV, tous les voyageurs s'arrêtant à Angers ont levé un jour les yeux sur cette institution hôtelière, beaucoup y ont séjourné, beaucoup y ont goûté sa cuisine gastronomique. Et l'histoire n'est pas prête de s'éteindre puisque aujourd'hui, Antoine (chef de cuisine aux Plantagenêt) et Vincent (responsable de la partie commerciale et administrative), arrière-petits fils du fondateur, ont repris les rênes à l'issue d'une formation hautement professionnelle adaptée à l'entrée dans le troisième millénaire. A eux deux, ils synthétisent une tradition fortement enracinée et une capacité d'adaptation pour l'avenir. Antoine maintient en cuisine un savoir-faire ancestral et une volonté de faire perdurer une gastronomie exemplaire. Vincent, lui, doit se tourner vers l'extérieur pour maintenir l'Hôtel de France à la pointe du progrès pour satisfaire une clientèle mouvante et exigeante. Par contraste en face de la toute nouvelle et rutilante gare Saint-Laud, l'Hôtel de France et la famille Bouyer lancent un défi au temps qui passe. Les trains passent, la famille Bouyer demeure…

en laissant une cheminée centrale. En bénéficiant de l'humidité du fruit, la pâte devient alors moelleuse, tout en restant croquante.

Ce dessert 100 % angevin nommé **pâté aux prunes** rassemble tous les suffrages. On ne peut passer l'été en Anjou sans le rencontrer partout. Les autres pâtisseries angevines sont souvent élaborées à base de cointreau. Le dessert de la ville (et des pays de Loire) par excellence est sans nul doute le **Plantagenêt**. Né officiellement en 1986, il est harmonieusement composé d'un biscuit aux noisettes, d'une crème pralinée et d'une bavaroise au cointreau parsemée de griottes.

Un célèbre pâtissier a conçu une gourmandise qui rend hommage aux mineurs de fond qui extraient encore l'ardoise du sous-sol angevin : le **Quernon d'ardoise**.

Elaboré chez "la Petite Marquise", rue des Lices, le Quernon un petit carré de nougatine recouvert d'un chocolat bleuté, rappelant les blocs de schiste que les "fendeurs" fendaient pour réaliser les ardoises des toitures de l'Anjou et des châteaux de la Loire. Fondant et croquant à la fois, il constitue, entre autres, une belle idée de cadeau souvenir gourmand.

Côté liqueurs

Si Combier, à Saumur, revendique l'invention du **"triple sec"** qu'il produit toujours, Cointreau, lui, a inventé une liqueur cristalline absolument transparente à base d'écorces d'oranges douces et amères, le **cointreau**. Le cocktail angevin de plus en plus prisé dans les foyers est sans nul doute la **soupe angevine** : crémant de Loire, jus de citron et cointreau. Il est frais, peu sucré et extrêmement agréable à déguster grâce à sa légèreté et à son élégance très féminine ! A Saumur, on trouve la même recette avec les liqueurs Combier. Voir aussi nos explications à la rubrique Musées.

La cerise (célèbre Montmorency), et plus encore la guigne, espèce semi-domestique de cerise, ont longtemps été produites en Anjou et de nombreux artisans élaboraient le **guignolet**. Aujourd'hui encore, deux belles maisons le produisent avec panache : Combier (à Saumur) et Giffard (à Avrillé). Cette dernière produit également une fine **"Menthe Pastille"**, très appréciée des connaisseurs.

Côté vins

Voir la rubrique Vins, en fin de guide.

C'est à Angers... et pas forcément ailleurs

Le développement durable a trouvé où se développer

Fin 2003, l'Agence de l'environnement et de la Maîtrise de l'Energie (ADEME) s'est définitivement installée à Angers. Une adresse stratégique pour le développement durable prôné par la cité angevine depuis fort longtemps (même si dans les faits, tout n'a pas toujours été au point). "Bilan Carbone" ainsi que la formation auprès des entreprises sont quelques-uns de ses champs d'action. Son site Internet publie un bulletin quotidien de qualité de l'air. (www.ademe.fr).

Grandir et vieillir ensemble

Depuis 1998, la Mairie par une initiative du Centre communal d'Action Sociale, génère et soutient tous les projets visant à rassembler les générations. Cette politique sociale s'amplifie d'année en année à travers différentes actions qui mettent en relation les écoles et les foyers logements, les associations de chômeurs et les anciens cadres retraités. Elle organise régulièrement des conférences et clôture chaque saison par une grande manifestation, Mix'âges, pendant une semaine en mai.

Angers a sa télévision locale, TV 10, depuis 1988

Accessible sur le réseau câblé, elle diffuse l'actualité locale avec notamment un journal de 10 minutes par jour (multidiffusé). Elle couvre particulièrement bien le dynamisme sportif et associatif de la ville, en réalisant des reportages sur des talents et des initiatives. Elle coproduit aussi d'excellents documentaires.

L'université catholique de l'Ouest (UCO)

Fondée en 1875, c'est l'une des plus importantes universités catholiques, avec plus de 13-000 étudiants, essentiellement répartis entre Angers et Vannes. Elle s'est surtout spécialisée dans les sciences exactes, humaines, linguistiques et religieuses. Elle accueille des milliers d'étudiants étrangers venus du monde entier. Elle reflète l'ancrage ancien de la religion catholique dans la ville et plus généralement dans l'Ouest de la France.

Mode de vie ou "image de ville"

La ville d'Angers se positionne en ville verte et s'active sur le thème du développement durable et de l'écologie urbaine. Elle accueille depuis fin 2003 le siège social de l'Agence de développement de l'environnement et de la maîtrise de l'énergie (ADEME). Il faut espérer que cette implantation mettra un terme aux quelques manquements écologiques et sanitaires qu'a vécus la ville ces dernières années, ainsi qu'à sa timidité en matière de partage de voirie : le bulletin quotidien sur la qualité de l'air de l'ADEME ne devrait pas faire de cadeaux ! L'agrandissement du réseau de pistes cyclables, lentement, mais on l'espère, sûrement, ferait bien aussi de se doter d'une meilleure sécurité de circulation pour les cyclistes, souvent pris en sandwichs entre les bus et les voitures. Néanmoins, Angers est régulièrement citée par les "news magazines" en tête des villes où il fait bon vivre. Des initiatives comme "Pédibus" pour les écoles primaires, et l'encouragement à acheter des produits du commerce équitable, font citer la cité angevine comme "la ville laboratoire du développement durable". Elle réunit en effet bien des atouts : une vie culturelle dynamique, un riche patrimoine architectural, de belles coulées vertes dans la ville ou à proximité (nombreux parcs anciens ou contemporains, base de loisirs du lac de Maine, le site naturel protégé des basses vallées angevines, et la Loire toute proche classée par l'Unesco). D'autre part, Angers et son agglomération se sont dotées d'équipements de pointe en matière de traitement des déchets et de l'eau, et 50 % des habitants de l'agglomération sont collectés au porte-à-porte par le TOM (tri des ordures ménagères). Tout cela forme une "image de ville" qui ne peut néanmoins faire oublier un taux de chômage parmi les plus élevés de l'hexagone, et le prix de l'immobilier qui a grimpé en flèche depuis que le TGV relie Paris en moins d'1h30.

Fêtes marquantes

Les Accroche-cœurs début septembre (voir rubrique Culture). Anguilles et vins millésimés à Saint-Aubin-de-Luigné en juillet. Soleil d'Hiver au centre-ville : c'est le marché de Noël qui dynamise tout le centre-ville grâce à l'existence bienheureuse de la fédération des Vitrines d'Angers. La foire Saint-Martin en novembre, place de La Rochefoucauld, qui est la plus grande fête foraine du grand Ouest. Le salon des vins de Loire début février. Le salon de la maison en bois au Parc Expo, sixième édition en 2005.

Traditions : boule de fort

Le jeu de loin le plus pratiqué et le plus caractéristique de l'Anjou. Son originalité vient de l'alliance d'un terrain incurvé et d'une boule cerclée de fer, méplate et déséquilibrée par un côté plus lourd que l'autre, appelé "fort". La forme actuelle de la boule de fort angevine date du milieu du XIXe siècle. Elle a eu ses heures de gloire après la dernière guerre. La fréquentation des jeux a par la suite baissé mais, aujourd'hui, un regain d'intérêt voit le jour. Pendant longtemps interdites aux femmes et aux étrangers du cercle de jeu, les salles se sont ouvertes et accueillent aujourd'hui plus facilement les visiteurs. L'origine reste incertaine. Pour certains, elle remonterait aux Plantagenêts, comtes d'Anjou et rois d'Angleterre, à l'époque desquels des jeux semblables se pratiquaient encore sur gazon, avec une boule de fort non ferrée. Pour d'autres, ce sont les forçats employés à la construction des levées de la Loire qui en seraient à l'origine, en roulant leur boulet dans les fossés ou dans les cales des bateaux pendant leur repos. Quoi qu'il en soit, la convivialité de ce jeu et de ses joueurs en chaussons est légendaire : passer un après-midi à les regarder vaut bien son pesant de soirée télévision. Les joueurs sont regroupés en cercles, sociétés ou amicales, ouverts à tous et dont les noms sont déjà à eux seuls un appel à la visite : La Fraternelle, La Paix, La Concorde… Chaque quartier possède au moins un jeu de boules. Il en va de même pour tous les villages de l'Anjou ou presque.

FEDERATION DES JOUEURS DE BOULES DE FORT 19bis, rue de l'Abbaye ✆ 02 41 72 24 23

Musée des Beaux-Arts, vue extérieure

quoi de neuf

LES ARCHIVES DEPARTEMENTALES. Elles ont repris leur place dans des locaux entièrement rénovés, agrandis, mieux éclairés, inaugurés en mai 2004. La volonté de sortir les Archives de leur aura poussiéreuse a permis de leur adjoindre deux salles d'activité pédagogique, un foyer de lecture et une salle de conférences. La salle de consultation est passée de 150 à 600, afin de mieux recevoir les 350 000 articles que contient l'institution. Quant au hall d'entrée, il est à présent en mesure d'accueillir en grand les 20 000 visiteurs annuels.

LA BOUCLE VERTE EST BOUCLEE. Les promeneurs et les cyclistes du dimanche seront contents de voir enfin terminer l'aménagement de ce grand circuit vert dans la cité. Cette "boucle verte" permet de réaliser un seul parcours qui démarre du quai Tabarly, et qui fait le tour des parcs Balzac et du lac de Maine pour revenir sur les quais. Ainsi, on pourra partir se promener à partir du centre-ville, sans être obligé de prendre sa voiture.

CENTRE COMMERCIAL RIVE SUD. L'hyper et sa galerie commerciale continuent de s'agrandir en développant le rayon hi-fi vidéo télévision et électroménager. A taille humaine encore et toujours, ce pôle du Sud-Loire ne cesse d'attirer une foule grandissante qui s'est installée aux portes du vignoble.

FORTERESSE MEDIEVALE Château d'Angers. Le chantier est terminé en cette rentrée 2004 ! Le fameux quadrilatère historique qui se situe entre la galerie de l'Apocalypse, le palais Comtal et la chapelle est à présent orné d'un nouveau beau jardin à la française, et l'unique mur subsistant du palais dont les fenêtres aveugles s'ouvrent sur le ciel et le quartier de la Doutre a été finement restauré. A ce niveau, on peut aussi admirer les vestiges mis à jour par les précédentes fouilles, à travers une vitre fumée, et une grande salle d'exposition servira de centre d'informations complètes sur les tentures de l'Apocalypse. Tous les niveaux de la forteresse sont désormais accessibles aux handicapés par ascenseurs extérieurs, intérieurs, et des rampes obliques à la place des escaliers. A noter que l'exposition "La mémoire des anneaux" qui s'est installée dans la chapelle en octobre 2003 restera en place jusqu'en avril 2005, et durant cette période, une visite des cachots est possible quatre fois par jour.

Les aléas des Halles

Peut-on encore les appeler "les Halles" ? En effet, le projet de restructuration enfin arrêté et dont les travaux débutaient en ce début d'année 2004 n'aura plus rien à voir avec des Halles proprement dites : les commerces seront tournés vers l'extérieur, côté rue, ce qui fait que ce chantier servira à construire un nouveau pâté de maisons aux allures contemporaines de galerie commerciale dont les rez-de-chaussée seront des vitrines commerçantes. De grandes enseignes franchisées installent leur suprématie tout autour de cet îlot immobilier. On est bien loin de ce que l'on attendait d'une grande galerie commerçante, ou tout simplement du rêve de beaucoup d'Angevins de voir renaître de vraies halles alimentaires, pour réhumaniser un peu un centre-ville saturé de vitrines et de gaz d'échappement. Le gros avantage de cette création réside dans le fait que le côté attractif de ce pôle renforcera l'intérêt du centre d'Angers et donc des "petits" commerçants. Sans cela on aurait sans doute vu la création prochaine d'un nouveau centre commercial périphérique qui aurait encore accentué le cannibalisme commercial. Les Angevins espèrent toujours, et très, très fort par contre, que la municipalité créera un jour de nouvelles Halles, des vraies, cette fois-ci. Attendons et espérons.

LES HALLES. C'est parti ! Et oui le chantier des halles a commencé en mars et devrait se poursuivre jusqu'en avril 2005, date à laquelle le nouveau pâté de maisons devrait ouvrir ses portes. Jusque là les rues environnantes vont être chamboulées. Les bus passent désormais par la rue de la Roë qui est en sens unique, c'est-à-dire que l'on ne peut plus la remonter en direction de la place du Ralliement, et par la rue Parcheminerie. Les Halles (qui n'ont de Halles que le nom) s'ouvriront à de grandes enseignes telles que H & M, Nicolas, Go Sport, Monoprix et Planète Saturn (seules enseignes connues au bouclage du guide). Pour limiter les désagréments les halles n'ont pas été détruites mais déconstruites ce qui a eu tendance à limiter les bruits gênants pour le quartier.

LA MAISON DEPARTEMENTALE DES SPORTS Les Ponts-de-Cé ✆ 02 41 79 29 39. Inaugurée en septembre 2003 et en service depuis le mois de février 2004, la Maison Départementale des Sports est un équipement mis au service du mouvement sportif par le Conseil général du Maine et Loire. La ville des Ponts de Cé a gracieusement mis à disposition les terrains pour accueillir ce complexe de 1100 m² qui regroupe 21 Comités départementaux, le Comité Olympique, et qui abrite des salles de réunions toutes équipées en vidéoconférence.

MUSEE DES BEAUX-ARTS. Le chantier enfin terminé. Après cinq ans de long et pénibles travaux la ville retrouve enfin son musée plus beau que jamais. Cinq ans de rénovation, de restauration de décoration et d'aménagement qui aboutissent à un véritable chef-d'œuvre. De grands espaces qui offrent tout le loisir de flâner et de déambuler au gré de ses envies et des toiles qui ornent les murs des diverses salles. Le parcours beaux-arts a été enrichi de nombreuses toiles rénovées et autrefois stockées dans les immenses greniers. Il développe la peinture classique du XIVe à nos jours avec des toiles de François Boucher, Ingres, Monet, Corot ou encore Lorenzo Lippi. Chaque salle évoque un thème, une école et une époque particulière à laquelle la couleur de la salle est rattachée. Après le parcours, la salle des sculptures s'offre à vous avec des marbres, des plâtres et des pierres monumentales qui représentent la danse ou des héros de la mythologie. Une salle grandiose proche de la démesure de l'art et du talent. Le musée possède

Musée des Beaux-Arts, hall d'entrée

© Pierre David

aussi un parcours sur l'histoire de la ville, de sa création et de son histoire à travers les âges. Jouxtant le parcours principal, des salles restent dédiées aux expositions temporaires. Trente-trois millions d'euros (le plus gros budget de l'Etat en matière d'art pour la province) et le travail de deux architectes pendant cinq ans auront permis aux Angevins de retrouver un musée plus beau que jamais présentant 400 œuvres, soit deux fois plus qu'auparavant. Bravo, les Angevins et les touristes sauront apprécier. (Voir détails en rubrique Visites).

LA NOUVELLE GARE : DERNIERE TOUCHE D'UN GRAND TABLEAU. On commence enfin à y voir plus clair autour de la nouvelle gare d'Angers. Le chantier se termine et le bâtiment juxtaposé au hall de gare commence à remplir ses bureaux de location. L'immense parking à étages, un peu plus loin, construit dans une continuité architecturale est une réussite de discrétion et son utilité n'est pas des moindres, surtout dans l'avenir si les velléités de rendre le tout centre-ville piéton se réalisent. En revanche, il n'y aura pas de nouveau buffet de la gare, et c'est bien dommage qu'un aussi grand projet se contente de cette petite buvette à 5 tables qui est vraiment insuffisante aux heures d'affluence.

Orient Express

Un vent oriental s'est emparé d'Angers, comme si le Sirocco soufflait désormais en permanence sur notre douce ville. Pas moins de 12 nouveaux lieux ont été troqués à des jeunes gens originaires du bassin méditerranéen. Qui des bars à narguilé (fumoirs traditionnels conviviaux), qui des kebabs à emporter, qui des couscous, qui des chaleureux mezzes et autres lieux à l'ambiance épicée. Deux établissements rue Baudrière, deux établissements rue Parcheminerie, et deux autres, rue des Deux Haies dont un nouveau à la place de Chez Dédé, deux rue du Mail dont un libanais, un rue Paul Bert, quatre établissements rue Bressigny dont un en sous-sol, etc. Les nuits angevines prennent des accents de thé à la menthe, de cumin, de pain azyme et de graines de sésame. N'allez d'ailleurs pas croire que seules les "communautés" les fréquentent, mais bel et bien une jeunesse locale hétéroclite venue chercher en ces lieux une autre manière de s'amuser et d'échanger.

UN NOUVEAU DECOR POUR LE MUSEE DE LA COMMUNICATION. Depuis juin 2004, le musée a révélé à ses visiteurs sa nouvelle mise en scène s'articulant autour de thème des "héros de la communication, ces pionniers de génie". Chaque salle est tenue par un héros légendaire qui vous transportera dans son monde, ainsi Volta vous initie à l'électricité ou encore Gutenberg à l'imprimerie. La petite nouveauté, mais pas des moindre est l'installation de points vidéo et la nouvelle visite guidée avec casques rend la visite du site beaucoup plus vivante. Entrée adulte : 5,50 €, enfant : 2,50 €.

PARKING SILO RUE BOISNET. En cour de construction, ce vaste et indispensable équipement, extrêmement bien situé dans ce quartier en total relooking, apportera sa contribution à la fluidité du centre-ville. Livraison début 2005.

UN POLE MOTO A BEAUCOUZE. Dès la fin de l'année 2004, la zone industrielle de Beaucouzé va s'enrichir d'une zone dédiée à la moto et aux divers concessionnaires d'Angers. Ainsi Scratch moto, Perrault moto, Espace moto, Cap évasion, Explorado et Techniques moto devraient être regroupés derrière le bowling mais chacun gardera son indépendance et des bâtiments distincts les uns des autres. Du petit scooter à la grosse cylindrée chacun pourra trouver son bonheur et faire jouer la concurrence.

LE 35e PRESIDENT DU CONSEIL GENERAL DE MAINE ET LOIRE. A 29 ans, Christophe Béchu a pris ses fonctions le 1er avril 2004 à la tête du Conseil général, succédant à André Lardeux. Le plus jeune président des Conseils généraux en France engage sa politique vers une volonté de changement et d'ambition, avec la ferme intention de "faire bouger notre collectivité".

THEATRE LE QUAI. Finis en mai 2004, les bons et loyaux service du théâtre Beaurepaire se sont réduits en poussière pour laisser place à une grosse excavation face au château. Un immense et flambant neuf théâtre nommé "Le Quai", s'y dressera en 2006. Le NTA (Nouveau Théâtre d'Angers), et le CNDC (Centre National de Danse Contemporaine), vont s'y installer. Son architecture élégante de bois et de verre fera face à la forteresse de l'autre côté de la Maine, comportera un immense hall, deux salles dont une grande de 900 places, des salles de réunions, les locaux techniques, une cafétéria et tout l'attirail utile à une telle structure. Drôle de nom, dénué d'âme, pour un lieu qui en regorgera !

RENOVATION DE CARREFOUR SAINT-SERGE... IL ETAIT TEMPS. Effectivement notre centre commercial le plus ancien avait bien besoin d'un coup de jeunesse. Le nouveau site devrait avoir vu le jour fin 2004. La galerie marchande se voit agrandie de 1 200 m², ce qui prévoit une dizaine de nouvelles enseignes et une centaine d'emplois créés sur le site (ce genre de chiffres est à prendre avec précaution !). Un nouveau parking est à l'étude pour faciliter le stationnement. Alors bonne course !

TREMIE DE SAINT-BARTHELEMY. Travaux devenus indispensables compte tenu du flux augmentant sans cesse, cet ouvrage d'art désengorgera l'accès en direction de Beaufort-Saumur et par extension Saint-Barthélemy et sa ZI. Livraison début 2005.

LA ZONE FRANCHE DE BELLE-BEILLE. Elle est officialisée depuis janvier 2004. Rappelons que cette "zone franche" a pour but de rétablir une activité économique dans un quartier où le taux de chômage est un des plus importants de la ville. Les entreprises qui s'installeront dans cette zone bénéficieront d'exonération conséquente des charges sociales, sous condition qu'elles emploient du personnel résidant au sein de cette zone.

© Alain Chudeau

Le grand salon du château de Serrant

Visiter

Monuments - Châteaux et Musées

CHATEAU D'ANGERS - FORTERESSE MÉDIÉVALE Promenade du Bout-du-Monde © **02 41 86 48 77.** *Du 5 septembre au 30 avril, ouvert de 10h à 17h30. Visites à 10h15 et 15h15. Fermé les 1er janvier, 1er mai, 1er novembre, et 25 décembre. La dernière entrée se fait 45 minutes avant l'heure de fermeture. Adulte (+ de 25 ans) : 6,10 €, 18-25 ans : 4,10 €, gratuit pour les moins de 18 ans, RMI, chômeurs et handicapés ; groupes (20 minimum) : 5,10 €/personne. L'été, visites en anglais, allemand et italien.* Difficile de ne pas voir la monumentale forteresse couleur de schiste et de tuffeau siégeant sur un éperon d'ardoises au centre de la ville. Elle surveille la Maine depuis plus de douze siècles, du haut de ses tours (17 en tout) de 40 mètres. Au IXe siècle, la menace des Normands amène les comtes d'Anjou à construire une forteresse de 5 000 m² pour se défendre. Au XIIIe siècle, Blanche de Castille puis saint Louis font édifier, autour du fort des comtes d'Anjou, une enceinte de 20 000 m² et, cette fois, pour résister aux Bretons. C'est en 1230 que sont achevées les 17 tours rondes. On a peine à croire aujourd'hui, en les voyant si hautes, qu'elles ont perdu, à l'occasion des guerres de Religion en 1585 et par ordre d'Henri III, une vingtaine de mètres, ainsi que leurs toits en poivrière. Les fossés n'ont jamais connu d'eau, car cela était difficile par rapport au niveau de la Maine. C'est le roi René, duc d'Anjou qui, en 1360, fit adjoindre une galerie au Logis Royal et construire le châtelet. La forteresse devint alors le château du roi René, qui donnait à l'époque de somptueuses fêtes. Aujourd'hui, une fois le pont-levis franchi, on découvre un impressionnant chemin de ronde duquel on peut saisir d'un seul coup d'œil les plus belles vues sur la ville : le nouveau quartier du front de Maine, de l'autre côté de la rivière, la montée Saint-Maurice jusqu'à la cathédrale, les logis de la cité et les tours des nouveaux quartiers. Sous Louis XIV, le château devient prison d'Etat, puis, après la Révolution, fort militaire. Ce n'est qu'en 1857 que l'Etat en devient propriétaire. Le château abrite la tenture de l'Apocalypse, commandée en 1375 par Louis Ier, duc d'Anjou : ce chef-d'œuvre de la tapisserie médiévale, unique au monde, mesure 100 mètres de long (voir plus loin). Ne pas rater non plus le charme des merveilleux jardins reconstituant ceux créés jadis ici par le roi René. C'est du château qu'est tiré généralement le feu d'artifice du 14 juillet, ce qui donne un spectacle "sons et lumières" féerique.

L'impressionnant chantier du "quadrilatère historique" du château est arrivé à son terme en été 2004 et il permet aux visiteurs de finir leur parcours en traversant les jardins et par une escale archéologique qui leur permet d'admirer les vestiges mis au jour par les fouilles. A noter aussi le vaste espace d'accueil, qui deviendra vraisemblablement un lieu d'exposition par la suite. Bref, c'est d'une véritable structure dont s'est doté le château, qui lui offre un parcours muséographique à sa hauteur, pour le plus grand plaisir des futurs visiteurs.

Château d'Angers, éclairage de nuit

© Philippe Berthé / CMN, Par's

© Château de Baugé

Château de Baugé

CHATEAU DE BAUGE ✆ **02 41 84 00 74.** *Site Internet : www. château-bauge.com. Ouvert des vacances de février à Pâques et de fin septembre à mi-novembre de 14h à 17h30. de Pâques à fin septembre de 10h à 17h30. départ de visite toutes les 45 minutes. Adulte : 8 €, enfants de 11 à 16 ans : 6 €, et de 6 à 10 ans : 4 €.* Foulque III de Nerra, ancêtre de la dynastie des Plantagenêts, élève au début du XIe siècle une puissante forteresse au confluent de l'Altrée et du Couasnon. L'ouvrage est incendié par sa mère Yolande d'Aragon en pleine guerre de Cent Ans, le roi René hérite donc d'une ruine et décide en 1454 de construire un nouveau château sur la muraille nord de l'ancienne enceinte. René duc d'Anjou et sa Dame Jeanne de Laval adoraient y séjourner et de grandes parties de chasse étaient organisées dans les forêts avoisinantes comblées de sangliers. Aujourd'hui, flambant et entièrement restauré à nouveau, le château vous invite à un voyage dans le temps des célèbres rois d'Anjou. Un étonnant parcours spectacle vous fera revivre les moments forts de l'histoire de France du Moyen Age et de la Renaissance. La salle d'honneur du château réaménagée en espace muséographique met en scène les grands thèmes de cette époque : la Chevalerie, les tournois, l'amour courtois. Un chevalier géant en position de joute vous accueillera. En empruntant un escalier majestueux à la voûte en palmier, vous accéderez aux combles du château et… rencontrerez le roi René !

CHATEAU DE SERRANT RN23 - SAINT-GEORGES-SUR-LOIRE ✆ **02 41 39 13 01.** *Site Internet : www. château-serrant.net. E-mail : contactserrant@aol.com. Ouvert tous les jours sauf mardi du 15 mars au 31 octobre de 9h30 à 12h (départ dernière visite), et de 14h à 17h15 (départ dernière visite). Horaires des visites 10h, 11h, 12h, 14h15, 15h15, 16h15, 17h15. En juillet et août, ouvert tous les jours de 9h30 à 17h15 avec une visite de plus à 13h. Du 1er octobre au 15 novembre fermé lundi et mardi. Du 15 novembre au 24 décembre les samedis et dimanches et du mercredi au vendredi sur rendez-vous. Tarif 9 €/adultes, 5 €/enfants et étudiants. Groupes 7 €.* Sur la RN23 on peut voir le grand et large bâtiment qui, derrière ses grilles monumentales et ses jardins, impose la majesté blanche de son tuffeau. Bâti aux XVIe et XVIIIe siècles, le château de Serrant a constamment été habité, ce qui lui a valu de traverser les siècles sans connaître la décrépitude frappant immanquablement la plupart des bâtisses même temporairement désertées. Le splendide double escalier de la Renaissance est une première invitation à la découverte de ce lieu unique dont tout le mobilier est classé, et qui laisse admirer les enfilades de ses chambres, chacune marquée

Salle de biographie au Château Baugé

© Château de Baugé

par une époque différente, de Louis XIII au Directoire. Dans le grand salon complètement réaménagé, trônent désormais près des embrasures les deux grandes statues d'Antoine Coysevox qui peuplaient autrefois le parc. Avec ses quelque 12 000 volumes, la magnifique bibliothèque est un véritable éblouissement, qui captive autant le regard que les riches tapisseries parant les murs. Sans quitter ce sentiment de luxe et de profusion bien réglée, on ira visiter les cuisines de la demeure, installées comme il se devait en sous-sol. Sous les voûtes à ogives, un espace de plus de 130 m², dévolu à la préparation des repas des maîtres, maintient intact l'arsenal impressionnant des fourneaux d'antan. Il y a lieu de croire que cette installation hors pair deviendra bientôt un nouveau point d'attraction, justifiant à lui seul la rencontre avec un domaine en tout point exceptionnel. On s'étonne à la découverte de l'ascenseur 1900. L'ensemble du mobilier a été classé Monument historique, c'est une première en France, et donc une exception ! La route de la Vallée des Rois, classée par l'Unesco, patrimoine mondial, révèle de bien belles surprises.

GALERIE DAVID D'ANGERS 33bis, rue Toussaint ✆ 02 41 87 21 03. *Fermée le lundi. Ouverte de 9h à 12h et de 14h à 18h. Du 12 juin au 15 septembre, la galerie est ouverte tous les jours de 9h30 à 18h30.* L'abbatiale Toussaint, l'une des grandes abbayes angevines du XVIIIe siècle, est restée longtemps à l'état de ruine, ce qui donna l'occasion d'y tourner une des scènes du film "Week-end à Zwickau", avec Jean-Paul Belmondo. Mais depuis 1984, où elle a été inaugurée par François Mitterrand, elle abrite le musée à la gloire de l'artiste et homme politique compatriote des Angevins, Pierre-Jean David (1788-1856), connu sous le nom de David d'Angers. En coiffant l'abbaye rénovée d'une toiture de verre, Pierre Prunet, architecte en chef des Monuments historiques, a permis que pénètre une abondante lumière naturelle qui met en valeur la monumentalité et le réalisme des sculptures de David d'Angers. Dans la nef sont présentés des modèles de statues gigantesques ; dans le chœur, des statuettes et des dessins ; à l'étage, la galerie des bustes contemporains (Balzac, Goethe, Saint-Just, Victor Hugo, grand ami du sculpteur, etc.) et 500 médaillons réalisés par l'artiste. On doit à David d'Angers le tombeau de Bonchamp, le fronton du Panthéon, la statue du roi René qui trône en bas du boulevard du même nom. David d'Angers fut député républicain d'Anjou de 1848 à 1859.

© Château de Serrant

MUSEE DES AILES ANCIENNES OU MUSEE DE L'AIR Aéroport d'Angers - MARCE ✆ 02 41 33 04 10. *Ouvert tous les jours durant les vacances de la Toussaint, de Pâques et de Noël, et du 15 avril au 15 octobre, de 14h à 18h (sauf lundi). Du 16 octobre au 14 avril, ouvert le samedi et le dimanche seulement et aux mêmes horaires. Visites de groupes ou commentées sur rendez-vous. Entrée gratuite pour les enfants âgés de moins de 10 ans, 2 € en tarif réduit (étudiants et moins de 18 ans), 4 € pour les adultes et 3 € pour les groupes (10 personnes).* Installé dans l'aéroport de Angers-Marcé, en plein cœur du sujet, le musée bénéficie d'une surface de 5 000 m² et d'une architecture moderne qui abrite une collection d'avions et de planeurs, des origines de l'aviation à nos jours. L'histoire de l'aéronautique angevine, un peu méconnue, trône en bonne place. On peut admirer, entre autres avions, l'aéroplane inventé et construit par René Gasnier, qui fit le premier vol en Anjou en 1908 sur la corniche angevine, entre Rochefort-sur-Loire et Chalonnes-sur-Loire ; à l'opposé, des chasseurs à réaction. Que d'air parcouru ! Et dire qu'entre les deux, il n'y a même pas 90 ans ! Pour expliquer ce progrès, des moteurs, des hélices, avec des planches d'explications techniques, mais là, même si c'est bien expliqué, on survole… agréablement.

La bibliothèque du château de Serrant

© Alain Chudeau

MUSEE EUROPEEN DE LA COMMUNICATION Parc de Pignerolle - SAINT-BARTHELEMY-D'ANJOU ✆ 02 41 93 38 38. *Ouvert du 1er novembre à fin mars les week-ends. et vacances scolaires de la Zone A (10h-12h30/14h30-18h) et d'avril à octobre : tous les jours aux mêmes horaires. Fermeture à 19h en juillet et août. Fermé en janvier. Visites spectacles en nocturne de 20h30 à minuit certains samedis soir de juillet et août.* Dans un ravissant parc de 75 hectares (où est conservée une collection nationale d'hortensias), ce Trianon angevin accueille un musée qui fait découvrir tous les supports de transmission du son, puis de l'image, utilisée par l'homme comme outil de circulation ou de propagande des idées. La visite s'est orientée sur le thème de l'évolution de la communication vue au travers des héros de l'histoire de l'homme.

MUSEE DE L'ARDOISE 32, chemin de la Maraîchère - TRELAZE ✆ 02 41 69 04 71. *Ouvert du 1er juillet au 15 septembre, du mardi au dimanche, de 14h à 18h avec une démonstration à 15h. Du 16 septembre au 30 novembre et du 15 février au 30 juin, ouvert les dimanches et jours fériés seulement, de 14h à 18h, avec toujours une démonstration à 15h. Groupe sur rendez-vous. Durée de la visite : 2h.* Nouveauté, à la fin de la visite, une démonstration de boule de fort a lieu dans la société la "Tour du Moulin", située à côté du musée. Des artistes exposent désormais à l'étage du musée tout au long de l'année, sans avoir forcément un rapport au schiste. Lorsque le temps le permet, accès à un sous-bois pour pique-niquer en famille.

MUSEE DES BEAUX-ARTS Place Saint-Eloi ✆ 02 41 05 38 00. *En été, ouvert tous les jours de 10h à 19h et nocturne le vendredi soir jusqu'à 21h. En hiver ouvert du mardi au dimanche de 12h à 18h et le vendredi 20h. Entrée : 4 €.* Ça y est ! On l'attendait depuis tellement longtemps et le voilà enfin ré ouvert pour notre plus grand plaisir. Dans un décor idéal mêlant architecture classique (au cœur d'un îlot d'histoire et d'art avec la présence du musée David d'Angers, de la tour Saint-Aubin et de la place Saint-Eloi rénovée de pavés et d'un fragment de visage colossal de bronze en son centre) et modernité des locaux, on déambule dans ce majestueux musée qui saura enchanter les plus récalcitrants. Le parcours se veut ludique avec la présence, en certains points, de guides qui vous expliquent à travers une conversation interactive avec les visiteurs, l'histoire et la conception d'un tableau en particulier. De grands espaces qui offrent tout le loisir de flâner et de déambuler au gré de ses envies et des toiles qui ornent les murs des diverses salles. Le parcours Beaux-Arts a été enrichi de nombreuses toiles rénovées et autrefois stockées dans les immenses greniers. Il développe la peinture classique du XIVe à nos jours avec des toiles de François Boucher, Bodinier, Watteau, Chardin ou encore la collection de Turpin de Crissé. Chaque salle évoque un thème, une école et une époque particulière à laquelle la couleur de la salle est rattachée. Après cette première découverte, la salle des sculptures s'offre au visiteur avec des marbres, des plâtres et des pierres monumentales qui représentent la danse ou les héros de la mythologie. Une salle grandiose proche de la démesure de l'art et du talent. Le musée possède aussi un parcours sur l'histoire de la ville, de sa création et de son histoire à travers les âges avec près de 550 pièces. Des salles contiguës sont dédiées aux expositions temporaires comme celle à la réouverture, consacrée à Nikki de Saint-Phalle, première du genre depuis sa mort. Trois expositions épisodiques sont prévues chaque année. Vous pourrez suivre la rétrospective photographique de Bogdan Konopka, photographe polonais, qui a suivi les travaux de bout en bout. Après une telle visite vous pourrez prendre le temps de boire un verre au Café des Orfèvres (entrée libre). Le musée nous prévoit de beaux jours avec encore plus de 1 100 œuvres au cœur de ses réserves.

Musée des Beaux-Arts, salle Guméry

© Pierre David

MUSEE COINTREAU **2, boulevard des Bretonnières - ZI Saint-Barthélémy-d'Anjou © 02 41 31 50 50.** *Tous les jours, sauf en janvier (et le 25 décembre évidemment). Du 1er novembre au 30 avril, visite à 15h du lundi au samedi et à 15h et 16h30 le dimanche. En mai, juin, septembre et octobre, visites à 10h30 et 15h du lundi au samedi et à 10h30, 15h et 16h30 le dimanche. En juillet et en août, tous les jours 10h30, 14h30, 15h30, 16h30. Gratuit pour les moins de 12 ans, adultes 5,50 € et enfants 2,60 € (tarif groupes 4,70 €).* Si depuis 1875, la recette de cointreau à base d'oranges douces et amères n'a pas changé, le musée, lui, a changé. C'est un grand et original musée qu'il faut avoir visité, que l'on soit Angevin ou de passage. Des parfums qui embaument accompagnent toujours la visite, dans des décors épurés, couleur cointreau orange et or qui donnent une sensation de sérénité douce amère. Il y a toujours la célèbre et merveilleuse salle des alambics, dont les cuivres restent étincelants et dont l'image est souvent reproduite dans les ouvrages de référence. On appréciera la vue plongeante sur le hall et l'embouteillage des différentes marques Cointreau. Mais Cointreau met aussi en scène dans ce musée son étonnante aventure commerciale, de la première publicité de cinéma réalisée, à plus de 10 000 pièces et documents (films, photos, affiches, objets dérivés, etc.), dont une imposante exposition de contrefaçons, cointreau étant la liqueur la plus copiée du monde. Un musée à découvrir sans modération.

MUSEE PINCE **32bis, rue Lenepveu © 02 41 88 94 27.** *Ouvert tous les jours en saison estivale (mi-juin à mi-septembre) de 10h à 19h. Le reste de l'année : ouvert tous les jours sauf le lundi, de 10h à 12h et de 14h à 18h. Entrée : 3 € (2 € pour carte Sésame, partenaires, les Amis des musées…) et gratuit pour les moins de 18 ans.* Trois à quatre expositions contemporaines sont accueillies chaque année. C'est le musée angevin le moins connu et le moins visité. Pourtant, son bâtiment, un logis du XVIe siècle avec façade de style Renaissance, est très admiré dans ce secteur piétonnier. Ses collections très diverses proviennent de legs de riches collectionneurs locaux ou autres, ainsi que du musée du Louvre. A chaque étage (trois en plus du rez-de-chaussée) une collection : antiquités grecques et romaines, égyptiennes, arts japonais et chinois. Il ne faut pas manquer les expositions qui permettent parfois de découvrir des collections exceptionnelles, liées aux civilisations étrangères. On se souviendra de l'exposition sur les samouraïs, ou de celle des vases étrusques, ou, plus récemment les estampes japonaises. C'est une halte qu'on devrait prendre l'habitude de faire lorsqu'on est en balade dans les rues piétonnes du centre-ville.

Musée des Beaux-Arts, salle du 19e siècle

© Pierre David

© Pierre David

Musée des Beaux-Arts, salle du 20e et 21e siècle

MUSEUM D'HISTOIRE NATURELLE 43, rue Jules-Guitton ✆ 02 41 05 48 50. *Entrée : 2 € (1 € pour carte Sésame, partenaires, les Amis des musées…) et gratuit pour les moins de 18 ans. Ouvert du mardi au dimanche de 14h à 18h.* Il a fêté son bicentenaire en 2001, avec l'exposition intitulée "Les Beautés de la Nature", qui sélectionnait quelques-uns des objets et spécimens les plus esthétiques de son immense collection (coquillages, insectes, oiseaux et pierres). Dans un magnifique cadre architectural de la fin du XVIIIe siècle, avec un adorable petit jardin donnant sur le boulevard Carnot, ce musée un peu vieillot a un charme fou. Deux siècles d'acquisitions sont tassés dans de vieilles armoires vitrées avec étiquettes manuscrites à l'encre ou sur des étagères qui côtoient quelques bornes interactives. Pour un prix d'entrée dérisoire, on observe avec autant de fascination que les enfants, qu'il faut amener à tout prix, les animaux de nos régions naturalisés, du plus petit rouge-gorge jusqu'à l'énorme silure. Une très riche collection de fossiles et minéraux est également présentée. Le musée devrait s'agrandir dans les années qui viennent, en investissant les bâtiments voisins de la même époque, jusqu'alors occupés par la faculté de tourisme. Tous les ans est organisée une exposition grand public, qui dure le printemps et l'été. Depuis février 2003, une salle est réservée aux espèces animales menacées, histoire de ne pas seulement être un musée rétro, mais de s'inscrire aussi dans une initiative de sensibilisation en accord avec le développement durable.

DOMAINE DU CLOSEL - CHATEAU DES VAULTS Savennières ✆ 02 41 72 81 00. *Fax : 02 41 72 86 00. Site Internet : www.savennieres-closel.com. E-mail : closel@savennieres-closel.com. Contact Evelyne de Pontbriand. Visite et dégustation vente tous les jours sauf Noël et Pâques.* Situé au cœur du village sur la place du Mail à 15 mètres de l'église romane de Savennières et derrière le grand portail blanc, se cache le château des Vaults, siège du Domaine du Closel, producteur de vins réputés. Le visiteur découvre une façade de château romantique, le bruissement des oies et des canards dans le petit étang bordé d'arbres plusieurs fois centenaires, le vol majestueux des hérons dans le bras de Loire qui reflète pendant 8 mois de l'année ce paysage de rêve et les senteurs du potager familial. Le sentier du coteau mène au petit-bois aux cyclamens pour se plonger dans l'univers aride des coteaux de Savennières et de leur vignoble, qui dominent le paysage grandiose de la vallée de la Loire classé Patrimoine mondial. Visite libre et gratuite, visite guidée sur rendez-vous (8 personnes minimum) où sont contés 2 000 ans d'histoire du vignoble et 200 ans d'une famille ainsi qu'une initiation aux secrets de la géologie des terroirs, de la vie des lombrics et des typhlodromes, de la culture d'une vigne centenaire. Vous partagerez avec le guide la passion des fleurs et des légumes du vieux potager et de l'ensemble du parc merveilleux. Aire de pique-nique, concerts, soirées littéraires, expositions temporaires. Réservation de repas chauds ou froids, servis dans l'art gastronomique à la française, sur rendez-vous uniquement.

Tapisseries anciennes et contemporaines

GALERIE DE L'APOCALYPSE Château d'Angers ✆ 02 41 87 43 47. *Mêmes horaires d'ouverture et tarifs que le château. Visite guidée et commentée tous les jours à 10h15 et 14h30. D'autres visites guidées peuvent être organisées selon l'affluence.* A l'intérieur, les panneaux explicatifs sont rédigés en braille. Il s'agit de la plus grande tapisserie médiévale d'Europe. Elle mesure plus de 100 mètres de long. Réalisée au XIVe siècle et commandée par Louis Ier d'Anjou, elle raconte 75 scènes de l'Apocalypse de saint Jean. 35 lissiers se sont activés pendant 7 ans pour broder ce monument textile. Son histoire est exceptionnelle, tant il tient presque du miracle qu'elle soit encore là dans toute sa splendeur, et surtout dans sa quasi-intégralité (il manque une dizaine de panneaux). L'immensité de la collection, l'extrême complexité des symboles qui la composent, et l'énorme travail de restauration qui l'a menée jusqu'au début de notre XXIe siècle ne peut laisser indifférent. En effet peu de Monuments historiques ont autant fait appel à d'ingéniosité et à la technique pour lutter contre les effets du temps. Outre la restauration des trames et des fils par le Centre Régional d'Arts Textiles, un procédé de fibres optiques permet l'éclairage mystérieux des tentures dans la pénombre complète, sans risque pour le ternissement des couleurs. Sans doute l'instant le plus magique de votre circuit touristique en Anjou.

MUSEE JEAN LURCAT 4, boulevard Arago ✆ 02 41 24 18 45/02 41 18 24 48. *Ancien hôpital Saint-Jean. Ouvert tous les jours en saison estivale (mi-juin à mi-septembre) de 10h à 19h. Le reste de l'année : ouvert tous les jours, sauf le lundi, de 10h à 12h et de 14h à 18h. Entrée 4 € (adulte) et 3 € tarif réduit.* Ce musée abrite "Le Chant du Monde" de Jean Lurçat, œuvre maîtresse de l'art contemporain. Jean Lurçat, artiste reconnu parmi les grands peintres de la première moitié du XXe siècle, découvre la tenture médiévale de "l'Apocalypse" à Angers (voir article plus haut) en 1937 : elle lui apparaît comme une révélation. "Le Chant du Monde", sur la destinée humaine (Lurçat le réalise après la Seconde Guerre mondiale, il a été très marqué par les deux conflits), est un hommage moderne à "l'Apocalypse". Il fut tissé à Aubusson à partir de 1957 et interrompu par la mort de l'artiste en 1966. Dix pièces, représentant les deux tiers de l'œuvre, sont exposées dans la magnifique salle des malades de l'ancien hôpital Saint-Jean (XIIe siècle, un des derniers hôpitaux créés au Moyen Age). De la splendeur se dégage de ce lieu, tant par l'imposant ensemble architectural (superbes voûtes gothiques, de style Plantagenêt, pour les férus d'architecture) que par la fusion des couleurs du "Chant du Monde". Assis au pied de ces monumentales tentures, on décortique la foultitude de messages qu'elles contiennent sur les capacités du meilleur et du pire de l'espèce humaine. Pour bien appréhender cette œuvre, il faut d'abord aller voir "l'Apocalypse" au château, car elle a été l'inspiratrice de Lurçat. Enfin, à ne pas rater au cours de la visite, le superbe petit cloître de l'hôpital (du XIIe siècle aussi) tout fraîchement restauré, situé au bout de la salle des malades.

MUSEE DE LA TAPISSERIE CONTEMPORAINE 4, boulevard Arago ✆ 02 41 24 18 48. *Ouvert tous les jours en saison estivale (mi-juin à mi-septembre) de 10h à 19h. Le reste de l'année : ouvert tous les jours, sauf le lundi, de 10h à 12h et de 14h à 18h. Entrée 4 € (adulte) et 3 € tarif réduit. Visite commune avec le musée Jean Lurçat (le billet donne accès aux deux).* Après avoir restauré l'ancien hôpital Saint-Jean pour y mettre pleinement en valeur le "Chant du Monde" (voir ci-dessus le musée Jean Lurçat), Angers confirme logiquement son intérêt pour la tapisserie contemporaine en y consacrant un nouveau musée ouvert en 1986. Voisin immédiat du musée Lurçat, le musée de la tapisserie contemporaine occupe un bâtiment du XVIIe siècle (une dépendance de l'ancien hôpital devenu orphelinat). Un étage entier est consacré aux collections permanentes des œuvres de Jean Lurçat (peintures, dessins, illustrations d'ouvrages, céramiques et tapisseries) et de Thomas Gleb (tissages), grâce aux donations des familles des deux artistes. Le rez-de-chaussée est réservé aux expositions temporaires. De grands noms parmi les créateurs de la tapisserie contemporaine ont été exposés à Angers : Lagrange, Prassinos, Grau-Garriga (un catalan qui habite maintenant les bords de Loire), Jagoda Buic, Pierre Daquin, entre autres. Ces expositions, bien souvent de tenue internationale, nous montrent la diversité d'expression de l'art textile, qui joue avec les matières naturelles, la laine, le coton, le raphia, mais aussi des matières métalliques, plastiques, synthétiques. On peut ainsi tisser ou tricoter des sacs en plastique, des fils électriques. Des expositions étonnantes à découvrir.

"Made in Angers"

Tous les ans en février, entreprises, artisans et collectivités s'unissent pour dresser un panorama de la vie économique angevine. Durant deux semaines, des grands noms comme Giffard, Cointreau, Scania, mais aussi moins connus comme les centres de tri postaux ou des écoles supérieures, ouvrent leurs portes au grand public pour des visites guidées, des conférences, et des échanges. 65 entreprises ont participé à l'opération en 2004 (14 509 visiteurs). Des week-ends à thème ont permis d'innover cette année, entre autres le "Week-end gourmand" qui a attiré beaucoup de curieux. Il faut dire que les ateliers étaient animés par le chocolatier Réauté, le pâtissier Petit, le charcutier Vignaud, Jean-Pierre Maussion de l'Auberge d'Eventard (rien que ça !) et bien d'autres célébrités de la gastronomie locale et les dégustations de vins et démonstrations de cocktails ont tous été menés de main de maître par de grands spécialistes. Plus étonnant, le week-end des musées, où les conservateurs de 4 musées angevins ont expliqué leur technique et savoir-faire. Economie humanitaire aussi, avec l'entreprise d'insertion Apivet dont tous les Angevins connaissent les containers disposés dans la ville. 2005 annonce d'ores et déjà des nouveautés, un week-end gourmand aux Greniers Saint-Jean, un programme spécial pour les groupes avant et après les semaines publiques, et une expo photo en lien avec l'ouvrage d'art durant toute la durée de Made in Angers.

Lieux insolites

PARC ORIENTAL **Route de Mauléon © 02 41 55 50 14.** *Site Internet : www.parc-oriental.com. En juillet et août, ouvert tous les jours de 10h30 à 19h30. Du 1er mars au 30 juin et du 1er septembre au 15 novembre, ouvert tous les jours, sauf le lundi, de 14h à 18h (jusqu'à 19h les dimanches et jours fériés). Tarifs : adultes 5 €, gratuit pour les enfants de moins de 12 ans. Visites nocturnes entre le 7 mai et le 30 septembre : tous les samedis soir et veille de fête et chaque mercredi entre le 14 juillet et 15 août (tarif : 10 €). Pour les groupes tous les soirs sur réservation 8 €.* En plein cœur des Mauges : le plus grand jardin japonais d'Europe ! Une promenade vraiment dépaysante qui vous invite à toucher du doigt une nature envoûtante et à vous imprégner de culture orientale propre à la méditation. Ce parc, propriété communale depuis 1980, fut conçu par Alexandre Marcel, un architecte de palais orientalisant au début du XXe siècle, qui avait épousé la fille du propriétaire du château Colbert de Maulévrier. Cet endroit enchanté respecte les spécificités d'un jardin japonais (Yin et Yang). Des maîtres dans l'art des jardins orientaux ont garanti son authenticité dans les moindres détails. Le cours de la Moine, détournée pour la bonne cause, coule d'Est en Ouest, en suivant la course du soleil et franchit trois étapes obligatoires : l'étang, la cascade et le ruisseau. L'île de la Grue et l'île de la Tortue, sur l'étang symbolisent la sagesse et la longévité et le pont rouge le chemin vers le paradis. Ce jardin harmonieux et serein vous fera découvrir 200 espèces d'arbres exotiques venus d'Extrême-Orient, très rares en Europe et une exposition dans la pagode présente les différentes étapes de sa construction. Pour prolonger le dépaysement, un salon de thé vous tend les bras et des expositions vente de bonzaïs et céramiques d'inspiration orientales vous permettent de rapporter un souvenir de ce voyage incontournable.

Club destination Anjou

Créé et soutenu par la CCI d'Angers, Destination Anjou regroupe des hôtels, des restaurants et des sites touristiques. Ces professionnels engagés dans une démarche qualité sont contrôlés régulièrement par un cabinet spécialisé. Les 14 sites délivrent un passeport de juin à octobre qui offre quelques avantages aux visiteurs. Pour obtenir le guide Destination Anjou ou les séjours hôtel, restaurant et visite de sites lors de votre passage en Anjou 02 41 23 50 20.

NOUVEAU — ETABLISSEMENT OUVERT DEPUIS LA DERNIERE EDITION DU PETIT FUTE

L'HELICE TERRESTRE Espace d'Arts-Plastiques-Contemporain - L'Orbière - SAINT-GEORGES-DES-SEPT-VOIES ✆ 02 41 57 95 92. *Ouvert du 1er mai au 30 septembre, de 11h à 20h. Ouvert d'octobre à avril, les week-ends. et jours fériés, de 14h30 à 18h30 et tous les jours aux vacances scolaires aux horaires de la période. Nocturnes en juillet et août à partir de 21h. 4 € adultes, 2 € enfants.* Au cœur du village troglodyte de L'Orbière, on découvre l'œuvre contemporaine de Jacques Warminski. Une sculpture monumentale : L'Hélice Terrestre qu'il créa pendant quatre années de travail en manipulant plus de 3 500 tonnes de tuffeau et de béton ! Il imagina un parcours surréaliste composé d'un espace souterrain mêlé en résonance à un espace aérien. Le circuit hélicoïdal souterrain est parcouru de formes et de personnages "en vide" qui interpellent le visiteur. A l'inverse l'espace "aérien" présente des figures "pleines" autour d'un amphithéâtre reflet du monde souterrain. Une salle sphérique permet de jouer avec les sons et d'autres curiosités artistiques rendent la visite plutôt ludique même si le sculpteur par ce travail titanesque exprimait des idées plus philosophiques. Une certaine magie se dégage de ce lieu unique.

PARC MINIATURE PIERRE ET LUMIERE Route de Gennes - SAINT-HILAIRE-SAINT-FLORENT ✆ 02 41 50 70 04. *Fax : 02 41 50 61 94. Site Internet : www. Pierre-et-lumière. com. Ouvert du 9 février au 11 novembre, tous les jours de 10h à 19h. Adulte : 7 €, enfant (5-14 ans)/4,50 €. Ticket duo avec le Musée du Champignon (décrit ci-dessus) : adulte : 12 €, enfant : 7 €. Tarif groupe pour étudiants et lycéens.* Comment découvrir l'Anjou et la Touraine en moins de deux heures ? Réponse : En visitant Pierre et Lumière. Ce parc creusé dans la roche est né de la rencontre de deux hommes : Yann Bouchard, passionné d'histoire et de patrimoine et Philipe Cormand, sculpteur sur pierre et glace, primé dans de nombreux concours internationaux. Dans d'anciennes carrières, un cheminement de galeries vous transporte dans la plupart des hauts lieux du Val-de-Loire : L'abbaye de Fontevraud, la collégiale de Candes-Saint-Martin, les églises de Pontigné et de Vieil-Baugé avec leur clocher tors, le château d'Angers, la cathédrale de Tours, etc. une vingtaine de réalisations à l'échelle, sculptées dans de volumineux monoblocs de tuffeau. Un travail impressionnant de précision. Pour mettre en valeur ces joyaux architecturaux, une mise en lumière particulièrement réussie de ces répliques exalte ce véritable ouvrage d'artiste. Deux années ont été nécessaires pour créer toutes ces reproductions inédites. Une visite documentée à ne pas manquer, les enfants sont particulièrement attendus, le parc jouant le jeu de la piste de l'enfant roi.

Pour les enfants

Nous avons fait ici une sélection de quelques lieux, à visiter ou pour se distraire, réellement adaptés aux familles avec des enfants de 3 à 15 ans et plus : zoo, musées, parcs de loisirs ou d'attractions, fermes, lieux insolites. Voilà donc des idées de sorties, pour émerveiller les enfants et passer de bons moments en famille. Consultez aussi le guide du Petit Futé sur l'Anjou, pour une offre encore plus complète ; ou encore le Comité départemental du tourisme, qui a labellisé près de 30 sites qui s'engagent à s'adapter aux jeunes visiteurs en leur proposant une visite ludique et pédagogique : "Sur la piste de l'enfant Roy" 02 41 23 51 51.

MUSEUM D'HISTOIRE NATURELLE. Voir les Musées pages précédentes.

CHATEAU DE BREZE Brezé ✆ 02 41 51 60 15. *Fax : 02 41 51 65.15. Site Internet : www. chateaudebreze.com. De mi-avril à fin septembre, ouvert tous les jours de 10h à 18h30, de mi-février à mi-avril et du 1er octobre au 30 décembre de 14h à 18h30 du mardi au vendredi et journée continue les week-ends et jours fériés. Visites guidées uniquement, du château (1h), des souterrains (2h), ou du château et des souterrains (3h). Adultes : visite du château 6,80 €, des souterrains 7,10 €, les deux 11 €. Enfants visite du château 3,10 €, des souterrains 3,40 €, les deux 5,70 €. Ados et étudiants visite du château 5,10 €, des souterrains 5,40 €, les deux 8,60 €. Dégustation des vins gratuite.* Ouvert depuis 1998 au public, ce château peu connu vaut vraiment que l'on s'y arrête pour une visite. Sous un château Renaissance somme toute déjà magnifique, rénové par le célèbre architecte angevin René Hodé au XIXe siècle, se cache un autre château troglodytique. Descente époustouflante dans le cœur de la terre par d'anciens chemins de ronde creusés, et découverte de toute l'activité souterraine encore gravée dans le tuffeau : Silos, pressoirs, cuisine, fournil souterrain. Le pont-levis ouvre sur d'impressionnantes douves sèches : 18 mètres, les plus profondes d'Europe. Pour clôturer la visite, un spectacle souterrain : les cathédrales d'images réveillent le mystérieux monde des

BEAUTÉ
FORME
HYGIÈNE
DIÉTÉTIQUE
ESPACE SANTÉ
LAGOON
UN LIEU QUI VOUS VEUT DU BIEN
LES PLUS GRANDES MARQUES DE PARAPHARMACIE À PRIX LAGOON
ESPACE SANTÉ LAGOON à ANGERS :
Centre Commercial Espace Anjou
75 avenue Montaigne

BEAUTÉ
FORME
HYGIÈNE
DIÉTÉTIQUE
ESPACE SANTÉ
LAGOON
UN LIEU QUI VOUS VEUT DU BIEN
LES PLUS GRANDES MARQUES DE PARAPHARMACIE À PRIX LAGOON
ESPACE SANTÉ LAGOON à ANGERS :
Centre Commercial Espace Anjou
75 avenue Montaigne

profondeurs. Pour tout découvrir prévoir une bonne après-midi. Nouveauté 2004 : l'ouverture de la cuisine du château Renaissance avec sa somptueuse batterie de cuivres.

HOLLY PARC Château de la Grifferaie - ECHEMIRE ✆ 02 41 89 70 25. *Ouvert du 1er avril au 1er octobre ouvert dimanches, jours fériés, ponts et vacances scolaires et tous les jours de la mi-juin à fin août, de 10h30 à 19h30 en juillet et août (en juin : 11h à 19h). Adulte 8 €, moins de 12 ans 6,40 €, gratuit pour ceux qui mesurent moins d'un mètre ! Abonnement saison : 23 €.* Situé dans le beau parc du château de la Grifferaie, ce petit parc d'attractions à l'atmosphère bon enfant accueille petits et grands pour s'adonner aux joies des manèges, petit train, grande roue, cinéma 180°, vieux tacots, descentes en rapides, circuits chevaux, châteaux gonflables, barques pneumatiques... Seulement quatre arbres ont été coupés dans le parc pour son aménagement ! De nombreuses aires ombragées permettent le pique-nique, bien que le parc dispose d'un grill, d'une crêperie et d'une buvette. Le château qui trône au centre du parc apporte au lieu un petit air féerique.

PARC ANJOU AVENTURE Parc des Sablières - ECOUFLANT ✆ 02 41 96 89 68. Voir Chapitre Loisirs, rubrique Hobbies puis Parcours Acrobatique Forestier.

LE DOMAINE DE LA PETITE COUERE Chatelais - NYOISEAU ✆ 02 41 61 06 31. *Fax : 02 41 92 87 91. De mai à mi-septembre, ouvert tous les jours de 10h à 19h. En mars, avril, septembre, et octobre, ouvert les dimanches, ponts et jours fériés de 10h à 19h. Adulte : 11 €, enfants (3-12 ans) : 5 €.* Ce parc de 82 hectares, jalonné de sentiers pédestres, d'animaux en semi-liberté (cerfs, lamas, oiseaux, etc.) et d'attractions très diverses enchantera le temps d'une journée tous les membres de la famille, des anciens qui retrouveront un peu de leur passé aux enfants qui pourront vivre un véritable moment de contact avec les animaux.

Au cœur du site, un village 1900 formidablement bien reconstitué avec tous les commerces d'autrefois, une école, une chapelle, une gare présente une foultitude d'objets de la vie quotidienne de cette époque et nous fait vivre un voyage dans le temps. On y accède si on le désire en petit train. Dans le domaine se trouve aussi un musée du moteur, un musée du tracteur, une exposition d'hippomobiles, de voitures anciennes d'un côté et miniatures de l'autre... Buvette, aires de pique-nique sont à disposition pour vous permettre de passer un bon moment de détente. Le domaine de la petite Couère est un parc vraiment unique, offrant une variété d'activités dans un esprit familial, les collections présentées représentent 40 années de travail du propriétaire des lieux et valent la peine d'être vues.

L'ARCHE Route de Saint-Georges-sur-Loire - LA POSSONNIERE ✆ 02 41 72 21 09. *Pendant les vacances scolaires d'avril (zone A), ouvert de 10h à 19h. En mai, ouvert mercredis, samedis, dimanches et jours fériés de 10h à 21h. Du 1er juin à la rentrée scolaire de septembre, ouvert tous les jours de 10h à 21h, puis les derniers dimanches de septembre. Tarif : 5,90 € (3 ans et +), et 5,70 € avant le 1er juin.* Une journée à l'Arche, les enfants en redemandent : petit train, poneys, 50 jeux de plein air à disposition, des structures gonflables, dont un énorme château de 8 m x 10 m, mini-golf, et surtout en été des toboggans aquatiques et autres activités nautiques bien rafraîchissantes. La journée est presque trop courte pour tout essayer. A midi, des tables de pique-nique, un bar permettent aux familles de se restaurer. Le site est boisé et très spacieux, ce qui permet lors des dimanches ensoleillés où la foule abonde, de se trouver un petit coin ombragé pour pique-niquer.

MUSEE DU CHAMPIGNON Route de Gennes - SAINT-HILAIRE-SAINT-FLORENT ✆ 02 41 50 31 55. *Fax : 02 41 50 61 94. Site Internet : www.musee-du-champignon.com. Champignonnière en activité. Ouvert du 9 février au 11 novembre, tous les jours de 10h à 19h. Adulte : 7 €, enfant (5 à 14 ans) : 4,50 €. Ticket duo avec le parc miniature Pierre et Lumière : adulte 12 €, enfant 7 €. Les étudiants et les lycéens bénéficient du tarif groupe.* Les entrailles de l'Anjou sont propices aux Champignons de Paris puisque 80 % de la production nationale en provient. Dans de vastes galeries d'exploitation du tuffeau transformées depuis longtemps en champignonnières, le musée du champignon est un lieu de production (12 tonnes récoltées par an) et de pédagogie. Il permet de comprendre les secrets de la culture de ces étranges végétaux qui poussent dans l'ombre et l'humidité. Vous découvrirez également d'autres variétés (pleurotes, pied-bleu, shii-také, coprins...), et des centaines d'espèces de champignons sauvages de forêt. Une étonnante maison troglodyte présente une incroyable collection de champignons du monde entier. Avant de regagner le monde de la lumière, vous pourrez déguster et faire vos provisions des cueillettes du jour.

Les zoos et parcs animaliers de la région

ZOO DE DOUE-LA-FONTAINE **103, route de Cholet - DOUE-LA-FONTAINE** **✆ 02 41 59 18 58.** *Site Internet : www.zoodoue.fr. Ouvert des vacances de février aux vacances de la Toussaint. De 10h à 18h30 en période hivernale, de 9h à 19h30 en été. Tarifs : 13 € (adultes, plus de 10 ans) et 8 € (enfants de 3 à 10 ans). Accès par ascenseur pour handicapés.* Le zoo de Doué se classe parmi les plus beaux et les plus reconnus d'Europe. 500 pensionnaires y vivent en semi-liberté et sont présentés dans des conditions qui facilitent vraiment leur observation, dans un site exceptionnel sauvé de l'abandon par Louis Gay, le directeur, en 1960. Sur 10 hectares, le zoo est un véritable écheveau de carrières, de galeries, de falaises et de cascades que la végétation luxuriante pour former une harmonie. Vous pourrez découvrir des lynx, des tamarins, des petits pandas et autres peluches vivantes. Mais aussi les pythons et les boas, qui se prélassent dans un vivarium aménagé dans d'anciens troglodytes. Une des galeries présente un couple d'hippopotames pygmées en aquavision, ce qui constitue une exclusivité européenne et vaut véritablement le détour, car il permet de voir évoluer sous l'eau, parmi rochers et cascade, ces animaux menacés de disparition. De très nombreuses naissances, rares en captivité, ont lieu régulièrement. Pour les plus courageux la traversée de la cage des vautours est un passage incontournable mais pour les plus petits, le parc propose des animations, qui seront également très appréciées des grands autour de chaque espèce : goûter des girafes, déjeuner des loutres ou des petits pandas... De petits singes arboricoles d'Amérique du Sud, quasiment inconnus des zoologues, ont aussi élu domicile à Doué. Une visite agréable, riche et vivante. Le parc a un nouvel accueil depuis 2003, dans une maison exotique au toit de chaume.

LE JARDIN DES KANGOUROUS **La Possonnière ✆ 02 41 72 65 50.** *Ouvert du 15 juin au 31 août, de 14h à 19h ; en avril, mai et septembre, ouvert les samedis, dimanches et jours fériés de 14h à 18h. Tarifs : Adultes : 3,80 €, enfants (3 à 12 ans) : 3 €.* Accès : RN23 jusqu'à Saint-Georges-sur-Loire, puis direction La Possonnière, Savennières par la D111 ; situé à côté du parc d'attractions de l'Arche. Un parc de 7 hectares où s'ébattent une soixantaine de kangourous en liberté.

ZOO DE LA FLECHE **Le Tertre-Rouge - LA FLECHE (72) ✆ 02 43 48 19 19.** *Site Internet : www.zoo-la-fleche.com. E-mail : zoo.de.la.fleche@wanadoo.fr.* Un des anciens parcs de France où le créateur consacrait pas mal d'émissions télévisées dans les années 70. Ce joli parc s'est heureusement modernisé ces 10 dernières années et bien finie l'époque où le triste éléphant se dandinait sans cesse sur son sol de béton. Il est aujourd'hui en compagnie d'un copain sur une grande aire aménagée, arborée et équipée d'un petit étang. Tous les animaux (près de 1 000) sont présentés dans de beaux et vastes enclos dotés de points d'affût efficaces. La flore est omniprésente et de nombreux nouveaux pensionnaires et attractions spectacles attirent les familles. Restauration et aires de pique-nique sur place.

ZOO DE LA BOISSIERE DU DORE (44) ✆ 02 40 33 70 32. *E-mail : zoo.boissiere@wanadoo.fr. Fermé en décembre et janvier. Ouvert du 1/4 au 1/10 de 11h à 19h et du 1/10 au 1/4 de 14h à 18h les week-ends, jours fériés et vacances scolaires. 11 € adultes et 6 € enfants de 3 à 12 ans.* Entre Vallet et Ancenis. Accès depuis Beaupréau par la D756 par Vallet puis D763 vers la Boissière. Niché en pleine nature ce petit parc de 9 hectares préserve plus de 400 animaux bichonnés par Mme Laurent, une femme adorable. Seul zoo de la région à posséder des orangs-outans, il protège aussi nouvellement une famille de gorilles. Le parc s'agrandit cette année et accueille de nouvelles girafes, des autruches, des oryx (plus grandes antilopes en dehors de l'hippotrague). Une belle famille d'ours bruns est la coqueluche des enfants et l'île des lémuriens permet même de caresser ces intrépides mammifères si doux et si attachants. Un joli parc trop méconnu des Angevins et qui mérite un détour. Aires de pique-niques et petite brasserie sur place.

ETABLISSEMENT RECOMMANDE PAR LE PETIT FUTE

flâner

Sur l'eau

S'il est un moyen de flâner dans le coin, et de découvrir autrement, c'est bien sûr l'eau. Angers est au cœur d'un réseau hydrographique de première importance : au sud sa majesté la Loire, inscrite au Patrimoine mondial de l'humanité, au nord et aux portes de la ville, deux de ses affluents (la Mayenne et la Sarthe), et dans la ville, la Maine, qui assure la transition entre eux. En période de crue, on comprend que tout ce réseau ne forme plus qu'une seule mer intérieure, d'où émergent les petites villes soudain coupées du monde. Sur les flots, les paysages et les villes se révèlent toujours différemment, dans cet éclairage unique des régions ligériennes. Eglises, manoirs, gentilhommières, la Loire et ses affluents réservent de belles découvertes. Il y a donc de quoi faire en matière de tourisme fluvial dans le secteur : croisières/promenades, à la journée ou avec dîner, bateaux habitables à louer en famille et sans permis, ou descente de Loire ou de Maine en canoë.

LA MAISON DU PORT Cale de la Savatte ✆ 02 41 23 50 00 (Office de tourisme). *Quartier Doutre, face au château. Ouvert de 10h30 à 12h30 et de 14h à 18h30 tous les jours en juillet/août, et tous les week-ends de juin et septembre.* Cette annexe de l'Office de tourisme, basée au bord de la Maine, est en mesure de vous informer et de réserver tous types de prestations de tourisme fluvial.

LOIRE ET MAINE PROMENADE - LA DOUTRE Cale de la Savatte ✆ 06 82 86 89 27. *Départs d'Angers.* La région angevine comporte près de 400 kilomètres de rivières naturelles réservées à la navigation de plaisance. Croisière promenade de 2h sur la Maine, croisière à la journée sur la Loire, croisière pique-nique et nocturne, dîner avec le capitaine. Location du bateau. La Doutre est un petit bateau familial d'une capacité de 10 passagers. Un bateau convivial, idéal pour un tour sur l'eau en famille ou entre amis.

Hommage à la Dame de lumière

Pour la troisième année consécutive, trois départements (Maine-et-Loire, Indre-et-Loire, Loiret) s'associent pour rendre hommage au plus grand et plus célèbre fleuve européen. "Jour de Loire" programme quatre jours d'animations (week-end de Pentecôte), de visites et de festivités. Autour d'Angers, cette manifestation permet de visiter des bourgs ligériens comme Champtoceaux, Saint-Florent le Vieil ou Turquant… et de découvrir les bords de Loire à travers des visites botaniques, animalières, ou de naviguer hors des sentiers battus. Randonnées en canoë, baptême de l'air au-dessus de la Loire, randonnées pédestres, expositions de peintures, en tout plus de 60 animations organisées par 30 communes, qui se clôturent par un pique-nique géant au bord du fleuve (Les Ponts-de-Cé en 2004). Tous les renseignements sur le site Internet : www.jourdeloire.com, ou en se procurant les dépliants au Conseil général de Maine-et-Loire.

© JP Klein / CDT Anjou

Bord de Loire

BATEAUX LOIRE DE LUMIERE ✆ 02 41 45 24 24. *Deux bateaux promenade d'une capacité de 15 à 60 passagers. Sur la Loire seulement. Croisières de 1h15 à partir de 8 communes situées en bord de Loire. Départ le plus proche d'Angers : Les Ponts-de-Cé. Tarifs : adulte 7 €, enfants (5-14 ans) : 3,50 €.* Alors là, c'est du grand spectacle ! Quand vous roulez sur la route des bords de Loire entre Angers et Saumur, vous ne captez qu'une partie de la beauté du fleuve. Ces nouveaux bateaux portent bien leur nom. Nés il y a quelques années de l'initiative des communes riveraines et de pêcheurs en mal d'activité, ils ont été conçus spécialement pour s'adapter au lit du fleuve, et ils ne circulent nulle part ailleurs. Le chenal qu'ils empruntent est changé chaque jour en fonction du niveau de l'eau, calculé par satellite. A leur bord, on passe à côté des îles et des familles de mouettes, on voit s'envoler un héron cendré, et avec les jumelles prêtées, on aperçoit les farouches aigrettes. On voit aussi, rive droite, l'enfilade de villages et de clochers pittoresques. Le commentaire est simple et pas ennuyeux du tout. Des animations sont organisées avec la Ligue de protection des oiseaux sur le Loire de Lumière II ; sur le Loire de Lumière I, des soirées musicales ou des dégustations de produits locaux. Le parcours est différent à partir de chaque port de départ.

BATELLERIE PROMENADES - L'UNION 2, rue de Beauvais - CHEFFES-SUR-SARTHE ✆ 02 41 42 12 12. Un bateau capable d'accueillir 60 passagers, pour des balades de deux heures autour de l'île Saint-Aubin (départ Cale de la Savatte), du jeudi au dimanche, une croisière guinguette le dimanche sur la Mayenne, ou l'excursion, le mercredi, sur la Sarthe, entre Châteauneuf et l'abbaye de Solesmes. Les visites sont guidées par André Grazélie, qui connaît parfaitement le monde des mariniers et saura vous transporter dans la découverte des rivières sans bande enregistrée ni lassitude. L'Union est équipée pour embarquer les handicapés.

MAINE ANJOU RIVIERES - L'HIRONDELLE Le Moulin - CHENILLE-CHANGE ✆ 02 41 95 10 83. *Site Internet : www.maine-anjou-rivieres.com.* Location de bateau sans permis de 2 à 12 personnes et naviguer sur la Mayenne, l'Oudon, la Sarthe, la Maine et la Loire, avec des départs d'Angers (Cale de la Savatte), Chenillé-Changé, Grez-Neuville ou Châteauneuf-sur-Sarthe juste pour faire une balade, pour un week-end entre amis ou des vacances en famille jusqu'à 15 jours. Profitez de la douceur angevine. Le maniement des pénichettes est simple et ne nécessite que de quelques minutes d'apprentissage (vitesse de 6 à 8 km/heure) et le passage dans les écluses est guidé par des éclusiers. Vous pouvez également profiter des bateaux promenade pour faire croisière, mini-croisière, balades commentées et même des soirées en péniche avec repas gastronomique animé. L'Hirondelle propose également des journées à thème avec des démonstrations de halages, ou des promenades au fil de l'eau comme au temps de la batellerie.

LIGERIADE II Montjean-sur-Loire ✆ 02 41 72 81 28 (individuel)/02 41 39 07 10 (groupes). Un des derniers marins pêcheurs de Loire vous fait découvrir le fleuve, sa flore, sa faune, ses îles, ses habitants et son histoire, pendant 1h de promenade à partir du quai de Montjean (prononcez Montejean !). Tous les jours à 16h en semaine, 15h30 et 17h le dimanche. 15 personnes minimum. Tarifs : adulte 9 €, enfant 5,35 €. Circuit spécial groupe.

Location de bateaux habitables

Sur la Maine, la Sarthe, la Mayenne et l'Oudon. Week-end, mini-semaine ou semaine et plus. Plusieurs bases de départs : Angers, Chenillé-Changé, Châteauneuf-sur-Sarthe, Sablé-sur-Sarthe et Grez-Neuville.

MAINE ANJOU RIVIERE Le Moulin - CHENILLE-CHANGE © 02 41 95 10 83. *Site Internet : www.maine-anjou-rivieres.com. E-mail : maine-anjou-rivieres@wanadoo.fr.*

ANJOU NAVIGATION Rue de l'Ecluse - GREZ-NEUVILLE © 02 43 95 14 42. *Fax : 02 43 92 26 06. Site Internet : www.anjou-navigation.com. E-mail : anjou-navigation@wanadoo.fr.*

Balades en canoë

La plupart des clubs de canoë-kayak de la région proposent des locations : Angers, La Ménitré, Bouchemaine, Chalonnes, Les Ponts-de-Cé, Saumur. Par ailleurs, l'Office de tourisme d'Angers organise pendant l'été des descentes de Loire avec pique-nique sur une île, apéritif ligérien et rillauds d'Anjou, ou des tours de l'île Saint-Aubin, zone de prairies humides protégée. A noter aussi, la traversée nocturne d'Angers (de 18h30 à 20h30, le vendredi soir pendant l'été), entre le pont Jean-Moulin et le lac de Maine, avec le club de Canoë-kayak d'Angers 02 41 72 07 04.

A pied, le nez en l'air

Le "médiéval" est sans conteste l'époque la plus représentée à Angers. Le parcours que nous affectionnons le plus est le suivant : à partir du château, au bout de la promenade du Bout du Monde, jeter un coup d'œil sur la Maine, et sur son quartier rive droite. Il s'agit de la Doutre (où vous allez descendre), qui mélange le médiéval et le très contemporain (front de Maine) ; on aime ou on n'aime pas. Prendre ensuite les rues pavées de la Cité (rue Donadieu de Puycharic), pour rejoindre la cathédrale. Descendre la montée Saint-Maurice, traverser la Maine par le vieux pont de Verdun. Au bout du pont, prendre à droite vers la place de la Rochefoucauld, puis longer la Maine par une allée bordée de platanes, ou sur les quais. Au bout de la place, la traverser perpendiculairement pour passer devant l'hôpital Saint-Jean (XIIe siècle) et s'asseoir dans ses jardins, ou le visiter, évidemment. Sortir par la rue Gay-Lussac, la remonter et passer devant les greniers de l'hôpital (même époque). Continuer vers la rue Legludic pour arriver à la champêtre place de la Paix (coquets hôtels particuliers). Prendre à droite rue de l'Hommeau, puis à gauche la petite rue de la Bouteille. Place du Tertre, encore quelques charmantes demeures très bien restaurées, puis à droite, rue Malsou, puis à gauche la rue de la Harpe, pavée. La descendre jusqu'à la rue Lionnaise, que l'on prendra sur la gauche pour rejoindre la place de la Laiterie (abbaye du Ronceray, église de La Trinité et maisons à pans de bois). Peut-être croiserez-vous dans ce quartier des religieuses, encore assez nombreuses (les carmélites, rue Lionnaise, fabriquent des hosties). Presque comme dans les films avec Louis de Funès, elles vont au marché avec une brouette et circulent à vélo ou en 4 L (les 2 CV se faisant vraiment rares). Continuer par la rue Beaurepaire, très commerçante, jusqu'au pont de Verdun. Prendre à droite le quai des Carmes jusqu'au port. Et là, terrasse du café "La Descente de la Marine", et éventuellement petite pâtisserie à la boulangerie qui fait l'angle ! Retour vers le centre-ville par le bus 1 ou par le petit train touristique en saison (qui s'arrête au port), à moins que vous ne vous sentiez le courage de remonter vers la cathédrale.

Pour les férus d'architecture contemporaine, le petit secteur à parcourir est celui de la place François-Mitterrand et de Saint-Serge : immeuble de la CNP, facultés, cinéma Gaumont. Parcours recommandé en rollers.

Enfin, pour finir de vous parler des visites de l'Office de tourisme (non, il ne finance pas le guide, mais on trouve qu'il innove pas mal), des visites spectacles avec intervention de comédiens plus ou moins sérieux, des balades littéraires nocturnes dans les douves du château avec intermèdes musicaux vous donneront une autre idée de la ville, et aussi des visites guidées !

A vélo

Angers se rend petit à petit accessible aux vélos, et c'est tant mieux.

Pour Angers intra-muros, un tour de ville d'1h30, quatre fois par semaine, qui passe par les parcs et jardins, longe la Maine et traverse la Doutre et le centre-ville. Un guide bilingue anglais accompagne ces sorties.

Le vélo, le long de la Loire a son rendez-vous annuel, celui de la fête du Vélo sur la levée de la Loire (route entre Angers et Saumur, rives droite et gauche), l'avant-dernier dimanche du mois de juin. De 8h à 18h, l'ensemble du parcours est interdit à la circulation automobile. Lancée il y a huit ans par le Conseil général, la fête du Vélo est aujourd'hui le plus grand rassemblement de cyclotouristes amateurs en France (30 000 participants selon les organisateurs). Très familial et convivial, avec des animations et de bonnes choses à manger dans les villages traversés.

A suivre également de près, l'itinéraire "Loire à vélo", qui devrait un jour permettre de pédaler librement de Bourges à Saint-Brévin-les-Pins, près de l'estuaire. Aux alentours d'Angers, un tronçon de 16 kilomètres entre la Possonnière et Montjean-sur-Loire est ouvert depuis l'automne 2001. Avant l'ouverture définitive des 600 kilomètres du programme (dont 240 dans les pays de la Loire) entre 2005 et 2006, d'autres tronçons apparaîtront régulièrement : c'est le cas cette année entre la Daguenière et la Bohalle, où le fléchage est mis en place. Seul petit regret pour le moment, il n'est pas possible de suivre la Loire sur la levée, en amont d'Angers, mais des solutions (en amont ou en contrebas) sont encore à l'étude.

A noter enfin, l'idée futée très "développement durable" proposée par l'Office de tourisme : la formule "La Loire, d'Angers à Savennières" qui propose une location de vélo et un itinéraire train + vélo. On va donc à la gare à vélo, on met le vélo dans le train TER qui part vers 13h, et on revient à Angers à vélo. L'itinéraire est ponctué de visites recommandées et de haltes gourmandes. Ce circuit peut d'ailleurs se faire aussi à pied.

On peut également combiner vélo et bateau : l'aller se fait le long de la Maine jusqu'à Bouchemaine, où une halte pique-nique est prévue, avant un petit tour vers Savennières pour une dégustation de vin. La prudence étant de mise ensuite, le retour s'effectue en bateau promenade.

Vallée de la Loire et Saumurois... Patrimoine mondial classé à l'Unesco

Le Petit Futé vous chante, dès qu'il en a l'occasion, les louanges des vins d'Anjou, il est temps désormais d'aller voir ce qui ce passe sur le Bassin parisien. Détour en Saumurois pour des week-ends et balades heureuses tout au long de l'année. Ce sol se démarque en effet aux alentours de Coutures pour son sol calcaire appelé tuffeau, ou encore tuffe, pierre blanche qui servit à édifier tous les châteaux et monuments de la vallée de la Loire. Allons donc nous aventurer sur les terres du Saumurois. Vous aurez, au départ d'Angers, le choix entre quatre routes. L'autoroute, plus rapide mais monotone qui permet tout de même d'admirer la gigantesque sculpture équestre aux portes de Saumur (Archeval). La levée de la Loire depuis Trélazé, la plus belle, la plus sinueuse et la plus romantique (roulez-y doucement !). Les bords de Loire depuis les Ponts-de-Cé en passant par Saint-Rémy-la-Varenne, la plus historique, la plus touristique et jalonnée de sites touristiques plus nombreux au fur et à mesure de l'approche de Saumur ; ou encore par Juigné, Saint-Saturnin, Couture, Gennes, Milly et Rou-Marson, la plus forestière, la plus sauvage et la plus vallonnée. Comme nous les connaissons bien toutes les quatre et que notre cœur ne balance même pas, on vous suggère d'y aller souvent pour toutes les apprécier. C'est pourquoi nous vous proposons une balade entre plaines, Loire et coteaux que vous pourrez suivre ou composer à votre gré, au rythme des dégustations et des rencontres avec des viticulteurs que nous avons sélectionnés parce qu'ils représentent le Saumurois dans sa diversité et, surtout, dans sa plus grande qualité. Voir donc le chapitre vins en fin de guide.

EDITO

Comment passer d'un ego-citoyen à un éco-citoyen ? Une question qui se pose avec acuité depuis des années et qui devient aujourd'hui l'une des questions primordiales pour l'évolution de la planète. C'est dans notre quotidien que nous devons changer notre comportement. Lorsque nous faisons nos courses, devenons un éco-consommateur responsable : le choix des produits, leur origine, leur prix, leur utilisation après l'achat, etc. sont des critères à prendre en compte.

D'autre part, des entreprises se sont lancées dans le commerce équitable qui contribue au développement durable. Ces sociétés privilégient les petits producteurs afin qu'ils vivent dignement de leur travail, tout en offrant de la qualité aux consommateurs. Ces entreprises sont soutenues par des banques qui proposent à leurs clients des produits financiers "éthiques" où la notion de solidarité est omni présente.

Enfin, être un éco-citoyen c'est aussi se soucier de l'environnement. Les collectivités locales, de plus en plus sensibilisées à la qualité de vie de leurs habitants, mettent en place différentes mesures pour entraîner les citoyens dans une démarche participative : tri sélectif, bataille de l'eau, économie d'énergie, etc.

Devenir un éco-citoyen, c'est consommer mieux, c'est être respectueux de ce qui nous entoure, c'est préparer l'avenir pour que demain soit meilleur qu'aujourd'hui.

ANGERS EN VERT

ANGERS, VILLE PILOTE DU DEVELOPPEMENT DURABLE

Depuis quelques années déjà, Angers, réputée pour son cadre de vie, s'est fait remarquer pour son implication dans le développement durable. La politique pragmatique qui imprègne la vie quotidienne de la ville a pour crédo "penser global, agir local". Toutes ces actions tentent alors de concilier environnement, développement économique, amélioration de la vie sociale et coopération internationale : projet du tramway pour 2008, nouvelle usine des eaux, renouvellement de la Roseraie, jumelage avec Bamako ou création du parc Balzac. De plus, la ville s'est dotée d'une chargée de mission et d'un projet d'observatoire des bonnes pratiques, afin d'expliciter et de sensibiliser les habitants à cette notion souvent abstraite. Bref, autant d'initiatives qui s'inscrivent dans une réelle volonté d'information et de maîtrise de l'environnement, et qui font d'Angers, une ville moteur du développement durable. Pour plus de renseignements : www.angers.fr.

DEVENEZ UN ECO-CITOYEN

Parce que la défense de notre environnement est l'affaire de tous et dépend du comportement de chacun, la Maison de l'environnement entreprend des actions de sensibilisation, d'information et d'éducation. Elle propose en plus de ses expositions innovantes et de son jardin biologique, de nombreuses animations tout au long de l'année, permettant aux habitants de prendre conscience, de découvrir et de comprendre l'environnement qui les entoure : promenade en parc autour de "Balzac et les oiseaux du printemps", randonnées botaniques ou à vélo, astrologie, ateliers jardins ou stage boulangerie. Il y en a pour tous les prix, pour tous les âges et pour tous les goûts. Les thèmes de l'arbre, de l'eau, des déchets, du bruit… sont ainsi abordés avec créativité, lucidité et esprit de responsabilité. Bref, des initiatives originales permettant aux habitants d'apprendre tout en s'amusant, pour devenir un éco-citoyen averti!

Pour plus de renseignements :
Maison de l'environnement santé Publique
Parc de loisirs du Lac de Maine
avenue du Lac de Maine - 49000 Angers
Tél. 02 41 22 32 30 / Fax. 02 41 22 32 31
maison.environnement@ville.angers.fr

RECYCLAGE

Les Angevins se montrent de plus en plus concernés par les enjeux environnementaux, et en particulier, par les pollutions de l'air et de l'eau, les déchets ménagers et industriels. La ville et la communauté d'agglomération tentent de valoriser le recyclage et réduire l'incinération des déchets à travers le tri des ordures ménagères et le développement des déchetteries. Plus de 50 000 tonnes de déchets sont produits par an. Jusqu'en 1996, tout était incinéré par l'usine de la Roseraie. Grâce au programme TOM d'Angers Agglomération, "le tri des ordures ménagères", l'incinérateur s'en trouve soulagé. Le papier, le carton, les briques de boisson, les boîtes métalliques, les flacons en plastique sont ainsi triés. Les particuliers peuvent venir chercher un sac TOM de couleur jaune dans les halls d'accueil de l'Hôtel de Ville et d'Angers-Agglomération, ainsi que dans les mairies de quartier. En ce qui concerne les logements collectifs, tous les déchets recyclables (excepté le verre) doivent être vidés dans le bac bleu TOM à couvercle jaune. La collecte du verre se fait en apport volontaire dans les points TOM, installés sur la voie publique. D'autres conteneurs seront également prévus à cet effet.

Contact : Angers-Agglomération
Service des déchets et de l'environnement
83, rue du Mail - 49100 Angers
Renseignement sur les jours de collecte au 02 41 54 56 10
Renseignement sur le tri des ordures ménagères au 0 800 41 88 00.

LA BOUCLE VERTE

La création de la boucle verte s'achèvera en 2007 et prévoit un parcours de 10 km dans la ville pour piétons, cyclistes et rollers, afin qu'ils puissent rallier en toute sécurité les grands espaces verts naturels, circuler d'un quartier à l'autre et vers le centre ville. La boucle verte, c'est aussi une ambiance spécifique selon les quartiers : une allée en terre stabilisée dans la traversée des parcs et jardins, une allée pavée aux abords des sites historiques… Cette idée résulte d'une des priorités de la ville en matière d'aménagement et de circulation qui est de favoriser les déplacements doux. Et dans le cadre de la sécurité, le parcours sera jalonné d'une signalisation clairement identifiable : à l'approche des carrefours, au croisement de routes, aux entrées de parkings …Une bretelle sera également prévue pour rallier cette boucle verte à la gare Saint-Laud. Un raccordement qui permettra à la gare de jouer son rôle mutlimodal entre le vélo et le train. Pour plus de renseignements, vous pouvez consulter le site de la mairie d'Angers : www.angers.fr.

LES ENJEUX D'UNE CONSOMMATION RESPONSABLE

Quels sont les critères de choix écologiques ?

- Pour les produits achetés très souvent : aliments, lessive, produits frais..., prenez en compte les quantités d'emballages utilisées, qui deviennent vite considérables (1/3 de nos poubelles !). Evitez si possible les emballages et les sur-emballages inutiles. Privilégiez les produits concentrés, les emballages en matériaux renouvelables et / ou recyclables etc. Limitez les transports de marchandises en privilégiant des produits de nettoyage (lessives, savons) concentrés ou solides afin de diminuer leur volume et donc le nombre de camions nécessaires à leur transport ; des délais de livraison souples afin de permettre aux distributeurs d'optimiser leur logistique et le remplissage de leurs camions.

- Pour les produits qui servent longtemps : l'emballage a moins d'importance. Privilégiez plutôt : la durabilité (durée de vie) des biens d'équipements, leur caractère robuste (grâce aux marques de qualité) ou réparables (dont les pièces détachées sont disponibles). Vérifiez les consommations d'énergie voire d'eau pour l'électroménager, les ampoules électriques, la tondeuse à gazon. Orientez-vous vers les appareils les plus économes.

Bonnes pistes pour choisir les éco-produits...

- Pour l'éco-consom'acteur, tout commence au moment de l'achat : comment reconnaître les produits qui minimisent leurs impacts sur l'environnement tout en conservant leurs performances ? *(voir encadré ci-contre)*

- Écolabels, labels verts, etc. : à quels repères faire confiance ? Que signifient exactement les déclarations et les logos écologiques sur les produits ? Quels sont les points de repère à utiliser ? Comment éviter d'être trompés par des auto-déclarations environnementales toujours plus vertes ?
Les logos ou déclarations écologiques concernent le produit que vous achetez, ou son emballage, ou même les deux. Ils vous renseignent généralement sur un aspect environnemental particulier, spécifique d'une étape du cycle de vie : l'emballage est recyclable, le produit est biodégradable, sa consommation d'énergie est faible, sa production est issue de l'agriculture biologique ou du commerce équitable...

- Pour repeindre le salon, je peux choisir une peinture avec l'écolabel français "NF Environnement" : l'écolabel me garantit sa qualité et ses caractéristiques environnementales.
- Je dois acheter du papier "essuie-tout" pour la maison et le bureau, je vais choisir celui avec l'écolabel européen.
- Ce réfrigérateur consomme moins d'électricité que les autres. C'est facile à voir avec l'étiquette-énergie. Je ferai donc des économies tous les jours !
- Faire du compost, ce serait bien. Justement il y a des composteurs "NF Environnement".
- Cet emballage est en plastique recyclable. Sera-t-il recyclé ou est-il juste recyclable.
- Regarde ce bonnet et cette écharpe : ils ont l'air bien chauds, les couleurs sont sympas ! Et tu sais quoi ? Ils sont fabriqués à partir ... de bouteilles d'eau minérale
- Un si grand emballage pour ce stylo, est-ce bien utile ?
- Un sac de 5 kg de riz, c'est mieux que 4 boites de 500 g : ça fera moins d'emballage.
- Il faut que je pense à diminuer la dose de lessive : le fabricant l'a concentrée.
- A la réflexion, je ne crois pas que ce stylo-montre-boussole-calendrier me servira énormément.
- J'ai relu la fiche d'information de notre future voiture : elle consomme moins d'énergie au kilomètre et elle émet également moins de gaz à effet de serre dans l'atmosphère !

France, rdv sur internet www.consodurable.org ou par mel contact@consodurable

• Les labels privés collectifs, indépendants du fabricant
Ils sont proposés par un secteur industriel ou un organisme professionnel considéré comme indépendant du fabricant. Les professionnels qui en font la demande peuvent les apposer sur leur produits, si ceux-ci respectent le cahier des charges définissant le label.

- Exemple : Agriculture biologique, label FSC (forest stewardship council) ou MSC, Commerce équitable, Etc.

• Les " labels " privés individuels
Ils sont créés par un fabricant ou un distributeur et relèvent de leur seule responsabilité. Aucune garantie n'est donnée quant à la pertinence des critères écologiques retenus, bien qu'ils soient en général extrêmement sérieux. De nombreuses règles de bonnes pratiques existent en effet, afin de ne pas induire le consommateur en erreur.

- Exemple : Monoprix vert, Maison verte, Chouchoutons notre planète.

Restez vigilants... :

Certaines auto-déclarations environnementales délivrent un message "écologique" sans fondement ou jouent sur une ambiguïté trompeuse :

- attention aux logos dont on ne connaît pas l'origine, accompagnés d'allégations vagues, imprécises, voire fantaisistes.

- veiller à ce qu'un soi-disant logo environnemental ne fasse pas simplement état d'une obligation réglementaire que tous les producteurs doivent suivre. Si la déclaration environnementale ne correspond pas à un avantage environnemental effectif et spécifique du produit qui la porte, elle ne permet pas d'orienter les choix lors des achats. De telles déclarations risquent d'induire les consommateurs en erreur. Elles ne devraient donc pas figurer sur les produits. De même, certains logos sont encore, à tort, utilisés alors qu'ils auraient dû disparaître des rayons :

D'autres logos ou graphismes peuvent aussi induire en erreur sur la signification écologique des produits.

- Point sur le Point vert : le point vert signifie que le producteur contribue financièrement à un dispositif agréé par les pouvoirs publics (Eco-Emballages, Adelphe, etc) aidant les communes à développer des collectes sélectives des déchets d'emballage pour les valoriser. Il ne présume pas du recyclage effectif du produit qui le porte.

- Le logo du recyclable : cette représentation de l'anneau de Möbius signifie : "ce produit ou cet emballage est recyclable". Quasiment tous les produits ou leurs emballages l'arborent désormais. Cela signifie seulement qu'ils sont recyclables.

Mais attention, ils seront effectivement recyclés si et seulement :

- si le système de collecte ou la filière de recyclage existent ;

- si vous respectez les consignes de tri.

*Cette représentation du logo de Möbius signifie : « ce produit ou cet emballage est **recyclable** ».*

65 %
*Celle-ci signifie : « ce produit ou cet emballage contient 65 % de matières **recyclées** ».*

Les petits mots en "ABLE "

Quelle est la différence entre “recyclable“ et “recyclé“ ? Ou entre “biodégradable“ et "biodégradé" ? Le premier est une possibilité future ("able") et le second est une réalité ("é"). Bref, tout réside dans la nuance entre "réalisable" et "réalisé" !

- Guide des Anneaux noirs :

alu
Aluminium
Acier
02
PE - HD
Polyéthylène haute densité

La composition des produits

- Lire un code barre

32 63852 913714
Pays
Fabricant Distributeur
Produit
Contrôle

- Etiquettes Energie : elles vous guident et vous signalent les appareils électroménagers et les ampoules économes*. Les classes A ou B rassemblent ceux qui offriront les meilleurs performances en matière d'économies d'énergie. Ces différences de consommation sont importantes : la consommation électrique des appareils électroménagers varie du simple au quintuple !

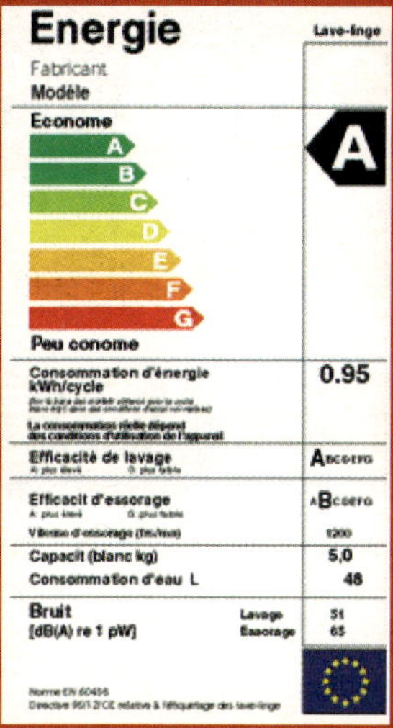

Elle vous fournit les informations suivantes :

- Trois lettres pour comparer les efficacités, de A (très bon) à G (mauvais) :
  La 1ère pour l'efficacité énergétique de l'appareil.
  La 2ème pour l'efficacité de lavage.
  La 3ème pour l'efficacité d'essorage (préférez des machines qui essorent à plus de 800 tours/mn).
- La consommation en kWh pour un cycle de coton blanc à 60°C
- La vitesse d'essorage maximale
- La capacité de la cuve exprimée en kg
- La consommation d'eau pour un cycle de coton blanc à 60°C
- Des informations facultatives peuvent être indiquées comme le bruit en phase de lavage ou d'essorage.

Vous trouverez les étiquettes-énergie sur les ampoules, les réfrigérateurs, les congélateurs, les lave-linge, les lave-vaisselle, les sèche-linge. Aucun sèche-linge ne bénéficie d'une classe A ou B, car ce sont des appareils très gourmands en énergie.

Petits réflexes pour mieux protéger l'environnement…

Au-delà de l'achat d'un produit, les conditions de son utilisation et de sa destruction sont aussi importantes. Il y a façon et façon de consommer. Consommer, c'est aussi se soucier de l'origine des produits et de la façon dont ils sont fabriqués, se préoccuper des matériaux ou des substances qui les composent, réfléchir sur la manière de les utiliser, se demander ce qu'ils deviennent quand on s'en débarrasse.

- Après l'achat, l'utilisation

L'utilisation fait aussi partie du cycle de vie du produit. Le comportement du consommateur à cet égard est aussi important que les efforts des concepteurs et des différents acteurs intervenant à d'autres étapes du cycle (industriels, distributeurs, professionnels de la collecte et de la valorisation en fin de vie).

- Respecter les doses conseillées permet d'obtenir un résultat optimal en faisant des économies. Pour un produit plus efficace ou plus concentré, il faut réduire les doses utilisées.

- Veiller à leur consommation de ressources (eau, énergie), couper les modes veille des téléviseurs, recharges de téléphones portables etc. préserve leur durée de vie et limite les factures.

- Lire les modes d'emploi des produits donne des informations précises sur leurs conditions d'utilisation, leur nocivité éventuelle, les précautions à prendre pour les faire durer plus longtemps, les erreurs à éviter afin de les garder en état de marche.

ATTENTION, saviez-vous ?

- Qu'une seule pile peut polluer jusqu'à 500 m3 d'eau pendant 50 ans ?

- Qu'un mégot de cigarette met 2 à 7 ans avant de se " biodégrader " ?

- Qu'un sac plastique met 200 ans avant de disparaître, et qu'il peut tuer les dauphins ou les baleines s'il est jeté en mer ?

Leurs déchets nécessitent un traitement particulier. Respectez quelques consignes simples pour vous en débarrasser : faites régulièrement un tour à la déchetterie. C'est là, dans des conteneurs appropriés, et non dans les poubelles ou les égouts, que doivent se retrouver les différents déchets dangereux tels les piles usagées, les peintures et solvants, les huiles de vidange, les produits phytosanitaires et leurs emballages.

LOBODIS, DIALOGUE, TRANSPARENCE ET RESPECT

Maintenir une cohérence entre la pérennité de l'entreprise en France et le développement des coopératives de "Petits Producteurs" de café, en les sortant de l'anonymat.

Construire un partenariat durable fondé sur un contrat "gagnant-gagnant".

Trouver des partenaires fiables au Sud, fidéliser des consommateurs du Nord, reste plus que jamais l'enjeu de ce commerce.

Obtenir la reconnaissance de ces producteurs dans un échange d'informations pour une meilleure maîtrise du marché.

Encourager ses producteurs partenaires à produire sous le label biologique dans une démarche de respect de l'environnement, mais aussi pour laisser naturels les composants responsables du goût, de la saveur, et permettre ainsi une torréfaction de haute qualité.

Créer des saveurs "d'origine pure" car chaque pays, chaque région a son identité et ses qualités propres.

Torréfier par petites quantités suivant la méthode lente, ce qui permet un meilleur développement des arômes.

Tels sont les objectifs que s'est donnés LOBODIS depuis plus de 10 ans, ce qui a renforcé sa grande expérience , mais aussi lui a conféré le statut d' "exception équitable".

www.lobodis.com

Du producteur au consommateur

L'exemple de Tzul Tacca, un café Lobodis issu des récoltes de la coopérative **San Pedrana,** membre de Fedecocagua, au Guatemala est typique du circuit "Du producteur au consommateur".

Fedecocagua, la Fédération de Coopératives Caféières du Guatemala, a été fondée en 1969 par 20 coopératives de café qui voulaient créer une plate-forme contre l'exploitation des producteurs par les intermédiaires locaux. Son Président actuel M. Bacilio Chioc Quiej, est lui-même originaire de la coopérative San Pedrana et entretient donc des relations étroites avec celle-ci. La Fédération coordonne la commercialisation et l'exportation, ainsi que des projets de crédit et de développement.

Sa mission est d'améliorer les conditions de vie de ses membres, petits producteurs organisés en coopérative. La Fédération aide les producteurs à améliorer la qualité de leur café et à accéder à des marchés rémunérateurs.

Aujourd'hui, Fedecocagua regroupe 130 organisations membres (environ 20 000 producteurs).

Grâce à la mise en place du commerce équitable, la Fédération a pu acheter de nouveaux camions, permettant de réduire les coûts de transport du café.

La prime de commerce équitable a également permis d'assurer un programme de formation pour la gestion commerciale et financière des coopératives, le développement d'agences de micro-crédits, la construction de centres de santé et de pharmacies pour répondre aux besoins de soins médicaux des familles, la scolarisation des enfants par l'augmentation des revenus des producteurs.

NATURE & DÉCOUVERTES

Le développement durable

Mettre en œuvre une politique de développement durable, en recherchant la performance économique, sociale et environnementale, tel est le pari de NATURE & DÉCOUVERTES depuis sa création en 1990.

NATURE & DÉCOUVERTES

Une politique globale fondée sur un système de management environnemental : du siège social construit avec des matériaux à Haute Qualité Environnementale (panneaux solaires, laine de mouton pour l'isolation…) aux magasins respectant des normes urbanistiques, de la gestion de l'entrepôt, classé comme Installation Classée pour la Protection de l'Environnement (ICPE) à la tenue des magasins, tout est fait pour réduire l'impact de l'entreprise sur l'environnement : maîtrise de la consommation d'énergie, rationalisation des transports, réduction et recyclage des déchets…

NATURE & DÉCOUVERTES diffuse auprès de ses fournisseurs une charte partenariale qui garantit que les produits vendus ont été réalisés dans le respect social (respect des droits du travail, conditions de vie des artisans...) et écologique (choix des matériaux, production peu polluante...). Nous nous efforçons de référencer des produits à l'image de notre engagement écologique : les bois utilisés pour nos jouets sont issus de forêts gérées, les piles utilisées pour nos produits sont changeables, les plantes de nos tisanes ou de nos huiles essentielles sont issues de l'Agriculture.

[... UN EXEMPLE :]

La gamme BEAUTÉ DU MONDE issue du Commerce Équitable

En 2003, nous avons lancé en partenariat avec la société terre d'Oc une ligne de soins de beauté du monde. Fabriquée à partir de thé vert du Laos, cueilli à la main par les femmes de l'ethnie Phounoy dans les montagnes du nord, de karité du Burkina Faso dont les noix récoltées dans la brousse aride du Sahel sont transformées par le groupement de femmes Wemoukiga de Pô ou de miel de l'Himalaya récolté par les apiculteurs aborigènes d'Almora et de Ranikhet, cette gamme respecte les engagements du Commerce Équitable. Ces matières premières proviennent toutes d'un commerce solidaire basé sur des rapports commerciaux fondés sur la loyauté et la confiance mutuelle, sur un cours d 'achat permettant une rémunération équitable prenant en compte le coût de production, les besoins des producteurs et de leurs familles en terme d'éducation, de santé et de protection sociale.

Tout au long de cette démarche de Commerce Équitable, nous sommes accompagnés par des ONG (le Centre écologique Albert Schweitzer, La Pan Himalayan, Grassroots Foundation...) dont la philosophie consiste à allier économie et écologie en développant des techniques simples et accessibles aux populations les plus démunies telles que l'amélioration des conditions d'accès à l'eau potable, la valorisation des ressources naturelles de la forêt, la mise en place d'énergies renouvelables, la formation à l'agriculture biologique, etc.

À Paris • **Le Carrousel du Louvre** - 99, rue de Rivoli - Boite n°7
75039 Paris Cedex 01 - Tél. 01 47 03 47 43 - 01 47 03 61 19
Retrouvez nos produits sur www.natureetdecouvertes.com

Pour donner du cœur à votre épargne, découvrez 4 produits innovants parmi la gamme des PRODUITS SOLIDAIRES du Crédit Coopératif :

La carte AGIR :

Cette carte Bleue VISA vous permet d'exprimer votre solidarité au quotidien, sans incidence sur votre compte.

♥: à chaque retrait dans un DAB, 6 centimes sont versés à l'association de votre choix par le Crédit Coopératif.

Partenaires : Médecins du Monde, UNAPEI, AIDES, Action Contre la Faim, Energies Pour le Monde...

FCP Faim et Développement :

Ce FCP de partage, le plus important en Europe, vous offre de nombreuses possibilités comme le choix du niveau de risque.

♥: partage annuel des gains au profit d'associations qui travaillent à réduire l'écart Nord-Sud. Avantages fiscaux liés aux dons de parts.

Partenaires : 7 associations dont CCFD, CFSI, Agir abcd, Terre des Hommes…

Le Livret AGIR :

Un livret d'épargne sans risque et qui conserve votre épargne disponible à tout moment. Rémunération : Livret A + 1%

♥ : partage automatique de la moitié de vos intérêts annuels avec l'association de votre choix .

Partenaires : Action Contre la Faim, Habitat & Humanisme, Handicap International, Terre & Humanisme, AIDES, Energies pour le Monde, Artisans du Monde, Solidarités Nouvelles Face au Chômage...

Assurance-vie Solidaire :

Sur la base d'un contrat simple et récompensé de nombreuses fois pour sa simplicité, son rendement et sa transparence : Actiplus de Mutavie.

♥ : Pourquoi ne pas léguer un an ou deux de capitalisation de votre assurance-vie à une association de votre choix ?

Partenaires : Toutes les associations partenaires des produits solidaires du Crédit Coopératif.

[QU'EST CE QUE LE TRI SÉLECTIF, AU JUSTE ?]

Le tri des déchets ménagers, c'est une grande chaîne humaine qui commence dans votre cuisine.

Tout d'abord, vous triez vos déchets en séparant les emballages, le verre et le papier dans des containers prévus à cet effet. Les différents bacs sont ensuite collectés par votre commune. Puis, ils prennent le chemin des centres de tri dans lesquels ils sont regroupés par catégorie de matériaux (acier, plastique, cartons…) avant d'être envoyés dans leurs usines de recyclage respectives. Ces matériaux constitueront la matière première servant pour la fabrication de nouveaux produits. Ainsi les emballages que vous aurez triés connaîtront une seconde vie et vous participez à la protection de l'environnement !

A titre d'exemple, **1 bouteille en plastique sur 2 naît du recyclage, 1 tonne de verre recyclé permet d'économiser 600 kg de sable et 1 tonne d'emballages en carton recyclé représente 2.5 tonnes de bois sauvées.**

Vos déchets organiques, quant à eux, sont compostés, c'est à dire transformés en un produit facilement destructible. Enfin, les emballages non recyclables sont dirigés vers des centrales d'incinération afin d'y être détruits.

Vous l'avez compris, le tri sélectif permet de valoriser vos déchets ménagers (flacons de parfum, magazines, packs de lait…) par leur recyclage, leur compostage ou leur incinération.

Fin 2002, on comptait déjà **49 millions de français triant leurs déchets et près de 30 000 communes adhérant au programme de tri sélectif des déchets**. L'Europe a eu pour objectif de valoriser 75% de ses déchets ménagers en 2003.

Pour le tri de vos déchets organiques, Handy Bag vous propose un sac 100% biodégradable : Biosac®. De petite taille (15L), il est adapté à la collecte des déchets organiques se décomposant rapidement. Biosac® est biodégradable en 40 jours. Vous pouvez l'utiliser pour la production de votre compost dans votre jardin. Vous pouvez le jeter dans les containers de votre commune réservés à cet effet.

[HANDY BAG, UN PARTENAIRE INCONTOURNABLE]

Vous êtes déjà 85% de foyers à avoir la possibilité de trier vos déchets ménagers. Mais si tout est bien organisé dans la rue, rien n'est prévu pour votre maison et votre cuisine.

Pour vous aider à changer vos habitudes et à effectuer ces gestes éco-citoyens, Handy Bag devient votre partenaire incontournable à la maison.

A table

- restaurants
- produits gourmands

Le plaisir de l'eau gazeuse

Savez-vous qu'il existe des goûteurs d'eau comme il existe des testeurs de vins ? Chaque eau a un goût, dû en grande partie à son origine et à sa composition. Prenons par exemple des eaux minérales gazeuses. On dit de Vernière qu'elle a un goût équilibré, qu'elle est légèrement pétillante et qu'elle laisse une saveur délicate très prisée des gourmets. St-Yorre aurait plutôt une forte personnalité, une tendance bicarbonatée, légèrement pétillante, très tonique avec de fines bulles agréables en bouche. Vichy-Célestins a une saveur spécifique, affirmée avec de fines bulles agréables en bouche. Chateldon a des bulles fines et denses qui libèrent une longue fraîcheur en bouche. Ne croirait-on pas l'avis d'un amateur de champagne ?! Et comme le vin, l'eau se boit à une certaine température. Les eaux gazeuses, en particulier, sont plus agréables fraîches ; les gourmets des bulles les boivent de 8° à 12° et dans un verre à pied, s'il vous plaît, pour éviter que l'eau réchauffe dans leurs mains…

Le conseil Futé : Chez-vous, buvez Vernière. *On dit de Vernière que " Le bonheur est dans ses bulles". Cette eau naturellement gazeuse possède un goût équilibré et très agréable ; elle agrémente parfaitement tous les repas.*

Au restaurant, faites-vous plaisir, dégustez Chateldon "l'eau des rois". *Elle était transportée à dos de mulet depuis l'Auvergne jusqu'à la table du roi Louis XIV à Versailles.*

Le savez-vous ? certaines eaux gazeuses favorisent la digestion... pour que plus rien ne vous prive d'un bon repas au restaurant ! Cette spécificité provient de leur composition riche en bicarbonates. Contrairement aux idées reçues, les bulles ne gênent en rien la digestion. Bien au contraire, elle procure encore plus de plaisir lorsqu'elles pétillent dans la bouche.

Le conseil Futé : Buvez St Yorre. *Cette eau minérale est la plus riche en bicarbonates du marché.*

Et avez-vous goûté les fines bulles de Rozana, *l'eau minérale gazeuze execptionnellement riche en magnésium ?*

Eau de source ou eau minérale, telle est la question...

Eau de source ou eau minérale ? Le consommateur a souvent du mal à faire la différence et pourtant ce n'est pas très difficile. D'abord leurs points communs : elles sont toutes les deux d'origine souterraine, garanties saines, sans microbes, sans traitement, et protégées des risques de pollution. Toutes les deux peuvent être bues en toutes occasions : avant de passer à table pour se rincer le palais, entre deux plats pour profiter des différentes saveurs, entre les repas pour s'hydrater, et avant de se coucher pour éviter la déshydratation nocturne.
Ensuite leurs différences : les premières ont des compositions minérales qui varient en fonction de leurs sources. Le savez vous : l'eau de source Cristaline est l'eau la plus vendue en France. Les eaux minérales sont agréées par le Ministère de la Santé pour la stabilité de leurs caractéristiques : débit, aspect, composition, goût. Elles ont une origine et une histoire. Thonon, "eau de la Versoie", fût recommandée dès le XVIème siècle par François de Sales pour ses vertus pour la santé. C'est en 1864 qu'elle est déclarée source d'intérêt public et reçoit le label d'eau minérale naturelle.

Le conseil futé : Buvez Thonon. *C'est une eau minérale plate, pure et légère. Elle se boit facilement en toutes circonstances et convient à toute la famille, même aux nourrissons.*

THONON
HAUTE SAVOIE
L'ORIGINALPES
EAU MINÉRALE NATURELLE DES ALPES DE HAUTE SAVOIE
SAVEUR DE L'ANNÉE 2004
RECONNU
EAUX PLATES NATURE
La nature généreuse de Thonon s'invite à votre table.
L'eau minérale de Thonon est pure et légère. Parfaitement équilibrée en minéraux et oligo-éléments, elle contribue au bien être de chacun, à tous les âges de la vie. Son goût léger et subtil lui a valu d'être reconnu "Saveur de l'année 2004".
Le grand chef Marc Veyrat est l'Ambassadeur de l'eau minérale Thonon-: c'est l'alliance de deux montagnards animés par une même passion, transmettre l'âme de leur pays, la Haute Savoie.
Thonon, généreuse par nature.
www.eau-thonon.com
ALPES DE HAUTE SAVOIE
THONON
HAUTE SAVOIE
EAU MINÉRALE NATURELLE DES ALPES
Généreuse Par Nature

restaurants

Début de mois : plus de 25 € à la carte.
Milieu de mois : entre 15 € et 25 € à la carte.
Fin de mois : moins de 15 € à la carte.
Cuisine des provinces : une cuisine venue des régions autres que la nôtre.
Cuisine d'ailleurs : une sélection de restaurants étrangers classés par pays.
Manger insolite : déjeuner sur l'eau, sous terre, dans une guinguette, dans une église…
Virées gourmandes : établissements situés hors de la ville et de son agglomération.
Sandwichs : à emporter.
Sur le pouce : sur place et à emporter.

Club Destination Anjou

Créé et soutenu par la CCI d'Angers, Destination Anjou regroupe des hôtels, des restaurants et des sites touristiques. Ces professionnels engagés dans une démarche qualité sont contrôlés régulièrement par un cabinet spécialisé. Vous êtes à la recherche d'un restaurant gastronomique ou tout naturellement d'une cuisine simple mais de qualité ? Les 36 restaurants "Table de Goût" arborent fièrement une, deux ou trois toques en fonction de leurs prestations et de leur type de cuisine. Restauration traditionnelle ou à thème, le mot d'ordre est la qualité. Vous proposant un suprême de sandre au beurre blanc, un pigeonneau du Haut Anjou au miel ou tout simplement une viande grillée au feu de bois, les Tables de Goût vous accueilleront et serviront avec autant de gentillesse que de professionnalisme. Durant toute l'année, les restaurateurs concernés organisent des animations dans leur maison autour de produits qu'ils vous recommandent tout particulièrement, comme cette année sur les layons"Villages" ou sur le miel d'Anjou. Pour obtenir le guide Destination Anjou ou les séjours hôtel, restaurant et visite de sites pour votre passage en Anjou 02 41 23 50 20.

Début de mois

LE LUCULLUS 5, rue Hoche © 02 41 87 00 44. *Fermé dimanche et lundi. De 12h à 13h30, et de 19h30 à 21h30. Menus : 14 €; "Formule du Terroir" : 20 € (2 plats) et 27 € (3 plats) ; "Dégustation" : 34 € et "Découverte" (carte blanche au chef) : 52 € ; enfants : 10 €.* A deux pas du centre-ville et de la gare, un lieu que l'on n'imaginerait pas de l'extérieur. Dès votre arrivée on vous fait descendre l'escalier pour vous retrouver au cœur d'une salle voûtée en tuffeau. Il y fait bon vivre et le décor comme la musique révèle une agréable douceur. Tout est fait pour vous mettre à l'aise et la carte de madame ne comporte pas les prix, c'est le prix de la bienséance. La carte vous dévoile dès lors ses trésors : Harmonie des foies gras de l'Anjou (savoureux mélange de terrine de foie gras, de foie gras chaud et d'un troisième à la fleur de sel), des pièces de viandes sauce marchand de vin qui fondent littéralement en bouche, ou encore des ravioles de saisons aux légumes primeurs. Le livre de cave présente une très belle composition alliant avec intelligence les grands vins et les petites trouvailles. Deux choix s'imposent au dessert, le nougat glacé maison vraiment excellent ou pour les plus gastronomes l'assiette gourmande qui présente l'ensemble des desserts. **Faiblesse :** toujours l'escalier en colimaçon mais la petite salle du rez-de-chaussée y pallie. **Talent :** dans une société qui hésite désormais à profiter d'une bonne bouteille avec une bonne table, ici vous pouvez la finir chez vous sans point en moins sur votre permis.

Destination
Anjou
l'engagement de qualité
A la recherche d'un hôtel, d'un restaurant ou d'un site touristique...
78 professionnels engagés dans la qualité.
Pour obtenir notre brochure et nos propositions de séjours
02 41 23 50 00
Destination Anjou Site de Caractère
Destination Anjou Table de Goût
Destination Anjou Hôtel de Qualité
Bienvenue
www.destination-anjou.com

LES PLANTAGENETS **8, place de la Gare © 02 41 88 49 42.** *Ouvert tous les jours, sauf le samedi midi, le dimanche et le mardi soir de 12h à 14h et de 19h30 à 21h30. Menu "Saveurs régionales" le midi 20 €, "menu gourmand" à 26 €, "dégustation" à 36 € et "carte blanche au chef" à 55 € (composé par le chef et le sommelier en accord mets/vins). Découverte gustative pour les enfants : 12,50 €. Carte : 32 €.* Comme il se doit dans la tradition hôtelière de ce lieu centenaire, l'accueil est impeccable (nœud papillon pour les messieurs, tailleurs noirs pour les dames) dans un décor d'un beau jaune pâle et lumineux, climatisé en été. Offrez-vous donc une halte à la sortie du train ou pour une soirée à la table d'Antoine Bouyer. Son ambition : toujours retrouver la fraîcheur de la passion du métier, et l'excitation à voir arriver le produit brut et entier pour le décliner au gré de sa fantaisie. Il achète les poissons à un vrai pêcheur de Loire pour que son carpaccio de sandre soit toujours parfumé et frais, et il profite de toutes les productions de saison pour agrémenter ses viandes. Les légumes sont éblouissants de couleurs vives et juste un peu craquants sous la dent, et pourquoi pas, des groseilles fraîches et écarlates pour accompagner les filets de lisette marinés. La remise au goût du jour des desserts flambés est une manière pour lui d'agrémenter sa passion des desserts à base de fruits. **Faiblesse :** il vaut mieux réserver malgré la taille de la salle. **Talent :** une cave exceptionnelle (plus de 80 vins différents) et jusqu'au bout du raffinement, une carte des cafés à la fin du repas.

Hommage à Loïc Lair pour ses trente années de service au restaurant les Plantagenêts

Majordome du bien boire et du bien mangé, il était, en 2003, le dernier et le plus ancien maître d'hôtel d'Angers. D'humeur toujours égale, discret et efficace, caviste d'expérience, il a vu défiler des milliers de convives au fil des ans, a vu grandir les fils Bouyer devenus ensuite ses patrons (adorables et adorés), et en cet automne 2003, à 59 ans, il a tiré sa révérence, non sans émotion, en sachant humblement qu'il laissait une profession où peu d'employés savent aujourd'hui ce qu'était le métier de serveur autrefois dans un restaurant digne de ce nom.

LE RELAIS 9, rue de la Gare ✆ 02 41 88 42 51. *Fermé dimanche et lundi. Service jusqu'à 13h30 et 21h30. Menus à 15,50 € le midi, 18,80 € (retour du marché), 32 €. Carte : 30 € (hors vins).* Quel bel écrin ! Si les fresques peintes sont restées sur les murs à la demande expresse des fidèles, l'ensemble du restaurant a pris un joli coup de jeune avec ses nouvelles colorations douces, ses luminaires tendance, des chaises capitonnées rouge, et des nappes aux tons clairs, prêtes à recevoir avec beaucoup d'élégance la gastronomie des lieux. La créativité du chef est toujours à l'honneur sur la carte, où les noms des plats invitent à la plus grande gourmandise sans remords : Salade de Saint-Jacques au foie gras et chutney de fruits ou feuilleté de petits pois et crevettes en entrée, et si vos papilles en veulent encore, une belle pièce de bœuf poêlée au pistou, cuite selon vos désirs ou un marbré de maquereau finiront de vous combler. Le grand art culinaire persiste et signe jusque sur la carte des desserts, où même le chocolat mérite l'appellation "grand cru". **Faiblesse :** une si belle cuisine mériterait un plus large sourire de la part des serveurs, même pour le repas du midi. **Talent :** celui du chef, c'est indéniable !

LA ROSE D'OR 21, rue Delaâge ✆ 02 41 88 38 38. *Fermé dimanche soir et lundi. Service de 12h à 13h et de 19h30 à 20h30 (plus sur réservations). Menus à 19 €, 25 € et 29 €. Enfants : 10 € (Même plats que les grands à choisir dans les menus) Réservation conseillée.* Décor un peu désuet, vaisselle classique et fleurs artificielles, qui donnent l'impression de venir dîner chez bonne-maman un jour de fête, lorsqu'elle met les petits plats dans les grands et accueille son monde avec force gentillesse et robe fleurie. Mais en l'occurrence, c'est bon papa, Georges Halet, qui du fond de sa cuisine rutilante, assure une gastronomie traditionnelle française avec beaucoup de goût et de recherche. Le foie de veau à l'aigre-doux de cassis est accompagné des pommes de terre rissolées à l'ancienne, la sauce gribiche acidule parfaitement la terrine de Saint-Jacques au poivre. Le plateau de fromages fermiers est exceptionnel et privilégie les goûts forts. Avis aux amateurs ! **Faiblesse :** le seul endroit à notre connaissance où l'on vous fasse payer la carafe d'eau (2,50 € !), mais il y a ici tout une histoire à ceci ! **Talent :** la diversité des plats tous plus alléchants et authentiques les uns que les autres contraint le client à de gros dilemmes au moment de choisir. Et la cuvée du patron, un vrai bourgueil de sa propriété, élevé par la famille Delaunay… de Bourgueil, justement.

LA SALAMANDRE 1, boulevard Foch ✆ 02 41 88 99 55. *Fermé le dimanche. Service jusqu'à 21h30 le soir. Menus : 23 € (le midi), 33 € et 43 €. Carte : 46 €.* Entrer à la Salamandre, c'est remonter le temps et s'installer la durée d'un repas dans les fastes du XIXe siècle, ambiance cossue et feutrée, un peu lourde de toutes ces décorations aux fleurs de lys et plafonds travaillés. Mais c'est l'Anjou historique qui vous accueille, et à sa table toute la tradition de la cuisine gastronomique de haute volée. Saint-Jacques pochées à la fondue de chicon et jus de volailles, canard de Challans rôti au miel et aux poires confites, filet de saint-pierre à l'artichaut braisé et jus de soja, on a l'impression de dérouler le menu de gala des grands dîners de nos aïeux, sauf qu'ici, c'est un plaisir que vous pouvez vous offrir chaque jour si le cœur vous en dit. **Faiblesse :** les prix à la carte sont vraiment très élevés. **Talent :** le menu "affaires" du midi permet d'épater ses clients invités à un coût raisonnable. Et la carte des vins est impressionnante.

L'HOIRIE Rue Henri-Faris - BEAUCOUZE ✆ 02 41 72 06 09. *Fax : 02 41 36 35 48. Service de 12h à 14h15 et de 19h à 22h, fermé le dimanche soir et le lundi soir. Menus : midi 19 € (sauf week-end et jours fériés), 29 € et 39 €. Carte : 30 €. Derrière Décathlon.* Situé au cœur de la zone artisanale et commerciale, le restaurant a réussi à faire oublier son environnement pour satisfaire pleinement ses clients. Dans une belle maison angevine agrémentée de larges baies vitrées donnant sur un joli jardin, le service est très attentionné et à la hauteur de la carte du chef qui chaque jour présente sa suggestion du marché. Au-delà d'un choix de plats aux noms évocateurs, les senteurs des mets viennent émoustiller nos papilles : la salade tiède aux pleurotes, noix de pétoncles et copeaux de parmesan, ou le sandre rôti sur pâtes au pistou de courgettes et purée de brocolis, ou encore le foie gras de canard au pain d'épice. Les desserts viennent sublimer la fin du repas avec une farandole de sorbets maison, aux parfums des plus subtils, un soufflé au Grand Marnier, ou la tortilla de chocolat accompagnée de son orange confite. La carte des vins se fait douce, même en terme de prix, et la fraîcheur des aliments est sans nul doute un des points forts de cette excellente table. Un des apprentis vient de recevoir la médaille d'or à la finale régionale des meilleurs apprentis cuisiniers, ce qui le propulse directement en finale nationale, une valeur sûre de plus pour cette table de qualité. **Faiblesse :** l'accès entre jardinerie et hôtels, vite oublié par le confort des lieux et le service avenant. **Talent :** celui du chef et la fraîcheur et l'originalité de ses plats.

LE BŒUF PLESSIS 10, rue Saint-Jacques (Foudon) - LE PLESSIS-GRAMMOIRE ✆ 02 41 76 72 12. *Messieurs Gicquel père et fils. Ouvert tous les jours, sauf le dimanche soir, le lundi et le mardi. Menus : 10 € (enfant), 26 € (en semaine), 32 €, 43 € et 52 € (carte blanche au chef). Carte : 35 €.* A un quart d'heure d'Angers, on vient faire une escale villageoise et surtout gourmande chez la famille Gicquel, ancienne propriétaire de l'Aubergade à Gennes et nouveau propriétaire depuis mars 2004 de cette agréable auberge au cœur d'un village typiquement angevin. Plus qu'une auberge ce restaurant est une vraie grande table avec un chef qui a longtemps régalé les promeneurs ligériens. Le service plein d'attentions et de discrétion pour mieux se sentir dans les différentes salles aux tons de soleil. L'été vous pourrez également profiter du jardin sous une tonnelle au frais. Côté cuisine une explosion de saveurs : quenelles de brochet, sauce crustacé, filet de canette au cidre, garniture d'asperges sauvages… Les plus jeunes ne sont pas en reste et forment leur palais avec un petit feuilleté de foie gras (menu "découverte" à 10 €) car, après tout, il n'y pas d'âge pour découvrir la grande cuisine ! Pour les fromages un superbe plateau divisé en deux, chèvre d'un côté, vache de l'autre. Les desserts sont incontournables avec une tarte aux pommes tiède à redécouvrir version feuilletée, ultra léger accompagné d'une crème anglaise. On transmettra facilement l'adresse, mais attention, les dimanches midi sont complets parfois plusieurs mois à l'avance ! Une référence locale. **Faiblesse :** Le manque de place pour se garer devant le restaurant, et attention à bien aller dans le Plessis-Grammoire puis à Foudon. **Talent :** le confort d'une auberge cossue qui se marie bien avec la qualité des plats.

LA ROMANERIE 48, boulevard de la Romanerie - SAINT-BARTHELEMY-D'ANJOU ✆ 02 41 21 15 70. La très belle bâtisse du XIIe siècle au beau milieu de son parc aux arbres géants, propice aux promenades digestives, reste le cadre idéal (sans doute un des plus agréables de la région) pour découvrir le talent d'André Bon Bétend, ici chef des cuisines mais avant tout reconnu, au niveau national, pour ses qualités de traiteur et ses réceptions, sans doute les plus réussies sur la ville d'Angers. Quand arrivent sur la table les quenelles de brochet au coulis de tomate ou le sandre en croustille aux herbes fraîches, on se plaît à imaginer la suite dans une farandole de mariages aussi insolites qu'internationaux. En effet la "fusion" cuisine n'a pas attendu la mode occidentale pour s'installer à la Romanerie et c'est toute une série de plats aux combinaisons aromatiques qui défilent sous la langue. Pas de doute le chef excelle dans les poissons, mais à voir le cuissot de canard au miel à la table d'à côté on se dit qu'on reviendra de toute façon. **Faiblesse :** c'est classique, quand une adresse est bonne, il faut réserver, parfois très longtemps à l'avance ! **Talent :** une cuisine très fine et pointue dans un cadre enchanteur.

AUBERGE D'EVENTARD Route de Paris - Rond-point du Parc Expo - SAINT-SYLVAIN-D'ANJOU ✆ 02 41 43 74 25. *Site Internet : www.auberge-eventard.com. Fermé le samedi midi, le dimanche soir et le lundi. Service de 12h à 13h55, et de 20h à 21h15. Menu "la table du chef" à 31 € (le midi en semaine). Menu "Gourmand du Marché" à 55 € et Menu "Dégustation" à 72 €. Carte : 65 €.* L'extrême beauté de l'auberge et de son jardin à la végétation luxuriante séduit d'emblée les visiteurs qui se sentiront soudain transportés dans un univers généreux et paisible, intime à souhait. Dans les salons confortables l'hiver, ou sous les barnums l'été, ce décor exquis vous prépare à un repas de très haute qualité. Les amuse-bouches annoncent une créativité axée sur les ingrédients à fort caractère : fromages au goût puissant, petits pains au sésame où l'on sent craquer les perles de sel. Les préparations qui entourent viandes et poissons étonneront par leur saveur très marquée : tapenade de tomates confites, graines de capucines, poivre rose, aneth, truffes et morilles ou citrons confits. Chaque assiette est une symphonie de couleurs vives et de parfums riches et variés. On sent que le chef ne manque pas d'inspiration, le nom des plats en témoigne : navarin de homard au vieux Layon sur crème de truffes fraîches, bourride du pêcheur sur pot-au-feu de petits légumes nouveaux et la carte des desserts annonce une vraie nostalgie des sucreries d'antan : nonnette de mon enfance aux oranges confites et au cointreau, soupe de fraises à la crème parfumée à la verveine. **Faiblesse :** parfois tellement de saveurs différentes dans un plat que l'on ne sait plus en reconnaître les ingrédients. **Talent :** une gastronomie traditionnelle qui ne craint pas de s'allier à une créativité originale et bien marquée.

Jean-Pierre Maussion, Auberge d'Eventard - St-Sylvain-d'Anjou

LE CLAFOUTIS La Lieue - RN23 - Proche Parc des expositions - SAINT-SYLVAIN-D'ANJOU ✆ 02 41 43 84 71. Nous ne pouvions pas manquer cette adresse cette année pour deux raisons. D'une, elle s'est fait un nom réputé en Anjou depuis des lustres avec la cuisine fine de M. Lebert, de deux, elle vient de passer entre les mains de Christèle et Pascal Beillouet qui avaient créé le Feuillantin, route de Paris. Non testé cette année car la reprise n'a eu lieu qu'à la parution du guide, le restaurant conserve cependant son nom, ses clafoutis en desserts (et sûrement en salé aussi, surprise du chef !) et la carte affolera aussi sûrement les papilles que par le passé. Bienvenue à ce charmant couple ici donc et bonne chance au nouveau Clafoutis !

Milieu de mois

AUBERGE BELLE RIVE 25bis, rue Haute-de-Reculée ✆ 02 41 48 18 70. *Entrée Promenade de Reculée, sauf en période de crue. Fermé samedi midi, dimanche et jeudi soir, menus : 19 €, 31 €, 46 €. Carte : 35 €.* Vue sur la Maine l'hiver, ou joli patio fleuri aux beaux jours, voilà une très belle adresse à 3 minutes du centre-ville, où Marie et son équipe vous accueillent avec des sourires vraiment naturels et sympathiques. Les couleurs vives du décor ensoleillent les tables et se retrouvent dans une cuisine qui allie la tradition française à quelques petites originalités du Sud. Dans les très copieuses tranches de terrine de canard, le palais se surprend à sentir la douceur des abricots secs, et des pistaches, et le jarret au miel fait écho au filet de sabre cuisiné aux petits légumes à l'orientale. La saveur de l'aneth, bien marquée, remplace le persil dans pas mal de plats. La carte des vins se tient bien et l'on découvrira les cépages alsaciens, chers au chef, Christophe Schmitt. Une adresse sûre et confortable à Angers. **Faiblesse :** les pressés du midi trouveront que le service peut parfois être un peu lent. **Talent :** les plus philosophes auront compris qu'ici, on privilégie un art de vivre plutôt qu'un service rapide.

LE BISTROT 8, place de la Gare ✆ 02 41 88 49 42. *Ouvert tous les jours de 11h45 à 14h15 et de 19h à 23h (jusqu'à minuit les vendredis et samedis). Plat du jour : 9 €. Menus : 11 € et 13,50 € le midi ; 13,50 € (2 plats) et 17,50 € (3 plats) le soir. Carte : 20 €. Menu enfant : 6,90 €.* Rattaché à l'Hôtel de France, le "Bistrot", est une véritable brasserie avec une carte des plus complètes qui présente autant de poissons que de viandes pour que chacun y trouve son compte. Bien que d'un standing en dessous du restaurant des Plantagenêts, ne vous fiez pas à son appellation de brasserie car on y trouve parfois des plats de vraie gastronomie et des mets alléchants : étuvée de haddock et cabillaud, parfait de foie de volailles au porto, matelote d'anguille de Loire et un soufflé glacé au cointreau, le tout à des tarifs de "brasserie". Pour les plus pressés, il existe des "assiettes complètes" au fromage, poisson ou foie gras. **Faiblesse :** l'emplacement est le moins agréable de la place si l'on veut profiter de la terrasse. **Talent :** la bonne idée d'avoir rédigé un menu en anglais.

BISTROT JULES Centre Commercial Mollières - Hauts du Lac-de-Maine ✆ 02 41 43 24 79. *Restaurant ouvert de 12h à 15h du lundi au samedi. Bar jusqu'à 20h. Suggestion du jour à 6,90 €, formule à 8,40 € (2 plats) et 9,90 € (3 plats). Carte : 15 €.* Laissez-vous envoûter par le charme du feu. Au centre de la salle trône un immense barbecue ou le chef vous fait griller vos viandes à la verticale (pas une goutte de matière grasse pour les adeptes du régime). Même si la salle est prise d'assaut à midi, le service est de qualité et rapide, et l'attente s'il y en a est de courte durée. La salle tout habillée de teck est chaleureuse et les ardoises accrochées tout autour de la salle présentent les plats du jour. La carte essentiellement basée sur des viandes fondantes à souhait propose également quelques poissons. Petite originalité, un tartare mi-cuit accompagné de pommes de terre au four et de sauce crème à la ciboulette. Astuces : tous les vins de la carte peuvent être servis au verre, en un quart ou bouteille. Une bonne adresse pour les repas entre collègues ou pour déguster une bonne viande le midi, avec une large plage horaire de service. **Faiblesse :** Vu son succès la salle est assez bruyante à l'heure de pointe et les cuissons doivent être surveillées de près. **Talent :** la qualité des produits pour une somme modique et l'originalité de la cuisson des viandes.

LA BOUCHERIE CAFE 27, boulevard Foch ✆ 02 41 25 39 25. *Ouvert tous les jours de 9h à 23h. Menus : 8,50 € (express), 10,30 € (marché), 13,80 € (halles), 17,20 €(du bon moment) et 22,10 € (du gourmand), enfant 6 €. Carte : 20 €.* Ce restaurant nouvellement baptisé "Boucherie Café" s'est imposé grâce à un choix de belles pièces de bœuf : araignée, poire, bavette, onglet, faux-filet, ou côte de bœuf pour 2, le choix est vaste. Côté accompagnement, les frites ou les pommes au four, ainsi que les sauces au roquefort, au poivre, à la béarnaise ou la fondue d'échalote, rien ne manque. Nos papilles en attente de viande rouge et fondante à souhait sont récompensées. La planche du chef (faux filet accompagné de 3 sauces, pommes au four et légumes) ou l'assiette gourmande (3 viandes : araignée, poire, onglet) sont à conseiller aux carnivores ainsi que la côte de bœuf bien entendu. Pour les autres, les salades composées très copieuses ne manquent pas d'originalité et de saveur telles le péché mignon, alliance de quartiers de pêche, de poulet et de fourme d'Ambert, ou la gourmande, haricots verts, tomate, magret et pilons de canard et copeaux de foie gras. Faiblesse : C'est avant tout une brasserie donc l'ambiance est un peu bruyante. Talent : Les nouvelles plages horaires de 9h à 23h, puisqu'ils font désormais café et repas à toute heure en même temps. **Autre adresse : ZI La Romanerie Nord - SAINT-BARTHELEMY 02 41 05 10 10.**

LE BOUCHON ANGEVIN 44, rue Beaurepaire - Quartier de la Doutre ✆ 02 41 24 77 97. *Du mardi au samedi, de 12h à 14h, et de 19h30 à 22h15. Menus : 10,50 € (le midi), 15 € (semaine) et 17 € (vendredi et samedi soir). Carte : 20 €.* La rusticité de cette cave à vin sert de décor à une cuisine de terroir qui propose la véritable andouillette fermière ou le camembert pané. Mais on se demande un peu tristement où est passée l'excellente qualité qui faisait la renommée de ce restaurant il y a encore peu de temps. On n'apprécie pas vraiment les pêches au sirop servies avec le magret de canard, ni que les rillauds ressemblent à des tranches de lard bien roses, ni que le camembert fondu soit posé sur une biscotte (ou très ressemblant en tout cas). Le serveur vous conseille le vin avec talent mais sans vous en donner le tarif. La note à l'arrivée peut surprendre désagréablement. **Faiblesse :** Le midi, les portions du menu à 10 € sont parfois tellement réduites, qu'on préférerait payer 2 € de plus et avoir l'estomac mieux rempli. **Talent :** Une ambiance vraiment conviviale et originale, due surtout à une sympathique clientèle d'habitués.

BRASSERIE DE LA GARE 5-7, place de la Gare ✆ 02 41 88 48 57. *Ouvert 7j/7, de 9h30 à 24h (23h dimanche) Restauration de 12h à 15h et 19h à 24h. Menus à 14 € et 20,30 €. Carte : 23 € à 40 €.* Une décoration de style "Café de Paris", affiches rétro et cloisons de verre dépoli, la Brasserie est une valeur sûre de cette place de la Gare (la terrasse sous les magnolias est bien agréable l'été). La carte très fournie nous fait démarrer sur deux pages de crustacés, de produits de la mer et de salades. Côté viandes, tout est présent : magret de canard, jarret de porc, rognons de veau, bœuf sous toutes ses formes, andouillettes… et on a le choix parmi les abondantes garnitures (spaghettis de courgettes et autres légumes, gratin dauphinois, frites…). La déco et la garniture ne sont jamais ici pour amuser la galerie, puisqu'abondantes, colorées et bien cuisinées. Une découverte originale cette année, entre autres plats insolites, un thon rouge rôti sur spaghettis de courgettes, fin et très onctueux. **Faiblesse :** Certains midis, l'affluence a tendance à stresser le personnel pourtant nombreux. (Ah ! ces hommes et femmes d'affaires, toujours pressés !). **Talent :** les poissons accompagnés de pâtes fraîches (ça change du riz) ou souvent sur de belles préparations légumières et bien sûr, les desserts maison.

BRASSERIE DU THEATRE 7, place du Ralliement ✆ 02 41 24 15 15. *Ouvert 7j/7 de minuit à minuit. Plat du jour : 9,50 € sauf dimanche et jours fériés. Menus : 7,70 € (enfants - 12 ans), 15,90 € (entrée+plat ou plat+dessert) et 25,20 €, et un menu express, servi en un seul acte (entrecôte+salade+fromage blanc).* Situé sur la place du Ralliement face au théâtre et à sa façade illuminée le soir, ce restaurant est fidèle à la tradition des brasseries parisiennes. Grande terrasse agréable quand le soleil est là, baies vitrées, grand escalier central, tenture de velours rouge, bar avec coin salon ayant vue sur le vivier du restaurant, et un buste de Molière qui vous souhaite la bienvenue. Se déroulant sur deux étages autour du grand escalier, on retrouve des balcons, de grands lustres et des jeux de miroir qui nous feraient presque oublier que l'on est au restaurant et pas au théâtre. La carte, variée et alléchante, présente diverses choucroutes en poêlon individuel sur leur réchaud, de spectaculaires plateaux de fruits de mer et les traditionnelles pièces de viande rouge. Vous pouvez également préférer l'originalité de la carte avec une poêlée de Saint-Jacques relevée à l'andouille (fin et parfumé), ou plus classique mais tout aussi goûteuse, la daube de joue de bœuf aux carottes. Pour rester dans l'esprit du théâtre, aventurez-vous à la fin de la carte avec des desserts aux noms de célèbres comédies ou tragédies, à l'image du nom des menus : "Malade imaginaire", "Ma femme s'appelle Maurice" ou "le Dîner de C…". **Faiblesse :** pouvant accueillir jusqu'à trois cents personnes, le service de qualité, n'est pas toujours des plus rapides. **Talent :** indéniablement le cadre, l'accueil et le service, ainsi qu'un bon rapport qualité/prix et un service à toute heure.

Brasserie
de la Gare
154137A
LA
GRANDE
BRASSERIE
Ouvert tous
les jours 7/7
5 et 7 Place de la Gare - 49100 ANGERS
Tél. 02 41 88 48 57

AU BUREAU 5, place du Ralliement ✆ 02 41 25 18 70. *Ouvert tous les jours en service continu, de 9h à minuit. Formule du midi (sans dessert) : 8 € ; carte à partir de 7,60 €.* En plein centre d'Angers, le Bureau à l'avantage d'offrir une terrasse, face à la splendide façade du théâtre, prise d'assaut au moindre rayon de soleil. A cheval entre le pub irlandais et la brasserie parisienne, vous pouvez déguster une bonne bière ou manger une succulente flammeküeche. En effet assez rare sur la ville, cette recette d'origine alsacienne est ici déclinée à travers plusieurs recettes toutes excellentes. La carte propose aussi salades, viandes, pizzas (pas toujours fameuses), ou pâtes. **Faiblesse :** l'atmosphère assez bruyante surtout le midi. **Talent :** le service à toute heure même si long le midi.

CAMPANILE GRIL Avenue Prosper-Guilhem - Derrière Décathlon - ZAC de l'Hoirie - BEAUCOUZE ✆ 02 41 36 06 60. *Ouvert tous les jours, de 12h à 14h et de 19h à 22h. Formules à 12,70 €, 14,70 €, 16,50 € et 18,70 €. Menu enfant : 5,95 € et 8,95 €.* Décoration et aménagement fonctionnels pour ce type de restaurant perdu au milieu de la ZAC. Mais la cuisine fait des efforts pour que les plats relèvent un peu cet aspect : veau poché au vinaigre de framboise, ou tartare de daurade sur crème de ciboulette, on ne peut nier qu'un certain soin est apporté aux recettes et que le service est vraiment agréable et efficace. Le buffet des hors-d'œuvre respire la fraîcheur et la diversité. Les familles avec enfants et les hommes d'affaires pressés y trouvent toujours leur compte sans mauvaise surprise. **Faiblesse :** Toujours l'absence de vins ligériens du coin pour accompagner le fromage. **Talent :** grâce au buffet à volonté, et les portions généreuses des plats, on ressort rassasié.

LA CANAILLE 8, boulevard Arago ✆ 02 41 88 56 11. *Fermé le samedi midi, le dimanche et le lundi soir. Sur réservation après 20h30. Menus : 10 € (le midi), salade : 10 €, entrée+dessert : 12 €, plat : 14 €, 2 plats 19 € à 21 €, 3 plats : 26 €. Viande à 7 € pour les "petits canaillous". Le samedi, soirée sans tabac.* Venez retrouver les jouets de votre enfance sur les murs de ce sympathique restaurant : trottinette, camion de pompier, poupée de celluloïd mais aussi pub du début du siècle de chez Banania, Knorr, Cub'or... L'accueil est franc et convivial, on vous met à l'aise et c'est bien le désir des patrons de favoriser une ambiance chaleureuse et détendue, le monde du jouet étant à l'honneur. Pour le salé, des odeurs de Provence avec des ratatouilles, des légumes croquants et des poissons grillés au feu de bois dans la cheminée située au cœur de la salle. Le petit régal de la carte, le magret de canard rôti et farci accompagné de toast de rillettes. Un choix de brochettes et de pièces de bœuf, toujours accompagnés de petits légumes cuisinés et croquants. Dans votre assiette des desserts aux noms enchanteurs de votre enfance : coupe glacée Mickey, Carambar, nounours et Pimprenelle. **Faiblesse :** Une salle un peu bruyante due au côté convivial des patrons. **Talent :** une adresse très originale et attachante qui vaut largement l'attention de tous les publics et en plus pas de problème pour se garer puisque situé place la Rochefoucauld.

LES CAVES DU RALLIEMENT 9, place du Ralliement ✆ 02 41 88 47 77. *Ouvert tous les jours de 7h30 à 2h du matin, sauf lundi soir. Plat du jour : 7,50 €. Menus du midi : 8,30 €, 10,40 €, suggestion du soir : 10,70 € et 15,70 €.* Qu'on se le dise, on ne vient pas ici pour le cadre, ni pour la haute gastronomie. C'est un simple décor de vieux bistrot, et côté cuisine, surtout le midi, on ne sort que difficilement du steak/frites, ou du jambon purée (celle-ci y aurait d'ailleurs gagné avec de vraies pommes de terre). Seules les suggestions du soir améliorent un peu l'ordinaire : gambas flambées au whisky ou queue de lotte au beurre de ciboulette. Par contre, on y trouve des huîtres à toute heure du jour, des moules marinières en très grosse quantité par assiettes, et c'est un lieu où l'on aime traîner très tard le soir dans une ambiance bon enfant. **Faiblesse :** le manque de légumes verts pour accompagner les viandes. **Talent :** c'est un endroit auquel on s'attache, surtout si l'on est Angevin de longue date. Les horaires pour les noctambules.

CHEZ MON ONCLE Rond-point du Bon-Puits - Face au Parc Expo - SAINT-SYLVAIN-D'ANJOU ✆ **02 41 60 80 81.** *Fermé le dimanche, la dernière semaine de décembre, et en août. Ouvert de 11h45 à 14h30 et de 19h à 21h30 (22h les vendredis et samedis). Menus à 11 €, 16 € et 23 €. Enfants : 8 €. Plats uniques de 9,50 € à 13 €.* A proximité stratégique du Parc-Expo, M. et Mme Panier s'annoncent d'abord créateurs et sur une base de cuisine traditionnelle (poissons de Loire, magrets...), ils laissent à leur tout nouveau chef une liberté d'expression pour le plus grand bonheur des gastronomes. Confiture d'oignons et timbale de champignons agrémentent des assiettes copieuses et colorées. Le service est impeccable, la présentation des plats dans de très grandes assiettes transparentes procure un plus dans le plaisir de la dégustation. Plats de tradition française toujours accommodés de picotages de-ci de-là. **Faiblesse :** La dimension de la salle (160 couverts) manque un peu d'intimité, et les vins sont un peu chers. **Talent :** grâce à la dimension de la salle, on peut venir en groupe, et le vin est servi au verre, pas bête. Les sourires qui vous accompagnent tout au long du repas vous donnent vraiment l'impression d'être chez votre oncle.

CLUB 1925 4, rue d'Anjou ✆ **02 41 87 62 36.** *Fermé le samedi midi et le dimanche. Service de 12h à 13h30, et de 19h à 21h30. Menus à 9 €, 10 €, 18,50 €, 28,50 €. Carte 18 € à 25 €.* Les habitués du coin comme les autres commerçants de la rue vous le diront : ne vous fiez pas à son allure "resto de quartier" qui ne mérite ce nom que par ses tarifs bas et sa déco très ordinaire. C'est un vrai bon p'tit resto servant des produits travaillés selon la tradition française. Le poisson y est à l'honneur de l'entrée (terrine en sauce de crustacés) au plat principal (surveillez le plat du jour...), les sauces sont bien pointues et rehaussent le fumet maritime. Du côté des viandes, ris de veau, jambon braisé ou confit de canard complètent une carte traditionnelle, simple mais goûteuse. **Faiblesse :** attention quelques irrégularités constatées cette année dans l'éclat des plats. **Talent :** les assiettes sont copieuses et le service assez attentif.

LA COTE DE BŒUF 105, rue de la Madeleine ✆ **02 41 66 81 41.** *Ouvert tous les midis sauf le dimanche et les soirs du vendredi et samedi (le soir en semaine sur réservation seulement) Menus à 8 € et 10 € (le midi en semaine), Terroir à 14 € et Angevin à 18 €. Carte : 21 €. Enfants : 9 €.* Ardoises et poutres apparentes, le grill à bois dans la salle du restaurant, tout respire l'authentique, loin du centre-ville et des quartiers d'affaires et ne pas croire surtout que l'on n'a affaire qu'à un "p'ti resto de quartier". Si le choix des plats n'est pas important, l'accent est mis sur la qualité et l'authenticité. Foie gras à l'Aubance, chèvre rôti aux pommes vous mettront en bouche pour les fondants faux-filets à la sauce Brissac ou l'andouillette grillée. **Faiblesse :** dommage que ce ne soit pas ouvert le soir en semaine. **Talent :** menu du jour parfaitement équilibré et savoureux, des desserts simples mais originaux : clafoutis aux abricots ou gratin de fruits de saison au cointreau.

LE DIFFEN (HOTEL MERCURE) 2, allée du Grand-Launay - Lac-de-Maine ✆ **02 41 48 02 12.** *Ouvert tous les jours sauf le week-end (hôtel 7j/7). Formule simple à 17 € et menu du marché à 26 € (sans vin) 32 € avec 2 verres de vins. Accès : à droite à l'entrée du Centre Commercial Grand Maine.* Qui pourrait croire qu'à l'intérieur de cet hôtel se cache une si bonne table ! Si la décoration est un peu légère et mériterait un peu de gaieté, le service est impeccable et la cuisine fleure bon les produits de nos régions. Une cuisine traditionnelle de qualité pour de confortables nappages dans une salle bien insonorisée. On peut attaquer sur une entrecôte au beurre de paprika, un gigot d'agneau à l'ail et au romarin ou côté poisson, des lasagnes de tourteau sur une sauce aux étrilles. Coté dessert une assiette qui se compose d'un assortiment de pâtisseries, soit de tartes, soit de bavarois, soit de gâteaux au chocolat pour les plus gourmands. **Faiblesse :** La décoration et les rideaux mériteraient d'être supprimés pour augmenter la lumière. **Talent :** Excellent rapport qualité/prix pour le menu à 17 € et superbe choix de fromages.

L'ENTRACTE 9, rue Louis-de-Romain © 02 41 87 71 82. *Fermé le samedi midi et le dimanche. 2 menus : 16 € ou 26 €.* Quel bonheur que ce grand confort bourgeois, (dont les teintes ont été joliment rajeunies en jaune, orange et bleu) doublé d'une qualité gastronomique exemplaire. Soyez assurés qu'ici tous les produits sont frais et entièrement préparés par la main du chef. Le foie gras est fait maison, et juste avant d'arriver en escalope dans votre assiette, le poisson est encore entier et brillant. Le chef excelle dans l'art des sauces fines, parfumées, à base de vins longuement mijotés, de vinaigre de framboises ou d'herbes aromatiques. Magret de canard au vieux brissac, andouillette étuvée au chablis ou filet de sandre aux fines herbes, les recettes sont élaborées mais sans ostentation, les saveurs légères et subtiles. **Faiblesse :** l'accueil, très correct, reste cependant un peu froid. **Talent :** une des meilleures tables du centre-ville pour des tarifs raisonnables et le mariage goûts et légèreté dans l'assiette.

L'ENTRECOTE (MARCHE D'INTERET NATIONAL) 2, avenue Jean-Joxé © 02 41 43 71 77. *Ouvert uniquement le midi, du lundi au vendredi. "Formule entrecôte" à 19 € et carte à 20 €. Le soir sur réservation, salle de réception pour les groupes et possibilité de banquet par les cuisiniers du restaurant.* Une figure bien connue des brasseries de centre-ville a racheté ce temple de la viande et de l'animation professionnelle. L'adresse occupe une position centrale au point que les prix des menus correspondent à ceux des viandes qui les composent. Ainsi, la tête de veau ravigote ou l'entrecôte grillée sauce au poivre, inscrit à 21,50 € ou 22 € sur la carte, donne accès à une entrée et un dessert (ou fromage) pour le même prix. Si l'on exclut l'excellent foie gras maison (9 €), les entrées fleurent bon la tradition française. Les amateurs de viande se régaleront grâce à la qualité mais aussi à la diversité des pièces proposées : onglet, entrecôte, pavé, foie de veau, steak tartare, souris d'agneau au thym… Le service express est bien mené et l'on se fera une ptit' bouffe rapide au bistrot contigu pour 9 € si les grandes tables d'à côté ne vous en laissent pas le temps. **Faiblesse :** une salle peu propice aux déjeuners intimes. L'andouillette ne représente pas un modèle du genre. **Talent :** les entrées sont mieux travaillées depuis le changement de propriétaire.

La "Fraîche Attitude",

Un état d'esprit !

La Fraîche Attitude est un style de vie : porteur de santé au sens large du terme, c'est à dire de bien être, autant physique que psychologique.

Pour couvrir nos besoins en éléments essentiels, nous devons varier notre consommation en fruits et légumes frais. 5 à 10 fruits et légumes frais différents chaque jour, c'est du plaisir, des vitamines, des fibres, des micronutriments....
Les bienfaits des fruits et légumes frais dans la prévention de certaines pathologies, comme les maladies cardiovasculaires et le cancer, sont scientifiquement prouvés.

Pourquoi diversifier sa consommation ?

Parce que chaque fruits ou légume possède sa propre particularité nutritionnelle (l'orange est réputée pour sa richesse en vitamine C alors que le chou se caractérise par ses substances soufrées) et que chaque partie de la plante telles les racines (carotte, navet, betterave, radis...), les feuilles (chou, épinard, salade...) ou les fruits (pomme, tomate...) présente des éléments complémentaires.

Aussi c'est en diversifiant sa consommation et en combinant différents fruits et légumes qu'on retire le maximum de bienfaits.

5 par jour, soit environ 400 g, c'est le minimum. Mais c'est avec 10 par jour que vous atteignez les 800 g souhaités selon les experts.

L'idéal est d'assurer un équilibre entre une consommation de fruits et de légumes crus et cuits, crus (fruits à croquer, crudités, salades et jus) ils vous apportent un maximum de vitamines C et autres vitamines, et cuits (en accompagnement de vos plats, en purée, en compote et en soupe), ils facilitent la digestion.

Vous allez voir le compte est vite fait

1 fruits à croquer 3 fois par jour
1 crudité à midi et 1 légume d'accompagnement au dîner

\+ = 5, votre ration minimum au quotidien

Ajoutez y :
1 jus de fruits au petit déjeuner (ou cocktail de fruits)
1 salade de fruits au dessert ou 1 jardinière de légumes au déjeuner
1 potage de légumes variés ou 1 grosse salade mêlée au dîner
et n'oubliez pas d'ajouter une pincée de saveur :
persil, ciboulette, basilic, oignon, ail

= 10, votre objectif est atteint

Fruits et légumes frais, avec 5 à 10 par jour,
Libérons notre nature !

www.10parjour.net
Service consommateur
N°Azur 0 810 810 000

aprifel
agence fruits et légumes frais

LE FARFALLA 8, boulevard Foch ✆ 02 41 86 00 00. *Ouvert 7j/7. Service de 11h30 à 14h30 et de 19h à 23h30. Pâtes à 8 €, 9 € et 10 €. Formule à 11 € (le midi). Carte : 18 €.* Mme Maury succède à Joël Rabineau dans ce décor de brasserie lumineux et sympathique. Ici, on vient avec les copains ou en famille, car les pâtes sont sans conteste une base culinaire conviviale et qui plaît à tous. Spaghettis, farfalle, fusilli etc., sont accommodés de sauces variées. La bolognaise est riche en viande (ce n'est pas le cas partout), et préparée avec des tomates fraîches et le gros morceau de parmesan accompagné de sa râpe trône sur chaque table. Si le veau, bien cuisiné est à l'honneur, les antipastis (équivalent des tapas espagnoles) à base de légumes vinaigrette (aubergines, courgettes, tomates…) mais aussi de calmars et petites pieuvres… restent un des plats les plus conviviaux qui soient. A partager évidemment ! **Faiblesse :** les tartes gagneraient à se faire plus légères. **Talent :** en attendant le serveur, les gressins à volonté sur les tables que l'on trempe dans un délicieux fromage blanc italien.

LA FERME Place Freppel - Parking cathédrale ✆ 02 41 87 09 90. *Fermé le dimanche soir et le mercredi. Ouvert de 11h45 à 14h et de 19h à 22h. Menu du midi à 11,50 €. Menus : 15 €, 17 €, 22,50 € et 29 €. Menu enfants à 7 €. Terrasse très agréable l'été.* Avec sa terrasse face à la cathédrale, ce restaurant est très prisé des touristes mais aussi des Angevins grâce à son ensoleillement le midi et à son cadre intérieur très nature, chasse et vignoble. Le décor rustique mise sur les produits du terroir pour une carte fermière traditionnelle. Tête de veau sauce ravigote, poule au pot, cassoulet, magret de canard, poisson de Loire ou coq au vin mais aussi de belles originalités comme le foie gras au tanin d'anjou rouge accompagné de son traditionnel verre de coteaux-du-Layon et de toasts grillés. Un vrai délice où se mélangent l'onctuosité du foie gras avec la chaleur et la présence en bouche de l'anjou rouge. On regrettera seulement que côté personnel il ne soit pas aussi chaleureux que le soleil qui nous a fait nous installer en terrasse mais le service est efficace. **Faiblesse :** La salle est plus adaptée aux repas en groupe ou entre collègues que pour les soirées romantiques en couple. **Talent :** Une cuisine rustique de qualité et la terrasse en été vraiment agréable.

LA GALERIE 4, rue Grille ✆ 02 41 87 85 23. *Ouvert 7j/7 midi et soir. Menu : 18 € (3 plats) menu enfant : 8 €. Carte : 19 €. Moules/frites de 10 € à 17 €.*

Installé depuis fin 2003 dans le quartier de la Doutre, cette ancienne galerie d'art à su garder le coté vieille bâtisse angevine. Malgré les deux grandes baies vitrées donnant sur la rue Beaurepaire, l'entrée se fait à l'arrière du restaurant par une grande porte en bois qui vous amène dans une première salle où l'on vous fera patienter sur une immense table de ferme s'il n'y a plus de place. En effet, la salle du bas est assez petite mais son côté galerie d'art lui donne beaucoup de charme, tableaux d'artistes locaux, grands rideaux rouges sur les fenêtres style théâtre et surtout tables en mosaïques aux couleurs vives de Provence toutes différentes (création d'une des deux patronnes exquises). La salle du haut avec sa grande cheminée de tuffeau nous donne l'impression d'être chez soi. Voilà une adresse où déguster de super moules accommodées à toutes les sauces : bleu d'Auvergne, curry, à la diable ou tout simplement marinières et accompagnées de frites belges. Pour ceux qui n'aiment pas les moules, la carte présente de nombreuses salades, viandes rouges (les entrecôtes sont gigantesques et fondantes à souhait), et plats en sauces avec petits légumes. Pour le dessert goûtez la mousse aux fraises, un régal. Le service exclusivement féminin est très sympathique et l'ambiance est bon enfant. **Faiblesse :** La disposition des tables peut offrir assez peu d'intimité. **Talent :** la décoration et la qualité de la table, ainsi que la gentillesse de tout ce petit monde en font un lieu riche.

LE GLACIER DU MAIL Jardin-du-Mail ✆ 02 41 87 42 49. *Fermé lundi soir, mardi soir et dimanche. (ouvert tous les jours durant l'été). Ouvert de 12h à 14h et de 19h à 22h, 23h le week-end. Plat du jour le midi 9 €. Carte : 20 €. Grande salade : 12,30 €. Viandes : environ 15 €.* N'ayons pas peur des mots, il s'agit là de la plus agréable des terrasses du centre-ville, véritablement fondue dans le jardin du Mail et, qui plus est, très bien exposée. C'est là qu'il faut venir prendre le soleil lorsque les beaux jours arrivent pour lézarder pendant que les enfants courent autour de la fontaine (le nombre de tables impressionnant permet une certaine "foule"). Les grandes salades, aux ingrédients "estivaux" (melon au jambon de Parme, tomates mozzarella, mélange de salades, de charcuterie et de fruits frais…), offrent sans doute la meilleure solution pour un déjeuner léger sous le soleil. La qualité et la fraîcheur des ingrédients est malheureusement très inégale. Hors saison on peut aller se réchauffer à l'intérieur, dans ce cadre début de siècle très chaleureux, savourer une fondue bourguignonne ou un aparreado de bœuf (émincé de bœuf épicé à la cubaine). Le service quant à lui est assez long ce qui n'est pas dû au serveur qui se défonce pour servir toutes les tables. Dommage que la direction ne prenne pas exemple sur lui, sur sa gentillesse et sa rapidité. Si on revient ce sera sûrement grâce à lui. **Faiblesse :** Pourquoi s'appeler Glacier alors que le choix en glaces est loin d'être considérable et en plus industriel ! **Talent :** De bons plats parfois très originaux et une des plus agréables terrasses de la ville.

LE GRANDGOUSIER 7, rue Saint-Laud © 02 41 87 81 47. *Ouvert tous les jours sauf le dimanche, de 12h à 13h30, et de 19h à 21h30 (22h30 les vendredis et samedis). Menus à 15 € et 23 € (apéritif et vin compris). Carte : 17 €.* Au pays de Rabelais, Pantagruel, Gargantua et Gargamel, la bonne "petite bouffe" est de mise et le restaurant confirme le dicton : un esprit sain dans un corps sain. Dans une salle de tuffeau et de poutres, la cheminée offre plein de vie à ce restaurant. Les viandes y grillent pour le bonheur de tous. A la carte, terrine de foie de volailles et de raisins macérés aux Coteaux-du-Layon, salade d'andouillette, pommes de terre et oignons, et surtout des pièces de viandes, délicieuses, fondantes et au bon bouquet de feu de bois. Ce restaurant, installé au centre du plateau piétonnier offre une adresse dépaysante qui sent bon le terroir et, pour ne rien gâcher, assure un service irréprochable et rapide. **Faiblesse :** La salle quoique décorée aux armes du royaume de France mériterait un léger blanchiment (ah la fumée !). **Talent :** Une cuisine traditionnelle et réussie qui vente les produits de la région à prix très corrects. Très agréable terrasse en été.

LA HALTE 84, avenue René-Gasnier © 02 41 34 35 83. *Fermé le samedi midi, le dimanche et le lundi. Service de 12h à 13h30 et de 19h30 à 21h30. Menus à 15,25 € (midi). Carte : 19 €.* Au cœur d'une agréable auberge, on se croirait presque en pleine campagne, ce restaurant possède deux pièces, l'une avec une grande cheminée où rôtissent les pièces de viandes et l'autre donnant sur une terrasse fleurie à l'arrière. Les murs sont ornés de photos en noir et blanc des acteurs des années 50 à 80 : Gabin, Belmondo, Ursula Andress, Claudia Cardinal… Malgré les 2 kilomètres qui le séparent du centre-ville, ce restaurant mérite que l'on s'y attarde rien que pour la qualité des viandes que l'on y sert. Grands morceaux d'onglet, andouillette grillée au feu de bois ou assiette composée de trois viandes (onglet, bavette et côtes d'agneau), les assiettes sont à peine assez grandes pour recevoir les pièces accompagnées de pommes frites et d'une verdure. Les bananes flambées au rhum grillées dans la cheminée sont extra. Le service est agréable et discret. **Faiblesse :** l'emplacement n'est pas des meilleurs, le long de la rue, mais l'intérieur nous le fait oublier. **Talent :** Une grande qualité de viandes et des portions monumentales.

MA CAMPAGNE 14, promenade de la Reculée © 02 41 48 38 06. *Fermé dimanche soir, lundi et mardi soir. Menus à 16 € (midi sauf dimanche) et à 20 €, 27 € et 36 €. Carte : 26 €.* Tailleurs noirs pour les filles, petits gilets pour les garçons, la serviette sur le bras et cette petite raideur d'un accueil tout frais sorti de l'école hôtelière, pas de doute, vous êtes dans un restaurant de standing. Il ne vous reste plus qu'à déguster un magnifique biscuit de Saint-Jacques, un ballotin de pintadeau ou un saumon au beurre blanc artistiquement présentés pour ouvrir votre appétit, et finir sur un savarin au rhum ou un fondant amer au chocolat. Ou bien laissez-vous aller à la "fantaisie du moment", à "la criée du moment", car chaque jour le chef vous réserve des surprises que ce soit pour la viande ou le poisson : cuisses de canette braisées aux champignons sauvages ou escalopines de Saint-Jacques en marinade d'aneth. **Faiblesse :** la déco sans style particulier dans le mélange des couleurs. **Talent :** Propreté, authenticité, régularité pour cette indispensable adresse angevine où l'on peut aussi déguster cette friture d'anguilles bien de chez nous ! M. et Mme Martin ont bien repris les lieux.

LE MAGASIN 48, rue Parcheminerie © 02 41 81 05 89. *Ouvert du mardi au samedi. Service de 12h à 14h30, et de 20h à minuit. Menus : 10 € le midi, 16 € et 20 €. Carte : 20 €.* Il est rare de trouver un décor des années 60 dans un restaurant : le Magasin l'a osé, et le moins qu'on puisse dire, c'est que c'est réussi : du téléphone en plastique orange aux lampes boules, en passant par les banquettes de skaï, tout est d'une netteté frôlant l'aseptisé. Le personnel heureusement ne vous attend pas avec la serviette blanche sur le bras : on a plutôt à faire avec une bonne bande de copains dont le service décontracté ne manque pas d'efficacité. Dans l'assiette, pas de déception, l'effort gastronomique reflète le bon goût de la maison. Le chèvre chaud est accompagné de poivre et de moutarde à l'ancienne, l'émincé de bœuf aux légumes craquants est un excellent amalgame de cuisine française et orientale. Ici on ne lésine pas sur les parfums et les saveurs méditerranéennes, ni sur la présentation alléchante des assiettes. **Faiblesse :** uniquement si l'on est allergique au style de décoration. **Talent :** une des meilleures tartes aux pommes de la ville, croustillante et parfumée à la cannelle.

MATT MURPHY'S 25, boulevard Foch © 02 41 87 00 61. *Ouvert tous les jours de 11h30 à 2h. (restauration jusqu'à 0h30). Salades de 7,50 € à 8,90 €. Carte : 18 €, menu enfants : 6,60 €. formules de 7,50 à 18 €.* Bois sombres, moquettes, papier écossais, vitraux, pas de doute, on est bien dans un pub. Côté menu les couleurs sont plus internationales : Welsh bien sûr (tartines version irlandaises à base de cheddar), mais aussi carpaccios, salades variées, flammekuechen, plats mijotés à la bière dont le goût n'a rien à envier à notre cuisine au vin. La carte des viandes s'est étoffée avec le travers de porc ou le Sot l'Y laisse de dinde à l'irlandaise. Plus de 15 whiskys et autant de cocktails côtoient des vins français bien sélectionnés. Le lieu bouge au fil des heures et l'ambiance devient très chaude les soirs de fin de semaine. Voir aussi rubrique Bars. **Faiblesse :** la sauce de certains plats fige un peu vite mais bon ! Recette à revoir ? **Talent :** Ambiance, service efficace, familier, et les très bons cafés du mois.

MER ET CAMPAGNE 14, rue Bressigny © 02 41 88 50 10. *Plat du jour 7,10 €, carte : 15 €.* Comme le nom l'indique on ne sait pas très bien si l'on entre dans une étable ou une cale de bateau. Les vaches côtoient les coquillages, sur les murs comme dans l'assiette. Etrange mélange de genres, que l'on retrouve sur la carte à tendance "latino-bretonne" ! Les gambas à la plancha suivent la soupe de poisson ou le sandre beurre blanc, les tapas précèdent la blanquette de veau, et on n'est pas au bout de ses surprises devant la forme incurvée des tables (il paraît que ce n'est pas fait exprès, mais en tout cas ce n'est pas très confortable). **Faiblesse :** le service est désordonné, et les assiettes pas très copieuses. **Talent :** C'est bon, que ce soit mer ou campagne. C'est l'essentiel.

MUSCADE ET CANNELLE 47, rue Beaurepaire © 02 41 88 74 89. *Site Internet : www.e-angers.com/muscade-et-cannelle. Fermé dimanche soir et lundi soir. Ouvert de 12h à 15h et de 19h à 23h. Menus : 12 € (3 plats+boisson), 11 € (2 plats+boisson), 10 € (2 plats), Plats du jour : 7 €. Menu enfants : 7 €. Carte : 17 €. Repas de groupes, service traiteur, plateaux-repas et cuisine à domicile.* Adeline et David vous accueillent dans un décor printanier et champêtre. Au cœur de la Doutre, ce petit restaurant respire bon la campagne, les ceps de vignes et les plats sont ornés de bâtons de cannelle. Le chef sait associer avec talent les recettes traditionnelles avec des parfums de Provence et des notes fleuries (preuve est faite avec les sirops de fleurs différents sur chaque table). La cuisine fraîche, met l'accent sur la simplicité des recettes enrichies d'une touche de fantaisie, papillotes de poisson sur lit de poireaux sauce au beurre rouge, crème brûlée de saumon, salade de pamplemousse et crabe, filet mignon aux deux moutardes. **Faiblesse :** Une salle un peu exiguë mais très fraîchement décorée. **Talent :** nouveaux horaires plus larges, excellent rapport qualité/prix, service rapide et agréable.

L'OVIBOS 3, rue d'Anjou - Proche gare © 02 41 87 48 90. *Ouvert du lundi au samedi de 12h à 14h, et de 19h à 23h. Menus à 9,15 €, 11,50 € et 15 € ; enfant à 6 €. Menu carpaccio 10 €. Carte : 17 €.* Les Canadiens connaissent bien l'Ovibos, ce mammifère ruminant aux allures de mouton, issu de l'Arctique. Les Angevins, eux, connaissent bien l'Ovibos, ce restaurant dédié à la viande rouge et, finalement, aux carnivores que nous sommes. Carpaccio de bœuf ou steak tartare pour les amateurs de sang, bison pour les grands chasseurs des pâturages dans l'âme (sauf que ce bison-là, on nous l'amène sur un plateau !). Mais que les végétariens se rassurent : nul besoin pour eux de se contenter des garnitures, certes très bonnes, car la maison sert de très bonnes salades ainsi que du poisson. Bref, il y en a pour tous les goûts à l'Ovibos. **Faiblesse :** Un service rapide dommage qu'il ne soit pas plus souriant. **Talent :** Des viandes absolument succulentes et qui fondent dans la bouche.

NOUVEAU ETABLISSEMENT OUVERT DEPUIS LA DERNIERE EDITION DU PETIT FUTE

LA PARTIE DE CARTES 57, avenue Victor-Chatenay - Route de Paris © 02 41 60 06 80. *Fermé le dimanche soir et le lundi. Menu "Manille" 12 € (le midi) entrée+plat ou un plat+dessert, "Le petit Pagnol"16 €, "La donne de César" 26 €, "Agapes" 33,50 €. Menu "Pitchoune" : 7,50 €. Carte 25 €.* La partie de cartes, c'est celle immortalisée par Pagnol dans sa trilogie Marius, Fanny, César. Vous l'aurez compris, ici on mange avec l'accent du midi, grâce au long séjour qu'y ont fait Christelle et Ronan Mignon (Angevins et Bretons pourtant), rapportant dans notre grisaille angevine, les couleurs jaune et ocre de la terre de Provence. Ils sont déterminés à ne pas démentir la réputation de cet emplacement auparavant tenu par le Feuillantin. Les légumes du Sud y ont une part royale, courgettes, aubergines, tomates, poivrons, ail, agrémentés des parfums de l'huile d'olive et du pistou, parfois farcis de viandes et gratinés. Bercé par la voix de Brassens, laissez-vous aller au parfum des gambas à la crème d'anis safranée, ou au filet mignon au miel de Provence et aux figues, servis dans de belles assiettes carrées dont la blancheur fait ressortir les couleurs flamboyantes de cette cuisine haute en saveurs. Pour finir, les "douceurs de Fanny" proposent des desserts parfumés à la fleur d'oranger, ou de la nougatine au miel. Quant aux vins, on ne vous laisse pas uniquement le choix des rosés de Provence, mais ils couvrent toute la France et tous les prix. **Faiblesse :** des prix un peu élevés pour les plats à base de légumes. **Talent :** le café est servi dans une jolie coupelle, accompagné d'une truffe à la fleur d'oranger et d'un biscuit aux amandes.

PATAT'I PATAT'A 30, rue Delaâge © 02 41 87 00 66. *L'été : ouvert tous les jours (sauf samedi midi et dimanche) de 11h30 à 13h30 et de 19h à 21h30 (22h le vendredi, 23h le samedi). L'hiver : ouvert tous les jours sauf samedi midi, dimanche midi et lundi toute la journée. Formule midi : 10 €. Plat du jour : 7,95 € Formule soir : 13,40 € (buffet à volonté), 8,10 € (assiette buffet) ; Menus : 20,50 € (pomme de terre) et 21,40 € (pierrade). Menu enfant : 8,50 €.* Aménagé comme un magasin de brocante, entrez dans le royaume de la pomme de terre ! Vous la choisirez au centre de l'assiette et la garnirez de légumes, foie gras, rillauds, écrevisses… soit elle servira d'accompagnement aux menus pierrades que l'on vous propose avec du bœuf, du canard, des Saint-Jacques ou même du kangourou ! L'imagination du chef ne manque pas et s'adapte aux saisons. En hiver on préférera la patate savoyarde recouverte de fromage fondu, au printemps, les écrevisses à la nage autour d'une patate printanière à la crème fraîche et aux fines herbes. **Faiblesse :** les assiettes devraient être un peu plus grande pour éviter les débordements. **Talent :** cela déborde justement parce que les portions sont plus que généreuses.

PROVENCE CAFFE 9, place du Ralliement © 02 41 87 44 15. *Fermé le dimanche et le lundi. Fermeture à Noël et 1er jour de l'an puis trois semaines en août. Service de 12h à 14h et de 19h à 22h. Menus à 16 € et 25 €. Carte : 30 €. Réservation vivement conseillée.* Ce restaurant porte très bien son nom car le décor sent bon la Provence : Nappes Souleïado, tournesols, rameaux d'olivier, chaises et rideaux bleus, épis de blé. Une agréable salle où l'on aime se détendre, surplombant la place du Ralliement et qui permet d'admirer la façade du théâtre et de l'immeuble haussmannien des Galeries Lafayette. Une affaire de plus en plus familiale avec l'arrivée de Francois Derouet, frère d'Yves-Marie, qui présente plusieurs plats et entrées selon la saison et le marché en plus de la carte : Soupe glacée de tomates et poivron, risotto aux champignons, filet de rascasse à la vapeur et aubergines grillées, rascasse aux artichauts en parmesane. Le maigre rôti et sa poêlée de légumes croquants est un met simplement divin et la salade de thon rouge mariné fait bien des heureux en saison. De savoureux mélanges entre des saveurs du Sud, des accents d'Italie et depuis quelques mois des touches ça et là de bases asiatiques pour une approche de la "fusion cuisine". Avec un service irréprochable et rapide, on conseille le menu à 16 € offrant un très intéressant rapport qualité/prix, qui permet de déguster par exemple une mousseline au céleri et saumon mariné, un plat du jour ou du "chef" et une poire pochée au vin rouge et son pain d'épice. Une très grande qualité de plats et d'ingrédients qui les composent et un talent évident aux fourneaux dans les mariages appliqués. **Faiblesse :** toujours le choix restreint en desserts. **Talent :** le raffinement de la table, les nouveaux plats depuis cet été 2004 et l'ambiance colorée.

Salade de thon mariné

Une recette du Provence Caffé

Pour 4 personnes

Filet de thon (rouge de préférence) de 600 gr. Huile d'olive. Fleur de sel de Guérande. Coriandre fraîche. Gingembre frais. Sauce soja. Jeunes oignons. Poivre (de séchuan si possible). Mesclun ou mélange de frisée, roquette et scarole. (Les ingrédients exotiques sont disponibles quasiment toute l'année dans les épiceries asiatiques – rue du Cornet ou rue Beaurepaire).

Faire mariner pendant deux heures l'épais filet de thon rouge (de forme semblable à un lingot de foie gras ou à un filet mignon) dans de la sauce soja et émincé de coriandre fraîche. Les égoutter et bien les essuyer. Saisir au grill sans matière grasse les filets de chaque côté très rapidement, ou à défaut, les faire griller à l'huile d'olive dans une poêle aussi rapidement. Les faire refroidir. Découper en fines tranches et servir sur un mesclun ou un émincé de salades variées avec une sauce composée d'huile d'olive (un soupçon), de vinaigre balsamique, de gingembre frais, d'oignons nouveaux et de coriandre fraîche, le tout haché extrêmement fin. Une pincée de fleur de sel et un tour de moulin de poivre pour finir. Bon appétit et merci au Provence Caffé, Place du Ralliement, pour cette délicieuse recette.

LE PETIT COMPTOIR 40, rue David-d'Angers - Proche mairie © 02 41 88 81 57. *Le midi du lundi au vendredi (11h45-14h) et le soir uniquement les jeudis et vendredis (19h 23h). La "poilâne" (tranche de pain garnie) : 9 €, plat du jour 13,50 €, carte : 17 €.* Deux petites salles, dont une en mezzanine, où l'on mange coude à coude dans une ambiance sympathique à condition de ne pas arriver trop tard le midi pour trouver une place. La cuisine est assez recherchée tout en restant de tradition "terroir", c'est-à-dire que vous y trouverez la joue ou la queue de bœuf, en sauce ou en "gâteau", le pied-de-veau mijoté dans des petits vins bien de chez nous. La tartine "poilâne", déclinée en multiples recettes est excellente pour un repas rapide le midi. **Faiblesse :** les tarifs ont encore sérieusement augmenté pour un lieu qui se veut dans l'esprit "bistrot". **Talent :** les suggestions du jour proposent des menus vraiment variés et originaux. Le Petit Comptoir a fait son entrée dans le Club Destination Anjou en 2003, ce qui est un gage de qualité incontournable.

LE PUB SAINT-AUBIN 71, rue Saint-Aubin © 02 41 87 42 30. *Ouvert tous les jours, service de midi jusqu'à 15h et de 19h à minuit (23h les dimanches et jours fériés). Formules à 14,20 € et 28 €. Menu enfant 7 €. Carte à 25 €.* Depuis toujours, une clientèle assez VIP fréquente les lieux (il est difficile de changer une réputation). Une carte de viandes très fournie (tartare, aloyau au roquefort, jarret de porc, cordon-bleu et rognons de veau) toujours servies dans l'esprit gastronomie, et des salades gourmandes qui à elles seules constituent un plat complet. Le gratin de poire au Sabayon citronné est un exemple d'une carte de desserts originale et raffinée. **Faiblesse :** Le décor intemporel de ce célèbre pub angevin mériterait bien un petit coup de fraîcheur et les banquettes un nouveau rembourrage. **Talent :** le service est impeccable, et l'atmosphère reposante.

ETABLISSEMENT RECOMMANDE PAR LE PETIT FUTE

LES SAISONS 1, place Mendès-France ✆ 02 41 60 34 81. *Ouvert tous les jours de 12h à 14h30 et de 19h à 22h30. Formules à 17 € (deux plats) et 23 € (trois plats). Carte : 25 €. Menu enfants 7,50 €.* Spacieuse et lumineuse, la salle de restaurant de l'hôtel Mercure est ouverte sur de larges baies vitrées surplombant le jardin des Plantes, et tout dans le décor, coupé des bruits du centre-ville, incite au calme et au silence. La cuisine est raffinée et l'on devine de suite la passion du chef. Escalope de veau à la normande, servie avec son fagot de haricots verts et gratin dauphinois, cassolette d'escargots aux lardons, cela sent bon la cuisine bien française, tout en soignant la présentation des assiettes dans la tendance "nouvelle cuisine", copieuse toutefois ! Les légumes très variés, cuits et présentés de façon originale assurent de gourmandes et rares assiettes légères. On se souvient d'une souris d'agneau accompagné de fenouil, d'artichaut, de piperade et de patates rissolées, un pur régal ! La carte des vins propose un véritable parcours œnologique, local ou étendu, grâce aux grands vins mercure. **Faiblesse :** de ne pas être assez connue des Angevins, qui passent à côté d'une adresse en tous points agréable. **Talent :** le cadre et le bar à vin situé à l'entrée du restaurant, qui permet aux résidents de l'hôtel, d'avoir accès à une dégustation sur place. Et les légumes !

LE TANGO 9, rue Beaurepaire ✆ 02 41 86 87 88. *Ouvert tous les soirs du mardi au dimanche de 19h30 à minuit. Menu à 15,20 €.* Juste après le pont de Verdun, le "Tango" est un petit resto sans prétention où le style imprécis mais à la déco agréable permet de vite s'y sentir à l'aise. Une dizaine de petites tables aux couleurs de Provence, et, le long d'un mur en ardoise, la possibilité de faire une grande tablée. Le service est sans chichi et ne manque pas de caractère, et l'ambiance amicale de Karine, la patronne, donne le ton. La clientèle est hétéroclite : jeunes, moins jeunes, habitués, "gays", "hétéros". Tous égaux. Si la cuisine française traditionnelle n'offre pas de carte à rallonges, la formule avec 3-4 entrées, plats de résistance et desserts au choix (régulièrement renouvelée) reste très satisfaisante. Ceux qui aiment les plats sucrés/salés trouveront également leur bonheur et apprécieront, si la carte le propose, le chèvre chaud sur pain d'épice, délicieusement surprenant. **Faiblesse :** Réservez le week-end ou vous risquez fort de ne pas franchir le seuil. **Talent :** Bon rapport qualité/prix.

LES TEMPLIERS 5, rue des Deux-Haies ✆ 02 41 88 33 11. *Fermé le dimanche et le lundi midi. Menus : 10,50 € (le midi en semaine), 18 € et 25 €. Carte : 20 €.* Rien que le nom est une aventure, le décor et la musique de fond y sont fidèles : armure du Moyen Age, drapeau blanc orné de l'emblème rouge des croisés, hallebardes. La carte présente des plats simples mais agréablement mis en valeur : les lobes de foie de lapin pochés au vinaigre de framboise, terrine maison accompagnée de sa confiture d'oignon, pour les entrées. Les plats sont présentés dans des poêlons de cuivre et servis avec un accompagnement de plusieurs garnitures présentées elles aussi dans des cassolettes : riz sauvage à la Provençale, pommes de terre sautées ou encore ratatouille maison. Tout est agréablement relevé de poivre et d'ail. Faites-vous plaisir avec l'émincé de bœuf au roquefort, ou l'émincé d'andouillette à la moutarde de Meaux ou également avec le cake de magret de canard au bleu d'Auvergne. Des noms bien évocateurs pour des mets qui embaument. Le service, attentionné et rapide et la terrine de rillettes et ses toasts grillés offerts pour patienter sont là pour composer des lieux apaisants. **Faiblesse :** le service de qualité, mériterait un peu plus de simplicité. **Talent :** le service qui s'étale jusqu'à 15h le midi est un vrai bonheur pour les retardataires.

LA TIMONERIE Péniche sur le Quai-de-la-Savate - Face au château ✆ 02 41 43 29 44. *Ouvert 7j/7 midi et soir sauf l'hiver où le restaurant est fermé le lundi et le samedi soir. Plat du jour : 9 €. Menu complet à 23,90 €. Carte : 27 €. (Menus groupes sur réservation à 25 € et 35 € tout compris).* Pour une région de rivières, il manquait une bonne adresse originale à Angers pour manger sur l'eau. C'est chose faite depuis juillet 2003 avec l'aménagement de la partie supérieure de cette péniche dans un style moderne et coloré. Parquet, bar aux hublots cuivrés, tenture et chaises jaune soleil, un dîner à bord de la Timonerie est un dépaysement branché… tout comme la cuisine ! En effet vous pourrez déguster viandes rouges, blanches et même des produits de la mer sur une pierrade. Pratique pour gérer sa cuisson (à point, saignant, entre deux, etc.) et surtout ultra-conviviale et quelque peu acrobatique quand une noix de Saint-Jacques a décidé de ne pas se faire dorer sur la pierre. Pour digérer, la discothèque juste dessous, en cale, permet de finir la soirée en beauté, à moins que vous ne préfériez une balade sur les quais, plus romantique au clair de lune ! **Faiblesse :** des tarifs un peu au-dessus du genre (expliqué en partie par la lourde consommation électrique du bateau). **Talent :** le lieu, l'ambiance branchée et les pierrades, quasi seules sur la ville.

LA TREILLE 12, rue Montault ✆ 02 41 88 45 51. *Ouvert du mardi au samedi soir de 12h à 13h30 et de 19h15 à 21h30. Formule du midi à 10 €, menu "enfant" (6 €), "affaire" (15 €), "détente" (20 €) et "plaisir" (25 €). Grande salade végétarienne (8 €). Carte : 23 €.* Malgré une réputation de belle gastronomie, ici pas de chichis : simples assiettes blanches sur les tables, et tenue décontractée pour les deux sympathiques patrons. A peine assis, on vous annonce les suggestions du jour, comme un filet de daurade Sébaste servi sur galettes de polenta et sauce tomatée, ou terrine aux deux pommes et canard confit. Mais vous trouverez aussi des plats cuisinés au vin (le restaurant ne porte pas son nom pour rien), et vous serez étonnés de voir que le vin rouge ne sert pas seulement au bourguignon, mais peut accompagner une belle tranche d'aloyau bien grillée. Le coteaux-du-Layon est lui aussi utilisé pour parfumer volailles ou poissons. **Faiblesse :** pourquoi les non-fumeurs n'ont-ils pas droit, pour changer, à la salle du haut, plus agréable que celle du bas ? **Talent :** le plaisir de manger dans un bon restaurant dans une des plus jolies rues moyenâgeuses d'Angers sans être obligé de mettre une cravate ou d'enfiler un tailleur.

LES TROIS RIVIERES 62, promenade de Reculée ✆ 02 41 73 31 88. *Ouvert tous les jours de 12h à 14h (12h30 le samedi, dimanche et jours fériés) et de 19h30 à 22h. Menus à 7,60 € (enfant), 13 € le midi, de 17,50 € à 35 € le soir. Carte : 21 €.* La promenade de Reculée reste un endroit sympa pour se détendre et profiter des bonnes tables qui sont mises à votre disposition. Face à la Maine voilà un petit coin tranquille où il fait bon vivre. "Les Trois Rivières" répond à ces critères avec une grande véranda face au cours d'eau et un décor printanier pour la salle. Pour les jours de grande chaleur il y a une autre salle au cœur de la pierre un peu plus fraîche. Côté carte, de belles propositions avec un retour de pêche très apprécié des clients, mais aussi des menus simples mais de qualité : magret de canard aux griottes ou l'anguille et autres filets de poissons et en dessert le baba aux poires sauce cointreau. Le service est attentif on regrette seulement qu'il ne soit pas plus souriant. **Faiblesse :** le buffet d'entrées pas très riche pourrait être remplacé par un choix plus terroir. **Talent :** Le cadre vraiment très reposant et agréable.

LA VILLA TOUSSAINT 43, rue Toussaint ✆ 02 41 88 15 64 *Ouvert tous les jours sauf le dimanche*

NOUVEAU

de 12h à 14h et de 19h à 23h. Terrasse, bar cocktail toute la journée. Plat du jour 8,80 €. Sushi de 6,60 € à 22 € (pour deux personnes). Assiettes tapas 14 €. Plats à la carte 13 € environ. Carte 25 €. Voilà une nouveauté qui s'écarte bien des sentiers battus en lieu et place du célèbre Dupond. Lionel, le maître des lieux, nous avait déjà habitués à rassembler les suffrages au California, incontournable. Il passe à une autre dimension ici et le décor a bien été léché sur des contrastes baroques, contemporains, orientaux, immense et adorable terrasse boisée et touches angevines de-ci de-là. Mélange des genres dans le décorum et jusque dans l'assiette, là justement où l'on attendait de l'originalité. Trois cartes pour le midi, l'après-midi (mini-carte en service continu) et le soir, toutes différentes, associant enfin sur Angers des sushis, des tapas, des salades peu ordinaires, des viandes finement cuisinées, d'excellents légumes riches et variés, des recettes internationales de poissons et pas mal de plats espagnols, marocains et parfois méridionaux. Le choix étant tellement varié que l'on ne peut tout énumérer ici (ne pas rater le cochon de lait et le poisson caraïbe). Chaque plat, généreusement servi, comporte de belles compositions non-conformistes tant en diversité qu'en couleurs et saveurs. Côté desserts, le midi est assuré entre autres par les sublimes pâtisseries de Laurent Petit. L'ensemble est aérien, très frais, coloré, savoureux et l'ambiance qui règne ici a de suite attiré une clientèle hétéroclite et exigeante. Un peu critiqué à l'ouverture pour les tarifs, ces derniers ont été vite réajustés et pas mal de plats collent bien à un rapport qualité/prix auxquels les Angevins étaient habitués. Tant mieux car le lieu mérite bien l'assiduité d'une clientèle qui trouvera là une ambiance comme nulle part ailleurs sur la ville. **Faiblesse :** peut-être encore quelques portions ici et là un peu justes et certains vins un peu élevés. **Talents :** la déco, le concept, le service, les trois cartes successives, la précision de l'assiette, la terrasse (géniale), et bien sûr le service toute la journée.

AUBERGE DE LA ROCHE Saint-Jean-de-Linières © 02 41 39 72 21. *Laurent et Isabelle Martin. Ouvert du mardi au dimanche midi de 12h à 14h et de 19h à 21h30. Menus du midi à 10 €, 11 € et 12 € (avec buffet à volonté). Menus à 17 € (du terroir), 24 €, 30 € et 36 €. Menu enfant 10 €. Carte 28 €.* Cette chaude et ancienne chaumière, reprise il y a moins de deux ans par un jeune couple décidé à bien reprendre les rênes, se fond bien dans le paysage angevin. Honneur donc à la tradition jonglant parfois avec les touches internationales et méditerranéennes. Le chef nous régale pour débuter avec des profiteroles de saumon aux moules (satisfaction non contenue), suit une inattendue crépinette de lapin au romarin et tagliatelles au pavot (délicieux petit flan à la tomate en accompagnement - un peu plus poivré serait bien !) ou le recommandé filet de bar en croûte de pistou à l'embeurré de chou au thym (beau et intelligent mariage) notre "chouchou" à nous. Si les desserts savent rester sages on s'essayera avec chauvinisme bien placé sur un baba au cointreau à la crème de mandarine extrêmement et étonnamment léger. Bons points à profusion pour ce bon élève qui lui valent une image ! **Faiblesse :** le pain et la musique. **Talents :** cuisine de goût et vins authentiques servis avec enthousiasme.

ACROPOLE (HOTEL ET RESTAURANT) **Parc du Bon-Puits - RN23 - SAINT-SYLVAIN-D'ANJOU** ✆ **02 41 60 87 88.** *E-mail : www.acropole@unimedia.fr. Fermé le week-end. Ouvert du lundi midi au vendredi midi inclus, de 12h à 14h et de 19h15 à 22h. Menus à 16,50 € et 28,50 € ; Carte : 25 €. Possibilités de repas pour groupes le week-end (30 personnes minimum).* Face au rond-point du parc expo d'Angers avec vaste parking, cette bonne table, peu connue des Angevins (à tort) offre un cadre spacieux, ouvert l'été sur la piscine et la terrasse. L'Acropole a beau ne présenter que deux étoiles sur l'enseigne, son restaurant vous convie à un moment de grande qualité, tant au niveau de la présentation des tables que du service impeccable. Comme son nom ne l'indique pas, le restaurant nommé Pylos propose une carte de belle gastronomie française, simplement pourvue d'une tendance méridionale ; c'est pourquoi les timbales de courgettes sur coulis d'étrilles sont parfumées au chorizo, la salade est agrémentée de coppa et de vinaigre balsamique, et le dos de loup rôti est préparé à la bastiaise, avec poivrons confits ou abricots secs pour garnir les assiettes. Tant dans la présentation sur larges assiettes transparentes, que sur la finesse des saveurs, le plaisir est au rendez-vous jusqu'à la carte des desserts qui innove en agrémentant la crème brûlée d'un gratin de poires. **Faiblesse :** La déco un peu pâlotte et l'inconfort des dossiers de chaises qui vous basculent dans le sens inverse de la table. **Talent :** une sensation de raffinement très agréable sur le palais à chaque plat.

LE BUISSON **187, rue Ferdinand-Vest - TRELAZE** ✆ **02 41 69 74 25.** *Fax : 08 25 17 91 71. Site Internet : www.restaurant-traiteur.com. E-mail : vincentjuvin@tiscali.fr. Ouvert tous les midis en semaine. Soir et week-end sur réservation, pour les groupes. Menus de 11 € à 25 €Groupes et menus pour réception (à partir de 15 personnes) de 15 € à 45 € (demi-tarif pour les enfants ou menu à 10 €).* A la fois traiteur et restaurant, cet établissement à une position privilégiée et un grand parking qui permet l'accueil des convives pour des mariages et autres banquets. La salle de réception est partagée en deux, un côté est réservé à la restauration plutôt rapide avec plusieurs buffets à votre disposition (entrée, dessert, fromage), et du côté gauche une vraie salle de restaurant aux couleurs printanières, aux nappes vertes et roses et aux rideaux fleuris. La carte vous offre une grande diversité de plats et les vins sont bien représentés et peuvent être commandés au verre. Le service de qualité sait se faire discret mais toujours présent et rapide. Pour vos réceptions pas moins de 8 menus différents dont le Terroir avec un vin à chaque plat. (Voir la rubrique "Location de salle" en fin de guide). **Faiblesse :** Un côté buffet qui fait un peu routier et qui jure avec le côté nappé plutôt soigné, mais c'est la volonté des lieux. **Talent :** Simple, complet et pas cher.

Fin de mois

LE 14 **14, rue Bodinier** ✆ **02 41 20 15 20.** *Ouvert midi et soir jusqu'à 23h30. Fermé le mercredi et dimanche midi. Carte 8 €.* Le patron désigne lui-même son restaurant comme un resto brocante. On pourrait dire aussi qu'il donne l'impression de se plonger au début du siècle dans un bar de campagne, avec le vieux vélo ou le solex accroché au plafond, ou encore les petits verres à pied posés sur les étagères. En plus on peut les acheter. Ici, c'est bruschetta pour tout le monde ! Cette grande tartine de pain grillée garnie de tomate et de basilic est servie sur une planche et l'on choisit de l'agrémenter à sa guise en fonction des recettes présentées sur une grande ardoise et portant chacune son numéro. Les recettes sont aussi folles que variées : la traditionnelle n° 5 avec lardons, champignons et crème ciboulette, la n°-7 au poulet, poivrons et crème curry, ou encore celle au magret, figues et miel, le tout toujours servi avec une salade verte. **Faiblesse :** Malheureusement l'humeur du patron n'est pas toujours au beau fixe. **Talent :** Les pizzerias traditionnelles de la ville devraient s'en inspirer pour les recettes qui offrent du changement et beaucoup de goût.

L'ANNEXE (EX LE CHESTER) **5, rue de la Gare** ✆ **02 41 86 96 00.** *Fermé samedi et dimanche. Service non-stop de 9h à 22h30 sur table. Bar jusqu'à 2h. Menu du jour avec boisson 8 €, formule steak 7 € et menu 3 plats à 12,50 € en moyenne.* A deux pas de la gare, cette petite brasserie permet de manger à toutes les heures du jour. Les ardoises aux murs vous présentent les spécialités maison et le menu du jour. Pour vous installer vous aurez le choix entre des petites tables avec banquette type brasserie ou des tabourets de bar installés autour de gros tonneaux servant de tables. Ici on vous sert des tartares très sympathiques comme ceux de veau, de bison ou d'autruche mais aussi celui de tomate ou encore en dessert le tartare de pastèque. Outre ces spécialités fort originales, les plus dubitatifs lorgneront avec intérêt les copieuses salades, des viandes de bœuf délicieuses ou encore le plat du jour très bien garni de frites maison. Côté vins uniquement des crus d'Anjou et de Saumur dont ceux du domaine de Pied Flond servis au verre, à la carafe ou à la bouteille. **Faiblesse :** des plats plutôt pour les amateurs de viande même si quelques salades à la carte. **Talent :** un service rapide et agréable.

LE BISTROT DES LICES **25, rue des Lices © 02 41 87 44 10.** *Ouvert tous les jours sauf le week-end et seulement le midi de 11h30 à 14h30. Formule : 10,30 € (un plat et un dessert). Plat du jour : 7,30 €.* Attenant à l'Hôtel des Lices (ce sont les mêmes propriétaires), voilà un vrai bistrot dans l'esprit, même si le décor est assez classique et propret. Les patronnes (deux sœurs adorables) connaissent tout le monde et tout le monde se connaît, rendez-vous des habitués du midi à l'heure de la pause. On mange ce qu'il y a, car il n'y a que peu de choix (3 ou 4 plats du jour), mais au moins c'est rapide et correct. Bœuf bourguignon ou quiche aux Saint-Jacques, et une pâtisserie copieuse pour le dessert, on préfère ça à la banale sandwicherie du coin. **Faiblesse :** le peu de choix. **Talent :** un bon compromis entre le resto et la cantine pour les pressés du midi.

BRASSERIE DE LA MAIRIE **2, boulevard Foch © 02 41 88 67 36.** *Ouvert 7j/7 de 12h à 14h30 et de 19h à 23h. Mini-brasserie de 11h à minuit. Menu autour d'un plat de 9 € à 18 €. Formule à 11,50 € Carte : 20 €. Salle de réunion. Etablissement climatisé.* Avec sa belle déco méridionale et sa nouvelle terrasse, cette brasserie se positionne désormais sur des formules plus aérées pour convenir à un large public. On choisit son plat principal (sandre au beurre blanc 12 €, foie de veau à la fondue d'oignons 14 € ou encore une bouillabaisse 16 €) et pour 4 € de plus l'on nous offre l'entrée et le dessert. Une carte de carpaccios et de tartares complète l'aspect boucher et potages et salades satisfont les faims plus discrètes. L'esprit brasserie à la française et sa rapidité de service, associés à une carte des vins locaux, permettent à une clientèle variée de vite trouver ici un lieu pratique de repas pour tous les jours. La salle du haut permet aux groupes de déjeuner tranquille (équipement audiovisuel pour réunions.) Si l'on peut y manger rapidement des croque-monsieur ou des paninis, il vaut mieux essayer les tartines (bruschetta) qui finiront de vous convaincre que le repas de midi peut tout à fait être une pause plaisir. Ici pas de supplément pour un service en terrasse ou tard le soir, et les bouteilles à moitié consommées ne sont qu'à moitié facturées. **Faiblesse :** emplacement stratégique oblige, c'est souvent pris d'assaut le midi et il ne faut pas arriver en retard. **Talent :** la nouvelle carte plus affirmée, la nouvelle terrasse et le service.

PAPAGAYO **44, boulevard Ayrault © 02 41 87 03 35** *Ouvert du lundi au samedi, le midi (de 11h à 19h) et le soir du jeudi au samedi, jusqu'à 22h, 23h le week-end. Menu du midi à 9,80 €. Carte : 20 €.* Sa position sur le boulevard et à deux pas de la fac en fait normalement un lieu très fréquenté. Si la façade ne paye pas de mine, l'intérieur recèle une surprise : un jardin d'hiver clos de mur en ardoise et recouvert d'une verrière, qui en fait un lieu privilégié, été comme hiver. Installez-vous sous les parasols ou la vigne vierge qui coure au long des murs et lisez votre repas sur les ardoises. La carte change tous les jours en fonction du marché et de l'humeur du chef : poulet à la diable, brochette de viande et surtout un grand choix de poissons et de crustacés (langoustine, Saint-Jacques, tranche de thon). Incontournable, la salade de l'été mêlant poulet, banane, ananas et sauce cocktail. **Faiblesse :** Assez bruyant le midi quand la salle est pleine. **Talent :** la terrasse close et ensoleillée.

LE CAFE DU JOUR **13, rue Bodinier © 02 41 86 80 70.** *Ouvert du lundi au vendredi de 11h à 21h. Plat du jour : 7,50 € Carte : 12 €.* Il existe des lieux comme ça dont on ne sait dire que du bien, d'année en année, on ne sait pas exactement à quoi c'est dû : est-ce la convivialité hors normes (on parle d'une table à l'autre), le mélange des clients qui s'y retrouvent (du soixante-huitard au jeune "branché" en passant par le costume cravate), la décontraction des patrons même aux heures d'affluence, ou bien à cette cuisine familiale et généreuse aux prix doux et aux soirées musicales où toutes les rencontres sont possibles. **Faiblesse :** victime de son succès, l'espace est souvent surpeuplé. **Talent :** le plat du jour végétarien qui change un peu du steak/frites.

L'ARROSOIR **Avenue de l'Amiral-Chauvin - Face à Espace Emeraude - LES PONTS-DE-CE © 02 41 57 64 84.** *Ouvert de 8h à 15h du lundi au vendredi. Bar ouvert à 7h. Menus : 6,50 € (enfant), suggestion du mois : en moyenne 11 €, menu : 16,50 €. Carte : 25 €.* Hommes d'affaires et employés des nombreuses entreprises horticoles de la ZAC des Ponts-de-Cé forment l'essentiel de la clientèle, et dans ce milieu très masculin on est accueilli par une ribambelle de jeunes serveuses souriantes tout de noir vêtues qui évoluent au milieu des grandes plantes vertes. Les assiettes sont copieuses et le menu axé sur une gastronomie à la fois raffinée et consistante. Parfait tiède de foie de volailles au porto ou croustillant d'escargots pour commencer, choucroute au poisson ou fettucini de rognons de veau à la fine champagne pour régaler les yeux comme les sens. Les plats du jour et les menus express du midi rivalisent de délices et de surprises. On se demande si l'on est bien dans une zone d'activité… Pour les adeptes de la cuisine plus "virile", steak tartare maison et grillades sont cuits selon vos désirs. La tête de veau ravigote à 8 € a ses adeptes et l'on ne peut manquer le copieux tartare de bœuf (10,50 €). **Faiblesse :** une cuisine d'une telle qualité mériterait d'être accompagnée par un pain moins industriel. **Talent :** La carte des vins est elle aussi digne d'un grand restaurant et puis, et surtout, ne pas manquer le "sublissime" mille-feuilles de joue de porc au fenouil confit (7,50 €), un régal à déguster lentement !

Cuisine des provinces

Alsace

Feu La Taverne alsacienne

Une des premières institutions en matière d'ambiance s'est éteinte cet été 2004. Tous les habitants du Maine et Loire, ces trente dernières années, ont un jour consommé ici une choucroute accompagnée de sa pinte de bière. Le site change de main et c'est une pizzeria (nous a-t-on annoncé) qui doit s'installer ici dès septembre. Son nom, le Grand Cirque !

LA TAVERNE DE MAITRE KANTER 18, place Imbach © 02 41 20 90 10. *Fax : 02 41 20 91 60. Site Internet : www.tavernes-maitre-kanter.com. E-mail : tmk.angers@wanadoo.fr. Ouvert tous les jours de midi à minuit. Groupe jusqu'à 150 personnes. Menus : 12 € (choucroute+bière), 10 € (Entrée+Plat ou Plat+Dessert), 13,50 € (Entrée, plat, dessert, boisson, café), menu enfant : 8 €. Plateaux de fruits de mer : 16 € ou 31,50 € pour 1 personne, 63 € ou 82 € pour 2 personnes. Choucroute de 10,50 € à 15,50 € ou 38 € pour 2 personnes. Carte : 25 €.* Cette grande enseigne qui étend ses 3 étages de baies vitrées sur la place Imbach se fait remarquer par sa position stratégique, à deux pas des rues piétonnes commerçantes et facile d'accès grâce au parking à ses pieds. Au pied de l'escalier cohabitent tourteaux et homards dans les aquariums. L'escalier central dessert deux étages ayant vues sur la place, des moquettes rouges, des lustres, des banquettes en velours et des petites tables carrelées, le décor typique des brasseries mais qui manque d'un peu de fraîcheur et mériterait d'être rajeuni. Cependant le service est rapide et aimable et la carte propose un large choix de plats. Malgré des tarifs un peu chers, certains plats sont des valeurs sûres, les fruits de mer bien évidement mais également le pot-au-feu de la mer ou la tête de veau. Pour les choucroutes il y a un large choix de garnitures allant du jarret au confit de canard en passant par celle de la mer avec poissons et crustacées. **Faiblesse :** malgré l'inscription service continu sur l'enseigne il ne faut pas être trop exigeant en dehors des heures normales de service. **Talent :** La diversité de la carte et l'accueil.

Bretagne

LE CONNETABLE 13, rue des Deux-Haies © 02 41 88 57 04. *Ouvert tous les jours, de 11h30 à 14h30 et de 18h30 à 22h30 (23h le week-end). Menus : "rapide" 8,20 €, "spécial breton" 16,50 €, et "petit breton" (enfant) 7,45 €. Carte : 13 €.* Le restaurant a été repensé en terme d'espace pour permettre les grandes tablées. Mais cela a rendu cet espace forcément moins discret aux heures de pointe. Ici pour une fois en centre-ville, on peut rencontrer de la gastronomie bretonne sans forcément manger l'éternelle "œufs-jambon-fromage" ! La carte propose de nombreuses compositions avec des saucisses bretonnes, de l'andouillette, de la moutarde et pomme, du magret de canard, des oignons confits. La galette peut être roulée, farcie, et gratinée et elle devient une "ficelle" que l'on recommande tous les ans. Pour les pressés, il y a aussi la carte snack avec ses steaks ou saucisses-frites-salades. En dessert, le choix des crêpes flambées vous présente tous les alcools possibles : Rhum, Grand Marnier, kirsch, calvados, cointreau. **Faiblesse :** les fleurs en plastique sur les tables. **Talent :** les horaires très larges en semaine ainsi qu'une rapide équipe bien coordonnée et des assiettes agréables.

CREPERIE DES DEUX EPIS   Centre Commercial Grand-Maine © 02 41 73 86 77. *Ouvert tous les jours de 11h45 à 14h et de 18h30 à 22h ; fermé le dimanche. Galettes de 2,15 € à 8,45 €. Salade de 6,45 € à 9,45 €.* Un établissement fréquemment bondé le midi, il faut dire que c'est le lieu idéal pour se restaurer lorsqu'on travaille à proximité ou que l'on fait ses achats au Centre Commercial. Les galettes ne sont pas extraordinaires mais se tiennent dans une qualité "standard". Le choix, par ailleurs, est considérable, pas moins de 49 galettes de blé noir différentes ! De la "Pouchkine" à 6,90 € (oignon, bœuf haché, curry, crème) à la "Buissonnière" à 7,90 € (escargots, pommes de terre, salade, ail) en passant par la "Vieille France" (magrets de canard frais, pommes de terre, œuf miroir, salade, emmental), les propositions sont originales et copieuses. L'établissement sert aussi bon nombre de salades froides ou tièdes, 27 au total ! **Faiblesse :** une ambiance bruyante et un insupportable fond sonore dû au Centre Commercial. **Talent :** un grand choix à la carte et un service rapide.

LA FLAMBEE   27, rue Bressigny © 02 41 87 62 80. *Ouvert tous les jours sauf le dimanche, de 11h30 à 14h, et de 18h30 à 22h (22h30 le week-end). Menu à 7,40 € (midi), 9,50 €, 12,50 €. Carte : galettes 5,50 € à 6,90 €, salades : 5,95 € à 7,93 €.* Pour une fois une crêperie qui ne ressemble pas à une auberge bretonne : décor frais et lumineux et des murs exposants des peintres locaux. Côté galettes, on vous assure une farine de sarrasin 100 % d'origine naturelle, et un très grand choix de garnitures créatives : la galette Saveur comprend magrets de canard, foie gras, poire, crème fraîche et gelée de groseille ! Il est possible de composer soi-même sa galette avec 1, 2,3 ou 4 ingrédients. Plus de 20 salades composées pour ceux qui n'aiment pas les crêpes. La carte des desserts présente 16 spécialités originales. **Faiblesse :** Service diligent mais un peu stressé le midi. **Talent :** de l'innovation gastronomique et du cidre servi au (gros) pichet pour un prix raisonnable.

LE ROZELL   69, rue du Mail © 02 41 88 05 04. *Ouvert tous les jours sauf le dimanche et le mercredi soir, de 11h30 à 14h et de 18h30 à 22h (jusqu'à 23h le samedi). Menus à 8,90 €. Carte : 12 €.* Un cadre particulièrement classique mais frais et fleuri, et une carte tout aussi classique, toutefois agrémentée de salades tièdes ou froides. La composition des galettes fait la part belle à de copieuses et fraîches garnitures. En dessert, retenons, la toute particulière et fondante "Guérandaise", une crêpe aux pommes poêlées, dans une divine crème caramel. Les puristes s'accommoderont d'une beurre sucre comptant toujours parmi les plus réussies de la ville. **Faiblesse :** l'endroit est assez exigu et manque d'intimité. **Talent :** pause du midi idéale dans cet effervescent quartier piétonnier et service relativement rapide.

LE SAINT-MORILLE   3, rue Saint-Morille © 02 41 87 11 77. *Ouvert tous les jours de 11h45 à 14h et de 19h à 22h (22h30 le week-end). Menu le midi à 11 €. Carte : 12 €.* A deux pas de la place du Ralliement cette crêperie saladerie mérite que vous poussiez la porte pour déguster ses petits plats. Le décor aux allures marines, avec filets de pêche aux murs, nœuds marins géants, une tenue de mousse... Coté carte c'est une explosion de saveurs, salade Megève (tartine de chèvre chaud, lardons, pommes de terre), ou celle au gésier et vinaigre de framboise, ou encore celle à l'avocat, crevettes et tarama. Pour les galettes en plus des nombreuses traditionnelles, les spécialités comme la Tunisienne (chorizo et poivrons), la sous-bois aux champignons ou l'Angevine aux rillauds sont succulentes et l'assiette est décorée de morceaux de crêpe sèche et de légumes. Pour les crêpes sucrées, craquez pour la cotentin à la pomme caramélisée accompagnée d'une boule de sorbet pomme (contraste de la douceur et la chaleur de la pomme avec la fraîcheur et l'acidulé du sorbet). **Faiblesse :** la vitrine ne permet pas de voir l'intérieur ce qui oblige à passer le pas de la porte. **Talent :** sans aucun doute la gentillesse et la douceur de madame qui assure un service chaleureux et un sourire sincère.

LA TABLEE 1, rue David d'Angers ✆ 02 41 05 12 50. *Fermé le dimanche et le mercredi soir. Galettes classiques : 4 €, Galettes cochonnailles : 6,50 €, volailles : 7,50 €, poissonnailles : 8,50 €.* Entre la place du Ralliement et la place Imbach, cette petite crêperie est un peu à l'écart du tumulte de la rue Lenepveu. Le cadre et les recettes proposées pourraient classer ce restaurant comme gastronomique. Le décor est typique des maisons angevines : ardoise, tuffeau, porte en arcades, et des expos de peintres locaux sur les murs, pourtant il règne un "on ne sait quoi" de bord de mer. Le service est discret, efficace et de très bon conseil. La carte met en avant, entre autres, les produits régionaux : rillauds, rillettes, andouilles. Craquez pour les recettes fromagères (camembert ou chèvre), ou pour celle mélangeant andouille et crème ciboulette sur une galette garnie de fromage et de pommes acidulées : un régal ! En dessert optez, comme on vous le conseille, pour la crêpe aux trois chocolats. **Faiblesse :** Tarifs un peu plus élevés que dans une crêperie traditionnelle, mais amplement justifiés. **Talent :** une vraie crêperie angevine de qualité qui ne cesse de satisfaire une clientèle plus nombreuse au fil du temps.

LA TABLE RONDE 27, rue Beaurepaire ✆ 02 41 88 66 46. *Ouvert tous les jours midi et soir sauf le dimanche et le lundi. Menu du midi : 7,20 € (2 plats), 11,50 € (3 plats).* Proche du pont de Verdun, cette crêperie traditionnelle a opté pour des produits naturels et de qualités. Les farines sont de fabrication artisanale et issue de l'agriculture biologique, les charcuteries viennent d'une toute petite charcuterie alsacienne de la rue de Létenduère, les chocolats fabriqués maison ainsi que le bonbon au caramel offert à la fin du repas. Les recettes de galettes sont plutôt classiques mais l'andouille de Guéméné est un mets de choix, puis les nouvelles formules sont plutôt bien léchées comme la Terre-Mer (moules au cidre à la crème et lard fumé), ou la Loctudy dos de colin, crème de crevette et fondue de poireaux. M. et Mme Chaillou veulent avant tout nous faire plaisir et nous proposer des valeurs sûres. Choisissez la galette à l'andouille, fromage et compotée d'oignon, un délicieux mélange de texture et de goût que vous apprécierez sans nul doute. Pour le dessert, les chocolats maison améliorés à la menthe ou au cointreau, sont un régal, ou le caramel au beurre salé qui vous fera fondre de plaisir. **Faiblesse :** les toilettes installées dans un coin de la salle et où il est difficile de se croiser. **Talent :** l'accueil sincère et souriant.

LE TRISKELL 93, avenue Pasteur ✆ 02 41 60 10 07. *Ouvert tous les jours sauf dimanche et lundi, de 12h à 14h et de 19h à 22h. Menus 9,50 € (midi) 12,50 €, 15,50 €. Spécialités de galettes de 6,50 € à 10 €.* Vous entrez dans une crêperie version "grande classe", au décor raffiné et confortable, et il suffit d'ouvrir la carte pour voir que ce haut de gamme sera présent jusque dans votre assiette : les garnitures ne sont pas dans, mais sur les galettes, pour qu'un seul coup d'œil sur les savantes et esthétiques présentations de Bernadette vous fasse saliver d'avance. L'Océanique avec ses noix de Saint-Jacques, la Normande aux boudins noirs et pommes chaudes au beurre, la Fraîcheur aux crudités et fromage blanc sont quelques-unes des nombreuses idées pour sortir de l'ennui la galette de sarrasin. Celle-ci, légère, croustillante et brune à souhait est indéniablement préparée par une vraie main bretonne. **Faiblesse :** peut-être un peu trop de beurre dans certaines galettes pour le palais des Angevins. **Talent :** l'extrême gentillesse de ce couple de Bretons, et un rapport qualité/prix imbattable.

LES TROIS DEMOISELLES 5-7, rue de la Tannerie ✆ 02 41 88 18 32. *Fermé les lundis et mardis. Menu à 9,50 €, enfant à 5,50 €. Formule week-end : 12,50 €. Menu midi à 9 € (crêpe ou salade, dessert, boisson).* Avec sa terrasse donnant sur la rue, cette sympathique crêperie saura vous séduire par sa sobriété et sa gaieté. Habillée de jaune et de bleu, la salle du restaurant est joliment agencée, les hôtes sont très serviables et si vous avez de la chance, le chef vous apportera lui-même votre plat avec grand plaisir et un large sourire. Côté carte les recettes ne sont pas trop nombreuses mais de qualité et la présentation des assiettes de toute beauté. Les épices couronnant le mets offrent parfum et gaieté mais aussi du panache. L'enseigne présente des recettes à base de gratin de légumes comme celle au saumon fumé, gratin de pommes de terre, crème fraîche, paprika et curry mais aussi des desserts à base de blinis (surprenant et délicieux). **Faiblesse :** excentré par rapport aux rues commerçantes et une carte qui mériterait peut-être une plus grande largesse vu le talent du chef. **Talent :** l'esthétique et la saveur des assiettes.

TY-YANN 20bis, rue Desjardins ✆ 02 41 87 74 66. *Angle Hanneloup à 50 mètres de la place du Lycée. Ouvert tous les jours, sauf le dimanche et le lundi, de 11h45 à 13h45 et de 19h15 à 21h15 (jusqu'à 22h les vendredis et samedis). Menu pilote à 11,40 € le midi en semaine. Carte 13 €.* Quand il y a la passion de la qualité (tout est bio dans votre assiette) et en plus l'amour du métier, même une crêperie peut devenir un vrai lieu de dégustation. Les galettes sont si légères, tout est si fondant et riche en goût à l'intérieur, que même si les prix, eux, ne sont pas vraiment fondants, on en reprend volontiers une deuxième, et on craque sans retenue pour la crêpe chocolat du dessert. **Faiblesse :** le côté rectiligne des tables et les chaises paillées trop conventionnelles. **Talent :** on aime la cuisine ouverte sur la salle pour profiter de la conversation passionnée du patron.

Corse

A FUNTANELLA 2, place du Pilori ✆ 02 41 18 07 68. *Fermé le dimanche et le lundi. En saison (fin mai/mi-octobre), service continu de 10h à 2h, l'hiver (mi-octobre/mai), de 10h à 19h. Petite assiette (fromage, charcuterie ou "montagne") à 6 € et grande à 12 €. Carte : 12 €.* En plein centre du plateau piétonnier, faites une petite escapade dans l'île de beauté. Deux possibilités : sur la place du Pilori, profitez du soleil et du doux chant de la fontaine pour faire une pause gourmande avec une planche de charcuterie et de fromages corses. Ou, dans la salle au fond de l'échoppe les jours où il fait plus frais pour vous réchauffer. Véronique et Michel sont repartis pour la Corse et ce sont leurs amis qui ont repris ce chaleureux commerce. La carte n'est pas très fournie mais les produits sont d'une grande qualité et on aime à les déguster en lézardant au soleil. Et rien ne vous empêche de faire la sieste après. **Faiblesse :** passé la charcuterie et les fromages, le choix se fait un peu plus difficile. Dommage, car on aimerait revenir souvent. **Talent :** des produits de très bonne qualité et, encore une fois, une terrasse très agréable.

Dom-Tom

LE CROQUE AUX ILES 8, rue Botanique - Proche place Imbach © 02 41 86 86 30. *Ouvert tous les jours, sauf le dimanche et le lundi de 12h à 13h30 et de 19h à 21h30. Menu "découverte" à 23 €. Carte : 18 €.* Dans une salle fraîchement repeinte de blanc, on se met dans l'ambiance avec les photos aux multiples visages exotiques. Le melting-pot de la Réunion apporte une grande richesse à cette île ; d'ailleurs, lorsque l'on voit le visage du chef, on se demande combien d'origines différentes se mêlent sur ses traits. Pour notre plus grand bonheur, cette variété se retrouve sur la carte, avec les "bouchons" de crevettes à la vapeur d'inspiration chinoise, les samoussas et caris aux saveurs indiennes, et les acras d'origine méditerranéenne. Les produits de la mer sont les rois de la carte avec les sauces très épicées (servies à part) et les garnitures aux couleurs féeriques, et l'on vous défie de trouver ailleurs qu'ici des gambas aussi grosses, à faire rougir les homards. **Faiblesse :** ça manque un peu "d'ambiance des îles" certains soirs. **Talent :** les assiettes sont très généreusement remplies.

Savoie et montagnes

AU CHALET 83, rue Bressigny © 02 41 24 05 18. *Ouvert du mardi au samedi de 12h à 14h et de 19h30 à 22h. Plat du jour moins de 8 €, menu enfant 10 €. Fondue (le soir) : 12,50 €. Tartiflette : 12 €. Raclette : 14 € ou 18 € et 9 autres spécialités de montagnes de 11 € à 19 €. Salades estivales 3,50 € à 8,50 €.* Toute l'atmosphère des montagnes (et pas que de la Savoie) est venue s'installer dans notre plaine angevine, avec son décor en bois blond et ses spécialités fromagères bien réconfortantes. La fondue savoyarde se décline en trois versions (nature, à la tomate, aux cèpes), et la raclette peut être appréciée des végétariens qui remplaceront la charcuterie par des légumes. L'assiette du chalet est une bonne formule le midi pour goûter un peu à tout (fromage, charcuterie, tartiflette). La Potence fait toujours son effet et ce plat demeure aussi convivial que la fondue. Très bonne idée que ce choix de petites salades pour ceux qui souhaitent une entrée avant de passer aux choses sérieuses ! **Faiblesse :** on espère que la canicule ne reviendra pas de sitôt, car ce sont des plats qui réchauffent bigrement. **Talent :** la fondue au chocolat en dessert enchantera les petits (ou les grands) gourmands, tout comme la simplicité et le sourire de ce jeune couple revenu à son berceau.

LES CLARINES 22, rue Parcheminerie © 02 41 88 97 62. *Fermé le dimanche, le lundi et le samedi midi. Horaires d'ouverture : de 12h à 14h30, et de 19h30 à 22h. Menus : 10 € (le midi), 17 € (2 plats) et 26 € (3 plats, apéritif, vins et café compris). Carte : 22 €.* C'est bien les soirs de froid que ces spécialités savoyardes prennent tout leur sens. La convivialité du lieu et la chaleur qui se dégage des tables font du lieu l'endroit incontournable de l'hiver à Angers. Mais qu'on se rassure, l'endroit est ouvert toute l'année et il n'y a pas de saison pour apprécier le fromage fondu sous toutes ses formes. La tartiflette, tout le monde connaît, mais ici on propose aussi des surprises gourmandes comme la pièce de bœuf gratinée au beaufort. Les fondues peuvent se faire à partir de beaucoup de choses et pas seulement de la viande (bourguignonne). Il y en a vraiment pour tous les goûts : fondue blanche, mexicaine, au canard, savoyarde… **Faiblesse :** Ce n'est pas très régime mais c'est tellement bon ! **Talent :** Un service très agréable et souriant et les prises de courant intégrées à chaque table ce qui évite le combat de fils électriques.

Cuisine d'ailleurs

Afrique

BODEGON COLONIAL C.A. du Landreau - Proche du bowling - BEAUCOUZE © 02 41 72 38 38. *Ouvert tous les jours, de 12h à 14h et de 19h à 22h30 (23h le week-end). Menus : Colonial express 11,90 € (2 plats, sauf vendredi soir, samedi soir et jours fériés), 9,90 € le midi (salade, plat, dessert), Colonial (planche d'entrées, plat), Boucanier 18,60 € (3 plats), mini-broussard 8,50 € jusqu'à 10 ans.* Le cadre vous plonge directement au cœur de l'Afrique et de ses safaris. Maison tout en bois, grandes vérandas longeant les deux façades du restaurant, décor en bois exotique, palmiers, pont suspendu pour aller aux toilettes, même les serveurs sont habillés en saharienne, bermuda et chapeau colonial. Dépaysement assuré, donc. La carte est à l'image du décor, originale et exotique. Le plat le plus incontournable de la carte est sans doute la planche d'awalé, ensemble de petits bols comprenant près d'une douzaine de spécialités sucrées/salées. Près du bar, faites un détour vers la cuisine pour voir votre demi-poulet rôtir sur le grand brasier faisant office de barbecue. L'enseigne est réputée également pour ses viandes aux saveurs d'ailleurs tel le sauté de kangourou ou le pavé d'autruche. Ne partez pas sans profiter des rhums arrangés maison, aromatisés au lait de coco, à la vanille, à la banane ou encore au café et à l'orange. **Faiblesse :** Ce n'est pas de la fine cuisine mais l'originalité l'emporte. On regrettera le manque de vins de la région. **Talent :** Lieu idéal pour les repas entre amis.

Amérique

LA CABANE A PIERRE 60, rue du Mail © 02 41 87 94 93. *Ouvert 7j/7 midi et soir, service de 12h à 14h et de 19h à 22h30 (23h le week-end). Menus : 20 € et 22 € (1 personne) ; 44 € et 55 € (2 personnes) ; menu le midi à 8,50 € ; assiette individuelle garnie : de 8 € à 12 €.* On y entre comme dans une vraie cabane de rondins, et l'accent typique du patron est d'emblée irrésistible et vous promet un moment charmant en sa compagnie. En effet, il n'est pas avare de commentaires sur les viandes d'Amérique et sur l'excellence de sa cuisine. On sera un peu surpris du mélange salé/sucré dans cette gastronomie québécoise, pourtant n'hésitez pas à user largement de la sauce aux fruits à disposition sur les tables. Elle accompagne savoureusement le rôti de porc, quant à lui fondant à souhait (on le coupe à la fourchette…) et la vraie purée de pommes de terre. Même l'été, on adore les soupes d'orge avec cet étonnant goût méditerranéen du basilic, et d'ailleurs le patron raconte à qui veut que les enfants qui boudent la soupe à la maison, en reprennent ici sans faire d'histoires. Les pancakes servis en dessert sont légers, avec un petit goût de gaufre raffinée, et servis avec de la glace… à l'érable bien sûr. **Faiblesse :** il vaut mieux réserver vu l'exiguïté de la salle. **Talent :** la formule de midi à 8,50 € est composée de trois plats copieux et c'est fantastiquement bon.

LE CALIFORNIA 13, rue des Poëliers © 02 41 87 18 42. *Ouvert tous les jours, sauf le dimanche et le lundi midi, service de 12h à 13h30 et de 19h à 23h. Plat du jour : 7 €. Carte : 20 €.* Adresse immanquable sur Angers car réputée pour ses plats copieux et son ambiance festive, pour preuve les photos devant le bar de la dernière soirée Halloween. Dès la porte d'entrée on se retrouve en pleine Amérique des années 50 : des affiches des rencontres de base-ball, des pubs d'une grande marque de cola, des plaques d'immatriculation et au plafond un vieil aviron en bois. La carte offre un large choix de plats tous aux accents d'outre-atlantique ; le traditionnel hamburger avec ses larges frites maison mais également ses pillons de poulets grillés ou des morceaux de blanc de poulet panés avec une sauce barbecue, ou une sauce douce à la moutarde. Les salades, les pièces de viandes fondantes, les herbes cajuns, les nappages sucrés/salés et les copieux et originaux plats du jour, attestent d'une adresse incontournable sur la ville. N'oubliez pas les desserts, un régal pour les papilles, laissez-vous tenter par une coupe glacée accompagnée de morceaux de cookies ou par un brownie tiède et sa boule de glace vanille. **Faiblesse :** le côté un peu sombre du restaurant lui confère un côté confiné mais typique des bars new-yorkais. **Talent :** le service irréprochable et le talent du chef qui donne à ses plats autant de plaisir à les regarder qu'à les déguster.

LA NOUVELLE-ORLEANS 22-24, rue Dupetit-Thouars © 02 41 88 40 39. *Fermé le dimanche. Menus : 15,50 € et 18,90 €. Menu express le midi à 7,90 €, 8 €, 9,40 €. Carte : entre 9 € et 15 € pour le plat principal. Soirées jazz les vendredis soirs.* Le bois lasuré des murs, le gros pot de moutarde sur chaque table recouverte de toiles cirées à carreaux : le décor, comme l'accueil est d'une charmante simplicité. Ici, on préfère vous surprendre par le menu aux noms insolites : tournedos de porcelet à la crème de curry, barbecue d'écrevisses au citron… Large choix de viande et de poissons, les plats sont parfois joliment présentés mais pas toujours, et les saveurs parfois inédites, bien que certains plats comme celui aux gambas, restent décevants. Une carte de desserts originale (cheese cake, tarte au sirop d'érable…). **Faiblesse :** Service un peu lent si on ne choisit pas le menu express le midi et ennui terrible sur certaines assiettes. **Talent :** Bien que loin du centre-ville, cette enseigne est là depuis 20 ans. C'est que les clients y trouvent leur compte.

Asie

ANGKOR 6bis, rue d'Anjou © 02 41 86 88 89. *Ouvert tous les jours sauf lundi. Plats à emporter. Carte 17 €. Spécialités de 7,50 € à 40 € (fondue maison pour deux personnes sur commande).* Nous avons été séduits, c'est assez rare pour le stipuler, par la reprise de ce restaurant. Les filles d'anciens propriétaires du lieu tiennent impeccablement ce petit resto extrême-oriental de quartier dont les assiettes, très copieuses, dégagent des saveurs plus fines que chez la plupart des Asiatiques. On repasse sur une carte numérotée au choix évidemment immense, et l'on conseille le Bo Boun en entrée puis une fricassée de crevettes aux épices et nouilles sautées. De la sorte vous aurez fait un tour spécifique des saveurs en alliant repas complet et diététique. Les spécialités comme le filet de poisson à la cambodgienne ou mieux, le plat Merveille (savant mélange de lotte, crevette, Saint-Jacques, calamars et sauce basilic épicée) sont délicieux. Essayez aussi la planchette, même ingrédients mais sautés cette fois, de plus cela sent très bon. L'accueil est parfait et comme ces jolies jeunes femmes partagent cultures et langues, c'est dans un bon français qu'elles reçoivent leurs hôtes. **Faiblesse :** encore et toujours les desserts (pourquoi ne se creuseraient-ils pas un peu ?) **Talent :** la propreté des lieux et les plats copieux.

LE DRAGON 11, place Mendès-France © 02 41 88 68 88. *Ouvert tous les jours. Menus : le midi : 8,50 € ou 10,50 €, menus vapeur : 10,80 €, 14 € et 41 € (duo). Carte : 20 €.* Malgré une véranda en avancée sur la place qui se voit bien, le restaurant est assez peu connu car perdu entre le Centre des Congrès et la Mairie. Dès l'entrée, le décor est posé : fresques murales, grands miroirs ornés de dragons et de phœnix et une fontaine aux souhaits remplie de poissons rouges. Le service est familial, le frère et la sœur sont en salle, pendant que le mari est en cuisine pour préparer des plats typiques chinois, thaïlandais ou vietnamiens. Le service est souriant, même si certains serveurs ne maîtrisent pas bien le français du tout, et l'on n'hésite pas à vous expliquer la composition des plats ou la façon de déguster les spécialités du restaurant, la fondue chinoise ou le barbecue chinois. Possibilité de plats à emporter. **Faiblesse :** le peu de choix de menus le soir. **Talent :** le riz cantonnais sans supplément dans les menus et la facilité de se garer devant le restaurant.

LE PHNOM-PENH 58, rue du Mail © 02 41 81 01 43. *Fermé dimanche midi et lundi midi. Ouvert de 12h à 13h30 et de 19h15 à 23h. Menus du lundi au samedi, sauf jours fériés, à 6,85 € (midi) et 12 € (midi et soir) et tous les jours à 9,80 €. Carte : 14 €.* Un décor soigné peu enclin aux surcharges "kitch" que l'on trouve trop souvent dans ce type d'établissement, et un service discret mais souriant vous propose une carte riche (soupes, salades, viandes, volailles, poissons, produits de la mer) mais qui n'offre rien de très spécifique à la maison : Poulet ou porc sauté aux champignons, canard laqué, poisson frit… Par contre les plats annoncés comme "épicés" comme la soupe de poulet sont vraiment très savoureux sans emporter le palais. **Faiblesse :** la viande de bœuf est vraiment coriace. **Talent :** les assiettes sont très bien présentées.

LES SAVEURS D'ASIE 18, rue Pocquet-de-Livonnières ✆ 02 41 24 73 88. *Fermé dimanche et lundi soir. Menus à 8,80 € et 13 €. Carte à 16 €. Plats à emporter.* Petite terrasse en été dans la rue piétonne. Voilà une exception, un restaurant chinois qui mérite ce titre non grâce à sa décoration très sobre mais grâce à l'excellence de ses plats. Enfin de la vraie cuisine chinoise qui ne ressemble pas à ceux du genre. Place aux saveurs, ici on ne se cache pas derrière des décors surchargés, fini les miroirs dragon et les murs rouge et or, ici la petite salle au carrelage blanc et peinture vert clair est à peine garnie d'une dizaine de tables et l'ambiance est très intimiste, même si les tables sont très proches les unes des autres. Faites-vous plaisir en dégustant un vrai bœuf aux oignons avec de gros morceaux d'oignons, ou encore une des spécialités cambodgiennes comme le poulet au basilic. De merveilleuses alliances d'épices ou de sucré/salé. Démarrer par le léger bo boun assure un repas enthousiasmant. **Faiblesse :** une déco un peu plus moderne égayerait l'endroit. **Talent :** une cuisine de qualité et vraiment différente qui enchantera les adeptes du chinois.

LE SHANTOU 7, rue Toussaint ✆ 02 41 88 33 75. *Ouvert tous les jours de 11h30 à 14h et de 18h30 à 22h. Menus : 6,50 € (le midi), 10 €, 13,50 €. Carte : 13 €. Plats à emporter. Spécialités cambodgiennes, thaïlandaises ou vietnamiennes.* Dans un cadre élégant et épuré où le service est exclusivement féminin on vous accueille avec sourire et discrétion. Détail important une salle est réservée aux fumeurs au fond du restaurant. On peut commander ici les grands classiques de la "gastronomie" asiatique (nems, rouleaux de printemps, poulet au curry…) mais la carte réserve aux plus blasés quelques spécialités originales, à base de seiche, de gambas ou de cuisses de grenouilles notamment (au saté, à la citronnelle ou aux huîtres), ou encore la spécialité cambodgienne de poisson aux épices khmères (Amok). **Faiblesse :** Les portions sont moins copieuses qu'ailleurs, vite oubliées par la qualité correcte. C'est tout de même de la copie conforme à bien des établissements similaires du territoire français. **Talent :** Très propre, preuve en est, le passage devant la cuisine pour aller au petit coin.

Cuba

LE HAVANA 17, rue Valdemaine ✆ 02 41 87 12 53. *Du mardi au samedi de 19h à 2h et les jeudis et vendredis midi, de 11h30 à 14h30. Grande assiette de tapas : 6 €, carte : 16 €.* On y entre comme dans une cave : pas de fenêtres, des murs en ardoise, plafond bas : vous êtes bien dans l'antre du Che, pas pour refaire le monde mais bel et bien pour passer un très agréable moment riche en goûts et en festivité. Il faut aimer la cuisine épicée mais rassurez-vous, le chef ne force pas sur le piment. Et même certains jours, le guacamole peut s'avérer un tantinet fade. Par contre, les viandes marinées à l'ail, les concombres marinés dans la menthe verte (on dirait des tranches de bonbons), les crevettes au beurre pimenté à l'avocat vous donneront des sensations assez marquées et surprenantes. Un beau choix de poissons et de viandes mais tout une palette de plats végétariens séduiront une clientèle variée. **Faiblesse :** en été, il faut réserver sa place en terrasse car on étouffe à l'intérieur. **Talent :** une bonne idée que les 5 plats de dégustation, végétariens ou non.

Grèce

L'ACROPOLE 18, rue Saint-Georges ✆ 02 41 86 91 80. *Fermé le dimanche midi. Midi : 12h/14h. Soir : 19h/23h. Grande salle à l'étage pour les groupes. Menus midi : 8 € (entrée+plat+café), Dionysos : 12,50 € (jusqu'à 21h30) et Athéna : 14,60 €. Carte : 20 €.* Dans un décor typique des pays méditerranéens, mur blanc et bleu avec des portes en arcades et des reproductions d'antiquités accrochées aux murs, le seul resto "grec" de la ville vous accueille avec du soleil dans ses murs. Quand le soleil pointe son nez la terrasse est agréable et assez calme car à l'écart de la rue Lenepveu. La carte présente l'ensemble des spécialités du pays : Tarama, feta, tzaziki (yaourt agrémenté de lamelle de concombre et de menthe fraîche), moussaka, boulette de viande, loukoums, et l'incontournable boulgour qui accompagne un certain nombre de viandes. Si vous souhaitez vous plonger un peu plus dans la tradition n'hésitez pas à goûter au résiné, vin rosé ou blanc qui tire son nom de la résine de pin. La grande galette de pain servi tiède à la sortie du four est un vrai délice. **Faiblesse :** l'accès aux toilettes à l'étage n'est pas des plus aisé : escalier pentu en bois puis passage devant les cuisines. **Talent :** l'accueil des propriétaires très sympathiques qui vous expliquent avec plaisir la composition des plats et des desserts faits maison et l'accès au petit pub irlandais attenant.

Inde et Pakistan

L'INDIA 4, rue Hanneloup - Proche boulevard Foch ✆ 02 41 88 13 24. *Ouvert tous les jours de 12h à 13h30, et de 19h à 22h, sauf le dimanche et le lundi midi. Menu à 11 € (midi). Carte : 25 €. Plats à emporter.* Une grosse clientèle d'habitués dans ce lieu typique et l'engouement général pour l'Inde ne peut que faire apprécier cette cuisine délicate et parfumée. Ici, on ne vous assommera pas de piments, mais on vous présente la subtilité des épices indiennes à travers les multiples byrianis et curry de viandes ou légumes. Le Madras Sappadu vous permet de goûter à six saveurs différentes, du sucré au salé, exactement comme on le trouve en Inde. **Faiblesse :** la carte et la déco sont toujours les mêmes depuis 20 ans, mais les prix eux, ont pris du galon ! **Talent :** Quand il n'y a pas trop de monde, la discussion est facile à engager avec les serveurs, peu avares de commentaires sur leurs recettes et leur pays.

LE KRISHNA 1bis, rue d'Iéna ✆ 02 41 24 78 40. *Ouvert tous les jours sauf le lundi, de 12h à 14h et de 19h à 22h. Menus : 10,40 € (le midi du mardi au samedi, jusqu'à 13h30), 14 €, 16 €, 18,50 € et 22,80 €.* On y est accueilli par le parfum (un peu entêtant) de l'encens, le décor en bois ciselé, les nappes aux motifs cachemire, et les statuettes indiennes qui veillent sur votre repas. La cuisine de l'Inde du Sud est riche en produits de la mer, alors n'hésitez pas à goûter les poissons ou crevettes marinés et grillés au tandoor (four indien) largement représentés sur la carte. Pour les inconditionnels de la viande, les "caris" (plats mijotés en sauce et non pas le nom d'une épice) accommodent le poulet, le porc ou l'agneau (mais pas le bœuf, c'est sacré !) avec des épices déclinées en toutes les couleurs et puissance (vous pouvez choisir le degré de tolérance de votre palais). **Faiblesse :** certaines sauces sont un peu lourdes et grasses pour de la cuisine indienne et les desserts sont toujours le parent pauvre de ce type de restaurant. **Talent :** les pickles typiquement indiens (attention au piment !) servis avant le repas, que l'on trouve rarement sur nos tables françaises.

LE TAJ-MAHAL 22, rue Boisnet ✆ 02 41 87 57 00. *Tous les jours, de 11h à 14h30 et de 18h à 23h. Menus à 5,50 € (midi), 8,50 €, 10 €, 15 € et 19 €. Plat du jour 5,50 €. Plats à emporter.* Tenu par une famille pakistanaise, on est accueilli avec un verre d'apéritif et la traditionnelle et croustillante galette de lentilles. Rien de très original dans les menus, qui proposent les byrianis (plat à base de riz), les tandooris (viande grillée au four traditionnel), les caris de viande ou de légumes, les naans et les chapatis. Pour s'adapter au palais sensible des occidentaux, les épices sont discrètes, un peu trop parfois, au risque de décevoir les amateurs de saveurs très marquées. Attention aussi à la manière dont sont formulés les menus sur le papier, et notamment au mot "ou" entre les plats, que l'on ne voit pas toujours très bien. La note en fin de repas n'est pas toujours celle qu'on attendait. **Faiblesse :** on se demande pourquoi la très riche et savoureuse pâtisserie indienne donne des résultats aussi pauvres dans nos restaurants en France. **Talent :** l'accueil est très attentionné et les amateurs de cinéma indien trouveront ici un interlocuteur passionné.

Italie

LE BOCALINO 24, rue des Lices ✆ 02 41 88 19 01. *Ouvert tous les jours, sauf le dimanche, de 12h à 14h, et de 19h à 22h, jusqu'à 23h les vendredis et samedis. Plat du jour : 7,50 €. Carte : 15 €.* Le dépaysement total, avec ses colonnades en façade, les peintures aux couleurs chaudes et les lampes en fer forgé, l'ensemble de la décoration est un appel à la Toscane. Même les moustaches du patron nous font voyager, il est souriant, sympathique et nous fait penser à Dali, dommage que la serveuse ne soit pas aussi souriante que lui. Côté cuisine, la carte offre un large choix de pizzas et de recettes italiennes à base de pâtes ou de veau telle l'escalope milanaise. On appréciera les recettes à base de crustacés ou de coquilles Saint-Jacques. **Faiblesse :** Pas de menu sauf pour les bambinos. **Talent :** un restaurant pouvant accueillir autant les grandes tablées que les couples.

LA MARINA 13bis, boulevard Foch © 02 41 87 87 30. *Ouvert 7j/7, service le midi jusqu'à 14h, et le soir jusqu'à 22h. Menu express (midi) à 10,10 €, découverte à 13,50 €, détente à 23 €, enfant à 6,40 €, étudiant à 8,50 €, carte à 15 €, plat du jour : 7 €.* Le décor est cossu et très chaleureux (surtout à l'arrière du restaurant) et tranche avec la simplicité de la carte qui n'innove en rien : pizzas (à la pâte trop épaisse sur les bords), salades chaudes ou froides, pâtes, grillades, brochettes et crêpes. On trouve difficile de justifier le prix du menu "détente" qui n'apporte rien de plus que la carte du midi, si ce n'est l'apéritif et le café. **Faiblesse :** la bavette peut être un peu coriace sous la dent. **Talent :** le service est réellement sympathique et enfin un resto ouvert 7j/7 !

LE NAPOLI 15, rue Toussaint © 02 41 87 68 09. *Ouvert tous les jours sauf dimanche et lundi, de 12h à 14h et de 19h à 23h. Salades : de 6,50 € à 10 €. Pâtes : de 7,30 € à 9 €. Pizzas : de 5 € à 10 €. Réservation vivement conseillée. Vente à emporter également.* La devanture n'est pas la plus affriolante d'Angers mais la carte nous met les papilles en éveil. Le décor très traditionnel avec des murs de torchis blanc et des tables en bois. Petite originalité, des tableaux faits par une certaine LN qui ne manque pas d'humour. Côté carte c'est autre chose, une explosion de nouveautés et de saveurs : pizza aux noix Saint-Jacques, ou celle à la coppa, champignons et crème ciboulette, artichaut à la vénitienne, ou raviolis pimentés au crabe. De vraies spécialités maison que l'on ne retrouve pas ailleurs. La pâte à pizza est sublime, extrafine au point qu'elle fond dans la bouche. Pour celles et ceux, soucieux de leur ligne, la carte présente un grand choix de salades et de spécialités légumières telles les lasagnes aux légumes ou la pizza aux aubergines. Le service est rapide, souriant et très agréable. **Faiblesse :** la juxtaposition des tables, malheureusement comme beaucoup de petites surfaces de centre-ville. **Talent :** incontestablement la diversité de la carte et la qualité des plats, servis par une équipe absolument adorable.

PAPA TINO 42, rue du Cornet © 02 41 87 46 24. *Ouvert du mardi au samedi de 12h à 14h et de 19h à 22h. Fermé dimanche et lundi. Menu 9,90 € et 16,50 €. Enfants (-10 ans) : 6,50 €. Carte : 12 €.* Nouvelle direction pour un des plus anciens restaurants italiens d'Angers, qui s'est refait une nouvelle jeunesse bien que toute l'équipe soit encore bien présente, tant en cuisine qu'en salle. Le choix des pizzas reste important mais classique, les pâtes sont faites maison, et pour ceux qui en ont assez de la farine, ils pourront choisir l'osso-buco ou l'escalope de veau milanaise accompagnée d'un rosé italien bien frappé. La Parmentine : pommes de terre fourrées (fromage, lardons, foie gras etc.) est aussi une variante originale de la cuisine italienne. Méfiez-vous des salades en entrée, tellement copieuses que vous risquez de ne plus avoir faim pour le reste. **Faiblesse :** les feuilles de salade ne sont pas toujours de la première fraîcheur, et certains jours mêmes carrément flétries. Attention donc à la régularité de l'assiette ! **Talent :** des prix doux sur toute la carte.

PIZZA TEMPO Centre Commercial Espace-Anjou ✆ 02 41 24 99 99. *Ouvert de 9h30 à 20h30 sauf le dimanche. Sur place et à emporter. Menus à 5 € (enfants), 8 €, 8,50 € et 32 € (4 personnes). Carte : 10 €.* Il fallait bien contenter une clientèle souvent jeune, pressée, et parfois fauchée. En contrepartie, des efforts sont faits aussi bien dans la déco que dans les menus, où s'affichent les tartines chaudes variées (formule tartine, salade, dessert, boisson 8,50 €), les salades en trois tailles (S, L et XXL), et toujours ses formidables pizzas déclinées dans des couleurs internationales. On peut même signaler qu'on ne mange pas de porc, et le cuisinier s'adapte ! **Faiblesse :** c'est vrai qu'on aimerait bien un ou deux plats chauds moins "fast-food". **Talent :** c'est beaucoup mieux qu'un sandwich avalé à la va-vite et pas beaucoup plus cher. **Autre adresse : rue Boisnet (uniquement pour la livraison à domicile).**

TONY PIZZA 7bis, boulevard Foch ✆ 02 41 24 95 44. *Ouvert le dimanche soir et toute la semaine. Pizzas de 7,20 € à 12,50 € (3 tailles). Formule pizza+boisson+salade : 7,90 €. Menu étudiant : 8,20 €.* Une fois de plus ce tout petit "couloir" réussit le challenge de caser tous les clients. Murs reblanchis et décor minimaliste (jolis cadres) permettent pourtant de s'y sentir à l'aise. Pas que de la pizza ici, mais aussi des salades, des sandwichs chauds et carte Grill (entrecôte charolaises/frites à 11,50 €) pour les mangeurs de viande. Tony and Co (la famille donne un coup de main lorsqu'il y a affluence et c'est bien sympa) prépare ses pizzas devant vous, depuis sa cuisine ouverte sur la salle. Et vous constaterez combien les pâtes sont fines et les garnitures, qu'il manie à pleines poignées sont plus que généreuses. Les travailleurs et bureaucrates du quartier, ont compris qu'ici, ils n'auraient pas l'estomac rempli qu'avec de la pâte à pain. **Faiblesse :** Tony a la main un peu lourde quand même sur la crème fraîche. **Talent :** Pizzas à emporter et la carte fidélité est une bonne idée pour les habitués. Bon début en tout cas, enfin, continuité de la qualité avec les produits du camion-pizza depuis 3 ans à la Croix Cadeau à Avrillé.

LA TOSCANE 17, rue Saint-Laud © 02 41 88 48 49. *Fermé le dimanche et le lundi soir. De mai à septembre, ouvert le lundi soir. Ouvert de 12h à 14h et de 19h à 22h. Menus à 9,90 € et 11,90 € (le midi). Carte : 15 €.* Le changement de propriétaire n'a en rien modifié les habitudes de l'équipe précédente, seule la couleur des murs s'est transformée dans les tons jaune et rouge. La carte est restée sensiblement la même, avec ce goût prononcé pour le saumon que l'on retrouve avec ses toasts, en sauce pour les pâtes ou en terrine. Les spaghettis prennent de la liberté avec leurs sauces originales (saumon, poireaux…), tout comme le carpaccio qui se décline aux poivrons, au basilic, ou au gorgonzola et noix. **Faiblesse :** très bruyant dans l'affluence de midi. **Talent :** l'emplacement idéal l'été, pour manger en terrasse dans une atmosphère de vacances.

LA TRATTORIA 10, rue Hoche © 02 41 87 70 90. *Ouvert de 12h à 14h et de 19h à 22h30 (23h le week-end). Fermé le dimanche et lundi. Menu à 11,50 €. Pizzas de 5,90 € à 8,70 €. Menu : 12 € tous les jours sauf le vendredi soir et samedi soir.* Depuis longtemps cette pizzeria était considérée comme une des trois meilleures d'Angers mais il lui est difficile de tenir le podium. La décoration est assez sobre et aucun espace n'est perdu, mais l'accueil est chaleureux et même si les deux salles du restaurant sont un peu bruyantes, l'ambiance est plutôt conviviale. Le grand plaisir de cet endroit est sans nul doute le four à pain devant lequel le pizzaïolo officie avec dextérité pour vous préparer vos pizzas. Et avec pas moins d'une trentaine de variétés vous aurez de quoi ne pas vous lasser de ce restaurant. Les recettes sont à la fois traditionnelles et pleines d'originalité à l'image de la "calenzane" qui mélange savamment gésiers confits et champignons émincés, un délice qui fond dans la bouche. Il manque cependant à certaines préparations de viandes cuisinées un on ne sait quoi de pétillant. Les sauces ou accompagnements sans doute. **Faiblesse :** le manque d'intimité dû aux tables rapprochées. **Talent :** un bon rapport qualité/prix et un grand choix à la carte.

Méditerranée

LA BEKAA 10, rue Boisnet © 02 41 88 37 00. *Ouvert tous les jours, sauf les dimanches et lundis midi de 12h à 14h et de 19h à 23h. Mezze/2 personnes : 28 €, 3 personnes : 42 €, 4 personnes : 56 €, personnes supplémentaires : 14 €. Carte : 15 €.* Un décor typique des milles et une nuits, tapis sur les murs, tentures au plafond et surtout l'incontournable cèdre du Liban décliné sous toutes ces formes : Plateau ciselé, drapeau du Liban ou encore coupe martelée. La carte est composée de mezzes, brochettes, salade, houmous (purée de pois chiche accompagné d'huile d'olive et de galette de pain) ou encore les galettes de pain farci de viande et d'herbes ou de fromage de chèvre, un vrai régal. Pour les brochettes, le chick taouk, poulet accompagné d'une sauce à l'ail, est un des plaisirs du cuisinier. Si vous aimez le café, le patron vous le servira libanais, aromatisé à la cardamome. **Faiblesse :** Les toilettes sont couleur locale, plutôt vieillottes et défraîchies mais propres. **Talent :** l'accueil très agréable et les mezzes sont excellents. La façade a été repeinte (grossièrement), mais rafraîchie (ce n'est pas du luxe).

CHEZ YAYA 12, rue Pocquet-de-Livonnière © 02 41 87 15 03. *Ouvert du lundi soir au samedi soir, de 12h à 14h et de 19h à 23h. Menu express (midi) : 6 €. Carte : 15 €.* Il vous le dira lui-même, Monsieur Yaya : depuis bientôt 15 ans, la qualité est toujours la même dans la préparation du couscous. Il ne veut pas s'endormir sur sa réputation, il veut être le meilleur chaque année ! Et pour vous convaincre, il vous sert lui-même du rab de bouillon sur votre semoule, "parce que le couscous, il faut qu'il soit mouillé et léger". Vous l'aurez compris, ici, l'accueil est bienveillant et la salle somme toute chaleureuse. Couscous, brochettes, merguez et tajines sont tous cuisinés léger et copieusement servis. **Faiblesse :** la bonne Pastilla à base d'amande, de pâte feuilletée et de pigeon ou de poulet n'est servie que les vendredi et samedis soirs. **Talent :** le couscous végétarien et même les pâtisseries orientales réputées lourdes et grasses sont ici bienvenues en fin de repas. Goûtez-y !

L'ESCALE DU MAROC 64, rue Boisnet © 02 41 87 61 38. *Ouvert tous les jours, de 12h à 14h, et de 19h30 à 23h. Menu à 9 € (entrée+plat+dessert et thé offert), menu oriental entre 20 € et 25 €. Carte : 17 €. Couscous à emporter : 13 €. Soirées à thème les week-ends : danseuses orientales (réservation conseillée), tatouages au henné et vente d'artisanat.* Marrakech, Fès, Ouarzazate, le décor vous entraîne au cœur des souks marocains. Le patron, qui ne quitte jamais son sourire, a réussi à créer ici une ambiance digne d'un véritable palais royal arabe (tentures au plafond, coussins et tissus n'ont rien de kitch, bien au contraire). Il n'hésite d'ailleurs pas à "allumer" spécialement la salle du fond, la plus agréable et intimiste, pour un simple couple. Du côté de l'assiette, un grand choix de viandes pour accompagner le couscous (celui aux keftas est un délice et rarement proposé sur une carte) mais ne négligez pas les tajines tout aussi fabuleux. Grâce au personnel et au patron c'est le lieu idéal pour les repas en amoureux autour d'un plateau martelé mais aussi pour faire la fête entre copains. **Faiblesse :** l'épaisseur des murs (d'ailleurs très beaux) de la deuxième salle fait que la chaleur a du mal à entrer et qu'il y fait parfois un peu frais. **Talent :** La fraîcheur de la salle est vite oubliée car le personnel est toujours prêt à mettre de l'ambiance ou à la faire monter.

LES NUITS DE BEYROUTH 7, rue Savary © 02 41 60 27 67. *Fermé le lundi midi, le samedi midi et dimanche toute la journée. Formule du midi à 10 € (2 plats), 14 € (2 plats+boisson+café), plat du jour à 8 €. Mezze (8 à 12 plats deux personnes minimums) : 16,50 €, 19 € ou 23 €/personne. Carte : 14 €. Une salle à l'étage pour les groupes de 10 à 15 personnes. Plats à emporter.* Tentures aux murs et aux plafonds aux couleurs chaudes, des photos du Liban, le décor est planté. Malgré un passage peu commerçant, ce sympathique restaurant a réussi à s'imposer comme l'un des meilleurs libanais de la place angevine. Si vous ne le connaissez pas encore, vous serez conquis dès que vous y aurez goûté. De délicieux mezzes et surtout un chiche taouk (poulet mariné au citron et aromates) et un chich kebab (brochette de boulettes de bœuf) à se damner. On recommande toujours le fallafel (boulettes de pois chiches) et le lieu assaisonné au citron et au sésame (Sayadiyeh), un pur délice. La préparation est fine, servie avec une salade de crudités assaisonnées aux citrons et du riz aux poivrons. Détail important, malgré des plats copieux on ne se sent pas lourd à la fin car les plats sont aériens et succulents. **Faiblesse :** Le choix en desserts. **Talent :** la cuisine préparée par monsieur ou madame est empreinte de soleil et vraiment très réussie.

LE PETIT CHOUIA 3, rue Saint-Laud © 02 41 87 08 00. *De 12h à 13h30 (sauf lundi et mardi midi) et de 19h à 22h30, couscous : 13 €, carte : 20 €.* On a l'impression d'entrer dans un palais oriental, richement décoré mais sans aucune faute de goût ni d'excès dans les détails. Les tables sont rondes et très spacieuses, ce qui d'emblée crée la convivialité et annonce la générosité de cette cuisine que l'on vous amène avec style et abondance. Le couscous est servi avec un large supplément de pois chiches, de raisins secs et (pour les plus téméraires) de harissa. Les tajines sont variés et richement parfumés, au citron confit, aux olives ou aux pruneaux. **Faiblesse :** pour ceux qui surveillent leur ligne, attention au bouillon du couscous, vraiment très gras. **Talent :** un des plus beaux cadres orientaux de la ville.

Mexique

LE FARNENTE 12, rue Bodinier © 02 41 88 31 60. *Ouvert 7j/7, sauf le dimanche midi, de 12h à 14h et de 19h à 23h. Menus (uniquement le midi) : 8,30 € (2 plats+boisson) et 10,50 € (3 plats+boisson) ; menu enfant : 6 € et plat du jour : 6,90 €. Carte : 18 €.* Le dernier vrai restaurant tex-mex d'Angers, le plus original et le plus traditionnel. La décoration vous transporte au cœur du désert mexicain, sombreros, cactus, hamac... A la carte fajitas, buritos, guacamole ou assiette de poissons fumés et autres spécialités typiques. Si vous ne connaissez pas cette cuisine alors optez pour la formule carambole qui vous présente un assortiment de plats et d'entrées, présentés sur un grand plateau en osier. **Faiblesse :** le service n'est pas des meilleurs mais vite oublié dans le contexte "farniente". **Talent :** un endroit toujours prêt pour faire la fête entre amis ou pour une soirée intime sous le hamac.

Manger insolite

Sur une péniche

LA TIMONERIE. Voir à la lettre T, en rubrique "Milieu de mois".

Dans les troglodytes

LE CAVEAU Place du Champ-de-Foire © 02 41 59 98 28. *Ouvert tous les jours midi et soir d'avril à septembre. Hors saison, ouvert du vendredi au dimanche midi et groupes tout le temps sur réservation. Menu unique à 20 € et 10 € pour les moins de 12 ans apéritif et vins compris. Réservation conseillée.* Enterré en plein centre-ville de Doué-la-Fontaine, cette adresse en plus d'être bien pratique constitue presque une obligation pour aller à la rencontre du terroir. Dans une belle salle creusée de-ci de-là dans le falun dès le XIIe siècle, folklore culinaire et décoratif vous attendent. Des fouaces chaudes que l'on emplit de beurre salé, rillettes de porc, haricots et poitrine grillée, sont servies à satiété, ainsi que des galipettes : gros champignons dits de Paris farcis de beurre d'escargot, et de fromage de chèvre. Le prix comprend vins, café et dessert. Une ambiance vraiment chaleureuse pour acquérir en groupes joyeux les bases de la tradition gastronome douessine !

LES CATHEDRALES DE LA SAULAIE 412, route de Monfort - DOUE-LA-FONTAINE © 02 41 38 57 77. *Menu tradition : 20,50 € midi : 12 €, menu enfant : 10,50 €. Fermé dimanche soir et lundi. Accueil de grands groupes.* Accès depuis le centre de Doué vers Montreuil puis à gauche, route de Monfort ou depuis le rond-point de la coopérative C.A.V.A.L. (face au routier Chez Paul), passer devant la quincaillerie et monter la petite route, ce sera à gauche. Devenu incontournable en moins d'un an, entre autres par son gigantisme, le lieu permet de se restaurer à 12 mètres sous terre dans d'anciennes mines d'extraction de falun. L'une des salles abrite un "lac" souterrain qui n'est autre qu'une des nappes phréatiques du Douessin. Même les plus claustrophobes ne ressentiront aucun désagrément, tellement le lieu est gigantesque et chaleureux à la fois. On y mange typique et simple (fouaces, galipettes et mogettes), Les hôtes vous accueillent en costume traditionnel. Une bonne adresse familiale d'autant plus qu'un espace jeu est à la disposition des enfants qui s'ennuient au bout d'un moment des conversations des grands.

ADRESSES GOURMANDES
de quartiers

Retrouvez nos commentaires sur tous ces bons artisans dans leur rubrique respective, au chapitre A TABLE ...

LE CLOS DES ROCHES **Bourg-Neuf - Entre Coutures et Louerre - GREZILLE ✆ 02 41 45 59 36.** *Fermé le lundi, vendredi midi et dimanche soir. Uniquement sur réservation et un service par repas. Menu unique : 20 € (apéritif, vin et café compris), 8,50 € pour les enfants.* Devenu une étape touristique incontournable dans la région, ce restaurant troglodytique présente toutes les caractéristiques de ces lieux. Une cave à demi enterrée, des murs taillés dans le tuffeau, des salles qui poussent comme des champignons dans la roche et bien sûr l'incontournable four à pain à l'entrée du restaurant. La décoration très sobre, sait se faire conviviale et surtout propice à la fête. En groupe ou en couple cet endroit saura vous ravir. Le menu ne change pas car les produits sont fabriqués sur place ou par les paysans du coin. Les fouaces, sorte de petits pains sans mie, sont servis à volonté et se garnissent de rillettes, de mogettes (petits haricots blancs de Vendée), de fromage de chèvre ou de jambon de Vendée le tout arrosé d'anjou rouge. Un verre de coteaux-du-Layon est servi à l'apéritif. **Faiblesse :** le menu qui ne varie pas mais avec des produits locaux pas évidents à diversifier. **Talent :** lieu typique et les minis fouaces offertes pour le petit déjeuner quand il reste de la pâte.

LES CAVES DE LA GENEVRAIE **Rochemenier ✆ 02 41 59 34 22.** *En juillet et août : ouvert tous les jours sauf le lundi (réservation conseillée). Le reste de l'année sur réservation uniquement sauf du vendredi soir au dimanche midi. Service entre 12h et 13h, 19h et 20h30. Menu unique à 10 € pour les enfants, et 20 € pour les adultes (coteaux-du-Layon, anjou rouge et café compris).* Comme dans d'autres restaurants "troglo", on vous propose ces petits pains chauds cuits au feu de bois : les fouaces ou fouées à garnir tout au long du repas de champignons, de rillettes, de beurre, de mogettes et petits rillauds bien cuisinés. Avant le fromage de chèvre une petite visite guidée des galeries est salutaire, on rencontre alors le boulanger à l'œuvre devant son four. Puis le dessert : une délicieuse tarte maison vous cale définitivement. Ce restaurant est très soigné ainsi que ses extérieurs où les enfants pourront aller se dégourdir les jambes sans danger. A noter le week-end, juste en face une nouvelle salle l'Ammonite permet d'accueillir plus de gourmands. **Faiblesse :** on ne vient pas pour la variété des plats et des menus et on sait à l'avance ce que l'on va manger. **Talent :** un décor convivial et original, une bonne assiette locale traditionnelle.

Dans les guinguettes

CHEZ JOJO **Le Chaloché - SAINT-SATURNIN-SUR-LOIRE ✆ 02 41 54 64 04.** *Menu 20 €. Menus personnalisés pour les groupes, environ 15 €. Carte : 25 €.* Avec ses tables juste au bord de l'eau, ses toiles cirées à carreaux et son plancher de danse, Chez Jojo possède vraiment l'esprit guinguette et sur ce bout de Loire, détient le site le plus magnifique et le plus bucolique de la région. A l'ombre des arbres, on peut y déguster une vraie gastronomie locale et Olivier Ducros vous met l'eau à la bouche en vous proposant sa terrine de perche à la crème ciboulette, sa salade angevine aux rillauds et vinaigre de framboise, sandre au beurre blanc ou aux framboises. Mais la clientèle est unanime sur sa friture d'anguille, une des meilleures de la région à ce qu'il paraît. Sa recette ? Celle que lui a apprise sa maman, et certainement un petit tour de main secret sans compter la vocation d'une exigence perpétuelle. Ici, tout est fait maison, du beurre d'ail au coulis de framboises sur la charlotte à l'abricot. **Faiblesse :** les aléas des dates d'ouverture au printemps, soumises à la météo. **Talent :** chaque week-end, Jean-Yves l'accordéoniste fabuleux donne une ambiance unique à cette guinguette.

LE PORT DE VALLEE **Port de Vallée - BLAISON-GOHIER ✆ 02 41 57 15 40.** *E-mail : guinguette.portdevallee@wanadoo.fr. Ouvert de mai à septembre, du mercredi au dimanche (seulement le week-end en mai et septembre). Menu enfant : 7,50 €. Menus à 19 € et 21 € en semaine ; et 19 € et 22,50 € le week-end. Friture d'anguilles : 18 €. Carte : 25 €.* Rien que la promenade sur cette rive de la Loire jusqu'à la guinguette est un enchantement et certainement l'un des plus beaux sites de la région. A l'arrivée, ne vous fiez pas à l'aspect très simple de l'établissement, (après tout, il porte le nom de "guinguette"), ni à l'accueil informel d'une bonne bande de copains. Car la carte est réellement celle d'un restaurant de Loire, avec son tartare de poisson aux herbes, son filet de brochet au beurre blanc, et son entrecôte au vin du Layon. Les fritures de Loire (poissons ou anguille) réjouiront les spécialistes et les carnivores trouveront les viandes cuites à point, tendres et goûteuses. **Faiblesse :** il vaut mieux réserver quelques jours avant car des groupes envahissent souvent les lieux. **Talent :** un point de vue extraordinaire surplombant la Loire, et les soirées musicales du week-end.

LES TOURBILLONS Le Port - LA POSSONNIERE © 02 41 72 66 66. *Ouvert les vendredis, samedis, dimanches et jours fériés de mi-avril à fin mai. Du mardi au dimanche de juin à septembre, de 17h à 1h en semaine, et de 11h à 1h le week-end. Accès : près du camping.* Une excellente adresse où il fait bon vivre et se détendre. Mais surtout s'amuser entre amis au son de l'orchestre de la soirée (tous les vendredis et samedis soir en saison). Le service est très agréable et détendu, tout pour faire oublier le stress de la semaine. Le pain est façonné par le boulanger de la Possonnière, la confiture d'oignons élaborée par une association du village ("les Accros de confiture"), la charcuterie vient de Rochefort-sur-Loire et les produits fromagers viennent de Montjean (il faut goûter le fromage frais fermier). Retenons cette année encore la "tartine Lily" (anchois marinés, crème crue, ciboulette), la tartine "gabare" (roquefort et saucisson sec), l'assiette "tartare petits patapons" (fromage blanc, anchois marinés, tomates séchées, olives), ou encore l'assiette angevine (confiture d'oignons, rillauds, frites) et bien sûr la friture d'anguille. On termine sur le gâteau "Tourbillons n°5" : mousse mandarine, fondant au chocolat, biscuit au chocolat... délicieux. **Faiblesse :** la carte n'est pas forcément bon marché car il s'agit de produits locaux. **Talent :** excellente promotion des produits du cru et, évidemment, le cadre formidable.

Et aussi en bord de Maine à Angers

RESTAURANT LE JARDIN DU MINI-GOLF 9, rue Larrey © 02 41 20 87 75/06 03 75 65 15. Face à la Maine aux pieds de la maternité et proche du centre-ville, une petite oasis de verdure qui permet de s'évader pour quelques heures. Moules frites ou anguilles grillées voilà de quoi vous régaler et qui sait peut-être de vous amuser en famille autour d'une partie de mini-golf.

Dans une église

L'AUBERGE ANGEVINE 9, rue Cordelle © 02 41 20 10 40. *Site Internet : www.auberge-angevine.com. Du mardi au samedi soir. Formule rapide midi : 6 € et 10 €, menus à 15 €, 23 € et 37 €, fouaces à emporter. Soirées animées par des troubadours et musiciens jeudi (21 € à 27 €), vendredi (28 €), samedi (34 €) et spéciales enfants le mardi soir (menu à 9 €).* Dépaysement total, ambiance moyenâgeuse avec un décor digne d'une vieille église. Colonnades, arabesques, clefs de voûte, vitraux multicolores et une immense cheminée ou les fouaces gonflent sous vos yeux. Même les serveurs sont dans la tendance avec de longues robes pour mesdames et tenues de page pour ces messieurs. Côté tables, elles sont toutes alignées en grandes rangées et bancs où s'installe tout un chacun selon son envie et vient faire la fête avec ses voisins de tablée. C'est avant tout un dîner spectacle. Pour déguster vos fouaces et autres mets aux senteurs d'autrefois vous serez muni d'une écuelle, d'un gobelet de métal et d'une fourchette à trois dents. Avec tout l'effort qu'ils ont fait côté décor et ambiance on regrette encore et toujours que la qualité de la cuisine soit le chaînon manquant comme des viandes sans réelle fantaisie et des rillettes servies avec parcimonie, par contre les fouaces sont vraiment délicieuses et restent chaudes dans leur corbeille. **Faiblesse :** en dehors des soirées animées le lieu est un peu maussade. **Talent :** le décor est formidable, attention les "Visiteurs" sont à Angers.

Virées gourmandes

Le lecteur trouvera les établissements de cette rubrique par ordre alphabétique des communes.

AU COIN DU FEU 30, rue Saint-Nicolas - BAUGE © 02 41 89 79 67. *Fermé le dimanche. Formule plat+dessert+café à 16 €. Menus à 11 €, 17 € et 23 €. Carte : 20 €.* Autour d'une grande cheminée, ou sur la terrasse en été, on a la possibilité de déguster ici de larges pièces de viande cuites au feu de bois. Bien accompagnées de deux ou trois légumes cuisinés et relevés, elles fondent idéalement. L'ambiance est chaleureuse et rustique, les mets vraiment bien présentés et le service plutôt rapide sait être aimable et surtout efficace. La côte de bœuf est servie pour une personne, c'est très agréable. Il faut goûter aux glaces suisses à la crème de lait, comptant parmi les plus goûteuses qui soient. La maison a le chic pour faire vivre un lieu déjà chaleureux, en changeant la déco saisonnière tous les 3 mois et en réussissant ses soirées thématiques. En repas rapide sur la route ou en soirée, au coin du feu, on mange bon et généreux, abrités que nous sommes par les vieilles pierres baugeoises. **Faiblesse :** C'est un peu loin d'Angers mais si l'on visite le Baugeois et la scénographie du château de Baugé (vous connaîtrez tout sur la vie du bon roi René) c'est là qu'il faut venir. **Talent :** Qualité des produits, cuisson des légumes et rapidité du service

LES TONNELLES 12, rue du Chevalier-Béhuard - BEHUARD © 02 41 72 21 50. *Catherine et Gérard Bossé. Fermé le dimanche soir, le lundi en été, et le mercredi soir de septembre à avril. Fermé du 20 décembre au 31 janvier, et parfois quelques jours en hiver (téléphoner pour connaître les dates). Risque de fermeture également selon les caprices de l'indomptable Loire. Menus : 23 €*

(le midi), 33 €, 40 €, 56 €, dégustation 76 € (sans les vins), 96 € (vin compris). Niché au cœur de cet adorable site historique et religieux, "Les Tonnelles" offre une véritable halte gastronomique et reposante, malgré l'affluence des touristes en pleine saison (il faut réserver plusieurs jours avant). Choisissez donc la tonnelle pour son cadre intime et verdoyant et laissez-vous tenter par une carte très sélectionnée. Pour justifier son combat contre la pasteurisation obligatoire de certains ingrédients entrant dans la composition de la vraie cuisine française, Gérard Bossé a limité le nombre de plats, mais chacun est préparé selon une tradition qui lui tient à cœur. Les amuse-bouches en début de repas sont une véritable symphonie de saveurs, inspirées et créatives : petits dés de foie de veau sur lit de lentilles vertes, mousse de poireaux à la Ventrèche et préparent aux plats de résistance qui suivront : escargots au savennières, pintade farcie au foie gras, ou lieu jaune au beurre citronné. Les vins se dégustent ici au verre pour accompagner chaque plat, et c'est en vraie spécialiste que Catherine Bossé vous guidera dans vos choix. **Faiblesse :** On aimerait un sourire un peu plus convivial de sa part comme ça l'était encore il y a peu. **Talent :** des soirées spéciales ont lieu sur le thème de la dégustation commentée des vins, ou soirées musicales.

CHANTECLAIR Rue Chanteclerc - BOUCHEMAINE © 02 41 77 16 98. *Ouvert tous les jours sauf le dimanche soir, le lundi et (le mercredi soir d'octobre à juin). Fermetures prolongées certains hivers quand la Maine est en crue. Menus : 14 €, 22,50 € et 30 €.* Le Petit Futé est ravi de retrouver ici les anciens propriétaires qui s'étaient installés entre-temps en centre-ville. De gros travaux de réagencement total sont prévus en fin d'année 2004 et la carte sera composée des dernières recherches culinaires du chef. En attendant, on peut toujours y venir pour apprécier un bon repas finement exécuté autour du vieil arbre qui trône au beau milieu de la véranda, face aux agréables abords de la Maine. Epaule de lapin au muscadet, Saint-Jacques au pistou, à l'ail et sauce au Noilly, mille-feuille de trois foies gras et sa galette de sésame, confiture de figues et confit d'oignons au vin rouge. Que des bonnes senteurs à faire déguster à nos papilles ! Nous présenterons plus en détail cet authentique lieu après sa réfection totale.

LE NOE Quai de la Noé - BOUCHEMAINE © 02 41 77 11 13. *Fermé le lundi. Carte : 15 €.* Le quai de la Noé recèle des bonnes tables au cœur d'un joli cadre. Face à la Maine ce sympathique restaurant offre été comme hiver une carte aux accents de Provence inscrit sur un tableau noir. Chèvre chaud sur sa tarte tatin d'endives, crevettes au whisky, poivrons marinés avec houmos (purée de pois chiches), un filet de saumon et petits légumes en papillote. Le restaurant subissant les crues répétées de la Maine, ouvre l'hiver en fonction de la montée de la Maine. Pour le local, les rillettes, les fritures d'anguilles et de petits poissons des eaux voisines s'avèrent très honnêtes. **Faiblesse :** les desserts manquent de panache. **Talent :** le cadre, le service souriant sur fond de bonne musique et conversations de comptoir.

LA TERRASSE La Pointe - BOUCHEMAINE © 02 41 77 11 96. *Ouvert tous les jours, sauf le dimanche soir hors saison (d'octobre à fin avril). Service le soir jusqu'à 21h30 (21h pour les menus). Menus à 15,50 € (le midi en semaine), 22 €, 28 €, 38 € et 53 €, le soir. Carte : 30 €.* Une belle salle aux couleurs de printemps qui surplombe la Pointe. Une vue imprenable sur la Loire, ses bancs de sable et ses oiseaux (sans doute l'un des meilleurs lieux pour les admirer tranquillement). La carte est riche de saveurs, salade de homard, terrine de jarret aux lentilles vertes et cœur de foie gras, filet mignon au gingembre confit, et en dessert optez pour le sublime duo de crème brûlée chocolat et vanille. Le service est impeccable et discret malgré la voix du patron qui se fait entendre plus que de raison. **Faiblesse :** l'accueil du patron est assez froid pour les non-habitués et ses remarques envers le personnel qui fusent mal à propos. **Talent :** La vue remarquable sur la Loire et la Maine.

L'OREE DES BOIS **Philippe et Corinne Gaborit - Le Bourg - LA BREILLE-LES-PINS © 02 41 38 85 45.** *Fax : 02 41 38 86 07. Site Internet : www.hotelrestaurantloreedesbois.fr. E-mail : restaurant.loreedesbois@wanadoo.fr. 20 kilomètres au nord de Saumur. Six chambres, toutes équipées de toilettes, bains, télévision et téléphone, de 45 € à 60 €. Petit déjeuner : 6 €. Soirée étape 55 €. Demi-pension minimum 3 jours 100 €/2 personnes et 66 €/1 personne. Animaux admis. Menus à 19,10 €, 32 €, 37 € et 43 €. Restaurant ouvert tous les jours, sauf lundi et mardi. Possibilité de repas personnalisé jusqu'à 40 personnes.* Voilà une adresse du fond des bois du Baugeois qui ressemble fort à un coup de cœur ! Radicalement contemporain le bâtiment vient de s'agrandir et la verrière accentue le confort d'un établissement qui n'en manquait déjà pas. L'accueil chaleureux et presque familial continu sur un service impeccable et souriant, on se convainc rapidement que la vraie tradition n'a que faire des conventions. Le nappage, le dressage des tables et la décoration cossue et fleurie relèvent du bon goût. Rivée à son terroir, la cuisine de M. Gaborit excelle à combiner les productions locales aux grands classiques (ce qui fait merveille dès le premier menu, avec une petite brioche forestière au porto puis un baluchon de pintade farci aux croûtons et jus de romarin). On s'est délecté d'une crapaudine de caille aux épices et du bar et sa gratinée d'asperges au beurre d'orange (menu à 37 €). On finira se ravissement avec l'incontournable fondant au chocolat et macédoine de poire au Grand Marnier. Une halte réconfortante et séduisante avant de reprendre la randonnée en forêt.

CHATEAU DE NOIRIEUX **26, route du Moulin - BRIOLLAY © 02 41 42 50 05/02 41 37 91 00.** *Anja et Gérard Côme. Site Internet : www.chateaudenoirieux.com. 18 chambres de 165 € à 315 €. Restaurant de novembre à Pâques (excepté périodes des vacances), fermé le dimanche soir et le lundi. De Pâques à novembre, fermé le lundi et le mardi (sauf pour la clientèle de l'hôtel). Menus à 28 € (le midi du mercredi au vendredi), 42 € (du mercredi au vendredi), 66 € (vins compris) et 95 €. Carte : 80 €.* Cette demeure datant du XVe siècle offre la part belle à l'hôtellerie et à la gastronomie française. Entourée d'un superbe parc, cernée de buissons de rhododendrons, l'élégance de la demeure se distingue dans les moindres détails, depuis le jardin d'hiver jusqu'aux ambiances Régence de la salle de réception. C'est ici que l'on se donne rendez-vous pour savourer une cuisine de maître qui relève plus de l'œuvre d'art que de la cuisine traditionnelle. Médaillon de foie gras d'oie des Landes, artichaut au jus de melon glacé au coteaux-du-Layon et perles de groseilles. Poêlée de foie gras de canard, hachis de pigeon et la crème brûlée coulis d'abricots rôtis au four, araignée de mer en lasagne à la truffe, soupe mousseuse d'écrevisses, pigeon du pays de Racan rôti à la cocotte au bonnezeaux, purée de petits pois frais au foie gras, croquants de pommes de terre à l'ail confit, gratin de fraises brûlées à la cassonade, chartreuse verte et sa coupelle de chocolat au sorbet trois fruits. Tout un roman de saveurs donc. On se doute que la longue liste dédiée aux vins fait la part belle aux nectars de Loire et ce sera sans compter sur les précieux conseils du sommelier du château.

Vous préférez
lire un magazine
qui vous ressemble
ou essayer de
ressembler
à un magazine ?
CHEZ VOTRE MARCHAND
DE JOURNAUX
CHAQUE SEMAINE AVEC
Le Courrier Dimanche de l'ouest
Version femina l'hebdo qui
ne ressemble qu'à vous.
Version femina
ANNE PARILLAUD les secrets d'une sensuelle
BEAUTÉ
154130A

AUBERGE DE MOZE Anjou Golf - Route de Cheffes - CHAMPIGNE © 02 41 34 52 42. *Ouvert les vendredis soir, samedis midi et soir, et dimanches midi. Autres jours, sur réservation à partir de 15 personnes (salle pour les groupes près de la piscine). Menus : 25 €, 38 €, 50 € et 60 €. Carte : 45 €. Le restaurant étant parfois réservé à des groupes, il vaut mieux téléphoner avant.* A 25 kilomètres au nord d'Angers, au milieu du grand terrain de golf de Champigné, l'auberge rustique tranche avec l'aspect artificiel du green. Le service est agréable et discret. La carte change toutes les cinq semaines, et Pascal Favre d'Anne propose les trouvailles les plus originales, comme ses "variations autour de l'agneau aux noisettes au jus de lavande", ou son "perdu de pain d'épice". Tous ses fournisseurs sont d'authentiques artisans régionaux (foies gras de Liliane Maudet). Vraiment une adresse plaisir, où l'ambiance est feutrée, courtoise sans être guindée. Ce jeune chef possède quelques graines de génie qui germent au fil des saisons et sa charmante épouse, Mathilde, dirige avec bienveillance tout son petit monde. Un endroit magique pour les célébrations de fêtes familiales ou les dîners romantiques. **Faiblesse :** dommage que ce ne soit ouvert que les fins de semaines. **Talent :** une renommée de plus en plus méritée et une carte sans cesse renouvelée.

Pascal Favre d'Anne, chef de l'Auberge de Mozé au golf de Champigné

LA TABLE DU MEUNIER - CHENILLE - CHANGE © 02 41 95 10 98. *Fermé du 1er janvier au 20 février inclus. Du 1er avril au 30 juin, et du 1er septembre au 30 octobre, fermé le lundi soir, mardi et mercredi. Du 1er novembre au 31 décembre et du 21 février au 31 mars fermé le dimanche soir, lundi, mardi et mercredi. Ouvert tous les jours en juillet/août. Menus : 17 € (en semaine), 23 €, 26,50 € et 33 €. 6 salles de 10 à 100 personnes.* Cet ancien moulin à huile en bordure de la Mayenne est aussi plaisant à la belle saison qu'en hiver, sous la véranda chauffée ou près de la cheminée. Dans ce cadre rustique élégant, une cuisine traditionnelle et régionale : sandre, brochet, cuisse de canard farcie aux cèpes, magret aux pommes et au beurre blanc, parfait glacé au cointreau sont autant d'éléments qui rendent heureux depuis longtemps visiteurs et plaisanciers. La Table du Meunier s'adapte parfaitement bien aux repas de famille et de travail.

HOTELLERIE DU PRIEURE SAINT-LAZARE Abbaye Royale - FONTEVRAUD - L'ABBAYE © 02 41 51 73 16. *E-mail : contact@hotelfp-fontevraud.com. 52 chambres de 47 € à 90 € (chambres doubles). Petit déjeuner à 10 €. Les animaux ne sont pas admis. Restaurant ouvert tous les jours. Menus 36 € et 45 €. Carte : 40 €. Menu enfant 12 €. Accès à gauche de l'entrée de l'abbaye, par la petite rue longeant le haut mur d'enceinte.* Un cloître qui n'a rien de monacal, sis au beau milieu de l'Abbaye Royale la plus célèbre du monde, et dont la seule règle est la gourmandise, une tentation nourrie par les productions du terroir, et par le talent d'Eric Bichon. Les spécialités de foie gras de la maison (foie gras de canard frais mariné aux coteaux-du-Layon et aux épices douces), le suprême de sauvageon avec son jus de porto caramélisé s'alliant étrangement avec des cerises rôties et les poissons offrent encore d'autres surprises comme le filet de dorade servi avec un jus de bouillabaisse corsé à l'orange. Au sortir de cet instant de rêverie, l'un des plaisirs consiste à se promener parmi les arbres du verger et à respirer le parfum des plantes du jardin aromatique avant la visite indispensable de l'Abbaye. **Faiblesse :** il est préférable d'y aller à plusieurs pour mieux profiter des lieux. **Talent :** voilà comment allier la magie du site historique à la magie de la gastronomie.

AUBERGE DU MOULIN DE SARRE Route de Brissac - GENNES © 02 41 51 81 32. *Site Internet : www.moulin-de-sarre.fr. Ouvert toute l'année uniquement sur réservation et à partir de 10 personnes (ou plus petits groupes si un autre a déjà réservé). Le four à fouaces doit être préparé bien à l'avance. Menu fouées à 15 €, menu truite 19 € vin compris, et menu enfant 7,90 €.* Dans un cadre soigné, attenant au moulin, l'auberge propose de vous régaler de bonnes fouaces fourrées d'excellentes garnitures maison. Les fouées ont reçu le label "Fouée", créé par le Parc Naturel Régional c'est dire si elles sont savoureuses ! Pour être en phase avec l'hydrologie naturelle du lieu, un menu avec une truite à l'anjou blanc permet de faire varier les plaisirs. 3 salles de réceptions pouvant accueillir 20, 50 et 120 personnes avec une sonorisation pour des réunions dansantes reçoivent les groupes avec toutes les commodités nécessaires. La plus grande salle, récemment inaugurée offre une vue sur les champs et les ruisseaux. Pour compléter le repas, la visite du moulin intéressera grands et petits qui pourront observer les meules moudre le grain. La farine obtenue est vendue à de nombreux boulangers. Et on peut en acheter un petit sac à la fin de la visite. **Faiblesse :** impossible de déjeuner sans réservation. **Talent :** un cadre digne des grandes tables.

AUBERGE DE L'ABBAYE Le Port Saint-Maur - LA MENITRE ✆ **02 41 45 64 67.** *Céline et Yannick Bodin. E-mail : aubergedelabbaye@hotmail.com. Route des bords de Loire, entre Angers et Saumur. Fermé les lundis et mardis, et dimanches soirs. 7 menus de 17 € à 53 €. Carte : 30 €.* Stop ! Ici restaurant avec vue imprenable sur la Loire ! Face à l'Abbaye de Saint-Maur, les deux salles de cette auberge offrent un paysage qui nous embarque ailleurs, et aussi qui nous fait lever constamment le nez de notre assiette. L'Auberge de l'Abbaye fait figure de petit relais gastronomique, où la cuisine de Yannick Bodin s'inspire des douceurs ambiantes et son apprenti vient de recevoir la médaille d'argent pour ses réalisations à la finale régionale des apprentis cuisinier. La salade de foie de canard au vinaigre de framboise et framboise nouvelle apporte fraîcheur et saveur, puis le magret de canard aux griottes ou le Parmentier de jarret de veau à l'anjou rouge apportent quant à eux, prestance et subtilité. Pour le dessert laissez-vous tenter par le moelleux au chocolat aux griottes et sauce au cointreau. On retiendra la gentillesse du personnel et l'excellence du service. La carte des vins tient bien la route de Loire. **Faiblesse :** L'illumination de l'Abbaye de Saint Maur uniquement les soirs d'été, mais ils n'y sont pour rien. **Talent :** La fraîcheur des produits et les recettes inspirées des produits de l'Anjou.

LA GRANGE A DIME Rue du Château - MONTREUIL BELLAY ✆ **02 41 50 97 24.** *Site Internet : www.grange-a-dime.com. A partir d'avril jusqu'à fin septembre, ouvert tous les soirs sauf le lundi. Le reste de l'année, ouvert vendredi soir, samedi et dimanche (repas de groupe en semaine, sur réservation). Menu à 21 € (café et vin inclus), 10 € pour enfants. Service à partir de 19h30.* Vous entrez ici dans un bâtiment du XVe siècle où, jusqu'à la Révolution, l'on percevait et l'on entreposait la dîme que le bon peuple devait "offrir" à son seigneur. Cette grange de toute beauté a pour pièce maîtresse son grenier, surplombé d'un magistral chapiteau de poutres en châtaignier, conçu en forme de carène de bateau renversée. Idéal pour accueillir de grandes tablées toujours riantes, dans une atmosphère à la Bruegel, avec feu de bois, musique d'époque et service en tenue d'époque. Le menu démarre sur la fameuse galipette et un verre de layon, avant que ne se multiplient les délectables fouées, à garnir de rillettes ou de beurre salé, de mogettes aux confits de canard au four, ou encore de fromages de chèvre, le tout arrosé d'un saumur rouge. Les fouaces ont reçu cette année le fameux label "fouée" décerné par le parc Loire Anjou Touraine. Après avoir fait bombance de tant de bonne chère, nous vous recommandons une balade dans les rues avoisinantes, riches en autres vieux logis.

L'ANTRE VUE - Roche de murs Route de Nantes - MURS-ERIGNE © 02 41 57 72 47. *Près du centre Jean-Carmet. Menus 15 €, 23€, 33 €. A midi, 2 formules à 9,50 € et 12,50 €. Enfants : 7 €. Carte : 25 €.* Perché tout en haut de la Roche de Mûrs ce site est exceptionnel pour sa vue sur les basses plaines du Louet et toute la ville d'Angers en fond de tableau. Réservez une table auprès des fenêtres, et vous aurez l'impression de déjeuner en plein ciel. Peinture anthracite, fauteuils de cuir noir, et des tables en bois brut pour un grand dépouillement décoratif : le cadre très "masculin" ressemble plus à un grand bureau moderne pour hommes d'affaires qu'à une auberge bucolique. La carte présente un bon choix entre mer et campagne, avec son assiette du mareyeur, ses poissons de Loire au beurre blanc, ou l'entrecôte au beurre d'échalote. Les associations sont originales (carpaccio de thon aux légumes confits), mais parfois hasardeuses (canard à la sauce de crustacés) ! C'est dans les entrées que l'on trouvera plus d'originalité : une belle collection de clafoutis salé au thon, au crabe ou aux brocolis, et des terrines servies dans leur petite verrine individuelle. **Faiblesse :** l'ensemble (décor et cuisine) manque un peu de cette finesse nécessaire pour être une vraie halte gastronomique mais la volonté du patron était justement de faire différent. Ce site magnifique trouvera au fil du temps sa véritable identité culinaire. **Talent :** la carte des desserts a choisi la légèreté et la fraîcheur avec beaucoup de fruits frais et de sorbets. Et n'oublions pas le personnel, aux petits soins pour vous, et très souriant.

LE BEAU RIVAGE 22, rue Maurice-Berné - MURS-ERIGNE © 02 41 57 72 49. *Fermé dimanche soir et lundi. Service de 12h à 13h30 et de 19h30 à 21h. Menus à 13 € le midi, 18 €, 23 €, 28 €, 30 €, 35 € et menu portugais à 28 € sur réservation (origines du chef). Soirée Fado chaque premier samedi du mois.* Renaissance pour cet établissement anciennement connu sous le nom de Terminus, mais qui sombrait dans l'oubli. Il vient d'être repris, entièrement réaménagé et décoré avec goût par les anciens exploitants du Chanteclair de Bouchemaine. Retrouvons donc une cuisine fraîche dans une salle lumineuse sise au-dessus du Louet. Beaucoup de poissons à la carte comme ces profiteroles d'œuf brouillé au haddock, anguilles poêlées, brochet au beurre blanc. Le médaillon de volaille farci aux légumes ou le magret de canard au miel et sésame constituent quelques originalités. On découvre alors les spécialités portugaises avec la morue, la cataplane de poissons et le molotof en dessert. **Faiblesse :** le lieu familial par excellence oblige un comportement du client quasi religieux, mais on y vient aussi pour la sérénité. **Talent :** confort, propreté et vue sur rivière. Cuisine et saveurs marquées, et bien sûr les mets portugais.

AUBERGE DU PONT DE SORGES 23, rue Camille-Perdriau - Route de la Levée - LES PONTS-DE-CE © 02 41 69 02 86. *Site Internet : www.destination-anjou.com/pontdesorges. Fermetures annuelles début janvier et fin juillet. Fermé le dimanche soir, le lundi, le mercredi soir et le jeudi soir (sauf groupes sur réservation). Service de 12h15 à 14h et de 19h15 à 21h. Menus : 7 € (enfant), 11 € (le midi), 15,60 €, 18,20 € (uniquement en semaine à midi), 21,30 €, 25 €, 30,80 €, 36,50 € et 46,50 €. Carte : 28 €.* Sur la levée menant à Saumur, cette petite auberge au détour d'un virage ne fait pas parler d'elle et pourtant. Pourtant elle abrite un excellent restaurant situé au-dessus d'un petit pont où coule l'Authion, au décor saumoné, qui cache un petit jardin équipé d'un portique pour les enfants (loin de la route, rassurez-vous). Le grand parking permet également aux groupes d'avoir une bonne table à leur disposition. Avec à sa tête M. Cabart, jeune chef saucier qui maîtrise la préparation des poissons à merveille. Foie gras maison, mille-feuille d'ailes de raie, le pigeonneau au jus d'herbe ou la fricassée de canette à la bière, tous les plats se font subtils et empreints de fantaisie pour aiguiser vos papilles. **Faiblesse :** Les desserts même si certaines recettes sont originales comme le soufflé glacé de noix de coco au coulis de kiwi. **Talent :** Les sauces bien évidemment, spécialité du chef qui accompagnent tous les plats.

LE GRAND BRAS Route de Chalonnes - SAINT-GEORGES-SUR-LOIRE © 02 41 39 34 94. *Frédéric Pompon. Fermé le dimanche soir et le mardi. Menus à 10 € le midi en semaine, 15,50 €, 21,50 €, 23 € et 27,50 €.* Situé avant le pont de Chalonnes en venant de Saint-Georges. Deux types de cuisine dont le menu "ouvrier" très honnête du midi en semaine et les mets élaborés servis à la carte. Frédérique Pompon aime travailler le poisson et sa proximité avec la Loire lui a fait connaître les quelques derniers pêcheurs professionnels qui rapportent anguilles, sandres et friture ligérienne. Sandrine et son petit monde à l'accueil, et le service traditionnel savent vanter les mérites des bons producteurs de vins de Chalonnes, juste de l'autre côté du fleuve. L'incontournable sandre au beurre blanc, l'anguille sauvage en matelote, en terrine ou en friture et les légumes sont ici bien préparés, copieux et toujours un peu croquants. On se souvient en entrée d'une singulière poire gratinée à la fourme d'Ambert, ou d'une andouille de cheval rôtie très rare et savoureuse. Ce chef discret aime cuisiner les légumes comme le chou-fleur, le fenouil, la courge et l'aubergine. **Faiblesse :** le décor est un peu classique. **Talent :** Un excellent rapport qualité/prix et de belles assiettes pour de solides faims.

LA PROMENADE 138, Levée Jeanne-de-Laval - SAINT-MATHURIN-SUR-LOIRE © 02 41 57 01 50. *Stéphane et Tony Lebastard. Fermé les mardis soir, jeudis soir dimanches soir (sauf réservation), et mercredis toute la journée. Service de 12h à 13h30 et de 19h30 à 21h30. Menus enfants : 10 € et 11 €. Autres : 16 € et 19 € (midi du lundi au samedi), 23 €, 24 €, 30 €, 39 €. Carte : 40 €.* Il faut d'abord prendre la magnifique D952, cette levée qui longe la rive nord de la Loire entre Angers et Saumur. Sur la gauche, à la sortie de Saint-Mathurin, en direction des Rosiers, la Promenade se pose comme un garde-fou au virage brutal qui suit. Obligé de ralentir, vous n'aurez plus qu'à vous laisser descendre sur le parking. Le décor est plutôt champêtre avec une salle dans les tons de vert et de jaune, des tableaux de sous-bois et une cheminée malheureusement condamnée. Un piano dans un coin qui, si vous êtes très mélomane aura la chance de voir vos doigts le parcourir et de ravir les clients. Les plats sont assez simples dans leur composition mais relèvent les talents des deux cuisiniers qui tiennent le lieu : salade au chèvre chaud, osso buco de dinde, sandre au beurre blanc, magret de canard rôti au miel, gigolette de lapin rôti à l'ail. Les poissons de Loire sont à l'honneur évidemment. **Faiblesse :** un accès pas facile dans le virage mais le parking en contrebas est assez rare dans les restaurants de bord de Loire. **Talent :** Une cuisine classique et un service de qualité.

LE PETIT MANOIR 12, rue Armand-Brousse - SAINT-MELAINE-SUR-AUBANCE © 02 41 45 33 32. *Ouvert tous les midis. Fermé tous les soirs sauf vendredi et samedi. Menus : 15 €, et 9 € le midi en semaine. Carte : 25 €. Très agréable jardin terrasse à l'arrière.* Comme un havre de chaleur au cœur du village de Saint-Melaine sur Aubance, le Petit Manoir a deux facettes. A midi, dans la première salle, le généreux menu ouvrier est réputé à des hectares de vignes à la ronde. Dans la deuxième salle, séparée par un rideau feutré, à l'heure du déjeuner et le soir, l'ambiance est toute différente. Le cadre rustique est égayé d'œuvres d'art contemporaines façon galerie d'art changeant au fil des mois. Dans les assiettes c'est le même scénario, une cuisine française, des produits du terroir cuisinés de façon originale, un brin moderne. Foie gras à la croque au sel, pressé de sardines aux câpres, suprême de pintadeau aux légumes de printemps, magret de canard au cointreau, filet de bœuf aux champignons. La carte assez restreinte est ici signe heureux de fraîcheur et les vins assoient bien les coteaux immédiats. Le service est simple et efficace. Une excellente adresse avec son adorable et insoupçonnée terrasse. Le chef, Hervé Rayot a fait ses classes chez le Nôtre et dix ans à l'Auberge d'Eventard… **Faiblesse :** les desserts pourraient être plus originaux. **Talent :** finesse des plats, rapport qualité/prix et la terrasse.

VILLA ROMANE **Chemin de Haute-Perche - SAINT-MELAINE-SUR-AUBANCE ✆ 02 41 57 65 20.** *Fermé le dimanche soir, le lundi et le mercredi soir. Dernier service à 22h en fin de semaine. Menus 18 € et 25 €. Grandes salades de 7,40 € à 10 €. Carte 27 €.* Toute la région connaissait en son temps la Gentilhommière à l'orée de Murs-Erigné (mais en fait sur la commune de Saint-Melaine-sur-Aubance) et ce ne sont que les adorables Katia et Jean-Philippe Ranal, qui ont tenu les Brétignolles (avenue Pasteur à Angers), qui ont rouvert ce lieu immense accompagné d'une délicieuse terrasse ombragée et son grand barbecue. La salle aérée aux tons méridionaux laisse de grands espaces entre les tables et plusieurs groupes peuvent y faire ripaille sans se gêner. Une carte complète offre un large choix de valeurs sûres telles que les huîtres, le foie gras en gelée d'aubance, la cassolette de pétoncles, les noix de Saint-Jacques au beurre rouge pour les entrées. On continue sur le grill ou au barbecue en été avec une brochette de bœuf ou de gigot d'agneau à la moutarde. Pour les allergiques au sang, nous recommandons les gambas persillade ou la perche aux cèpes. En hiver on retrouve le classique de Jean Philippe avec son célèbre civet de lièvre entièrement désossé (un régal !). Si la carte des desserts comprend de nombreuses glaces, on lorgne avec intérêt sur les macarons maison et un fondant tiramisu. Le crémet d'Anjou n'est pas mal non plus mais se bat avec le brownie glacé. La carte des vins très imprégnée du vignoble immédiat, fait la part Belle aux coteaux de l'Aubance, à l'anjou blanc et inévitablement à l'anjou villages brissac. Tous leurs amis vignerons du coin, ou presque, sont à la carte et c'est un réel bonheur quand ce couple passionné nous commente les subtilités de ces nectars. **Faiblesse :** un poisson de roche provençal ou une matelote méditerranéenne seraient les bienvenus. **Talent :** Confort, espace et authenticité de la cuisine. Terrasse adorable et parking ombragé.

LA TABLE D'ANJOU **16, rue d'Anjou - TIERCE ✆ 02 41 42 14 42.** *Ouvert tous les jours sauf les dimanches soir, mercredis soir et lundis. Menus : 13 € (uniquement le midi), 22 €, 29 €, 36 €, 54 €. Menus enfants : 13 € et 15 €. Possibilité salon privé à l'étage (pour 14 à 30 couverts).* Vous êtes accueillis avec les plus larges sourires dans un décor tout en douceur, rose et bleu pastel, et tables rondes bien espacées pour le confort et l'intimité de chacun. Le changement de chef a su maintenir la carte dans l'excellence et la tradition de la grande cuisine française. Mais on devinera sans mal les origines italiennes de M. Camilleri en découvrant quelques plats aux tendances méridionales, parfumés à l'olive et au pistou. En attendant l'entrée, on vous apporte une petite mousse de foie gras à déguster à la petite cuiller, et rien que cela annonce le raffinement de ce qui va suivre : roulé de lapin tiède à la farce fine, filet de perche au beurre d'estragon, et après un très beau plateau de formages affinés, pourquoi ne pas finir sur une note légère avec la charlotte aux poires divinement fondante et aérienne. Le menu rapide du midi, pour 13 €, nous laisse l'agréable sentiment d'avoir fait une vraie halte gastronomique. **Faiblesse :** dommage que ce soit un peu loin du centre d'Angers, mais les quelques kilomètres seront grandement récompensés. **Talent :** une véritable auberge cossue et raffinée où même si vous ne buvez pas de vin, on vous verse de l'eau avec la même élégance et le même empressement qu'un grand cru.

Sandwichs

CASSE-CROUTE CHO Angle rue Lenepveu et rue du Mail. *Du lundi au samedi de 9h à 20h. Ouvert en février 2004, cette petite enseigne offre des sandwichs chauds ou froids de toute originalité.* Le sympathique Bertrand Cupif, déjà connu dans le domaine de la restauration, remet au goût du jour des produits régionaux et d'autres moins connu du public : recette à base de surimi et de cactus ou d'andouille et d'algues ou encore des rillauds. Des petits prix, pour les classiques jambons/beurre 2 €, au plus complet à 4,50 €.

FOURNIL DU PILORI Place du Pilori © 02 41 88 01 41. Dans un décor digne des boulangeries provençales d'antan, avec au fond de la boutique le four à pain en briques rouges, on vient y acheter des miches de pain au poids à base de mélange de farine de froment et de seigle. La vendeuse vous conseillera au mieux chacun de ses pains pour tous vos menus, de fête ou de tous les jours. Optez pour le "païsou" avec les charcuteries. Dommage que les sandwichs soient préparés avec une baguette bien ordinaire ! ils sont heureusement faits au fur et à mesure donc très frais et bien garnis mais un peu cher. Faites-vous tout de même plaisir avec les pains au chocolat tout chaud sortant du four, et fondant dans la bouche.

LE GRAIN DE MALICE (EX BRIOCHERIE) 2, place du Ralliement © 02 41 87 59 59. Cette boulangerie située à l'angle de la place du Ralliement et de la rue de la Roë, est très prisée le midi. Ouvert à toute heure et surtout confection de sandwichs frais tout au long de la journée. Chaud, froid, petit, grand, chacun trouvera son bonheur. A base de poulet, de crudités, de surimi, de saumon, ou tout simplement de jambon, cela vous coûtera environ 5 € avec un soda. Pour un grignotage optez pour le viennois aux pépites de chocolat, ou le kouign-aman sans oublier les brioches symboles de l'échoppe. Nouvelle direction et nouveau nom, avec de nouveaux pains excellents.

LA MALICE 50, boulevard Ayrault © 02 41 20 38 99. *Service petit déjeuner. Livraison possible.* Même si le jeune couple qui le tient vient de racheter la briocherie place du Ralliement (nouvellement Le Grain de Malice) cette adresse garde tout son talent avec une clientèle d'habitués constituée d'un bon nombre d'étudiants pressés de la Fac Saint-Serge, en mal d'un sandwich et d'une place assise. On peut en effet manger sur place son pain italien au poulet, jambon fromage et autres frais ingrédients (un petit avertissement, malgré tout, à ceux qui ne sont pas mordus de mayonnaise, ici servie généreusement) ou autres paninis et pourquoi pas aller ensuite sur les bancs du campus juste en face profiter d'un peu de verdure pour les déguster. Voir aussi à Boulangerie.

RAYANS SANDWICH 14 rue des Deux-Haies. Voilà deux frères qui ont su se faire connaître sur Angers. Après avoir ouvert une sandwicherie derrière le palais des Congrès, les voici installés au cœur du centre-ville. Il y a peu de recette, mais le Kebab est un régal et copieusement servis avec ou sans frites. Craquez aussi pour le tunisien, mélange de crudités et de thon avec une délicieuse sauce blanche. Une adresse à conserver pour les petites faims lors des journées shopping.

Sur le pouce (dont sandwichs exotiques et kebab)

EL BARAKA 19, rue Baudrière. *Kebab 3,80 € en sandwich, 6,40 € sur assiette.* Cette adresse propose un large choix de sandwichs libanais, kebab, boulettes, crevettes, foie… et du vrai pain, servis tiède. Vous pouvez également avoir la même composition sur une assiette accompagnée de frites et d'une salade composée agrémentée d'œuf, d'olives et autres aromates. Goûtez aux pâtisseries orientales accompagnées d'un thé à la menthe et, pourquoi pas, prenez le temps de fumer le narguilé dans le petit salon rempli de confortables coussins.

CENTRAL BUS CAFE 124, avenue Patton ✆ 06 72 35 99 08. *Catherine Cosson. Du lundi au vendredi de 11h à 14h30 au rond-point de la Romanerie, ZI de Saint-Bart. Formule express à 5 €.* Quel succès ce petit bus jaune qui a su se rendre utile dans les quartiers de travailleurs dépourvus de restauration à l'heure du déjeuner ! Plein de gars, plein de filles, les grands costaux des entreprises voisines, les petites secrétaires pressées, tout le monde se retrouve sur ce parking de Saint-Bar, et au printemps, la terrasse nous ferait presque rêver d'une plage à proximité. Galettes garnies à 2 €, crêpes beurre sucre à 1,50 €, paninis ou frites, boissons fraîches ou chaudes. On débarrasse soi-même sa table, mais on a en contrepartie la bonne humeur de Catherine qui règne sur son petit monde comme une maman. Le bus se déplace sur les lieux festifs et l'on peut même se le garder pour des fêtes privées.

CHEZ AMINE 53, rue Jules-Guitton ✆ 02 41 88 18 44. *Sandwich : 4 €. Carte : 13 €.* Amine est réputé pour sa gentillesse et sa convivialité, toujours prêt à vous faire une petite place pour déguster un de ses mezzes. La salle est petite voire même très petite, trois tables où chacun prend place au gré des arrivées et des départs. Les plats sont délicieux et copieux, craquez pour les assiettes du chef, assortiment de spécialités libanaises, feuilles de vigne farcie, foie avec sauce à l'ail, poulet mariné ou les incontournables keftas ou houmous. Surtout pensez à commander du thé à la menthe pour arroser votre repas.

LE GRAIN DE BLE 6, place Romain ✆ 02 41 87 65 10. NOUVEAU Avec une terrasse, en teck, toujours ensoleillée donnant sur la fontaine, voici enfin une sandwicherie où l'on peut prendre son temps. On commande des casse-croûte faits à la demande devant soi. Un tout nouveau couple de jeunes tient désormais cette adresse en plein cœur du centre-ville et offre de délicieuses salades et sandwichs réalisés selon nos envies. Quelques recettes émanent des traditions de la maison ainsi qu'une recette de saison. Ne ratez pas celui aux crevettes et saumon fumé au pain norvégien et sauce cocktail. Salade+2 ingrédients au choix : 2,50 € avec 3 ingrédients : 3,50 €, idem pour les sandwichs.

LE MARMARIS 27, rue Paul-Bert ✆ 02 41 87 16 81. NOUVEAU Les étudiants de la Catho sont contents, enfin une restauration rapide à la sortie des cours. Le patron marocain, tout sourire dans son impeccable tablier blanc, vous accueille comme dans un vrai restaurant sur de vraies tables en bois, dans un chaleureux décor de chaumière, preuve que même pour un sandwich et un café, on mérite le savoir-vivre et l'hospitalité. Sandwichs variés, kebabs et salades dans une atmosphère très chaleureuse : famille et amis du patron font partie de la clientèle régulière. Formule complète pour 5 € (kebab, salade, frites, boisson).

SIDI BOU SAID 39, rue Bressigny ✆ 02 41 24 79 24. *Kebab 4 €, brochettes 3,50 €, grillades 6,80 €,* NOUVEAU *couscous de 9 € à 11 €.* Ne pas se fier à l'étiquette "sandwicherie" de cette devanture apparue en octobre 2003 car en dehors des sandwichs froids, chauds, kebab et paninis, on y trouve un choix incroyable de grillades (viande et poisson), brochettes, briks et tajins, sans compter la dizaine de couscous différents, tout ça à consommer sur place ou à emporter. L'accueil est chaleureux ; même en fin de soirée le sourire du patron est irrésistible, et sa conversation généreuse.

chez soi

Crêpes, galettes et produits bretons

COULEUR BRETAGNE 5, place de la Visitation ✆ 02 41 72 86 91. A emporter chez soi toutes chaudes ou à réchauffer. Galettes fraîches (3,10 € les 6), crêpes fraîches (5 € les 12), galettes chaudes garnies, exemples : (2,30 € à l'andouille, 3 € jambon-œuf-fromage), et des tas d'autres garnitures possibles (voir aussi en "Produits du Terroir").

Pizzas

AA PIZZA 66, rue Bressigny ✆ 02 41 88 50 60/02 41 87 93 00. *Ouvert 7j/7, de 11h30 à 14h et de 18h30 à 23h (24h le vendredi et samedi). Fermé le dimanche midi.* Menu à 16 €, menu enfant : 5,60 €. Pizzas mais aussi burgers, salades, tex-mex, flammen, desserts, tout ça à déguster chez soi (livraison en 30 minutes à partir de 9 € de commande) ou sur place (30 places assises). Trois tailles de pizzas (7 € à 20,50 €), deux sortes de pâtes (fine ou épaisse), possibilité de créer soi-même sa pizza avec 17 ingrédients. Le soir : 1 pizza achetée, 1 offerte. Le midi : 1 pizza achetée, 1 à – 50 %.

CROQ REGAL ET PIZZA REGAL 10, rue Talot ✆ 02 41 24 10 10/02 41 24 94 94. *Sur place ou à emporter. Ouvert 7j/7 de 11h30 à 14h30 et de 18h à 22h30 (jusqu'à 23h le vendredi et samedi). Un quart de poulet rôti à 3 €, demi-poulet à 4,30 €. Assortiment de tapas à 5,30 € les 8 pièces. Pizzas : de 4,60 € à 6,10 € (1 personne), de 10,70 € à 13,70 € (2 personnes), de 16 € à 20,60 € (5 personnes). Livraison à domicile à partir de 12,20 € de commande.* Deux côtés, un réservé aux pizzas, l'autre réservé aux poulets rôtis et autres spécialités frites. Pour les pizzas, les recettes sont simples mais délicieuses et avec un large choix (les recettes fromagères comme celles au reblochon ou celle à la raclette ont beaucoup de talent). Pour l'autre côté, le plateau d'assortiments de tapas est composé avec beaucoup d'originalité (rouleaux tex-mex, acras de morue, nems, calamars à la romaine, pilons de poulet).

PIZZA TEMPO 43, rue Boisnet ✆ 02 41 86 87 87. *A domicile (livraison gratuite sur Angers à partir de 8 € de commande) et à emporter. Ouvert tous les jours de 11h45 à 14h30, et de 18h30 à 23h (23h30 le vendredi et samedi). A partir de 6,20 €/personne, 10,20 €/2-3 personnes, 15,20 €/4-5 personnes. Le coca est gratuit en livraison sur Angers-ville.* La pizza à emporter la plus connue de la ville, et c'est normal vu la qualité des produits proposés. De la plus classique Rapido, tomate jambon fromage, à la Crescendo, qui allie chèvre et gorgonzola ou la Furiozo, à base de kebab et sauce pita, elles sont toutes excellentes à pâte croustillante et fine et aux ingrédients généreux. Les Tartinissimo, garnies de reblochon, saumon ou bœuf mexicain, dorés au four sont, c'est certain, au goût des Angevins. En moins de 30 minutes vous recevez chez vous votre commande encore chaude prête à être dégustée. On a la possibilité de venir la chercher si l'on habite à deux pas. La qualité est irréprochable et surtout constante, même les soirs très "chargés". A noter la création d'un robot distributeur de pizzas (en fait un système de stockage relié à plusieurs fours), sur le modèle du Cinébank voisin qui permet de louer K7 et DVD grâce au distributeur d'à côté 24h/24 et 7j/7 ! Soirées sympas en perspective ! **Autre adresse : Centre Commercial Espace-Anjou 02 41 24 99 99.**

Poulet, hamburger et divers

COQ MINUTE 5, place Hérault ✆ 02 41 81 09 00. *7j/7 de 10h à 2h.* C'est la version "poulet" de la restauration rapide. Le patron du Taj Mahal a su s'adapter à l'époque et à une clientèle jeune et pressée : le midi, pour 3 ou 4 personnes, le poulet/frites est à 13 €, et le repas complet (1/4 poulet+dessert+boisson) est à 7 € (rajouter 2 € pour la livraison à domicile). Le lieu s'est doté récemment d'un rayon kébab et paninis, avec viande Hallal.

PIZZA
Tempo
2 adresses sur Angers
Livraison à domicile 7/7*
Pizza à emporter
02 41 86 87 87
43, rue Boisnet - ANGERS
11h45 à 14h30 / 18h30 à 23h00
Restauration sur place
Uniquement le midi
Restauration rapide et pizza à emporter
02 41 24 99 99
C. Cial. Géant ESPACE ANJOU
Fermé le dimanche

CROQ REGAL 10, rue Talot ✆ 02 41 24 94 94/02 41 24 10 10. Voir plus haut à Pizzas.

L'ORIFLAMME 2, place de la Visitation ✆ 02 41 87 97 00. *Site Internet : www.oriflamme.fr. Ouvert tous les jours (dimanche et jours fériés compris) sauf mardi de 10h30 à 14h et de 18h à 22h. Tarifs rôtisserie : porc 18 € le kilo ; 1/4 de poulet 2,50 € ; pintade entière : 13,50 €. Poisson (avec sauce et légumes) 6,50 € ; pommes de terre campagnardes à 2,50 € ; légumes du jour à 10 € le kg, etc. Menu pour 4 personnes 18 €. Livraison sur Angers ville : 1,60 € (en dessous de 15,24 € d'achat).* Un concept original et bienvenu à l'heure de l'invasion des fast-foods made in USA. Une rôtisserie traditionnelle avec une vraie carte (viandes, poissons, légumes, sauces, desserts et vins) dirigée par une jeune équipe souriante qui vous propose "tout à emporter" ou même à livrer à domicile. On peut faire un vrai repas entre amis, chez soi, pour moins de 20 €. Qui dit mieux ?

SPEED BURGER 49, rue Boisnet ✆ 02 41 88 79 79/08 00 30 25 98. *A emporter ou se faire livrer, tous les jours sauf le dimanche midi. Menu "classic" (1 hamburger, une portion de frites, 1 soda et 1 beignet) : 8,70 €. Menu "double" (idem, le hamburger est double) : 9,50 €. Menu triple (idem, le hamburger est triple) : 10,20 €. Livraison gratuite à partir de 8 € de commande.* Treize hamburgers différents, moelleux et copieux, qui ont fait le succès de cette adresse. Et soyons honnêtes, ils sont bons, très bons, et les frites qui les accompagnent sont de belles grosses frites croustillantes autour et fondantes dedans. Mais la carte Speed ne s'arrête pas là : rouleaux mexicains, nems, beignets d'oignons ou nuggets, tout ça pour des prix qui encouragent à déserter les grandes chaînes américaines. **Faiblesse :** bon d'accord, ce n'est pas de la grande cuisine française… **Talent :** les hamburgers végétariens (comme en Inde !), et les succulentes glaces Ben & Jerry redorent un peu l'image que certains ont de ce genre de restauration.

Et aussi, à rapporter chez soi

Vous trouverez d'excellents spécialistes de plats cuisinés en spécialités françaises ou étrangères, dont la liste suit, qui renouvellent constamment leur carte, et outre l'utilisation de produits de première fraîcheur, ils réalisent plein d'originalités dans les formules et les tarifs. Certains ont même élaboré des formules "étudiants" franchement futées.

CHARCUTERIE ALSACIENNE 126, rue Létanduère ✆ 02 41 88 69 00. Spécialités alsaciennes, justement, dont d'excellentes saucisses à réchauffer, et d'excellentes choucroutes.

CHARCUTERIE VIGNAUD 1bis, place du Lycée ✆ 02 41 20 09 00. Plats cuisinés et charcuterie avec formules pour étudiants, élaborés par un jeune talentueux qui a fait ses armes chez Noël Amiot.

JEAN LOUIS 49, rue Jules-Guitton - Place Imbach ✆ 02 41 87 46 79. Viandes et charcuteries de tradition, adresse croulant sous le poids des médailles de rillettes, boudins et lards au poivre. Choucroute en saison et légumes cuisinés.

LE NAPOLI (PIZZERIA) 15, rue Toussaint ✆ 02 41 87 68 09. Commandez et emportez quelques-unes des meilleures pizzas de la ville, avec de généreuses et insolites garnitures. Sourire et bons mots en sus. Salades : environ 7 €. Pâtes : de 7 € à 9 € environ. Pizzas : de 5 € à 9 €.

NOEL AMIOT - A LA RENOMMEE 13, rue Saint-Lazare ✆ 02 41 48 09 72. Grand maître ès choucroute, entre autres, et d'innombrables plats cuisinés fins, très fins. **Autre adresse : Centre Commercial Grand-Maine 02 41 73 89 83.**

PATRICK SUBILEAU 9, place de la Visitation ✆ 02 41 87 40 25. Spécialités charcutières et viandes de première qualité. Saucisses et pâtés fins, très goûtés, et plats cuisinés recherchés.

AU PETIT SAINT-ANTOINE 4, place de la Madeleine ✆ 02 41 66 95 71. Plats fins de viandes, volailles et poissons accompagnés de délicieuses recettes de légumes et sauces légères.

LE PHNOM (ÉPICERIE) 39, rue Beaurepaire ✆ 02 41 87 39 44. Epicerie exotique regroupant plusieurs continents, et choix de plats asiatiques à emporter. Lire aussi en rubrique "Epiceries étrangères".

AUX RILLAUDS D'OR 59, rue Saint-Laud ✆ 02 41 88 03 13. Spécialiste entre autres des fameux rillauds, tourtes originales de légumes, poisson ou encore de charcuterie fine et plats cuisinés originaux de poissons.

DANIEL MONNIER 72, avenue Mendès-France - AVRILLE ✆ 02 41 69 20 03. Traiteur boutique et de réceptions, spécialiste de plats cuisinés fins et insolites, grand maître de la gogue (spécialité angevine de boudin cuisiné aux épinards ou aux tétragones).

BODEGON COLONIAL **CA du Landreau - Proche du bowling - BEAUCOUZE ✆ 02 41 72 38 38.** *Ouvert tous les jours, de 12h à 14h et de 19h à 22h30 (23h le week-end).* Parts de poulet à la canarienne accompagnée de pommes de terre au four avec sauce et piment (si besoin).

LE DRAGON (RESTAURANT) **11, place Mendès-France ✆ 02 41 87 68 88**
LES SAVEURS D'ASIE (RESTAURANT) **18, rue Pocquet-de-Livonnières ✆ 02 41 24 73 88.** Deux restaurants à qui l'on peut commander et emporter chez soi une gamme de plats exotiques pour casser les traditions de réceptions à la maison.

L'ESCALE DU MAROC (RESTAURANT) **64, rue Boisnet ✆ 02 41 87 61 38**
CHEZ YAYA (RESTAURANT) **12, rue Pocquet-de-Livonnière ✆ 02 41 87 15 03.** Ces deux adresses prêtent le couscoussier pour passer chez soi une soirée conviviale sous le signe de la semoule, de la merguez, du cumin (même s'il est quasi impossible de trouver un bon couscous sur Angers) et de la danse du ventre. A ce propos messieurs, donnez à votre femme l'adresse des écoles de danse d'Angers, voir au chapitre "Se Détendre" rubrique "Danse". Lire aussi en rubrique "Cuisine d'ailleurs".

LE KRISHNA (RESTAURANT) **1bis, rue d'léna ✆ 02 41 24 78 40**
L'INDIA (RESTAURANT) **4, rue Hanneloup - Proche boulevard Foch ✆ 02 41 88 13 24.** Deux adresses où se mêlent exotisme, épices et culture gastronomique. De succulents plats à commander pour voyager l'espace d'un repas conviviale entre amis.

LES NUITS DE BEYROUTH **7, rue Savary ✆ 02 41 60 27 67.** *Ouvert tous les jours sauf le lundi midi, le samedi midi et dimanche toute la journée. Formule du midi à 9 €, ou plat du jour à 7 €. Plats froids et chauds de 4,50 € à 6,50 €. Mezze : 32 €/2 personnes, 45 €/3 personnes, le royal (4 personnes) 60 €.* Une salle à l'étage pour les groupes de 10 à 15 personnes. Un mezze chez soi aux saveurs enthousiasmantes, c'est possible avec cette adresse ô combien recommandable. Préparations savoureuses et conséquentes pour un tarif très attractif. Hôtes adorables.

LE TAJ-MAHAL (restaurant) **22, rue Boisnet ✆ 02 41 87 57 00.** *Ouvert tous les jours, de 12h à 14h et de 19h à 23h. Menus à partir de 6 € (midi), - 10 % sur les plats à emporter.* Lire en rubrique "Cuisine d'ailleurs".

Salons de thé

LE DUC D'ANJOU **55, rue Toussaint ✆ 02 41 20 98 88.** Ce sont généralement des habitués qui viennent ici, car une fois qu'on a goûté à l'une des nombreuses pâtisseries de la boutique, on aimerait bien connaître les autres. Les muffins servis avec le thé dans de la belle faïence par des mains délicates et attentives, c'est plutôt agréable pour faire une halte goûter après la cohue du centre-ville et le bruit de la rue. Le petit coin salon, bien qu'un peu exigu, est agréable pour déguster, un café avec ou sans nuage, un chocolat (chouette ! pas trop sucré) ou un thé de 16h. On est ici bichonné.

L'HEURE ANGLAISE **3, rue Montault ✆ 02 41 25 21 55.** Faïencerie Burleigh et Wedgwood, dentelles et liberty, le décor anglais est planté dans cette minuscule boutique salon de thé où l'on peut goûter les Darjeeling, Oolong ou thés aromatisés, accompagnés d'une fine tranche de cake. C'est plus pour l'esprit "cocoon" et pour les idées cadeaux à l'anglaise que l'on vient prendre son tea-time ici, car les vrais amateurs de thé seront un peu déçus par la dégustation.

LE TRIANON **7, rue Lenepveu ✆ 02 41 87 44 39.** Voir rubrique Pain et Pâtisseries et rubrique Chocolatiers artisans.

produits gourmands

Charcuteries et plats cuisinés

(D'autres adresses de traiteurs vous attendent dans notre chapitre "Réception".)

CHARCUTERIE CHOISNE 1, rue Saumuroise - Place de la Madeleine © 02 41 66 59 86. Il suffit de voir tous les diplômes affichés pour comprendre qu'ici, c'est l'excellence qui est la priorité. Tout y est préparé comme dans le temps : ni le jambon ni les saucisses ne contiennent d'additifs, les saumures sont naturelles, et le foie gras est fait maison. Et comme le choix de la gastronomie ne se limite pas à la charcuterie, la famille Choisne propose pour accompagner vos terrines une sélection de grands vins choisis directement dans les caves par leur fille qui se lance dans le métier de l'agroalimentaire, ainsi qu'un rayon d'épicerie fine et de fromages sélectionnés.

CHARCUTERIE VIGNAUD 1bis, place du Lycée © 02 41 20 09 00. Ils n'ont que 23 et 25 ans, mais M. et Mme Vignaud sont déjà de vrais professionnels, tant au niveau de leur métier que de leur relation avec les clients. Les diplômes s'affichent déjà en haut des murs, et forts de cette assurance, ils agrandissent et innovent dans leur prestation alimentaire. Jambon entier sous croûte, saucisson lyonnais sont quelques-unes de leur spécialité et des plats sont cuisinés au quotidien. Leur nouveau catalogue traiteur vraiment haut de gamme avec une idée originale : les gobelets gourmands, petits verres remplis de délicieuses préparations à base de viande, ou de poisson ou de légumes, à servir dans les grandes occasions ou simplement pour se faire plaisir chez soi. Pour 2005, la boutique devrait s'offrir un relookage complet, histoire d'offrir un beau cadre à une si belle profession.

CHARCUTERIE DE LA VISITATION 9, place de la Visitation © 02 41 87 40 25. Patrick Subileau est bien à sa place en ce lieu qui a su attirer à lui quelques-uns des meilleurs artisans de la ville, que ce soit bouchers, boulangers, traiteurs ou comme ici charcutier. Tous les jours est installée en vitrine, une ardoise sur laquelle sont inscrits les spécialités mais aussi les produits cuisinés du jour. Si vous êtes amateur de boudin noir alors faites-y un tour le mercredi en fin de matinée car il est tout frais. Dans son laboratoire il prépare des buffets froids 11 €/personne, des menus 13,75 € à 18,50 € et toutes sortes de petites entrées festives comme le fondant de tourteau, le bavarois de homard et les appétissantes cuisses de canettes aux pêches. L'étal regorge de bonnes cuissons traditionnelles à la française et les viandes cuites ont tous les jours leurs petits légumes frais (bouchon de pleurotes, artichaut gourmand, flan de courgette…) et depuis peu un espace fromages permet aux gourmets du quartier de composer tout un repas en ne s'écartant pas de la place.

Les Artisans Authentiques

La tradition a du goût
chez les Artisans Charcutier
d'Angers

Florence et Luc Fusil
Le Petit Saint-Antoine
Place de la Madeleine

Jean et Roberte Jouis
Rue Jules Guitton
(place Imbach)

Michèle et Rémy Baudry
Aux Rillauds d'Or
Rue Saint-Laud

Sophie et Patrick Subileau
Place de la Visitation

Jeannine et Daniel Monnier
Centre ville à Avrillé

JEAN JOUIS 49, rue Jules-Guitton - Place Imbach © 02 41 87 46 79. Jean Jouis, maître charcutier depuis 1983, accompagné de sa femme et de sa fidèle vendeuse, relève le défi de préparer chaque jour ses bons petits plats à base de produits frais, du marché notamment (compotine de légumes, mini-rillauds ou côtes de bœuf en aiguillettes font partie de ses plats gourmands qui assurent son succès). Dans une boutique fraîchement refaite et plus lumineuse, on passera des fins de semaine sans cuisiner car le chef nous concocte de bons petits plats préparés, notamment de poisson. Toujours récompensé pour ses rillettes, on aura une préférence pour celles à l'oie (d'Anjou, évidemment) et l'on conseille toujours le boudin et les tranches de lard au poivre pour l'apéro. Jean Jouis permet de manger rapidement et pour pas très cher le midi grâce à la formule du jour (barquette de salade ou, pour un menu plus exotique, boudin antillais et poulet à la tunisienne…). Une chaleureuse adresse gourmande !

NOEL AMIOT 13, rue Saint-Lazare © 02 41 48 09 72. *Fermé le lundi.* Plusieurs fois médaillé pour ses rillettes d'Anjou, c'est avant tout dans la charcuterie que Noël Amiot excelle. Ses saucissons, son andouillette et ses jambons à l'os cuits à l'étouffée, donnent à son magasin ses couleurs rustiques et authentiques. Mais le talent ne s'arrête pas là car les plats préparés réveillent l'appétit avec leurs couleurs et leur présentation alléchantes. Terrines de poissons, choucroute et tourtes garnissent les vitrines dès la première heure le matin. Un deuxième magasin est venu étendre la gamme comestible de la galerie Grand-Maine, et cela vaut vraiment le coup d'attendre la sortie des caisses du supermarché pour acheter sa charcuterie ici ou pour s'offrir la portion individuelle de plat cuisiné pour le midi.

L'ORIFLAMME 2, place de la Visitation © 02 41 87 97 00. Voir plus haut rubrique "Plats cuisinés".

AU PETIT SAINT-ANTOINE Florence et Luc Fusil - 4, place de la Madeleine © 02 41 66 95 71. Pour la 2e année consécutive Luc Fusil nous ramène une médaille d'or au concours de rillettes de Mamers et sa délicieuse épouse ne tarit pas d'éloges sur ce produit qui est leur grande spécialité. Mais loin de s'endormir sur ses lauriers, ce couple cherche sans cesse la nouveauté et n'hésite pas à suivre des formations pour apporter à leur clientèle de nouveaux savoir-faire gastronomiques. Les rayons sont d'ailleurs largement garnis en plats cuisinés à base de poissons, crustacés, viandes et légumes. Il suffit de consulter leurs menus "traiteur" pour comprendre que l'on est chez un véritable maître artisan : foie gras de canard "maison", cassolette de Saint-Jacques au Noilly, mille-feuille de saumon au basilic… Menus de 16 € à 21 € et 6 formules de buffets froids de 7,40 € à 14,95 € Impossible d'entrer ici sans se sentir affamé !

AUX RILLAUDS D'OR Michèle et Rémy Baudry - 59, rue Saint-Laud © 02 41 88 03 13. C'est incroyable qu'une charcuterie de quartier propose chaque jour une carte aussi riche que celle d'un grand restaurant. Les rillauds (chauds !) sont une des grandes spécialités de la maison qui vient de décrocher encore cette année deux médailles d'or (Rillaudée de Brissac 2004 et Trophé du meilleur rillaud Interdépartemental 2004), mais il fait bon aussi se tourner vers les plats cuisinés : coq au vin, pigeon forestier, ou plats de poisson en sauce, jusqu'au dessert, car la maison sait tout aussi bien préparer la tarte tatin et la crème brûlée que le saucisson à l'ail. Quant aux tartes salées, plus de 15 tourtes différentes appellent de la vitrine le badaud gourmand à l'heure du déjeuner. Les fins palais trouveront toute l'année de merveilleux poissons cuisinés et c'est en guide très averti que nous vous conseillons les volailles et lapins en sauces, tous d'une élégance aromatique affirmée.

DANIEL MONNIER 72, avenue Mendès-France - AVRILLE © 02 41 69 20 03. Aussi affable dans la vie que dans la marmite, Daniel concocte de somptueux buffets et l'excellence de ses préparations lui vaut une reconnaissance assurée. Ses buffets régalent de nombreux mariages et réceptions. La finesse de ses exécutions et la générosité des portions sont souvent commentées dans les soirées angevines. La tradition a du bon jusque dans la simplicité des pâtés, jambons, rillauds, museaux, langues en gelée, lards au poivre, et mille autres confections "cochonneuses". Les pièces de viande crue sont aussi dépecées dans l'art boucher français pour de justes cuissons. Chaque année voit son lot de nouveautés en terme de salades fraîcheurs, de plats cuisinés, de volailles préparées, ainsi qu'en filets de poissons aux fines sauces. Le couple Monnier possède sa propre salle de réceptions, le domaine de la Bardoulière, à Cantenay-Epinard, qui peut accueillir jusqu'à 250 personnes assises. Voir le chapitre "Réceptions" rubrique Traiteurs.

Viandes et volailles

BOUCHERIE BRESSIGNY 29, rue Bressigny ✆ 02 41 87 41 98. La boucherie a changé récemment de propriétaires, Georges et Nicole Halet ont pris la succession de Philippe Poirier. Traiteur originaire de la Loire atlantique, ce couple cherchait à recentrer son activité sur une boucherie proposant des produits de qualité. D'ailleurs en plus des nombreuses spécialités bouchères crues, l'étal s'est enrichi de morceaux de bœuf limousin comportant le label "blason prestige", une charte qualité draconienne.

BOUCHERIE GRAND MAINE Centre Commercial Grand-Maine ✆ 02 41 73 33 34. Michel Derouin et Thierry Guillou. Une boucherie à peine cachée derrière les escalators, qui ne se distingue pas d'une autre en apparence, mais en apparence seulement. Elle a obtenu le Mercure d'Or en 87 et le trophée Top entreprise en 92. Ici toutes les denrées sont d'excellentes qualités et d'un très bon rapport qualité/prix. Leur vitrine est très alléchante et les bouchers préparent de nombreuses spécialités bouchères crues comme le carré savoyard, alliance de porc et de fromage fondu, ou le melon à la mauricienne, savoureux mélange d'escalope de veau, de ciboulette, d'olives et de piment. Un repas à préparer et pas d'idée ? Consultez leur carte vous trouverez de quoi régaler vos convives. Les carpaccios du vendredi soir, les filets, l'araignée et la poire, les morceaux nobles, sont à commander car il n'y en a pas pour tout le monde. **Autre adresse : 22, rue Beaurepaire (Doutre) 02 41 87 55 86.**

BOUCHERIE DE LA GARE 13, place de la Visitation ✆ 02 41 87 46 93. *Fermé dimanche et lundi.* Vous êtes servis par des bouchers en tabliers blancs, pantalon à carreaux, sabots blancs et même le nœud papillon rouge (logo du label Maîtres Bouchers). La boucherie française est à l'honneur avec de très bonnes viandes de bœuf (tournedos, filet, araignée et surtout côte de bœuf), de veau (avec la petite spécialité d'escalope hachée et panée, ça fond dans la bouche, un vrai délice) et même un petit cochon de lait en vitrine. Une chose est sûre, rien que des morceaux de qualité. Les rênes sont entre les mains des jeunes nouveaux patrons (Messieurs Chateau) 4e génération de boucher, qui achètent la Blonde d'Aquitaine, du veau de lait du Limousin (élevé sous la mère, donc), tous sur pieds et entiers. On profite toujours des préparations bouchères crues et des spécialités de barbecue en été.

BOUCHERIE JUIN 145, rue de la Madeleine ✆ 02 41 66 55 49. Bertrand Juin, Maître Boucher, est un véritable passionné de son métier. Il vous conseillera au mieux selon vos goûts et vos envies mais également sur la cuisson de vos viandes et les vins appropriés pour aller avec vos mets. Une boucherie de quartier qui a su faire venir à elle les jeunes du quartier, de plus en plus nombreux, qui savent apprécier les bons produits. Une belle parure que cette élégante échoppe où la volaille tient aussi une place de choix. L'agneau de ce printemps 2004 tenait toutes ses promesses.

BOUCHERIE MAX BELAIRE Centre Commercial du Chapeau-de-Gendarme - La Roseraie ✆ 02 41 66 99 80. Décidément ce petit coin jouxtant Géant Casino, regorge de boutiques plus sympas les unes que les autres. Cet étal présente une boucherie traditionnelle mais aussi des volailles fermières du pays d'Ancenis. Le petit plus qui embaume tout le quartier ce sont les pâtés fait maison par Max Belaire qui cuisent devant la porte de la boucherie, dans la rôtissoire : Un vrai bonheur sur une tartine de bon pain grillé, mais attention aux kilos !

BOUCHERIE PATRICE VALAIN 31, rue de la Roë ✆ 02 41 88 47 18/02 41 87 43 61. Ayant quitté les Halles fin 2003, Patrice Valain regrette un peu d'avoir quitté son environnement "alimentaire". Dernier commerce de bouche de l'hypercentre, du coup il a dû élargir un peu sa gamme de produits, et la boucherie s'est agrandie d'un rayon charcuterie traiteur (revendeur). Mais toujours dans le choix de la qualité, avec des viandes provenant des Fermiers landais, de chez Bauchereau, et vous trouverez un tas de fiches recettes pour accommoder les belles pièces de viande que vous achetez. En été on retrouve les innombrables et délicieuses brochettes qui égayent les soirées entre amis.

BOUCHERIE DU RONCERAY 9, place de la Laiterie ✆ 02 41 87 57 28. Voilà une solide adresse dans le quartier ancien de la Doutre ! Rémy Poulain n'a que faire de l'actualité déprimante sur la qualité de la viande. Il sait d'où viennent ses produits, et la saveur dans l'assiette est toujours sans faille. Même si la boutique est pleine, il prendra le temps de découper et préparer devant vous une magnifique côte de bœuf, ou un rôti du dimanche. Dans la même lignée de qualité, la charcuterie et les plats préparés titillent aisément les papilles. A ce professionnalisme s'ajoute le charme de la boutique, toute de mosaïques et de pierres, et celui du quartier.

Le Panier Gourmand d'Angers

Pomme Gala

La région angevine s'est illustrée dans la production de pommes bicolores. La Royal Gala est la plus prisée d'entre elles.

Ses atouts Santé :

Bien pourvue en vitamines, minéraux et oligo-éléments, la pomme participe à la couverture de nos besoins en micronutriments. Grâce à ses fibres bien tolérées, elle régule en douceur le transit intestinal. Enfin, elle est reconnue pour abaisser le cholestérol sanguin et stabiliser la glycémie.

Comment choisir :

Il suffit de choisir un fruit à la peau bien lisse, bien tendue.

Comment conserver :

La Gala se conserve dans un compotier ou une corbeille. Veillez à ne pas la placer dans une pièce trop chauffée pour conserver toutes les qualités gustatives.

Suggestions de préparation

- Crumble aux pommes
- Boudin aux pommes
- Salade d'endives aux pommes

Poire

La région angevine est un important producteur de poires d'automne et d'hiver. Angelys, la dernière-née des variétés françaises a été obtenue par l'INRA d'Angers.

Ses atouts Santé :

Fruit rafraîchissant et désaltérant, la poire possède une composition très équilibrée avec un large choix en vitamines et minéraux. Ses fibres ont la propriété de stimuler efficacement le fonctionnement des intestins. Enfin, modérément énergétique (50 kcal/100g) elle peut s'intégrer sans problème au dessert ou en collation.

Comment choisir :

Les poires d'été se choisissent souples et nuancées de jaunes. Quant aux poires d'automne et d'hiver, achetez-les vertes et laissez-les s'affiner dans un compotier.

Comment conserver :

Les poires d'automne et d'hiver peuvent se conserver quelques jours dans un compotier. Les variétés d'été, quant à elles, doivent être consommées dès l'achat. Enfin, d'été ou d'hiver, une poire mûre à point se déguste sans attendre.

Suggestions de préparation

- Carré de porc aux poires et au vinaigre
- Poires pochées dans du vin rouge
- Omelette soufflée aux poires

BOUCHERIE ROUSSE 43, rue Tarin - Jouxte la place du Lycée ✆ 02 41 87 78 13. De la belle boucherie sur des bêtes hypersélectionnées (95 % de Blondes d'Aquitaine), et une préparation des morceaux dans la tradition française. Voilà une boucherie comme on les aime, la qualité avant tout et surtout la vertu bouchère sans doute possible. Si les terrines et rillettes maison sont les seules charcuteries disponibles (avec quelques saucissons), on continue notre découverte sur de beaux lapins ou d'onctueux filets et côtes de porc. Le bœuf de première catégorie fond sous la dent et l'on conseille de commander poire et araignée pour le jeudi suivant. La boutique ne désemplit pas les fins de semaine et avec sa jolie façade délicate et son travail à l'ancienne, Philippe Rousse régale tout un quartier de bonnes gens qui savent apprécier sa belle et bonne échoppe.

Cafés et thés

BRULERIE DU PILORI 6, rue Saint-Etienne ✆ 02 41 87 64 58. L'odeur de torréfaction, tout d'abord : dès votre entrée des senteurs de thé, de cacao et de café. Celui-ci, torréfié chaque mardi matin et moulu devant vous, peut être goûté sur place comme un bon vin. Toutes les gammes de thés (Darjeeling, Ceylan, Chine…) nature ou parfumés aux fleurs, fruits, caramel, vanille sont accompagnées des boîtes en métal, de belles théières japonaises en fonte, ou de faïences anglaises (Port Meiden), sans oublier les lignes des ustensiles Bodum. Malheureusement, il ne faut pas être trop ignorants ni trop curieux car la patronne, peu loquace, n'est pas encline à partager son savoir ou sa passion.

LE COMPTOIR DES SAVEURS Centre Commercial du Chapeau-de-Gendarme - Géant La Roseraie ✆ 02 41 79 02 23. Une torréfaction de café mais plus que cela dès que l'on pousse la porte : les grands arabicas de Cuba, du Brésil, du Kénya, de Nouvelle-Guinée embaument tout ce coin du centre commercial, mais on y trouve aussi beaucoup de thés nature (darjeeling, ceylan, orange pekoe, oolong) ou parfumés (plus de 60 parfums) dont un produit original : le thé de Pâques parfumé au chocolat ! La seule boutique de ce genre à proposer la dégustation sur place, puisque cette boutique fait aussi salon de thé. (voir aussi rubrique "produits du terroir").

A LA FEVE D'OR 77, rue Plantagenêt ✆ 02 41 87 48 57. Un très grand choix de thés et de cafés (torréfiés sur place), y compris les thés de Noël, aux arômes d'oranges amères, les thés verts de Chine, fumés ou non. Mais c'est aussi pour son très large éventail de théières que l'on aime "visiter" cette boutique. Les japonaises en fonte, les chinoises en porcelaine fine, les anglaises en faïence peinte, ainsi que les Bodum en verre (pour le thé ou le café) et les cafetières expresso italienne en inox rutilant. De vraiment très belles idées de cadeaux pour entourer l'art du thé et du café.

TORREFACTION SAINT-AUBIN 20, rue Saint-Aubin ✆ 02 41 88 89 89. Ce que l'on aime ici, c'est l'assurance de trouver la rareté et le choix. Rareté des provenances de certains cafés (Îles Galapagos !) aux parfums subtils, que les promeneurs de la rue Saint-Aubin connaissent bien. Et une centaine de grosses boîtes de thés en vrac. Les puristes y trouveront tous les thés nature connus (darjeeling, ceylan) mais aussi les rares (jungpana, kenilworth…), et les verts de Chine (fumés ou non). Pour ceux qui les préfèrent parfumés, thés à l'orange, aux bleuets, à la vanille, au Bourbon, le choix est immense, de même que celui des théières et tasses pour la dégustation. Et l'accueil est très sympathique.

Chocolats et confiseries

JEFF DE BRUGES 40, rue Saint-Laud © 02 41 24 79 25. Pour contredire ceux qui croient que les chocolats belges sont lourds et trop crémeux, allez donc admirer la délicate collection des chocolats Jeff de Bruges, les ganaches, les duos pralinés et mousse au chocolat, les petits carrés à la menthe ou au citron. A Noël et à Pâques c'est une féerie de couleurs et de formes qui entourent les traditionnelles boîtes de Quernons d'ardoise ou de Plantagenêt (au cointreau). Parmi les nouveautés, on a bien aimé le praliné au nougat Maison de Jeff, le Ballotin, la Pistachine, le hibou noir (Gianduja et éclats d'amaretti), le palet poire et le palet fruits rouges. Les amoureux du cacao se tournent vers le Caracas (70 % de cacao en ganache brute). L'été, les glaces maison font de cette boutique une halte bien agréable, et pour un baptême ou un mariage, les dragées Martial sont de rigueur. (voir rubrique "dragées" du chapitre "Réceptions Fêtes").

LA PETITE MARQUISE Centre Commercial Grand-Maine © 02 41 36 03 53. La deuxième incontournable adresse de cette chocolaterie pâtisserie dont la réputation n'est plus à faire. Les pralinés sont fondants et lisses sous le palais, et se déclinent en plusieurs variétés recouvertes de chocolat noir ou au lait. On y retrouve les grandes spécialités au cointreau et le très célèbre Quernon d'ardoise, mais aussi les somptueuses pâtisseries à base de mousseline, fruitées, et cette belle nouveauté, le Panier de sorbets : un assortiment de boules glacées de fruits frais dans un délicieux panier de nougatine dorée.

CHOCOLATERIE REAUTE 1, rue des Ifs - ZA de Beaucouzé - BEAUCOUZE © 02 41 22 99 66. *Ouvert dimanches et jours de fête.* Née à Château Gontier, cette chocolaterie semi-artisanale à su se faire connaître malgré son emplacement dans la zone artisanale. Son grand parking permet aux gourmands de faire le plein de friandise facilement. Chocolat noir à 58 % et 70 % de cacao, sans matière grasse animale, chocolat au lait, blanc, et couverture de chocolat à l'orange (goût et couleur). Assortiments, formes originales et nouvelles couleurs alimentaires pour remplir des boîtes originales et paniers en tous genres. Boîtes évènement, présentations thématiques et saisonnières, rien n'est oublié. La maison a créé ses propres biscuits et galettes purs beurre de baratte, chocolat à la crème de caramel, dragées etc., et propose des dégustations.

Artisans chocolatiers - pâtissiers

ALLARD 60, rue Pasteur - LES PONTS-DE-CE © 02 41 44 61 10. *Fermeture le mercredi.* Impossible de ne pas connaître cette adresse, puisque même les Angevins n'hésitent pas à venir jusque-là le dimanche pour choisir leurs gâteaux. Spécialisé dans les très belles préparations pâtissières, mousses légères, et chocolat onctueux. Le Val-de-Loire, Le Paris-Londres, L'Andégave sont quelques-uns des somptueux gâteaux mêlant la force du chocolat à la fraîcheur des fruits. La Feuille d'automne, sous une artistique présentation de feuilles de chocolat froissées cache meringue et mousse légère. Pour les inconditionnels du pur chocolat, des tablettes artisanales produites à partir de fèves de Côte d'Ivoire, du Brésil, du Vénézuéla, de l'Equateur se dégustent avec les mêmes adjectifs que pour les bons vins. **Autre adresse : 2, rue Chaussée-Saint-Pierre - ANGERS 02 41 87 96 40.**

BARTHELAIX 3, place de la Madeleine ✆ 02 41 66 79 36. Les travaux d'embellissement ont totalement changé le look de cette délicieuse boutique. Spécialistes du chocolat et des pièces montées ces gens ont créé le chocolat de l'Anjou, estampillé du logo du département. Les desserts variés et petites douceurs au cointreau (délicates Muscadines) contribuent aussi à la réputation de la maison. Et la baguette, servie avec le sourire, reste l'une des moins chères du quartier. Voir rubrique Pain et Pâtisserie et rubrique Réceptions.

CHOCOLATERIE BOURDILLAT Rue Terrien-Cocherel ✆ 02 41 42 50 40. Doit-on parler d'artisan, ou d'artiste à ce niveau-là ? Sans doute que la passion qui anime M. Bourdillat possède cette double vocation puisque non content de confectionner de pures merveilles à déguster, il sculpte au ciseau à bois des bustes dans le chocolat blanc. Son goût de l'esthétique a transformé son atelier en vrai musée, où s'étalent ses dernières créations : le Caradélice (caramel au beurre à tartiner, aux différents parfums, abricot, fraise, chocolat, noisette, cointreau et beurre salé), la Gourmandise angevine (amande torréfiée enveloppée de pâtes d'amandes à l'orange), la Ganache à la rose, et son grand succès 2004, ce sont les boîtes de chocolat réalisées en… chocolat multicolore du meilleur goût, et remplies de différentes bouchées gourmandes à 3 € "seulement" les 100 gr. Pas étonnant qu'avec ça, il soit qualifié chaque année au grand prix international à Paris.

LES DELICES DE LA TOUR 1, rue des Lices ✆ 02 41 88 94 52. Certaines vitrines font partie du paysage angevin depuis très longtemps au point d'être devenues des institutions dans leur domaine. C'est le cas des Délices de la Tour depuis 30 ans : une vitrine à dévorer d'abord des yeux, puis, si l'on se laisse tenter à pousser la porte, une véritable injonction au péché de gourmandise. Le chocolat, dont les secrets se transmettent de père en fille (Anne-Françoise Benoît a décroché l'Award du Jeune Talent en 2003) se décline en une multitude de formes et de saveurs, se marie par tradition aux liqueurs angevines, et sait aussi suivre la vie angevine en s'adaptant aux moments de la vie et de la ville : dragées de baptême (au poids), confiseries événementielles (spécialités du Festival d'Anjou), magie des fêtes de Noël et de Pâques (une des plus belles façades illuminées de décembre). On s'étonne donc que l'esprit de fête inhérent au chocolat ne transparaisse pas mieux sur l'accueil austère que l'on y reçoit.

PETIT 4, rue Saint-Aubin ✆ 02 41 88 87 15. Pas étonnant qu'on soit toujours à l'étroit chez Laurent Petit. Ce n'est pas à cause de l'exiguïté du magasin mais bel et bien parce que les vrais connaisseurs n'ignorent surtout pas cette adresse, où le chocolat est roi, sous toutes ses formes. En bouchées, en mendiants, en gâteaux, en entremets, il est parfois préparé avec des pâtes à 72 % de cacao. Mais on peut longuement s'attarder aussi autour des somptueuses pâtisseries pour le plaisir des yeux d'abord, puis, avec les commentaires descriptifs d'une charmante vendeuse, comment ne pas saliver en l'écoutant énoncer la composition de ces desserts : pâte macaronée sur lit de crème pâtissière à la pistache recouverte de fraises fraîches, ou encore une meringue amandes, une compotée de fruits rouges accompagnée d'un soufflé abricot/passion (le nom de cette nouveauté : Aloha). Toutes ces merveilles sont d'une légèreté presque aérienne, et déclinées aussi en gâteaux individuels d'un rare raffinement. Les associations d'ingrédients et de saveurs sont parfois insolites mais à coup sûr vous permettront d'étonner vos invités et vos amis et de vous offrir un grand plaisir gustatif. Ne pas manquer la tarte Fraîcheur (Pain de Gêne aux groseilles sur crème groseille et mousseux infusé à la verveine), un pur délice !

Les artisans authentiques !

Laurent Petit

Artisan chocolatier-pâtissier-confiseur, rue Saint-Aubin à Angers

ETABLISSEMENT RECOMMANDE PAR LE PETIT FUTE

LA PETITE MARQUISE 22, rue des Lices ✆ 02 41 87 43 01. Il est de tradition, pour faire découvrir les spécialités angevines, d'offrir à des amis étrangers ou d'autres régions de France, les Quernons d'ardoise, petits carrés de nougatine enrobés dans une couverture de chocolat bleu ardoise, présentés dans des emballages souvent aussi raffinés que le contenu. Bien d'autres confiseries et chocolats maison remplissent la vitrine, et pour le gâteau du dimanche, c'est une adresse incontournable pour sa pâtisserie fine et originale. L'Opéra par exemple, un délicieux assemblage de crème beurre au café, de ganache sur un biscuit aux amandes et au rhum. Petits fours salés ou petits fours secs, pain de mie maison pour les toasts "haut de gamme", tout ici est du plus grand chic. **Autre adresse : Centre Commercial Grand-Maine 02 41 36 03 53.**

LE TRIANON 7, rue Lenepveu ✆ 02 41 87 44 39. Ici, tout est beau : la vitrine, l'intérieur, et ce qui s'y déguste. Plus qu'une pâtisserie, Michel Galloyer présente une "carte gourmande" qui émerveille d'abord par les yeux (les "Bombes angevines" aussi belles que des décorations de Noël), et qui ensuite fondent dans la bouche avec une suprême légèreté. Les nouveautés : Esprit de Noël (sur base de mousseline de chocolat au lait) et Trésor (aux abricots rôtis au zest de pamplemousse) viennent se rajouter au Vivaldi, Baccarat, Feuilletine… Biscuits secs (47 €/kilo), chocolats, nougats, tous "faits maison" rivalisent de créativité et de finesse. Une halte luxueuse et voluptueuse à l'heure du goûter. La maison s'occupe aussi de vos cocktails sur commande (salé et sucré, de 8 € à 16 € par personne). **Autre adresse : Le Grenier à Pain, Rue de la Gare et, (nouveau) Centre Commercial Lorette Bd Lorette.**

Pains et pâtisseries

L'ARMOIRE A PAIN 1, rue François-Besnard - Au bout de la rue Louis-Gain ✆ 02 41 87 62 38. *Fermé le dimanche et lundi.* La preuve que l'on peut sortir du centre-ville pour trouver le nec plus ultra dans un commerce de proximité. Cette petite boulangerie de quartier ne paie pas plus de mine que les autres, mais pris dans la file d'attente des clients, on comprend qu'il se passe quelque chose de pas ordinaire à l'intérieur. Ce quelque chose, c'est un choix immense de pains traditionnels, dont une grande partie au label Agriculture biologique. Nature, complet, à l'épeautre, aux olives, au chorizo, aux fruits secs, au sésame, au levain acidulé… ajoutez à cela toute une palette de gourmandises à base de pain (bretzliechs, sandwichs très originaux, petits pains d'apéritifs…), c'est irrésistible, c'est bon pour la santé, et décidément, le sourire de Marilyne Bonnet donne vraiment envie d'y revenir.

BARTHELAIX 3, place de la Madeleine ✆ 02 41 66 79 36. Bien dorés et gonflés aux subtiles notes de noisette on retient le croustillant Pavé de la Madeleine et en plus rustique le gourmand Pavé Fermiot (campagne et levain), peu acide et de bonne conservation. En matière de baguettes on recommande particulièrement la Torchonnade de la Madeleine (campagne au levain de seigle) et la baguette à l'ancienne (farine de tradition, meule, et levain). Si la Savoureuse (farine de seigle et de céréales), la Plaisir (levain et céréales toastés) et l'Epeautre (farine d'épeautre et levain) sont idéales au petit déjeuner, ce seront d'excellentes bases aux toasts de cocktails. Aux apéritifs on lorgnera avec délectation la baguette au chorizo et emmental, celle aux noix et raisins ou noix et roquefort, celle aux poivrons ou encore le pain aux châtaignes et pruneaux. Plus angevin le rillaud et moutarde étonnera les plus sceptiques. Pains et baguettes bio complètent cette franche adresse.

BOULANGERIE FREDDY BOUILLE 65, rue de Bressigny ✆ 02 41 88 16 29. Installé depuis peu ce sympathique couple arrivant de la banlieue nantaise mérite que l'on fasse le détour pour goûter ses pains. L'accueil y est franc, spontané et l'on vous expliquera avec beaucoup de plaisir l'amour du pain et la fabrication de chacun, et si vous avez de la chance monsieur sortira de son fournil pour vous expliquer ses secrets de fabrication. Les pains sont un pur bonheur, à base de farine et de graines issues de l'agriculture biologique et moulues par les moulins du mont des Alouettes (très connu par ceux qui roulent en direction de la mer, lieu incontournable pour son panorama). Alors le pain des alouettes, comme son nom l'indique est fabriqué avec ces farines. Un délicieux goût de noisette et un mélange de graines de pavot, de sésame, d'avoine… Un merveilleux contraste d'une croûte dorée et craquante avec la douceur de la mie qui fond sur la langue. Et des noms évocateurs comme la baguette amourette. Une nouvelle adresse qu'il ne faudra pas oublier.

BOULANGERIE DU LAC DE MAINE 2, square de la Penthière - Centre Commercial l'Horloge ✆ 02 41 48 67 60. Proche du centre commercial Grand-Maine, cette agréable boulangerie permet aux gens du quartier d'avoir du bon pain en dehors du centre commercial. Une boulangerie qui offre du choix autant en pain qu'en pâtisserie. Originalité, le pain aux figues, qui s'alliera aussi bien avec le foie gras qu'avec le fromage. Un large choix de boules, miches et autres baguettes à base de froment, de mélange de céréales ou encore de flocons de pommes de terre et côté pâtisserie, laissez-vous tenter par la tarte aux pommes façon grand-mère (superposition de fines lamelles cuites dans le beurre et le sucre) ou la tarte poire brownie (savoureuse alliance de poires au sirop et de gâteau au chocolat et noix de pécan). Autre talent le producteur d'huîtres et le maraîcher garé sur le parking qui vendent leur production. **Autre adresse : Centre Commercial Jean XXIII - La Roseraie 02 41 66 29 12.**

BOULANGERIE DU LYCEE 4, place du Lycée ✆ 02 41 87 67 47. Ce quartier a longtemps eu la réputation d'avoir des commerçants peu souriants et des boulangeries assez banales. Le couple Orillard a décidé de bien faire changer les choses, d'abord avec leur sourire sympathique, et puis avec la diversité des pains qu'ils proposent. De tradition, pain payse, aux céréales, aux graines parfumées, tout un choix de baguettes aux goûts variés qui s'adaptent à la tendance actuelle des pains plus rustiques. Le rayon pâtisserie est bien fourni tout au long de la semaine. La baguette Breizhic est un modèle du genre, très à la mode en Bretagne, donc, avec une proportion de sarrasin qui rappelle bien les galettes traditionnelles. On craque (comme sa croûte) sur le pavé d'automne, à la mie beige aux senteurs de noisette. Décidément cette place du Lycée n'est pas près de s'éteindre.

BOULANGERIE ORDONNEAU 29, boulevard Allonneau ✆ 02 41 43 63 31. *Fermé le dimanche après-midi.* Nous commencerons par affirmer que l'on est ici en présence d'une des unités boulangères les plus averties, les plus créatrices, les plus enthousiasmantes de l'agglomération d'Angers. Un couple d'artisans, véritable chef d'orchestre passionné de boulangerie et de chocolats, qui anime une équipe de 15 personnes et un quartier tout entier, ne saurait rester anonyme plus longtemps. On vient aussi de loin pour la qualité des pains mais aussi pour déguster et bien sûr acquérir les splendeurs que M. Ordonneau confectionne en chocolat et autres gourmandises de nougat, de fruits secs et de gâteaux. Côté pain, de recherchés mélanges de farines, de graines et le travail du boulanger donnent des miches et des baguettes aux couleurs blondes qui embaument le quartier. Pour le sucré, optez pour les feuilletés de pommes et amande ou au chocolat : ça croustille puis fond dans la bouche, un régal. Un bon prétexte pour traverser la ville : la gourmandise, quel doux péché !

LA COCAGNE 31, rue de la Roë © 02 41 88 32 44. Voilà une boulangerie dont la position est à envier, en plein cœur du plateau piétonnier et donc au cœur des après-midi shopping. Envie d'une pause gourmande, arrêtez-vous goûter une pâtisserie, voire même en fin de journée achetez une flûte Gana tout juste sortie du fournil. Autre particularité, c'est la seule boulangerie du coin ouverte le dimanche.

AUX DELICES DE L'ABBAYE 42, rue Beaurepaire © 02 41 87 68 96. Jeannette et Christian Boulin ravissent les habitants de la Doutre. Dépositaire de la flûte Gana, ils ravissent le quartier mais également les restaurateurs de la rue qui n'hésitent pas à venir chercher leurs pains chez eux. Leurs spécialités de nombreux pains sont disponibles toute la semaine et pour les pâtisseries, les recettes bretonnes sont à l'honneur comme le far aux pruneaux, ou le kouign aman.

LE DUC D'ANJOU 55, rue Toussaint © 02 41 20 98 88. Cette adresse propose à la fois une boulangerie-pâtisserie mais également un petit salon de thé. Pause très utile pour les voyageurs car juste en face de l'Office du tourisme et à quelques mètres du château, ce qui permettra aux visiteurs de se détendre autour d'un bon chocolat maison après une balade sur les tours de la forteresse. Pour les habitants du quartier la pâtisserie présente un grand choix de pâtisserie tel le florentin (galette de chocolat recouvert de fruits secs ou de fruits confits) ou le croquant (sablé à base de pâte d'amande et de noisettes).

LE GRAIN DE MALICE (ANCIENNEMENT LA BRIOCHERIE) Place du Ralliement © 02 41 87 59 59. Denis et Alexandra Canton, fraîchement mariés et jeunes artisans boulangers officiant à la Malice Boulevardd Ayrault, viennent de racheter la célèbre Briocherie du Ralliement, longtemps tenue par René Roinson (que l'on salue chaleureusement ici). A part le même pain qu'ils élaborent à l'autre adresse et leurs fameux sandwichs, ils ont pour l'instant conservé les mêmes produits. Les tartes, brioches et viennoiseries satisfont donc toujours les gourmandises. Lire aussi la Malice en rubrique "Sandwicherie" du chapitre restaurants.

LE GRENIER A PAIN 12, rue de la Gare © 02 41 87 53 41. Avec désormais 2 adresses sur la ville (Centre Commercial Lorette Boulevard Bédier 02 41 80 09 42) et à l'image des échoppes d'antan, l'enseigne se compose de deux parties, un côté boulangerie avec vue sur le fournil, et des meubles style campagne sur lesquels sont exposés pains, pâtisserie, viennoiseries et même sandwichs et autres pauses gourmandes. De l'autre côté pour le centre Lorette, est mis à disposition un espace détente où l'on casse une graine avec par exemple un sandwich au pavot garni de crudités ou de viandes froides ou encore des fougasses généreusement garnies (poulet-ananas, saumon, tomates-jambon). Pour les pains, le choix sera difficile car en plus de ravir la ville par ses effluves de miches chaudes, ils sont tous meilleurs les uns que les autres : pains rustiques ou baguettes rétro pour tous les jours, mais aussi pain au saucisson sec, ou aux noisettes entières, raisins et pruneaux, que l'on a du mal à ramener entiers à la maison tellement ils nous régalent. Pour les autres pâtisseries, on vous renvoie au Trianon rue Lenepveu, le repaire des délices sucrés de la ville.

LA MALICE 50, boulevard Ayrault © 02 41 20 38 99. Denis, artisan boulanger, prépare ses pains spéciaux, Banette, pains aux céréales ou pains italiens, tandis qu'Alexandra accueille sa clientèle d'habitués qui vient parfois pour une pause déjeuner et même petit déjeuner. Le pain aux noisettes, graines de courges et raisins et les innombrables sandwichs rechargent les ventres creux du midi, sur fond de pain de mie aux céréales, de baguette de pays, de pavé à l'huile d'olive ou encore de pain aux graines de tournesol. Pour le samedi, des tranches fines de l'originale Banette 1900 au saumon et abricot relèvent les apéritifs mornes en gais débuts de repas. Le jeune couple vient d'acquérir la Briocherie place du Ralliement et offre ainsi au centre-ville une bonne adresse dans la continuité. Lire aussi en rubrique "Sandwicherie" du chapitre restaurants.

LA MAISON DU PAIN 4, place de la Visitation © 02 41 87 53 11. *Fermé dimanche et lundi, ouvert les autres jours à partir de 6h45.* Un bien bel agencement pour cette romantique boulangerie tenue par Catherine et Philippe Soulard, dont la champêtre petite vitrine sait se parer des couleurs saisonnières. Pains et baguettes de toutes sortes, chaque semestre voit le jour à de savantes et gourmandes nouveautés comme cette baguette au sarrasin, délicieusement recommandée du petit déjeuner aux fastes dîners bourgeois. Les variétés étendards restent le pain Breton, d'Antan, la Ciabatta (mi-blanche très souple), le Forestier (mélange de six céréales sur levain), le Paysan (décliné aussi en baguette), l'Authentique (mélange de seigle et blé au sel de Guérande), et bien d'autres trésors. Comptez près de 50 recettes différentes à base de farine de toutes sortes à l'image du pain aux noisettes concassées, un régal. Pour ce qui est de la pâtisserie, somme toute assez classique mais réalisée avec talent, chaque mois voit sa nouveauté onctueuse en préparations généreusement sucrées. Ne pas passer sur les galettes en hiver et sur les tartes aux pommes toute l'année.

Fruits et légumes

LA HALLE DU RONCERAY 57, rue Beaurepaire © 02 41 88 60 08. *Fermé le lundi et ouvert le dimanche matin.* Dans le cadre adorable de la place de la Laiterie, un étal de légumes et de fruits frais aussi joli qu'une image d'Epinal. Les primeurs sont bien en vue côté trottoir, et à l'intérieur on y trouvera de l'épicerie fine et quelques bouteilles de vin bien choisi. Les patrons sont toujours enclins aux petits bavardages sympathiques de quartier.

AUX HALLES DU LYCEE 2, place du Lycée © 02 41 87 61 13. Dès 7h30 chaque matin, la fraîcheur est au rendez-vous dans ces halles de quartier. Plutôt que de prendre sa voiture pour se ravitailler au supermarché le plus proche, ça vaut vraiment le coup de faire son marché ici, dans un quartier qui dément le fait que les commerces de proximité sont en déclin. Rien de tel que les couleurs éclatantes des légumes et fruits des Halles du Lycée pour se donner des idées de menu au quotidien, surtout lorsque la vente est assurée par des gens qui connaissent bien leur métier.

LES HALLES DE LA MADELEINE 139, rue de la Madeleine © 02 41 66 82 98. Ils vous le diront, les anciens patrons des Halles n'ont rien perdu au change en venant s'installer sur cette petite place sympathique. Ils y ont trouvé une clientèle attachée aux produits régionaux et de saison, et ici, on fait le plus possible appel aux petits producteurs locaux. Les salades sont toniques et fraîches, les oranges et les citrons ne sont pas traités, bref, on est assuré de la qualité.

LES HALLES DE LA ROSERAIE Route de Bouchemaine. *A 100 mètres du centre de tri postal. Fermé de 12h30 à 15h30.* Ces halles sont très spacieuses et l'espace primeurs occupe tout le centre du magasin, sur des étals de bois rustiques au milieu desquelles on a vraiment l'impression de faire son marché. De plus, un grand rayon boucherie-charcuterie, ainsi qu'un espace épicerie couvrant tous les produits de première nécessité en font un vrai petit supermarché de proximité. Récemment, l'enseigne s'est dotée d'une cave avec des sélections de vin prestigieux.

PELLETIER ERIC 95, boulevard Saint-Michel © 02 41 43 28 81. Parmi les derniers commerces de proximité de ce qui fut autrefois le faubourg Saint-Michel, ce primeur a su garder le cadre un peu vieillot et rustique d'un maraîcher, où viennent s'approvisionner les habitués du quartier. La fraîcheur des fruits et légumes donne un air bien sympathique à ce bout de trottoir que M. Pelletier a investi à la suite de M. Deshais.

Fromages

Les Angevins n'ont vu que trois boutiques de fromage (hormis celles des Halles) en 20 ans. Rue Saint-Blaise, rue Saint-Laud, et dernièrement rue des Lices, qui n'a pas tenu le coup. Nous disions l'an passé que seule une place alimentaire forte (Visitation par exemple) pouvait, selon nous, assurer la viabilité d'un tel commerce. Et bien nous avions fait preuve d'esprit visionnaire car effectivement une fromagerie va ouvrir place de la visitation aux alentours du 15 septembre 2004. Déjà implantée dans plusieurs villes dont Nantes, cette enseigne réputée saura impliquer les Angevins dans sa passion des fruits du lait. Nous la connaissons bien et nous vous assurons de sa grande qualité. A bientôt donc ! En attendant, voici tout de même deux adresses.

CLEMOT 39, rue Saint-Julien © 02 41 88 30 64. Ici, le Comté a l'appellation "Fruitier" et a 18 mois d'âge, et le sel de table se décline dans des arômes inédits. De quoi dîner chic et insolite toute l'année. Depuis le changement de propriétaire, le magasin a étoffé son rayon de fromages, et c'est tant mieux. Près d'une centaine de fromages fermiers, de vache, de chèvres, de brebis, à la coupe ou entier se suivent au fil des saisons.

A FUNTANELLA 2, place du Pilori © 02 41 18 07 68. Il est difficile de croire qu'un si petit endroit peu regorger d'autant de bonnes choses. Ici c'est la terre corse qui nous envahit, fromage de chèvre, tomme de brebis, jambon de pays, saucisse sèche mais aussi du vin issu de l'île de beauté et tout aussi hétéroclite que cela soit, des CD de chants traditionnels. Laissez vous tenter par les fromages comme le Alta Nepita, savant mélange de brebis et de menthe poivrée, ou celui enrobé de paprika. Si le temps vous le permet, dégustez-le sur place devant la fontaine de la place du Pilori, au son du clapotis de l'eau, en fermant les yeux vous vous imaginerez dans une calanque de Bonifacio. A l'heure de la parution de ce guide, de nouveaux propriétaires auront sans doute remplacé Véro et Michel.

Marchés fermiers

LA FERME ANGEVINE La Haie-du-Moulin - D56 route de Saint-Clément - BEAUCOUZE ✆ 02 41 48 76 96. Tous les samedis de 8h30 à 12h30, une quinzaine de fermes diversifiées et connues de longue date pour certaines, se rassemblent joyeusement pour écouler leurs délicieuses productions. Ils proposent de tout : viandes (sauf le veau), charcuterie, escargots, pains, fruits et légumes, vins d'Anjou, miel, foie gras, fromages et desserts lactés, biologiques pour quelques-uns, mais tous authentiquement élevés et préparés dans les règles de la tradition fermière. Les viandes sont prêtes à cuire et de délicieuses conserves cuisinées permettent de rapporter chez soi des airs de ferme-auberge.

LE MARCHE DES FERMES BAUGEOISES Parking de Rural-Service - SAINT-SYLVAIN-D'ANJOU ✆ 06 13 49 00 26. *Ouvert les vendredis après-midi de 15h30 à 19h et les samedis matin de 9h à 13h et de 14h30 à 18h.* Seize producteurs fermiers de la région de Baugé se sont constitués en marché de proximité et ont élevé un chapiteau permanent sis sur le terrain de Monsieur Bricolage (Rural Service) à Saint-Sylvain-d'Anjou. Ils écoulent des charcuteries, viandes, volailles et gibiers élevés à la ferme. Des escargots de Cornillé-les-Caves, du miel et dérivés de cire, du vin et des jus de fruits de nos vergers, des produits laitiers entiers, des œufs, des confitures originales, des fruits et légumes. Il n'y a guère que le stand d'huîtres qui n'est pas du Baugeois. On prend sa petite ardoise sur laquelle chaque fermier note son total et on passe en fin de parcours pour régler ses achats. Tout se passe dans une convivialité succulente, d'autant que les tarifs sont très corrects en regard de l'authenticité des saveurs.

Marchés de ville

Mardi

Avrillé (après-midi, centre) • Belle-Beille (place Victor-Bernier, très restreint, un primeur, un boucher et un charcutier) • Chalonnes (le bourg) • Saint-Barthélémy-d'Anjou (centre) • Villesicard (près des Justices).

Mercredi

Monplaisir (boulevard Alloneau), place Lafayette. Place Lafayette : en qualité et choix de produits alimentaires, ce marché se positionne juste après le grand marché du samedi. Pour le poisson et les fruits de mer, il y a vraiment de quoi réveiller ses envies, et surtout des étalages suffisamment nombreux pour pouvoir bien comparer les produits du moment. D'ailleurs, il y a peut-être moins de bouchers-charcutiers-tripiers que de poissonniers (notamment le mercredi).

Côté fruits et légumes, c'est épatant aussi, avec une forte présence de petits producteurs régionaux. Enfin, question fringues, tous âges, tous style, c'est assurément le meilleur. Un marché toutefois qui mélange moins les gens qu'ailleurs, où l'on croise les messieurs et dames chics des quartiers alentour.

Jeudi

Square Jeanne d'Arc (tout petit marché) • Trélazé (matin, Les Plaines), place Bichon, boulevard Clemenceau et jusqu'au carrefour de la rue de la Meignanne.

Vendredi

Belle-Beille (place de la Dauversière) : beaucoup plus intéressant que celui du mardi dans ce même quartier de Belle-Beille. Bon choix de fruits et légumes, viandes, un étalage de poisson satisfaisant et quelques fripes • Grand-Pigeon (boulevard des Deux-Croix) • les Ponts-de-Cé (place Leclerc) • et Avrillé (Bois du Roy).

Samedi

Le Grand Marché, places : Leclerc, Imbach (brocante, bouquinistes) et Mendès-France, marché aux fleurs boulevard de la Résistance et de la Déportation (près de la Mairie) et produits bio rue Saint-Laud (charcuterie, miel, galettes) • marché à la Ferme à Beaucouzé (La Haie du Moulin). Place Lafayette : moins important que celui du mercredi, mais une belle ambiance de marché et la présence de nombreux produits bio.

Dimanche

Monplaisir (boulevard Allonneau) : sans doute le plus coloré et le plus dépaysant, un véritable voyage en Afrique du Nord (épices, tissus, fruits et légumes…) et les terrasses de café à proximité pour un thé à la menthe parfumé • Les Ponts-de-Cé (La Chesnaie) • Trélazé (place Gabriel-Péri) • Saint-Sylvain-d'Anjou et Beaucouzé (le matin).

www.cointreau.com
ESPRIT
SUR
GLACE
* Cointreau est distillé à partir
d'écorces d'oranges douces et amè
COINTREAU
Spécialité de France depuis 1849
Harmonie subtile de l'Esprit naturel des Oranges Douces et Amères
% vol.
Distillerie Cointreau
COINTREAU
L'ESPRIT D'ORANGE
L'ABUS D'ALCOOL EST DANGEREUX POUR LA SANTÉ. À CONSOMMER AVEC MODÉRAT

Poissons et fruits de mer

LA CRIEE 104, avenue Pasteur © 02 41 43 73 27. *Ouvert le dimanche matin.* Il y a peu de poissonneries de quartier à Angers, et ce secteur de l'avenue Pasteur est bien privilégié d'avoir tous les jours un si bel étal. L'arrivage journalier des ports bretons et vendéens garantit une fraîcheur irréprochable, tant pour les poissons, les coquillages et les crustacés. Le choix est séduisant et les conseils de cuisson et de cuisine toujours complaisamment donnés. La Criée possède par ailleurs un rayon traiteur reconnu, avec plats cuisinés, terrines, petits anchois marinés pour tapas et apéritif…

POISSONNERIE GOUJON Centre Commercial du Chapeau-de-Gendarme © 02 41 66 72 35. Dès 7h du matin, ce petit coin légèrement en retrait de l'agitation du centre commercial est un paradis pour les amateurs de poissons et crustacées. Cette petite boutique fleure bon la marée. Chaque espèce est étiquetée par provenance. L'accueil est sympa et les conseils de cuisine sont riches d'idées pour celui qui ne sait pas toujours accommoder ces bons produits. Petit détail sympa, la poissonnerie possède, dans le fond, un vivier grouillant de délicieux homards bretons, les meilleurs !

POISSONNERIE DES JUSTICES 166, rue Saumuroise © 02 41 79 07 09/06 08 33 20 28. *Ouvert uniquement les vendredis, samedis et dimanches.* Vous pouvez également retrouver cette poissonnerie avec son camion boutique le mardi et le jeudi, place de la Madeleine, et le mercredi place du Lycée (c'est pourquoi le N° de portable est utile). Il fallait y penser, faire un commerce itinérant pour combler les lacunes de certains quartiers concernant les produits de la mer. Cette poissonnerie a fait des fruits de mer sa grande spécialité et propose des plateaux de 12 € à 22 €, et s'occupe de vos commandes sur mesure.

LE VIVIER 3, place de la Visitation © 02 41 88 63 52. Les anciens employés des Halles, Didier et Bruno ont ouvert cette superbe poissonnerie le 1er avril 2003. La devanture au décor de coque de bateau en bois brun orné d'un hublot, laisse présager de la richesse des produits de la mer vendus. En plus de la grande diversité des poissons, crustacés et coquillages proposés et de leur fraîcheur, la poissonnerie présente des préparations hors du commun, mais aussi de succulents harengs à l'huile. Si vous êtes amateurs de Saint-Jacques, faites un détour, ici elles sont presque de la taille d'un tournedos (en saison), de quoi faire de superbes carpaccios. Quant au choix c'est un paradis pour les gourmands !

Bruno et Didier, heureux poissonniers du Vivier, place de la Visitation.

Huîtres du dimanche

Au 239, avenue Pasteur, à hauteur de la boulangerie-pâtisserie Boissonnot • Place de la Madeleine, entre le Crédit Mutuel et la BPAV • Centre Commercial de l'Horloge, face à la boulangerie du Lac de Maine • Centre Commercial Lorette • Aux Ponts-de-Cé à côté de la boulangerie Allard • Place de l'Académie, face à la caserne des pompiers • Aux Caves du Ralliement, place du même nom • Place Ney, devant Marché Plus • Place Bichon, près du bar PMU.

Produits biologiques et diététiques

BOUCHERIE NERRIERE 11, rue de Brissac ✆ 02 41 88 64 89. M. Nerrière s'est associé à une autre personne, mais la boucherie n'a pas changé de vocation et c'est tant mieux pour nous. L'agrobiologique est au goût du jour, mais il y a déjà bien longtemps que l'on appréciait cette boucherie pour ses choix de qualité et d'authenticité. Pas que de la viande bio ici, mais aussi de la vraie choucroute fermentée crue, à cuisiner avec les saucisses fumées, bio bien entendu…

CABA (COOPERATIVE ALIMENTATION BIOLOGIQUE D'ANJOU) 122, rue de la Chalouère ✆

NOUVEAU

02 41 60 01 61. *Ouvert le lundi de 14h à 19h, du mardi au jeudi de 10h à 19h, le vendredi de 10h à 20h, le samedi de 9h30 à 19h. (du mardi au samedi de 10h à 19h pour celui de Mûrs-Erigné).* Comment faire pour garder son calme et sa sérénité dans ce monde fou ? Allez donc faire vos courses dans cette Coopérative d'alimentation biologique et d'écoproduits. Ici, rien à voir avec les grandes surfaces bruyantes, bondées et soûlantes. Faire ses courses avec la perspective de se faire du bien et de faire du bien devient un moment de détente. Vous pouvez même adhérer à la coopérative et bénéficier de tarifs préférentiels. On trouve ici tous les produits bios du commerce équitable. Les employés sont toujours de bon conseil, souriants et calmes. En partenariat avec des associations locales, la CABA organise des ateliers de cuisine, de jardinage et de bricolage, ainsi que des conférences autour des thèmes bios. **Un deuxième magasin de 300 m^2, plus moderne, a vu le jour mi-avril 2004 à Mûrs-Erigné au centre commercial de l'Aubance 02 41 80 31 28, derrière le centre commercial Rive Sud (Hyper U quoi !).**

RAYONS VERTS 7, square de la Ceriseraie - CA du Landreau - BEAUCOUZE ✆ 02 41 39 24 75. *Ouvert le lundi de 14h à 19h30, et du mardi au samedi de 9h à 19h30.* Boutique d'alimentation biologique et de compléments alimentaires, comme de soins pour le corps nous dit-on ! Ici, on est sûr de trouver des fruits et légumes cultivés sans engrais, sans artifices ou pesticides, des produits qui n'ont pas absorbé de substances toxiques, et dont la culture n'a pas nui à l'environnement. La saveur d'origine des aliments y est donc bien conservée, comme ce pur jus d'orange bio, au prix rédhibitoire de 3,90 € le litre. Mais comme souvent ses confrères, le cadre n'est pas très attrayant ! **Autre adresse : 15, rue de Létanduère 02 41 87 33 89.**

Produits fins et spécialités du terroir

CLEMOT (DELVAL PERE & FILS) 39, rue Saint-Julien ✆ 02 41 88 30 64. Pour trouver des abricots en janvier ou du melon en décembre, c'est là qu'il faut venir s'approvisionner. Une épicerie (très) fine connue de tous les Angevins pour ses conserveries haut de gamme, les produits Hédiard (thés, huiles, confitures, épices…), les vrais saucissons lyonnais (Targe), et sa cave à vins. Ici, le Comté a l'appellation "Fruitier" et a 18 mois d'âge, et le sel de table se décline dans des arômes inédits. De quoi dîner chic et insolite toute l'année. La maison se charge également de vous trouver le produit introuvable que vous cherchez depuis longtemps, moyennant un délai d'attente. Depuis le changement de propriétaire, le magasin a étoffé son rayon de fromages, et c'est tant mieux vu la pénurie en la matière dans le centre-ville. Près d'une centaine de fromages fermiers, de vache, de chèvres, de brebis, à la coupe ou entier.

COINTREAU (LA BOUTIQUE) 2, boulevard des Bretonnières - ZI Saint-Barthélémy-d'Anjou

Anjou Table de Goût

✆ 02 41 31 50 50. Il n'est pas nécessaire de penser à la boutique Cointreau en termes de musée. La boutique possède son accès direct, avec l'avantage de ne pas avoir de problème de stationnement pour votre véhicule. On peut y trouver toutes les marques d'alcool de la société Cointreau et découvrir la grande nouveauté : Cointreau – C, dont l'étiquette annonce Spirit of citrus, qui viendra sans doute parfumer elle aussi les confiseries dérivées de la liqueur. Parmi les idées de cadeaux originaux avec leurs emballages personnalisés vous trouverez tous les objets dérivés (verres, livres de cuisine, etc.).

LE COMPTOIR DES SAVEURS Centre Commercial du Chapeau-de-Gendarme - Géant-la-Roseraie ✆ 02 41 79 02 23. Des conserves de foie gras, des confitures aux mélanges de fruits insolites, des confiseries traditionnelles, des biscuits de nos grands-mères, le tout dans les parfums du café fraîchement torréfié, puisque la boutique est aussi spécialisée dans les thés et les cafés (voir rubrique "cafés et thés").

COULEUR BRETAGNE 5, place de la Visitation ✆ 02 41 72 86 91. *Galettes fraîches (3,10 € les 6), crêpes fraîches (5 € les 12), galettes chaudes garnies, exemples : (2,30 € à l'andouille, 3 € jambon-œuf-fromage).* Toute la Bretagne à travers ses plus grandes spécialités a ouvert boutique sur cette place décidément de plus en plus propice à la gourmandise. Les crêpes et galettes sont faites devant vous, prêtes à emporter, et les étagères regorgent de produits typiques : galettes bretonnes, conserveries de la mer (rillettes de poissons, confit de Saint-Jacques, sauce armoricaine, préparation à base de fruits de mer…), des pâtes aux algues, et on découvre les alcools bretons comme le chouchen à base de miel, le lambig hors d'âge qui est un alcool de cidre, le whisky breton "eddu" (mais oui !), le pommeau (apéritif à base de cidre), la bière bretonne. Quant aux très puristes, ils pourront enfin trouver ici le fameux breizh cola !

LES DUCS DE GASCOGNE 5, rue des Lices ✆ 02 41 88 78 51. Les spécialités du Sud-ouest sont bien connues et appréciées de tous, même si le prix parfois nous retient de profiter à chaque repas du foie gras, des magrets, confits et vins blancs, liquoreux ou rouges, puissants, et d'autres alcools comme l'armagnac ou le fameux "pousse rapière". On arrive à saliver juste en regardant les superbes bocaux et la cochonnaille de cette boutique, qui possèdent un air de fête toute l'année. Une bonne sélection de vins de Bordeaux donne la touche finale à cette gastronomie qui est présentée en conserves, semi-conserves, mais également dotée d'un rayon "frais".

L'EPICERIE ITALIENNE - SAVEURS MEDITERRANEENES 70, rue Jules-Guitton ✆ 02 41 39 11 48. *Ouvert du mardi au jeudi de 9h à 13h30 et de 16h à 19h30, et le vendredi et le samedi de 9h à 19h30.* Ouverte à cette adresse depuis la fermeture des Halles cette agréable boutique ne désemplit pas tellement elle est sympathique. Pâtes sèches de toutes les formes et toutes les couleurs (à l'encre de seiches, aux champignons, linguini...), vins d'Italie, confitures, apéritifs, sauces en tout genre et pâtes fraîches évidemment. Cet antre de la gastronomie sudiste est tenu par un couple absolument charmant et qui cuisine divinement une large gamme de produits frais : raviolis frais, pizzas à emporter ou à commander par téléphone, lasagnes, terrine de légumes, câpres, anchois marinés… mais aussi charcuteries italiennes et fromages gorgés de soleil. Si vous y entrez vous ne pourrez pas résister à l'envie de vous faire plaisir.

LA FONTAINE AUX DELICES 9, rue Saint-Etienne ✆ 02 41 88 75 75. *E-mail : fontaine.delice@wanadoo.fr.* Secteur piétonnier, près de la place du Pilori. L'endroit est calme et le chocolat est ici roi. L'enseigne présente une large gamme de produit chocolatiers, de confiserie et divers produits gourmands, tels les confitures à base de vin de notre région ou de cidre, des confits de pétales de roses ou des biscuits au rosé d'Anjou. Des produits sympathiques pour faire des paniers gourmands ou des petits cadeaux. Côté sucrerie, chocolats chauds à l'ancienne, coucougnettes, quernons d'ardoises ou biscuit à la pomme tapée et côté salé, vin de chez nous et foie gras ou liqueur de chez Combier. Tous les ans la gamme s'agrandit de nouveaux produits comme des pâtes à tartiner au caramel au beurre salé, au chocolat ou au cointreau. Un délice à laisser fondre sur une crêpe ou une tartine de brioche chaude. C'est le lieu propice pour faire ses emplettes régionales. Consultez vite le site Internet : www.perso.wanadoo.fr/fontaine.delice.

A FUNTANELLA 2, place du Pilori ✆ 02 41 18 07 68. Spécialiste de la Corse, de sa charcuterie fine et de ses fromages, forts surtout, A Funtanella va même jusqu'à proposer cartes, livres et topo-guides sur l'île ! Cette petite épicerie-restaurant-cave sent fort le terroir. On apprécie la qualité des produits sélectionnés et leur côté typique et dépaysant, notamment la confiture de cédrats (agrumes) ou la farine de châtaignes, à essayer pour les pâtisseries. Nouveaux propriétaires dès cet automne 2004.

Saveurs provençales à la Provence de Pauline, rue de la Roë à Angers.

LA PROVENCE DE PAULINE 32, rue de la Roë ✆ 02 41 24 76 63. Où l'on découvre qu'il existe non pas une, mais plusieurs olives pour produire des huiles parfumées et subtiles, que les vinaigres balsamiques et fruités se dégustent comme des vins, et que l'on peut aromatiser son eau avec des sirops de melon, de poire, mandarine et autres fruits merveilleux, conditionnés dans des bouteilles aussi belles qu'appétissantes. Où l'on retrouve les apéritifs "d'antan", l'anisette artisanale et l'absinthe légendaire, mais aussi une gastronomie aux sonorités méridionales (pistou et serpolet sont rois...), le tout dans une boutique qui ressemble à la maison de nos rêves, odorante et chaleureuse, où même la salle de bains regorge de douceurs parfumées (voir rubrique "cadeaux et beauté"). Plaisirs de la bouche et du nez tout droit venus de la Provence, ce pays où la gastronomie est haute en couleurs et en goûts. De beaux et utiles objets de table en céramiques peintes aux couleurs du soleil, parent les réceptions festives et apportent la chaleur des aromates méridionaux. Organisation de buffets apéritifs provencaux.

TOUT POUR LA PATISSERIE 57, rue Plantagenêt ✆ 02 41 87 55 83. *Fermé le lundi.* Se faire soi-même ses chocolats ou ses gâteaux est une chose, mais il faut être équipé. L'endroit est unique. Tous les ingrédients et matériaux, introuvables ailleurs, sont présents ici (gélatine alimentaire, fruits secs au poids, décoration pâtissière, moules à gâteaux originaux...). Les apprentis cuisiniers y trouveront de précieux conseils et les cuisinières de quoi réaliser des recettes impensables. On trouve même ici de véritables loukoums ! Un rayon dragées regorge de gourmandises fourrées au sucre, au chocolat et aux amandes.

LES TREILLES GOURMANDES 14, rue Toussaint ✆ 02 41 20 05 87. On repère, dans cette boutique à la devanture chaude décorée de bois, tout ce qui se prépare à partir du canard : foie gras, terrine, confits... ainsi qu'un large éventail de plats cuisinés. Une boutique à taille humaine, très agréable, beaucoup visitée au moment des fêtes. Des paniers et colis cadeaux, personnalisés avec les conserves maison, mais aussi avec des vins d'Anjou, peuvent être composés à la demande tout au long de l'année.

MAUDET LILIANE Le Pinier - NUEIL-SUR-LAYON ✆ 02 41 59 40 62. Présentés en bocaux, les foies et conserves de magrets, de confits d'oie et de canards de cette ferme-auberge comptent parmi les tous meilleurs de l'Anjou. Longtemps présente dans les salons, foires et portes ouvertes de vignerons, la ligne gastronomique de cette passionnée s'achète aussi sur les marchés et chez nombre d'épiceries fines et autres rayons gourmands de boutiques et restaurateurs de la région. Essayez une fricassée de mini-rillauds sur lesquels vous laisserez fondre quelques instants, à four chaud, une émiettée de foie gras ; accompagnez d'une salade verte au vinaigre de framboise et vous nous remercierez ! Elevages et gastronomie tout à la fois, la ligne de production ne se contente pas des conserveries salées mais propose aussi des douceurs raffinées en période de fête.

SEPTANS TRADITION FERMIERE Les Verdelines - SOULAINE-SUR-AUBANCE ✆ 02 41 57 70 16. *E-mail : dominique.septans@wanadoo.fr.* Les conserves de la famille Septans sont bien connues dans le vignoble de l'Aubance et alentour. Ils cuisinent dans leur laboratoire artisanal des conserves sans colorants ni conservateurs de spécialités de cochons. Pour combler les appétits les plus variés et les fines bouches rillettes, rillauds, pâtés, et aussi plats cuisinés de jambonneaux aux cocos ou lentilles sont un régal. La saucisse aux choux (6,50 € les 740 gr) est un régal fondant et pâtés de campagne réellement fins. Toujours présentées en verrines, on devrait tous avoir en réserve quelques-unes de ces conserves pour les dîners improvisés. A découvrir également pour les gourmands, la confiture de lait à la vanille ou parfumée au cointreau, issue de lait fermier entier (2,60 €/250 gr).

Produits étrangers

LE COMPTOIR D'ASIE 34, rue du Cornet - Petite rue descendant de la place Romain © 02 41 88 53 54. Un bric-à-brac asiatique et pseudo-africain offrant toute la panoplie des épices, condiments, aliments secs et primeurs exotiques que l'on retrouve dans les restaurants d'Extrême-Orient ou d'Afrique noire. Pour accompagner le merveilleux riz parfumé thaïlandais, on ne saurait trop vous conseiller de cuire poissons ou viandes découpés en menus morceaux dans des sauces, innombrables et prêtes à l'emploi, vendues ici. En deux temps trois mouvements, vous régalerez le palais ordinairement engourdi de vos amis, abasourdis par votre soudaine habileté culinaire.

COTE LIBAN 68, rue Baudrière © 02 41 48 64 70. *Ouvert du mardi au samedi de 10h à 12h et de 14h à 19h.* NOUVEAU Au premier abord cette petite boutique ne paye pas de mine et pourtant dès l'entrée vous serez charmé par les lieux. L'entrée du magasin est consacrée aux produits artisanaux : narguilé et pièces détachés, tissus brodés de fils d'or, reproductions de statuettes antiques. Plus au fond la partie épicerie étale avec gourmandise des nougats aux pistaches enrobées de pâtes d'abricot, des vins tout droit importés du Liban et des spécialités culinaires tels l'houmous (purée de pois chiche), la purée d'aubergine, les feuilles de vignes farcies, mais aussi en surgelés des croissants farcis à la viande, des galettes garnies au fromage ou aux herbes. En plus de tous ces produits qui sentent bon le soleil, le patron qui vous parle avec l'accent de son pays et du soleil dans son sourire, prendra beaucoup de plaisir à vous expliquer la fabrication de ses narguilés mais aussi la meilleure façon de déguster les nougats.

LE PHNOM 39, rue Beaurepaire © 02 41 87 39 44. La constance est de rigueur dans cet établissement à la salubrité douteuse : même en conserve, il est conseillé de vérifier la date de péremption des aliments. Etant le seul épicier spécialisé dans le domaine de l'autre côté de la Maine, l'adresse est intéressante géographiquement. Outre les nombreuses statuettes chinoises, produits de beauté africains et autres jus de lychees en boîte, un large étal de plats préparés et à emporter (un menu à 7 € propose huit plats différents) occupe la boutique.

RIVAGES EXOTIQUES 17, rue Baudrière © 02 41 24 73 20. Dépaysement assuré dans cette boutique-épicerie exotique, spécialisée dans les produits afro-antillais. Ici, gingembre, ignames et bananes plantain sont disponibles frais et côtoient les cosmétiques et la musique de là-bas. La partie la plus surprenante est sans doute celle où l'on trouve un large choix de vidéos importées (livres d'artistes du Mali, de Guinée !). Les gens du pays y retrouveront leurs racines, les autres y découvriront une autre culture.

Epiceries de proximité

DIAGONAL 4, rue de la Gare © 02 41 86 00 67. *Ouvert tous les jours de 8h à 20h et dimanche de 9h30 à 12h30.* Bien pratique pour les habitants du quartier gare, et pour les étourdis du dimanche matin à qui il manque des denrées de dernière minute. Un vrai rayon fruits et légumes frais, et absolument tout ce dont on a besoin, y compris des offres promotionnelles régulières qui rendent ses tarifs tout à fait corrects par rapport aux plus grandes surfaces.

GALERIES LAFAYETTE Place du Ralliement © 02 41 88 05 50. Avant l'arrivée du Monoprix (du même groupe), et après le déclin des Halles, ce sous-sol méconnu tient bon la barre : il faut dire que les habitants du centre-ville n'ont guère le choix pour s'approvisionner. Plus qu'une épicerie de proximité, il s'agit ici d'un grand espace alimentaire, bien fourni en produits frais (viandes, poissons et fromages sont convaincants). Le monopole de ce magasin ne l'empêche pas d'afficher des prix très abordables (produits Monoprix). Service de commande et livraison dans la journée.

MARCHE PLUS 23, place Montprofit © 02 41 24 68 03. *Ouvert du lundi au samedi de 7h à 21h et de 7h à 13h les dimanches et jours fériés.* On ne vient pas ici pour les qualités gastronomiques de la viande ou même des fromages, parfois décevants, mais comme dans toute épicerie de proximité de ce genre, pour se faire dépanner de quelques produits. En journée et pour le plaisir des anciens du quartier, on peut y déposer ses vêtements au point pressing, développer des photos, photocopier la pièce d'identité qu'on a oublié de joindre au dossier, ou plus, selon l'importance du Marché plus de son quartier. **Autres adresses : 1, place Lafayette 02 41 24 14 65 • 1, rue Boreau (place Ney) 02 41 60 46 01 • Boulevard Saint-Michel 02 41 43 82 92.**

PROXI STATION FINA 42, rue Paul-Bert - Proche patinoire © 02 41 88 47 76. *Ouvert de 6h à 22h et jusqu'à minuit les vendredis et samedis.* Voilà un carrefour bien connu des couche-tard, avec d'un côté cette supérette qui permet un ravitaillement d'urgence tardif, et son alter ego d'en face (tabac ouvert jusqu'à minuit en semaine).

Vins et spiritueux

Un dossier complet sur les vins d'Anjou, présentant une centaine de caves, est à découvrir en fin de guide. Découvrez ici les cavistes de la région angevine.

MAISON DU VIN 5bis, place Kennedy © 02 41 88 91 13. Voir début de la rubrique Vins d'Anjou et de Saumur.

Cavistes

LE BOUCHON ANGEVIN 44, rue Beaurepaire © 02 41 24 77 97. Un lieu multicarte qui a eu l'excellente idée de concilier cave et restaurant (le seul sur Angers). Et l'idée n'est pas si bête que ça, car en venant dîner, rien ne vous empêche de flâner longuement parmi les bouteilles et les belles surprises vous y attendent, ainsi que certains émerveillements. Si l'on connaît déjà de réputation les trésors du Bordelais, on sera étonné de l'incroyable collection des vins d'Anjou, des aubance et coteaux-du-Layon, et encore plus de voir que ceux-ci peuvent atteindre des prix dignes de leurs grands frères du sud-ouest. Si on est Angevin, on se sent quelque peu fier d'une telle sélection.

LA CAVE BEAUREPAIRE 67, rue Beaurepaire © 02 41 87 27 61. Ce jeune caviste a fêté en 2004 les cinq ans de son installation dans ce quartier aujourd'hui très vivant. Malgré la proximité de son confrère, le Bouchon Angevin, Franck a su faire connaître sa cave et se faire une clientèle d'habitués, autant pour ses conseils en vin de Bordeaux, que pour son amour de la vigne et des bons vins. La boutique pourrait apparaître petite, bien que logée dans une des plus belles demeures du coin, mais son sous-sol renferme les bouteilles qui n'attendent que leurs acquéreurs. Le choix proposé est large car en plus des bonnes bouteilles telles celles qui trônent dans le magasin et que tout le monde admire, un jéroboam de Bordeaux 1986, on y dégote des apéritifs originaux comme le guignolet Roi René, la versinthe ou encore la bière brigantine originaire de Pornic.

Notes sur le whisky, par Xavier Rousselot

1494, première trace d'eau-de-vie distillée à partir d'orge maltée en Ecosse (le maltage est la transformation de l'amidon en maltose = Malt). Aujourd'hui, le whisky est le spiritueux le plus consommé en France en valeur avec plus de 100 millions de bouteilles vendues par an.

Le scotch whisky est élaboré à partir d'un mélange d'eau, de malt, et éventuellement d'autres céréales transformées en un moût fermenté par addition de levures. Il doit être produit et distillé en Ecosse et devra vieillir en Ecosse dans des fûts en bois pendant un minimum de trois ans, avant d'être mis en bouteilles à une force alcoolique supérieure ou égale à 40 %.

On distingue trois grandes variétés de whiskys écossais :

Le Single Malt (haut de gamme de la production) équivalent du propriétaire récoltant pour le vin, est le produit d'une distillerie de malt qui donne son nom au whisky ;

Le Pure Malt équivalent d'une coopérative pour le vin, est un assemblage de single malt ;

Le Blended Scotch équivalent d'un négociant pour le vin, est un mélange de single Malt et de single grain (alcool issu d'autres céréales sauf l'orge).

Mais si le whisky se conjugue principalement avec l'Ecosse, il ne faut pas oublier la production de l'Irlande, des Etats-Unis, du Japon et de la France de façon symbolique avec une production originale à base de blé noir.

Le single malt se consomme de plus en plus grâce aux embouteilleurs indépendants qui nous font découvrir la richesse et la diversité de cet univers, par le biais de distilleries inconnues, de vieux whiskys et de whiskys non filtrés à froid qui apporte du gras et de la richesse aromatique aux whiskys.

Bonne dégustation, Xavier Rousselot – Inter-caves, Angers.

NOUVEAU ETABLISSEMENT OUVERT DEPUIS LA DERNIERE EDITION DU PETIT FUTE

INTER CAVES (anciennement Caves Entrepôt) 30, boulevard du Doyenné © 02 41 34 78 67. *Fermé le lundi matin.* Chez les Rousselot, vous n'entrez pas simplement dans un magasin de vins, mais chez des collectionneurs. Il y a les bouteilles et les réserves présentées au centre, de toutes origines, en version 5 litres ou 10 litres, et puis il y a la pièce climatisée à 17°C où se cachent les grands crus classés, couchés dans des tiroirs comme des belles au bois dormant et que l'on vous dévoile ici non sans une certaine fierté. Des coteaux-du-Layon 1947, des grands champagnes rares pour n'en citer que quelques-uns. Mais il faut l'avouer, on ne peut pas résister à l'admiration absolue devant le fabuleux rayon des whiskys : plus de 150 marques, dont certains ont plus de 50 ans d'âge, et même du port ellen, dont la fabrication s'est arrêtée en 1983, mais dont les Rousselot (peut-être les seuls en France) possèdent encore quelques bouteilles. De très belles idées de cadeaux avec les "bourriches" que vous garnirez des produits de votre choix (conserveries gastronomiques et vins assortis).

Une distillerie chez les cavistes

Si la boutique Combier, ses alambics et ses visites sont à Saumur, la gamme de cette admirable maison se trouve dans pas mal d'adresses sur Angers, chez tous les cavistes (dont rue Beaurepaire, boulevard du Doyenné, Saint-Aubin, Rural-Services, avenue Patton, pour ne citer qu'eux), dans certaines boutiques comme la Fontaine aux Délices place du Pilori et chez les restaurateurs comme à l'Auberge d'Eventard, le Lucullus, le California ou encore au pub James Joyce. Jean-Baptiste Combier fonda en 1834, la plus ancienne distillerie du Val-de-Loire toujours en activité. La macération concerne la fabrication des crèmes et des liqueurs. Les fruits dénoyautés à la main sont tout d'abord écrasés et mis dans une cuve en cuivre remplie d'alcool neutre. Ensuite, l'infusion (résultat de la macération) est filtrée et on y ajoute un sirop. Les splendides alambics de cuivre servent toujours à la fabrication artisanale du triple sec et du royal combier. Cet établissement produit par ailleurs près de 30 sortes de liqueurs et de crèmes différentes (dont une liqueur de pétales de rose, idéale pour parfumer le melon), une autre à la myrtille (produite à la Breille-les-Pins), des fruits à l'eau-de-vie, des bases de cocktails et un "pastis d'antan" qui peut se boire sec, en digestif. On conseille une douce et étonnante liqueur de noisette pour agrémenter desserts et coupes glacées. A retenir également un extraordinaire guignolet du roi René (la plus ancienne des marques déposée pour ce breuvage). Pour les enfants de délicieux sirops aux parfums capiteux (entre autre : banane verte, fraise, grenadine, orgeat, violette et la rose) ainsi que quelques nouveautés originales les attendent (framboise, cerise, menthe glaciale, pomme verte et vanille).

COMBIER 48, rue Beaurepaire - SAUMUR © 02 41 40 23 00. *Site Internet : www. combier.fr. E-mail : tourisme@ combier.fr.*

ETABLISSEMENT RECOMMANDE PAR LE PETIT FUTE

LA CAVE SAINT-AUBIN 24, rue Saint-Aubin ✆ 02 41 87 26 26. *Ouvert de 10h30 à 13h30 et de 15h à 19h30, et le dimanche matin jusqu'à 13h.* Gentiment blagueur, ce jeune homme très accueillant et au nez fin n'est pas peu fier de sa petite entreprise et de ses références en vins de Loire, bordeaux, bourgogne, côtes-du-rhône, champagne, mais aussi whisky, scotch et autres spiritueux (près de 450). Depuis 18 ans dans le métier, il a le langage d'un passionné et d'un fin connaisseur, ainsi il saura parfaitement vous conseiller sur nos bons vins d'Anjou ou autres nectars français. La demande et sa soif de découverte, grandissant ensemble, lui ont permis d'étoffer généreusement son offre en vins doux naturels du Sud de la France ou de la péninsule ibérique. Depuis peu il propose aussi une gamme de produits du terroir (foie gras principalement mais aussi des plats cuisinés) pour accompagner avec bonheur les bons vins qu'il propose. Livraison à domicile possible.

LA CAVE DES VINS DE FRANCE 9-11, avenue Patton - Belle-Beille ✆ 02 41 48 15 09. *Site Internet : www.cave-des-vins-de-France.com.* Superbe cave, vaste et chaudement décorée, inscrite ici en deux espaces. L'un où le vrac se dispute les petites trouvailles du moment et un choix important de bières et quelques produits du terroir pour caler les faims, et l'autre, sous forme de salon-vinothèque aux bois blonds et reposants. Belle mise en valeur des vins et spiritueux par thème, dont un joli et complet meuble dédié aux excellents produits Combier. Un clin d'œil aux whiskys avec le carré de moquette écossaise à ses pieds. Espace verrerie, cadeaux œnologiques et une étagère à magnums (c'est souvent bien meilleur !). Retenons un pommard 1995 les perrières à 15 €, un saint-estèphe 2001 château Bel Air à 23 € et 3 coups de cœur du caviste : côte de duras domaine Mouthe le Bihan, côtes-du-rhône domaine l'Anglore (Eric Pfifferling à Tavel), saumur domaine du Pas Saint-Martin (Laurent Charrier à Doué la Fontaine).

LE GRAPILLON 271, rue Saumuroise ✆ 02 41 47 53 61. Dans ce quartier populaire et vivant des Justices, ce caviste tient une bonne place, tant par son aimable convivialité que par le choix excellent de ses vins. En bouteille mais aussi en fûts, le patron vous conseille patiemment, surtout si vous n'y connaissez rien ! Ne vous attendez pas à un choix immense mais à un choix intelligent dans cette petite boutique. A noter un très beau rayon de grands scotchs pur malt de 8 à 15 ans d'âge, ainsi que des rhums et apéritifs artisanaux et quelques conserves angevines (mais oui, on fait aussi du foie gras en Anjou).

Vivre le vin

Jean-Michel Monnier, œnologue (conseiller en vinification auprès des vignerons de la vallée de Loire, et auteur de 5 ouvrages sur la dégustation, les accords mets - vins, la création de la cave et les nectars ligériens) propose des formations ludiques et techniques sur plus de 25 thèmes œnologiques. Acteur investi dans les diverses manifestations vinicoles de renom, il met son savoir et sa passion au service des œnophiles amateurs ou éclairés. Devis uniquement pour les groupes, sociétés et clubs associatifs…

LOIRE ŒNOLOGIE PROMOTION 22, rue des Moulins - BOUCHEMAINE © 02 41 36 24 21

Mathieu Tijou vous fera partager dans la magnifique propriété familiale sa passion pour les vins de Loire, les subtilités de leur élaboration. Organisation de soirées à thèmes dans toute la France, ainsi que du tourisme œnologique. Réservation et devis par téléphone pour les groupes uniquement. Il a avec Jean-Michel Monnier, créé une carte très complète de plus 60 vins authentiques de propriétaires de Loire mais également du monde entier (Chili, Australie…) Catalogue disponible sur demande.

ŒNOLOGIE LOIRE SEDUCTION Château Soucherie - BEAULIEU SUR LAYON © 02 41 66 37 54

LA SYMPHONIE DES CEPAGES 59, rue Saint-Laud © 02 41 20 01 31. On dit que nul n'est prophète en sa patrie, c'est peut-être pour cela que le patron a quitté sa Hollande natale pour venir chez nous prêcher l'art du vin français. On trouve dans sa cave tous les grands crus bien de chez nous, y compris une belle part réservée aux vins régionaux. Mais il est plus surprenant encore d'y dégoter du vin issu de la viticulture biologique, dont on ne parle pas assez souvent, et qui enchantera certainement les inconditionnels du marché bio qui se tient chaque samedi devant cette vitrine.

V AND B 36, boulevard Gaston-Birgé © 02 41 32 28 56. Les amateurs de bières auront intérêt à faire ce (grand) détour aux limites de la ville, car c'est la caverne d'Ali Baba qui délivre des bières de tous les pays du monde. La Belgique est largement représentée, mais plus rare, on trouvera les kristal weissbier de la Bavière, les brunes caramélisées de l'Irlande, bref ! Plus de 200 marques en tout. Côté vins, c'est l'insolite qui prédomine, le cépage minuscule et rare et la découverte des vins étrangers (Amérique du Sud entre autres). Un bar permet de déguster sur place dans une ambiance très pub, animée une fois par mois par une soirée musicale à thème. Une bonne adresse à faire circuler de bouche à oreille, vu l'emplacement.

VIN SUR VIN 3bis, rue d'Anjou © 02 41 87 25 66. *Ouvert du lundi après-midi au dimanche matin..* Située à quelques mètres de la place de la Visitation, cette petite échoppe est tenue par un des plus anciens cavistes d'Angers qui vous conseille selon vos besoins et vos envies avec beaucoup de tact et de gentillesse. Assez sobre, la boutique offre une gamme de vins et de champagne très complète et pour tous les budgets. Côté apéritifs et spiritueux on peut noter la présence de toute la gamme Combier et d'une belle gamme d'apéritif du Sud comme des anisettes artisanales ou encore du rinquinquin ou de la versynthe.

VINO VINI 10, place Rabelais - LES PONTS-DE-CE © 02 41 79 30 00. Michel Biotteau, le patron des lieux n'est pas seulement un fin connaisseur, c'est surtout un amoureux du vin. On peut donc être assuré d'avoir pour la bouteille que l'on choisit chez lui le même coup de cœur qu'il a eu en sélectionnant ses producteurs. Ce n'est d'ailleurs pas par hasard que les Angevins se déplacent jusqu'aux Ponts-de-Cé pour venir chercher de quoi enchanter leur table du dimanche, car la boutique est ouverte même ce jour-là et certains jours fériés.

RURAL SERVICES Centre Commercial Rural-Service - SAINT-SYLVAIN-D'ANJOU ✆ 02 41 21 17 17. Ce centre, bien connu des Angevins futés, se compose de cinq espaces distincts, dont celui consacré au vin. Ce dernier retient toute notre attention par ses dimensions et le choix qu'il maîtrise à merveille. Les rayonnages harmonieusement disposés présentent tous les vignobles, y compris étrangers, et laissent la part belle aux producteurs de l'Anjou, du Saumur et du Val-de-Loire. De nombreuses idées cadeaux œnologiques, verrerie, carafes, tire-bouchons, livres de caves, accessoires, bibliothèque, etc., côtoient le rayon cave et mise en bouteille, riche de nombreuses cuvées pour le vrac. Les jeunes cavistes savent éveiller nos sens et se permettent parfois d'aiguiller nos recherches diffuses. Un merveilleux choix également au niveau des alcools surtout en matière de whisky avec une gamme allant du classique pur malt écossais au moins courant et anodin whisky japonais.

WALLOP Rue du Bon-Puits - Face au parc Expo - SAINT-SYLVAIN-D'ANJOU ✆ 02 41 43 47 20. Etablissement familial depuis 1926, le trio père enfants - Serge, Bruno et Brigitte Wallop - a su tisser un réseau de vignerons et de clients dans toute la France. Le travail de ces sommeliers est de permettre aux connaisseurs comme aux amateurs de pouvoir être conseillés selon ses goûts et ses envies, mais aussi de faire connaître de petits cultivateurs pour qui ils ont eu un coup de cœur, ou de grands crus millésimés plus rares à trouver. On découvre donc cette adresse où l'art du vin peut être effleuré ou consommé à tous les niveaux du plaisir, puisque l'on peut s'offrir une gamme complète de vins de Loire et de tous les horizons. Une gamme de cadeaux et de verrerie est en exposition. Le fin du fin réside dans la possibilité de découvrir en privé ou lors de soirées à thème, dans une superbe salle dédiée à l'art de la dégustation, un panel impressionnant de tous types de nectars. Cette honorable maison a réellement bien fait son travail de vulgarisation auprès de tous les restaurateurs qui ont trouvé en elle le partenaire idéal pour constituer leur carte.

N'oubliez pas de consulter le chapitre vins d'Anjou et de Saumur en fin de guide où 80 viticulteurs sont présentés.

© Photos.com

Se détendre

- sorties
- spectacles
- culture
- loisirs
- sports

sorties

Bars de jour

A FUNTANELLA 2, place du Pilori © 02 41 18 07 68. Dès les premiers rayons du soleil, on se précipite sur la terrasse de ce sympathique bar corse. Rien ne vaut une bonne sieste comme savent le faire les gens du Sud. Au cœur du plateau piétonnier, laissez-vous griser par le soleil et un vin cuit corse ou une bière aux herbes du maquis. La terrasse laisse jouer ses charmes sur les passants pour les attirer dans ce charmant bar restaurant épicerie. A l'heure de l'apéritif accompagnez donc votre petit verre d'une assiette de charcuterie et de fromage, à déguster avec les doigts bien entendu.

LE BAR DU CENTRE 12, rue Saint-Laud © 02 41 87 45 07. *Ouvert de 7h à 2h.* Il présente à la fois l'aspect d'un bistrot de quartier, un peu vieillot dans cette rue de plus en plus "tendance", et le vrai bar d'ambiance. D'ailleurs, il joue sur les deux registres : le matin, vous pouvez venir y prendre votre petit café matinal, bien au chaud l'hiver, ou sur la terrasse dès avril. L'après-midi, commence à défiler une clientèle plus jeune, parfois des VIP en mal d'authenticité, et le soir, on y vient avec ses amis pour l'ambiance "bar de nuit" dans son décor un peu sombre, au milieu des photos d'orchestres de jazz et de la fumée de cigarettes. Le genre d'endroit parfait pour une rue piétonne, une halte sympathique au centre de la ville.

LE CAFE DU JOUR 13, rue Bodinier © 02 41 86 80 70. Sans aucun doute le point de ralliement d'une très grande partie de la population angevine, en mal de relations humaines, de discussions ou simplement d'ambiance. Que ce soit le matin pour le café, l'après-midi pour une bière, ou le soir, dans la foule des noctambules, on est sûr d'y trouver des gens que l'on connaît, ou de rencontrer de futurs nouveaux amis. La parole y est libre, chacun y trouve de quoi s'exprimer et s'amuser, et le patron est pour beaucoup dans cette convivialité unique dans le centre-ville. Franchement, que ferait-on sans le Café du Jour ?

LA DESCENTE DE LA MARINE Cale de la Savatte - Quartier Doutre © 02 41 88 49 95. *Ouvert du lundi au vendredi de 11h à 22h et le samedi de 16h à 22h* Une pause vraiment agréable, dès les premiers rayons de soleil en bord de Maine. On se croirait en vacances, loin des rumeurs de la ville, au milieu d'une clientèle décontractée de tous âges. Dans un décor marinier, on peut déguster l'un des excellents arabicas sélectionnés, ou faire sa pause déjeuner (sandwichs, salades, croque-monsieur…).

LE DIPLOMATE 21, rue Saint-Aubin. Adresse intemporelle de la rue Saint-Aubin, simple bistrot de quartier, mais toujours apprécié pour ce petit quelque chose qui fait qu'on s'y sent comme chez soi, comme tous les habitués qui viennent y prendre leur café du matin, ou traîner sur sa terrasse l'été. Tabac-presse par la même occasion (on y achète son Petit Futé), c'est un lieu de vie comme on aimerait les conserver à tout jamais.

DUBLIN'S PUB 18, rue Saint-Georges. Un très beau mur en ardoise donne à ce petit pub un vrai décor authentique, un peu en retrait du reste de la ville piétonne. Les bières irlandaises (Beamish) ont une belle mousse onctueuse et le patron prend un air si attristé si l'on commande une menthe à l'eau qu'on en a presque des remords. Une clientèle jeune mais très calme discute dans tous les coins sur une musique plutôt rétro nostalgique, soul et bon vieux rock des années 70.

LE GLACIER DU MAIL 2, avenue du 11-Novembre © 02 41 87 42 49. Sans aucun doute "la" plus belle terrasse de centre-ville à Angers, il fait bon prendre un demi ou un jus de fruit en surveillant les enfants qui gambadent sur les gazons ou autour de la magnifique fontaine du parc. Le soir, l'ambiance est bruyante, dans un décor nostalgique de l'aéropostale avec clichés en noir et blanc d'aérodrome, hélice et éléments de voilures accrochés aux murs et aux plafonds. Près du bar, c'est "forcément" convivial, mais entre amoureux, sous l'un des deux mini-kiosques de la terrasse, éclairés d'une vieille lanterne et d'une bougie, le charme est complet.

LE KENT 7, place Sainte-Croix © 02 41 87 88 55. *Ouvert de 9h à 2h, le dimanche de 16h à 20h.* Décidément, malgré la terrasse d'été, c'est l'hiver que l'on apprécie le mieux cette ambiance de pub. Si l'on aime la bière et le whisky, c'est aussi pour la chaleur du lieu que l'on s'y attarde. Patrice et Marylène évoluent au milieu de leurs clients et s'installent même à vos côtés à l'heure du croque-monsieur (très bons les croque-monsieur). Jeunes et moins jeunes s'y côtoient, preuve de la valeur sûre du Kent. Si vous n'aimez ni la bière ni le whisky, demandez à Patrice son fabuleux vin chaud aux épices. Un seul regret, la musique parfois un peu trop envahissante le soir, et, aux dires de certains, l'accueil de qualité inégale surtout à l'égard des nouvelles (jeunes) têtes.

LA VILLA TOUSSAINT (EX LE DUPONT) 43, rue Toussaint © 02 41 88 15 64. Lorsque le restaurant est au calme, quel plaisir de venir dans ce superbe café entièrement redécoré avec ses banquettes pourpres et ses belles tentures blanches, ou l'été, sur la terrasse, fauteuils en rotin et tables en teck. Terrasse, demi-terrasse, ou intérieur, l'ambiance change avec chaque décor et donne à ce coin de rue une atmosphère de villégiature. Les cocktails savent réveiller les plus dubitatifs dans leur grande générosité. La sublime beauté d'Océane, sa gaieté et son naturel ne sont certainement pas étrangers au plaisir que l'on a à venir ici. Voir aussi au chapitre Restaurants.

Bars de nuit

L'ABBAYE CAFE 40bis, boulevard Ayrault © 02 41 24 98 39. Le cadre est sans nul doute le plus beau et le plus riche de la ville. Murs en tuffeau, décor élégant en bois et vitraux religieux. La salle à l'étage surplombe le bar et fait face à un écran géant sur lequel sont retransmis les grands matchs de foot ou de rugby et toute l'année les clips des diverses chaînes musicales. Quant à la salle du bas, beaucoup plus intimiste, elle fait un peu penser à une boîte de nuit avec des salons de velours rouge autour d'une petite table basse. On s'y sent d'autant à l'aise que ses vastes dimensions permettent une bonne aération ainsi qu'une forte ambiance sans jamais se marcher dessus. Tout au long de la journée des clients tout à fait hétéroclites se succèdent. De l'étudiant de la fac l'après midi à la jeunesse dorée au bout de la nuit, chacun saura trouver son créneau. C'est un bar branché où l'ambiance règne assez tard dans la soirée.

L'AUTREMENT CAFE 90, rue Lionnaise © 02 41 87 61 95/06 16 68 03 69. Voilà bien un café qui ne pouvait pas porter un autre nom que celui-là. En effet, on ne vient pas ici seulement pour "sortir", mais toujours pour une autre bonne raison. Ce peut être le dernier mardi du mois pour la soirée jeux : on vous distribue des petits jeux de société rigolos et vous passez à votre voisin quand c'est terminé. Vous y viendrez aussi peut-être parce que c'est un soir de pleine lune, et on sait que les cheveux coupés cette nuit-là repoussent plus vite, alors l'Autrement café vous propose un service de coiffeur chaque mois. Ou alors, vous êtes un amoureux des livres, et vous viendrez les soirs où l'association Passe-livres occupe les lieux : on vous prête un bouquin et en échange vous prêtez celui que vous venez de finir et dont vous voulez faire partager le contenu. Bref ! L'originalité et l'ambiance de ce café ont amplement compensé un emplacement excentré et discret. Les prix des consommations ne sont pas plus élevés qu'ailleurs et il y a un bon choix de bières. Comme quoi, lorsqu'on est bon, le succès arrive vite : Il est fortement conseillé de réserver pour les soirées spéciales.

LE BAZAR 41, rue Parcheminerie © 02 41 87 24 23. Kamel, l'ancien patron, n'est plus là, mais le style et la déco perdurent. Ambiance tranquille malgré l'affluence, on vient ici parler avec les copains, même s'il faut élever la voix à cause de la musique qui monte elle aussi en intensité au fur et à mesure de la soirée. Le prix des consommations est à peine plus élevé que celui d'un bar de jour, excepté les cocktails au rhum, mais le ti punch servi au verre de 8 cl à 1,50 € rassurera les fauchés pour accompagner l'assiette de charcuterie. L'endroit est petit, mais c'est fou le monde qui arrive à entrer entre ces deux murs ; c'est sans doute la preuve qu'on s'y sent bien.

Et vous, avec qui vous réveillez-vous ?
6h-9h30
Réveil en douceur
en écoutant
Good Morning
Angers
*Mes chansons préférées
*Mon horoscope
*Mes infos
*Ma météo
Chérie
Fm
105.1
Vos plus belles émotions
Écoutez Chérie Fm sur cheriefm.fr - toutes les fréquences au 08 92 68 00 50 (0,34€/min)

LE CARPE DIEM 15, rue Saint-Maurille © 02 41 87 50 47. *Ouvert du lundi au samedi de 12h à 1h.* Ce tout petit café enfoui dans les ruelles qui serpentent derrière la place du Ralliement tient une place importante dans la vie nocturne de beaucoup d'Angevins. Marginal depuis toujours, il accueille une clientèle qui préfère une certaine intimité pour pouvoir s'exprimer lors des soirées philo, des soirées livres, ou tout simplement rencontrer l'amitié autour des délicieuses liqueurs artisanales du patron. Les soirées concerts sont toujours bien organisées et de bon goût, et les autres soirs, la musique d'ambiance (plutôt folk des années 70-80) un rien baba cool, ne vous oblige pas à hurler pour vous faire entendre. Mais attention, les tartines variées promises sur la carte, dépendent de l'humeur du patron… Certains soirs il vaut mieux avoir mangé avant de venir ! Et certains soirs, on trouve le café fermé, sans raison, mais c'est sans doute là une manifestation de l'esprit de liberté qui souffle sur le Carpe Diem.

LA CASA DE CUBA 23, boulevard Foch © 02 41 20 03 28. Voilà enfin sur Angers un vrai bar latino. En plus du décor qui fait penser à Hemingway et à Cuba, l'ambiance qui y règne est ensoleillée. Les cocktails essentiellement à base de rhums offrent un vrai dépaysement tout comme les tapas présentées sous forme de plateaux de petits bols remplis d'épices, de crustacées, de piments et autres spécialités du Sud, même si elles ne sont pas d'une grande finesse. Histoire de mettre encore plus d'ambiance, le jeudi soir, un professeur de salsa investit les lieux, pour faire découvrir aux novices comme aux adeptes les rythmes endiablés des danses latinos. Un bar plutôt de soirée.

LE DOME 15, rue de la Roë © 02 41 88 65 69. En lieu et place de la discothèque le Copacabana, s'est installé depuis quelques mois ce tout nouveau bar, lounge, discothèque. Lounge bar de la fin d'après-midi à 21h pour les apéritifs entre potes, puis discothèque avec piste de danse jusqu'à 2h du matin. Un peu de la vie parisienne et de ses folles nuits endiablées dans notre petite ville un peu guindée. Le bar, élément central, se veut super-tendance et au top des nuits angevines. Très moderne avec des vitres rétro éclairées, un coin banquette comme dans toutes les boîtes de nuit et un mobilier stylisé. En bref une déco bien pensée pour des soirées accessibles à une large clientèle. En effet si le grand et balaise videur se charge de choisir la clientèle, c'est plus pour en imposer par sa prestance que pour vraiment faire un club select. Les consommations ont un prix standard pour une boîte, on regrette seulement que la clientèle ciblée par le patron représente un peu trop la jeunesse dorée de la ville et évidemment le lieu risque de s'embourgeoiser. Pourtant la "modern music" (techno, house, Rn'B) n'attire pas vraiment les VIP du centre-ville.

INISHMORE 20, rue Château-Gontier © 02 41 88 10 09. L'ambiance intime et chaleureuse dans un décor très rustique, (murs, plafond et sol en bois) fait de ce pub un des bars de nuit les plus tranquilles du centre-ville. La musique, qui préfère les vieux rocks des années 70-80 n'est jamais envahissante, et l'on peut paisiblement faire son choix parmi la vingtaine de bières (irlandaises, mais aussi belges ou bretonnes), les whiskys ou les purs malts, tout en suivant la partie de fléchettes à laquelle se joint facilement le patron. Celui-ci, avec son accent sympathique et son accueil simple et amical, est un Irlandais pur souche, pas de doute !

JAMES JOYCE 40-42, boulevard Carnot © 02 41 87 76 87. *Ouvert du lundi au samedi de 12h à 2h et le dimanche de 16h à minuit. Le mercredi, session de musiques irlandaises.* Une des plus grandes salles de la ville en matière de pub. Son immense bar circulaire occupe le centre, et dès les beaux jours, les tables envahissent le trottoir. Pourtant, on a du mal à y trouver une place après 22h, même en semaine. Les plafonds très hauts permettent de ne pas s'y sentir à l'étroit, même si c'est bondé. La clientèle est hétéroclite, un peu boudée pourtant par les très jeunes, au profit des trentenaires et plus qui y viennent aussi pour regarder les matchs de rugby sur l'écran géant. Et puis les violons irlandais à notre époque, ne font plus le poids face au son House et techno… Mais l'endroit a beaucoup de personnalité et c'est tant mieux.

MATT MURPHY'S 25, boulevard Foch © 02 41 87 00 61. *Tous les jours de 11h30 à 2h.* Calme brasserie dans la journée, l'endroit se transforme le soir, et surtout le week-end, en pub irlandais bien vivant, à l'ambiance festive et bruyante. Les amateurs de bières et de whiskys sont comblés, le cadre est confortable bien qu'assez sombre dans les salles du fond. La restauration a de longues plages horaires (voir rubrique restaurants), et la terrasse est envahie dès les premiers rayons de soleil. Un lieu assurément chaleureux où tous les genres cohabitent.

NARGUILE CAFE 4, rue des Deux-Haies © 02 41 87 49 66. *Ouvert de 17h à 2h du matin. Narguilé : 7 €, Théière 6 personnes menthe ou cannelle : 10 €.* Ouvert depuis quelques mois cette adresse offre aux Angevins un lieu dédié à cette tradition d'Afrique du Nord, le narguilé. L'ancien bar Chez Dédé, a été entièrement redécoré de tentures rouge et blanc pour donner un côté oriental à ce lieu nocturne. Et c'est très réussi. Trois niveaux, une salle principale avec cheminée, une mezzanine et une cave voûtée, offrant de larges banquettes, des coussins et même des peaux de moutons sur lesquelles on s'assoit confortablement pour fumer à son goût du tabac à la menthe, au réglisse, à la pomme et bien d'autres parfums. On espère que l'adresse va rester aussi sympathique et la population éclectique.

O'JACARE 45, rue Parcheminerie © 02 41 86 19 82. *Du lundi au samedi, de 17h à 2h.* C'est l'ambiance qui domine avec son DJ à l'entrée du bar qui mixe electro, techno à volonté. Au fur et à mesure que la soirée avance la chaleur monte et si le bar est surtout envahi par des habitués n'hésitez pas à franchir la porte car l'ambiance est chaleureuse.

L'OKAPI 2, rue des Deux-Haies © 02 41 86 05 00. Envahit par les étudiants de la ville mais aussi par une clientèle de jeunes et d'habitués. Les pièces creusées à même la pierre et le schiste font de cet endroit une architecture originale et typique des caves angevines. Le mobilier est restreint et les clients se déhanchent aux sons endiablés des DJ's locaux qui viennent officier dans les sous-sols. Idéal pour les soirées, entre potes, autour d'un bon cocktail comme le "cucaracha" (rhum) enflammé au chalumeau par le jeune barman, une des spécialités du bar, à consommer avec modération.

LA PLAGE CAFE CLUB 6, rue Louis-Romain © 02 41 87 53 00. *Fermé les dimanches et lundis. Ouvert de 22h à 2h ; apéros privés (thématiques) de 19h à 21h. Consos à partir de 3,50 € (bière pression), vodka aromatisée 8 €.* Le lieu sûr où l'ambiance est bien là, même en début de semaine et hors saison. Les jumeaux Steve et Jimmy sont désormais bien connus des nuits angevines. Malgré l'exiguïté des lieux la Plage est devenue un lieu incontournable des folles soirées angevines. Impossible d'expliquer le décor car il évolue à chaque soirée à thème, passant des nuits russes et à ses velours bleus recouvrant les murs, aux soirées organisées par de grandes marques d'alcool où le bar est redécoré aux couleurs de la marque avec fringues, chapeaux et tous types de gadgets offerts. Cependant un projet de décoration servant de base à toutes les autres est en train de voir le jour. En tout cas une chose est sûre l'ambiance est là, mais prévoyez des vêtements légers car en plus de vous déshabiller sur les rythmes effrénés la chaleur qui y règne, dû à la petitesse de la piste de danse, vous obligera à quitter votre pull.

LE SAFARI WILD BAR 23, rue Boisnet © 02 41 20 47 09. Salsa, house et hip-hop ont un point en commun au Safari : Le public, qui est au rendez-vous. A croire qu'ici, ce n'est pas la musique qui assure le succès du lieu mais bien l'inverse. Dans un décor colonial, le bar est souvent bondé en fin de soirée. Mais lorsqu'on parvient à entrer malgré tout, si l'on ne perd pas patience au bar, on est vite séduit par l'ambiance festive.

LE TI'BAR 45, rue du Mail © 02 41 87 48 86. La musique des îles accompagne agréablement une carte où le rhum se décline en cocktails colorés ou se déguste dans son simple appareil puisqu'une vingtaine de marques prestigieuses, aux degrés croissants, sont disponibles au bar, juste au-dessus des étranges concoctions en bocaux du patron, fruitées et exotiques. Tous les âges s'y croisent, à tous moments de la journée, mais le soir, l'ambiance tamisée des bougies au bar ou dans la petite salle du fond, avec ses tables basses, rend ce lieu incontournable pour qui aiment le ti'punch et son univers.

LE TWIST 8, rue Saint-Etienne ✆ 02 41 88 72 00. *Du mardi au samedi, de 11h30 à 2h.* Après les 70's et les 80's, si les sixties revenaient en force ? La déco drugstore, très "Happy Days" (Cadillac, juke box et guitares électriques), donne à l'endroit un côté hors du temps, décalé. La terrasse est agréable et s'étend presque jusqu'au NTA. Mais c'est la nuit que l'endroit crée la surprise. On ne dévoilera pas un secret ici en indiquant aux noctambules invétérés (jamais fatigués !) le système d'after ("After five") après 5h, le dimanche matin (ou samedi soir, c'est une question de point de vue) qui rencontre un gros succès… (le bar ferme à 2h et rouvre à 5h, législation oblige). Idéal au sortir des boîtes qui ferment à 4h, pour enchaîner sur la musique électronique des DJ's résidents (Kyssa, Papaye…).

LE WELSH 25, place Imbach ✆ 02 41 88 16 24. *Du lundi au samedi, de 17h à 2h. Chansons françaises le mercredi, soirées musicales le jeudi.* On peut y jouer aux cartes ou aux dames à même les tables, d'autres jeux de société sont disponibles au bar. Le cadre est chaleureux, l'accueil est simple et sincère, ce lieu est fréquenté par une clientèle hétéroclite, soit d'après repas d'affaires ou de jeunes en amorce de fin ou début de soirée. Les soirées à thème sont régulières, la roulée ou la pipe y sont fumées avec décontraction sur un air d'accordéon. Près d'une quarantaine de bières sont disponibles sur la carte et d'autres, en bouteille et moins connues mais appréciées des connaisseurs, sont peut-être derrière le bar, il suffit de demander. Du côté des whiskys, servis avec un verre d'eau fraîche comme il se doit, une trentaine de couleurs ambrées sont proposées mais comme les bières, d'autres peuvent se révéler à la demande auprès de la patronne.

Bowling

SILVER BALL Route de Nantes - ZA BEAUCOUZE ✆ 02 41 73 05 05. *Ouvert 7j/7, du lundi au jeudi de 12h à 2h du matin, le vendredi de 12h à 3h du matin, le samedi de 14h à 4h du matin, le dimanche de 14h à minuit. 16 pistes de bowling, 12 billards (américain, snooker, français), salle climatisée. Tarifs (location chaussures comprise) : 6,40 € par personne la partie après 20h, 8 € le samedi (tarifs préférentiels pour étudiants et scolaires).* Un lieu très jeune par excellence où règne une ambiance bon enfant. Même si certains soirs surtout le samedi sont particulièrement prisés et donc l'attente pour avoir une piste un peu longue, il faut avouer que le rythme est rondement mené et l'amusement au rendez-vous. Vous déambulerez nonchalamment avec vos petites chaussures bicolores et dans une telle ambiance qu'on ne peut que passer de bons moments alors on attend avec impatience le nouveau bâtiment qui devait ouvrir mi 2004 et dont la construction à la place du centre équestre de l'Eperon n'avait pas encore commencé au bouclage du guide. Alors dépêchez-vous de nous offrir 24 nouvelles pistes ainsi que deux salles de réunion pour les séminaires d'entreprises.

Cafés-concerts

LA MOVIDA 22, rue Beaurepaire ✆ 02 41 87 36 68. Philippe, le sympathique patron de ce petit bar vous fera découvrir avec bonheur les spécialités de ce lieu incroyable au cœur de la Doutre. Creusé dans la pierre, les murs sont remplis de petite monnaie en euros et autres pièces étrangères, tradition des pays d'Amérique du Sud et principalement de Cuba. Allez-y déguster la spécialité du bar, la Margarita aux framboises, savoureux mélange de framboises fraîches et de cointreau. Le bar est régulièrement envahi par des musicos de tous styles, prêts pour vous faire danser jusqu'au bout de la nuit.

Discothèques

LE BOLERO 32, rue Saint-Laud ✆ 02 41 88 61 19. Voilà une adresse immémoriale sur Angers, sur laquelle on entend beaucoup de sons de cloches différents, mais qui a le mérite de tenir la route et de traverser toutes les époques et toutes les modes. Une fois que l'on a passé sur la déco néobaroque un peu surprenante, on finit par se sentir bien dans ces murs, pour finir une soirée entre amis sans quitter le centre-ville. Tous les styles de musique sont présents avec une préférence pour le rétro tout de même, ce qui fait que c'est un lieu un peu boudé par les très jeunes, mais dont raffolent les 30-40 ans. L'ambiance de semaine est nettement préférable à celle du week-end, où là, il faut carrément arriver assez tôt pour simplement se tenir debout.

LE MID'STAR Quai Félix-Faure ✆ 02 41 95 71 70. Grâce à son nouvel emplacement, le Mid'Star a gagné en superficie (capacité de 1 000 personnes), mais cela a d'autant plus accentué le problème du stationnement aux alentours. Aucun parking n'a été prévu, les voitures se posent à l'arrache sur les trottoirs et les parkings des entreprises voisines. Mais une fois franchie cette épreuve, il faut avouer que le cadre intérieur du Mid'star mérite le déplacement. C'est grand, très grand, ça brille de partout, et si c'est une des discothèques qui marche le mieux sur Angers, c'est qu'elle donne une réelle image de qualité. Une clientèle jeune mais "fashion", la musique axée sur Rn'B, Rap, et quelques soirées plutôt Techno, House. Le dimanche de 14h30 à 19h, ambiance rétro (tango, valse, rock). Des DJs' vraiment pro, mais des tarifs pas à la portée de tous les jeunes et étudiants (10 € l'entrée hors consommation).

LE PACHA Route de Brissac ✆ 02 41 45 30 02. Plusieurs générations ont déjà fréquenté cette discothèque, et c'est sans doute à cause de sa longévité que la clientèle y est très diversifiée. Ceux qui y venaient déjà dans les années 80 y accompagnent aujourd'hui leurs enfants devenus grands, et c'est là ce qui fait le charme du Pacha : deux salles, deux ambiances, deux clientèles. Une grande salle pour les adeptes de la House-music, du Rap, de la Techno, fréquentée surtout par les étudiants. Une petite salle à l'atmosphère musicale rétro, où il n'est pas rare de voir des familles se retrouver certains week-ends. Une immense terrasse extérieure où il fait bon s'asseoir l'été, et un parking surveillé ajoutent à cette destination de bons arguments pour ne pas rester chez soi.

LE TOPAZE (PENICHE DISCOTHEQUE-CLUB-RESTAURANT) Quai des Carmes ✆ 02 41 88 30 01. Ne vous attendez pas à de la techno ou de la House music, ici, c'est l'ambiance disco sans grande particularité musicale, du moment que l'on s'amuse. La moyenne d'âge est plutôt 30/40 ans, une clientèle souvent attirée par les "soirées célibataires" du jeudi (entrée gratuite et une coupe offerte aux dames), mais en tout bien tout honneur. Ce n'est ni la boîte de nuit pour dragueurs invétérés, ni lieu de rencontres un peu sordide. Une atmosphère bon enfant règne malgré les heures de grande affluence, lorsque la piste de danse s'avère un peu trop étroite. Le restaurant à l'étage supérieur du navire peut être une excellente idée pour débuter la soirée, d'autant que l'entrée de la discothèque est gratuite pour ses clients. Entrée gratuite le dimanche soir et une coupe offerte à tous.

LE METRO Route de Cholet - BEAULIEU-SUR-LAYON ✆ 02 41 78 30 97. *Fermé le lundi.* Une discothèque qui attire de plus en plus les étudiants d'Angers, en grande partie à cause de ses entrées gratuites (tous les soirs pour les filles, le vendredi soir pour tout le monde) avant minuit. 3 salles proposent 3 ambiances différentes, Zook, Raga, House, Rn'B. De célèbres DJs' sont parfois invités ainsi que de "vrais" chanteurs (Tragedy, Willy Denzey en 2003). Pour reprendre son souffle (le plafond bas ne facilite pas l'aération et l'ambiance est plutôt enfumée), il y a une terrasse agréable à l'extérieur, un coin restauration où l'on peut acheter des pains au chocolat tous chauds, chips etc. Soirées étudiantes tous les jeudis soir. Grand parking et navettes gratuites à partir du château.

CABANE BAMBOU Les Rivières - JUIGNE-SUR-LOIRE ✆ 02 41 91 94 05. *Ouvert du jeudi au samedi.* Cette adresse tombée bien bas il y a quelques années, où tous les quadras d'aujourd'hui ont sué il y a 20 ans, s'est refait une belle santé depuis trois saisons. Elle est en partie "réservée" aux plus de 30 ans. En fait, même si elle est ouverte à tous, elle est tout de même devenue le repère des nostalgiques des années 80 qui, arborant la quarantaine et plus, redeviennent systématiquement "jeunes". Groupes d'amis, esseulés, partenaires libres et libérés se mélangent dans une joyeuse programmation musicale hétéroclite. Grand parking éclairé et tarifs assez doux.

JUNGLE JANE Route de Cantenay-Epinard - LE TERTRE-AU-JAU ✆ 02 41 73 93 66. La jungle s'est relookée récemment : les animaux sont toujours là ainsi que le nez du vieux J5, mais la déco a pris un nouvel aspect année 70. C'est d'ailleurs étrange ce retour en arrière, puisque la musique, elle, a fait un bond en avant dans le temps. En perte de vitesse ces dernières années, il semblerait que Jungle Jane, grâce à la "moderne" music regagne du terrain chez les jeunes et aussi chez les gays et lesbiennes (mais les hétéros sont les bienvenus bien sûr !) Mais d'une semaine sur l'autre la qualité musicale est très inégale. DJs' Julz et Arno Gonzales y viennent mixer de temps en temps, les fans adorent... De temps en temps certaines soirées sont gratuites. Reste le parking, pas relooké, lui, mais l'ordre y règne malgré tout

Thé dansant

OMLANDE Le Bois-Thomas - BRION ✆ 02 41 57 27 17. *Tous les dimanches de 15h à 19h avec un orchestre différent toutes les semaines.*

LE FIEF DE LA THIOIRE Juigné-sur-Loire ✆ 02 41 91 91 84. Trois dimanches par mois, de septembre à avril, et certains jours fériés. Contact : Gilles Macé. Un des rares et superbes endroits pour guincher entre personnes qui aiment ça ! Le patron a su mettre à profit l'un des plus beaux endroits de la région et offre aux inconditionnels des thés dansants, la joie de danser dans une grande salle parquetée, accompagné de grands orchestres régionaux comme celui de Mickaël Percher. Les tarifs sont très intéressants, il y a un grand parking et un immense parc fleuri pour souffler un peu.

C7 - JUVARDEIL Le bois de Marmontail - JUVARDEIL ✆ 02 41 33 90 60. Organise de nombreuses soirées dansantes et thés dansants tous les dimanches après-midi. Téléphoner pour réserver les soirées.

ATELIER DANSES DE SALON Maison pour Tous - MONPLAISIR ✆ 02 41 43 84 09. Tous les jeudis après-midi de 15h à 16h30, l'association propose depuis octobre 2003, un atelier danse de salon pour apprendre paso doble, tango, valse ou polka. Gratuit pour les membres, une petite contribution sera demandée pour les autres.

Alors dansez maintenant

Si vous cherchez un lieu pour vous adonner aux danses de salon, lisez le Courrier de l'Ouest, dans l'édition du vendredi et du samedi, un grand nombre de bals et thés-dansant sont annoncés avec le nom de l'orchestre qui les anime.

Karaoké

DO RE MI 10, rue Saint-Jacques © 02 41 48 38 08. *Ouvert tous les soirs à 21h et le dimanche à 15h30. Entrée gratuite.* Le seul club dédié à cette saine passion qu'est la chanson s'est tranquillement installé dans les cœurs de fidèles depuis deux ans dans le quartier Saint-Jacques. Quatre salles confortables, équipées aux normes de sécurité et d'acoustique des discothèques, offrent à tous les chanteurs en herbe l'occasion de pousser la chansonnette jusqu'au bout de la nuit. Un projet prévoit un déplacement possible derrière le Pont Noir, boulevard Yvonne Poirel dans de plus vastes locaux. Le téléphone resterait inchangé. A suivre.

MANDARIN ANGEVIN 106, avenue Victor-Chatenay © 02 41 43 83 32. Dès 22h, à peine votre dessert avalé, la piste de chant s'allume et le micro sort de son étui. On sait les Asiatiques fans de karaoké, et ils vous le prouvent chaque samedi avec une organisation bien rôdée : on réserve sa chanson sur une liste distribuée à table, et peu se font prier pour pousser la rengaine. Pour ceux qui sont venus simplement dîner et qui ne s'y attendent pas, ce n'est pas toujours une très bonne surprise en milieu de soirée.

LES VARIETES 2, rue Bressigny © 02 41 88 46 62. *Soirées karaoké tous les jeudis de 21h à 1h30. Soirées groupes, soirées amis, ou comités d'entreprises…*

Coquin

Bars à hôtesses

LE FEELING 6, rue Boisnet © 02 41 24 00 87. *Ouvert du lundi au samedi de 15h (16h le samedi) à 2h.*

LE LADY L 60, rue du Mail © 02 41 88 44 62. *Ouvert tous les jours, sauf le dimanche de 15h à 2h*

LE NIKITA BAR 21, rue d'Anjou © 02 41 87 74 15. *Ouvert du lundi au vendredi, de 16h à 2h.*

LAS VEGAS BAR 3, rue Parcheminerie © 02 41 39 86 11. Nouvelle déco et nouveau propriétaire pour l'ancien Some Girls, mais le concept reste inchangé.

LE SPOT 20, rue Boisnet © 02 41 88 39 64. *Ouvert tous les jours, sauf les fins de semaine, de 15h à 2h.*

Echangisme

AFTER CLUB La Valinière - Axe Angers-Nantes par RN23 - LE FRESNE-SUR-LOIRE © 02 41 43 32 07. *Ouvert lundi 15h-19h30, jeudi 15h-19h30 et 22h-3h, vendredi 22h-4h, samedi 22h-4h avec buffet et dimanche 15h-23h avec buffet. (ouvert toutes les veilles de fêtes). Exemples de tarifs : Hommes seuls en semaine 35 €, soirées couples 40 € (samedi 50 € avec buffet), couples gratuits les jeudis et lundis après-midi. Les 1er et 3e samedis du mois couples uniquement, 2e : soirées à thème pour couples et quelques hommes seuls sélectionnés avec buffet. 4e : soirées mixtes avec buffet sucré. Possibilité de repas le samedi de 20h à 21h30 en réservant 6 jours avant.* Confortablement installé en campagne angevine sur 700 m^2 aménagés avec goût, ce club est tenu par d'adorables hôtes, rompus à l'exercice du monde libertin. Rien ne manque, grande discothèque bien équipée, bains douches, jacuzzi élégamment pénien, sauna et hammam aux courbes aussi rondes que celles qui s'y détendent, niches et back-rooms originaux, salle de buffets et petits salons de massages. De coquets coins, coquin quoi ! Des clients artistes ont crée de belles sculptures et tableaux suggestifs de bon goût, que l'on admire autant qu'ils inspirent. Les soirées et après-midi se succèdent au rythme des journées thématiques, et si les tarifs sont bien étudiés, les boissons restent très bon marché. De nombreux thèmes nouveaux et bien recherchés épatent une clientèle fidèle et très hétéroclite, venant des 4 coins de France et d'Europe du Nord.

MOULIN'S CLUB 2 Lieu-dit "Tournebride" - INGRANDES SUR LOIRE © 02 41 39 39 87. *Ouvert vendredi et samedi de 21h à 3h, dimanche et lundi de 15h à 20h et certains après-midi à partir de 15h.* Situé sur l'axe Angers/Nantes, ce club échangiste a su s'imposer sur la place comme un lieu où règnent discrétion et surtout propreté. Tenu par un homme très accueillant et qui sait vous mettre à l'aise dès le pas de la porte, il laisse un de ses habitués vous faire visiter son établissement pour instaurer le dialogue et une certaine confiance. Le lieu s'étale sur plusieurs niveaux avec à l'entrée une piste de danse et un bar ne servant que des boissons sans alcool. On vous donnera dès votre arrivée une serviette et un casier afin d'accéder côté bain avec hammam, jacuzzi, sauna. Dans les étages s'alternent chambres collectives, cabines privées et le lieu le plus original est sans nul doute le grand lit rond avec des glaces au plafond et une télé où la géographie se discute à plusieurs. Des soirées à thème sont organisées, et les deuxièmes et quatrièmes samedis du mois sont réservés aux couples.

Voir aussi le club 144 un peu plus bas

Sex-shops

LOLA 6bis, rue d'Anjou © 02 41 87 10 87. *Ouvert de 9h à 2h.* La créativité et l'imagination ne manquent pas dans ce domaine. Grand choix de revues à thèmes hétéro homo ou revues de petites annonces. On passe ensuite au reality-show avec une belle gamme d'objets pour monsieur ou madame, inventifs au possible, jusqu'aux "objets" moulés sur de vraies stars, de manière à assouvir tous vos fantasmes ! DVD, K7 (cabines de projection sans temps limité de 9 € à 19 €), poupées gonflables homme ou femme, accessoires SM, et pour les débutants des coffrets d'initiation pour tester différents petits jeux coquins ! Les jeux de société érotiques pour couples : une idée futée pour varier le quotidien en tout bien tout honneur. Laurent, le gentil patron des lieux est d'un excellent conseil, sans vulgarité, ce qui devrait rassurer ceux qui n'osent pas encore pousser la porte.

SEX-SHOP SABRINA 35, rue de la Parcheminerie ✆ 02 41 88 99 11. Quasi-clone du Lola de la rue d'Anjou : façade identiquement bleue et blanche ; à l'intérieur, des vidéos pour beaucoup communes aux deux adresses, qui partagent aussi un accueil un peu morose. Cela dit, on ne saurait prendre en défaut la tenue et l'hygiène des cabines de projection, par ailleurs d'un aménagement bien pratique pour se donner l'illusion d'un boudoir à plaisirs.

Gay & lesbien

Nous suggérons aux lecteurs d'acquérir deux autres titres du Petit Futé chez les libraires : Paris Gay et lesbien et France Gay et Lesbien. Le tour de France et de la capitale dans ce domaine où rien n'est laissé au hasard.

LE 144 144, rue Larevellière ✆ 02 41 60 39 74. *Site Internet : www.saunale144.com. Arrêt de bus 3 : Cimetière Est. Ouvert tous les jours de 14h à minuit, le vendredi et le samedi jusqu'à 2h. Entrée 5 €. Carte de fidélité (8 € entrée offerte).* Le 144 est un sauna gay mais les lundis et jeudis sont ouverts aux échanges mixtes-échangistes. C'est d'ailleurs l'unique établissement sur Angers qui propose cette option. Le hammam, le sauna et le bain bouillonnant sont disposés de chaque côté du bar où sont servies des boissons fraîches. Pour ceux qui préfèrent l'intimité, les cabines, salles vidéo et backrooms sont séparés. L'ambiance est jeune, et la propreté et l'hygiène des lieux en font un des rendez-vous les plus appréciés de la clientèle gay.

LA CORDONNERIE 6, rue Boisnet ✆ 02 41 24 07 07. Un bar gay, oui, mais surtout un bar charmant, à la déco très travaillée, et qui expose régulièrement des artistes originaux, entre autres, LN Guillot, à qui l'on doit aussi la déco du restaurant le Napoli. Sur le comptoir, toujours une belle composition florale de l'Arrosoir, et derrière le comptoir l'extrême gentillesse de Gaëtan ou de Samir, qui donnent à leur bar une ambiance inimitable, faite d'amitié simple et reposante. Ils ont la discussion agréable, facile, et intelligente, et les habitués forment ici comme une petite famille tranquille, prête à accueillir de nouveaux membres, gays ou non. La musique n'est pas trop envahissante, l'ambiance plutôt calme sauf le week-end où ça chauffe un peu plus. Deux postes informatiques vous permettent l'accès illimité et gratuit à Internet.

LE MAINE 6, rue Valdemaine ✆ 02 41 20 30 16. *Site Internet : www.saunalemaine.com. Lundi, mardi, mercredi, jeudi : 14h-23h. Vendredi et samedi : 14h-minuit. Dimanche : 14h-21h. Tarifs : 12,50 € (plein) et 9,50 € pour moins de 25 ans, demandeurs d'emploi et étudiants, et après 18h pour tout le monde. Moins de 20 ans : 5 €. Côté bar, il y a une formule à 3,50 €. Les boissons softs sont à 1,50 €, les quiches salées à 3 €, le café à 1 € Vente d'arômes.* Le premier sauna d'Angers propose un éventail de services impressionnants : hammam, 2 jacuzzi, sauna, salles de télé, bar, backroom, sling et cabines de relaxation. Les cabines elles-mêmes sont bien équipées, avec variateur de lumière, distributeur d'essuie-tout, de gel et de préservatifs. La clientèle est plus âgée ici, et, aux dires de nos sous-marins, l'ambiance n'est plus aussi dynamique qu'à ses débuts.

spectacles

Cinéma

LES 400 COUPS 12, rue Claveau © 02 41 88 70 75. "L'autre cinéma" à Angers. Il est avant tout un lieu d'art et d'essais (souvent transformés !) et l'alternative aux "blockbusters" américains et multiplex gigantesques. Lieu de résistance créative et artistique, Les 400 coups ne déçoivent jamais par leur programmation (cycles de cinéma étranger, rétrospectives autour d'un réalisateur, programmes jeune public, sélection manga…). La partie "salon" permet de patienter en découvrant, sur des petits écrans, les bandes annonces des films diffusés ici… A noter, la création récente de la salle 5, désormais la plus grande et la plus confortable.

GAUMONT VARIETE 34, boulevard Foch © 01 40 30 20 10 (code 153). Désormais le dernier rescapé sur le boulevard, le Variété est le seul à faire "concurrence" au Multiplexe (c'est la même maison). Et il a de quoi lui faire concurrence, situé en plein centre-ville et disposant d'après les projectionnistes de la meilleure salle en ce qui concerne le son. Alors adeptes des effets spéciaux, du son dolby surround ou du THX, rendez-vous au Variété. La salle est devenue plus intimiste, cependant on souhaiterait que les fauteuils de certaines salles soient changés pour offrir plus de confort.

MULTIPLEXE Avenue des Droits-de-l'Homme. *En semaine, séance à 14h, 16h45, 19h30 et 22h15 (film 15 minutes après). Séances supplémentaires à 11h les mercredis, samedis et dimanches à tarif réduit pour tous. Horaires 08 92 69 66 96 puis composer le # 152 ou naviguer sur le site Internet : www.cinemasgaumont.com.* Fort de ses 12 salles (dont quatre sont équipées pour les malentendants) et de ses 2 550 fauteuils, ce complexe a su attirer les foules. Situé face à la faculté Saint-Serge, le complexe, moderne et gigantesque, a contribué à déplacer un peu le centre-ville, et quelques infrastructures y ont été adjointes (la fameuse boîte de nuit le Mid'Star). Véritable marque du mode de vie à l'américaine, l'on se prendrait à y passer des journées entières, grâce notamment au "bar-glace-confiseries" et au salon moderne installé à gauche en entrant. Une fois les glaces ou le pop-corn ingurgités, rien de tel qu'un petit jeu vidéo dans la salle de jeux d'arcades (15 bornes). Futé : la nouvelle carte club offre des avantages non négligeables et le préachat est toujours possible du vendredi 13h au mardi soir pour se soustraire des files d'attente. Pour les inconditionnels des avant-premières et du suivi des trilogies, quadrilogies et autres "logies", ce complexe joue bien le jeu.

Concerts, spectacles, expositions

Lieux et principaux programmateurs

AMPHITEA 4 000 Parc des Expositions © 02 41 93 40 40. Au sein du parc des expositions, route de Paris, l'Amphitéa est l'immense salle multifonctions de 4 000 m² qui peut contenir 3 600 personnes assises et 9 000 debout. C'est donc à l'Amphitéa que se déroulent les plus grands concerts et communions populaires de la ville, ceux pour lesquels il ne faut pas lambiner pour réserver sa place, et ceux qui sont les plus chers. En 2003-2004, on n'est pas peu fier d'avoir reçu Ben Harper, Johnny, ou "Autant en emporte le vent". La prochaine saison annonce Calogero, Jenifer et Garou. Toute l'actualité figure sur le site Internet : www.angers-parcexpo.com.

AVANT-SCENE Chemin de la Maraîchère - Parking du Musée de l'Ardoise - TRELAZE © 02 41 33 74 66. *E-mail : service.culturel@mairie-trelaze.fr. Tarifs des spectacles : de 8,50 € à 12 € selon les spectacles. Abonnement possible pour cinq spectacles.* Tout juste quatre ans et déjà une belle réputation, le théâtre de l'Avant-Scène est municipal et géré par Claude-Henri Selles, depuis sa création en 1999 et situé dans une ancienne usine d'allumettes, à proximité du Musée de l'Ardoise. La programmation est axée sur le jazz, mais théâtre et musique classique ne sont cependant pas oubliés, avec plusieurs pièces originales, et l'organisation du concours Festhea. Certains spectacles ont lieu à la salle Louis Aragon.

Programme 2004-2005

9 octobre : Comédie "Peep-show" - Théâtre du jeudi

23 octobre : Cyrano de Bergerac - Compagnie Lorka

12 novembre : Ernestine Chasseboeuf - création Compagnie Métis

20 novembre : Octurn (octet belge) - Opération "Jazz Tempo"

5 décembre : Danse contemporaine "Femmes" - Compagnie Mozaïque

10 décembre : Comédie "Trop c'est trop" - Théâtre et Comédie

28 janvier : Chansons Jean-Louis Bergère

4 février : Workshop de Lyon - Quintet Jazz

23, 24, 25 février et 2 mars : "Madlenka" - spectacle jeune public

18 mars : "Jamais 2 sans toi" - Théâtre et Comédie

Mai : Alfred Spirly, "Auprès de ma blonde" - Europa Jazz Festival.

CENTRE DES CONGRES 1, place Mendès-France © 02 41 96 32 32. En plein centre-ville, cette grande structure accueille toute l'année des évènements culturels, des expositions, des spectacles, des colloques, et les plus grands festivals angevins (Festival du Scoop et Premiers plans). L'Orchestre national des Pays de la Loire présente ses œuvres grâce à l'excellente acoustique de sa salle de concerts (voir agenda en fin de chapitre).

CHABADA 56, boulevard du Doyenné © 02 41 96 13 40. *Infos concerts 02 41 96 13 48. Fax : 02 41 96 13 40. Site Internet : www.lechabada.com. E-mail : lechabada@lechabada.com. De 20h30 à 0h45, la COTRA dessert l'arrêt Nozay, à 5 minutes de la salle (emprunter le chemin de Nozay), sur la ligne 12 (Beaumanoir/Monplaisir).* A deux pas du centre commercial Saint-Serge, on ne présente plus la meilleure salle de concert d'Angers dédiée aux musiques actuelles ! Rock, jazz, hip-hop, électro, musiques du monde et chanson française y sont éminemment représentées. Les deux salles (la grande, digne des tournées internationales, ainsi que la petite, théâtre circulaire attenant au bar, plus intimiste) se complètent pour offrir, en fonction des artistes, les ambiances adéquates. Le public d'habitués (à noter la carte d'adhérent qui s'avère vite rentable) doit donc beaucoup au Chabada, qui colle au mieux l'actualité musicale (le programme est disponible gratuitement dans les lieux publics). On ne donnera donc pas ici la programmation pour l'année prochaine, sachant que celle-ci n'existe pas et se crée, pendant l'année, en fonction des circonstances musicales.

GRAND THEATRE D'ANGERS Place du Ralliement © 02 41 24 16 30. Complètement rénové il y a 10 ans, ce bâtiment reconstruit entre 1868 et 1871 est le joyau de la place du Ralliement, avec sa façade majestueuse ornementée de frises et sculptures. C'est un théâtre dit "à l'italienne" où dominent, à l'intérieur, des couleurs pourpre et or, et où le spectateur oublie souvent ce qui se passe sur la scène en demi-lune pour lever les yeux au plafond et admirer les peintures monumentales du peintre angevin Jules Lenepveu. Le Grand Théâtre d'Angers peut accueillir 730 spectateurs dans sa splendeur "Belle époque". C'est le lieu prestigieux des grands organismes culturels angevins. (Spectacles et dates, voir l'agenda en fin de chapitre.)

THEATRE CHANZY 30, avenue de Chanzy © 02 41 88 89 29. Durant les travaux de rénovation du grand théâtre, cette structure avait été mise en place pour assurer la continuité de la vie culturelle angevine. Peu confortable (il ne faut pas avoir de trop grandes jambes) et très mal climatisé (prévoir un débardeur même en plein hiver), ce théâtre a su pourtant trouver son identité, surtout dans les liens qu'il a noués avec les écoles et les associations qui y présentent chaque année leurs travaux culturels (danse, théâtre…). Il permet ainsi de créer un univers moins guindé et beaucoup plus convivial que celui des théâtres classiques, où le public n'hésite pas à faire un peu de bruit, ou à se retrouver dans le hall autour d'un verre. Son grand parking est pratique, même s'il est vite saturé.

LE TROIS-MATS Place des Justices © 02 41 66 02 02. *Fax : 02 41 66 02 09. Tarifs différents selon les spectacles.* Ce centre socioculturel est géré de manière associative par le Comité de liaison des associations de quartier. Son but est de coordonner les actions de quartier (Saint-Léonard, Madeleine et Justices) lors des carnavals ou autres animations de plein air. Mais au-delà de son rôle social, ses programmations culturelles méritent d'être mieux connues. Concerts (Marc Perrone, Julos Beaucarne, Steve Waring sont passés sur cette scène en 2003-2004) et soirées "tapas" le vendredi soir, expos photos et chaque année les Nuits Toucouleurs y retrouvent un public inconditionnel de l'Afrique.

Programme de la saison culturelle 2004-2005

CENTRE CULTUREL GEORGES BRASSENS Avrillé © 02 41 31 11 30. *E-mail : ville-parc@mairie-avrille.fr. Les tarifs d'abonnement 5 spectacles 40 € (8 € le spectacle supplémentaire). Moins de 18 ans 32 € (6,40 € le spectacle supplémentaire). 8 spectacles 56 € (7 € le spectacle supplémentaire) moins de 18 ans 44,80 € (5,60 € le spectacle supplémentaire).* Les habitants d'Avrillé ne sont pas les seuls à profiter de ce centre et du très bel Espace Lino Ventura. Planté au milieu des champs à la limite de la ville, il peut accueillir de nombreux visiteurs vue la grande diversité de ses programmations (théâtre, musique classique et jazz…) et œuvre bien souvent en partenariat avec les écoles d'Angers qui s'y retrouvent pour leur spectacle de fin d'année. Dans le hall spacieux et rempli de lumière, des expositions de peinture ou d'art oriental prennent toute leur valeur.

Programme 2003/2004

12 octobre : Classique. Orchestre. Mendelssohn. Vivaldi, Liszt, Brahms…

16 au 20 novembre : Semaine canadienne. Programmation en cours

26 novembre : Théâtre "Trop c'est trop". Georges Beller, Vannick Le Poulain…

3 décembre : Théâtre. Jacques Weber. Seul en scène

7 janvier : Plaisanterie musicale "Les Bons Becs". Fantaisie sortilège pour clarinette et percussion

14 janvier : Chansons. Lucienne et les Garçons. Le répertoire cocasse et grivois des années folles

28 janvier : Jazz quintet. Ronald Baker. Trompettiste et chanteur Ronald Baker relit les standards, miles Davis, Art Blakey, James Moody

4 février : Jazz trio. Armel Dupas. Swing et mélancolie

5 mars : Chanson. Gilles Vigneault. Gilles Vigneault sera sur scène avec trois musiciens

11 mars : Jazz quintet. Guillaume Nouaux. Percussionniste de génie

18 mars : Chansons Indigo - Classixties. Les années soixante revisitées par six agités du Vocal

24 mars : Théâtre. Les Arthurs. Programme non encore arrêté

1er avril : Jazz quintet. Sonia Cat Berro. De la chanson swinguante à la ballade langoureuse, une voix chaude et souple.

8 avril : Théâtre. Quelle Famille !!! Christian Marin, Julie Arnold, Claudine Coster…

Les expositions

4 au 20 novembre : Canada

27 novembre au 17 décembre : 1er salon de Sculpture. Invité d'honneur : François Cacheux

3 au 15 janvier : Philatélie

22 janvier au 12 février : Jean-Luc Deschard - Monique Grall. Lauréats du 3e salon de Peinture à l'eau

28 février au 12 mars : Roser Salo Dausa avec le concours du comité de jumelage

19 mars au 15 avril : 4e salon de Peinture à l'eau.

CENTRE CULTUREL JEAN CARMET 37, route de Nantes - MURS-ERIGNE © 02 41 57 81 85. *Prix de 5 € à 33 € selon les spectacles (attention, renseignez-vous, certains sont debout).* Très excentré, et perdu au milieu des champs, ce curieux établissement n'en finit pas de nous surprendre par le choix de ses programmes musicaux : Keziah Johns, Guem, Les Têtes Raides… en 2003, rien que ça ! Le prix des places (rarement plus de 25 €, mais comment font-ils ?) motive d'autant plus les jeunes angevins à se déplacer jusqu'à cette salle pourtant pas facile d'accès le soir, sans voiture.

Programme 2004/2005 : Sous réserve de modifications

Pour les Journées du Patrimoine samedi 18 et dimanche 19 septembre La Roche en Fête (lancement de saison) à l'Espace Culturel Jean Carmet - brocante, théâtre de rue, cinéma plein air, feu d'artifice.

- Exposition "Les Artistes de Notre Commune" au Centre Culturel Jean Carmet.
- Exposition : Histoire de Mûrs-Erigné, lecture, musique à la bibliothèque René Rabault.

12 octobre : Sanseverino.

23 octobre : Les Nuits Toucouleurs - Habib Koïté.

8 novembre : Bénabar.

12 novembre : Mano Solo.

21 novembre : Conférence sur la Nouvelle Zélande.

26 novembre : Tété - chanteur.

9 décembre : Jeanne Cherhal.

Du 13 au 27 décembre : Exposition - Marionnettes à fils.

14 décembre : Cinémagique ou l'invention du rêve - Spectacle scolaire pour primaires.

17 décembre : Le secret d'Alcibiade - Spectacle scolaire pour maternelles

21 janvier : Gaia compagnie - théâtre d'improvisations.

23 janvier : Conférence sur l'Australie.

4 et 5 février : Aglagla Festival - Rock - Ska.

11 février : Vaguement la jungle - Humour musical.

4 mars : Les voisins du dessus - Théâtre de Boulevard.

11 mars : Célestino Lopez - Soirée cubaine.

25 mars : Carlos Nunez.

2 et 3 avril : Salon du livre ancien et du vieux papier.

15 avril : Bibliothéâtre - Soirée Cabaret.

10 mai : C'quoi c'tohu-bohu - Spectacle scolaire pour primaires.

20 mai : Nicolas Canteloup - Humoriste - Imitateur.

4 juin : Rencontres Hip-Hop.

7 juin : Moi, papa ours - Spectacle scolaire pour maternelles.

17 juin : Bernard Lavilliers.

NOUVEAU THEATRE D'ANGERS 12, place Imbach ✆ 02 41 88 90 08/02 41 88 99 22. *Site Internet : www. nta-angers.fr. E-mail : contact @ nta-angers.fr. Abonnement annuel pour tous les spectacles : 220 € ; Abonnement 6 spectacles adultes individuels, 81 € ; groupes 69 € ; étudiants 3 spectacles 22,50 €. Hors abonnement de 7 € à 21 € selon les salles et la catégorie.* L'année 2004/2005 va être une année bohème pour le NTA. Avec la démolition du théâtre Beaurepaire, l'année va être décousue car le théâtre va perdre une salle de spectacle et va devoir se réfugier dans les salles avoisinantes pour pouvoir satisfaire ses spectateurs en attendant l'inauguration du nouveau théâtre du Front de Maine, en décembre 2006. Mais la vie continue au cœur des autres salles angevines car plus de 170 représentations sont programmées dans cinq salles angevines durant cette saison, avec trois productions ou coproductions à l'affiche. L'aspect dansé de la programmation se fait toujours main dans la main avec le CNDC, et Yves Orillon choisit toujours aussi méticuleusement la programmation jazz. Des expositions sont régulièrement présentées place Imbach et des conférences/rencontres sont également organisées durant la saison autour des œuvres programmées. Concernant l'Artothèque, la salle est ouverte du mercredi au samedi de 14h à 18h au 75, rue de Bressigny.

© Michel Sedan

Jacques Gamblin, "Entre courir et voler y'a qu'un pas papa"

Programme NTA : Saison Nomade 2004/2005

Ubu d'après Alfred Jarry par le Nada théâtre (vendredi 10 au mercredi 15 septembre dans le cadre des Accroche-Cœurs, Cloître du Ronceray).

Danse : Mua, Emmanuelle Huynh/CNDC (mardi 5 au samedi 9 octobre, Jean Dasté).

Danse : A vida énorme, Emmanuelle Huynh/CNDC (mardi 12 au samedi 16 octobre, Jean Vilar).

Théâtre : Les animaux ne savent pas qu'ils vont mourir de Pierre Desproges, Michel Didym (mercredi 6 au samedi 9 octobre, Grand Théâtre).

Théâtre : Entre courir et voler y a qu'un pas papa par Jacques Gamblin (mercredi 13 au samedi 16 octobre, Chanzy).

Théâtre : L'œil du cyclone de Luis Marquès, Compagnie Ymako Téatri du Bénin (mercredi 20 octobre, Jean Dasté).

Jazz : Don Cherry's gift (vendredi 22 octobre, Chanzy).

Jazz : Happy Apple (mardi 9 novembre, Chanzy).

Théâtre : Oui dit le très jeune homme de Gertrude Stein, mis en scène Ludovic Lagarde (coproduction Nouveau Théâtre d'Angers - mardi 16 au vendredi 26 novembre, Grand Théâtre).

théâtre : Oui dit le Théâtre : Gust de Herbert Achternbusch, mis en scène Claude Yersin (production Nouveau Théâtre d'Angers lundi 22 novembre au samedi 11 décembre et mardi 10 au vendredi 20 mai, Jean Dasté).

Jeune public : Crasse-tignasse du Docteur Hoffmann, mis en scène Christian Duchange (mardi 23 au dimanche 28 novembre, Jean Vilar).

Danse : hommage à Françoise Adret (CNDC) (jeudi 2 au samedi 4 décembre/Grand Théâtre).

Théâtre : Le dragon de Evguéni Schwartz, mis en scène Christophe Rauck (mardi 7 au samedi 11 décembre, Grand Théâtre).

Théâtre : L'école des femmes de Molière, mis en scène Jacques Lassalle (mardi 14 au vendredi 17 décembre, Grand Théâtre).

Théâtre : Rouler comme un loukoum dans le stuc de Odile Darbelley-Michel Jacquelin (jeudi 6 au mardi 11 janvier, Jean Vilar).

Jazz : Dedicated to you variations sur la musique de Robert Wyatt (mardi 11 janvier, Chanzy).

Danse : Publique de Mathilde Monnier (jeudi 13 et vendredi 14 janvier, Grand Théâtre).

Théâtre : Les amantes de Elfriede Jelinek, mis en scène Joël Jouanneau mardi 18 au vendredi 21 janvier, (Grand Théâtre).

Jeune public : Miracle à Milan, théâtre d'ombres de Fabrizio Montecchi (jeudi 27 janvier au mercredi 2 février, Jean Vilard).

Danse : La mort et le jeune homme de Rachid Ouramdane (jeudi 3 et vendredi 4 février, Chanzy).

Jazz : Sept variations sur Lenny Tristano, Oliva-Raulin septet (mercredi 9 février, Chanzy).

Théâtre : Le square de Marguerite Duras, mis en scène Didier Bezace (mercredi 9 au vendredi 11 février, Grand Théâtre).

Jazz : Fire and forget, Julien Lourau (mardi 1er mars, Chanzy).

Théâtre : Ma petite jeune fille de Rémi De Vos, mis en scène Hervé Guilloteau (jeudi 10 et vendredi 11 mars, Chanzy).

Théâtre : Le Comte Oderland de Max Frisch, mis en scène Claude Yersin (production Nouveau Théâtre d'Angers, mercredi 16 mars au samedi 2 avril, Grand Théâtre).

Théâtre : La nuit des temps… de Valérie Deronzier, mis en scène Patrick Conan (lundi 21 au vendredi 25 mars, Jean Dasté).

Danse : W.M.D. de Dominique et Françoise Dupuy (mardi 29 au jeudi 31 mars/THV).
Jazz : Trio Bizart/Francesco Bearzatti (mardi 5 avril/Chanzy).
Jeune public : Le roi des chips au paprika par Pascale Platel (mardi 5 au vendredi 8 avril, Jean Vilar).

Théâtre : La conférence de Cintegabelle de Lydie Salvayre, mis en scène Jean/Yves Lazennec (jeudi 7 au samedi 9 avril, Jean Dasté).

Danse : Avant-premières/CNDC (mercredi 13 au vendredi 15 avril, Grand Théâtre).

Théâtre : Ça ira quand même, mis en scène Benoît Lambert (mardi 12 au vendredi 15 avril, Jean Vilar).

Théâtre : Notre avare d'après Molière, mis en scène Jean Boillot (lundi 9. au jeudi 12 mai, Grand Théâtre).

Jazz : Napoli's walls, Louis Sclavis (mardi 17 mai, Chanzy).

Danse : Heroes de Emmanuelle Huynh/CNDC (jeudi 19 au samedi 21 mai, Grand Théâtre).

Repérages théâtre régional

Abel et Bela de Robert Pinget, mis en scène Marie-Pierre Hornn (mardi 24 au jeudi 26 mai, Jean Dasté).

Paparazzi de Matéï Visniec, mis en scène François Parmentier (jeudi 26 et vendredi 27 mai, THV).

Ernestine écrit partout de Ernestine Chasseboeuf, mise en scène Marie Gaultier (mardi 31 mai au jeudi 2 juin, Jean Dasté).

Par les villages de Peter Handke, mis en scène Guillaume Gatteau (lundi 30 et mardi 31 mai, THV).
Vitellius de András Forgách, mis en scène Laurent Maindon (jeudi 2 et vendredi 3 juin/THV).

Danse : N'oublie pas ce que tu devines de Daniel Larrieu (jeudi 2 et vendredi 3 juin, Grand Théâtre).

THEATRE DU CHAMP DE BATAILLE - Association Parole D.E.L.I.E.E 10, rue du Champ de Bataille © 02 41 72 00 94. L'association Parole D.E.L.I.E.E. (Dire, Ecrire, Lire, Interpréter, Ecouter, Editer, tout un programme !) gère ce théâtre engagé en faveur de la création et du spectacle vivant. Théâtre contemporain avant tout, il offre à tous le moyen de s'exprimer tant par le théâtre que par le chant, la danse, le mime ou encore les contes. Le mois de mai est même consacré aux compagnies amateurs qui peuvent monter sur les planches et se faire connaître auprès du grand public. Un lieu tremplin pour les amateurs souhaitant devenir professionnel. La programmation jeune public est très riche, sans oublier les plasticiens (salle d'expo temporaire et système de résidence d'artistes). La salle, d'une centaine de places (de 7 € à 12 € en général) diffusera, cette année encore, un théâtre essentiellement contemporain, pour notre plus grand plaisir. Stages et ateliers, se renseigner.

THEATRE DE LA COMEDIE Rue Cordelle © 02 41 87 24 24. *Les vendredis et samedis de septembre à juin à 21h. Places à 14 €, 11 € en tarif réduit (étudiants, chômeurs...).* Philippe Rolland, Gwénaël Ravaux et Pascal Boursier, forment les Arthurs, compagnie indissociable de la Comédie, tout petit théâtre de boulevard (salle de 100 personnes) où se succèdent, à guichet toujours fermé, les pièces jouées par eux mais, de plus en plus, également des spectacles d'artistes extérieurs (one-man-show, concerts...) qui permettent d'assurer l'ouverture du théâtre tous les week-ends, y compris lorsque les Arthurs sont en tournée en France. Cela vaut aussi vraiment le coup d'aller voir les quelques spectacles présentés par les élèves de l'école de théâtre. La relève de la troupe est assez prometteuse à n'en pas douter. Présents à trois reprises au festival d'Anjou (un record pour une compagnie locale !) les Arthurs enchaînent les succès. (Voir aussi chapitre "Loisirs" pour les cours de théâtre pour amateurs).

THEATRE DE L'HOTEL DE VILLE Mairie - SAINT-BARTHELEMY-D'ANJOU © 02 41 96 14 90.
Site Internet : www.ville-saint-barthelemy-anjou.fr. E-mail : thv.stbarth@wanadoo.fr. Réservation au THV de 10h à 12h et de 14h à 17h30 du lundi après-midi au samedi midi.
Le THV de Saint-Barth, les Angevins le savent bien, accueille une programmation riche qui participe beaucoup de la vie culturelle locale. Et on vient toujours au THV pour les soirées ciné-club (4 fois par semaine) pour une somme assez modique. Abonnement et programme complet disponible sur simple demande à partir du 2 septembre.

Programme 2004/2005

• 2004

8 octobre : Nolwenn Korbell/Gilles Servat © Chanson Bretagne

15 octobre : Steve Waring & Chanson jeune public

23 octobre : Jour de Fête & Repas spectacle/Théâtre

30 octobre : Agadez/Vishten & Musiques/Kabylie/Acadie

5 novembre : Ba Cissoko & Musique/Guinée

9 novembre : Minimalice & Théâtre très jeune public

13 novembre : Robert Charlebois & Chanson/Québec

19 novembre : Bouskidou & Chanson jeune public

23 novembre : Yannick Jaulin & la Cie du beau monde & Conte musical

27 novembre : La framboise frivole & Humour musical

3 décembre : Tours et détours... & Magie/Humour

7 décembre : Un Théâtre pour la vie & Théâtre

 12 décembre : Habbe et Meik & Théâtre masqué/Humour

• **2005**

7 janvier : Howard Buten/Buffo & Clown

14 janvier : Anouar Brahem Trio & Jazz

20 janvier : Cartoun Sardines/Faust & Cinéma - Théâtre

22 janvier : Cartoun Sardines/Le Diable Théâtre

28 janvier : Bouffou Théâtre/Ciné Magique & Théâtre jeune public

4 février : Paco Ibanez & Chanson/Espagne

11 février : Loïc Lantoine/Jean Phi Vergneau & Chanson

19 février : L'Affaire Sardines/Les Jambons & Humour/Chanson

1, 2 et 4 mas : Bibliothéâtre/Le Roman d'un lecteur 3e partie & Théâtre

11 mars : Olé ! & Flamencomédie show

15 mars : L'Avare & Marionnettes

18 mars : Les Ours du Scorff & Chansons traditionnelles jeune public

18 mars : Duo Bertrand en Cie/Marzin, Guichen, Sibéril & Musique traditionnelle

8 avril : Dézoriental & Chanson world

16 avril : Les Witloof/Sous Pression & Humour/Clowns

3 mai : Etat Brut & Chanson

Les évènements de la saison

29 mars/5 avril : Biennale "Danses, danse, danse !"

Danse

29, 30 et 30 mars : Dominique Dupuy/WMD (en partenariat avec le CNDC).

1er avril : Compagnie Gianni Joseph/Vertiges du Vent + Ladies.

1er avril : NGC25/Les Discrets.

2 avril : Nathalie Béasse/Landscape.

2 avril : Compagnie Esther Aumatell/Alma.

3 avril : Ballet Jazz Art/Entre dos aguas + Double fats.

4 et 5 avril : Compagnie de la pluie qui tombe/ Petits Trésors des Jardins.

Théâtre

23 mai/2 juin : Festival "Repérages" en partenariat avec le NTA.

24, 25 et 25 mai : Compagnie du Songe/Abel et Bela.

26 et 26 mai : Les Aphoristes/Paparazzi.

30 et 31 mai : Compagnie du chant de la Carpe/ Par les villages.

31, 1er et 2 mai : Compagnie Métis/Ernestine.

2 et 3 juin : Théâtre du Rictus/Vitellius.

21 et 25 juin : 4e Festival des Arts de la Parole : Coups d'Folies.

Pour les mordus de...

Danse contemporaine

CENTRE NATIONAL DE DANSE CONTEMPORAINE (CNDC) 42, boulevard Henri-Arnauld ✆ 02 41 24 12 12. *Site Internet : www.cndc-angers.org. E-mail : contact@cndc-angers.org.* Depuis sa création en 1978, le CNDC est la seule école en France entièrement consacrée à la danse contemporaine et à son enseignement. Ce qui en fait une référence pour les danseurs professionnels car c'est à la fois un lieu de création mais également une école pour les amateurs de danse. Pour la création il faut bien entendu penser à la compagnie Esquisse mais également aux spectacles des Accroche-cœurs au cours desquels ils participent. En 2004 le CNDC a vu sa direction confiée à Emmanuelle Huynh, qui souhaite mettre en place un système de spécialisation en 3e année, ainsi que développer les pôles périphériques à la danse comme les costumes ou les décors. La ville a le projet d'ouvrir à l'automne 2006 un nouveau bâtiment consacré au théâtre et au CNDC, l'ex théâtre Beaurepaire, son nom, peu flatteur, sera "Le Quai" (il contiendra deux salles de 900 et 400 places).

• Programme 2005/2006

8 et 9 septembre : Présentation de saison - Grand Théâtre.

5, 6,7,8, 9 octobre 2004 (19h30 et 21h) : Mùa, Emmanuelle Huynh - Studio Jean Dasté.

12, 13, 14, 15, 16 octobre 2004 : A Vida Enorme épisode 1, Emmanuelle Huynh - Jean Vilar.

3, 4 décembre 2004 : Soirée Françoise Adret - Grand Théâtre.

13, 14 janvier 2005 : Publique, Mathilde Monnier - Grand Théâtre.

3, 4 février 2005 : La mort et le jeune homme, Rachid Ouramdane - Théâtre Chanzy.

29, 30, 31 mars 2005 : WMD, Dominique et Françoise Dupuy - THV Saint-Barthélemy d'Anjou.

13, 14, 15 avril 2005 : Avant-Premières 2005, Ecole Supérieure du CNDC - Grand Théâtre.

Du 18 au 23 avril 2005 (à préciser) : Festival Istanbul Danse Retour - Jean Vilar.

19, 20, 21 mai 2005 : Heroes, Création Emmanuelle Huynh - Grand Théâtre.

2, 3 juin 2005 : N'oublie pas ce que tu devines, Daniel Larrieu - Grand Théâtre.

Musique baroque

ANACREON 175, boulevard de Strasbourg ✆ 02 41 44 33 80. *Tarifs des concerts : 20 € (plein), 15 € (réduit, souscripteurs) et 9 €. Carte à 20 € (individuel), 35 € (couple), 50 € (bienfaiteur) permettant de bénéficier du tarif réduit pendant toute la saison.* Anacréon est une petite association de huit bénévoles qui, depuis une dizaine d'années, œuvre pour la promotion de la musique et de la danse baroques dans la vie culturelle angevine. Elle œuvre grâce à une sorte de mécénat, où chaque souscripteur permet de soutenir l'association. La saison 2004-2005 sera basée sur le thème de l'Europe baroque. La chapelle des Ursules qui les accueillent d'habitude s'avérant désormais trop petite, à partir de cette année, certains concerts se dérouleront dans des salles plus importantes.

Programme 2004/2005

21 octobre : Charpentier, Lully, Clérambault - L'ensemble Il Seminario Musicale. Eglise Sainte-Thérèse (lieu à confirmer).

23 novembre : Ballades dans l'Angleterre du XVIIe siècle. Ensemble Sudestada. Chapelle des Ursules.

14 décembre : Musiciens polonais du XVIIe siècle. Ensemble Il Tempo. Concert de Noël au Théâtre de Chanzy.

4 février : J.-S. Bach et ses modèles français, Dieupart, d'Anglebert, Couperin. Ensemble Amarillis. Chapelle des Ursules.

10 mars : Musique dans les cours d'Allemagne. Ensemble Les Paladins. Chapelles des Ursules.

6 avril : Musique inédite de John Maynard. "The twelve wonders of the world". En partenariat avec le Centre culturel de Sablé. Eglise Sainte-Thérèse (lieu à confirmer).

Mai : Concert du 22e Printemps des Arts à Nantes. Chapelle des Ursules (date disponible en septembre 2004).

Musique classique

ORCHESTRE NATIONAL DES PAYS DE LA LOIRE Maison des Arts - 26, avenue Montaigne ✆ 02 41 24 11 20. *Site Internet : www.onpl.fr. E-mail : billetterie : angers@onpl.fr. Réservations de 9h à 12h et de 14h à 18h du lundi au vendredi, ou réservations à la FNAC. Tarifs pour une place : 20 € et 25 € (normal) ; 15 € et 20 € (réduit) ; de 10 € à 15 € (jeunes et demandeurs d'emploi) ; abonnements de 32 € à 159,90 €. Et chaque mois, un concert à 3 € pour les moins de 25 ans.* Si les Pays de la Loire s'cnorgueillissent de leur orchestre depuis sa création en 1971, l'ONPL ne s'endort pas pour autant sur sa réputation locale. Dépassant les frontières régionales et même nationales (représentation à Salzbourg en 2003), son dynamisme réside avant tout dans sa créativité et son ouverture. Les 102 musiciens qui le composent ont travaillé avec des chefs prestigieux comme Marc Soustrot, puis Hubert Soudant jusqu'en 2004. La saison 2004-2005 accueille Isaac Karabtchevsky dont le parcours musical résume et justifie à lui seul le thème choisi pour cette rentrée : le voyage musical. D'origine russe, né au Brésil, ayant étudié la musique en France, en Allemagne et dans les pays de l'Est, puis directeur artistique des orchestres de Vienne et de Venise, on comprend que cet homme multiculturel oriente sa programmation en s'attachant aux traditions musicales des différents pays : Brahms, Bartok, Villa-Lobos, mais aussi les compositeurs qui ont donné à Vienne ses lettres de noblesse : Mozart, Mahler et Alban Berg.

Programme 2004/2005

Airs d'opéras et d'opérettes : Patricia Petibon soprano, Fayçal Karoui direction.
9 et 10 septembre, 20h30, Angers. 12 septembre, 17h, Angers. 21, 22, 24 septembre, 20h30, Nantes.

Glinka, Saint-Saëns, Stravinski : Natalia Gutman violoncelle, Isaac Karabtchevsky direction
6 octobre, 20h30, Angers. 10 octobre, 17h, Angers. 7 et 8 octobre, 20h30, Nantes.

Festival Beethoven 1 : 9e Symphonie : Solistes et Chœur, Isaac Karabtchevsky direction
10, 16 et 17 novembre, 20h30, Nantes. 11 et 12 novembre, 20h30, Angers. 14 novembre, 17h, Angers. 15 novembre, 20h30, Angers.

Chœur Philharmonique de Brno (A cappella) : Dvorak, Bruckner : Petr Fiala direction
18 novembre, 20h30, Nantes. 21 novembre, 17h, Angers.

Festival Beethoven 2 : Missa Solemnis : Solistes et Chœur, Isaac Karabtchevsky direction
22 novembre, 20h30, Nantes.

Festival Beethoven 3 : Concertos pour piano et orchestre n° 1 et n° 4 : Rudolf Buchbinder piano, Guido Johannes Rumstadt direction
3 et 7 décembre, 20h30, Nantes. 4 et 5 décembre, 17h, Angers. 14 et 16 décembre, 20h30, Nantes.

Festival Beethoven 4 : Concertos pour piano et orchestre n° 2 et n° 3 : Rudolf Buchbinder piano, Guido Johannes Rumstadt direction
12 et 19 décembre, 17h, Angers. 15 et 23 décembre, 20h30, Angers.

Festival Beethoven 5 : 4e Symphonie et Concerto pour piano et orchestre n° 5 L'Empereur. Rudolf Buchbinder piano, Guido Johannes Rumstadt direction
21 et 22 décembre, 20h30, Nantes.

Concert du Nouvel An Johann Strauss Valses de Vienne : Ralf Weikert direction
31 décembre, 19h30, Nantes (hors abonnement). 1er et 2 janvier, 17h, Angers.

Prokofiev, Brahms : Boris Belkin violon, Sergiu Comissiona direction
12 et 13 janvier, 20h30, Nantes. 14 janvier, 20h30, Angers. 16 janvier, 17h, Angers.

Cycle Mahler 1 : Symphonie n° 2 Résurrection : Solistes et Chœur, Isaac Karabtchevsky direction
9 et 11 février, 20h30, Nantes. 6 février, 17h, Angers. 8 février, 20h30, Angers.

Cycle Mahler 1 : Symphonie n° 2 Résurrection : Solistes et Chœur, Isaac Karabtchevsky direction
1er mars, 20h30 et 6 mars, 17h, Angers.

Chopin, Mendelssohn : Mikhaïl Rudy piano - Avi Ostrowsky direction
2 et 3 mars, 20h30, Nantes. 29 et 30 mars, Nantes.

Cycle Mahler 2 : Symphonie n° 1 Titan : Isaac Karabtchevsky direction
1er avril, 20h30, Angers. 3 avril, 17h, Angers.

Cycle Mahler 3 : Symphonie n° 3 : Solistes et chœurs, Isaac Karabtchevsky direction
18 et 19 mai, 20h30, Nantes. 22 mai, 17h, Angers. 24 mai, 20h30, Angers.

Mozart, Schubert : Isabelle Faust violon, Jean-Jacques Kantorow direction
8 et 9 juin, 20h30, Nantes. 12 juin, 17h, Angers. 14 juin, 20h30, Angers.

Chansons brésiliennes : Gilberto Gil chante la Bossa Nova et Villa-Lobos, Isaac Karabtchevsky direction
28 juin, 21h, Nantes (Beaujoire) - Hors abonnement.

Opéra

ANGERS-NANTES-OPERA ✆ 02 40 89 84 00. Afin de relancer l'art lyrique dans notre région, les opéras de Nantes et d'Angers, sous l'égide du ministère de la Culture, ont signé en décembre 2001 une convention réunissant leurs deux théâtres. Un opéra régional est ainsi né, et a été officiellement lancé le 7 mars 2003, la première véritable saison commune commençant en septembre. Placé sous la direction de Jean-Paul Davois, l'ANO compte 120 personnes, dont un chœur permanent, dirigé par Xavier Ribes, ainsi que des décors, des ateliers de costumes, et toute l'organisation technique (machinerie, lumière…). A Angers, les représentations auront lieu au Grand Théâtre ou au centre des Congrès, et à Nantes au théâtre Graslin ou à la Cité des Congrès. La première vraie saison sous l'appellation ANO démarrera en 2004-2005 avec une programmation originale et assez marginale : Madame Butterfly de Puccini, Le vase de parfum de Giraud Le Nez de Chotstakovitch, Lucia di Lammermor de Donizetti, La Cenerentola de Rossini, et des Madrigaux d'Eötvös, Monteverdi et Vivier. Les prix des places s'échelonnent de 5 € à 35 € selon les catégories et les réductions, les abonnements pour 4 pièces allant, eux, de 20 € à 140 €. **Réservation Angers 02 41 24 16 40 • Nantes 02 40 69 77 18.**

Théâtre

Pratiquer

LA COMEDIE Rue Cordelle ✆ 02 41 87 24 24. Voir à la rubrique "Culture". Ecole de théâtre de la Comédie, pour adultes et enfants. 3 niveaux, 160 élèves de 8 à 60 ans. Cours intensifs pour les élèves qui souhaitent préparer les concours, et une classe "Festivals" qui présente chaque année un spectacle en France et en Europe.

NOUVEAU THEATRE D'ANGERS. Lire pages précédentes. Pour pratiquer le théâtre en étant scolaire ou universitaire, il faut se renseigner d'abord sur les partenariats existant entre l'école, le collège, le lycée ou l'université et le NTA. Pour les ateliers de formation théâtrale réservés aux comédiens professionnels et néoprofessionnels, un dépliant est disponible sur demande : **Ateliers de formation du NTA 12, place Imbach - BP103 - 49101 ANGERS CEDEX 02, ou appeler au 02 41 88 90 08.**

THEATRE DU CHAMP DE BATAILLE 10, rue du Champ-de-Bataille ✆ 02 41 72 00 94. Voir dans rubrique "Culture". Organise stages et ateliers théâtre pour adultes et enfants, et toujours cette année les ateliers de calligraphie de Chantal Forgeau. (Programmation à la rubrique "Spectacles").

Jazz

JAZZ POUR TOUS Association © 02 41 43 28 13/02 41 77 26 28. *Concerts au Théâtre de la place Ney, un vendredi par mois. Tarifs : 6 € (réduit) et 9 €. Réservation Fnac/Carrefour/Géant Casino.* La maison de quartier Saint-Michel/Saint-Serge organise depuis près de six ans, avec le soutien de la Mairie des concerts de jazz pour le plus grand bonheur de ses amateurs. Du son velouté des trombones aux rythmiques "décoiffantes" des saxophones, les concerts sont toujours emprunts de swing. En plus des concerts mensuels, l'association est réputée pour son festival Gipsy Swing (courant mai), alliance de jazz et du style manouche, qui attire un grand nombre de connaisseurs mais aussi de novices attirés par les rythmes endiablés de ce festival. En musique comme ailleurs, l'éclectisme est une source de richesse.

Programme 2004/2005

• **Concerts à la MAISON DE QUARTIER SAINT-SERGE 9, rue Duboys - Place Ney - ANGERS**

Vendredi 17 septembre : Yannick Neveu Quartet, Bep-bop.

Samedi 16 octobre : Andy Bey, Jazz vocal.

Vendredi 5 novembre : Suzanne Abbuelh et Stephane Oliva, Jazz vocal.

Vendredi 3 décembre : François Bourrec trio, Hard Bop.

Vendredi 14 janvier 2005 : Hommage à André Persiani, Swing et Bop.

Vendredi 11 février : Triade, Jazz moderne.

Vendredi 18 mars : Swing House quartet, Jazz West Coast.

Vendredi 8 avril : Agadez, Afro jazz.

Vendredi 20 mai : Trio Donarier, Jazz moderne.

• **Concerts AU CENTRE CULTUREL GEORGES-BRASSENS à Avrillé**

28 janvier 2005 : Ronald Baker Quintet, Jazz soul.

11 mars : Guillaume Nouaux quintet, swing.

1er avril : Sonia Cat-Berro quintet, Jazz vocal.

• **A LA SALLE "LA GRANGE AUX DIMES" Soulaines-sur-Aubance**

2 octobre : D.M.D Quartet, Swing.

Pour les juniors

CENTRE CULTUREL GEORGES-BRASSENS Avrillé © 02 41 31 11 30. Lire pages précédentes.

CINEMA LES 400 COUPS 12, rue Claveau © 08 36 68 00 72. Ce ciné d'art et d'essai possède tout au long de l'année une sélection jeune public avec des films venant des quatre coins du monde mais rediffuse aussi des dessins animés de notre enfance ou des vieux films cultes comme "Peau d'Ane" ou encore Kirikou qui est régulièrement remis à l'affiche, ceci dû à sa cote de popularité. Les plus vieux s'y installent aussi pour voir la sélection de mangas japonais très appréciés dans la région. Une grande partie des scolaires de l'Anjou est venue en hiver 2004 pour y apprécier, entre autres, la merveilleuse "Prophétie des Grenouilles". Ce cinéma est bien le lieu rêvé pour ce genre de projections.

THEATRE DE L'HOTEL-DE-VILLE (THV) Saint-Barthélemy © 02 41 96 12 81. Lire pages précédentes.

Festivals

LES ACCROCHE-CŒURS (COMPAGNIE JO BITHUME) Rue de la Paperie - SAINT-BARTHELEMY ✆ 02 41 66 04 49. *E-mail : accrochecoeurs@compagniejobithume.com. Organisation et coordination : service Action culturelle de la ville d'Angers 02 41 05 41 29.* Festivités de rues à Angers, le week-end de septembre qui suit la rentrée scolaire. D'année en année, le souffle de l'inspiration balaie les rues d'Angers pendant trois jours d'intense folie artistique et humoristique. En 2004 c'est "le voyage imaginaire" qui succède aux folies végétales de 2003. Plus de 100 représentations et plus de 20 compagnies et artistes pour animer les jours et les nuits d'Angers. Tout ce qui s'appelle talent, couleur, théâtre, musique et joie de vivre se donnent rendez-vous à la fin de l'été pour métamorphoser la ville en scène vivante, et permettre aux foules de se réapproprier les rues dans une atmosphère insolite et bon enfant. Pour cela, on déguise les monuments, on transforme les rues en plage de sable, ou en port maritime. Spectacles de rues se succèdent, on danse musette au bord de l'eau, on rencontre des personnages intrigants qui se mêlent à la foule pour l'amusement général. La Compagnie Jo Bithume qui supervise les opérations a su donner à cette énorme manifestation sa folie créatrice et sa drôlerie inépuisable. Malheureusement victimes de leur succès, les Accroche-cœurs se trouvent souvent débordés par leur public, et il vaut mieux prévoir d'arriver plus d'une heure à l'avance sur le site d'un spectacle (malgré le gigantisme de certains d'entre eux), histoire d'être sûr d'y voir quelque chose. Qu'à cela ne tienne, il semblerait que plus aucun Angevin ne renonce à sacrifier de son temps pour faire partie d'une des plus étranges manifestations festives.

LE FESTIVAL D'ANJOU ✆ 02 41 88 14 14. *Site Internet : www.festivaldanjou.com.* En ville et à la campagne, devant les châteaux, belles demeures, cloîtres, arènes et théâtres de verdure de l'Anjou. En 2004 le festival a fêté son 55e anniversaire et comme d'accoutumé il a attiré à lui un grand nombre d'Angevins et d'autres spectateurs des départements voisins, le Festival d'Anjou est l'événement théâtral dans la région, voire dans l'Ouest. C'est le deuxième festival de théâtre de plein air en France. Emanant du Conseil général, son président est Jean Sauvage, ancien président de l'assemblée départementale. Le principe premier d'animer et de mettre en valeur le patrimoine de l'Anjou par le théâtre est toujours là, et des comédiens et comédiennes de renom continuent d'être présents chaque année sur les scènes angevines. Depuis 1951, le festival a vu passer grand nombre d'artistes de renom mais aussi comme directeurs ; allant d'Albert Camus à Jean Claude Brialy et de Francis Perrin à Nicolas Briançon désormais nouveau Directeur. Le festival d'Anjou n'est plus réservé à une élite d'érudits mais bien à l'ensemble de la population et même depuis quelques années aux enfants et aux écoles auxquelles sont présentées des créations originales destinées au jeune public. En passant de l'Opéra de Quat'sous de Bertold Brecht à "Tout est bien qui finit bien" de William Shakespeare ou encore une version music-hall des Précieuses Ridicules de Molières tous les styles sont offerts au public : opéra, classicisme, comédie ou encore spectacle de comiques. Comme chaque année, des vedettes sont à l'affiche comme Carole Bouquet, Jean-Claude Carrière, Raphaël Mezrahi, Jean-François Balmer et Michel Galabru. Tous les ans le festival affirme son succès avec en 2003 près de 21 000 spectateurs.

FESTIVAL DE CINEMA PREMIERS PLANS 5bis, rue Claveau ✆ 02 41 88 92 94/02 41 37 08 01. Site Internet : www.premiersplans.org. Lieux de déroulement : Centre des Congrès, les cinémas Les 400 Coups, Gaumont Multiplexe et Variétés, possibilité de se renseigner et réserver ses places début janvier. Le principe de ce festival est désormais bien connu : 60 films européens amateurs (courts et longs métrages) en compétition sur dix jours. Le festival a lieu tous les ans à la mi-janvier et cette année encore le jury avait de quoi faire encore parler de lui : présidé par Claude Chabrol et composé de Jean-Claude Brialy, Fanny Ardant, Patrice Chereau ou encore Gérard Depardieu. Le festival a pour but de faire découvrir l'histoire et le patrimoine du cinéma européen grâce à la présence des scénaristes et des réalisateurs qui présentent leur film et leur façon de voir la société mais aussi d'expliquer leurs techniques d'écriture et de réalisation. Les prix décernés permettent de favoriser l'accès de ces films en salle par de la publicité ou des montages audio. Le festival est toujours aussi prisé par un public angevin qui s'affiche clairement comme cinéphile, à voir la fréquentation des nombreuses manifestations.

FESTIVAL DU SCOOP ET DU JOURNALISME. Un peu boudé par le grand public, mais bien fréquenté par les écoles et les professionnels, ce festival présente chaque année des reportages de jeunes journalistes et accueille des expos photos au Centre des Congrès. En 2004 le thème choisi était : doute ou vérité ?

TOUR DE SCENES Association Musica ✆ 02 41 24 76 15. Chaque année au mois de mai, la ville d'Angers installe chapiteaux et scènes de plein air pour recevoir la quarantaine de groupes musicaux de la région mais aussi de plus loin, et qui représentent le futur en matière de créativité musicale. Jazz, rock, ou techno, les paysages musicaux sont nombreux et variés, et quelques semaines avant la fête de la musique, cela permet de jouir des rues et des cafés le soir, sans subir la foule compacte du 21 juin.

Et aussi, bien sûr

Mai : Festival des Quais (peintures, activités nautiques et concerts gratuits et brocante).

Mai : Gipsy Swing (musique manouche à Saint-Barthélémy, voir rubrique Jazz pour tous).

De fin juin à fin août : Festival de Trelaze (expo, jazz, baroque, cinéma plein air, fest-noz…)

Juillet-Août : Festival Angers l'Ete (jazz).

Renseignements à l'Office du Tourisme 02 41 23 50 00

Le Cid, joué au festival d'Anjou

culture

Cours de langues et autres matières (gratuits ou payants)

INSTITUT MUNICIPAL 9, rue du Musée ✆ 02 41 24 13 10. Si cette structure offre un large panel d'activités (conférences sur la philosophie, l'histoire locale, les arts, la géopolitique, les sciences, la littérature, l'histoire du cinéma, etc.), elle dispense aussi beaucoup de cours gratuits de langues étrangères. Des formations plus poussées (payantes) en petits groupes en inscription à l'année se déroulent le soir. D'autres matières sont aussi dispensées telles le français, les maths, etc.

Expositions

Salle Chemellier, près de la mairie : expositions des services de l'Action Culturelle et Information-Communication de la ville.

Musée de la tapisserie contemporaine, quartier Doutre. Expositions temporaires ou permanentes.

Abbaye du Ronceray (Doutre) : avant tout, lieu d'exposition municipal d'art contemporain avec "Carte Blanche" (jeunes artistes) au printemps, et une grande exposition d'été.

Museum d'Histoire Naturelle : au moins une grande exposition printemps/été.

Le Grand Théâtre : Expositions de peinture ou de photos dans le grand hall.

Nouveau Théâtre d'Angers : expositions régulières des nouvelles acquisitions de l'artothèque.

Le nouveau musée des Beaux-Arts (Rouvert en juin 2004) : la nouvelle salle d'expositions temporaires de 550 m^2 (excusez du peu !) va permettre à Angers de jouer dans la cour des grands dans le domaine de l'art contemporain, jusqu'à maintenant un peu laissé de côté par la ville.

Gari, sculpteur sidérurgique

© Patrick Joly

Lico le coq

Gari, sculpteur sur métal désormais bien connu, a déclaré sa passion en 1996 non sans avoir concouru au CAP de chaudronnier en premier métier. Dès lors il se met à observer finement l'allure, les contours et expressions des hommes (des femmes) et des animaux. Il les dessine d'abord et choisit ensuite les proportions qui leur donneront vie. De son atelier sortent ensuite, par ses habiles mains et sa remarquable mémoire visuelle, les premiers assemblages de "déchets" ou surplus métalliques. De fer ou d'inox, les morceaux sont découpés, étirés, tordus, assemblés puis soudés et comme par magie, prennent vie sous l'attitude expressive absolument fidèle de la créature reconstituée. Certaines parties "grillagées" apportent un effet dentelle rendant plus légères encore ses colossales sculptures. Une rétrospective visualise l'ensemble de ses œuvres que l'on peut admirer sur le site Internet de l'artiste : www.gari-sculpteur.com. Cheval de tête, Taureau machine, Privé de Désert, Mademoiselle, Effet de Serre, ou, Lico le coq comme ici, sont autant de réalisations époustouflantes et magistrales de cet attachant homme de fer qui n'a ni un cœur de pierre, ni la langue de bois et ne laisse surtout pas de marbre.

Galeries d'art

ARTOTHEQUE Galerie de prêt - 75, rue Bressigny © 02 41 87 26 46. *Ouvert du mercredi au samedi de 14h à 18h (sur rendez-vous les autres jours). Abonnement : 54 €/an pour l'emprunt de 2 œuvres tous les 2 mois, ou 61 € pour 3 œuvres ; pour les entreprises : 229 €/an pour 5 œuvres tous les 2 mois, ou 305 € pour 7 œuvres. Exposition des nouvelles acquisitions au Nouveau Théâtre d'Angers 12, place Imbach.* L'artothèque d'Angers a fêté ses 20 ans, et possède une collection de 835 œuvres de 320 artistes contemporains surtout régionaux et nationaux, et quelques internationaux. 70 % de la collection est constituée d'estampes, de gravures, lithographies et peintures, le tiers restant de photos sur le thème du paysage. L'artothèque organise quatre expos par an, et acquiert 20 à 30 œuvres chaque année. Un lieu de découvertes à ne pas oublier.

© Christian Pineau

"Mouvement N°4", danseuse du spectacle de Pina Bausch

Ida Esposito Artiste peintre

A quelques dizaines de mètres du château, dans son atelier niché au fond de la vieille cité, Ida Esposito étonne par la diversité de son inspiration et de ses techniques. Mythes et légendes nourrissent une imagerie fantastique dont les accents mystiques font étrangement écho aux tentures de l'Apocalypse à deux pas d'ici. La richesse des couleurs profondes et des rouges éclatants, la recherche du mouvement et des silhouettes l'emportent sur la précision du trait. Des évangiles à Pina Bausch Ida Esposito tentent de retrouver à travers les corps, l'émotion d'un instant suspendu à l'émotion qu'il suscite.

© Karine Mattioni

Pièce sans titre, installation en épingle, papier japon et encre

Karine Mattioni Artiste Peinture et installations

Recherche de l'extrême pureté des sens à travers un voyage monochrome. Karine Mattioni tente de nous faire découvrir la couleur à travers l'absence de couleur, jouant sur l'ombre et la lumière créées par ses installations de papier montés sur épingles. Elle crée l'outil – matière mais en même temps se détache du processus matériel pour laisser surgir l'émotion pure. Relief, ombre, lumière, mat et brillant sont ses seuls véritables alliés pour susciter l'infini de la profondeur du regard.

ALADIN ART ET DECOR 54, rue du Mail ✆ 02 41 88 06 28. Voir chapitre "Loisirs", rubrique "Beaux-arts".

ANN'CADRES - GALERIE 49 35, rue Toussaint ✆ 02 41 88 28 23/02 41 59 72 01. Anne Toulouse expose et encadre avec passion des œuvres contemporaines dans un espace lumineux et sobre. C'est là, et nulle part ailleurs, que l'on peut découvrir les incroyables œuvres de TONG MING, jeune peintre chinois de génie, dont les tableaux témoignent de la rencontre parfaitement réussie entre l'Orient et l'Occident. Cette galerie se visite sur rendez-vous, car Anne Toulouse est plus souvent dans sa galerie de Saumur 49, rue Saint-Nicolas où encore bien d'autres merveilles vous attendent.

GALERIE SIGUI 19, place de la Laiterie ✆ 02 41 20 05 75. A mi-chemin entre le musée et la galerie d'art, c'est un lieu à part dans l'univers artistique qui accueille des créations des peuples d'Afrique, d'Océanie et d'Asie. Etrange promenade ethnographique et anthropologique à travers l'art primitif.

LA MAISON DES CHASSEURS Les Basses-Brosses - BOUCHEMAINE ✆ 02 41 72 15 00. *Site Internet : www.frc-paysdelaloire.com. Ouvert tous les jours, de 8h à 13h et de 14h à 17h, le samedi de 9h à 12h. Fermé le dimanche.* Lieu incontournable de tous les amateurs de chasse, puisque la maison des chasseurs est le siège de la fédération départementale. Le site Internet est très complet et vous donne accès à un grand nombre de renseignements mais également vous met en relation avec des associations spécialisées à une branche de la chasse. Quant au bureau de Bouchemaine il organise toute l'année des expositions de peintres et sculpteurs animaliers. (Voir aussi chapitre "Loisirs", rubrique "Chasse".).

SALLE BESSONNEAU Hôtel Bessonneau - 15ter, boulevard Foch ✆ 02 41 81 46 29. Une salle lumineuse dans cet ancien hôtel dépendant du Conseil général, qui voit son attrait grandir peu à peu avec d'originales expos comme celle du printemps 2004 présentant une balade littéraire à travers l'Europe, expos et en même temps prêts de livres mis à disposition par la bibliothèque municipale.

Lecture

Bandes dessinées

ART ET BANDES DESSINEES (ABD) 27, rue Toussaint ✆ 02 41 20 08 18. Max et Zoé, ça vous dit quelque chose ? Ou alors Zig et Puce, Hara Kiri, Fluide glacial ? Chacun selon son âge retrouvera ici la BD qui a illuminé sa jeunesse. Le choix est impressionnant, et quelques perles rares sont à découvrir, comme un album illustré par Gustave Doré ou les cinéromans très kitch des années 60.

BULLE D'AIR 41, rue Bressigny ✆ 02 41 88 83 33. Le succès de cette librairie tient surtout à l'esprit

de convivialité qui y règne et à son professionnalisme. Espace de rencontres autant qu'espace de vente pour tous les fans de BD, Bulle d'air est dans l'air du temps et se démène pour attirer une clientèle jeune et passionnée. Le rayon Manga s'est étoffé d'auteurs taiwanais, chinois et francophones. Deux à trois fois par mois, les lecteurs peuvent rencontrer des auteurs pour des journées d'expositions de planches originales ou des séances de dédicace (rendez-vous annoncés dans la presse et sur la vitrine du magasin). On y retrouve aussi ses héros de BD sous forme de figurines, cartes postales, posters etc.

KROKI Galerie du Palace ✆ 02 41 88 61 15. Nichée au fond de la galerie du Palace, ancien cinéma et désormais France Loisir, Kroki est une boutique complète en matière de BD mais qui se veut plutôt élitiste et réservée aux adultes collectionneurs. Si le conseil est bon, on n'apprécie pas beaucoup ici que le client feuillette les albums, et l'étroitesse du lieu ne facilite pas les rencontres et les échanges comme c'est souvent le cas dans d'autres magasins. On trouvera tous les produits dérivés de la BD, de l'Astérix géant à 1 200 € au petit Marsupi à 30 € (quand même !), en passant par les vêtements et les très belles lithographies.

Bibliothèques - Médiathèques

BIBLIOTHEQUE ANGLOPHONE 60, rue Boisnet ✆ 02 41 24 97 07. *Site Internet : perso. wanadoo. fr-amerlibangers. Ouvert le lundi de 14h à 18h, du mardi au vendredi de 10h à 18h et le samedi de 10h à 12h et de 13h à 18h. Fermé en août, et entre Noël et jour de l'an. Inscriptions à l'année : familles 50 €, adultes 40 €, étudiants 2e année et plus 20 €, étudiants 1re année, jeunes - 18 ans, demandeurs d'emploi et Rmistes, 8 €. A la journée : 3 €.* Bien plus qu'une bibliothèque (28 000 livres) : on y trouve des correspondants américains, des groupes de conversation, un club de lecture, un espace enfants, des cassettes audio, un club de jardinage, des conférences… tout ça en anglais évidemment ! Le rayon des magazines est très riche, pour tous ceux qui désirent être à la pointe de l'actualité anglo-saxonne.

MEDIATHEQUE TOUSSAINT 49, rue Toussaint © 02 41 24 25 50. *Site Internet : www.bm.angers.fr. Ouvert le mardi, mercredi et jeudi de 9h30 à 18h30, le vendredi de 13h à 18h30 et le samedi de 9h30 à 17h30. Tarifs d'inscriptions à l'année : gratuit pour les - 18 ans, 6 € pour les adultes résidant à Angers (3 € cartes partenaires), 18 € pour les adultes résidant hors Angers. Modalités d'emprunt : 5 livres+1 nouveauté roman+3 revues pour 3 semaines, 4 documents sonores (K7 ou CD) pour 3 semaines, 3 K7 vidéo pour 3 semaines. "L'heure du conte", certains mercredis et samedis pour les enfants.* La bibliothèque médiathèque de la rue Toussaint est à la pointe du progrès. Désormais, de chez soi ou sur place (17 postes disponibles, plus 2 ou 3 par antenne de quartier), on peut savoir quel livre est disponible, où le trouver, effectuer différentes recherches par mots-clés (auteur, éditeur, collection...) et, à l'avenir, sans doute le réserver. Les recherches sont également possibles par thèmes, sur un mot employé que l'on retrouve dans les résumés ou les fiches de lecture des ouvrages. Il fallait bien cela pour référencer les quelque 600 000 documents (dont 550 manuscrits médiévaux et quelques rares incunables) mis à la disposition des 30 000 abonnés annuels. La BM se situe aux environs du 15e rang français, mais en termes "techniques", elle fait désormais partie du peloton de tête. Le système Internet est également relié aux bibliothèques de quartiers ainsi qu'à celles du Conservatoire et des Beaux-Arts.

Bibliothèques de quartier

BELLE-BEILLE Centre Jacques-Tati - 5, rue Eugénie-Mansion © 02 41 73 36 09

IMBACH Rue Botanique © 02 41 88 84 66

LAC DE MAINE Place Guy-Riobé © 02 41 48 05 43

LA FAYETTE 88, rue de Létenduère © 02 41 88 97 73

LES JUSTICES 42, place des Justices © 02 41 66 97 23

MONTPLAISIR Maison pour Tous - 3, rue de l'Ecriture © 02 41 60 10 60

LA ROSERAIE Centre Jean-Vilar © 02 41 66 53 24

SAINT-NICOLAS (Doutre) 47, rue Saint-Nicolas © 02 41 87 79 42

VERNEAU Centre Socioculturel - Rue Renée © 02 41 73 44 23.

Librairies généralistes

Il paraît que les Angevins sont de gros lecteurs si l'on en croit la grande fréquentation des bibliothèques et des librairies de la ville. A l'heure des grandes surfaces culturelles pas toujours appréciées des fans de bouquins, voilà revenu le temps des petits commerces, et en 2003-2004, deux nouvelles librairies à taille humaine ont ouvert leur porte et accueilli une clientèle exigeante qui a été vite séduite. Pour sceller de manière amicale et professionnelle leur présence sur Angers, une dizaine de libraires angevins se sont regroupés en association pour mieux s'organiser lors des manifestations culturelles. Par exemple lors du mouvement national "Le Temps des livres", cette association permettra d'initier de meilleurs projets et évènements, comme une future grande animation qu'elle est d'ores et déjà en train d'organiser, et qui s'articulera autour de plusieurs auteurs invités et un concours de nouvelles et de planches de BD. A vos plumes !

BOUQUINERIE DU CENTRE 1, rue Montauban © 02 41 87 27 19. La culture et la détente et les prix bas : Cette bouquinerie d'occasion, fait les beaux yeux aux amoureux du livre et aux portefeuilles un peu troués. Un très grand choix de livres de poche, BD et livres pour enfants. On dégotera facilement le meilleur Pierre Bellemarre (justement celui qui fait cruellement défaut à la bibliothèque) ou un numéro manquant de la revue adorée (Historia, Géo, etc.). Deux étages qui permettent une classification par genre et par ordre alphabétique où il n'est vraiment pas rare de tomber sur un très beau livre de civilisation ou de beaux-arts incroyablement conservé et au prix vraiment peu élevé. Nombreux ouvrages d'actualité (plus ou moins récents d'ailleurs !), de politique ou de société.

CONTACT 3, rue Lenepveu © 02 41 24 15 00. Il y a toujours un petit détail qui fait que l'on aime cette librairie. C'est parfois le petit rayon thématique servi dans l'entrée du magasin, original et attractif, ou un beau livre d'art ouvert et prêt à être feuilleté sur un lutrin de bois, ou alors cette certitude de trouver le manuel dont on a absolument besoin pour finir un devoir. Si le rez-de-chaussée est un peu exigu, l'étage est aussi spacieux et silencieux qu'une bibliothèque lorsqu'on évite la cohue du samedi. Les livres exposés sur table sont tous attirants et que demander de mieux à une librairie, sinon nous donner envie de lire ?

FNAC 25-26, rue Lenepveu © 02 41 24 33 33. Est-il encore besoin de parler de cette enseigne, offrant à tous les publics le plus grand choix d'ouvrages dans tous les genres. Tout est classé par catégories (littérature française, romans policiers, tourisme, cuisine…) et par ordre alphabétique. Les nouveautés et les succès sont clairement présentés, et si vous ne trouvez pas ce que vous cherchez, le conseil des vendeurs est précieux. On trouve regrettable néanmoins les rayons au ras du sol, qui nécessitent une bonne souplesse pour être atteints.

FRANCE LOISIRS Galerie du Palace © 02 41 86 16 26. *Site Internet : www.franceloisir.com.* Le déménagement de l'enseigne a donné un nouveau souffle à la galerie du Palace. Le magasin est assez vaste et offre une grande diversité de produits culturels tels que romans, bandes dessinées, vidéo, musique, cédérom et autres services tels que le développement photos, voyages et spectacles. L'enseigne est réputée pour ces petits prix mais ceci nécessite une adhésion gratuite qui vous engage à acheter un livre par trimestre. Il est possible de reprendre sa liberté après huit livres acquis, mais les tarifs sont dégressifs avec les années sur une sélection de livres chaque mois. Commande en ligne sécurisée sur Internet, par Minitel, par téléphone, ou par correspondance.

HISTORISSIMO 67, rue Bressigny © 02 41 24 06 04. Si vous avez gardé de l'école des souvenirs rébarbatifs et laborieux, la librairie Historissimo vous réconcilie avec l'Histoire et vous fait découvrir que tout, absolument tout possède son histoire. Histoire des peuples, des pays, des religions, de la peinture, de la musique, l'aventure est partout, jusque dans l'histoire botanique des fleurs. Dictionnaires, atlas, mémoires, biographies, romans et des études très pointues consultées par les étudiants et les enseignants. A noter un rayon jeunesse passionnant composé d'albums illustrés et de romans historiques de l'Egypte ancienne à la dernière guerre. Beaucoup d'idées de cadeaux dans le thème de l'Histoire, reproductions de statuettes et de tableaux, bibelots, foulards et sacs aux imprimés "historiques", cartes postales.

LHERIAU 10, place de la Visitation © 02 41 87 75 87. Une librairie de quartier qui ne passe pas inaperçue. A deux pas de la gare, cette chaleureuse et complète échoppe possède d'ailleurs beaucoup plus l'âme d'une papeterie et offre aux habitants un grand choix de fournitures de bureau et une belle collection de livres pour enfants. La librairie possède entre autre de très beaux albums photos et tout le nécessaire pour les personnaliser comme des encres de couleurs. Un lieu attachant à fort caractère.

LA LIBRAIRIE 12, rue Chaperonnière © 02 41 87 48 43. Entrez dans l'univers passion de Cécile Dancoisne… Elle a cherché dans toute la France, et c'est pour notre plus grand bonheur qu'elle s'est posée à Angers pour donner une âme à ses livres. Comme elle le dit, "l'âme, c'est un choix d'aménagement", alors ici le vieux plancher craque sous le pas des clients, et l'on a envie de s'installer pour lire autour de la vieille table de bois. La magie, c'est aussi l'osmose qui règne entre les désirs de la clientèle en matière de livres, et ses choix personnels. Il faut chercher, il faut fouiller, il faut prendre le temps de feuilleter comme dans la bibliothèque d'un ami. Littérature classique, nouveautés, livres d'art, on trouve forcément ce qu'on n'était pas forcément venu chercher.

LES TROIS LECTURES 51, rue de Mail ✆ 02 41 25 08 02. *Ouvert le lundi de 15h à 19h15 et du mardi au samedi de 10h à 19h15.* Entrez dans une librairie pas comme les autres, ici tout est tourné autour de la passion du livre, mais propose également des produits littéraires peu courants. Ici vous trouverez des romans sous forme de cassettes audio et d'autres écrits avec de grands caractères idéaux pour les personnes âgées et les malvoyants. Une partie de la boutique est aussi consacrée à la poésie, essais, conférences, et tout le sous-sol au Théâtre. Une petite gamme d'articles de la boutique de la Comédie française est disponible (marque-pages, verres décorés, articles de bureau…).

RICHER 4-6-8, rue Chaperonnières ✆ 02 41 25 50 00. La librairie Richer fait parti des adresses incontournables de la ville. Le récent départ du photographe voisin qui a permis l'ouverture d'un espace stylos et parures, conforte la position de Richer comme la plus grande librairie d'Angers. Le magasin s'étale sur quatre niveaux, chacun attribué à un domaine particulier : le premier en sous-sol se consacrant aux travaux manuels, papeterie et fournitures de dessin, le rez-de-chaussée pour la presse, la littérature (ouvrage récent en publication) et la carterie, le premier étage pour la jeunesse, le théâtre et la poésie et le dernier niveau pour les ouvrages universitaires et pluridisciplinaires. Et depuis cette année l'ouverture la porte a côté d'une échoppe dédiée à une superbe gamme de stylos de marque, et d'accessoires de bureau. On aime la diversité des produits proposés et la gamme de prix pour tous les budgets, de plus vous pouvez commander les ouvrages non disponibles en magasin, les recevoir en quelques jours, et vous êtes prévenu de leur arrivée par téléphone.

Pour la jeunesse

LA LUCIOLE 4, rue des Poëliers ✆ 02 41 86 16 06. Sa superbe façade est digne des véritables contes pour enfants où dragon, sorcières et autres farfadets nous jouent de prodigieux tours. Cette sympathique librairie enfantine est également très riche en jouets éducatifs. Ici petits ou grands trouveront de quoi faire de beaux rêves enchantés par contes et fables, des histoires fabuleuses appréciées à tous les âges. Vous trouverez également des livres éducatifs et des petits chefs-d'œuvre de la littérature enfantine en rupture de stock chez l'éditeur et encore en rayon ici. Les vendeuses et la propriétaire sont de très bons conseils dans votre quête. La Luciole est "le" spécialiste du livre pour la jeunesse.

SADEL Boulevard de la Romanerie - SAINT-BARTHELEMY-D'ANJOU ✆ 02 41 21 11 80. La Sadel est une librairie-papeterie coopérative qui fournit les enseignants et professionnels de l'éducation et de l'animation, mais aussi ouverte aux particuliers. Un grand espace est réservé aux fournitures de bureau (papiers et encre d'imprimante, facturiers, classeurs…), et le rayon travaux manuels propose une foule d'activités créatives. Cahiers, carnets, feuilles, chemises et des milliers de stylos pour satisfaire les plus exigeants. Le rayon librairie est un peu limité mais ce n'est pas la vocation première de ce magasin.

Livres neufs à prix réduits

BOOKAN Rue Saint-Julien ✆ 02 41 86 75 59. Des bouquins oui mais pas chers. Voilà la politique de la maison, ici on trouve essentiellement des livres de garde, souvent chers lors de leur sortie, beaucoup moins chez Bookan. Livres d'art, de voyage, de jardinage, de gastronomie, tout ça dans de magnifiques éditions grand format de luxe, mais à prix réduit. Quelques usuels pour scolaires et universitaires figurent aussi en bonne place, les dictionnaires les plus connus à des prix "dégriffés", pratiques pour les grandes familles et les révisions pas chères de dernières minutes.

MAXI LIVRES 38, rue Saint-Julien ✆ 02 41 86 97 97. Maxi Livres présente des livres pour tous les jours et à des prix défiant toute concurrence. L'offre est variée, des livres reliés sur la Grèce ou l'Egypte, aux livres pour enfants (à moins de 5 €). Si vous aimez les livres, ou si vous commencez à meubler les étagères de votre bibliothèque, passez par Maxi Livres, vous ne serez pas déçu.

Livres anciens et bouquinistes

CANDIDE 7, rue Montault ✆ 02 41 86 10 50. Une échoppe d'un autre siècle, avec des biens très divers : quelques belles reliures, des gravures de valeurs inégales, des ouvrages consacrés à notre région, des éditions épuisées ou retirées, et encore quelques jolis albums illustrés et des livres d'art. Une adresse agréable pour les amoureux de livres anciens.

MICHEL DUTRU BOUQUINISTE 15, rue Lionnaise ✆ 02 41 88 26 97. Habitant du quartier de la Doutre depuis trente ans, Michel Dutru a encore son nom écrit à la peinture sur la porte, avec le numéro de téléphone à six chiffres. Fidèle à une logique de classement qui lui est propre, la boutique regorge de trésors (notamment pour les amateurs de policiers une belle collection de la "série noire") ainsi que des manuels divers, des ouvrages pratiques plus ou moins récents. Enfin, Michel et Madame organisent périodiquement des stages de reliure où l'on apprend les techniques de fabrication et de restauration des beaux ouvrages.

© Photos.com

RECRE ARTS 84, rue Bressigny ✆ 02 41 87 28 20. Depuis 15 ans à cette adresse, cette bouquiniste est bien connue des étudiants des beaux-arts, des littéraires et linguistes de la catho, mais aussi d'un grand public avide de romans à petits prix. On trouve derrière la façade rose une belle collection de livres en langues étrangères européennes, et quelques encyclopédies ou collections complètes de grands auteurs. L'adresse est également à donner aux collectionneurs passionnés par un sujet : livres de 20 à 30 ans sur la plongée, l'aviation, la chasse. Bon accueil, courtois et enclin à la conversation ; Madame est une fan des auteurs russes, intarissable sur le sujet.

Médias

Presse

Périodiques régionaux

L'AGGLO GRAND ANGERS 83, rue du Mail ✆ 02 41 05 50 00. Tiré à 120 000 exemplaires et distribué sur les 29 communes de l'agglomération angevine, ce trimestriel fait le point sur les projets de communes, les travaux et aménagements territoriaux. Des articles sont régulièrement édités sur une commune, un quartier, une institution, un commerce ou une personnalité. Papier glacé et nombreuses photos couleurs pour rendre cette revue attrayante et pratique. Agenda culturel en dernière page.

L'ANJOU ECONOMIQUE - CCI 8, boulevard du Roi-René ✆ 02 41 20 54 20. Revue bimestrielle de la Chambre de Commerce et d'Industrie d'Angers qui présente l'actualité des entreprises sur un mode journalistique facile à lire et proche de ses lecteurs. Récits de création, témoignages, études des points stratégiques de l'économie locale, on y trouve beaucoup de renseignements utiles notamment les procédures administratives, les annonces d'emplacements commerciaux, les futurs travaux d'aménagement des commerces etc. Abonnement auprès de la CCI.

MAINE-ET-LOIRE - LE MAGAZINE Hôtel du Département ✆ 02 41 81 43 86. Gratuit et trimestriel, le magazine du Conseil général a pour vocation de présenter les "forces vives" de la région, tant au point de vue économique, industriel, ou culturel. Que ce soit des initiatives personnelles, associatives ou industrielles, elles sont toutes présentées avec un positivisme non dissimulé. Depuis peu néanmoins, une page est réservée à l'expression des groupes politiques représentés à l'Assemblée départementale. Les informations recoupent souvent celles de L'Agglo Grand Angers, mais de manière plus générale et moins "informative".

VIVRE A ANGERS Hôtel-de-Ville ✆ 02 41 05 41 31. L'actualité sociale, économique, culturelle, les projets, les travaux… tout ce qui concerne le quotidien des Angevins est clairement présenté chaque mois en une trentaine de pages illustrées de photos couleur. Chaque mois un zoom sur un personnage, une action, une entreprise choisis pour leur rayonnement sur la ville. Tiré à 80 000 exemplaires, il est distribué en boîtes aux lettres aux Angevins, mais aussi aux Angevins expatriés sur simple demande à la mairie.

Hebdo loisirs

ANGERS POCHE 10, rue du Petit-Damiette ✆ 02 41 66 20 30. C'est un livret hebdomadaire distribué gratuitement et abondamment dans toute la ville, qui présente les spectacles (cinéma, musique, théâtre, danse, festivals…) avec leur critique et leur programmation, ainsi que quelques adresses de bars pour finir agréablement votre soirée en ville. Compagnon-relais idéal entre structures et public, on ne le rate sous aucun prétexte.

Petites annonces

Les deux hebdomadaires de la ville recensent des annonces dans divers domaines : immobilier, ameublement, ou bien encore : offres et demandes d'emploi, automobiles, annonces matrimoniales, etc.

LE 49 1, place du Pilori 02 41 25 49 49

PARU VENDU 15, boulevard Foch 02 41 88 86 34

ETABLISSEMENT RECOMMANDE PAR LE PETIT FUTE

Et vous, avec qui vous réveillez-vous ?
6h-9h30
Réveil en douceur
en écoutant
Good Morning Angers
*Mes chansons préférées
*Mon horoscope
*Mes infos
*Ma météo
Chérie Fm
105.1
Vos plus belles émotions
Écoutez Chérie Fm sur cheriefm.fr - toutes les fréquences au 08 92 68 00 50 (0,34€/min)

Quotidiens

LE COURRIER DE L'OUEST Boulevard Albert-Blanchoin ✆ 02 41 68 86 88. Rédaction à Angers 1, rue Chaussée-Saint-Pierre (jouxte la place du Ralliement) 02 41 25 52 55. Le quotidien qui se veut le plus attaché aux Angevins, et qui privilégie l'activité quotidienne régionale. Les nombreux correspondants de quartier et de région permettent de couvrir toute l'actualité sociale de la ville et de l'Anjou, et ses pages restent facilement ouvertes à la parole des usagers qui peuvent eux-mêmes faire paraître leurs articles ou annonces.

LA NOUVELLE REPUBLIQUE DU CENTRE-OUEST 2, place Sainte-Croix ✆ 02 41 88 43 81. Ce quotidien dont le siège social est basé à Tours possède un bureau à Angers qui y traite uniquement l'actualité du département, en donnant une grande place au Saumurois. Les articles sont riches et très nombreux, et la qualité rédactionnelle indéniable. Les informations nationales sont brèves mais très complètes.

OUEST-FRANCE 30bis, boulevard Ayrault ✆ 02 41 25 62 00. Ouest-France est toujours le premier quotidien français par son tirage (800 000 exemplaires vendus chaque jour), mais du fait de sa vocation plus tournée vers l'information nationale et internationale, il est moins lu à Angers que Le Courrier de l'Ouest, chaque canton est présenté dans son actualité immédiate et la maquette est bien léchée.

Radios

ALOUETTE (99.2 FM) Les Herbiers ✆ 02 51 91 21 21. Une radio régionale privée, musicale, qui émet depuis la Vendée et sur une bonne partie de l'Ouest de la France, avec des flashs d'informations synthétisant l'actualité régionale.

AUTOROUTE FM (107.7 FM) ✆ 01 46 01 50 80. La station radio des Autoroutes du Sud de la France (ASF), qui a des émetteurs sur tout son réseau. Pratique pour connaître l'état du trafic quasiment en temps réel.

CHERIE FM (105.1 FM) 2, square de la Penthière - Centre commercial de l'Horloge ✆ 02 41 35 25 25. Une radio musicale à la programmation ciblant plutôt un public de femmes. Les musiques ici ne doivent pas "agresser l'oreille". Des flashs infos traitent aussi l'actualité locale et culturelle.

EUROPE 2 (94,8 FM) 5bis, rue Thiers ✆ 02 41 20 96 79. Programmation musicale consensuelle qui cible les 25 - 40 ans, avec quelques flashs infos locaux très courts.

FUNRADIO (92,3 FM) 6, rue du Calvaire - NANTES ✆ 02 40 08 05 05. *Standard jeux 08 25 08 50 00.* De la musique, mais surtout des tubes, des émissions, la participation d'auditeurs, voilà le principe de cette radio résolument jeune, la déconne.

MFM (95,5 FM). Une radio musicale qui propose une programmation doucereuse, agréable pour évacuer le stress lorsqu'on est pris dans les embouteillages.

LE MOUV' (103,0 FM) 61, boulevard Lazare-Carnot - TOULOUSE ✆ 05 62 30 70 00. La radio jeunes du service public. Pas de pub, mais de la musique, rock essentiellement, avec une programmation pointue et exigeante, qui ne néglige pas les tubes mais sait faire découvrir de nouveaux talents. Les chroniques sont vivantes, parfois drôles et les documentaires de 10 minutes souvent passionnants. Dommage que la playlist soit si restreinte, que les titres en rotation passent si souvent ! Petit record à Angers, c'est là que Le Mouv' fait son meilleur score avec plus de 7 % d'auditeurs !

NRJ (98 FM) 2, square de la Penthière ✆ 02 41 35 25 35. La première des radios musicales en audience, du tube et toujours du tube, voilà le secret.

OUEST FM (98,7 FM) 1, rue Célestin-Port - SAUMUR ✆ 02 41 67 35 35. Une radio musicale pour le département, avec quelques informations locales notamment le matin. Dommage que les programmes ne soient pas en direct !

RADIO G 160, avenue Pasteur ✆ 02 41 60 47 47. C'est la seule radio de la vague de 1981 à émettre encore à Angers. Associative, libre et impertinente, elle fonctionne grâce à une équipe de plus de cent bénévoles. Radio G conduit aussi une mission auprès des quartiers en accord avec la ville d'Angers. C'est enfin la voix des minorités.

RADIO NOVA (89,6 FM) Paris ✆ 01 53 33 33 15. Sans doute la radio la plus novatrice et inventive en matière de programmation musicale. La station d'où viennent Edouard Baer, Jamel et bon nombre d'animateurs de Canal+. Ici on découvre des rythmes et des sons nouveaux, loin des tubes, Nova propose des découvertes, toujours, grâce à des animateurs et Dj's très pointus en matière de funk, hip-hop, électro ou world. Dommage que le ton soit parfois un peu trop parisien.

RCF (Radio Chrétienne en France) 25, rue du Canal ✆ 02 41 87 98 98. Autrefois nommée Radio Parabole à sa naissance en 1992, cette radio associative financée par les dons et le diocèse a changé de nom lorsque s'est fondé le réseau des radios chrétiennes en France. Ici la thématique est religieuse, mais les émissions ne traitent pas que de religion. La place accordée à l'information locale est aussi la plus importante de toutes les radios qui émettent à Angers, avec des journaux de 10 minutes.

SKYROCK (103,6 FM) 9, boulevard Foch ✆ 02 41 87 87 87. La radio des ados, qui ici n'a pas la concurrence de Fun radio. "Premier sur le rap" est le slogan. Voilà qui est clair.

Télévision locale

TV10 Rue de la Rame ✆ 02 41 20 20 88. Une télévision locale qui possède de petits moyens mais qui a su s'imposer au cœur des Angevins. De 7h du matin à minuit, elle enchaîne les programmes et les rediffusions : un journal local quotidien qui retrace la vie angevine, une émission de cinéma présentée par une journaliste qui dispose d'une vraie loquacité, des retransmissions de concerts, et surtout l'affichage tout au long de la journée de bandeaux publicitaires et d'infos utiles à la vie quotidienne. Dommage que cette chaîne ne soit diffusée que sur le câble et que tous les Angevins n'y aient pas accès.

loisirs

Arts de la rue et cirque

ECOLE JO BITHUME Rue de la Paperie - SAINT-BARTHELEMY-D'ANJOU ✆ 02 41 66 04 45. *N'ayant pas les tarifs pour cette saison, nous vous indiquons ceux pratiqués en 2003-2004 : entre 187 € et 237 € (6-8 ans), entre 237 € et 297 € (8-10 ans), entre 307 € et 417 € (10-14 ans ; 3h au lieu de 2) et entre 277 € et 357 € (14-16 ans). Atelier trapèze pour les 12-15 ans entre 187 € et 235 €. Pour les adultes, stages "découverte" toute l'année (cirque, théâtre de rue) de 95 € à 105 € (durée de 12h à 15h) et cursus complet (une tarification par module partage les disciplines, le cursus 2 est réservé aux comédiens professionnels). Pendant les vacances scolaires (février, avril et juillet-août) : stage d'école de cirque de 6 ans à 15 ans, à la matinée ou à la journée complète.* L'école de cirque et d'arts de la rue, créée par la compagnie Jo Bithume en 1993 et sous l'agrément du Ministère Jeunesse et Sports, forme petits et grands aux disciplines telles que : l'équilibre sur objet (monocycle, boule...), le jonglage (massues, diabolo, "bâton du diable"...) ou les aériens (trapèze, anneaux...), la danse et l'acrobatie. L'école Jo Bithume propose également des ateliers scolaires "à domicile" ou, pour les écoles non équipées, sur place. C'est la grande référence sur le département avec de grands espaces et un chapiteau permanent pour les répétitions.

Beaux-Arts et travaux manuels

S'équiper

LE CADRE LOIR 46, rue Pocquet-de-Livonnière - Place Imbach ✆ 02 41 86 01 43. NOUVEAU Ouvert depuis Noël 2003, cette boutique mérite de se faire connaître car les deux jeunes femmes sont d'une exceptionnelle gentillesse et conseillent avec brio leurs clients. Spécialisée dans l'encadrement et le scrapbooking, nouvelle technique de mise en valeur de photos par découpage et superposition, ici on vous propose tout le matériel nécessaire à la réalisation de vos travaux manuels : papiers de toutes sortes et de toutes couleurs (papiers Canson mais aussi papier à la cuve, en fil végétal, et même incrusté de pétales de fleurs), formes pour découpes, stickers, tampons et perforeuses fantaisies. On vous propose également une formation à ces techniques tous les jours et où l'on vous guidera dans vos réalisations.

Le scrapbooking :
Une technique qui laisse cours à son imagination

Depuis près de deux ans se développe dans les magasins de dessins et de travaux manuels, cette nouvelle activité, arrivée tout droit des USA, le scrapbooking. Le nom est un peu barbare mais avec un peu d'imagination le résultat est magnifique. On aurait pu appeler cela, comment mettre en valeur des photos banales. Car c'est bien de cela qu'il s'agit, grâce à des collages, des superpositions et des découpages de papiers et de photos, vous mettez de la vie dans vos albums photos traditionnels voire même faire des tableaux de vos prises de vue préférées. L'avantage de cette technique est qu'elle peut se développer à l'infini grâce à la seule imagination des artistes en herbes. Alors si vous voulez faire un tableau de vos dernières vacances ou faire un arbre généalogique de votre famille ou encore de réaliser un pêle-mêle sur le petit dernier de la maison alors le scrapbooking est pour vous.

L'ATELIER DU 11 11, rue Pocquet-de-Livonnière ✆ 02 41 43 73 60. NOUVEAU Ouvert depuis quelques mois, ce local qui n'en finit pas de changer de locataires, est tenu par l'ancienne employée d'une perlerie qui mérite votre visite pour sa gentillesse et sa disponibilité. En plus de la vente de perles de type zwarosky et de bijoux qu'elle fabrique elle-même dans son atelier, elle donne des cours (par deux personnes à la fois) afin de réaliser vos envies de bijoux mais également pour réparer un collier ou rénover, remettre au goût du jour un bijou un peu passé de mode.

CIMAISE 64, rue Bressigny ✆ 02 41 86 80 74. Tout près des Beaux-Arts, Cimaise équipe tous les étudiants de l'école, mais tout un chacun peut s'y procurer le matériel nécessaire pour peindre, sculpter (terre humide vendue au poids), dessiner. Les produits très spécialisés y sont tous présents, enduits, médiums, pigments, ainsi qu'un large choix de pinceaux pour tous les types de peinture. Les vendeurs sont tous qualifiés pour vous orienter sur le produit qu'il vous faut.

CREA LOISIRS 10, place Imbach ✆ 02 41 87 49 71. *Lundi : 14h-18h30 ; mardi au vendredi : 10h-18h30 ; samedi : 10h-12h et 14h-18h30.* Avec sa grande vitrine donnant sur la place Imbach on ne peut pas l'éviter. Paradis du patchwork, ici tout est dédié aux travaux manuels : perles, tissus, broderie. La boutique fourmille d'idées et de modèles en tous genres. Le magasin organise aussi des démonstrations et des réunions sur le patchwork et la fabrication de bagues.

DALBE 2, rue de l'Aiguillerie ✆ 02 41 88 88 40. Une boutique incontournable en matière de fournitures pour les arts plastiques et tous les travaux manuels dans le centre-ville. De nombreuses matières (huiles, pigments, gouaches, acryliques, vernis…) et les accessoires n'attendent plus que le savoir-faire et la passion des artistes : pinceaux, fusain, plumes, brosses, etc. A l'étage, quelques bons supports de travail (Canson, bristols de toutes tailles et couleurs) et de très beaux chevalets. Dalbe est une caverne d'Ali Baba pour celles et ceux qui aiment se servir de leurs mains. Les inconditionnels de la déco (pochoirs, mosaïque…) auront également de quoi se satisfaire…

ECLAT DE VERRE 1, rue Saint-Evroult ✆ 02 41 20 35 73. Il n'y a plus aucune raison pour ne pas vous lancer dans l'art décoratif une fois que vous aurez visité cette immense boutique entièrement consacrée à l'encadrement, au cartonnage et au "boîtage". Pour cela, le choix de papiers décoratifs est hallucinant, qu'il soit purement papier, ou bien doublé de skaï, de tissu, de fil, constellé de pointes métalliques, des centaines de motifs merveilleux que l'on achèterait rien que pour le plaisir de les regarder ou pour en faire du papier cadeau. De nombreux livres et des fiches conseils sont en vente pour vous aider à faire vos premiers pas, et les matières premières sont disponibles et extrêmement variées : carton, mousse, bristol, album photo sans couverture (à faire vous-même), cartes et tableaux à encadrer, outillage spécialisé. Des idées à foison…

LA MAISON DES ARTS 31, rue Plantagenêt ✆ 02 41 87 58 55. Maison spécialisée dans les fournitures pour Beaux-Arts, tout un pan de mur est réservé aux tubes de peintures, un autre aux pinceaux, et un autre pour les supports (papier, carton, toiles etc..). De beaux coffrets à offrir contenant fusains, aquarelles, ou feutres, et même le nécessaire pour la calligraphie, qu'elle soit française ou chinoise, et des livres consacrés aux techniques de peinture. Attention pendant toute la durée des travaux des halles, le magasin n'ouvre que de 14h à 18h le lundi, mardi, mercredi. De 9h30 à 12h30 le jeudi et le vendredi. Fermé le samedi.

LE MONDE DES DOIGTS 43, rue de la Maître-Ecole ✆ 02 41 57 22 76. Cette enseigne ouverte depuis 2002 accueille tous les passionnés de travaux manuels qui veulent mettre leur imagination en action. C'est un supermarché du loisir regroupant peinture, sculpture, encadrement, mosaïque, cartonnage, calligraphie, création de faire-part et autres objets décoratifs. Mais le plus plébiscité est sans nul doute le rayon des perles et autres fabrications de bijoux. De plus, pour les débutants ou pour confirmer son talent, le magasin dispense des cours en petits groupes de six à sept personnes pour réaliser l'objet de vos désirs. Des cours appropriés aux enfants sont dispensés les mercredis et pendant les vacances scolaires. Tarifs par cours ou abonnement. **Autre adresse : 190, rue Nationale - CHOLET 02 41 65 51 33.**

MONSIEUR BRICOLAGE Centre Commercial Rural-Services - SAINT-SYLVAIN-D'ANJOU ✆ 02 41 21 17 17. L'enseigne propose un éventail impressionnant de matériel pour les Beaux-Arts. Un espace privilégié est attribué et offre une large gamme de produits pour tous les budgets. Toiles, papiers, crayons, huiles, pinceaux, pastels, encadrement, photographies, lithographies, cartes postales, marquises, collages, découpages, pochoirs, etc. Le rayon se situe autour d'un comptoir central où un vendeur spécialisé pourra vous conseiller sur les produits et les diverses techniques proposées.

SADEL Boulevard de la Romanerie - SAINT-BARTHELEMY-D'ANJOU © 02 41 21 11 80. Librairie-papeterie coopérative, la SADEL approvisionne les enseignants et tous les professionnels de l'éducation et de l'animation auprès d'enfants. Mais les particuliers peuvent aussi bénéficier du grand choix et des prix pratiqués (20 % de réduction pour les adhérents). Concernant les articles de papeterie, on ne trouvera pas ici d'élégants stylos ou de luxueux agendas. En revanche, c'est le royaume du papier (de toutes les couleurs et de tous les grammages), de tous les types de fournitures scolaires et de bureautique, ainsi que d'ouvrages et de matériel pour les travaux manuels.

Pratiquer

BRUSH AND BISQUE-IT 27, rue Saint-Julien © 02 41 20 10 00. *Site Internet : www.brush-and-bisque-it.com. E-mail : info@brush-and-bisque-it.com. Ouvert du mercredi au samedi de 10h à 19h, le dimanche de 14h à 18h (sur réservation). A la journée : 8 € par personne, à l'année 45 € par personne ou 70 € pour 2 personnes. Tarifs des céramiques : 5 € à 8 € (coquetiers, carreaux...), 8 € à 20 € (assiette, mugs, bois...) et 20 € (théières, plats, vases...).* Une "boutique atelier" où petits et grands dessinent et peignent sur céramique et leurs œuvres sont ensuite cuites. Le matériel peut aussi être prêté pour le travail chez soi. Le concept est anglais et a été importé par Marion et Franck pour notre plaisir. A noter que des concours sont régulièrement organisés (fête des mères, des pères, etc.) ainsi que des stages d'une semaine pendant les vacances scolaires. Ambiance conviviale garantie !

CREA LOISIRS 10, place Imbach © 02 41 87 49 71. *Lundi : 14h-18h30 ; mardi au vendredi : 10h-18h30 ; samedi : 10h-12h et 14h-18h30.* Avec sa grande vitrine donnant sur la place Imbach on ne peut pas l'éviter. Paradis du patchwork, ici tout est dédié aux travaux manuels : perles, tissus, broderie. La boutique fourmille d'idées et de modèles en tous genres. Le magasin organise aussi des démonstrations et des réunions sur le patchwork et la fabrication de bagues. (Voir aussi en travaux manuels).

DU CRAYON AUX PINCEAUX 35, rue Boreau © 02 41 37 17 55. *Site Internet : www.atelier-houee.com. Abonnement trimestriel : adolescents : 124 €, adultes : 147 €.* Dans ces murs de la rue Boreau, on apprend effectivement à peindre, imiter d'abord, s'émanciper enfin. L'intérieur est désordonné : des toiles partout dans tous les sens, des chevalets de toutes tailles jonchant le sol. Bref, un atelier, un vrai ! On y dispense des cours pour débutants ou initiés au trimestre. Y sont enseignés l'échelle des valeurs, la spirale, la perspective, les effets de matières. Les non-débutants reçoivent eux un programme personnalisé pour avancer à leur rythme. Tout est mis en œuvre pour que les cours soient agréables et efficaces, des sorties de groupe en plein air, une ambiance de bons vivants (quelques étiquettes de bons vins trônent sur un mur). Apprendre la peinture dans ces conditions ? Plutôt deux fois qu'une !

ECOLE SUPERIEURE DES BEAUX-ARTS (ESBA) 72, rue Bressigny © 02 41 24 13 50. *Site Internet : www.esba@angers.fr.* Cette école, dont la particularité est d'être gérée par la ville d'Angers, est logée dans de forts jolis bâtiments qui débordent dans les rues alentour. Les étudiants viennent des quatre coins de l'hexagone et de l'étranger, pour se consacrer à l'art avec plusieurs spécialités : design-architecture d'intérieur, communication visuelle, et même tapisserie (un des ateliers les plus intéressants avec ses métiers à tisser). L'école organise des cours pour les amateurs. Adultes : sculpture, modelage, croquis, peinture. Les 9-14 ans s'initient aux arts plastiques et les 15-20 ans peuvent participer aux classes de dessins préparatoires, souvent pour préparer des concours d'entrée aux écoles d'arts.

GALERIE ALADIN ART ET DECOR 54, rue du Mail ✆ 02 41 88 06 28. *Renseignements sur les cours au 02 41 86 91 61. E-mail : aladin_art_et_decor@hotmail.com.* Elisabeth Morgan, artiste peintre et formée aux arts décoratifs (spécialiste du trompe-l'œil), propose des stages et des cours de peinture décorative d'octobre à avril.

Chasse et pêche

Pratiquer

Chasse

La Fédération départementale niche à l'adresse ci-dessous.

LA MAISON DES CHASSEURS Les Basses-Brosses - BOUCHEMAINE ✆ 02 41 72 15 00. *Site Internet : www.frc-paysdelaloire.com. Ouvert tous les jours, de 8h à 13h et de 14h à 17h, le samedi de 9h à 12h. Fermé le dimanche.* Lieu incontournable de tous les amateurs de chasse, puisque la maison des chasseurs est le siège de la fédération départementale. Le site Internet est très complet et vous donne accès à un grand nombre de renseignements mais également vous met en relation avec des associations spécialisées à une branche de la chasse. Quant au bureau de Bouchemaine il organise toute l'année des expositions de peintres et sculpteurs animaliers. D'originales manifestations s'y déroulent comme ce rassemblement de toutes les formations de cors de l'Anjou qui s'est déroulé en juin 2001 devant un public nombreux qui s'est renouvelé en juin 2003. Suivre les infos de la presse locale pour les dates de manifestations (Voir aussi chapitre "Loisir").

Pêche

En cas de pollution d'un cours d'eau ou de braconnage, il faut prévenir le plus rapidement l'adresse suivante :

FEDERATION DU MAINE-ET-LOIRE POUR LA PECHE ET LA PROTECTION DU MILIEU AQUATIQUE 14, allée du Haras ✆ 02 41 87 57 09. La Fédération gère les ressources piscicoles et halieutiques des rivières du département. Elle défend le loisir de la pêche et la défense de l'environnement aquatique par des actions de sensibilisation auprès du public (école de pêche, exposition…).

L'ABLETTE ANGEVINE 67, rue Saint-Nicolas ✆ 02 41 88 32 26. *Ouvert de 8h30 à 12h30 et de 13h30 à 16h30.* Si c'est la bonne adresse pour se procurer son permis de pêche, les actions de l'association ne s'arrêtent pas là. Membre de l'association pour la protection du milieu aquatique, elle développe ses actions grâce à ses stages et animations sur l'environnement auprès des enfants pour lesquels elle a créé un centre de loisirs. Nos chérubins peuvent s'initier à la pêche au carnassier, à la mouche et à la carpe. Régulièrement la pollution des sites est surveillée et l'Ablette angevine va même jusqu'à s'occuper du piégeage des ragondins et autres nuisibles à l'équilibre biologique des rivières (plantes envahissantes et détritus). On retrouve tous les renseignements et informations sur le site Internet : www.abletteangevine.com.

S'équiper

Chasse

PECHANA 1, rue Grand-Pressoir - Centre Commercial de l'Aubance - MURS-ERIGNE ✆ 02 41 45 94 00. Fusils et armes à feu se font discrets tout au fond du magasin, où l'on trouve aussi une très belle gamme de vêtements rustiques, chemises à carreaux douillettes (Le Chameau), pantalons en velours côtelé et casquettes en tweed. Beau rayon de couteaux Laguiole et Buck, et une gamme complète du couteau suisse. Accessoires et équipements pour chiens de chasse.

Pêche

LA BOITE A PECHE 14bis, boulevard Arago ✆ 02 41 88 53 66. *De l'ouverture du carnassier jusqu'à fin août, ouvert aussi le samedi de 5h à 19h, le dimanche et jours de fêtes de 5h à 12h. Tous les matins dès 5h en juillet et en août.* Pêcheurs en herbe et véritables professionnels viennent ici s'équiper et profiter des précieux conseils de la maison. De la gaule en carbone télescopique au vif (qui frétille déjà dans le petit bassin) qu'on mettra au bout, la boîte à pêche renferme tout ce dont on a besoin.

MONDIAL PECHE 10, rue du Landreau - ZA Beaucouzé ✆ 02 41 77 44 77. Le paradis du pêcheur ! Dans cette grande surface de 800 m², le pêcheur amateur trouve tout ce qu'il peut rechercher, appâts, hameçons, cannes de 11,50 mètres, tentes, leurres ou sièges. Les 6 salariés de Mondial Pêche savent conseiller les clients et donner envie de s'essayer aux différentes disciplines que sont l'anglaise, la pêche en mer, la bolognaise ou la pêche aux carnassiers. L'enseigne a aussi l'exclusivité sur les produits Nec, Hardy et Redington.

PECHANA 1, rue Grand-Pressoir - Centre Commercial de l'Aubance - MURS-ERIGNE ✆ 02 41 45 94 00. Pêche au coup, à l'anglaise, à la bolognaise, au carnassier, au silure… Pêche au bateau, surf casting, rien n'échappe à ce magasin bien pourvu dans les milliers d'accessoires utiles et les conseils de professionnels. Même si vous n'êtes pas pêcheurs, vous trouverez un tas d'idées pour la vie en plein air, sièges, malles, boîtes à pique-nique etc.

Danse

Ecoles

ASSOCIATION ARABESQUES 3bis, rue Bichat ✆ 02 41 47 46 46. Arabesque a compris que la danse était le meilleur moyen pour retrouver sa joie de vivre dans un monde agressif. La danse dans toutes ses traditions venues du monde entier permet aux petits et aux grands de choisir les tonalités qui conviennent à leur sensibilité : danses de salon, danse jazz, flamenco, hip-hop, mais aussi danse classique. L'association a encore agrandi la famille avec en 2004, les danses russes, et le grand succès des "classes de jazz" avec solfège intégré (en partenariat avec l'école de musicologie), pour permettre aux élèves de terminale artistique d'acquérir une excellente préparation. Fin septembre, pour un tarif très accessible, il est possible de visiter tous les ateliers pendant deux semaines pour mieux faire son choix. Quant aux inscriptions, entre 68 € et 90 € par trimestre, elles sont très au-dessous de tout ce que l'on trouve ailleurs.

CONSERVATOIRE NATIONAL DE REGION (CNR) 26, avenue Montaigne ✆ 02 41 24 14 50. Qu'elle soit classique, contemporaine ou jazz, la danse est enseignée au CNR aux amateurs, enfants à partir de 6 ans, adolescents et adultes, et ouvre la voie du professionnalisme en travaillant en coordination avec les classes à horaires aménagées (CHAM) du collège Chevreul et du lycée Joachim du Bellay. Comme pour l'enseignement de la musique, discipline et rigueur sont les armes de cette école.

ECOLE DE DANSE JOEL CRUVEILHER 6, rue de la Douma ✆ 02 41 87 22 77. *E-mail : www.joel.cruveilher@wanadoo.fr.* N'hésitez pas à pousser la porte de cette école de danse, le premier cours est gratuit afin d'éveiller en vous un don peut-être endormi. A vous ensuite de choisir la formule qui vous conviendra le mieux. Maître de danse AMDF (Académie des Maîtres de Danse de France), Joël Cruveilher vous permettra, dans un esprit convivial, de découvrir ou de vous perfectionner dans toutes vos danses préférées : valse viennoise, rock and roll, tango argentin, salsa, passo doble. Les cours sont répartis selon l'âge et le niveau des participants, dès 4 ans les petits bouts de choux peuvent avoir des cours d'éveil et se perfectionner jusqu'à 90 ans. Régulièrement, Joël Cruveilher présente ses élèves à des concours nationaux ou internationaux (voir aussi chapitre "Danse sportive").

RESONANCE 7, rue des Tournebelles ✆ 02 41 47 13 72. Résonance est une association où se côtoient formation et création chorégraphique dans le cadre de stages et de week-ends. Loin des sentiers des écoles traditionnelles de danse, Marie-France Roy, formée à la pédagogie au CNDC, privilégie la recherche dans l'atelier intergénération qu'elle encadre. De l'improvisation à la composition qui précède la création, chaque danseur est invité à devenir l'acteur et co-auteur de son propre spectacle. "Je t'aime moi non plus", "Carrément blanc", "taille 40-douze" (ce dernier se verra associer une touche théâtrale) sont les trois nouvelles créations qui seront présentées en novembre 2004 au centre Jean Vilar. L'inspiration ne manque jamais pour les 18 danseurs (mais la "troupe" ne demande qu'à s'étendre) de 7 à 76 ans, qui, toujours dans un décor scénique hors du commun, produisent chaque année un véritable grand moment de bonheur pour un public inconditionnel.

Et aussi

MJC AVRILLE Centre Culturel Georges-Brassens ✆ 02 41 34 35 87

MAISON DE QUARTIER DU LAC-DE-MAINE 40, rue Chambre-aux-Deniers ✆ 02 41 48 05 40

MAISONS DE QUARTIER SAINT-JACQUES/SAINT-NICOLAS 50, rue Lionnaise ✆ 02 41 24 89 10

MAISONS DE QUARTIER SAINT-SERGE/SAINT-MICHEL 7-9, rue Duboys - Place Ney ✆ 02 41 43 28 13

MAISON POUR TOUS MONPLAISIR 3, rue de l'Ecriture ✆ 02 41 43 84 09

CENTRE MARCELLE MENET 2, rue Clément-Pasquereau ✆ 02 41 96 12 00.

Danse sur glace

Voir rubrique "Sports".

S'équiper

FLIC-FLAC 3, rue de l'Asile-Saint-Joseph ✆ 02 41 88 00 15. La boutique très spécialisée de la danse, nichée dans le jardin d'une jolie maison près de l'Université Catholique. Toutes les chaussures pour toutes les danses (classique, jazz, claquettes, danse de salon) mais aussi des vêtements d'entraînement de la marque Temps Danse.

AU ROUET D'ANJOU 6, rue Hoche ✆ 02 41 88 66 85. Une petite boutique qui ressemble aux échoppes de nos grands-mères. Remplie de bric et de broc, mais où l'on trouve toujours son bonheur. En plus des traditionnels travaux d'aiguilles, le magasin regorge d'articles de danse. Jazz, danse contemporaine, claquettes, flamenco, oriental ou danse de salon ici vous trouverez de quoi vous habiller et vous chausser, et même des tenues de compétition.

© B. Bachelot / Le Studio des Photographes

Angers depuis autoroute

Hobbies

Billard

Pratiquer - Jouer

BILLARD-CLUB TAPIS VERT ANGEVIN 108, rue du Pré-Pigeon © 02 41 43 27 36. *Cotisation annuelle : 265 € (adultes), 165 € (de 18 ans à 21 ans), 100 € (moins de 18 ans), 3 € (par joueur) la partie de 1h maximum avec une inscription à l'année de 75 €.* Ce club très sérieux est redouté dans la région lors de concours durant lesquels la tension est à son comble. Chacun observant avec courtoisie l'adresse de son adversaire, élégamment vêtu d'un gilet où est brodé le signe de son appartenance à l'un des prestigieux mais néanmoins rares clubs de la région. L'enceinte feutrée est spacieuse, le silence est souvent de circonstance, chacun s'activant, débutants ou confirmés, autour des huit larges et longs billards français. Ah oui, ici on "carambole", avec trois boules, en jouant à "trois bandes". Tout un art !

LE SNOOKER LEAGUE 10, rue de la Gare © 02 41 88 21 40. *Ouvert tous les jours de 14h à 2h du matin, et le dimanche de 15h à 2h du matin.* Un lieu assez calme pour ceux qui aiment le billard, concentration oblige. La clientèle est expérimentée (snookers, français et américain) mais si vous voulez vous initier, vous trouverez toujours un pro pour vous donner des conseils. La bière est la seule récompense et l'on n'hésite pas à vous en offrir une si des regards avisés ont repéré chez vous un adversaire de taille. L'ambiance est là. On regrette seulement que les billards ne soit pas en meilleur état.

S'équiper

BILLARD HOME 53, avenue du Général-Patton © 02 41 48 83 85. Installé depuis plusieurs années sur l'avenue, ce vendeur de billards en tous genres offre une large gamme de modèles. Billards français, américains ou snooker, billards convertibles en table ou encore billards sur ardoise chauffante, ici tout est possible du moment que votre budget le permet. Et oui un billard est un beau meuble, chic et parfois cher. L'enseigne offre une large gamme de jeux comme ceux de stratégie telle le quoridor, le quarto ou le backgammon, les jeux d'adresses tel le pétanquin, le billard hollandais, mais aussi des cibles de fléchettes et des baby-foot. Le paradis du jeu.

MMOS 87, avenue du Général-Patton © 02 41 48 38 28. Installé depuis peu sous ce nom, l'enseigne familiale propose des billards de marques différentes de celles de son concurrent de la place, ce qui les rendent donc assez complémentaires l'une de l'autre. Si l'envie vous prend de vous achetez un billard sachez qu'il en propose dès 1-400 €, livrés et montés sur place. Réparations et remises à neuf sont aussi possibles ici. Une salle au fond permet d'essayer en toute tranquillité l'objet de vos rêves. L'enseigne vend aussi du mobilier, tables et chaises avec un grand choix en magasin et sur catalogues. (Voir aussi rubrique "ameublement").

Collections

MULTICOLLECTIONS 16, rue Bodinier © 06 87 48 95 78/02 41 87 88 80. Si le mot culte a pour vous un sens profond : Mademoiselle Age Tendre de vos 15 ans, les miniatures de parfums, les affiches de cinéma et les télécartes, quelles que soient vos obsessions de collectionneurs, vous trouverez ici à qui vendre, acheter ou échanger. Le rétro dans ce qu'il a de meilleur est ici vendu ou acheté par le patron toujours prêt à dénicher la perle rare. Des perles, il y en a surtout plein ses bacs, sévèrement sélectionnés, les vinyles (45 et 33 tours) sont rangés par ordre alphabétique ou par thèmes et sachez que du côté du jazz, les collectors sont très accessibles compte tenu de leur rareté (Miles Davis, Ella Fitzgerald, be-bop…). Avis aux connaisseurs, cette adresse est à noter.

Cours de langues et autres matières (gratuits ou payants)

INSTITUT MUNICIPAL 9, rue du Musée © 02 41 24 13 10. Voir chapitre "Culture".

Cyberespaces et jeux en réseau

L'implantation récente et le succès de plusieurs espaces multimédia ont permis à la ville de rattraper son retard dans le domaine. Les différentes adresses proposent des services quasiment équivalents, à savoir : l'accès Internet, les jeux en réseau et le travail bureautique. Partout, on note la possibilité d'abonnements nettement avantageux compte tenu des prix assez élevés de ce type de prestations (en règle générale : 1 € la demi-heure, 2 € l'heure…). Ces lieux ferment tard (22h en semaine et minuit le samedi !) mais attention car les horaires sont souvent très particuliers…

AMBIANCES MULTIMEDIA 10, rue Bodinier ✆ 02 41 18 26 24 *Ouvert 7j/7.* C'est le magasin Silk informatique (toujours présent mais au 1er étage - voir rubrique multimédia) qui a agrandi et diversifié ses prestations. Le public y est moins jeune que chez ses concurrents. Il est donc idéal pour travailler ou surfer tranquillement sur le Web sans être "harcelé" par les cris des jeunes joueurs en réseau. Une seconde salle de 10 postes à l'étage accueille les formations ou les jeux de groupes de copains, sans gêner les surfeurs ou chercheurs d'emploi. Une troisième pour 6 personnes va être ouverte. Bon accueil et tarifs bas.

CYBER ESP@CE 25, rue de la Roë ✆ 02 41 24 92 71. Un monde à part que celui de l'Internet et du jeu en réseau au sein de cet établissement. Une ambiance confinée (malgré une grande salle) où seize écrans sont accaparés par les webmasters des heures durant. Sur les murs, un paysage peint aux couleurs d'un ciel bleu et de quelques nuages. Alors qu'il est relié au monde entier via le Web, cet endroit semble être déconnecté du monde qui l'entoure. A l'intérieur, on respire, on pense, on voit, on parle et on mange (il y a un distributeur de sodas et de friandises…) au rythme des pixels. Consulter Internet est évidemment possible même s'il faut bien le dire, vous risquez de vous retrouver seul dans cette situation, puisque tous les gens autour sont reliés et jouent en réseau. Ce petit monde-là dispose de journées très longues pour essayer le dernier jeu à la mode puisque l'endroit est ouvert du lundi au jeudi de 12h à 22h et le vendredi et le samedi, de 12h à minuit. Pour information, il est possible de louer les 16 postes avec le personnel, en journée mais aussi de 21h à 2h ou même de 21h à 8h du matin !

POINT GAMES **2, rue Saint-Maurille - Place du Ralliement © 02 41 05 10 20.** *Ouvert de 12h à 22h en semaine. Vendredi et samedi de 12h à 24h.* La déco "space", directement inspirée des jeux vidéo vous accueille dans cet univers où l'on joue un peu sur le côté initié. On ne s'appelle pas par son nom ici, mais par des pseudos (même les machines en ont un) et à chaque séance de jeux, vous partez sur une autre planète, jusqu'au bout de la nuit. En effet, tous les quinze jours (se renseigner pour les dates) à l'issue d'un long voyage virtuel entrecoupé de pause-café, on vous remet les pieds sur terre avec un petit déjeuner servi à 8h du matin. Le tout pour 20 €.

Informatique

Voir chapitre "Multimédia" après Mode.

Jeux de société et de rôles

Perce Brindille masculin est une réalisation fantastique réalisée par Crépusculpte. Visible chez Sortilège ou sur site internet.

SORTILEGES **24, rue de la Roë © 02 41 88 96 96.** Dans la rue de la Roë si vous devez vous retourner sur une vitrine c'est bien celle de Sortilèges. Avant même de passer le pas de la porte vous êtes transporté au pays des dragons et des magiciens. Cet antre fantastique vous présente une multitude de jeux, des plus anciens tel que le ma-jong ou l'awalé, au plus récent tel que les jeux de rôle ou de cartes Harry Potter ou Seigneur des anneaux. Ce magasin permet de découvrir ou de redécouvrir des jeux tombés un peu dans l'anonymat comme les casse-tête chinois qui se déclinent ici à l'infini. Les vendeurs (le mot est improprement utilisé ici puisque ce sont tous des passionnés érudits en ce domaine) vous transportent dans un monde ou magie, lutins et fées sont incontournables. De plus le mercredi et samedi après-midi le fond de la boutique fait place aux amateurs de jeux de rôle, mais également à des ateliers de peinture de figurines, ou à de nombreux tournois de jeux. Le magasin est un monde à part où le néophyte se gratterait bien le crâne à savoir quoi choisir tellement l'offre demeure vaste. Les hôtes sont toujours prêts à vous renseigner et à vous conseiller tant pour un cadeau que pour des détails plus techniques de peintures de figurines ou de recherche d'un produit de collection. De vrais spécialistes de l'imaginaire et du fantastique. La boutique distribue les produits des créateurs de Crépusculpte, marque de trois copains issus des beaux-arts et passionnés de contes, BD et autre fantasmagories. Ils réalisent de superbes statuettes polydur, patinées et cirées pour obtenir une qualité optimale. Une carte explicative accompagne chaque "personnage" et retrace son histoire et son "milieu naturel". Site Internet : www.crepusculpte.com.

Jeux vidéo

DOCK GAMES **29, rue Lenepveu © 02 41 87 59 14.** Sur le principe, c'est un endroit où l'on peut acheter jeux et consoles, neufs ou d'occasion (choix important) et où l'on trouve depuis cette année un rayon de films (DVD) et de jeux PC. Mais cette vieille enseigne a progressivement perdu ce qui faisait son charme au début des années 90, à savoir une équipe passionnée et une fidélisation efficace de la clientèle. L'accueil est de plus en plus laborieux, les reprises annoncées sur votre matériel sont faites à un tarif très bas, et plutôt axées sur les bons d'achat.

MEGA GAMES 23, rue de la Roë ✆ 02 41 25 17 88. Cette enseigne s'adresse surtout au grand public. L'accueil, bien que professionnel est réservé, voire froid, et la présentation plutôt brouillonne. Mais le choix de nouveautés et de produits d'occasions est important en hardware comme en software. A noter l'existence d'un rayon pour les jeux PC, absent dans d'autres boutiques et d'un service de vente et échange de DVD peu concurrentiel. L'orientation volontairement axée sur le grand public, si elle permet la satisfaction du plus grand nombre, est un obstacle pour les joueurs confirmés qui ne trouveront pas forcément leur bonheur.

PLANETE LOISIRS 32, rue Saint-Laud ✆ 02 41 20 04 40. Manifestement le magasin le plus complet sur Angers. Les produits sont diversifiés : Air Soft Gun, mangas, DVD neufs et occasion, jeux vidéo pour playstations, Game boy, mais aussi des produits dérivés (figurines et objets d'art). L'équipe jeune et dynamique propose un bon service de vente par correspondance. Planète Loisirs est la référence des joueurs sur Angers. Si les tarifs sont légèrement plus élevés que chez les autres, on note la présence de rayons dédiés aux supports 8 et 16 bits, neufs et d'occasion, ainsi qu'à l'import (absent dans les autres magasins). Les joueurs confirmés tout comme les amateurs de mangas et de "japanimation" y trouveront leur bonheur.

PLAYMORE 8, rue Botanique ✆ 02 41 24 96 56. Ouverte fin 2003, bien que loin du centre piéton, cette boutique est gérée par une équipe vraiment sympathique, ouverte aux propositions, et surtout dotée depuis janvier 2004 d'une salle de réseau dédiée uniquement aux consoles, connectées à Internet. Il s'agit d'une première sur Angers, et unique en son genre dans la région. A partir du mois de septembre 2004, de nouveaux horaires d'ouverture permettront de jouer jusqu'à 22h ou 23h, et de participer à des tournois.

ULTIMA 5, rue Saint-Georges ✆ 02 41 43 74 23. Une autre enseigne reconnue, qui malgré un emplacement handicapant et une surface de vente très réduite, a réussi en peu de temps à s'implanter dans le paysage vidéoludique angevin. L'accueil et le conseil sont efficaces, et la limite du choix en magasin est compensée par un service de vente par correspondance performant. On peut aussi échanger des films en DVD pour 5 €.

Karting

INWALL KART ZAC de Vernusson - LES-PONTS-DE-CE ✆ 02 41 44 94 94/02 41 36 37 38. *Tous les jours dès 15h (14h le week-end).* Incontournable aujourd'hui cette adresse dédiée aux amateurs de sensations fortes ou pour les fous de sports mécaniques. Le circuit vient de doubler sa longueur offrant ainsi plus de virages à prendre à fond la gomme et une ligne droite à vous décoiffer si vous avez la chance de pousser votre kart à son maximum. Sensations garanties. Pour les plus jeunes, possibilité de louer des kartings enfants et de voir vos bouts de choux prendre de la vitesse sous vos yeux admiratifs mais toujours dans la plus grande sécurité. 600 mètres de pur bonheur et pour ceux qui préfèrent regarder depuis le club-house avec son bar au-dessus de la piste, la vue est imprenable. Possibilité de pratiquer le kart en nocturne.

POLE POSITION Rue de la Liberté - SAINT-JEAN-DE-LINIERES ✆ 02 41 39 26 16/08 00 50 05 66 (numéro vert). Le troisième karting de la ville est le plus biscornu, pas de ligne droite mais des successions de courbes de virages et de chicanes, bref de la technique. La différence est que ce karting n'a pas de revêtement goudronné. Ici la clientèle est jeune et attention la compétition s'installe vite entre les participants.

POWER KART 1, croix-Lorraine - RN23 - SAINT-JEAN-DE-LINIERE ✆ 02 41 36 37 38. *Entrée les avions. Du mardi au dimanche dès 15h (14h le week-end). Grand parking.* Installé dans un hangar lui aussi, le circuit est un des plus durs de la ville avec des virages en épingles à cheveux, une succession de courbes en pif paf et une ligne droite passant devant le club-house qui permet de voir ses amis passer et de les encourager. Une piste rapide aux chicanes impressionnantes.

Karting sur glace

PATINOIRE MUNICIPALE D'ANGERS 6, allée du Haras © 02 41 88 23 80. *Site Internet : www.patinoireangers.com.* Huit kartings équipés de moteur 4 temps, 160 C3 avec pots catalytiques et pneus cloutés sont à louer entre 50 € et 60 €/personne pour les courses d'endurance de trois manches en équipes et de 30 minutes à partir de 45 €/personne pour les courses en deux manches de 35 minutes (buffet froid possible). Une activité originale pour les comités d'entreprise.

Laser game

LASER GAME 12, rue Albéric-Dubois © 02 41 25 26 05. *Site Internet : www.lasergame.fr. Fermé le matin. Du mardi au samedi, jusqu'à minuit et le dimanche jusqu'à 20h (7j/7 pendant les vacances scolaires). 5 € avant 20h, 6,50 € après. Créneau sur réservation.* Si le lieu ne paye pas de mine, vous risquez d'être surpris lorsque vous passerez le pas de la porte de cet ancien hangar réaffecté. Pour ceux qui ne connaissent pas, le laser games est un pen-ball sans l'inconvénient des balles qui vous procure des bleus le lendemain et la possibilité de jouer jusqu'au bout sans être éliminé car le but : toucher ses adversaires un maximum de fois en étant le moins de fois touché soi-même. A votre arrivée on vous dépouillera de vos bijoux, portefeuille, portable et autres gadgets qui pourraient être égarés dans le labyrinthe. Car il s'agit bien ici d'un labyrinthe. Equipé d'un plastron et d'un fusil interactif (diode lumineuse et faisceaux laser) vous entrerez par équipe de couleur dans ce vaste lieu sombre à peine éclairé par la fluorescence des peintures à la lumière noire. La musique techno donne le ton et participe à la montée d'adrénaline. Il n'y a pas mieux que la techno pour vous transporter dans un autre monde et vous donner cet esprit de traqueur et de bête traquée, idéal pour gagner et faire gagner son équipe. Le vaste dédale est rempli de palissades, de trous, de remparts et même d'une mezzanine surplombant la salle. Opportunité mais aussi danger seront votre lot durant 20 minutes. Si vous ne sortez pas épuisé c'est que vous aurez eu peu de chance de gagner. Petit conseil habillez-vous de noir, vous aurez plus de chance de passer inaperçu. Alors bonne chance et amusez-vous bien.

Location de K7 et DVD

CINEBANK Centre Commercial Lorette - Boulevard Bédier © 02 41 47 93 52. Voir rubrique "Photo-Vidéo" un peu plus loin.

Ludothèques

ASSOCIATION LUDOTHEQUE ANGEVINE 21, rue Marc-Sangnier © 02 41 47 11 92. C'est une association loi 1901 adhérente à l'Association française des Ludothèques. Environ 500 familles la fréquentent que ce soit sur le site de la Roseraie, ou sur celui de Monplaisir. A la ludothèque, à tout âge, on découvre de nouveaux jouets, des jeux de société aux Playmobil, en passant par les mini-ordinateurs et les tapis de découverte des bébés. L'équipe de professionnels et de bénévoles donne des conseils. On y fait des rencontres, et l'on apprend aussi à… ranger ! Les ados et même les adultes y trouvent les jeux qui leur sont réservés. La ludothèque sort aussi parfois dans la rue, pour des animations où elle a l'occasion de sortir ses jeux surdimensionnés, et elle organise des visites auprès de personnes qui ne peuvent se déplacer (hôpitaux, maison d'arrêt, maisons de retraite, centres médicaux…). En dehors des horaires d'ouverture au public (voir ci-dessous), les deux ludothèques proposent des plages horaires spécifiques pour les associations ou les collectivités, sur rendez-vous. Tarifs d'adhésion : carte familiale valable 1 an à 15 € pour les Angevins, 19 € hors Angers. Collectivités : 40 € (Angers), 45 € (hors Angers). En plus de l'adhésion, prêt à l'unité de 1 € par jeu ou jouet, pour une durée de 15 jours/3 semaines.

LUDOTHEQUE DE MONTPLAISIR (MAISON POUR TOUS) 3, rue de l'Ecriture ✆ 02 41 34 71 87. *Ouvert le mardi de 16h à 18h, le mercredi de 9h30 à 12h, et de 15h30 à 18h. Mêmes jours et horaires pour les vacances scolaires.*

LUDOTHEQUE DE LA ROSERAIE 21, rue Marc-Sangnier - Proche centre Jean-Vilar ✆ 02 41 47 11 92. *Ouvert le mercredi de 14h à 18h, le jeudi de 16h30 à 18h30, le samedi de 10h à 12h et de 14h à 17h. Mêmes jours et horaires pour les vacances scolaires.*

Mini-golf

LE JARDIN DU MINI-GOLF 9, rue Larrey ✆ 02 41 20 87 75. Passez un bon moment entre copains ou en famille autour d'une partie de mini-golf. Près de la Maine et à l'ombre des grands arbres qui jonchent le parcours. Un petit resto sympa, tenu par Jean-Claude, à l'esprit guinguette est même là pour caler les estomacs de petites fritures et salades composées.

Modélisme et miniatures

ANGERS KITS MINIATURES 3, rue Max-Richard ✆ 02 41 86 04 05. Cette boutique fait le bonheur des collectionneurs de miniatures et des maquettistes. Le magasin qui a déménagé au coin opposé de la rue cette année pour un espace plus grand, permet de présenter plus de modèles en vitrine et d'avoir une boutique plus spacieuse. De la petite voiture pour enfant à celle demandant plus de dextérité mais aussi plus d'argent, il y en a pour tous les goûts et toutes les bourses. Certains modèles rares de collection peuvent atteindre des sommes plutôt rondelettes, mais la passion et la qualité du travail n'a pas de prix. Une boutique où il fait bon vivre et où l'on n'est pas avare de conseils et de renseignements, même si la gaieté n'est toujours pas de mise.

ATELIERS DU MODELISME ZAC Vernusson-Pierre-Martine - LES PONTS-DE-CE ✆ 02 41 57 31 04. *Fermé le lundi et mardi. Accès au circuit par forfait annuel donnant droit à 10 % de remise sur la boutique.* Ce passionné de mécanique et de modélisme a ouvert en 2001 une boutique atelier et le premier et seul circuit extérieur de la région. Installé à deux pas du Karting des Pont-de-Cé, cet espace consacre ses étagères aux bolides roulants, volants et navigants radiocommandés aux échelles 1/10e, 1/8e ou 1/5e (impressionnant). De véritables petits bijoux de modernité, de complexité mais aussi, objets de passion pour ceux qui s'adonnent à ce sport. La piste goudronnée permet de 7 à 77 ans de s'adonner à la passion des bolides miniatures et si vous ne connaissez pas allez-y faire un tour ils sont impressionnants de rapidité et de talent. Un nouveau parcours accidenté permet de mesurer son talent en version tous terrains.

ESCULAPE 41, rue Beaurepaire ✆ 02 41 86 71 92. Cela ne fait pas l'ombre d'un doute, c'est toujours la bonne adresse pour les passionnés du téléguidage qui n'hésitent pas à lancer leurs bolides à toute vitesse ! Si, du reste, votre engin devait avoir quelques défections et pièces à changer, vous le réparerez avec les nombreux accessoires (notamment les roues quelles que soit la forme et la taille que vous recherchez) vendus çà et là, à l'intérieur. Un important rayon de matériaux de bricolage miniature, d'outils électroportatifs, de petits moteurs, etc., ainsi qu'un choix sur catalogue de milliers d'autres références. Le magasin vend aussi des pistolets à billes et autres détecteurs de métaux. Accueil très agréable !

JMR - JOUETS MODELES REDUIT 5, rue Pierre-Lise ✆ 02 41 87 00 21. *Site Internet : www.angersjmr.com. E-mail : info@angersjmr.com.* Il y a des passions pour lesquelles on vit à 100 à l'heure. Les petites voitures sont au nombre de celles-ci. Bateaux, trains, motos, avions, hélicos… tout est disponible dans cette boutique et surtout le rêve, le rêve d'un autre temps. Des collections et des montages à l'infini. Un choix de matériaux de maquettes à réaliser soi-même et bien sûr, toujours le plus gros choix sur Angers en matière de train. Pas moins de 10-000 modèles différents allant de la gare aux lampadaires, des personnages aux décors, du morceau de voie ferrée aux pneus de camion, etc. Les papas seront heureux de pouvoir prolonger leurs rêves.

© Lusley/Cheminard

Air Mauges Montgolfière, Joël Cheminard

Montgolfières

De nombreux Angevins et touristes de passage ont pu apprécier un des plus beaux spectacles de leur vie lorsque les 80 montgolfières du championnat de France ont coloré le ciel angevin durant 4 jours en août 2003. Petits et grands ont longtemps rêvé de la magie qu'apportent ces vols groupés.

Apprécier autrement l'environnement quotidien et ce, en trois dimensions, c'est possible avec les vols en montgolfières. Imaginez que votre point d'envol se déroule dans le parc d'un château et qu'après le gonflage de la bulle colorée vous découvrez comme jamais les forêts et les rivages sinueux et sauvages de la belle Loire. Un spectacle époustouflant qui marque les souvenirs à jamais.

© Guillaume Guenon

Montgolfière de Guillaume Guenon au départ du château de Brissac

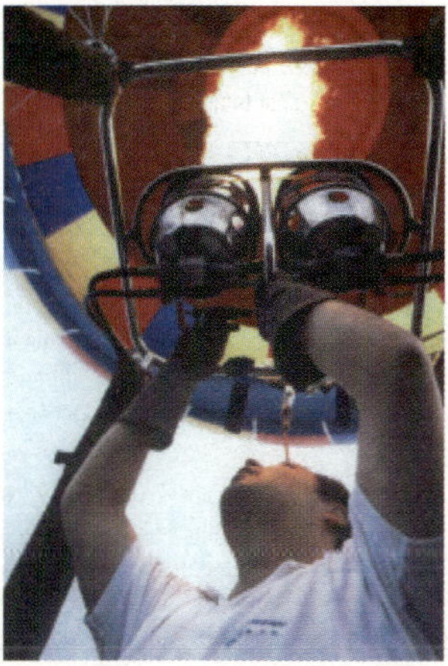

© Guillaume Guenon

Gros plan sur les brûleurs de chauffage de l'air au propane

Ces bulles constituées de centaines de morceaux de toiles légères en nylon ou en polyester enduit, cousues entre elles, ont un volume de 500 m³ pour 1 passager (très rare) comme Nicolas Hulot en a déjà utilisé pour ses reportages d'Ushuaïa Nature, jusqu'à 12 000 m³, gigantesques et très rares. Les formats les plus coutumiers comme ceux de nos régions ont tout de même un volume respectable de 3 000 m³ environ. Le ballon soulève la nacelle, ses occupants et ses brûleurs grâce à l'air chaud plus léger que celui ambiant en chauffant l'air contenu grâce à la combustion du propane (le même que celui utilisé dans les habitations) sortant à grand bruit des brûleurs. Avant l'envol, les montgolfières sont prégonflées à l'aide de ventilateurs posés à même le sol. Les brûleurs prenant ainsi le relais pour achever le gonflage et la tenue verticale de la montgolfière avant que les passagers embarquent pour quitter le sol. Seuls des vents supérieurs à 13 nœuds (20 km/heure environ) les empêchent de décoller en toute sécurité. Une équipe motorisée reste au sol en contact radio afin de récupérer et assister les passagers. De nombreuses compétitions ont lieu dans le monde entier chaque année (comme à Brissac en 2003), et les plus grosses rencontres internationales ont lieu dans des nations comme le Mexique et l'Australie.

Selon la force et la direction du vent, le ballon se déplace là où les courants décident de l'emmener. En rase-mottes pour caresser la canopée ou flirter avec les cervidés à peine surpris ou à 1 000 mètres d'altitude pour apprécier les horizons lointains, chaque vol est une aventure extraordinaire qui fige les zygomatiques dans une position de banane. Le Petit Futé vous présente une page spéciale dédiée à ce sport-loisir, où chacun peut apprécier la beauté. Souvent offert en cadeau d'anniversaire, de mariage ou de départ à la retraite, l'achat groupé d'un vol est un des plus originaux cadeaux à offrir. Voici quelques aérostiers régionaux, au service des grandes sensations.

Sociétés commerciales

AIR MAUGES MONGOLFIERE 4, rue du Lavoir - 49450 VILLEDIEU-LA-BLOUERE ✆ 02 41 30 22 50/06 07 66 84 12. *Contact E-mail : joel.cheminard@wanadoo.fr.* Joël Cheminard est un baroudeur qui croise les continents depuis 20 ans et s'il aime les paysages, il les connaît bien aussi vu du ciel. Sa société emmène les passagers depuis 1986 dans l'un de ses deux ballons, respectivement 2 200 m³ 2 personnes et 3 400 m³ pour 4. Sponsor : Massey-Fergusson. Les décollages ont lieu le plus souvent depuis Saint-Florent-le-Vieil, site idéal pour apprécier la Loire et cette partie historique de l'Anjou.

© Guillaume Genon

Montgolfière d'Anjou, Guillaume Genon au château de Brissac

MONTGOLFIERE D'ANJOU Chemellier ✆ 02 41 45 93 56/06 81 66 44 08. *Site Internet : www.montgolfieres.fr. Contact : Guillaume Genon. E-mail : anjou@montgolfieres.fr.* Société agréée T.P.P. Transport Public de Passager par l'aviation civile. Cette société commerciale possède cinq ballons dont un de 8 places, ce qui permet de voler à deux ballons pour 12 passagers en même temps. Départ le plus souvent des montgolfières à partir de trois sites privilégiés : château de Brissac, château de Pignerolles et île de Gennes sur la Loire. Tarif : 190 €/personne pour 1h en semaine et 220 € le week-end et jours fériés. 10 % de réduction pour une réservation d'au moins 6 personnes. Chèques-vacances acceptés. Le plus souvent, les départs ont lieu dès le lever du soleil ou le soir avant le coucher. Voir aussi l'association Air-Anjou, co-fondée par Guillaume.

LES PASSAGERS DU VENT 1, rue de la saulaie - 49190 SAINT-AUBIN-DE-LUIGNE ✆ 02 41 44 30 44/06 73 84 49 42. *Contact pilotes : Vincent, Françoise et Roberto.* Entre Brissac et Aubance offrez un cadeau original, un morceau d'aventure, une vraie promenade dans les airs pour découvrir le lever ou le coucher du soleil et profiter du silence des cieux pour se laisser bercer au gré du vent. Prendre de la hauteur sur le vignoble angevin et sur le fleuve ligérien à bord d'une des 2 montgolfières de 3 000 m³ pour 4 personnes ou dans celle de 4 300 m³ pour 6 personnes. Départ dans plusieurs points du département en fonction des demandes et du vent, mais le plus souvent sur les terres du vignoble Grellier, chemin des Gaubourgs à Saint-Melaine-sur-Aubance.

© Passagers du Vent

Les Passagers du Vent, Aubance-Layon

Associations

AIR ANJOU 51, route de Saumur - LES-ROSIERS-SUR-LOIRE ✆ 02 41 51 86 64. Association d'aérostiers composée des pilotes Freddy Terrien et Guillaume Genon. Plusieurs ballons de différentes capacités.

AIR LOIRE MONTGOLFIERE ✆ 06 82 36 69 89. *Contact E-mail : fabien.bonsergent@wanadoo.fr.* Basée en Anjou, cette association est dirigée par Fabien Bonsergent. Son sponsor officiel est la société d'informatique angevine, Config Système.

MONTGOLFIADE ICAM 36, rue Maurice-Daniel - 44230 SAINT-SEBASTIEN-SUR-LOIRE ✆ 02 40 52 40 20/06 68 99 82 73. E-mail : alain.moineau@infonie.fr. Emanant de la passion d'Alain Moineau pour les airs (un nom prédestiné), cette association a vu le jour au sein de l'I.C.A.M. école d'ingénieurs de la région nantaise, et le petit groupe a construit sa propre montgolfière, sponsorisée par l'école. Ils organisent tous les ans une journée ballon sous le nom de Montgolfiade.

© Guillaume Genon

Air Anjou, Freddy Terrien.
Championnat de France 2003 à Brissac (Anjou)

CIEL DE LOIRE 49, rue de la Croix - 44120 VERTOU (44) ✆ 02 40 05 19 56. Basée en pays nantais, cette association est dirigée par Philippe Lusley. Survoler l'estuaire de Saint-Nazaire, les châteaux du bord de l'Erdre ou les vagues de l'océan.

Parcours Acrobatique Forestier

PARC ANJOU AVENTURE Parc des Sablières - ECOUFLANT ✆ 02 41 96 89 68. *Site Internet : www.parcanjouaventure.com. Ouvert toute l'année, même sous la pluie ou la neige ! Ouvert tous les jours de 10h à 19h30 en juillet et août, les mercredis, samedis et dimanches de 10h à 19h de mai à septembre, et de 13h30 à 18h30 en avril, octobre et novembre. Groupes sur réservation.* Préparez-vous à une mémorable aventure, de branche en branche, d'arbre en arbre, dans les parcours forestiers entre ciel et terre. Plates-formes, filets, fils d'acier, passerelles équipent la forêt du parc des Sablières et tissent une gigantesque toile d'araignée pour les fous d'escalade et d'émotions. Le circuit va s'agrandir dès juillet 2004 d'une nouvelle "piste noire", pour les plus téméraires, qui comprendra 200 mètres de traversée à plus de 20 mètres du sol sans escale. L'aventure, à base de ponts de bois, de cordes et de câbles, de tyroliennes et autres structures à franchir assure de se divertir entre rires et amusements dans un environnement forestier où l'on exerce aussi son habileté et sa forme physique. Il est décliné en 6 circuits, allant de l'initiation jusqu'au parcours "acrobate". La sécurité est auto assurée grâce au baudrier à double corde à mousquetons coulissant sur le "câble de vie". Le grand succès de ce parc dès sa première année a encouragé l'équipe de moniteurs à diversifier les activités, comme par exemple le circuit en nocturne, et même la proposition de passer une nuit dans les arbres pour un bivouac fort en émotions. Encadrés par des personnels spécialisés, les aventuriers ont aussi à leur disposition un tas d'animations allant des courses d'orientation, classes écologiques, jeux "naturels", goûters et anniversaires, mini-spectacles et clowneries, trampoline, etc. Tarif pour 3h d'activité : étudiants et seniors 14 € à 16 €, adultes 16 € à 19 €, enfants 4-8 ans de 5 € à 7 €, 9-16 ans 10 € à 12 €. Tarifs dégressifs pour les familles, les groupes de plus de 8 personnes, et les groupes de plus de 20 personnes. Possibilité de réserver son créneau horaire pour les C.E., les écoles etc. Forfaits pour demi-journées, journées, soirs, et nuits (14h dans les arbres), comprenant le repas, l'accompagnement spécifique, 1 C.D. ROM photos souvenirs.

© Fabien Bonsergent

Air Loire Montgolfière ballon Config Système, Fabien Bonsergent

© Alain Moineau

Montgolfiade I. C. A. M. Décollage du ballon construit par Alain Moineau et son association

© Philippe Lusley

Ciel de Loire, Philippe Lusley.
Affleurement des eaux sauvages de la Loire

Travaux manuels

BRUSH AND BISQUE IT. Lire à la rubrique "Beaux-arts" du chapitre "Loisirs".

CREA LOISIRS 10, place Imbach © 02 41 87 49 71. *Lundi : 14h-18h30 ; mardi au vendredi : 10h-18h30 ; samedi : 10h-12h et 14h-18h30.* Avec sa grande vitrine donnant sur la place Imbach on ne peut pas l'éviter. Paradis du patchwork, ici tout est dédié aux travaux manuels : perles, tissus, broderie. La boutique fourmille d'idées et de modèles en tous genres. Le magasin organise aussi des démonstrations et des réunions sur le patchwork et la fabrication de bagues. L'endroit est bien dédié à celles (ou ceux pourquoi pas ?) qui occupent leur temps libre par la couture, le patchwork ou toute autre activité à base d'aiguilles, de perles et de fils…

LE MONDE DES DOIGTS Rue de la Maître-Ecole. Lire à la rubrique "Beaux-arts" du chapitre "Loisirs".

L'ATELIER FLORAL 7, rue Edmond-Cannelle - Zone du Moulin-de-Marcille - Sorges - LES-PONTS-DE-CE © 02 41 69 19 90. *Renseignements site Internet : www.atelier-floral.com.* Geneviève Chaudet est une fleuriste paysagiste d'intérieur qui aime partager sa passion avec le grand public. Elle dispense des cours de composition de bouquets dans son atelier, sur de grandes tables en bois, au milieu des dizaines de pots remplis de branches, tiges, feuillages et fleurs multicolores. En journée ou en soirée, on peut s'initier à l'art floral avec les matériaux fournis par l'atelier. Inscription à l'année, à raison d'un cours par mois.

Musique

Concerts

LE CHABADA 56, boulevard du Doyenné © 02 41 96 13 40. *Info concerts 02 41 96 13 48.* Voir chapitre "Culture", rubrique "Expos et concerts".

CONSERVATOIRE NATIONAL DE REGION (C.N.R.) 26, avenue Montaigne © 02 41 24 14 50. Outre son enseignement artistique, le C.N.R. participe à la vie musicale angevine au travers des concerts donnés régulièrement le samedi au Grand Théâtre par les différentes formations (à 17h, c'est gratuit), des grands spectacles trimestriels au théâtre Chanzy (danse et musique), concerts à la chapelle des Ursules, et animations aux "journées du patrimoine", dans les foyers ou maisons de retraite. Le C.N.R. dispose d'une salle d'audition d'une centaine de places.

Disques et C.D. neufs

AUDIO LAB 64, rue Jules-Guitton © 02 41 88 05 32. *Ouvert de 11h à 19h sauf lundi 14h.* L'adresse idéale pour les amateurs de musique techno, éléctro, hip-hop… Vincent, jeune et passionné, a ouvert cette petite boutique intimiste qui propose une belle gamme de C.D. et de vinyles d'imports, car s'il y a des nostalgiques de la platine disque il y a aussi des accros du mix qui préfèrent œuvrer sur des vinyles. La boutique offre aussi des accessoires pour Dj.

La passion selon Romain Brochard

Le poète Pessoa écrivait, "tout homme possède deux vies". La première est celle qui se vit au quotidien, la deuxième c'est celle dont on rêve toute sa vie. Romain Brochard, a commencé la sienne dans la pub et le marketing, et sans doute aurait-il pu vivre ainsi cette vie bien tracée si la passion de la musique "ne l'avait pas emporté sur tout le reste" comme il le dit lui-même. Lorsqu'on entre dans sa boutique de la rue du Mail (une rue depuis longtemps élue par les amoureux du beau son), on devine que la musique baroque est celle qui a dû accompagner le plus sûrement l'époque où il était étudiant, car la boutique tout entière vibre de cette musique, pas une musique de fond, non, un véritable auditorium où l'on regrette parfois de faire baisser le son pour demander un renseignement. Et on aimerait rester longtemps, juste pour le bonheur d'oublier la rue et tout le reste, le temps d'un madrigal, ou d'un concerto de Haendel. Le moyen le plus intelligent qu'ait trouvé Romain Brochard de faire partager sa passion, et de nous faire découvrir des styles de musique nouveaux en élargissant notre oreille à d'autres sonorités.

FNAC 25, rue Lenepveu ✆ 02 41 24 33 33. Tout ce qui existe en genre musical est bien là, et l'agencement des rayons suit régulièrement les faveurs du moment. Les vendeurs sont vraiment au courant de toutes les nouveautés, mêmes des albums les plus marginaux. On peut écouter facilement les C.D. sur place, et se tenir au courant de l'actualité musicale grâce à "l'Open Mag". C'est un peu dommage que le rayon classique diminue comme peau de chagrin et se retrouve réduit à une petite enclave isolée au fond du magasin. Il faut dire qu'Angers est désormais pourvue d'un sérieux "petit"concurrent en la matière. On y trouve de vraies occasions de trouver des C.D. à prix "verts".

L'ORCHESTRAL 56, rue du Mail ✆ 02 41 24 01 59. *Site Internet : www.angevin.com/lorchestral.htm.* Le retour du petit commerce ne peut s'accomplir que si les commerçants comprennent les manques à combler et les attentes d'un public très spécialisé. Romain Brochard a ciblé les mélomanes en remplissant ses rayons de musique classique et jazz, ces mêmes rayons qui rétrécissent comme peaux de chagrin dans la grande distribution. Les professionnels y trouvent leur bonheur, et le particulier peut sans mal dégoter ce qu'il cherche dans un classement chronologique des œuvres et des musiciens. Une très belle collection de livres et de livres C.D., pour une exploration sans limite des musiques soufis, grecques et maghrébines, et sans trop se tromper, on peut dire qu'on trouve ici tout ce qu'on n'a pas réussi à trouver ailleurs, comme les références Hyperion, Aliavox, Verve… Le magasin devrait déménager au cours de l'automne 2004.

PALACE RECORDS 16, rue Louis-de-Romain ✆ 02 41 87 60 30. *Site Internet : www.palace-records.com. Ouvert du mardi au samedi de 10h à 13h et de 14h à 19h.* A deux pas de la galerie du Palace (sous France Loisirs), cet espace a su profiter du déménagement pour agrandir son offre. Christian, le Dj producteur patron de la boutique offre désormais à ses habitués une boutique de référence ou se mélange platine, vinyles, C.D. mais aussi tout le matériel pour se monter une sono et devenir Dj et même un choix de vêtements aux couleurs d'artistes locaux comme Zenzile. Un mot sur le label créé par Christian (WEST RECORD) qui a produit ses deux premiers artistes électro et auquel on souhaite toute la chance qu'il mérite. Même si l'electro est la musique de référence ici vous trouverez d'autre style de musique comme le reggae ou le funk.

C.D. d'occasion

COMPACT BOUTIQUE 2, rue Saint-Denis ✆ 02 41 81 09 83. *Ouvert tous les jours, sauf dimanche, de 10h à 19h.* La jeune équipe connaît la musique et se relaye pour vous conseiller sur une gamme de choix très large et très garnie, la plus en matière de musique d'occasion (on trouve des albums qui viennent de sortir, à se demander qui peut bien se lasser aussi vite !). Le lieu balaye les années 80, disco, soul ou populaire tout en dégotant, à pas cher et sans trop de rayures, le dernier album underground techno-house. L'achat est ici soumis à un contrôle rigoureux, mais il ne faut pas hésiter à demander à utiliser la platine C.D. en libre-service qui offre la meilleure garantie de bon fonctionnement du produit et aussi de son intérêt. Egalement un bon choix de DVD (films, mangas, cultes…).

C.D. B.D. 69, rue Saint-Laud ✆ 02 41 25 20 00. Ce petit hall vend en effet quelques C.D. et B.D., mais le choix est plus restreint, par un manque de place évident. Vite collés les uns et contre les autres, il faut savoir s'imposer pour chercher dans les bacs rock, électro ou celui de la musique locale (groupes angevins ou autres compiles du festival Tour de Scènes…). Il est conseillé d'aller fouiner les perles de jazz à des moments où l'amoncellement n'est pas stressant. S'il la trouvait avant moi la perle ?

ROOTS MUSIC 21, rue Parcheminerie ✆ 02 41 88 50 30. Il faut être connaisseur pour dégoter cette adresse au bout d'une rue peu destinée au commerce. On y échange, vend, achète tous les vinyles, C.D., DVD, et l'insolite est sûrement caché quelque part, comme un vinyle de Mylène Farmer ou un vieux reggae devenu introuvable ailleurs. Attention, le magasin n'est ouvert que l'après-midi.

Instruments et partitions

ART DU PIANO 27, rue du Mail ✆ 02 41 25 10 05. Bien qu'il reste très attaché au piano classique, qu'il vend, répare et accorde avec grand talent, Bernard Moreau propose aussi depuis peu des claviers numériques, et des pianos "mixtes", un compromis bien pratique entre piano et clavier numérique. Pour les puristes, il fignole l'instrument par des réglages personnalisés de la mécanique ou des sonorités.

BAUER 24, rue du Commerce ✆ 02 41 88 10 25. Jacques Bauer, successeur admiratif de son père et maître Jean Bauer (et non pas son frère comme beaucoup le pensent), vous invite à entrer dans l'univers de la musique, "à tout âge" précise-t-il, par l'intermédiaire de son amour du violon. Du petit violon basique pour les débutants peu fortunés, à la pièce rare des collectionneurs, ici, tout est mis en œuvre pour servir l'art. L'atelier d'archeterie répare, loue, expertise tous les violons, violoncelles et contrebasses. Le magasin possède le plus grand choix d'étuis et écrins pour les instruments. Une maison de renom incontestée, dirigée par une personnalité attachante, communicative et passionnée.

CELLIER PIANO 1-8, rue Lionnaise ✆ 02 41 88 54 43. Pour l'amour du piano, une adresse futée par excellence. Toutes les grandes marques mythiques, mais aussi les pianos droits des débutants pour tous les budgets, en vente, en location, en location-vente. Réparations, accordages et après-vente professionnels. Pour se renseigner, il vaut mieux se déplacer que téléphoner, car le patron des lieux est lui-même souvent parti en clientèle ou dans l'atelier d'en face.

CHEVEAU MUSIQUE 121, avenue Pasteur ✆ 02 41 43 72 96. Une "vieille maison", c'est-à-dire la compétence des années pour cette affaire de famille qui a su s'adapter à l'air du temps : le père était un fou des radios, le fils à présent vend les guitares, les synthétiseurs, les claviers électroniques, et loue les sonos pour vos week-ends de fête. Le conseil est très professionnel, on y trouve tous les bons tuyaux et parfois de bonnes occasions. L'adresse pour la MAO sur Angers (Musique Assistée par Ordinateur).

DESEVEDAVY 59, boulevard Foch ✆ 02 41 38 16 11. Desevedavy est incontestablement incontournable lorsqu'il s'agit de queue ou de droit, piano s'entend ! Véritable galerie d'exposition, le magasin accueille régulièrement des pianos d'exceptions qu'on se pâme de faire sonner par les vendeurs experts. Outre les réparations, les accordages et les locations de piano, l'enseigne vend, bien entendu, de nombreux accessoires mais aussi de bonnes percussions et quelques excellentes guitares, sèches ou électriques. Des courts de piano ou orgue sont dispensés dans le magasin.

GROLLEAU 46, boulevard du Roi-René ✆ 02 41 88 94 94. Grande surface aux vitres teintées et éclairage mettant en valeur le vernis des pianos, il est agréable de déambuler au milieu des instruments en compagnie d'excellents conseillers qui n'hésitent pas à vous jouer leur dernier tube pour vous faire entendre la sonorité des pianos. On y trouve du neuf bien sûr, mais aussi de très bonnes occasions, de la location et de la location-vente à des conditions vraiment intéressantes. Un bon rayon de guitare, cuivre, percussions et tous les accessoires pour tout type de musique.

JEAN NOUTEAU 1, rue Flore ✆ 02 41 87 55 01. Minuscule boutique place Imbach mais qui abrite l'un des plus célèbres luthiers de France pour les cuivres et instruments à vent. Les plus grands musiciens n'hésitent pas à lui rendre visite pour faire réparer leur instrument. Quelques guitares également en vente.

LIBRAIRIE MUSICALE 50, rue Saint-Laud ✆ 02 41 88 02 39. La boutique la plus incontournable pour qui veut pratiquer son art musical. Classique, moderne, pop, médiéval, variété... de Bach à Johnny Haliday, tout ça rangé très serré dans des tiroirs ou sur les étagères pas toujours très commodes pour chercher ce que l'on veut. Mais le conseil est bon, et de toute façon, malgré la présence du Conservatoire à Angers, on n'a pas vraiment le choix en matière de librairie musicale.

MUSIC XL 26, rue Saint-Julien ✆ 02 41 87 94 05. Le succès de ce magasin tient à plus d'un attrait : l'équipement complet du musicien non classique claviers électroniques, pianos numériques, percussions, guitares acoustiques ou non, mais aussi petite sono, librairie musicale et n'oublions pas le professionnalisme et la sympathie de l'équipe qui vous accueille. Mieux encore, on peut y trouver des cours de guitare et de basse, et faire réparer ses instruments en toute confiance.

MUSIC ET SCENE 14, rue Garnier (Doutre) ✆ 02 41 42 27 21. Une très grande salle de 160 m² qui abrite un dépôt-vente où l'on trouve guitares, basses, claviers, synthétiseurs, amplis, mais aussi une librairie musicale, les accessoires (cordes de guitare, câbles...). Une affaire de famille (Saulais), pour le père et la fille qui se sont associés dans leur passion pour les instruments de musique. Ceux-ci sont en très bon état, quasiment neufs pour certains. Le magasin propose également un service de location de sono, pour le particulier, mais aussi pour les comités d'entreprises, les mairies, les salles communales et les loueurs de salles. Des cours de batterie et de guitare sont également dispensés par cette nouvelle équipe pleine de punch.

OPUS 49 113, boulevard Saint-Michel ✆ 02 41 18 30 11. *Fermé à 17h le samedi.* Tout, tout, absolument tout pour les instruments à vent : saxophones, trompettes, flûtes traversières... un vrai plaisir pour les yeux que ces métaux rutilants dans tout le magasin. On y entre pourtant sur la pointe des pieds, tant est sérieuse la concentration de ceux qui travaillent à l'atelier de réparation. On y trouve principalement des instruments neufs, mais il faut profiter des rentrées de septembre pour choisir parmi les très bonnes occasions, qui malheureusement partent vite. Un lieu vraiment hautement spécialisé.

POLYPHONIC MUSIC 37, rue Plantagenêt ✆ 02 41 81 02 73. Essentiellement dédié à la guitare (classique, folk, électrique, basse) et à ses accessoires (cordes, ampli...), cet espace musical ressemble aux boutiques parisiennes des années 80 où se retrouvaient tous les folkeux du moment. La musique a évolué, les guitares aussi, mais le choix reste très important dans ce magasin qui vend du neuf, mais propose de temps en temps de bonnes promotions. Pour le matériel d'occasion, il vaut mieux chercher sur le tableau où sont affichées les petites annonces !

Réparations

ART DU PIANO 27, rue du Mail ✆ 02 41 25 10 05

CEILLIER PIANOS 1, rue Lionnaise ✆ 02 41 88 54 43

MUSIC XL 26, rue Saint-Julien ✆ 02 41 87 94 05

NOEL LEBRETON 21, rue Maillé ✆ 02 41 88 28 22. Réparation de guitares (classiques et jazz).

OPUS 49 Boulevard Saint-Michel ✆ 02 41 81 01 10. Patrick Boyrie. Instruments à vent (voir rubrique musique du chapitre "Loisirs").

Pratiquer

CONSERVATOIRE NATIONAL DE REGION 26, avenue Montaigne ✆ 02 41 24 14 50. Sous la tutelle pédagogique du ministère de la Culture, les professeurs du CNR dispensent ici une formation musicale des plus classiques (si l'on exclut l'atelier jazz d'Hervé le Gall). Tout apprentissage d'un instrument est soumis à l'apprentissage obligatoire et préalable du solfège (au moins un an avant), et les examens ponctuent chaque saison comme à l'école. Structure à la discipline légendaire, il faut savoir rentrer dans le rang et accepter le tri un peu élitiste de ce fonctionnement. Mais le CNR est la référence absolue en matière de musique classique (et depuis peu un atelier jazz), et tous les grands artistes sont passés par ce parcours. Heureusement, les tarifs, eux, permettent à chacun d'y tenter sa chance, à commencer par les 5-6 ans qui peuvent gratuitement suivre les cours d'éveil musical. Tarifs : 110 € et 166 €/an pour les cours de solfège et instrument pour les Angevins. Pour les habitants hors département : 699 €.

ECOLE DE BATTERIE AGOSTINI 5, rue Cordelle ✆ 02 41 81 00 13. Un petit lieu dans une petite rue, mais avec une grande ambition : "de l'initiation à l'excellence" ! Ni plus ni moins pour cette école dirigée par Monsieur Bordier dont les diplômes sont clairement affichés dans l'entrée. On y va en toute confiance.

LA GALERIE SONORE (CENTRE NATIONAL DE RECHERCHE PEDAGOGIQUE) 1, rue du Pin ✆ 02 41 66 24 00. *Site Internet : membres. lycos. fr/galeriesonoreangers. Tarifs ateliers : après l'achat d'une carte d'adhésion familiale à 12 €, enfants : 165 €/an, adolescents : 186 €/an et adultes : 240 €/an.* Installée dans le château du Pin, cette collection, forte de 2-000 instruments en provenance des cinq continents, extrêmement riche en percussions, permet de découvrir tout ce que le monde recèle de sons étranges et étrangers. La Galerie organise des séances de découverte musicale dans tout l'hexagone. A Angers ce sont les écoles ou les centres de loisirs qui viennent à elle pour découvrir les djembés africains, les gamelans javanais, ou les nombreux xylophones du monde entier. Elle organise également des ateliers spécialisés autour des métiers d'art comme la lutherie par exemple et régulièrement des contes pour enfants encore une fois liés musicalement à la collection. Un univers fascinant.

LES LOCOS Chemin de la Cerclère ✆ 02 41 34 93 87. La Ruda Salska, Zenzile ou Lo'jo, autant de preuves que la scène musicale angevine se porte bien. Mais comment faire lorsqu'on est un groupe et que l'on n'a pas d'espace pour répéter ? La solution, ce sont les Locos (fondés par l'ADRAMA) qui la donnent en mettant à disposition des musiciens 7 salles qu'on peut louer au mois (attention, c'est déjà très rempli !), plus 2 de "passage", à l'heure (3 € le local seul ou 4,50 € avec sono). Les Locos c'est aussi un centre "info rock" qui s'occupe d'accompagner les jeunes artistes (listings des salles de concerts, festivals… presse spécialisée, conseil de production, etc.).

MUSICOLLEGE MADELEINE 24, rue Saumuroise ✆ 02 41 44 47 36 (répondeur). *E-mail : www. idem.musicollege@libertysurf.fr.* Cette association école de musique, dirigée par Jean-Michel Monville depuis 1995, se veut ouverte à tous les publics. On y enseigne aussi bien l'étude des instruments que les styles de musiques (avec une section "jazz improvisé"). Et pour bien prouver que la musique est accessible à tout âge, l'association ouvre à la rentrée une section "Do ré mi bébé", pour les 9-36 mois, accompagnés ou non !

MUSIQUE ET MOUVEMENT Maison des Musiques - 1, rue du Pin ✆ 02 41 68 36 61. *Tarifs : "éveil musical" (pour les 5/6 ans) : 54 €/trimestre, formation musicale : 54 €/trimestre (enfants) et 66 € (adultes) ; formation musicale+instrument : 189 €/trimestre (enfants) et 219 € (adultes).* Dès le départ cette école a voulu créer une ouverture de l'enseignement musical sur un plus grand public, et surtout sur une pédagogie plus ludique et moins assujettie aux résultats des examens. Solfège, instruments ou chant sont accessibles à tout âge et enseignés par des professionnels. Bien que les professeurs soient bénévoles pour la plupart, et que la démarche plus "humaine" de l'apprentissage musical soit à saluer, les tarifs malheureusement ne sont pas, eux, accessibles à tous, ce qui ne permet encore de dire que la musique classique a réellement perdu son caractère élitiste.

Photo et vidéo

Magasins généralistes

FNAC PHOTO 25, rue Lenepveu ✆ 02 41 24 33 33. Ici trois rayons, l'un qui offre à la fois du matériel neuf de tout style numérique, argentique ou vidéo, mais aussi du matériel d'occasion assez haut de gamme (avec l'assurance Fnac d'avoir été testé et donc en bon voir très bon état), l'autre, un rayon d'accessoires et d'albums photo assez riche. Pour le troisième c'est tout simplement la résultante des deux premiers c'est-à-dire le développement.

PHOTO STOP 59, rue Plantagenêt ✆ 02 41 87 65 42. Au cœur du centre-ville, face aux ex-halles, ce photographe présente trois facettes de son activité : celle du portrait, avec photo studio et mariages ; celle du développement qui d'ailleurs est plutôt bon marché avec des forfaits développement en 1h (5 € 12 poses, 10 € 24 poses et 15 € 36 poses sur papier de qualité supérieure Kodak Royal) ; et enfin le travail labo avec retouche, agrandissement et aussi le "déjaunissement" de vos anciennes photos de famille. Complément au studio, Norbert Cadeau et Philippe Lefray éditent de belles et insolites cartes postales avec leurs propres vues. De très bons professionnels armés d'années d'expérience. **Autre adresse : Photocarte 2, rue Maréchal-Vieilleville - DURTAL 02 41 76 36 40.**

SHOP PHOTO VIDEO Place du Ralliement ✆ 02 41 87 42 32. Il s'agit toujours de deux boutiques dont l'une dans la rue des Lices. Cette dernière est principalement consacrée au travail photo côté laboratoire avec la vente d'agrandisseurs, de bac, de révélateur, de papiers, et tous les accessoires nécessaires pour vous constituer un laboratoire de "professionnel". L'autre boutique, place du Ralliement, s'intéresse plus à l'appareil photo en lui-même. Numérique, argentique ou occasion de toutes marques, voilà la vitrine de cette petite échoppe qui vous offre de véritables conseils sur le choix de l'appareil le plus adapté à vos besoins et à vos envies. Agfa, Fuji, Kodak, Lucas, Minolta, Olympus, Pentax, Sigma… on pourrait continuer pendant des heures ! Le développement y est de belle qualité.

Portraitistes de haut niveau

ANITA NOUTEAU 5, rue Corneille ✆ 02 41 88 02 38. Anita Nouteau a reçu en 2004 le premier prix de la photographie au concours européen de la qualification. Un travail magnifique et surtout le souci constant de saisir grâce à son objectif la vraie personnalité des sujets. Affichant une nette préférence pour le noir et blanc et un refus des mièvreries et de la banalité. Son travail est principalement dédié au portrait d'enfant en studio ou en extérieur mais aussi les photos de mariages.

LE STUDIO DES PHOTOGRAPHES 31, rue Boisnet ✆ 02 41 88 72 73. La photographie est avant tout un jeu de lumière, de clair et d'obscur mais aussi la mise en scène des sujets par le lieu et l'attitude. Ici pas de photos banales mais la recherche de la perfection et de la passion. Souvent on n'a pas deux fois l'occasion de réussir les événements alors autant les confier à de vrais pros. On vient sans hésiter se faire faire le portrait (de la simple photo d'identité à la photo de mariage, en passant par le book de mannequin) chez ce photographe passionné. L'accueil est sympathique et l'homme n'est pas avare de conseils. Bernard Bachelot est artiste photographe et il excelle notamment dans le noir et blanc, la retouche numérique et la restauration de clichés anciens. Ses reportages en numérique ont un résultat splendide. On y trouve aussi quelques occasions à très bon rapport qualité/prix comme de superbes boîtiers Leica ou Hasselblad qui font le bonheur des photographes amateurs ou professionnels. Très axé sur le reportage professionnel, on le conseille aux entreprises qui souhaitent créer des documents précis en valorisant leurs produits par des clichés haut de gamme.

Maintenance, réparations, occasions

M.A.P. 9, place du Pilori ✆ 02 41 88 14 99. C'est l'adresse à connaître pour faire réparer son vieil appareil fétiche. Car, même si on assure ici tirages, reproductions et retouches numériques, c'est surtout pour les compétences techniques du patron que l'on passe la porte. En un coup d'œil, l'homme estime à peu près l'étendue des dégâts et surtout les frais à envisager avec un grand professionnalisme et une grande gentillesse. Egalement vente d'appareils neufs et d'occasion (garantis 6 mois).

Vidéo

PERSO CLIP 5, rue de la Poissonnerie ✆ 02 41 86 70 00. De plus en plus efficace dans les services proposés, cette adresse futée est désormais bien connue pour l'ensemble de ses prestations. Reportages, présentations de nouveaux produits d'entreprise en vidéo, montages, sonorisation, effets spéciaux, titrage, on pourra se faire réaliser un véritable film commercial, publicitaire, technique ou d'information interentreprises. Le matériel du dernier cri, permet toutes les exigences modernes en termes de vidéo. Location de matériel, vidéo, caméscopes, moniteurs, vidéo projecteurs… Transferts sur DVD également. (Voir également "Reportages de mariage", rubrique "Réceptions"). **Autre adresse : 10, rue Jean-Jacques-Rousseau - NANTES 02 40 69 54 44 ou à Rennes et Lilles.**

Vidéo (location de K7 et DVD)

VIDEO PREMIERE 5, place Mendès-France ✆ 02 41 86 14 21. *Ouvert 7j/7, vendredi et samedi jusqu'à 22h30.* Une des plus grandes surfaces de location d'Angers, où il est facile de repérer les nouveautés sur chaque étage supérieur des présentoirs. Priorité est donnée aux films d'actions et policiers, il ne faut pas s'attendre à trouver des trésors du 7e art, même si le choix est relativement large et les stocks importants. Possibilité de réserver à l'avance par téléphone. Carte d'abonnement permettant la location d'un DVD pour 3 €. Distributeur automatique à l'extérieur du magasin.

CINEBANK Centre commercial Lorette - Boulevard Bédier © 02 41 47 93 52. Le magasin de Lorette centralise la logistique. 24h/24 tous les possesseurs de carte peuvent louer K7 et DVD (de plus en plus) à tarifs réduits à quelques pas de chez soi. Le concept, bien rôdé, dispose de magasins où l'on est reçu et conseillé toute la journée tandis que les robots attenants et les bornes-robots fonctionnent nuit et jour. 500 titres sont disponibles (750 à la Gare et aux Justices) et un catalogue informe des nouveautés. Le choix par genre sur écran tactile est réellement pratique. Moins on loue longtemps, moins c'est cher, et la carte Cinébank offre du crédit qui grandit en fonction de la mise de départ. Le système fonctionne très bien sur tout le territoire et des accords sont parfois conclus, comme c'est le cas avec Pizza Tempo où les deux enseignes se sont jointes rue Boisnet. On peut donc se faire une nuit vidéo et pizza entre copains grâce aux deux distributeurs (entre Speed Burger et Pizza Tempo). **Autres adresses : Robots 24h/24 et boutiques : GARE 12, rue de la Gare 02 41 80 18 18 • BICHON 32, rue Saint-Lazare 02 41 48 82 99 • JUSTICES 3, rue Parmentier 02 41 68 27 27 • DOUTRE 7, boulevard H.-Arnaud 02 41 05 15 73 • CENTRE-VILLE 9, rue de l'Aiguillerie 02 41 20 85 99.**

Robots seuls, 24h/24 : HYPER U Rue Boisnet - MURS-ERIGNE • STATION TOTAL Avenue Patton - MONPLAISIR • STATION FINA Rue Paul-Bert - TRELAZE • SUPER U 146 rue Jean-Jaurès - BEAUCOUZE • et nouvellement au nouveau CENTRE COMMERCIAL MOLLIERE Hauts du Lac-de-Maine vers Twinner sur le parking d'Atac.

Théâtre

Pratiquer

LA COMEDIE Rue Cordelle © 02 41 87 24 24. Voir dans rubrique "Culture". Ecole de théâtre de la Comédie, pour adultes et enfants. 3 niveaux, 160 élèves de 8 à 60 ans.

THEATRE DU CHAMP DE BATAILLE 10, rue du Champ-de-Bataille © 02 41 72 00 94. Voir dans rubrique "Culture". Organise stages et ateliers théâtre pour adultes et enfants, et toujours cette année les ateliers de calligraphie de Chantal Forgeau. (Programmation à la rubrique "Spectacles").

Nature

Promenades - Activités de plein air

BATELLERIE PROMENADE L'UNION Angers et Châteauneuf-sur-Sarthe © 02 41 42 12 12. Voir en début de guide (flâner sur l'eau).

LA MAISON DE L'ENVIRONNEMENT Avenue du Lac-de-Maine © 02 41 22 32 30. *Ouvert en semaine de 9h à 12h et de 14h à 18h. Week-ends et jours fériés de 14h à 18h.* Ce sont surtout (et malheureusement) les enfants des écoles qui visitent cette maison et participent aux animations. L'avenir de la planète leur appartient il est vrai. Mais cette maison mériterait un plus large public adulte. Des expositions gratuites sont visibles toute l'année, autour de l'écologie, de la protection de l'environnement, et de tout ce qui a trait à la nature (géologie, eau, forêt...).

LA MAISON DES CHASSEURS Les Basses-Brosses - BOUCHEMAINE © 02 41 72 15 00. *Site Internet : www.frc-paysdelaloire.com. Ouvert tous les jours, de 8h à 13h et de 14h à 17h, le samedi de 9h à 12h. Fermé le dimanche sauf exceptions annoncées dans la presse.* Lieu incontournable de tous les amateurs de chasse, puisque la maison des chasseurs est le siège de la Fédération départementale. Le site Internet est très complet et vous donne accès à un grand nombre de renseignements mais également vous met en relation avec des associations spécialisées à une branche de la chasse. Quant au bureau de Bouchemaine il organise toute l'année des expositions de peintres et sculpteurs animaliers.

Parcs et jardins

Pour les sorties dominicales avec grand-maman, la promenade du petit dernier ou les jeux des plus grands, pour le jogging, les pique-niques ou les promenades en amoureux, Angers et son agglomération ne disposent pas moins d'une douzaine de parcs et espaces de loisirs. 42 de verdure pour chacun (c'est la moyenne locale), ce n'est pas mal. Tous les genres sont là, dans la ville ou à deux pas : des vieux jardins botaniques au parc urbain contemporain, en passant par les vastes parcs d'anciens châteaux privés et les sites naturels. Sans compter la longue coulée verte qui relie, le long de la Maine, l'île Saint-Aubin au Lac de Maine. La nature à la ville, une fierté locale.

ETANG SAINT-NICOLAS - PARC DE LA GARENNE. *Accès au bas de la rue Saint-Jacques, par la rue Chef-de-Ville ou par l'avenue Notre-Dame-du-Lac.* Le rendez-vous des joggers qui font le tour du lac dans un cadre naturel et boisé qui ferait presque oublier les tours voisines. Beaux parcours de 4, 5 ou 8 kilomètres ! Un espace jeux très aéré sur la partie haute du parc, côté Chef de Ville, avec manège et petit chevaux à roulettes.

JARDIN DU MAIL. *Face à la mairie.* Typique jardin de centre-ville (origine XVIIe siècle), avec kiosque, manège, promenade en poneys, fontaine, et flore foisonnante. Jeux pour enfants récemment refaits, inédits dans toute la ville mais beaucoup de monde évidemment. Un espace pétanque au fond du jardin, et depuis peu, rendez-vous des pratiquants de Tai Chi le dimanche matin.

JARDIN DES PLANTES Place Mendès-France. Jardin bicentenaire (ex-jardin d'étude créé par la Société botanique fin XVIIIe siècle) avec arbres exotiques rares, volières, petit cours d'eau au fond du vallon. Quelques jeux pour enfants et chèvres à nourrir.

PARC DE L'ARBORETUM Rue du Château-d'Orgemont. Parc de collections créé entre 1863 et 1918. Sur 7 hectares s'acclimatent des espèces rares et variées d'arbres et de plantes. Le château, ouvert au public depuis peu recèle une collection botanique rare. Des travaux d'aménagement et d'embellissement ont donné une nouvelle jeunesse à ce parc insolite peu connu des Angevins.

PARC BALZAC. Bord de Maine en direction de Belle-Beille. Le dernier-né des parcs angevins assure une transition parfaite entre le lac de Maine et la ville. La végétation commence à reprendre ses droits sur un espace au départ artificiel. Architecture inspirée du Marais poitevin, avec paysage de canaux, et reliefs singuliers. Grandes allées idéales pour le vélo, mais le parc est inondé une bonne partie de l'hiver.

PARC DE LOISIRS DU LAC DE MAINE Avenue du Lac-de-Maine. Vaste espace de loisirs autour d'un lac créé il y a environ 25 ans. Camping, base nautique, baignade surveillée (avec marchand de glaces et voiles à l'horizon), maison de l'environnement, réserve ornithologique. A 20 minutes à pied du centre-ville.

PARC DE PIGNEROLLES Saint-Barthélemy-d'Anjou. Proche route de Saumur/Beaufort-en-Vallée. Un château XVIIIe siècle dans un parc de 75 hectares, avec une superbe orangerie, des jardins à la française classés, et de vastes espaces boisés. Le château abrite le Musée européen de la Communication, constitué par l'incroyable collection de Monsieur Biraud qui vient d'être léguée à Angers-Agglomération. Le parc recèle quelques surprises et vestiges, nous rappelant que le château fut le siège angevin de la Gestapo. Nombreux jeux pour enfants, et parcours santé dans le bois. C'est aussi ici qu'à lieu, chaque année, le 11 novembre, le célèbre cross du Courrier de l'Ouest.

PARC DU HUTREAU Route de Sainte-Gemmes-sur-Loire. *A partir de l'Avenue Maurice-Tardat. Fermé le mercredi, et en semaine pendant les vacances scolaires, car il abrite un centre de loisirs.* Parc d'une ancienne propriété. Vaste prairie avec ombrages de vieux chênes et marronniers. Beaucoup de jeux et des z'animaux. Très bien pour sieste ou lecture sous les arbres.

PARC D'OLLONE Entrée par la rue Bressigny ou la rue Châteaugontier. Ouvert en juillet 2003, ce petit parc vaut le détour surtout pour enfin pouvoir découvrir l'arrière de l'Ecole des Beaux-Arts dont le bâtiment principal prend ici toute sa valeur dans cet écrin de verdure. En plein centre-ville, c'est aussi un espace vert de proximité pour les enfants avec une vaste pelouse rustique et quelques jeux.

Parcours acrobatique forestier

Voir rubrique Hobbies un peu plus haut 02 41 96 89 68.

Parcs animaliers

Lieux de visites en début de guide.

ZOO DE DOUE-LA-FONTAINE Doué la Fontaine

ZOO DE LA FLECHE La Flèche (72) ✆ 02 43 48 19 19

ZOO DE LA BOISSIERE DU DORE (44) ✆ 02 40 33 70 32

LE JARDIN DES KANGOUROUS La Possonnière ✆ 02 41 72 65 50. Voir chapitre "Découverte"

Autres activités de loisirs pour les juniors

Nager

PISCINE DE BELLE-BEILLE Rue Edouard-Mansion ✆ 02 41 48 16 42. *Fermée les deux premières semaines de septembre.*

PISCINE BERTIN Rue de la Meignanne ✆ 02 41 48 13 35. Des travaux de rénovation ont embelli et modernisé cette piscine en 2004.

PISCINE LA BAUMETTE Boulevard Olivier-Couffon ✆ 02 41 87 41 23. La seule piscine d'extérieur ouverte du début juin à début septembre, avec deux bassins, des jeux d'eau et toboggans de différentes tailles, et de belles pelouses pour bronzer. Cours de natation en hiver dans le bassin intérieur.

PISCINE JEAN BOUIN Boulevard Pierre-de-Coubertin ✆ 02 41 02 41 79. La grande et unique grande piscine de compétition sur Angers. Intégrée à un nouveau complexe sportif de grand standing, la piscine Jean Bouin dont les travaux ont duré plus d'un an est enfin devenue conforme aux normes de sécurité et apte à recevoir les compétitions nationales. Un grand bassin de 50 mètres, une fosse de plongeon, et un bassin-école, permettent d'accueillir le public mais aussi les écoles de natation, de danse aquatique, de plongeon, les cours d'aqua-gym et les milliers d'enfants des écoles primaires toute l'année.

PISCINE DE MONPLAISIR Boulevard Copernic ✆ 02 41 43 62 35. Largement fréquentée par les habitants d'Angers Nord. Fermée les deux premières semaines de septembre.

PISCINE DE LA ROSERAIE Rue Henri-Bergson ✆ 02 41 66 92 42. Elle aussi rénovée ces dernières années. Petit bassin de 25 mètres. Fermée de mi-juillet à mi-août environ (se renseigner pour les dates exactes chaque année).

ECOLE MUNICIPALE DE NATATION. *Dans chaque piscine.* Voir en rubrique "loisirs".

BEBES PLOUF Piscine de la Baumette ✆ 02 41 57 79 22

NOUVEAU — ETABLISSEMENT OUVERT DEPUIS LA DERNIERE EDITION DU PETIT FUTE

Voyage

ACTA VOYAGES 23bis, rue d'Alsace ✆ 02 41 88 28 30. Voilà bien une adresse futée, car Acta Voyage est une agence enseigne Jet Tours, et en tant que telle, possède des offres spécifiques, des tarifs promotionnels réguliers sur 7 brochures (circuits, thalasso, séjours, voyages de noces, clubs...). Des réductions pour les clients fidèles, un service après-vente qui ne manquera pas de vous contacter à votre retour pour vous demander si votre voyage s'est bien déroulé, et quelques bonus incontournables comme la possibilité de changer de destination de votre billet 7 jours avant le départ et sans frais. Ici, les brochures arrivent avant tout le monde et les réservations sont prioritaires en avant-première... Le professionnalisme de cette agence concerne même le moindre détail des produits vendus. Pas de surprises à l'arrivée, toutes vos questions auront une réponse avant le jour de votre départ.

ATV VOYAGES Centre Commercial Espace-Anjou ✆ 02 41 25 30 25. Malgré l'encombrement du caddie en sortant du supermarché, cela vaut le coup de faire une halte dans cette agence qui propose à longueur d'année des promos intéressantes sur les séjours. Fram, Jet Tours, Look voyages pour les destinations de rêve, ou simplement les réservations SNCF ou SNCM (traversées en bateau pour la Corse et le Maghreb). L'accueil est compétent et agréable, et les prestations vraiment larges et diversifiées. Pour les voyages d'affaires, scolaires ou les groupes, il faut maintenant s'adresser au Comptoir de l'Univers, boulevard Foch, et non plus rue Hanneloup.

CHANGO VOYAGES 21, place Sainte-Croix ✆ 02 41 25 70 25. Non seulement l'agence d'Angers est agréable et accueillante avec ses couleurs d'été, mais elle a aussi un atout considérable : elle possède ses agences dans de nombreux endroits du monde, qui peuvent assurer des réservations sur le lieu même de vos vacances, et pas seulement dans les hôtels mentionnés dans les guides "officiels". Du sur-mesure très efficace, et il faut le dire, l'endroit où l'on a trouvé les billets d'avion les moins chers pour la même destination.

LE COMPTOIR DES VOYAGEURS Boulevard Foch ✆ 02 41 24 68 68. Voilà un espace d'entrée de jeu propice au rêve de voyages ! Trois étages magnifiquement décorés, pour satisfaire toutes les gammes de voyageurs, du plus exigeant (voyages clé en main sur toutes les destinations du monde), au plus pressé et fauché : ici on peut consulter les nombreuses offres de voyages à prix réduits, promotions de dernières minutes etc. On vous propose même de fignoler votre projet en vous permettant de rester en relation avec l'agence par voie de messagerie Internet. Les tarifs des vols sont intéressants car le choix des compagnies aériennes est très diversifié.

H2O VOYAGE 2, rue Paul-Bert ✆ 02 41 24 69 00. *E-mail : h2ouvoyage@wanadoo.fr* Toutes les plus belles mers du monde sont à votre portée dans cette agence qui adhère à la charte du plongeur responsable. Les destinations sont un vrai paradis pour celui qui rêve de visiter les merveilles sous-marines. Egypte, Caraïbes, Polynésie, Mexique, Asie, Maldives, en tout plus de 30 destinations aux couleurs de turquoise et d'émeraude. Pour ce qui est de l'équipement de plongée, l'agence côtoie son voisin Subchandler dans un même but : faire de vos projets sous-marins une totale réussite technique.

L'ILOT VOYAGES Carrefour Rameau ✆ 02 41 88 26 00. Belle décoration exotique et intime pour cette agence qui travaille avec de nombreuses compagnies aériennes différentes pour ajuster au mieux votre budget sur les billets d'avions disponibles. Pour une même destination, la palette des prix est une des plus larges de la ville. L'accueil est vraiment personnalisé, et on ne cherchera pas à vous vendre absolument le voyage clé en main le plus cher, mais au contraire, à vous proposer la formule la plus adaptée, et les "trucs" non imprimés sur les brochures pour vous faciliter le voyage.

LEFORT VOYAGES 4, place du Pilori ✆ 02 41 20 05 55. Nouvelle enseigne présente depuis décembre 2003, cette agence a repris une prestation exclusive (National Tours) qui permet de prendre en charge le voyageur depuis sa commune d'origine avant de l'emmener en car jusqu'à l'aéroport (Nantes ou Paris). Affiliée au groupe Afat Voyages, elle propose des destinations variées, moyens ou longs courriers, ainsi que des vols secs, des séjours à la carte, des croisières etc.

ETABLISSEMENT RECOMMANDE PAR LE PETIT FUTE

SELECTOUR DE BOUARD 27, place Imbach © 02 41 87 92 80. La charmante "hôtesse" se donne du mal pour dénicher le séjour idéal en puisant dans un grand choix de catalogues dont les prestations s'adaptent à tous les budgets. On peut choisir de partir, si on en a les moyens, avec l'assurance de la qualité et du confort des voyages Lagon Bleu ou plus simplement faire confiance à des compagnies moins réputées, Vacances Fabuleuses par exemple. Pour les vols secs, l'agence est en relation avec un grand nombre de compagnies et vous propose les meilleurs prix pour peu que vous sachiez vous y prendre quelques mois à l'avance. Quoi qu'il en soit, on ne vend ici que des produits qui ont fait leurs preuves. Et c'est pour cela que la clientèle des particuliers mais aussi des voyageurs d'affaires (l'étage plus confidentiel leur est réservé) est fidèle à cette agence définitivement implantée. Voir aussi Voyages d'affaires en rubrique Business, Service aux entreprises.

THOMAS COOK (ANCIENNEMENT HAVAS) 25, rue d'Alsace © 02 41 25 34 00. Agence qui fonctionne sur un modèle assez classique, avec des formules "voyages et séjours" déjà toutes préparées que l'on vous proposera sur les classiques brochures en papier glacé aux photos alléchantes. Cela manque un peu de personnalité, mais l'accueil est professionnel et très aimable.

sports

Adresses utiles

Pour tout connaître sur les sports à Angers, on peut se procurer l'annuaire de l'Office municipal des sports, gratuit et disponible à l'Office municipal des sports et édité tous les deux ans. Il faut également consulter le site du CARA où figurent les associations sportives non répertoriées à l'OMS.

CENTRE ANGEVIN DE RESSOURCES ASSOCIATIVES (C.A.R.A.) 26bis, avenue Montaigne © 02 41 87 64 57. Le C.A.R.A. possède un fichier d'adresses classées par thème (tennis, judo, Taï Chi…) des associations sportives qui ne sont pas toujours répertoriées par le Service des Sports ; fichier consultable sur Internet : www.angers.fr/asso.

CENTRE INFORMATION JEUNESSE 7, allée du Haras © 02 41 87 74 47. *E-mail : cij.angers@ville-angers.fr. Permanences du lundi au vendredi de 13h à 19h et le samedi de 10h à 12h.* Renseignements divers : activités sportives, équipements, formation professionnelle, vie locale, loisirs et tarifs préférentiels. Co-éditeur et co-organisateur d'Agora, le grand Forum associatif qui a lieu tous les deux ans.

CENTRE MEDICO-SPORTIF 5, rue Guérin © 02 41 96 16 40. *Visites médicales du lundi au vendredi de 17h à 19h sur rendez-vous.* Ce centre s'adresse à l'ensemble des sportifs licenciés à Angers. L'examen et l'obtention du certificat médical sont gratuits.

DIRECTION DEPARTEMENTALE DE LA JEUNESSE ET DES SPORTS DU MAINE-ET-LOIRE (CITÉ ADMINISTRATIVE) Place Lafayette © 02 41 24 35 35. Renseignements sur les métiers du sport, inscriptions et organisation au niveau régional des épreuves du Tronc Commun des Brevets d'Etat, et toutes les formations de base à l'animation (BAFA, SB, BNSSA…).

DIRECTION DES SPORTS ET LOISIRS DE LA MAIRIE 12, rue des Ursules © 02 41 05 45 25. Ce service vous renseigne sur les installations sportives à disposition des Angevins. Mais pour cela il faut programmer ses activités assez tôt, car la réservation des salles débute en mai pour l'année suivante. On peut aussi s'y procurer la carte Passe-Sports pour accéder gratuitement à nombre d'équipements sportifs (court de tennis, boulodrome…) et avoir des réductions à la patinoire, aux piscines, aux activités sportives organisées durant les vacances scolaires… Pour transmettre toutes vos idées d'animations sportives ou d'événements sportifs, c'est la bonne adresse puisque des animateurs sportifs sont là pour encadrer et accompagner vos projets.

O.M.S. **5, rue Guérin ✆ 02 41 43 30 85.** *Permanences le lundi de 14h à 18h, le mardi de 14h à 19h et le vendredi de 14h à 17h.*

Mais également

Ne pas oublier les Maisons de quartiers qui proposent toutes des activités sportives variées, encadrées par des professionnels, et souvent à des tarifs intéressants. (voir les adresses dans la rubrique "Danse").

Magasins

Dépôt-ventes

SPORT ECO **45, rue Maillé ✆ 02 41 87 07 77.** Une très bonne adresse pour les sportifs d'aujourd'hui qui aiment changer de matériel ou de sport. Si vous en avez assez de vos tenues de plongée, vous les déposez au magasin, et repartez avec un VTT ou un snow board. Le système fonctionne bien et c'est une boutique qui tient bien la barre depuis longtemps. A surveiller de près, les lots d'invendus, les vêtements street wear, et les déstockages de magasins, qui permettent de faire de très bonnes affaires dans du neuf (textile ou matériel).

Magasins généraux

DECATHLON **Avenue Prosper-Guilhem - C.A. de l'Hoirie - BEAUCOUZE ✆ 02 41 73 04 30.** "Le" supermarché du sport. Depuis deux ans le magasin se veut plus ciblé sur les désirs des Angevins, à la fois des marques pour les jeunes mais aussi des produits plus adaptés pour les sportifs amateurs avec une marque ajustée à chaque pratique sportive. Pour les compétiteurs, des produits plus pointus ou des gammes de prix très élevées peuvent être commandé. Chaque rayon est doté de vendeurs spécialisés dans cette discipline alors n'hésitez pas à prendre des renseignements auprès d'eux autant pour la mécanique que pour l'entretien de votre matériel.

INTERSPORT **Centre Commercial Grand-Maine ✆ 02 41 73 32 87.** Cette enseigne est principalement ciblée sur le côté vestimentaire du sportif que sur son équipement. Chaque marque a son espace personnel dans lequel sont présentés les vêtements mais aussi les accessoires. En hiver vous trouverez gros pulls, doudounes, chaussettes et anoraks, tout pour une pratique exemplaire et confortable du ski ou de la rando montagnarde. Pour l'été c'est plutôt pantacourt, tee-shirt et bermudas. Coté matériel le développement est axé sur les produits légers : tennis et sport de raquettes, des accessoires de foot et de natation mais un rayon montres et sac à dos qui offre un choix important. On s'oriente bien dans ce clair espace et n'hésitez pas à chercher les fréquentes promotions en chaussures.

TWINNER **Rue Charles-Lacretelle - ZAC de l'Hoirie - BEAUCOUZE ✆ 02 41 39 65 00.** Sa situation toute proche de Décathlon n'est pas des plus aisée, malgré son appellation "technicien du sport", l'enseigne est loin de concurrencer ses rivales. Les vendeurs sont quant à eux bien spécialisés dans leur domaine et prodiguent de bons conseils. L'enseigne est principalement ciblé sur le cyclisme, la randonnée et les sports de raquettes mais comporte aussi des rayons équitation, natation, fitness ou encore sport collectifs (foot, rugby, basquet). Une large gamme de prix allant des produits très spécialisés, aux petits prix attractifs en passant par les incontournables marques : Adidas, Nike et autre Coq sportif. Les rayons chaussures et vêtements sont particulièrement fournis.

Le coin des affaires

LA BOSSE DES AFFAIRES 10, rue du Landreau - BEAUCOUZE © 02 41 48 26 57. *Entre Boulanger et Mondial Pêche*. Vêtements, chaussures, lunettes de soleil, sacs à main ou sacs de sport, tout ici est de marque (Adidas, Nike, Speedo) à prix bradé, des fins de série vendus 30 à 40 % moins chers que le prix boutique. La majeure partie des articles est des collections de l'année passée, ou issus de faillites.

Magasins spécialisés

BASKET CONNECTION 11, place du Pilori © 02 41 87 34 47. "La" référence de la basket sur Angers. De la basket grande taille pour basketteur au petit tennis pour filles victimes de la mode, tout est disponible. Les grandes marques sont au rendez-vous : Adidas, Puma, le Coq Sportif… Des vendeurs toujours serviables et le sourire aux lèvres.

BERNARD BODIN SPORT Boulevard du Général-Lacretelle - Près de Twinner - BEAUCOUZE © 02 41 34 75 75. Le spécialiste de l'équipement d'arts martiaux. Le magasin du boulevard Gaston-Birgé a déménagé en 2003 vers la ZI Beaucouzé pour s'agrandir et presque doubler sa surface (300 m^2 de vente). Judo, karaté, Viet Vo Dao, aikido, tae kwondo, kungfu, boxe américaine, française, thaï, full-contact… B.B. SPORT est le seul à équiper les arts martiaux angevins, des tenues traditionnelles aux accessoires les plus divers. Le conseil est précieux, un bon rayon de livres spécialisés, et des prix relativement compétitifs. Bernard Bodin Sport est aussi spécialisé dans les médailles, coupes et trophées, ainsi que dans l'équipement clé en main des dojos. Les clubs sportifs constituent l'essentiel de sa clientèle. 60 % de l'activité du magasin s'assoit sur la vente par correspondance.

LA BULLE 42, boulevard Ayrault © 02 41 20 07 06. La balle ou la bulle, on peut se le demander car ici les deux domaines de prédilection sont la plongée et le tennis. Une très belle gamme de produits et surtout de très bons conseils. Ici on ne vient pas seulement pour la boutique mais pour les instructions et surtout pour les formations de plongée en cours collectifs ou en individuel, encadré par un professeur diplômé d'état. Autre point important la gamme de matériel d'occasion qui permettra aux budgets restreints de s'équiper tout de même.

CABALLERO 62, rue Bressigny © 02 41 88 27 44. Un magasin feutré, style "vert écossais", où l'on trouve tout pour pratiquer ce noble sport qu'est l'équitation. Pour la monture ou le cavalier, la sellerie, les bottes ou les bombes, tout est soigneusement présenté parmi d'autres objets dérivés (montres, foulards, etc.) toujours en rapport avec l'univers du "cheval", cela va de soi.

FLIC-FLAC 3, rue de l'Asile-Saint-Joseph © 02 41 88 00 15. Voir commentaire au chapitre "Loisirs", rubrique "Danse".

SERVICE GAGNANT Boulevard Pierre-de-Coubertin - 8, rue des Noyers © 02 41 88 55 44. Boutique hautement spécialisée proposant toutes les dernières merveilles technologiques en matière de raquettes de tennis principalement dans la marque Head, balles, chaussures, accessoires. Les clubs angevins travaillent avec elle et que ceux qui cassent une corde la veille de leur match dorment sur leurs deux oreilles : le service recordage fonctionne 24h/24, avec possibilité de livraison, et des remises sont faites aux adhérents des clubs sur les grandes marques. Les problèmes de stationnement sont définitivement réglés avec le déménagement dans une rue tranquille loin du centre-ville. Le nouveau rayon textile est à découvrir, et dans les nouveaux locaux, un espace "détente" vous permettra de patienter confortablement. Les amateurs de badminton y trouveront aussi leur matériel.

SUBCHANDLER 2, rue Paul-Bert © 02 41 81 09 09. *Du mardi au vendredi de 10h à 12h30 et de 14h à 19h, le samedi de 9h30 à 19h.* Bien plus qu'un simple magasin de matériel de plongée : les prestations sont nombreuses : école de plongée, installation de compresseurs, service après-vente, voyage subaquatique en partenariat avec les collèges, entretien de l'équipement des pompiers, plongée avec des handicapés, Subchandler a réellement l'esprit "Petit Futé", sans compter l'excellence des qualifications (les deux vendeurs sont Brevetés d'Etat et instructeurs de l'école américaine Padi) et de l'accueil, la vente exclusive sur Angers de la marque Scubapro, mais aussi de produits spécifiques, conçus sur des chartes qualitatives exclusives, et vendus à des prix attractifs, puisque "hors marques". Accolé à l'agence de voyage H2O pour davantage de prestations et de loisir, l'adresse est incontournable pour tous les mordus de plongée.

GOLF IMPACT ZAC Avenue Jean-Bouton - LES PONTS-DE-CE © 02 41 69 19 29. 150 m^2 d'exposition occupés par les grandes marques du golf : clubs Ping, Callaway, Odyssey… les chaussures Footjoy ou Adidas, les vêtements Baleno, les sacs et caddies Ogio. A l'intérieur du magasin, vous pourrez même tester le matériel sur un mini-practice, et profiter des promotions ou occasions. Le magasin assure les réparations et le prêt de matériel. Le conseil et les clubs sont "sur mesure". Le patron a eu l'intelligence de bien flécher le parcours jusqu'à son magasin, un peu difficile à trouver dans cette zone industrielle.

RURAL SERVICES Centre Commercial Rural-Service - SAINT-SYLVAIN-D'ANJOU © 02 41 21 17 17. Un très beau rayon équitation qui a été repensé et agrandi depuis quelques mois. En plus des traditionnelles bottes et bombes vous trouverez ici de quoi nourrir et entretenir votre cheval : selle, harnais, couverture et onguent mais aussi aménagement de box et clôture électrique. Les produits sont fabriqués par Ukal un grand nom des produits équestres.

Salles de gym et clubs de remise en forme

ESPACE FITNESS 50, boulevard du Doyenné © 02 41 37 09 37. Après quelques années de flottement à cette adresse, le fitness a enfin trouvé son espace et surtout un label de qualité. Rodolphe Rouillé son gérant, ne conçoit pas ce lieu comme une usine à faire du muscle. Il ne reçoit ses adhérents que sur rendez-vous, et après un entretien et différents tests physiologiques et grâce à un appareil détectant la localisation et la densité des masses graisseuses, il "prescrit" un véritable programme personnalisé d'exercices, et assure un suivi mensuel pour chacun. Les murs vitrés lui permettent de surveiller tout ce qui se passe, aussi bien dans la salle des appareils (performants et vérifiés 2 fois par semaine) que dans la piscine (deux bassins) ou la salle de gymnastique. Ici, on ne joue pas les gros biceps, et les compétences comme la douceur un peu "zen" du patron vous mettent à l'aise. Il s'occupe aussi bien des jeunes que des "seniors", sachant adapter tous les exercices aux limites physiques de chacun. Horaires d'ouverture très larges en semaine, et deux dimanches matin par mois.

A vos marques, prêts, buvez !

Sportif du dimanche ou roi du marathon : il faut boire de l'eau. Mais attention : pas n'importe comment, pas n'importe quand et surtout pas n'importe laquelle ! Gym, fitness, golf, yoga, marche, natation, jogging, vélo, tennis… On se prend tous pour des grands sportifs mais on oublie souvent de bien boire. Sans vouloir aller chercher des médailles olympiques, il faut quand même savoir qu'en une heure de jogging, on laisse jusqu'à 1 litre d'eau dans le maillot et pour une heure de marathon c'est environ 2 litres. Ensuite, c'est toujours le même scénario : après le jogging du matin où l'on a bien transpiré, on se précipite sur la bouteille d'eau que l'on vide aux trois quarts d'une seule traite. Ami sportif, la bonne recette est pourtant simple. Avant l'effort, il est conseillé de boire pour partir bien hydraté. Pendant l'effort, boire à intervalles réguliers. Après, hydratez vous de façon régulière pour éliminer les toxines. Evitez de boire de l'eau trop glacée.

Le conseil futé : Boire St-Yorre. Riche en bicarbonates, cette eau désaltère mieux et lutte contre l'acidité produite par les muscles lors de l'effort. Du coup, moins de courbatures et une meilleure récupération. Ce n'est pas un hasard si beaucoup de sportifs boivent St-Yorre qui est aussi partenaire de la Fédération Française de Rugby depuis 6 ans.

GYM CENTER 24, boulevard Foch ✆ 02 41 87 21 97. 7 professeurs et 2 salles pour ce club qui ne cesse d'innover en matière d'activité physique : Body attack (type aérobic), Bodybalance (méthode douce d'inspiration orientale), Bodystep, Bodycombat (mélange de fitness et d'art martiaux… en musique !), Body Jam (pour les fans de rythme Funk, Hip-hop, disco), et RDM (vélo… en musique !), mais toujours les grands classiques (muscu, fitness, gym) pour rester en forme à des tarifs intéressants. Le club s'est agrandi en occupant en sus, les anciens locaux de Ouest-France place du Ralliement.

PHYSIC FORM 18, place Monprofit ✆ 02 41 48 48 91. De beaux espaces lumineux accueillent de nombreuses prestations pour cette belle salle qui vient tout juste de fêter ses 20 ans : une mezzanine "cardio training" avec ses vélos, ses rameurs et ses tapis roulants (on sue en observant l'agitation de la place Monprofit), une salle de musculation entièrement équipée à neuf de matériels robustes et bien étudiés, des cours collectifs de gymnastique, step, stretching et depuis peu le Body Pump, un bon compromis entre la gym et la musculation. En septembre c'est le Body Balance qui fait son entrée, une méthode qui fait travailler les micromuscles et les équilibres (un compromis entre yoga, taï chi et Pileats, basé sur la respiration). Une piscine de belle taille permet d'animer les cours d'aquagym et d'aqua-maternité, mais aussi à tous les adhérents de venir se relaxer après l'effort (bain à remous). Sauna et jacuzzi équipent les vestiaires de ce centre à taille humaine où l'on se sent bien même si l'on n'a pas le physique ni l'âge de Monsieur Univers. Différentes formules d'abonnement permettent de s'adapter au rythme de chacun.

Disciplines

Arts martiaux

CLUB ANGEVIN DES ARTS MARTIAUX 36, rue Parcheminerie ✆ 02 41 20 90 90. Propose Karaté, Kung fu, Taekwondo, Viet Vo Dao etc.… Entraînement à l'adresse du club, en semaine, de 18h30 à 22h.

LIGUE DES PAYS DE LA LOIRE DE JUDO ET DISCIPLINE ASSOCIEE ET COMITE DEPARTEMENTAL DE JUDO Stade du Lac-de-Maine

Aikido

LA CROIX BLANCHE 8, rue Guillaume-Lekeu ✆ 02 41 60 35 31. *Site Internet : Thierry.mouchard@mageos.com.* Cours pour les jeunes de 10 à 14 ans, et pour les adultes, au Cosec Montaigne.

CROIX-BLANCHE 8, rue Guillaume-Lekeu ✆ 02 41 68 04 05. Une cinquantaine de licenciés participe aux cours (plus de la moitié a moins de 18 ans) qui se déroulent au Cosec Montaigne, le mardi et le vendredi de 18h à 21h15 et le mercredi de 17h à 18h30. Enfants à partir de 6 ans.

VAILLANTE SPORTS D'ANGERS 163-165, rue de la Chalouère ✆ 02 41 43 92 29. Une trentaine de licenciés. Entraînement salle des Plantes (derrière la maison d'arrêt), le mardi et le jeudi de 21h à 22h30.

Judo et jiu-jitsu

ASPTT 32, rue de l'Enfer ✆ 02 41 68 33 59. 180 licenciés dont les deux tiers ont moins de 18 ans.

BUDOKAN 4, rue d'Assas ✆ 02 41 87 27 17. 315 licenciés ont plus de 18 ans et 125 moins de 18 ans. L'entraînement a lieu en salle du Budokan tous les jours à partir de 18h. Plus d'une vingtaine de jeunes licenciés s'adonne également au kendo, le vendredi de 20h30 à 22h et le dimanche de 10h à 12h au même endroit.

CROIX-BLANCHE Rue Guillaume-Lekeu ✆ 02 41 68 04 05. Une cinquantaine de licenciés participe aux cours (plus de la moitié a moins de 18 ans) qui se déroulent au Cosec Montaigne, le mardi et le vendredi de 18h à 21h15 et le mercredi de 17h à 18h30.

JUDO CLUB DE L'ANJOU 4 ter, rue du Champ-de-Bataille ✆ 02 41 48 55 58. Environ 270 licenciés dont les trois quarts ont moins de 18 ans. Le club dispense aussi des cours de jiu-jitsu (self-défense) et de taïso (entretien physique). Cours du lundi au samedi à l'adresse du club, à partir de 4 ans.

KETSUGO 32, rue de la Chouanière ✆ 02 41 48 98 95. Près de 180 licenciés dont les trois-quarts ont moins de 18 ans. Entraînement au Cosec de Belle-Beille et salle Jean Monnet.

MPT MONPLAISIR **3, rue de l'Ecriture ✆ 02 41 43 84 09.** Les cours ont lieu dans les locaux mêmes de la maison pour tous et accueillent 120 licenciés dont une centaine a moins de 18 ans.

Karaté

COMITE DEPARTEMENTAL DE KARATE **Maison des sports ✆ 02 41 79 49 69.** 24 clubs sur la région qui regroupent 1 660 licenciés.

Tai Chi Chuan

ASSOCIATION DE TAIJI QUAN DE L'ANJOU ✆ 02 41 78 84 65. Cours au château de l'Arceau • MPT Monplaisir • Centre Marcelle Menet • MJC d'Avrillé.

ASSOCIATION KUN LUN ✆ 02 41 47 02 01. Cours au lycée Jean Renoir • au château de l'Arceau • Cosec de Belle-Beille (pour les étudiants).

CERCLE ANGEVIN DE TAI CHI CHUAN ✆ 02 41 86 06 38. Cours au collège de la Madeleine.

Athlétisme

COMITE DEPARTEMENTAL D'ATHLETISME **Maison des Sports - LES PONTS-DE-CE ✆ 02 41 79 49 50.** Les clubs s'entraînent sur les stades de la ville, notamment au stade Jean Bouin.

Aviron

COMITE DEPARTEMENTAL DE MAINE-ET-LOIRE **1, rue Larrey ✆ 02 41 48 23 61**

ANGERS NAUTIQUE **1, rue Larrey ✆ 02 41 48 23 61.** *Site Internet : www.angersnautique.org. E-mail : angers_nautique@yahoo.fr.* Avec cinq rivières à sa disposition, le club a de quoi s'entraîner c'est peut-être pour cela qu'il est titulaire de la coupe de France et de deux médailles de bronze en 2003. Pour 12 € vous pourrez vous essayer pendant deux séances hebdomadaires à l'aviron et à son maniement. Ils sont près de 320 à ramer en solo, en duo, à quatre et plus encore pour ce sport très complet. Un tiers des licenciés a moins de 18 ans.

Base-ball

EAGLE'S CLUB **Saint-Barthélemy-d'Anjou ✆ 06 15 24 58 98/02 41 34 98 38.** Depuis 1987, plus d'une trentaine d'adhérents pratique ce sport populaire aux Etats-Unis. Soft ball pour les plus petits dès 9 ans puis base-ball, les règles sont accessibles à tous. Très peu de clubs dans la région donc il faut en profiter. Les entraînements ont lieu le mercredi soir et le week-end au stade de la Gemmetrie ou de la Belière à Saint-Barthélemy-d'Anjou.

Basket-ball

COMITE DEPARTEMENTAL DE MAINE-ET-LOIRE 139, rue des Ponts-de-Cé ✆ 02 41 47 56 47. Sept clubs se disputent les raquettes des paniers sur Angers.

Boxe anglaise

ANGERS BOXING CLUB 69, rue Saint-Nicolas ✆ 02 41 88 72 65. Plus de 60 s'entraînent dans la salle spécialisée de la rue Raspail le lundi et le vendredi de 18h30 à 20h30 et le mercredi de 16h30 à 20h30.

Savate - Boxe française

LA VAILLANTE BOXE FRANCAISE 165, rue de la Chalouère ✆ 02 41 43 92 29. *Entraînement à la salle Raspail, le mardi et le jeudi de 18h à 20h15 et le samedi de 14h à 16h15. Pour les enfants, le mercredi et le samedi de 14h à 16h.* Ils sont près de 80 et jouent du pied, du poing, en bref de la savate.

Canoë-kayak

AAEEC 2, promenade d'Emstal - LES PONTS DE CE ✆ 02 41 44 65 15. Découvrez la vallée de la Loire en canoë. Séances d'initiation et de perfectionnement, découverte de l'eau vive, stage d'été ou bivouac sur une île. Venez apprécier le canoë-kayak en famille, entre copains ou en stage.

COMITE DEPARTEMENTAL ET CANOE-KAYAK CLUB D'ANGERS Maison des Sports - LES PONTS-DE-CE ✆ 02 41 79 49 54. Adultes ou enfants laissez-vous glisser sur les cours d'eau de notre département. Plus de 100 adeptes le font sur la base du Lac de Maine le mercredi et le samedi de 14h à 17h. Si vous préférez le mouvement au calme du bassin alors direction les Ponts-de-Cé au pied du pont de Dumnacus où les remous sont au rendez-vous. **Autre adresse : 75, avenue Lac-de-Maine 02 41 72 07 04.**

Cyclisme

CROIX BLANCHE 8, rue Guillaume-Lekeu ✆ 02 41 87 35 64. Cyclo-cross, VTT, piste, route, école de cyclisme, de quoi satisfaire tous les adeptes du deux roues à partir de 6 ans. Les entraînements se déroulent sur la piste du vélodrome Montesquieu, ou en sortie extérieure.

Danse sportive

ECOLE DE DANSE JOEL CRUVEILHER 6, rue de la Douma ✆ 02 41 87 22 77. Secrétaire général de la Fédération française des centres de danse, Joël Cruveilher prépare ses élèves pour des compétitions de danses sportives. Deux catégories existent : les danses latines-américaines (chacha, samba, rumba, paso-doble, jive) et les danses standards (valse lente, valse viennoise, tango, show-fox, quick-step). Voir aussi rubrique "Loisirs", partie "Danse".

Danse sur glace

ASSOCIATION DES SPORTS DE GLACE D'ANGERS 15, allée du Haras © 02 41 88 38 19. Cette association ne demande qu'à se développer, elle propose toutes les disciplines sur glace : patinage artistique, danse, hockey, karting, mais aussi... sur bitume avec sa section Roller. Les entraînements ont lieu à la patinoire municipale. Voir aussi rubrique "Danse sur glace, Hockey et Karting sur glace".

Equitation

CENTRE EQUESTRE ET PONEY CLUB LA GOUPILLIERE Route de l'Etang - AVRILLE © 02 41 69 65 72. *Site Internet : http://la-goupilliere.com.* Pour les parents très occupés, ce club est le plus adapté car desservi par les bus d'Angers. Michel Billard initiera aux plus grands comme aux plus petits les rudiments de l'équitation autant pour l'initiation que pour la compétition comme pour sa fille Amélie.

PONEY CLUB DE L'ADEZIERE Maulny - AVRILLE © 02 41 69 33 42. Le club équestre le plus complet de la région : équitation loisir et compétition, horse-ball, pony games, voltige, randonnée, balade. Un superbe site partagé à la fois sur 33 hectares de prairies et 7 hectares de forêt.

ECURIE DE CE 64bis, route de Sorges - Les PONTS-DE-CE © 02 41 34 16 69. Cours tousniveaux dès 4 ans, stages de formation ou de perfectionnement, randonnées.

PONEY CLUB DES TROIS RIVIERES 14, avenue Guillebotte - LES-PONTS-DE-CE © 02 41 44 99 49. 35 ans d'expérience pour ce centre équestre avec des cours d'initiation dès 4 ans.

SOCIETE HIPPIQUE DU VAL D'ANJOU - LA PELERINIERE 30, rue de la Pelerinnière - SAINT-BARTHELEMY © 02 41 93 37 07. *Du lundi au samedi de 9h à 20h les enfants, en majorité (plus des 3/4 ont moins de 18 ans) sont accueillis pour découvrir le cheval ou approfondir leurs connaissances.*

Escrime

ECOLE DU GENIE 106, rue Eblé (poste 8 403) © 02 41 24 82 99. *Les cours se passent à l'E.S.A.G. le mardi de 18h à 20h et le mercredi de 10h à 12h et de 13h30 à 18h.*

NOTRE-DAME DES CHAMPS 6, rue Rangeard © 02 41 87 69 16. *Site Internet : assoc. wanadoo. fr/ ndc. escrime. E-mail : ndc.escrime@wanadoo.fr. Environ 80 sportifs (les 2/3 ont moins de 18 ans) s'escriment à la salle d'armes du complexe Jean Bouin (16 pistes électriques) le lundi de 18h à 21h30 et le mercredi de 17h à 21h, selon niveau. Particularités : club d'épée - la pratique du fleuret est réservée à l'initiation.*

SPORTING CLUB DE L'OUEST Salle Jean-Bouin © 02 41 44 50 25. *Site Internet : www.anjou-escrime.fr.st.* Une centaine d'escrimeurs croise le fer, fleuret, épée et sabre, à la salle Jean Bouin. Elle est accessible toute la semaine, samedi matin compris. Pour les nouveaux adeptes 4 séances sont offertes pour découvrir l'activité (tout le matériel est prêté par le club).

Golf

GOLF BLUE GREEN D'AVRILLE Château de la Perrière - AVRILLE © 02 41 69 22 50. Il n'est qu'à 8 kilomètres du centre-ville angevin et dispose d'un 18 trous de plus de 6 000 mètres. Un très beau terrain vallonné qui offre une détente et un lieu exceptionnel pour la pratique du golf. Coté practice de nombreux postes sont à la disposition de tous, débutants ou confirmés. Possibilité de séminaires au château.

ANJOU GOLF & COUNTRY CLUB Route de Cheffes - CHAMPIGNE © 02 41 42 01 01. *Ouvert tous les jours. Cotisation à l'année, Green Fee à la journée de 19 € à 34 € en week-end en haute saison. Cours individuels et collectifs. Location de matériel.* C'est avec bonheur que l'on sillonnera les 6 227 mètres du 18 trous (par 72) et les 730 mètres du 6 compact (par 19). Côté practice, 23 postes dont 6 couverts sont à la disposition des swingueurs. Côté détente le club offre deux restaurants : l'Auberge de Mozé qui propose également des chambres confortables avec cours de tennis et piscine, mais aussi un club-house au sein du golf qui propose un moment de repos avec billard et jeu de fléchettes. Ce club organise des compétitions ouvertes à tous de mars à novembre (renseignements à l'accueil) et accueille chaque année une manche du championnat de France.

GOLF-CLUB D'ANGERS **Moulin de Pistrait - SAINT-JEAN-DES-MAUVRETS ✆ 02 41 91 96 56.** *Green Fee, en saison, 35 € (18 trous), 25 € (9 trous). Formules d'abonnement. Location de matériel. Fermé entre Noël et Le jour de l'an.* L'entraînement a lieu tous les jours, dans un superbe parc vallonné. Un club où les jeunes trouvent leur place pour se former au put et au swing (près d'une cinquantaine d'adolescents viennent régulièrement). Le club-house offre à tous une vue panoramique sur le parcours pour ceux qui non pas eu la chance de l'achever.

GOLF DES CAPUCINS **Route d'Epinard ✆ 02 41 76 91 81.** De 7 à 77 ans chacun peut venir s'entraîner ici et profiter des cours exposés. Le golf le plus proche pour les habitants d'Angers ce qui permet au plus grand nombre de pratiquer ce sport en loisir ou en compétition sans perdre trop de temps sur les routes.

Hand-ball

COMITE DEPARTEMENTAL DE MAINE-ET-LOIRE ✆ 02 41 79 49 66

Handisport

HANDISPORT REGION ANGEVINE **3, rue Botanique ✆ 02 41 81 04 90.** Ce club rassemble plus de 150 licenciés et propose du handisport dans de nombreuses disciplines : basket-ball, football, haltérophilie, natation, tennis, tandem, tir à l'arc, équitation, tennis de table et voile.

Hockey sur glace

A.S.G.A. **15, allée du Haras ✆ 02 41 88 38 19.** La grande équipe de hockey sur glace du département qui fait parler d'elle et qui monte.

Hockey sur gazon

COMITE DEPARTEMENTAL DE HOCKEY **Maison des Sports - LES-PONTS-DE-CE ✆ 02 41 79 49 69**

Karting

Voir chapitre "Loisirs".

Parachutisme

COMITE DEPARTEMENTAL DE PARACHUTISME **Maison des Sports - LES-PONTS-DE-CE ✆ 02 41 79 49 77**

Plongée

LA BULLE **42, boulevard Ayrault ✆ 02 41 20 07 06.** Voir rubrique "magasin spécialisé".

ECOLE DU GENIE Rue Eblé. Les cours se pratiquent à l'E.S.A.G. ou dans les carrières de Bécon-les-Granits et de Cholet, entre autres.

SUBCHANDLER - H2O PLONGEE 2, rue Paul-Bert ✆ 02 41 81 09 09. Voir rubrique "magasin spécialisé".

VAILLANTE SUBAQUATIQUE 165, rue de la Chalouère ✆ 02 41 37 08 08. Pratique de la plongée subaquatique en sport ou en loisir.

Roller

COMITE DEPARTEMENTAL DE ROLLER SKATING 16, boulevard Gaston-Dumesnil ✆ 02 41 86 03 41. 450 licenciés dans ce comité qui ne cesse de développer le roller skating dans le département, à travers différents clubs (Intrépide, Association des sports de glisse d'Angers...) Des promenades et circuits sont organisés chaque mois dans les rues de la ville pour le grand public.

Rugby

SCO/RCA 5, rue Guérin ✆ 02 41 43 15 00. Ils sont près de 300 à ne passer le ballon que par l'arrière sur les stades de la Baumette et du Lac de Maine le mercredi de 16h à 21h30, le jeudi de 19h à 21h, le vendredi de 19h à 21h30 et le samedi de 14h à 16h.

Sports de glace

ASSOCIATION DES SPORTS DE GLACE D'ANGERS 15, allée du Haras ✆ 02 41 88 38 19. Cette association ne demande qu'à se développer, elle propose des disciplines inédites auparavant comme la danse sur glace, le patinage artistique, le hockey féminin et le karting sur glace. L'entraînement a lieu à la patinoire municipale. Se renseigner pour les dates. Voir aussi rubrique "Danse sur glace, Hockey et Karting sur glace".

PATINOIRE MUNICIPALE D'ANGERS 6, allée du Haras ✆ 02 41 88 28 45. *Tarifs : entrée 3,70 €, réduit 3,40 € et location de patins : 2 €.* La patinoire propose également un jardin de glace pour les petits le dimanche matin et les anniversaires glacés pour les groupes le mercredi après-midi (voir en rubrique junior). Voir en rubrique Loisir pour les horaires.

Viens fêter ton anniversaire à la patinoire !

Renseignements et réservations : Patinoire Municipale 6, allée du Haras ✆ 02 41 88 28 45. Les mercredis après-midi, à la patinoire municipale, de 15h à 17h. L'encadrement est assuré par un animateur diplômé. Maximum 10 enfants, minimum 5. Tarif : 8,50 € par enfant, gratuit pour celui qui fête son anniversaire. Le tarif comprend : l'entrée, la location des patins, un goûter + une boisson et en cadeau : une plaquette photos.

Tennis

COMITE DEPARTEMENTAL DE MAINE-ET-LOIRE 15, rue Emile-Joulain ✆ 02 41 47 47 07. Le CDT regroupe pas moins de 144 clubs dont 14 sur Angers, avec 12 000 licenciés.

Tennis de table

COMITE DEPARTEMENTAL DE TENNIS DE TABLE Maison des Sports - LES-PONTS-DE-CE ✆ 02 41 79 49 83. Cinq clubs proposent régulièrement des entraînements en ville.

Tir

ANGERS TIR SPORTIF 10, allée du Seuil-en-Maine ✆ 02 41 44 44 40. A pratiquer tous les jours au centre de tir sportif de la Baumette. Tir à la carabine, au pistolet ou à l'arbalète, ici il ne vaut mieux pas avoir la gâchette qui vous démange car si on les prend souvent pour des brutes il faut avoir un très bon sang-froid pour viser en plein cœur.

Tir à l'arc

S.G.T.A. (SOCIÉTÉ GYMNASTIQUE ET TIR D'ANGERS) 14, square de la Pérussaie ✆ 02 41 68 10 28. La S.G.T.A. compte environ 200 licenciés qui s'entraînent au stade de la Baumette et au jeu d'arc Joseph Legros, tous les jours de 9h à 22h. Prenez-vous pour Guillaume Tell avec carcan, flèche et arc.

Vélo tout terrain

TEAM VTT EVASION 33, rue Dupetit-Thouars ✆ 02 41 77 10 39. Profitez du Lac de Maine et de son relief ardoisier pour faire monter l'adrénaline. Voir aussi "Vélo" dans la rubrique "Auto - Deux-roues" du chapitre "Shopping".

agenda 2004-2005

2004

Octobre

Du 1er au 4 : Salon de l'habitat Parc des Expositions.

Salon de peinture d'Angers Hôtel de Ville.

Du 22 au 25 : Salon des Antiquaires Parc des Expositions d'Angers.

Novembre

Du 6 au 28 novembre : Foire Saint-Martin Place de la Rochefoucault.

13 et 14 novembre : Forum de la vie associative (AGORA) Parc Expo.

Jusqu'au 16 (et depuis le 20 juin 2003) : Exposition d'art textile contemporain (essentiellement des années 70 et 80).

Du 15 au 27 : Festival International du Scoop et du Journalisme Centre des congrès.

Les 20 et 21 : Salon du mariage Parc des expositions.

Décembre

Salon de la Gastronomie et des Vins Parc des expositions.

Festival de la bande dessinée, 6e édition Centre des congrès.

Du 1er au 24 : Soleils d'Hiver, marché de Noël. A voir aussi, le marché de Noël de Brissac-Quincé organisé depuis de nombreuses années dans le cadre du château, mais aussi ceux des communes environnantes d'Angers qui offrent une diversité d'artisanat local.

2005

Janvier

Du 14 au 23 : Festival de cinéma Premiers Plans. Voir rubrique "Se détendre", "Spectacles".

Février

Du 16 au 18 : Salon du Végétal Parc des expositions.

Du 14 au 25 : Made in Angers, les entreprises angevines s'ouvrent au public, et week-end des métiers d'art.

Du 31 janvier au 2 février : Salon des Vins de Loire Parc des expositions.

Mars

Foire aux croûtes Rue des Lices.

"Broc et puces" : 200 exposants sur 800 m^2 de surface couverte Parc des expositions.

Avril

Du 16 au 24 : Foire-exposition Parc des expositions.

Mai

Du 17 au 20 : Festival Tour de Scènes, (concerts gratuits de musiques actuelles, en plein air, dans le centre-ville).

Festival des Quais : dans le quartier de la Doutre, sur le port, cale de la Savatte et quai Tabarly. Animations nautiques, concours de peinture, guinguettes et orchestres.

Gipsy Swing Festival, à Trélazé, Saint-Barthélemy et Angers.

Jour de Loire : 3 jours d'animations pendant le week-end de Pentecôte.

Juin

Mi-juin à mi-juillet : Festival d'Anjou, théâtre. Voir "Spectacles".

Le 21 : Fêtes de la musique.

Les 26, 27, 28 : Fête du Cinéma.

13e édition des "kiosques en fête" (manifestation nationale) Jardin du mail (musique ou chorale au sein du kiosque).

Braderie d'Angers.

Festival Les Orientales : le Maghreb s'invite à Saint-Florent-le-Vieil (entre Angers et Nantes en bord de Loire) : musiques traditionnelles et animations les deux derniers week-ends de juin.

Du 21 juin au 31 août : Festival de Trélazé (concert baroque, jazz manouche, soirée électro, expo photos, etc.). avec la présence de Maxime Le Forestier et Cheb Mami…

Et aussi : Vide grenier promenade de la Haute-reculée : plus de 460 exposants (particuliers uniquement) et 20 000 visiteurs sur les bords de Maine, à deux pas du centre-ville (animations de rue, concours de peinture, restauration…).

Juillet

Du 15 au 17 juillet : Championnats de France Elite d'athlétisme. Epreuve qualificative pour les mondiaux d'athlétisme sur la piste du Lac de Maine.

Mi-juillet : Carrousel de Saumur.

Juillet et août : Angers l'Eté, festival organisé par la ville d'Angers dans le cloître de l'abbaye Toussaint. Concerts de jazz et musiques du monde (têtes d'affiche et découvertes).

Expo d'été, organisée par la ville : un célèbre artiste contemporain expose salle Chemellier et à l'abbaye du Ronceray. Voir rubrique "Culture", "Expositions".

Fête des Coiffes d'Anjou, fête folklorique ligérienne avec groupes folkloriques d'Anjou et d'ailleurs. Election de la duchesse d'Anjou.

Août

Les Heures musicales du Haut-Anjou : musiques de chambre, récitals, concerts littéraires, jazz dans châteaux, églises et manoirs.

Fête des Moissons à l'ancienne à Angrie (Nord-ouest d'Angers).

Les 11, 18 et 25 juillet et les 1er, 8 et 15 août : les Heures musicales de Cunault : orgue et musique de chambre dans deux merveilles de l'art roman, les églises de Cunault et Trêves.

Les Rencontres Imaginaires de l'abbaye Royale de Fontevraud (Saumurois) : un spectacle théâtral itinérant à travers cet incontournable ensemble monastique.

Septembre

10, 11 et 12 : Festival Les Accroche-cœur, par la Compagnie Jo Bithume, partout dans la ville. Voir rubrique "Se détendre", "Spectacle".

Sortie de la 15e édition du Petit Futé Angers.

Shopping

- auto, deux-roues
- beauté
- cadeaux
- grands magasins
- maison
- mode
- multimédia

auto, deux-roues

Auto

Accessoires et interventions mécaniques

ANGERS AUTO PIECES 7, rue Vaucanson - ZI Saint-Serge - Face Carrefour © 02 41 43 45 43. *Du lundi au vendredi, de 8h45 à 12h15 et de 14h à 18h30, le samedi de 9h à 12h et de 14h à 17h.* Un très grand choix de pièces toutes marques, posées ou à poser, pour les bons mécanos amateurs du week-end, du matériel de pro, de l'embrayage à l'amortisseur, avec souvent des promos. Pas mal d'importation de pièces à qualité similaire aux grandes marques aux prix différents. Les garages professionnels et le public y trouvent leur compte avec un atelier de petites interventions rapides avec ou sans rendez-vous. Vous êtes bien reçus, vous pouvez demander un diagnostic immédiat, et en même temps, on vous donne le devis, main-d'œuvre comprise (Distribution - courroies - pignons - pause et réglage). Vente d'attelages.

Attelages, remorques

ATTELAGES ET REMORQUES DE L'OUEST 414, rue Haute-des-Banchais - Angle route de Paris © 02 41 43 67 78. Vente et pose d'attache-remorques, vente et location de remorques tous gabarits, de 200-kg à 3,5 tonnes ! Vans pour chevaux, abris de jardin, vente de tentes (Raclet) et caravanes pliantes (ce mode d'hébergement est à nouveau en hausse en France). On y trouve les grandes marques de remorques : Erka, Lider, Daxara, RPO, Franc (fabriquée en Anjou).

Autoradios, hi-fi et accessoires

DINACAU 44-46, rue Boisnet © 02 41 24 07 31. Si vous ne possédez qu'une voiture ordinaire, rien ne vous empêche de l'équiper comme une Roll's ! Pourquoi ne pas vous faire plaisir avec le dernier cri en matière de hi-fi (Alpine, Kenwood, Blaupunkt…), ou vous offrir le GPS (guidage par satellite), ou bien encore le radar de recul, ou le régulateur de vitesse ? Chez Dinacau, l'espace intérieur de votre voiture mérite autant de petits soins que celui de votre maison, et pas toujours à des prix inabordables contrairement à ce que l'on pourrait croire.

Dépannage et carrosserie

CLOGENSON 30, rue Coste-et-Bellonte © 02 41 66 82 66. *Dépannage 24h/24.* "Le spécialiste" sur Angers du dépannage et du remorquage connu sur la ville pour ses dépanneuses rouges et blanches qui sillonnent les rues de la ville en quête d'un automobiliste en panne ou d'une femme ayant laissé ses clefs de voiture à l'intérieur de l'habitacle. Attention le prix du remorquage est forfaitaire et fonction des kilomètres parcourus. Au garage vous bénéficierez de belles prestations de mécanique et de carrosserie.

CARROSSERIE COLLECTION ZA Lanserre - Route de Brissac - JUIGNE/LOIRE ✆ 02 41 57 85 05. Leur spécialité c'est la carrosserie. On frappe, on ventouse, on martèle, on repeint pour que votre voiture revienne comme neuve.

ROCADE SUD CARROSSERIE ZA Lanserre - JUIGNE-SUR-LOIRE ✆ 02 41 57 75 77. Accessible facilement par l'échangeur de Lanserre en direction de Brissac. Remise à neuf de votre véhicule, carrosserie, pièces rechange, peinture pour véhicules neufs ou anciens. Avec le sérieux et la garantie d'un établissement appartenant à Philippe Laurendeau. **Autres adresses Laurendeau : Saint-Barthélemy Automobiles 02 41 93 10 10 • Juigné Sud Automobiles 02 41 91 90 03.**

ROCADE SUD AUTOMOBILE Saint-Mélaine-sur-Aubance ✆ 02 41 57 72 67. *Pour le dépannage 06 07 47 84 21. Assistance dépannage 24h/24, 7j/7 sur simple appel téléphonique (ici les dépanneuses sont jaunes).* Le garage possède un côté atelier, réparations toutes marques mécaniques et carrosseries et un côté magasin avec la vente de véhicules de marques Renault avec des modèles issus de l'import européen garantis. **Autres adresses : la Cressonnière Saint-Barthélemy-d'Anjou • ZA de Lanserre Route de Brissac • et Juigné-sur-Loire.**

Et aussi

DEBRITO DEPANNAGE 105, route de Briollay ✆ 02 41 60 96 04. Casse automobile.

MIEUZE 31, rue Thiers (centre-ville) ✆ 02 41 87 63 39
Autre adresse : 108, avenue Victor-Chatenay 02 41 60 80 90.

Dépôt-ventes spécialisés et occasions

ACCM (AUTO CHOIX CONSEIL MULTIMARQUES AUTOMOBILES) 150, avenue de Lattre-de-Tassigny ✆ 02 41 44 48 48. *Du lundi au vendredi de 7h30 à 18h30 et le samedi de 8h à 12h30 et de 14h à 19h30. Atelier fermé samedi et dimanche.* Ici, on n'a pas de pétrole mais bien des idées ! Le principe est simple, il s'agit de véhicules d'occasions très récents et de toutes les marques, affichant moins de 5-000 à 15 000 kilomètres ou moins de 12 mois et/ou de moins de 60-000 kilomètres ou âgés de moins de quatre ans. Les propriétaires se sont aussi spécialisés dans le véhicule toutes marques 0 km à un peu moins cher que chez les concessionnaires (puisque, dit-on, les constructeurs produisent 1/3 de véhicules en trop sur le marché). Cela permet de comparer sans (presque) se déplacer. L'atelier de réparation et d'entretien est lui aussi ouvert à toutes les marques.

LE SPECIALISTE Garage Rétif - Rue du Landreau - BEAUCOUZE ✆ 02 41 77 07 70. Spécialiste de la BMW d'occasion, ce nouveau garage assure la vente et l'achat en plus d'interventions mécaniques et de carrosseries. Ancien dans la célèbre marque allemande, le propriétaire connaît la saga BM sur le bout des doigts et est déjà réputé sérieux.

Garages (Services plus)

AUDI AVENIR AUTOMOBILES CONCESSIONNAIRE 7, boulevard de la Liberté ✆ 02 41 74 12 12. *Du lundi au samedi de 8h à 12h et de 14h à 19h (service atelier fermé le samedi après-midi).* A votre disposition tous les modèles de la marque allemande aux quatre anneaux, neuf et occasion, un service atelier, et un magasin offrant des produits divers à l'effigie de la marque.

BMW GUITTENY AUTOMOBILE 2, avenue Besnardières ✆ 02 41 31 85 20. *Site Internet : www.guitteny.fr. Du lundi au vendredi, l'atelier est ouvert de 8h30 à 12h et de 13h30 à 19h, le samedi de 9h à 12h. Service commercial : mêmes horaires, plus samedi après-midi, de 14h à 19h.* L'adresse BMW (également Mini) sur Angers où l'on trouve neuf et occasion de la marque.

FORD-MAZDA CLENET SA 170, avenue de Lattre-de-Tassigny ✆ 02 41 44 44 44 (FORD)/02 41 44 44 70 (MAZDA). *Ford : atelier ouvert tous les jours de 8h30 à 12h et de 13h45 à 18h30 (sauf le samedi après-midi). Mazda : service commercial ouvert tous les jours de 9h à 12h et de 14h à 19h, atelier ouvert du lundi au vendredi de 8h30 à 12h et de 13h30 à 17h45.*

HONDA AUTOMOBILES ANGERS AUTO-SPORT 14bis, boulevard de la Liberté ✆ 02 41 66 73 73. *Du mardi au vendredi service commercial ouvert de 9h à 12h et de 14h à 19h, le samedi, de 8h à 12h et de 14h à 19h. Le lundi, ouvert seulement l'après-midi.* Encore une marque japonaise, qui propose sa gamme de voitures neuves, mais aussi des occasions toutes marques. Atelier dépannage, réparation, révision et entretien sur rendez-vous uniquement.

NISSAN ANGERS ACTION AUTOMOBILE 15, boulevard de la Liberté ✆ 02 41 66 34 34. *Du lundi au vendredi de 8h à 12h et de 14h à 18h, le samedi de 8h à 12h.* Marque japonaise, véhicules neufs et occasions. Atelier d'entretien. Révision et réparation se font sur place et pour véhicules toutes marques sur rendez-vous ou en service express pour les petits travaux.

OPEL 8, boulevard de la Liberté ✆ 02 41 68 00 00. *Du lundi au vendredi de 8h à 12h et de 14h à 18h (jusqu'à 17h le vendredi), le samedi de 8h30 à 12h30 (uniquement le commercial).* Atelier réparation et carrosserie. Véhicules neufs et occasions toutes marques.

PEUGEOT - SIAA - PASCAL GERARD 9, quai Félix-Faure ✆ 02 41 60 76 07. Vente des véhicules neufs Peugeot, et occasions toutes marques. Entretien, dépannage, réparation. L'atelier rapide fonctionne sans rendez-vous de manière très professionnelle et efficace. Les tarifs sont établis et annoncés avant la réparation. On ne risque pas les mauvaises surprises. Service dépannage 24h/24 au 06 07 09 55 66.

SEAT REAL AUTOMOBILES ZAC de Vernusson - Avenue de l'Amiral-Chauvin ✆ 02 41 57 68 00. *Service après-vente 02 41 57 68 02/02 41 57 68 12. Ouvert tous les jours de 7h30 à 12h et de 14h à 19h. L'atelier est fermé le samedi après-midi.* Tous les jours un commercial est présent dès 7h30 pour éventuellement ramener chez eux les clients qui ont déposé leur véhicule à l'atelier. Quelle bonne idée ! Véhicules d'occasion au 02 41 57 68 10.

TOYOTA 12, boulevard de la Liberté ✆ 02 41 44 55 66. *Du lundi au samedi atelier ouvert de 8h à 12h et de 14h à 18h (atelier fermé le samedi après-midi). Service commercial ouvert tous les jours de 8h à 19h.* On y trouve véhicules neufs et d'occasion toutes marques. Atelier d'entretien, révision, réparation sur place, sur rendez-vous ou en service express.

VOLKSWAGEN GARAGE MODERNE 160, avenue de Lattre-de-Tassigny ✆ 02 41 80 80 80. *Du lundi au vendredi de 7h30 à 12h30 et de 13h30 à 19h, le samedi de 8h à 12h15 et de 13h45 à 17h30.* Le Garage Moderne propose véhicules neufs et d'occasion. Atelier de révision, dépannage et réparations, service express (sauf le samedi, rendez-vous impératif).

VOLVO AUTOMOBILES VAL DE LOIRE 11, boulevard de la Liberté ✆ 02 41 74 19 19. *Du lundi au vendredi de 8h15 à 12h et de 14h à 18h, le samedi de 8h à 12h (commercial uniquement).* On propose ici des véhicules neufs et d'occasion toutes marques. Atelier réparation, entretien, dépannage, sans rendez-vous.

MITSUBISHI VERITE AUTO SPORT Route de Nantes - CA du Landreau - BEAUCOUZE ✆ 02 41 73 10 20. *Ouvert du lundi au samedi de 9h à 12h et de 14h à 19h.* Le spécialiste du véhicule tout terrain sur Angers. Des 4x4 flambants neufs, rutilants de chrome et d'acier. De gros engins pour vous amuser en campagne ou frimer en ville.

RENAULT FRANCE AUTOMOBILE 46, boulevard Jacques-Millot et ZA du Pin - Route de Nantes - BEAUCOUZE ✆ 02 41 54 55 56. *Site Internet : www.reseau.renault.fr. Assistance dépannage 24h/24, 7j/7 au numéro Vert 08 00 05 15 15. Jacques Millot et Beaucouzé : ateliers ouverts du lundi au vendredi de 8h à 12h et de 14h à 18h, service commercial de 8h à 12h15 et de 14h à 19h. Sur le site Jacques Millot, le service Renault minute fonctionne de 8h à 12h30 et de 13h30 à 18h30 (17h le samedi).*

SELECT AUTOMOBILES AGENT FIAT Boulevard de la Romanerie - SAINT-BARTHELEMY-D'ANJOU © 02 41 34 90 90. *Service commercial ouvert du lundi au samedi de 8h à 12h et de 14h à 19h. L'atelier de 8h à 12h et de 14h à 18h en semaine, le matin seulement le samedi.* Le seul agent faisant office de concessionnaire Fiat à Angers. Des années de métier pour ces bons techniciens en automobiles neuves et d'occasions, des offres commerciales fréquemment actualisées, un atelier de réparation (tôlerie, peinture) et vente de pièces de rechange.

CITROEN 3, rue Vaucanson - ZI SAINT-SERGE © 02 41 21 22 22. *Citroën assistance dépannage 24h/24 06 03 20 07 58. Numéro Vert 08 00 05 24 24. Du lundi au vendredi, le service commercial est disponible de 8h à 19h, l'atelier aussi de 7h45 à 18h30. Le samedi, atelier et service commercial sont ouverts de 8h30 à 12h et de 14h à 17h. Fermé le dimanche.* Une concession qui, malgré sa totale réfection récente, ne permet pas au show-room de réserver un véritable accueil en n'offrant pas assez de modèles en exposition. Les nouvelles gammes sont fidèles à la réputation de la marque, classique, confortable et empreint d'une touche de modernité et de fantaisie dans les petites voitures. Coté occasion le parc est très complet. Et puis en cas de problème, le service dépannage est sans rendez-vous.

Pneumatiques et jantes

CAILLEAU PNEUS 17, quai Félix-Faure © 02 41 21 09 09. *Site Internet : www.cailleaupneu.fr. E-mail : contact@cailleaupneu.fr.* Le grand et ancien spécialiste angevin du pneu toutes marques, toutes tailles, tous véhicules, et au bon prix. L'entretien des véhicules y est assuré : vidange, freins, amortisseurs, échappement, station-service et carburant. Les pneus de deux-roues sont désormais un rayon proposé à la fois aux motos mais aussi aux mobylettes et scooters. Un beau rayon tuning étale jantes alu, volants et pommeaux stylisés et s'offre le voisinage de produits d'entretien et autres équipements de beauté auto. Bon à savoir, un service parc entreprises et véhicules lourds est assuré toute l'année et Cailleau pneus se déplace pour les camions, engins et tracteurs. On constate que les prix sont souvent semblables aux soi-disant discounters, et le service étant ici hors paire, on n'hésitera pas un instant ! Un espace enfants et salon télévision sont à disposition pour patienter pendant les interventions.

SELF PNEUS 117, route de la Pyramide © 02 41 66 88 87. S'il est temps pour vous de changer vos pneus mais que cela tombe en période de vaches maigres, voilà une bonne solution : le pneu d'occasion, dont l'utilisation est parfaitement légale, et qui peut vous dépanner provisoirement. Formule deux pneus à 50 € avec montage et équilibrage. **Autre adresse : 25, rue Paul-Langevin - Centre Commercial de la Croix-Cadeau - AVRILLE 02 41 42 98 52.**

Deux-roues

Moto

Achat - Vente - Accessoires

ALLIANCE MOTO CYCLE 15, rue du Daguenet © 02 41 69 93 54. *Site Internet : www.alliancemotocycle.com. Le lundi de 10h à 12h et de 14h à 19h et du mardi au vendredi dès 9h (le samedi jusqu'à 18h).* Très grande vitrine surplombant le trottoir qui permet d'admirer sous un angle nouveau les très belles motos de collection : des sixties à aujourd'hui, telle est la devise du magasin où l'on peut admirer les Goldwing 1-500 (impressionnant !), et même les motos de la marque BMW. Grand dépôt à l'arrière, pour les occasions, les motos accidentées, les accessoires, etc.

APM MOTORCYCLES 7, chemin Petite-Perrière - LES-PONTS-DE-CE © 02 41 69 93 00. *Ouvert du mardi au samedi, de 9h à 12h et de 14h à 19h.* Alors là, nous, petits visiteurs futés, nous sommes tombés sous le charme de cet horrible entrepôt de tôle ondulée, qui ne paie pas de mine, mais dont la porte sans vitrine cache du grand, grand professionnalisme en matière de mécanique moto. Comme vous êtes dans l'antre de Harley Davidson, c'est tout l'univers passionné Harley qui vous accueille, mais pas que cela : allez donc faire un tour dans l'arrière-boutique, et vous découvrirez qu'ici, on fabrique (mais oui !) les motos, pièces par pièces, sur mesure, sur les modèles Harley, mais avec tout un tas d'options techniques spécifiques. Et si vous êtes vous-mêmes un passionné bricoleur, on vous laissera la place nécessaire pour installer votre propre chantier pour construire votre moto. En plus avec gentillesse, douceur et naturel. On est loin de l'image des Hell's Angels !

CAP EVASION 37, rue Croix-Palette © 02 41 73 81 11. *Ouvert en semaine de 9h à 12h et de 14h à 19h (18h samedi).* Entre autres, concessionnaire Triumph de la ville, il offre une très belle gamme de modèle et un accueil pas uniquement ciblé sur les adeptes de la bécane, mais des conseils futés pour les non-initiés. Des accessoires à l'effigie des grandes marques sont disponibles pour finaliser votre look.

Bientôt le déménagement

Et oui on attend avec impatience la centralisation si on peut dire des différents concessionnaires motos de la place d'Angers sur le site de Angers Beaucouzé d'ici la fin de l'année. 6 concessionnaires vont donc se regrouper pour former un pôle d'activité consacré aux deux roues mais avec des bâtiments distincts pour chacun.

DAFY MOTO 186, avenue Patton © 02 41 20 90 02. Dafy est un réseau auvergnat de 30 magasins d'accessoires, casques, vêtements nylon ou cuir, gants, bottes, accessoires pour moto et side, pneumatiques, et toute la panoplie de l'aventurier à deux roues. En plus d'un beau show-room le concessionnaire s'est pourvu d'un atelier pour les petites interventions mécaniques et l'entretien classique de votre bolide. Une nouveauté a été lancée sur un principe de dépôt-vente sans commission, qui permet de vendre votre moto sans avoir à vous charger des démarches et de repartir avec une nouvelle bécane flambant neuve. Jeff, Annabelle et Pierrô offrent aussi le café, et c'est au petit salon central que l'on se détendra pour discuter "bécanes" ou visionner quelques K7.

Futées les bottes

Pourquoi les motards devraient rester river sur les sempiternelles grosses bottes lourdes et unicolores alors que leurs bécanes n'ont jamais été aussi fantaisistes ? Une perle rare vient d'agrémenter ses étals pour vous, et offre une gamme originale de bottes conçues pour la pratique de la moto, sans le côté lourd, inconfortable et triste de la conception. Allez-y et vous serez étonnés. Le reste du magasin, assez génial, offre toutes les marques tendances telles que Dr Martin's, New Balance, Camper's, Meca, Convers, Asics, Buffalo, DDP, Asics, Gola, ou Clarks déclinées dans les gammes les plus larges que l'on puisse trouver, du plus confortable au plus hard.

UNIVERSAL OF JACK'SON 1, rue Lenepveu © 02 41 24 96 83

ESPACES MOTO 30, rue Auguste-Gaultier © 02 41 20 02 03. *Ouvert du mardi au samedi de 10h à 12h et de 14h à 19h.* Immense surface dédiée au monde de la moto, avec la marque Honda pour leader. Les accros du cross trouveront une belle gamme de moto trial chez ce spécialiste du tout terrain. Le magasin regorge de tout l'équipement qui va avec : vêtements, blousons, chaussures, casques, pièces détachées. Presque un supermarché spécialisé ! Egalement dépôt-vente et possibilité de bon de recherche.

EXPLORADO 1, boulevard Yvonne-Poirel © 02 41 18 20 11. *Ouvert du mardi au samedi de 10h à 12h et de 14h à 19h.* Concessionnaire Yamaha, ce magasin, malgré une taille moyenne propose une des plus grandes gammes de motos de la ville, du 50 cm^3 à la 1 600 cm^3 Route, trial, race ou quad, le choix est large en neuf comme en occasion car le magasin est aussi un dépôt-vente. Le financement est un des points forts de ce concessionnaire, crédit doux de 48 mensualités. Explorapid' juste à côté permet les réparations sans rendez-vous (vidanges, plaquettes de frein, pneu…)

PERRAULT 36, avenue Patton © 02 41 48 33 32. *Ouvert du lundi au samedi de 9h à 12h et de 14h à 19h (18h le samedi).* Le plus gros concessionnaire d'Angers qui propose des grandes marques comme BMW, Suzuki, Husqvarna et Cagiva. Et détail important si vous êtes vraiment intéressé par ces modèles vous pourrez les essayer sur la belle ligne droite traversant Belle-Beille. Neuf ou occasion pour tous les goûts et toutes les bourses, atelier de réparation et service rapide. L'étage est consacré aux accessoires et le rez-de-chaussée à l'atelier.

TECHNIQUES MOTO 34, boulevard Gaston-Birgé © 02 41 37 03 56. *Ouvert du mardi au samedi, de 9h à 12h et de 14h à 19h.* Concessionnaire Daelim, Laverda et Ducati. On ne sait pas pourquoi mais les concessionnaires français Ducati ont la fâcheuse réputation de n'être pas très accueillants ni très coopératifs. Le magasin d'Angers ne déroge apparemment pas à cette règle. Mais bon, on n'a pas le choix, vu que c'est le seul concessionnaire de la marque italienne. Race ou route, les motos sont toutes bien alignées devant et à l'intérieur du magasin, pourvu d'un bel atelier de réparation. Il ne vous reste plus qu'à amadouer le vendeur pour obtenir un sourire et un renseignement.

MOTO PLEIN PHARE Route de Nantes - BEAUCOUZE © 02 41 72 18 18. *Ouvert du mardi au samedi, de 9h à 12h et de 14h à 19h.* Un immense hall de 1 500 m^2 dédié à la moto. L'occasion est reine ici avec une grande partie du hall consacré à celle-ci, et une quasi remise à neuf systématique des modèles proposés et vendus. Une salle est réservée à la vente d'accessoires, une autre est consacrée à la réparation et, plus rare, un espace sert d'atelier de peinture, le seul (pratiquement) dans le département. Outre l'achat et les réparations, on peut aussi ici y faire du dépôt-vente.

CROSS ROAD Z.A. du Pin - Rue du Cèdre - BEAUCOUZE © 02 41 23 15 77. Le concessionnaire KTM est installé sur Angers pour les aficionados du moto-cross. La famille Lecuit doit être née sur un deux roues. Le père était compétiteur, un de ses fils l'est aussi et l'autre est journaliste spécialisé dans… le moto-cross, quand il ne pilote pas. Tous les modèles depuis les 50 cm^3 pour les 4-7 ans (avec les bottes qui vont avec) en passant par la lignée des célèbres 125, 250 et 450 cm^3 qui remportent dans le monde entier une majeure partie des trophées. Ne sont pas en reste les trials 950 cm^3 et les Super Moto 660 cm^3 mi-rando mi-route. Accessoires, atelier petites interventions, occasions cross, d'inattendus VTC et VTT KTM pour les puristes et une ligne de scooters Malaguti terminent ce nouveau tableau.

MOTO EXPERT **Rue Charles-Sauria - Z.A. Jean-Boutton - LES-PONTS-DE-CE ✆ 02 41 69 15 28.** *Ouvert le lundi après-midi et du mardi au vendredi de 9h à 12h et de 14h à 19h (jusqu'à 18h le samedi)* Un nouvel espace et un nouvel aménagement pour ce dépôt-vente toutes marques, qui assure les réparations, l'entretien et vend les accessoires. Sans rendez-vous.

CHRISTOPHE MOTOS **231, rue Jean-Jaurès - TRELAZE ✆ 02 41 69 14 07.** *Ouvert la semaine de 9h à 12h et de 14h à 19h (18h le samedi).* Concessionnaire Moto Guzzi, la marque des passionnés, qui y trouveront aussi l'atelier de réparation.

Vélos, scooters et cyclomoteurs

Bien définir son utilisation

La plupart des vendeurs poussent le client à acheter des vélos équipés de suspensions. Les professionnels s'accordent à dire que ces systèmes sont utiles et costauds à partir d'un bon prix, (700 € le vélo et plus) et encore ! Et ils le sont plus en fonction de l'utilisation sportive et la fréquence de celle-ci. Il y a donc bien un rapport, utilisation/fréquence utilisation/prix à bien observer avant de se décider dans son achat.

Les pros du VTT et du BMX (free style)

Place aux jeunes, aux sportifs et aux déjantés de tout poil. Il y a bien une atmosphère, une culture, un culte, une ardeur pour le vélo. Qu'il soit des villes ou des champs, cet admirable et irremplaçable moyen de locomotion est devenu un mode d'expression à part entière. Ici l'enthousiasme est à la semi-compétition ou à la franche éclate où de bons sportifs rivalisent de performances dans les coteaux et sinueux chemins de nos forêts ou encore sur l'asphalte de nos cités.

ACTUEL CYCLES (MOTOBECANE- MBK) **87, avenue Patton ✆ 02 41 77 88 00.** Un choix important de vélos de route, VTT, VTC, vélo enfant, scooters et aussi des quads homologués pour la route. Même si le choix de VTT est limité les produits qu'il propose sont un bon rapport qualité/prix, solides et avec de belles lignes. Un large choix d'accessoires et un atelier service après vente. Accueil et travail parfaits par des gens fort sympas.

ANJOU BIKES DIFFUSION (CULTURE VELO) **51, avenue Patton ✆ 02 41 73 31 97.** Outre la vente de vélo comme son enseigne l'indique, il commercialise aussi et surtout le deux roues sous toutes ses formes, route, VTT, BMX, VTC, tandem, et tout ce qu'il faut pour se sentir bien avec sa monture. Le vélo de route progresse nettement (70 % de la demande), le VTC progresse encore et le VTT baisse en grand public et monte chez les sportifs. L'atelier de réparation est tenu par des vendeurs ayant une connaissance étendue dans le domaine du loisir et de la compétition. Des conseils judicieux et distillés avec passion. Les prix sont raisonnables et comparables à ses gros concurrents. Parmi les marques à la mode on notera Look et Time (français), Scott et Trek (américain) le plus vendu aux USA, Giant (ex-hollandais, international désormais) et toujours la marque dijonnaise Lapierre (forte demande). On peut aussi y louer une petite reine pour la journée.

ANJOU CYCLES (CHARRIER JOEL) 16, avenue Victor-Chatenay ✆ 02 41 43 35 55. Petit magasin, mais grand spécialiste : l'assemblage ne concerne pas que les ordinateurs, ici, le mordu de la petite reine pourra se faire faire le vélo sur mesure, en choisissant ses pièces détachées (cadre, fourche, roues) selon l'usage qu'il fait de son vélo (devis gratuit). Tous les outils et accessoires sont vendus en magasin et le rayon textile est bien fourni. Pour les promenades en famille, bon choix de VTT, VTC pour hommes, femmes et enfants.

CYCLES CESBRON 2, avenue Gallieni - LES PONTS-DE-CE ✆ 02 41 44 87 44. Sans doute le nom le plus connu dans la région angevine en terme de cycle. Une gamme très étendue de vélos autant pour la ville que pour les baroudeurs du dimanche. Un conseil de grande qualité qui cible très bien vos besoins et vos envies. Tout comme votre porte-monnaie. Du modèle le plus simple au modèle de compétition les produits proposés offrent une large gamme de prix et de modèles. Les enfants sont également à l'honneur puisque disposant du petit tricycle, à la charrette à accrocher derrière le vélo des papas, en passant par les trottinettes ou plus tard les scooters et les mobylettes. Un rayon accessoires extrêmement complet et un atelier tenu par des vendeurs et mécaniciens gentils, compétents et à la pointe. L'enseigne propose aussi des sorties vélo pour tous. C'est aussi Cesbron qui assure l'intendance lors de la journée Loire à Vélo en juin tous les ans. **Autre adresse : Centre Commercial Beau-Soleil - SAUMUR 02 41 67 69 32.**

DISTRI CYCLES (CYCLE PRO) 186, avenue Patton - Centre Commercial Patton (face Bull) ✆ 02 41 48 35 88. Ici peu de VTT, mais surtout des vélos de ville et le roi, c'est le vélo de course, fond, demi-fond. Un vrai bonheur pour les amoureux de la petite reine. Pour les accessoires que de choix entre l'ultra léger, le dernier cri et les tenues fluo à grand renfort de slogans publicitaires.

ESPACE 2 ROUES (PEUGEOT) 45, rue Beaurepaire ✆ 02 41 87 69 46. Une adresse bien pratique pour les habitants du centre-ville qui ont besoin de réparations sur leur vélo ou scooter, et qui en plus vend le carburant "2 temps" pour les vélomoteurs. Mais attention, les tarifs des réparations sont parfois aussi élevés que pour une voiture. Vente de cycles et scooters neufs.

SPAD 53, rue Boisnet ✆ 02 41 88 22 44. Ils sont jeunes, ils sont passionnés, ils sont pros jusqu'au

bout de leurs doigts. Ici vous entrez dans l'univers du VTT, entendez, pas le VTT de la promenade en famille du dimanche, mais le VTT vraiment tout terrain, adapté aux raids les plus audacieux et aux cyclistes les plus téméraires. Du matériel puissant, hypertechnique, vendu par des spécialistes pratiquants et donc très bons conseillers. Bien sûr, c'est un peu plus cher que dans la grande distribution, mais ici, on pratique les reprises comme dans un vrai garage automobile (pratique pour les enfants et ados qui grandissent très vite) et l'atelier de réparation, à la hauteur des marques vendues, assurera une très longue durée de vie à votre vélo.

TWINNER Rue Ch.-Lacretelle - Quartier Molière - Haut du Lac-de-Maine ✆ 02 41 39 65 00. Twinner offre un large choix dans des gammes tout à fait respectables et présente même un début de haut de gamme en ville, VTC et VTT dans une fourchette de prix raisonnable. Un bon VTC ou VTT adulte au cadre aluminium compter de 380 € à 450 €. Les vélos de route (course) démarrent dans la moyenne pour utilisateurs conventionnels. Le rayon accessoires, minimaliste, offre tout de même l'essentiel. Le rayon vélo est un peu moins développé depuis deux ans, au profit du textile.

DECATHLON Avenue Prosper-Guilhem - CA l'Hoirie - BEAUCOUZE © 02 41 73 04 30. Décathlon a choisi de ne distribuer que ses propres marques. Gros volumes dans toute l'Europe, notoriété spontanée bien assise et l'offre est surtout basée sur les vélos de ville, les VTC et les VTT. Du plus simple, au vélo pliant pour ceux qui ont besoin de place, au plus perfectionné pour les amateurs de descente des carrières du lac de Maine, il y en a pour presque tous les goûts sauf le haut de gamme. Certaines équipes classées dans le championnat de France évoluant au niveau international sont équipées de montures Décathlon. Le choix des accessoires est un plus grand de la ville, allant de la gourde au dérailleur en passant par l'indispensable casque.

CYCLES ZEN 18, rue de l'Epinière - LA BOHALLE © 02 41 80 48 83. *Site Internet : www.cycleszen.com. E-mail : cyclezen.duprat@wanadoo.fr. Changement d'adresse pour les bords de Loire pour des locaux plus adaptés.* Chassons les traditions cyclopédiques pour découvrir assis, debout ou couché, sur une deux ou trois roues, les joies de la petite reine dans tous ses états. Elizabeth et Jean-Jacques Duprat présentent une gamme étonnante de bicyclettes toutes plus originales les unes que les autres. Cela va de la simple patinette à des modèles beaucoup plus sophistiqués, que l'on peut même adapter à sa taille à des prix tout à fait concurrentiels par rapport au marché dit "classique". On peut même s'initier au vélo couché grâce à des randonnées du côté de Saint-Mathurin (45 € par personne ou 32 € pour les groupes à partir de quatre personnes). Si d'autres boutiques identiques existent en France, Cycles Zen est la seule dans le grand Ouest.

Occases et bon coups

SPORT-ECO 45, rue Maillé © 02 41 87 07 77. Dépôt-vente et neuf. Voir aussi "Dépôt Vente" au chapitre Sport.

Guy Delhumeau, un des derniers réparateurs de vélos

Il faut repérer l'enseigne Motobécane dans cette rue peu connue d'Angers, et découvrir dans un renfoncement le petit atelier de Monsieur Delhumeau. Tous les outils bien rangés sont accrochés sur les murs, les vélos sont suspendus au plafond, ou agglutinés sur le seuil de l'atelier, apparemment le travail ne manque pas pour cet artisan spécialisé. Modeste et sympathique, il déplore que ce métier soit en voie de disparition, puisque les grandes surfaces ne peuvent assurer un service après-vente réellement efficace et sur mesure. Ici, votre vélo, votre mobylette, ou votre scooter sont pris sur rendez-vous, comme chez le médecin, mais en cas d'urgence, on peut se présenter spontanément pour un dépannage-minute. MBK, Peugeot, Piaggio… Monsieur Delhumeau répare tout, et il vend aussi de superbes VTT, VTC de la marque italienne Jumpertrek, du solide à n'en pas douter. **15, rue Gabriel-Lecombre 02 41 66 33 88 (extrémité Est de la rue de la Maître-Ecole), quartier Saint-Léonard.**

beauté

Coiffeurs

ACTU'ELLE 14, rue du Haras ✆ 02 41 87 45 15. *Ouvert du mardi au jeudi de 9h à 19h, le vendredi de 8h30 à 20h et le samedi de 8h30 à 18h. Shampoing coupe coiffage hommes : 19 €, femmes : 34,60 €. Couleur femme 23,50 €. Forfait permanente : 68,30 € ; forfait couleur : 58,10 €. Enfants 14 €. Produits : L'Oréal, Kerastase.* Loïc Hervouet, longtemps employé ici, a repris ce salon à son compte et a déjà relooké ce bel et original espace. Les contrastes du parquet acajou et les nuances parme et prune sont d'une élégance rarement vue dans les salons. Ici par de tralala comme dans les années 90 dans les salons aux allures StarWars, mais bien une équipe attentive, douce et rompue à toutes les techniques capillaires. Efficacité, résultat et envie de revenir sont bien là, n'est-ce pas l'essentiel ! Les tarifs se tenant dans la juste moyenne angevine, on ne réfléchira pas à deux fois pour devenir fidèle à ce charmant salon mixte, peut-être un des plus beaux salons de la ville et assurément moderne et très compétent !

CAMILLE ALBANE 25, rue Saint-Julien ✆ 02 41 87 24 87. *Non-stop du mardi au samedi de 9h à 18h (sauf le samedi à 17h). Shampoing, coupe, Brushing hommes : 24 €, femmes : 38 €, permanente : dès 30 €, couleur : dès 24 €, balayage : 39,50 €. - 20 % pour les moins de - 25 ans les mardis et mercredis. Produits utilisés : L'Oréal, Wella, Camille Albane, Kerastaze-FP.* Voici un des salons les plus chics du centre-ville, mais ne vous angoissez pas si vous y entrez en jeans et baskets, on vous accueillera avec le même sourire que si vous portiez un tailleur Chanel, et les coiffeurs (euses) passeront tout autant de temps à regarder votre visage pour lui trouver la meilleure coupe possible. Les avis sont judicieux si vous ne savez pas trop ce que vous voulez, et après la coupe, les conseils de coiffage sont vraiment utiles.

C'est aussi un salon où l'on ne lésine pas sur l'hygiène. Les bacs à shampoings sont désinfectés après chaque passage, peignes et brosses sortis de leur étui plastique hermétique pour chaque client. On ne sait pas trop s'il est vraiment nécessaire de pousser le zèle jusque-là, mais cela rassurera ceux qui ont la phobie des microbes. Un salon vraiment dans le vent, qui ne se la joue pas, auprès duquel on se réconforte sans modestie.

CARPY COIFFEUR 38, rue des Lices ✆ 02 41 23 11 46. *Site Internet : www.carpy.com Ouvert non-stop de 9h à 19h, samedi 8h30-18h. Shampooing, coupe, Brushing hommes 20 €, femmes 32 €. Pour cheveux mi-long, shampoing+permanente+Brushing : 52 €, shampoing+couleur+Brushing : 39 € et balayage mi-long : 52 €. Tarifs étudiants 26 € filles et 16 € garçons. Produits Kérastase, Inné, Techni-Art, et Série Expert.* Si Thierry Lamotte assure un travail sans faille il a su aussi s'entourer d'une coiffeuse possédant des qualités remarquables en la personne de Caroline. Souriante à souhait elle écoute et conseille impeccablement, vient ensuite un shampoing et une coupe très délicatement exécutée avec des instruments désinfectés sous nos yeux. Ses gestes sont doux et précis et son attitude, son discours et ses attentions sont d'un grand raffinement. Nous avons simplement été sous le charme de cette très, très jolie jeune femme au talent évident. Une impression rarement sentie sur la ville, bravo ! Thierry est un personnage calme et l'ambiance générale du salon apaise réellement nos stress urbains.

FRANK PROVOST 13, boulevard Foch © 02 41 20 92 92. *Ouvert du lundi au samedi non-stop. Shampoing, coupe, Brushing hommes : 21 €, femmes : 35,50 €, permanente : 65 €, couleur : 60 €, balayage (en moyenne) 85 €. Forfait étudiants : 27,50 € filles et 17 € garçons.* Bien fréquenté par une clientèle pro-urbaine, ce salon respecte et comble ses habitués par de bons gestes francs, précédés de judicieux conseils. L'équipe a légèrement changé depuis l'an passé et c'est un jeune homme bien connu sur la ville, qui encadre désormais le jeune groupe de coiffeurs. On aime toujours la simplicité relative de l'ambiance et le style moderne sans chichi. Tout le personnel est formé à la technique, dont la direction prend en charge de fréquents stages de perfectionnement. On regrettera l'absence de massage du cuir chevelu lors du shampoing et on n'a pas eu droit, cette année, au second shampoing qui élimine les petits cheveux d'après coupe. Mais bon, il s'agissait peut-être d'un oubli. En tout cas, ici on ne nous a pas fait pas attendre (heure de rendez-vous respectée), c'est rapide et très efficace et le lieu n'est pas bruyant.

FRANCK ROCHER (ATELIER DE COIFFURE) Place Lafayette © 02 41 88 15 94. *Ouvert non-stop du mardi au vendredi de 9h à 19h et le samedi de 9h à 17h. Shampoing, coupe, Brushing femmes : 29 € (forfait étudiantes 24,70 €), hommes : 17 € (étudiants : 15 €), balayage : 31 €, couleur : de 19 € à 21 €, permanente : de 25 € à 43 €. Produits Kérastase, L'Oréal et Sébastian.* Un salon bien installé place Lafayette, que l'on peut difficilement rater. L'accueil est prévenant, l'intérieur ocre et boisé chaleureux et l'on prend le temps de savoir ce qui vous amène à vouloir couper vos cheveux. L'équipe a remporté cette année un grand concours national et n'est pas peu fière de sa médaille. Les tarifs n'ont pas varié non plus et c'est tant mieux, cependant la qualité de prise en charge et le suivi de la demande du client ne pâtissent pas de cette gloire, bien au contraire. Si un bémol était soulevé l'an passé (accidentel), rien cette fois n'a pu ombrager la prestation que nous avions souhaitée. L'ambiance sonore du salon et l'attitude du personnel sont reposantes.

HAUTE COIFFURE GERARD GUILLOIS 29, rue des Lices ✆ 02 41 87 42 01. *Le mardi et mercredi ouvert de 9h à 12h et de 14h à 19h. Journée continue les jeudis et vendredis de 8h30 à 19h, et les samedis de 8h30 à 17h30. Shampooing, coupe, Brushing hommes : 19,50 € ; femmes : 31 €. Carte de fidélité 10 % au bout de 8 coupes. Réduction de 10 % pour les étudiants. Dépositaire de la marque allemande Wella.* Ce salon tenu par un couple de coiffeurs, a su partager au mieux le salon pour avoir une salle réservée pour les femmes et une pour les hommes. Le cadre est assez sobre et la qualité des prestations sans fausses notes. Gérard Guillois, meilleur ouvrier de France en 86 et champion de France en 88, saura vous mettre en valeur, et son merveilleux coup de ciseaux est un délice. Un vrai coiffeur qui travaille au peigne et aux ciseaux, respect des traditions, la preuve le salon est inscrit à la charte qualité de la chambre de commerce et d'industrie. Le salon possède également des postiches et perruques. Monsieur Guillois intervient dans l'accompagnement des personnes ayant des calvities temporaires suites aux traitements par rayons ou naturellement définitives.

IMAJES COIFFURE 42, rue de la Roë ✆ 02 41 88 81 88. *Lundi : 10h-19h. Du mardi au vendredi : 9h-20h. Samedi : 9h-19h. Shampooing, coupe, Brushing femme : 38,50 € (étudiante : 30 €), homme : 23 €. Forfait avec permanente : 69 €, avec couleur : 64 €, avec balayage : 80 €. Marque des produits utilisés : Kerastase et Sebastian.* Sans nul doute l'un des plus beaux salons d'Angers. La déco est assez sobre mais très chic. Installé à même la pierre, les murs sont en ardoise sur lesquels viennent se fixer de grands miroirs en bois qui montent du sol au plafond. Confortablement installé dans un cabriolet en cuir, on vous pomponnera sur fond de musique lounge. Tout y est zen. Le gros bouquet de fleurs sur le comptoir apporte la touche colorée à ce salon très design. Les jeunes coiffeuses sont à l'image du salon, élégantes et modernes. Si vous y aller pour la première fois, demandez Laurie, elle vous enchantera par sa douceur, son sourire et son super-massage lors du shampoing. Elle a des doigts de fée, faites-lui confiance. Toute l'équipe est au top esthétique et technique du moment et de nombreux shows leurs sont confiés.

JACQUES DESSANGE 62, rue du Mail ✆ 02 41 87 34 06. *Ouvert lundi de 13h à 18h, du mardi au vendredi de 9h à 19h et le samedi de 8h30 à 18h. Shampooing, coupe, coiffage hommes : 28 €, femmes : 52 € ; couleur : 31 € ; balayage : 47 € ; permanente : 35 €. Remise 30 % étudiants de moins de 25 ans les lundi, mardi et mercredi. Produits principalement utilisés PhytoDess, mais vous trouverez également les lignes Kérastase, l'Oréal et bien sûr Jacques Dessange.* Un des plus grands salons de coiffure par la taille, avec, bien séparés, le coin des soins, les bacs à shampoing (avec fauteuils inclinables et relève pieds !), et la salle de coiffage, spacieuse et claire. Les panneaux en bois sur le pourtour donnent un aspect net et chaleureux, et vous êtes pris en charge par une seule personne du début à la fin de la séance. Le conseil est simple et parfaitement adapté à vos envies, sans chercher à vous convaincre que telle coupe vous irait mieux que celle que vous désirez, et vous ressortez avec des cheveux aussi doux que de la soie. Le salon propose aussi la manucure (en même temps que votre coiffage si vous le désirez), l'institut de beauté et de bons conseils de maquillage (voir rubrique Instituts, plus loin).

MECHE COIFFURE 113, rue des Ponts-de-Cé © 02 41 68 12 53. *Ouvert toute l'année, de 9h à 19h toute la semaine (nocturne le jeudi jusqu'à 20h). Le samedi de 8h à 17h30. Fermé lundi. Shampooing, coupe, Brushing hommes : 21,60 €, femmes : 32,30 €, couleur : 22,50 €, permanente : 29,80 €. Remise étudiants du mardi au jeudi. Enfants (moins de 10 ans) : 16,40 €. Marques principales : Kérastase, Inné et L'Oréal.* Vingt-et-unième années pour ce salon bien placé entre résidences, pôles tertiaires et commerces en tous genres. Bernard Briand et son équipe bichonnent les nouveaux venus (nombreux) autant que les fidèles et les espaces hommes et femmes sont habilement partagés sans que l'on s'en aperçoive. Le boss est aussi passionné de design d'intérieur alors les touches déco de-ci de-là apportent ambiance et suave décontraction au salon. Côté coupes et techniques, tout est ad-hoc ici, et l'on confiera sans crainte notre physionomie aux bons conseils des coiffeurs. Bons mots et rapidité d'exécution, tarifs dans la moyenne, prise en charge à l'heure convenue, stationnement aisé tout autour du salon, bref, un lieu idéal !

PASCAL MEIGNAN 46, rue Parcheminerie © 02 41 87 45 40. *Ouvert du lundi matin au samedi soir 18h. Shampooing, coupe, Brushing hommes 15 € et femmes 22 €. A partir de 8,50 € pour les enfants. Couleur, de 21 € à 30 €, Shampooing, coupe, Brushing et mèches 53 €, permanente 20 € à 30 €. Espagnol parlé. Ligne L'Oréal.* Repris et impeccablement tenu depuis 10 ans, ce salon convivial de trois personnes, dont Pascal Meignan, exécute en toute simplicité de franches coupes et des suivis de conseils forts à propos. Comme tout le monde est ici polyvalent, les techniques sont appliquées rigoureusement à l'identique par chaque main. Les hommes barbus seront apprêtés sans supplément. Les mêmes soins sont prodigués dans l'autre salon de l'avenue Pasteur et une esthéticienne officie là-bas pour toutes les prestations de beauté. Les tarifs étant un peu en dessous de la moyenne on y viendra volontiers de manière plus assidue. **Autre adresse : Avenue Pasteur (angle Pierre-Lise) fermée le lundi.**

SAINT-BLAISE COIFFURE 6, rue Saint-Blaise © 02 41 87 69 44. *Salon hommes et spécialiste de la barbe. Ouvert de 8h à 19h (18h le samedi) non-stop en semaine. Shampoing, coupe, Brushing : 21,50 € (15 € pour les étudiants), couleur : 14 €, permanente : 38 €, rasage à l'ancienne : 12 €. Carte de fidélité.* Ce qu'on aime ici, c'est l'ambiance "salon", où l'on peut discuter de tout et de rien, en toute simplicité. On vous offre un café ou un chocolat entre deux coups de peigne, comme si vous faisiez partie de la maison. Le shampooing à la menthe vous procure une vraie pause de plaisir surtout que vous êtes installés dans des sièges très confortables. Rien à redire au talent des mains qui s'occupent de vos cheveux. Les coupes sont à votre goût, au ciseau ou rasoir. Juste une petite ombre à ce tableau presque parfait : l'inconfort de ce repose nuque amovible un peu obsolète dans ce décor tout frais.

SALON BAERT 4, rue Saint-Laud © 02 41 86 18 61. *Non-stop du lundi matin au samedi 19h et plus, sur rendez-vous. Shampoing, coupe, Brushing femmes : 33 €, hommes : 21 € (17 € coupe) ; étudiante : 25 € ; étudiant : 14,50 €. Produits : Tigi, Sébastien et Revlon.* Des boiseries, du parquet, des poutres apparentes et des glaces immenses… Voilà une bonne raison d'aller au salon Baert, d'autant que pour une fois, le fond musical est agréable, jazz, classique ou parfois même, musique cajun, ce qui change des radios musicales commerciales des autres salons. Les petites expositions viennent aussi distraire le client si l'attente se fait un peu longue, et pour patienter, on sait vous proposer un café, charmante attention. Dommage que le coiffeur soit parfois un peu démago, se laissant facilement aller au tutoiement. Bon, ici c'est quand même classe !

SALON L. DE JEAN 19, boulevard Foch © 02 41 87 41 39. *Ouvert du mardi au samedi de 9h à 19h (17h samedi). Shampoing, coupe, Brushing hommes : 20,50 €, femmes : 32,50 €, couleur : à partir de 18,50 €, balayage : à partir de 29 €, permanente à partir de 25 €. – 20 % pour les étudiants tous les jours. - 30 % le mercredi pour les moins de 20 ans. Produits : L'Oréal, Kérastase, Inné.* Situé sur le boulevard Foch cet agréable salon saura vous mettre à l'aise par son décor chaleureux, la bonne ambiance qui y règne et la qualité des coupes prodiguées. Petit détail supplémentaire l'espace vente conseil situé à l'entrée du salon qui offre aux clients mais aussi aux passants une large gamme de produits de coiffage et de soins ainsi qu'un conseil avisé. Une des ambiances les plus reposantes de la ville !

AJ COIFFURE
C.Cial de la Chesnaie
02 41 44 84 84
49130 Les Ponts-de-Cé
C.Cial Rive Sud
02 41 57 85 29
49610 Mûrs-Erigné
C.Cial Géant La Roseraie
02 41 66 52 98
49000 Angers
C.Cial Leclerc Camus
02 41 48 15 50
49100 Angers
Imajes COIFFURE
02 41 88 81 88
42, rue de la Roë
49100 Angers
FRANCK PROVOST
COIFFURE
02 41 20 92 92
13, boulevard Foch
49100 Angers
Des coiffeurs
au service de votre beauté !

SILBERTHY 47, rue Plantagenêt ✆ 02 41 88 99 85. *Ouvert tous les jours de 9h à 18h (20h vendredi et 17h samedi). Shampoing traitant : 5,30 €. Coupe : 18 € à 29 €. Coupe homme : 20,80 €. Brushing : 13 € ou 15 €. - 20 % (- 30 % le mercredi) pour les étudiants. Produits : Kérastase, Redken.* Très originale la salle de shampooings dans la cave en tuffeau, et très rafraîchissante en période estivale. Les doigts des shampouineuses sont magiques, et au 1er étage, dans la salle de coiffure décorée d'une belle fresque peinte, vous pouvez vous sentir rassurés entre les mains expertes de l'équipe, qui non seulement vous prodiguent exactement la coupe que vous avez demandée, mais ne lésine pas non plus sur les conseils de coiffage ultérieur, pour que vous soyez vous-mêmes maîtres de votre look. A l'heure des femmes aux cheveux courts, le jeune "Dom" lui, adore coiffer les cheveux longs, alors n'hésitez pas à lui demander des astuces pour des chignons rigolos, c'est son rayon ! Silberthy s'est fait une spécialité des extensions alors n'hésitons plus la fantaisie. **Autres adresses : Rue d'Anjou - TIERCE 02 41 42 80 67 • Rue Georges-Clemenceau - ANCENIS 02 40 83 13 76.**

AJ COIFFURE Centre Commercial Rive-Sud - MURS-ERIGNE ✆ 02 41 57 85 29. *Fermé le dimanche. Ouvert de 8h30 à 20h30. Shampoing, coupe, coiffage femmes : 30 €, hommes : 18,50 €, couleur : de 24,50 €, temporaire à 28 € et jusqu'à 53 €, permanente avec coupe : 26,50 € à 47,50 €, étudiantes et moins de 20 ans : 24 €, étudiants : 15,50 €. Marque principale : L'Oréal, Sébastian et Wella.* Quatre adresses qui en disent long sur le succès de cette franchise angevine installée aux quatre coins de la ville. L'adresse de cet agréable centre aux dimensions humaines (qui fonctionne à merveille) reçoit une clientèle variée du Sud de la Loire. Les travaux d'extension du centre vont faire déplacer le salon l'année prochaine et le faire s'agrandir. Ce ne seront donc pas moins de 20 personnes qui rendront belles nos frimousses avant ou après les courses. L'équipe toujours décontractée mais professionnelle (tous techniciens), adapte les coupes et les relookages d'une vaste clientèle. On est aux petits soins avec le client et les nombreux enfants ont droit à des égards bien sympas. Les coupes sont bien exécutées et pas de mauvaise surprise sur la facture. **Autres adresses : Centre Leclerc Camus 02 41 48 15 50 • Centre Commercial du Chapeau de Gendarme à la Roseraie 02 41 66 52 98 • Centre Commercial La Chesnaie - LES PONTS-DE-CE 02 41 44 84 84.**

Petits prix

ANDRE ET RICHARD ROUSSEAU 51, rue Bressigny ✆ 02 41 87 61 59. *Ouvert du mardi au vendredi de 8h à 12h et de 13h30 à 19h. Journée continue le samedi. Coupe ciseaux 11,60 €, coupe rasoir 16,50 €. Marques principales : Eugène Perma, Hairgum.* La première impression est toujours la bonne dit-on. Ici, c'est le sourire de Monsieur Rousseau Senior que vous verrez en premier lieu, avant la déco originale et rustique (ça change des salons "new wave"). Coupe au ciseau, coupe sculptée au rasoir, coupe "tendance", ils savent tout faire avec talent, le père comme le fils et à un rythme soutenu aux heures d'affluence. Ils proposent même un shampooing spécial pour cheveux blancs, et une taille de la barbe, comme au bon vieux temps, mais cela ne les empêche pas d'être très appréciés d'un public assez jeune.

Comment rester belle et mince ?

Lorsque vous faites attention à votre ligne, buvez beaucoup mais pas n'importe quelle eau. Il faut boire 2 litres d'eau par jour pour éviter la déshydratation et il faut préférer une eau riche en minéraux pour compenser les carences d'une alimentation réduite. Par ailleurs, boire de l'eau atténue la sensation de faim : une bonne astuce à ne pas négliger ! Sachez également que, contrairement aux idées reçues, une trop grande consommation d'eau ne favorise pas la rétention d'eau. Elle permet une meilleure élimination.

Le conseil futé : Boire Courmayeur. Avec zéro calorie, cette eau couvre 85 % des apports journaliers recommandés en calcium et 30 % des apports journaliers recommandés en magnésium. Riche en sulfates, elle permet aussi une meilleure élimination.

Comment garder un joli teint ?

Pollution, soleil, fatigue... La peau du visage est toujours en première ligne face à toutes ces agressions. Elle se déshydrate et votre teint perd de sa fraîcheur et de son éclat ! Notre conseil : une alimentation équilibrée et une hydratation régulière.

Le conseil futé : Boire Vichy Célestins, une richesse minérale exceptionnelle au service du teint. Jour après jour, Vichy Célestins purifie votre organisme et hydrate naturellement votre peau de l'intérieur. Un geste beauté indispensable au quotidien : à adopter dès le réveil pour une peau fraîche et un teint éclatant tout au long de la journée.

Perruques et style afro

ABSA (STYL'AFRIC) 7, rue Pocquet-de-Livonnières © 02 41 87 51 80. Petite boutique qui est devenue la référence sur Angers en matière de coupe afro (tresses, rajouts, locks). On y trouve aussi tous les produits capillaires pour les cheveux crépus (soins ou défrisage), ainsi que quelques beaux tissus batiks et des idées de cadeau.

Beauté des mains

L'ONGLERIE 7, rue Saint-Georges © 02 41 86 09 44. *Ouvert le lundi de 14h à 19h, et du mardi au samedi de 9h à 19h. Soin manucure : 19 € sans vernis, 24 € avec vernis, pose d'ongles résine : 55 €, remplissage : 37 € (toutes les trois semaines), french manucure : 10 €. Uniquement sur rendez-vous. Produits exclusifs l'Onglerie.* Seul salon de la beauté des mains des ongles (mains et pieds) dans la ville à poser de la véritable résine (et non un substitut plastifié), L'Onglerie est une marque franchisée, installée à Angers depuis 17 ans. Racheté depuis janvier par Annick Martin, ce salon longtemps tenu par Madame Joubert à su trouver une nouvelle propriétaire aussi douce et compétente. Le conseil est avisé et l'on transforme vos petites mimines en mains de stars avec des ongles très longs prolongeant une main manucurée à la peau extra-douce. Il y a parfois un peu d'attente malgré l'obligation de prendre rendez-vous mais cela en vaut largement la peine. Petite originalité de l'enseigne, le piercing d'ongle et la pose de bijoux incrustés dans l'ongle.

Bronzage

ATOUT SOLEIL 55, rue Bressigny © 02 41 88 03 02. *Ouvert l'été de 9h à 20h, et hors saison de 9h à 19h, du lundi au samedi. Bronzage UVA : 7 €/séance. Forfaits de 65 € à 126 €.* Dès qu'on entre chez Atout Soleil, on devine que l'on n'est pas dans un centre de bronzage ordinaire. Le parfum des essences naturelles et le glou-glou de la fontaine à eau vous accueillent dans un univers qui vous veut du bien. On y bronze avec confiance, mais l'institut propose aussi des soins phyto-énergétiques aux algues, argiles, oligo-éléments, ainsi que des compléments alimentaires diététiques. Pour se sentir beaux dans son corps, et bien dans sa tête, drainage lymphatique et massage chinois, à la séance ou avec forfait de 5 ou 10 séances, et tous les autres soins habituels : épilation, manucure, maquillage, soins du visage et du cuir chevelu.

POINT SOLEIL 40, rue des Lices © 02 41 25 19 19. *Ouvert du lundi au samedi de 8h à 20h, sans rendez-vous.* L'effet "bonne mine" assuré toute l'année, c'est la tendance anti-morosité de cette nouvelle génération d'instituts qui propose la beauté naturelle par le bronzage pour des tarifs avantageux (de 5 € à 19 € selon la formule). Avec trois types d'appareils haut de gamme adaptés aux différents types de peau, de la plus claire à la plus mate, vous pouvez choisir un hâle intégral ou simplement celui du visage et du buste. Accueil professionnel et hygiène impeccable (tables et sols désinfectés après chaque client) dans un décor où la lumière rappelle celle de la plage en été. La carte d'abonnement est rechargeable à volonté dans le "distributeur" à l'entrée, et chaque abonnement vous permet de bénéficier de temps de bronzage gratuit. Comme elle n'est pas nominative, vous pouvez la partager avec vos amis et bénéficier encore plus souvent des offres qu'elle propose. En vente également (en doses ou en flacon) les soins avant et après UV.

Instituts
(beauté, amincissement, relaxation et bien-être)

AIR DE BEAUTE MILISSA 25, rue Parcheminerie ✆ 02 41 24 92 77. *Du mardi au samedi de 9h à 19h. Epilation : demi-jambe : 11 €, entière : 18 €, maillot de 9 € à 31 €, prothèse ongulaire (gel/résine) : 6 €, massage des pieds : 10 €, permanente des cils : 23 €.* Après Millissa, la mère, voilà Mounia la fille. Installée depuis un peu plus d'un an à cette adresse, cette jeune femme pleine d'entrain, de gentillesse et le sourire aux lèvres vous bichonnera pour votre plus grand plaisir. Son petit salon ressemble à l'entrée d'un petit théâtre parisien avec ses grands miroirs à dorure et ses tentures de velours rouge. Elle prodigue comme sa maman des soins de qualité et de toutes sortes. Dépositaire Biodroga, marque rare sur la ville. Originalité : la permanente des cils, qui en 45 minutes les recourbe pendant plus d'un mois. Amatrice d'œil de biche laissez-vous faire.

CELLU AROMA 65, rue du Mail ✆ 02 41 87 78 77. *Ouvert de 10h à 19h (de 9h à 20h sur demande, les horaires sont très adaptables en fonction des clients).* Plus qu'un institut de beauté, Cellu Aroma est avant tout un centre de bien-être où l'on pratique certes des prestations dites d'esthétique (épilations : de 7 € à 35 € selon les forfaits, soins du visage…) mais surtout des soins liés à la détente et à l'hygiène de vie (massages, bilan hygiéno-diététique, amincissement notamment par machines à la pointe du progrès : Cellu et Vacustyler, aromatologie…). Dans de spacieuses cabines de style zen, avec des meubles en bois foncé et des portes style paravent japonais, on est plongé dans un monde de repos et de tranquillité où il ne reste plus qu'à se laisser aller à la douceur des massages et à la relaxation des senteurs des huiles essentielles de chez Carole Franck. On vous chouchoute dans l'idéologie du naturel. L'institut travaille en rapport avec une naturopathe qui assure le suivi personnalisé de chaque client dans le cadre de cure d'amincissement et pratique également l'iridologie, la science des yeux qui révèle notre état de santé. Unique sur Angers le vacustyler qui joue sur la dépressurisation et la respiration pour le drainage. C'est l'adresse idéale pour se réconcilier avec son corps, se relaxer et combattre le stress lié au mode de vie urbain.

CELLU LIGNE 11, rue Lenepveu ✆ 02 41 20 12 12. *Ouvert du lundi au vendredi de 8h30 à 20h et le samedi de 9h à 13h. La séance de cellu M.6 : 45 €, le forfait découverte (3 séances de cellu+1 séance de pressothérapie) : 99 €. Pour les problèmes de rétention d'eau (3 séances de cellu+ 3 de pressotherapie) : 119 €. Enveloppement d'algues : 42 €. Cabine à ultrason pour les culottes de cheval rebelles : 19 € la séance. Possibilité de forfait annuel. Soins du visage.* Avant tout, les soins sont prodigués par des professionnelles, vous aurez rendez-vous avec la responsable du centre Madame Gerbouin, kinésithérapeute, qui après un examen approfondi, vous conseillera les soins les plus adaptés à vos soucis d'amincissement. Même si quelques hommes commencent à venir, la clientèle féminine à la recherche de minceur, retrouve ici des

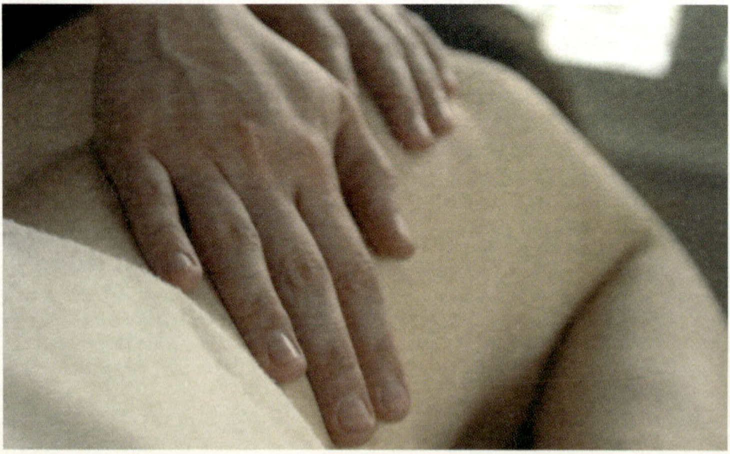
© Photos.com

soins efficaces et un suivi sérieux. Après une séance vous vous sentirez revigoré et même si les résultats ne se voient pas dès la première séance, le bien-être est immédiat. Ce centre d'amincissement traite la cellulite mais aussi les troubles circulatoires, la fatigue et le stress, autant de plaies liées au temps qui passe.

CITRONNELLE 35, rue Lionnaise © 02 41 86 04 86. Ce petit salon de quartier est ouvert depuis près de 20 ans et vient d'être repris depuis décembre 2003, par une jeune esthéticienne. Cette petite échoppe est des plus relaxante, musique zen sur fond de bruit de vague ou de chants d'oiseaux et produits aux senteurs de Provence. Le petit salon est composé d'une pièce d'accueil avec un salon en osier pour patienter et d'une arrière-salle dans laquelle se déroulent les soins. La jeune gérante vous prodigue des soins de qualité, le tout dans la détente et la bonne humeur. Soin visage de 28 € à 93 € ; corps : 30 € à 45 € ; épilation demi-jambe : 18 € ; jambe : 23 € ; visage : 9 € ; maillot de 9 € à 18 € ; manucure de 13 € à 25 €. Marques utilisées et vendues : Peggy Sue, Yon Ka et quelques bijoux fantaisies.

CYBELLE 133, rue de la Madeleine © 02 41 47 33 38. *Ouvert tous les jours, sauf le lundi de 9h à 12h et de 14h à 19h (entre 12h et 14h sur rendez-vous). Soins du visage de 28 € à 60 €, soin du corps Aromasothys 60 € et 65 € (forfait 3 soins en promotion aux beaux jours), épilation demi-jambes : 13,50 € et 15,50 €, jambes entières : 24,50 €, (forfait 6 ou 13 mois). Maquillage 14 € à 18 €.* Nathalie Delalande et ses deux adorables esthéticiennes vous accueillent dans une très belle boutique claire et fraîche, derrière laquelle se cache tout un dédale de petites salles de soins adaptées à chaque usage. Les grandes nouveautés de cet institut sont les soins du corps Aromasothys, qui se déclinent en trois versions : Cocon (gommage complet et massage aux huiles essentielles et beurre de Karité), Océane (une vraie cure marine) et Californien (ah ! la délicatesse des mains pour le massage californien…). Pour le visage, le soin Hydréclat fait appel aux technologies modernes (ionophorèse et ultrasons) pour redonner lumière et tonus à votre teint. De nouvelles techniques de massage vont voir le jour dans le courant de l'année, principalement axé sur le bien-être et la détente. Une équipe qui ne cesse de se perfectionner et de se former pour vous apporter le bien-être dont vous avez besoin.

EGLANTINE INSTITUT 4, rue Montault ✆ 02 41 88 40 75. *Fermé le lundi matin. Ouvert de 9h à 19h. 18h le samedi. Epilation demi-jambe : 15 €. Soin du visage : 50 €. Maquillage : 15 €. Soin des mains : 19 €. Soins du corps : de 50 € à 80 €. Produits Maria Galland et Ingrid Millet.* Marie-Laure Petit fait partie de ces professionnels qui font bénéficier leur clientèle de leur évolution personnelle. Sensibilisée au rôle essentiel que joue la sérénité du corps et de l'esprit sur la beauté extérieure, elle dispense aux clients qui entendent ce langage, des soins de beauté "totale", qui n'améliorent pas seulement la peau, mais relancent les énergies intérieures. L'ouverture des chakras par un massage à la pierre de basalte chaude (Hot stone) est un vrai moment de détente et de bien-être, surtout lorsque les petites mains qui le dispensent sont formées au Shiatsu (massage chinois). Pour les plus conventionnelles, bien sûr, les soins classiques du visage, le maquillage permanent, l'amincissement et l'épilation figurent en bonne place sur les prestations de l'institut.

JACQUES DESSANGE INSTITUT 62, rue du Mail ✆ 02 41 87 34 06. *Ouvert du mardi au samedi de 9h à 19h (18h le samedi) fermé le jeudi après-midi. Soins du visage de 29 € à 58 €, soins du corps de 24 € à 69 €, épilation demi-jambe 16 €, maillot 11 €, forfait mariée (essai coiffage, coiffure, manucure, maquillage) 165 €.* Au cœur du salon de coiffure, une cabine d'esthétisme offre aux femmes la possibilité de se détendre et de se faire dorloter. La jolie Marie vous prodiguera des soins à base de produits estampillés Dessange, des soins relaxants comme le massage corps aromatic, purifiant, liftant, ou révélateur d'éclat. En dépit d'un univers assez normalisé et de la forte fréquentation d'une clientèle plutôt chic et habituée, l'ambiance est agréable et relaxante, les soins et conseils bien adaptés à chacun et chacune. Dessange reste une référence.

MILISSA INSTITUT 1, avenue Patton ✆ 02 41 73 98 73. *De 9h à 19h, sans interruption du lundi au vendredi, et de 9h à 18h le samedi. L'un des instituts le plus complet de la ville : soins du visage (à partir de 31 €), du corps (de 22 € à 80 €), manucure à base de gel résine, épilation à la cire jetable ou à la cire orientale (dès 3,50 € avec abonnement), maquillage semi-permanent, permanente des cils, et surtout unique sur la ville, les formules avec Hammam "laveuse" et soin du corps, etc.* Milissa applique des "soins corps" orientaux uniques sur Angers. De l'enveloppement au lait et miel, au traitement au henné (idéal pour donner un aspect hâlé à votre peau clair) en passant par le massage californien vous détendant du bout des orteils à la racine des cheveux (un vrai bonheur), cet institut est le lieu de détente par excellence. L'ambiance est agréable et souriante et tout est basé sur le bien-être de ces dames.

NET EPIL 2, rue Montault ✆ 02 41 20 03 04. *Ouvert le lundi de 14h à 19h, et du mardi au samedi de 9h à 19h, samedi de 9h à 18h. Epilation demi-jambes : 15 €, 4 € avec abonnement, jambes entières : 30 € + maillot offert, 8 € avec abonnement. Abonnement pour 6 mois : 61 €, 12 mois : 102 €, 92 € pour les moins de 18 ans. Autres soins : gommage jambes, manucure, pose vernis et faux ongles, soin autobronzant.* Sans rendez-vous, cet institut installé depuis près de 6 ans par Madame Petit, dispense des soins d'esthétique à des prix modiques. En effet une fois votre abonnement souscrit, vous pourrez vous faire épiler aussi souvent que vous le souhaitez pour la modique somme de 4 €. Seul petit désagrément dû au système sans rendez-vous, l'attente qui peut parfois s'éterniser un peu mais avec un bon livre l'attente passe vite. Les esthéticiennes vous accueillent avec douceur et vous indiquent dès votre arrivée le temps d'attente s'il y en a, puis vous prodigue des soins adaptés à votre type de peau et l'on vous prodigue technique et conseil. Un institut situé en hypercentre, ouvert le midi, est très agréable et très soigné.

L'OCCITANE-LES-SOINS 1, rue David-d'Angers ✆ 02 41 05 13 59. Que diriez-vous un beau jour, de tout quitter pendant 2 ou 3h bien à l'abri dans une salle aux lumières tamisées et au son d'une musique relaxante, et de ne plus penser à rien en vous laissant envelopper dans une pâte d'algues chaude, puis de vous plonger dans les remous d'une balnéo à 37°-C, ensuite de vous faire masser de la tête aux pieds par des mains expertes, avant d'abandonner votre visage pour une totale remise à neuf de votre peau ? Si vous n'avez pas envie de parler ou si vous préférez vous endormir, votre esthéticienne attitrée respectera votre tranquillité. Cela s'appelle "Harmonie des sens", et cela fait partie des programmes de soins de l'Occitane, tous à base de produits naturels (argile, amandes, algues, huile d'olive…) que vous pouvez retrouver en vente dans la boutique au 20, rue Lenepveu. Le paradis existe, nous l'avons visité pour vous… Vous pouvez également l'offrir à ceux à qui vous voulez du bien, grâce aux chèques-cadeaux proposés à la boutique. Soins visage : 48 € ; corps : 21 € à 31 € ; épilation demi-jambes : 18 € ; épilation visage : 10 € ; maillot : de 10 € à 16 €. Soins relaxation 56 € à 213 € (massages, balnéo, enveloppement d'algues etc.…). Voir aussi chapitre "Cadeaux", rubrique "Savonnerie et parfums de maison".

4 REINES
L'OCCITANE
EN PROVENCE

Parapharmacies

LAGOON ESPACE SANTE Centre Commercial Espace-Anjou © 02 41 87 79 47. Une atmosphère un peu éthérée pour ce vaste espace de soins et de beauté, où l'on trouve absolument toutes les marques de parapharmacie pour homme, femme, bébé, pour la peau, les cheveux, le corps, les mains, mais aussi les lignes de produits diététiques et biologiques. L'Espace Santé Lagoon rassemble le dénominateur commun aux femmes modernes soucieuses de leur apparence. La boutique offre une lumière issue du blanc et du bleu et un sol style piscine qui n'est pas sans rappeler un centre de thalasso. Le rayon phytothérapie s'est encore enrichi et la nouvelle génération du bien-être associée aux sports et cultures "zen" se retrouve dans ces rayons qui nous veulent du bien. Ca vaut le coup de surveiller les promotions qui font encore descendre les prix sur vos produits préférés.

PARASHOP 17, rue d'Alsace © 02 41 20 13 83. Cette parapharmacie (la seule du centre-ville) est une véritable grande surface pour le corps. Les produits (les plus grandes marques du genre sont représentées ici, comme Vichy, La Roche Posay ou Roc, en passant par Revlon pour les cosmétiques) sont organisés en différents espaces aux noms évocateurs : "Univers du bain", "Espace minceur" (avec un nombre impressionnant de substituts de repas !), etc. On trouve tout ici pour son hygiène corporelle, des huiles essentielles à la gelée royale, en passant par les chaussures orthopédiques.

Parfumeries

NOCIBE 9, rue Lenepveu © 02 41 86 81 81. Anciennement Process Blue, Nocibé est une des parfumeries les plus connues d'Angers. Un espace moderne aux tons bleus et blancs qui favorise beaucoup l'éclairage. Ici tout est décliné sur le thème de la beauté : Parfums pour femmes, hommes et même pour les bouts de choux, maquillages de grands créateurs (Lancôme, Héléna Rubinstein, Guerlain…) ou à petit prix pour les adolescentes, soins pour le bain. L'institut prodigue également des soins esthétiques, mais attention tous les magasins ne font pas institut, renseignez-vous avant. **Autres adresses : 1, rue d'Alsace 02 41 88 77 67 • Place de la Visitation • Centres commerciaux Grand-Maine et Espace Anjou**

SEPHORA 24, rue Lenepveu ✆ 02 41 23 11 50. Au cœur du centre-ville d'Angers, l'enseigne représentant l'esthétique de luxe sur les Champs-Elysées, tient bien sa place. La vitrine habillée de noir et de rouge est des plus chics, de même que les vendeuses gantées de noir qui vous présentent les flacons de parfums et les cosmétiques. Les produits sont classés par marques et par ordre alphabétique, ainsi vous retrouvez mieux vos senteurs préférées, Gautier, Dior, Guerlain, Chanel et autres marques de luxe.

SHOP BEAUTE Galeries Lafayette - Entrée rue d'Alsace ✆ 02 41 88 05 50. La beauté de A à Z : produits de toilettes (toutes les marques que l'on trouve en supermarchés), les cosmétiques (de l'Oréal à Dior), les parfums (le plus grand choix sur Angers : où trouver ailleurs Elizabeth Arden ?), la coiffure (barrettes, brosses, peignes...), les soins pour les cheveux (shampooing, teintures), le petit matériel et les accessoires de toilettes, enfin tout quoi...

Remise en forme

L'OCCITANE-LES SOINS (CENTRE DE BIEN-ETRE) 1, rue David-d'Angers ✆ 02 41 05 13 59. Voir rubrique Instituts un peu plus haut.

Tatouages

Désormais véritable phénomène de mode, le tatouage n'est plus synonyme de virilité mais de séduction, ou, tout du moins, de signe distinctif. Il est élevé au rang d'un art et d'une philosophie. Virtuoses des aiguilles et d'une propreté exemplaire les deux adresses d'Angers sont sûres. On peut encore vous faire un piercing avec un bijou simple à l'endroit de votre choix.

FRANCOIS TATOUAGES 42, rue Parcheminerie ✆ 02 41 81 08 20. Un déménagement heureux pour cette adresse incontournable du tatouage. Dans ce nouvel espace plus grand et plus clair, réparti sur deux étages, on vient se faire tatouer ou percer (lèvres, nez, nombril, etc.) par François (lui-même tatoué de la tête au pied, il sait de quoi il parle !) et Patrice. Le petit salon à l'entrée permet de se familiariser avec les motifs proposés par la maison (plus de 10-000, sans compter les créations évidemment, présentées dans une montagne de classeurs). Quant au "kit tatoo" de Bornéo dans la vitrine, il est bien là pour rappeler aux derniers réfractaires les origines lointaines de la pratique. Forcément ça rassure...

TATTOO-STUDIO 68, rue Jules-Guitton ✆ 02 41 87 55 28. *Ouvert tous les jours, sauf le dimanche.* A noter le nouveau PC à disposition pour "surfer", non pas sur le net, mais sur les photos des tatoués et piercés passés ici (et photographiés pour la postérité !), ainsi que les exemples de graphismes proposés. Lui est expert en tatouages, elle s'occupe du piercing. On va en toute confiance à cette adresse qui monte sur Angers, dont la clientèle plus hétéroclite qu'il n'y paraît, sait secrètement inscrire un particularisme contemporain (le plus souvent sur l'épaule, le haut de l'omoplate ou le bas du ventre).

cadeaux

Artisanat

LES ARTISANS DU SOLEIL 74, rue Baudrière © 02 41 20 01 54. Une équipe composée essentiellement de bénévoles fait tourner ce commerce associatif, d'ailleurs le slogan de la boutique le démontre bien : "ensemble nous construisons un monde solidaire". Venez découvrir l'Afrique, sa magie mais surtout son artisanat. Boucles d'oreilles en lapis-lazuli, jeu d'awalé, trousses de toilette en tissus africains, produits gourmands, thé, café, tranches d'ananas séchées ou couverts en bois d'ébène et corne. De quoi faire des cadeaux à tous mais surtout à soi-même et en plus vous ferez une bonne action car les produits sont vendus avec une faible marge afin que le maximum revienne aux artisans (principe du commerce équitable).

L'ATELIER COQUILLE 12ter, rue du Quinconce © 02 41 43 80 97. Trois charmantes bricoleuses, inspirées par les couleurs et les matières, les travaux manuels et la déco, se sont réunies dans un vaste atelier-magasin pour fabriquer et vendre des objets ravissants, gais, originaux. Cadres photos, miroirs et pêle-mêle sont présentés sous leur marque "Coquille", mais on y trouve bien d'autres charmants éléments de décoration comme des porte-bougies muraux multicolores, des lampes sur pied ou rampes lumineuses, sacs à mains aux couleurs acidulées etc.... Leur production alimente de nombreux magasins du département.

BRUSH AND BISQUE-IT 27, rue Saint-Julien. Voir article et conditions dans chapitre "Loisirs", rubrique "pratiquer les beaux-arts".

COMPAGNIE D'INDOCHINE 7, impasse Toussaint - En face du château. *Ouvert uniquement le jeudi, vendredi et samedi de 14h30 à 19h.* Pas de vitrines sur rue, car c'est dans un ancien atelier d'ébéniste que s'est installé ce magasin qui propose des objets et des meubles d'Asie, authentiques (neufs ou anciens). Une multitude de grands et petits objets, céladons, théières, statuettes de Bouddha, quelques très belles calligraphies, et des vestes en soie éblouissantes, laques, saladiers et boîtes en bambou, toute la boutique regorge d'idées de cadeaux de bonne qualité à des prix très corrects.

FENETRE SUR COUR Rue des Poëliers © 02 41 88 49 06. L'intérieur est ici soigné à la manière d'une bonbonnière bourgeoise, inondée de lumière et de propreté. Même les fleurs sont propres et se lavent et le tissu et les teintes des pétales sont réellement réussis. Les idées de cadeaux se bousculent, mais suggèrent l'hésitation quant aux prix de certains petits meubles d'appoint, chandeliers et autres lustres tout droit sortis d'un magazine d'intérieur. Apaisante, la visite de cette boutique peut rendre maniaque une fois rentré chez soi !

L'HEURE ANGLAISE 3, rue Montault © 02 41 25 21 55. Faïencerie Burleigh et Wedgwood, dentelles et liberty, le décor anglais est planté dans cette minuscule boutique salon de thé où l'on peut goûter les Darjeeling, Oolong ou thés aromatisés, accompagnés d'une fine tranche de cake. C'est plus pour l'esprit "cocoon" que l'on vient prendre son tea-time ici, car les vrais amateurs de thé seront un peu déçus par la dégustation. Voir rubrique "Salons de Thé", donc.

LA MAISON DE L'ETAIN 74, rue Plantagenêt © 02 41 88 67 41. Il fallait que l'étain passe le cap du XXIe siècle, et qu'il trouve une nouvelle jeunesse. C'est fait, et le passage du Logis de l'Estaignier dans la vieille Cité à cette boutique lumineuse et moderne du centre-ville s'est fait avec succès. Il faut savoir qu'il existe beaucoup d'amoureux de ce métal gris foncé, et que nombre d'étrangers viennent jusque chez nous pour en trouver. Les formes classiques du XVe siècle demeurent, mais les contemporaines arrivent sur le marché, et sur vos tables. On peut même déposer ici sa liste de mariage. Même si l'on n'aime pas beaucoup l'étain, il reste une bonne idée pour un cadeau de qualité.

LA MAISON DES ARTISANS 1, place Sainte-Croix © 02 41 88 06 27. La maison d'Adam est un haut lieu touristique de la ville, par son architecture et sa décoration typique du Moyen Age. Depuis plusieurs années, cette boutique où les artisans locaux et d'ailleurs déposent leurs œuvres, s'est installée au cœur de ce patchwork artistique et habilement fouillis. Bijoux en argent, lampes en pâte de verre, statuettes en bois, sculptures en fer forgé, tapisseries, bref, mille visages et matières pour des idées cadeaux à l'infini. La présentation est particulièrement soignée, on pourrait se croire dans un lieu d'exposition.

PAPAYA 11, rue des Poëliers © 02 41 86 14 14. Avec une nouvelle déco finalisée et décidément très "jungle" (peinture ocre-jaune, lumineuse, mais plutôt tendance "Savane" en fin d'après-midi, assortie de pousses de bambou accrochées au mur), l'endroit fait moins fouillis qu'auparavant. On vous le rappelle, le cheval de bataille de cette enseigne est le commerce d'objets de décoration artisanale africaine, indienne, péruvienne… On trouve là des luminaires aux formes peu ordinaires, et aux couleurs variées, des miroirs en mosaïques, des statuettes, bougeoirs, quelques meubles en bois, des plats tajines etc. Bref tout ce qui peut être indispensable à l'aménagement d'un appartement d'étudiant. Les prix sont très attractifs, et l'exotisme, à souhait.

LA PROVENCE DE PAULINE 32, rue de la Roë © 02 41 24 76 63. Cette délicieuse boutique permet d'offrir ou de s'offrir des cadeaux originaux et bien présentés en matière de produits provençaux, qu'ils soient de bouche, de table, de corps ou de déco. Nappes, faïence, poterie, verrerie, bains, senteurs et surtout, les saveurs méridionales aux tonalités diététiques. Voir chapitre "A Table", rubrique "Produits gourmands".

TRESORS ET MUSEES 3, rue des Lices © 02 41 37 99 95. Face à la Tour Saint-Aubin, à 50 mètres du musée des Beaux-Arts, cette toute nouvelle boutique (ancienne enseigne Zeus) se présente comme une mini-boutique du Louvre mais Michel Adam et son épouse ont résolument opté pour l'insolite, le rare, la couleur et la qualité qu'on ne trouve nulle part ailleurs. Bas-reliefs calcifiés dans les grottes de stalactites, verres de Murano (splendides), chats cubistes, statuettes de Legot, verre soufflé, reproductions de musées, mini-zoos en poudre de marbre, il y en a pour tous les goûts et tous les prix. On peut offrir à sa maman une boîte à pilules décorée pour 10 €, ou fêter un départ en retraite avec un bronze à 270 €.

LES VOYAGEURS DE L'ETE 4, rue Saint-Aubin © 02 41 86 15 02. Depuis le premier jour, dans la rue piétonne davantage dédiée aux chaînes de prêt-à-porter, cette boutique a su maintenir sa marginalité et la qualité de ce qu'elle propose. On a toujours une impression d'étrangeté quand on entre ici. Chaque objet est mis en valeur comme s'il était vivant, et on ne se sent pas submergé par la quantité de bibelots comme c'est trop souvent le cas dans ce type de boutique. Théières japonaises en fonte, foulards indiens, bijoux étrusques… c'est un autre monde que celui des voyageurs de l'été, qui vous fait rêver tout au long de l'année.

Bibelots et souvenirs

ANJOU SOUVENIRS 17, place Kennedy © 02 41 87 74 97. Tous les Angevins connaissent cette adresse, mais finalement, ce sont surtout les touristes qui pourraient en faire la réclame. Après la visite du château et de la cité, il n'y a aucun autre magasin à la ronde où trouver des souvenirs à ramener dans tous les coins d'Europe ou du monde. Cartes postales, statuettes, tout l'éventail de la boutique à souvenirs est présent, pas toujours de bon goût pour nous, mais ça plaît aux visiteurs. La vie du roi René est sûrement mieux connue des Japonais en balade que des Angevins, qui savent surtout que le bureau de tabac du magasin est ouvert le dimanche…

Bijoux et montres

Fantaisie

ATELIER DU SCARABEE 7, rue Saint-Georges © 02 41 88 30 66. C'est un véritable atelier de créations artisanales en objets fantaisistes et bijoux très soignés, où matériaux précieux et pierres forment un savoureux mélange d'originalité et de finesse. Une petite échoppe digne d'un palais des mille et une nuits où la couleur des pierres vient mettre en valeur chaque cliente. Toute création est unique et les pièces sont de véritables pièces d'orfèvrerie. Pour offrir ou s'offrir et ne pas ressembler à ses copines.

BICHE DE BERE 9, rue d'Alsace © 02 41 88 34 34. Les bijoux désormais doivent partager l'espace du magasin avec la ligne de vêtements Biche de Bere (voir chapitre "Mode", "Prêt-à-porter"). Des bijoux vraiment anti-conventionnels et résolument voyants, sculptés dans des métaux dorés ou argentés dont le reflet mat est le signe distinctif de la marque. Ils ne sont pas tous exposés, il faut ouvrir soi-même les nombreux tiroirs qui recèlent des trésors.

NOUVEAU — ETABLISSEMENT OUVERT DEPUIS LA DERNIERE EDITION DU PETIT FUTE

LA GEODE 6, rue des Poëliers © 02 41 86 03 03. Voilà une bijouterie à part qui rayonne par sa simplicité, son savoir-faire d'orfèvre et la qualité de ses pierres. En effet spécialisée en minéraux naturels, la claire boutique présente aigues-marines, pierres de lune ou tourmalines, chaque pièce est magnifiée selon sa taille, sa forme, sa couleur. La clarté met en valeur chaque minéral. Chaque réalisation permet d'avoir un bijou original et personnel. Le couple est toujours prêt à réaliser chacune de vos envies.

L'IMPERATRICE 26, rue Bressigny © 02 41 24 71 91. Une galerie de bijoux plus qu'une bijouterie. Chaque pièce est unique, objet de création, et contribue à l'univers baroque un peu fou de cette boutique. Larges plastrons colorés, tonalités orientales et rétros, les parures qui misent sur le grandiose sont à base d'étain recouvertes de métaux précieux et sertis de résines, cristaux de Zwarosky, perles de verres et pierres précieuses. La déco magnifique fait de cette boutique l'écrin idéal pour les œuvres d'art qu'elle recèle. Réparations assurées. Expos en présence des créateurs prévues en 2004-2005 (sur invitation).

LA PERLERIE 76, rue Baudrière © 02 41 88 01 01. Si l'on aime se démarquer et se servir de ses doigts, alors cette boutique regorge de toutes les perles et accessoires pour fabriquer soi-même les bijoux. Tout est à vendre à la pièce, et on peut aussi se procurer les fermoirs et pendentifs d'oreilles. Pour les conseils techniques, il suffit de regarder travailler la patronne qui réalise devant vous les bijoux exposés dans la boutique.

SILICE 5, rue Pocquet-de-Livonnières © 02 41 86 95 99. Une jolie boutique d'artisan d'art. Ancienne assistante d'un souffleur sur verre, Valérie Caillé crée de véritables bijoux en verre. Colliers, bagues, boucles d'oreille réalisés selon vos goûts et vos envies de forme et de couleurs, fabriqués devant vos yeux. Nous restons ébahis par la dextérité de la jeune propriétaire du magasin. Ses collections de bagues cabochons en verre se déclinent dans toutes les couleurs de l'arc-en-ciel. Une adresse sûre à Angers.

Bijoux classiques et montres

CHRISTELLE JOUBARD 13, rue Saint-Laud © 02 41 81 09 47. Cette jeune femme ne travaille que l'or et les pierres précieuses, et elle réalise vos bijoux sur mesure, en pièce unique, exactement comme vous en rêvez. A partir des restes d'une vieille bague de votre grand-mère, elle peut vous reconstituer une bague du même style mais neuve. Une excellente adresse aussi si vous désirez personnaliser votre alliance pour que personne d'autre n'ait la même.

LA CLE DES CŒURS 2, place du Ralliement © 02 41 87 44 53. Le monde se presse dans cette belle bijouterie, une des dernières authentiques de la ville, qui porte le label "Accueil charte qualité". Même dans le registre classique, l'or, l'argent et les pierres précieuses continuent de faire rêver, surtout lorsque le bijou est issu des mains d'un artisan comme Monsieur Lapouge, qui travaille devant vous le sertissage des diamants, saphirs, émeraudes, ou aigues-marines. C'est la finesse et la légèreté qui prédominent dans les vitrines, où l'on peut aussi découvrir les collections de montres élégantes de chez Pierre Lannier ou Festina. (réparations et service minute). Chapeau bas pour 30 ans de bijouterie !

CROC LA LUNE 48, rue Saint-Aubin © 02 41 87 18 68. Une boutique largement ouverte sur la rue piétonne (anciennement Eliot) et qui favorise l'espace et la luminosité. Pilgrim, qui est essentiellement ciblé sur la fantaisie des modèles et le coté chic et bohème. Mais aussi sur la sobriété des designs avec des marques comme Kenzo ou le mouvement en argent avec Charles Jourdan. Le joli sourire de la responsable du magasin vous aidera à faire votre choix, dans des gammes de prix tout de même pas à la portée de tout le monde, mais on en a ici pour son prix, c'est juste l'essentiel.

L'HORLOGEUR Centre Commercial Espace-Anjou © 02 41 88 78 78. Coincé entre une banque et un magasin de vêtements pour femme, l'Horlogeur tient cependant toute sa place en matière de qualité, de rapidité et d'accueil. Spécialisé dans les réparations de montres et de pendules, cet artisan ajoute la qualité d'un service irréprochable, avec notamment la vérification systématique de l'étanchéité des montres (assez rare). A noter aussi qu'il est le seul du département à proposer les montres Hamilton, au prix un peu élevé certes, mais d'un si beau design.

LANDREAU 14, rue d'Alsace © 02 41 87 61 79. La vraie bijouterie comme dans le temps : lumière tamisée et lampes anglaises sur chaque table pour recevoir les clients en toute intimité. Des vitrines pleines d'or et de pierres serties, de perles de culture (grand choix de perles grises de Tahiti), des médailles de baptême, des montres luxueuses. Une petite touche d'originalité tout de même dans l'espace réservé aux créations Michaela Frey aux motifs géométriques à tendance post-moderne.

ORS ET TRESORS 56, boulevard Foch © 02 41 87 34 19. Une fois que l'on a sonné à l'entrée et que l'on pénètre dans la boutique, on en prend plein les yeux. Diplômée en gemmologie, Marie-Françoise Plumejeau présente toutes les pierres existantes, des plus fines aux plus communes, présentées en coffrets ou montées en bijoux. Une façon originale de sortir du traditionnel collier ou de la classique bague.

LES QUATRE TEMPS 10, rue Voltaire © 02 41 87 19 38. La boutique a ouvert ses portes en novembre 2002, après avoir quitté les Halles, et présente un choix considérable : 40 marques (Armani, Diesel, Seiko, Stark, Festina...) et 3-000 références en magasin. Sports, mode ou bijoux, il y en a pour toutes les bourses (de 25 € à 2-000 €). Grand choix de bracelets également, accueil très professionnel et réparations assurées.

XAVIER MASSONNAUD 19, rue Toussaint © 02 41 73 09 13. Très beau magasin ouvert en mai 2004, un puits de lumière blanche dans un décor parfaitement dépouillé pour qu'étincellent les multiples et merveilleuses créations de Xavier Massonnaud. Passionné de gemmologie, voilà un homme tout terrain qui n'hésite pas à aller jusque dans les mines du Sri Lanka pour choisir ses pierres précieuses, qu'il suit ensuite jusqu'en Thaïlande pour leur taille, et qu'il sertit dans son atelier avec un art maîtrisé et une passion qu'il aime vous faire partager. Tout est en finesse dans la composition et l'installation de ses bijoux, et parfois, la monture se fait très discrète pour mieux mettre en valeur l'éclat de la pierre. On admire aussi les perles de Tahiti, et entre autres, les perles baroques, dont les aspérités et les asymétries permettent un sertissage original et très esthétique. Beaucoup d'originalités aussi dans les mélanges de couleurs en pierres fines, de formes rarement rencontrées. Xavier Massonnaud mérite son titre de "joailler créateur". **Autre adresse à Cholet.**

YVANOR 70, rue Baudrière © 02 41 88 28 94. Pas de vitrine ou très peu, ici la discrétion prime, bijoux de famille à rénover ou à faire mettre à la taille, cette adresse est pour vous. Le travail de qualité n'est en aucun doute exécuté par un vrai pro passionné. Vous pouvez aussi faire changer une pierre brisée sur une bague ou juste faire un dépôt-vente.

Cigares et articles de bureaux

LES GITANES 17, boulevard Foch © 02 41 88 22 82. Papeterie plutôt haute gamme chez monsieur et Madame Dilhet avec, avant tout, les indispensables objets de bureau pour le standing : porte-lettres, porte stylos... tout cuir, stylos à plume de marque qui font tous plus envie les uns que les autres... C'est aussi une des meilleures adresses pour les fumeurs (il en reste !) de cigares et même de pipes. La cave présente le plus gros choix et les meilleures sélections de la ville. Caves en tous genres pour de bonnes idées cadeaux.

RICHER 4, rue Chaperonnières © 02 41 25 50 00. La librairie Richer s'est agrandie pour laisser place à un espace privilégié pour l'écriture. Cette petite boutique qui propose des stylos de grandes marques telles Mont-blanc ou Waterman, diffuse également des modèles fantaisies à petit prix ainsi que des objets de bureau : porte-lettres ou sous-main en cuir à associer à votre parure de stylos.

Coutellerie

COUTELLERIE DES POELIERS 7, rue des Poëliers © 02 41 87 50 38. Voir chapitre "Maison", rubrique "Arts de la table".

Fleurs

L'ARROSOIR 21, rue Saint-Laud ✆ 02 41 87 07 11. Dans une superbe maison à colombage, l'arrosoir à su se faire une place dans le cœur des Angevins. La vitrine est toujours décorée avec goût, beaucoup d'originalité et du romantisme (colombes pour la Saint-Valentin, ou petits lapins pour Pâques). La petite boutique présente un grand choix de fleurs coupées et les bouquets demeurent romantiques : compositions rondes colorées, travail des roses et des fleurs plus rares aujourd'hui chez les fleuristes : renoncules, violettes... L'ouverture de la deuxième boutique au 33, rue Saint-Laud, est quant à elle plus moderne et vouée à la déco. Des toiles et créations d'artistes locaux se mêlent aux végétaux pour de luxuriantes ornementations. Des couleurs orangées mêlées à de l'art contemporain, des bambous dans de gigantesques vases des années 60. Bleu ou vert les deux enseignes vous raviront.

L'ATELIER FLORAL 7, rue Edmond-Cannelle - Zone du Moulin-de-Marcille - Sorges - LES PONTS-DE-CE ✆ 02 41 69 19 90. Un grand hangar, de gros pots remplis de branches, tiges, fleurs, feuillages, tous les ingrédients nécessaires au fleurissement d'un mariage, d'une exposition. Madame Chaudet est également paysagiste et ne manquera pas de conseiller les entreprises qui font appel à elle pour la location de plantes vertes. Des cours d'art floral sont également dispensés dans les mêmes locaux (voir chapitre "Pense Futé" rubrique "Réceptions").

JOSETTE FLEURS 141, rue de la Madeleine ✆ 02 41 66 81 35. *Ouvert 7j/7, fermé dimanche après-midi.* Tous ceux qui ne veulent pas seulement offrir des fleurs, mais faire vraiment plaisir connaissent tous cette adresse angevine : la végétation y est apprivoisée dans un espace de lumière enchanteur. La déco y est un élément essentiel de mise en valeur des créations florales. Des fleurs et des plantes mais aussi arbres nains, branches de joncs, lauriers taillés en boule, présentés dans des pots créatifs en ardoise ou rotin. Ceux qui préfèrent la pureté des lignes sobres seront séduits par le choix des "fleurs uniques", artistement présentées dans la tradition Ikebana. Et comme la tendance est à la fleur qui dure, il y a un très beau choix de petites plantes fleuries en pot, pour mettre un petit air de jardin dans votre maison ou sur votre balcon.

LE LYCEE FLEURI 1, place du Lycée ✆ 02 41 87 66 49. Beaucoup de fraîcheur dans cette échoppe de verdure qui se sent bien dans cet incontournable quartier qui n'en finit pas de rajeunir. Si le classique est toujours de mise pour répondre aux demandes éternelles, les étals de cette dynamique fleuriste présentent pas mal de compositions contemporaines où les objets insolites parent les grandes feuilles brillantes et les touches colorées de nombres d'espèces de fleurs exotiques nouvellement en vogue en France. Des petits bouquets bon marché du plus bel effet aux grandes potées de feuillage, on y trouve toujours de quoi faire plaisir.

LYDIE 30, rue Beaurepaire ✆ 02 41 87 19 90. *Ouvert du mardi au samedi de 9h à 19h30 et le dimanche de 9h à 13h.* Une merveille de petit atelier floral. Installés depuis 20 ans sur Angers, Lydie et son mari ont de l'or entre les mains. Tous les Angevins les ont appréciés aux Halles et les retrouvent ici dans ce chaleureux quartier de la Doutre. Matériaux de récup, gouttières, cages à oiseaux ou vasques en pierre, où vous garnir "tout support à votre convenance". Les compositions sont très champêtres ou contemporaines et travaillées selon votre envie. Bouquet pour des amis, pour votre bien-aimée, pour des cérémonies ou juste des fleurs coupées, le choix de fleurs est large.

LA MAIN FLEURIE 10, rue Pocquet-de-Livonnières ✆ 02 41 87 21 87. Ces talentueuses dames nous ravissent d'enchantement et de gentillesse. Le magasin associe avec succès modernité des compositions et romantisme des décors (brouettes et autres carrioles en fer forgé). Les compositions allient superbes fleurs aux couleurs chatoyantes, à des feuillages travaillés avec dextérité par Mlle Thomas. En plus des fleurs naturelles, la boutique s'est dotée d'une gamme artificielle très réaliste pour les professionnels désireux d'égayer leur boutique sans contraintes.

AU NOM DE LA ROSE 61, rue Saint-Laud ✆ 02 41 87 27 20. *Ouvert dimanche matin.* Des roses, encore des roses, toujours des roses. De toutes les couleurs, roses, jaunes, orangées, parme, rouges presque noires et sous toutes les formes, en bouquet, seule dans un petit vase, flottant sur l'eau, en pétale pour décorer les tables ou jetés lors de mariages mais toujours pour exprimer l'amour. Ici la reine des fleurs se décline sans limite, de la rose seule à offrir à son amoureuse au sirop pour les gâteaux ou cocktails.

OYA Place de la Visitation - 1, rue d'Anjou ✆ 02 41 20 15 60. Avec sa façade anisée sur deux étages, il est difficile de la rater. L'enseigne se fait spécialiste dans la réalisation de bouquets travaillés, en forme de cœur, en boule ou en carré et propose même les fleurs de saison en petits pots (narcisse, perce- neige, jacinthe ou amaryllis). Dans l'air du temps, il règne ici un rien d'atmosphère champêtre des instants modernes. Boutique claire et parfumée, accueil charmant. **Autre adresse : Centre Commercial Grand-Maine 2, rue Grand-Launay 02 41 73 32 89.**

SI J'AVAIS UN JARDIN 3, rue Toussaint ✆ 02 41 25 06 36. Voir en partie "Shopping", chapitre "Maison" puis rubrique "Jardineries".

Gadgets et cadeaux originaux

CARTERIE (HALLMARK) 5, rue Saint-Laud - Place Romain ✆ 02 41 87 62 21. Le paradis du gadget et de la carte postale, on y trouve de tout. La carterie est divisée en trois. A droite en entrant la partie cartes postales traditionnelle (de plus en plus rare et c'est tant mieux), géante, humoristique, tendance ou décorative, vous y trouverez toujours votre bonheur. A gauche, la vaisselle à l'effigie des héros de B.D. et autres marques transcontinentales et les gadgets porte-téléphone cochon, ou beurrier vache qui rit. Au fond du magasin se dénicheront les Toons et tous leurs dérivés : pyjama Betty Boop, bol Titi et Grominet ou statuette Tex Avery. C'est la partie dédiée aux collectionneurs avec des Titi taille humaine en résine peinte à la main, des Snoopy en plomb ou des scènes de Joe Bar Team. Le seul défaut que l'on pourrait reprocher à ce magasin c'est la difficulté à se mouvoir due à la prolifération d'objets du sol au plafond, mais c'est aussi ce qui fait son charme.

LA CHAISE LONGUE 36, rue Saint-Julien ✆ 02 41 88 57 20. C'est ici le domaine de l'utilitaire en version "esthétique". Les ustensiles de cuisine deviennent objets de déco dans leur version chromée (sauciers isothermes, presse-agrumes, balances, etc.), et les idées sont insolites : mini-réfrigérateur/réchauffeur, le combiné four/cafetière électrique de 45-cm de large. Même les poubelles de cuisine et les balayettes deviennent désirables dans leur version inox rutilante ! Pour les petits cadeaux pas chers, toute une gamme de gadgets (de moins bon goût) dans le fond du magasin.

COMPTOIR IRLANDAIS 16, place de la République ✆ 02 41 86 92 50. Cette adresse, "british" jusque dans la sympathique (et très classe !) flegme du commerçant, est devenue incontournable pour les adeptes des mœurs d'Outre-Manche. Large choix de bières et whiskys de là-bas (idéal à offrir avec les verres assortis), nourriture typique (marmelade et autres chutneys), littérature et musique celtique mais aussi des vêtements "à l'aise breizh" ou "celtic alliance". Dépaysement garanti.

JARDIN D'EDEN 3, rue Saint-Lazare ✆ 02 41 48 03 02. Malgré son emplacement très excentré, ce magasin est bien connu de tous ceux qui s'intéressent aux sciences "parallèles", à la médecine douce, aux techniques de bien-être et de paix de l'esprit. On y trouve une librairie ésotérique, mais aussi des encens tibétains, des coussins pour la méditation, des C.D. de musique relaxante, des cartes postales tendres et amusantes, tarots et boules de cristal bref ! Tout ce dont on peut avoir besoin pour rendre son cadre de vie plus zen. Petit salon de thé à l'intérieur pour déguster des plantes parfumées, et c'est l'endroit où vous pourrez trouver toutes les annonces pour les stages un peu marginaux : yoga, Tai Chi, relaxation, zen, sophrologie. Un magasin qui vous veut du bien, et d'ailleurs, l'accueil y est particulièrement amical.

NATURE ET DECOUVERTES 8, place du Ralliement ✆ 02 41 23 13 50. Une enseigne qui comme le nom l'indique s'est spécialisée dans les articles de jardinage, les décorations de jardin, les plantes aromatiques, l'astronomie et l'artisanat étranger… Un hommage à la planète. Encens, musique du monde ou bruits des éléments, ici la nature est glorifiée et mise en valeur. Le magasin est également pourvu d'un rayon destiné aux plus petits et à l'éveil de leur sens par l'intermédiaire de jeux. Sur ce thème, l'enseigne a également mis en place des ateliers découverte et des sorties pédagogiques pour découvrir la faune et la flore de notre région et du monde. Tout est réuni pour trouver un cadeau, faire plaisir à vos sens (musique zen, parfum d'ambiance, bijoux en turquoise) mais attention aux prix souvent exorbitants. Il faudra fouiner pour réaliser toutefois de bonnes affaires

L'OCCITANE 20, rue Lenepveu ✆ 02 41 86 50 17. Voir "Savonneries et parfums de la maison" plus bas et "Instituts de beauté".

Jouets

LE BALLON ROUGE - JOUECLUB 38, rue de la Roë © 02 41 88 63 64. Les tricycles en métal rouge exposés sur le trottoir sont exactement les mêmes qu'il y a 30 ans, mais ne vous y fiez pas, à l'intérieur, vous trouverez l'actualité des jouets et des jeux, de 3 mois à 99 ans. Fisher Price, Playmobil, Lego, petites voitures, mécanos, puzzles (rayon très bien fourni de 25 à 10 000 pièces), poupées, peluches, mais aussi les jeux des grands : échiquiers, cartes, jeux de rôles… Pas de doute, le jeu a encore un bel avenir et c'est un domaine d'innovations perpétuelles.

LE BONHOMME DE BOIS 4, rue de l'Aiguillerie © 02 41 20 32 37. Un cadeau à faire, une naissance, un baptême ou juste envie de faire plaisir à soi ou à son bout de chou, rendez-vous au bonhomme de bois. Comme le nom l'indique vous trouverez beaucoup de jouets en bois, châteaux forts ou petits trains pour les garçons, maisons de poupée ou marchandes pour les filles et les incontournables peluches au pelage tout doux. Un joli rayon vaisselle en matières nobles équipera les kitchenettes des cordons bleus en herbe. Si vous ne connaissez pas, allez découvrir les produits Moulin Roty : doudous, peluches, hochets, chaussons de naissances, tapis d'éveil, le tout dans des couleurs vives et sous formes d'animaux rigolos. Le propriétaire de ce magasin est adorable et toujours prêt à bien vous conseiller.

JEUJOU 17 rue Max-Richard © 02 41 87 53 16. Deux étages, bien organisés par âge, par catégories et… par sexe : et oui, les filles ont toujours envie des poupées et du rose bonbon, les garçons ont toujours le goût des trains et des constructions. Il n'y a rien que vous ne puissiez trouver dans la maison Fouqueray, Lego, Playmobil, jeux de plein air, jouets éducatifs et d'éveil pour bébés, les puzzles de 3 à 5-000 pièces, etc. Les fans d'Imaginext de Fisher Price (le nouveau succès dans le monde du jouet) y trouveront toutes les boîtes aux thèmes variés. Une adresse cachée mais que les parents commencent à connaître.

LA LUCIOLE 4, rue des Poëliers © 02 41 86 16 06. La gérante de ce coffre à jouets vous guidera avec brio pour tous vos désirs. De l'univers des petits bouts avec mobile, lanterne magique, à l'univers des plus grands avec jeux de société, jeux en bois et objets décoratifs en passant par les incontournables marionnettes. Tout est décliné en musique et en couleur. La Luciole est un lieu unique. Voir aussi rubrique librairies.

SAJOU - A VOS MARQUES LES ENFANTS 17bis, rue de la Roë © 02 41 86 93 64. Etonnante la surface de ce magasin dont la vitrine ne paye pas de mine. Elle s'étend en profondeur et en étage, et on ne voit pas ce qui pourrait bien manquer pour satisfaire nos bambins. Playmobil à profusion, Lego, maquettes, mécanos, une très belle vitrine de voitures miniatures (Norev continue de faire rêver les adultes que nous sommes) où l'on trouvera la Renault Mégane, la Peugeot 307, mais aussi la Simca 1100 ou la R16. Les plus sérieux trouveront également des échecs ou des cartes à jouer, les plus artistes des peintures pour textile ou verre, les plus jeunes se rouleront sur le gros hippopotame en coton… Il y a beaucoup de belles choses, dommage que le décor ne les mette pas plus en valeur bien que ça évolue tout doucement de ce côté. L'accueil est bien chaleureux, compétent, la patronne chante tout le temps et le rayon piles demeure toujours aux meilleurs prix sur Angers. (C'est important quand on sait ce qu'engouffrent comme énergie les jouets d'aujourd'hui !).

ESPACE EMERAUDE Route de Sainte-Gemmes - LES-PONTS-DE-CE © 02 41 66 17 17. Cela vous paraîtra bizarre que nous ajoutions cette adresse à cette rubrique. Notre motivation a été excitée par la présence, tout au long de l'année et plus encore au moment des fêtes de fin d'année, d'un rayon "miniatures" formidable dédié aux engins agricoles, de chantiers ou de routes. Accessoires et tracteurs dans 3 à 4 marques principales en métal ou plastique de haute qualité et d'une reproduction extrêmement fidèle, le tout à très bon prix. On y a vu entre autres un superbe chariot élévateur radio commandé aux multiples possibilités, offrant aux enfants de nombreuses heures de jeu passionnantes.

FOUCRAY ZAC Vernusson - LES-PONTS-DE-CE © 02 41 79 27 94. Situé non loin du karting des Ponts-de-Cé, cet immense hangar est grossiste dans le domaine du C.E. et des kermesses. Ouvert toute l'année au grand public, il est intéressant justement pour les petits articles de kermesse et anniversaires ou encore pour des références boudées dans le centre-ville.

Papeteries et équipement de bureaux

ANJOU BUREAU GESTION (ABG) Avenue Paul-Prosper-Guilhem - ZI Beaucouzé © 02 41 22 40 40. *Face à Décathlon.* Mobilier, appareils de reprographie, fax ou fournitures en tous genres, tout ce qui sert à équiper son bureau se trouve à ABG, du simple crayon à papier au petit coffre-fort. Ici l'atout principal est le choix, assez intéressant, et les produits, variés, sont globalement de qualité, aussi bien pour les particuliers que pour les professionnels. La gamme de chez Gautier offre un choix solide de meubles de bureau aussi pour le particulier, à prix étudiés. Plein Ciel est la gamme de papeterie privilégiée ici, où l'on conseille d'ouvrir un compte car on a tout sous la main.

FAVRY EMBALLAGES 24, rue du Maine © 02 41 43 62 18. Très connue pour l'emballage, la déco thématique et les cotillons (voir rubrique Réceptions-fêtes). Favry a régulièrement développé ses rayons voués à l'écriture, au marquage, à la signalétique et à la petite fourniture de bureau. Le choix est large. Voir décoration et cotillons en rubrique "Réceptions" en fin de guide.

LES GITANES 17, boulevard Foch © 02 41 88 22 82. Papeterie plutôt haute gamme avec, avant tout, les indispensables objets de bureau pour le standing : porte-lettres, porte stylos… tout cuir, stylos à plume de marque qui font tous plus envie les uns que les autres… Tout pour le raffinement et le plaisir des yeux, même au bureau. C'est aussi une des meilleures adresses pour les fumeurs (il en reste !) de cigares et même de pipe. Mais beaucoup connaissent à Angers cette boutique, très bien située, tout simplement pour sa maison de la presse fort bien agencée pour y découvrir une revue à thème ou encore son quotidien préféré.

LHERIAU LIBRAIRIE PAPETERIE 10, place de la Visitation © 02 41 87 75 87. Dans un amusant dédale de piles de livres et de contournements de présentoirs, cette petite boutique regorge tout de même d'un nombre conséquent d'ouvrages dans tous les domaines. On retiendra ici un choix important en papeterie où rien ne fait défaut, ainsi qu'un choix de stylos dans la pure tradition française, y compris les incontournables fantaisies calligraphiques.

PAPETERIE RICHER 6-8, rue Chaperonnière ✆ 02 41 25 50 00. On connaît “Richer” pour ses journaux, pour ses livres, ce qui permet, lors du shopping, un arrêt culturel ; mais l'on y vient aussi, et là, moins pour flâner que pour y trouver les fournitures indispensables à la scolarité des enfants, à la poursuite des études des étudiants, aux déclarations, facturations et courriers des PME, artisans et professions libérales. Et ensuite, pour les loisirs de peintres et dessinateurs du dimanche, d'écrivains sur beau papier, ou encore pour faire plaisir avec de beaux cadeaux, stylos, grandes marques (voir le nouvel et bel espace qui leur est dédié à gauche sur le même trottoir). Si vous êtes un peu perdu, aucune hésitation, il faut demander aux vendeuses ; elles sont à la page pour bien vous conseiller ou vous remettre sur la voie du bon étage ou du bon rayon.

SADEL Boulevardd de la Romanerie - SAINT-BARTHELEMY-D'ANJOU ✆ 02 41 21 11 80. Librairie-papeterie coopérative, la SADEL approvisionne les enseignants et tous les professionnels de l'éducation et de l'animation auprès d'enfants. Mais les particuliers peuvent aussi bénéficier du grand choix et des prix pratiqués. Concernant les articles de papeterie, on ne trouvera pas ici d'élégants stylos ou de luxueux agendas. En revanche, c'est le royaume du papier (de toutes les couleurs et de tous les grammages), de tous types de fournitures scolaires, ainsi que d'ouvrages et de matériel pour les travaux manuels.

Savonneries, parfums de maison et produits naturels

CITRONNELLE 35, rue Lionnaise ✆ 02 41 86 04 86. Voir aussi chapitre "Beauté".

L'OCCITANE 20, rue Lenepveu ✆ 02 41 86 50 17. Les premiers produits artisanaux "L'Occitane" que l'on avait du mal à trouver il y a encore quelques années, sont devenus une vraie ligne de produits luxueux et beaux. Beaux les conditionnements (bouteille en métal, pots de miel...), belles les couleurs acidulées des flacons de bains, douches, crèmes, laits hydratants. La répartition des produits est claire et soignée, par rayons thématiques ("soins hydratants", "aromachologie", "fragrances" de thé ou miel, "hommes"...) dans un magasin lumineux où le rouge des briques et le jaune se marient à merveille. Un royaume de la tentation pour se sentir beaux soi-même dans le respect des produits naturels (crèmes au miel, douche à l'orange, parfums d'ambiance aux huiles essentielles...). Voir aussi le centre de soin en rubrique "Instituts de beauté".

LA PROVENCE DE PAULINE 32, rue de la Roë ✆ 02 41 24 76 63. Après la pièce cuisine, il faut continuer dans l'espace salle de bains au fond du magasin. Là, savons d'Alep, de Marseille, huiles de massage et de beauté, vaporisateurs d'ambiance et de linge vous entourent des parfums de Provence. Voir aussi rubrique "A table" les produits gourmands.

grands magasins, grandes surfaces

Centres commerciaux

ESPACE ANJOU 75, avenue Montaigne © 02 41 88 41 03. *Ouvert du lundi au samedi de 9h30 à 21h. Accès en bus par la ligne 15, en venant du centre-ville, prendre la direction de Saumur.* La galerie rassemble plus de 90 boutiques, l'ambiance sonore est légère, l'atmosphère rehaussée par des diffuseurs de parfums et les allées sont spacieuses et agrémentées de fontaines tropicales où l'on peut s'asseoir. Les animations sont nombreuses tout au long de l'année. On regrettera simplement la disparition de l'espace enfants (ne subsiste que le manège au centre), bien pratique pour faire ses courses tranquillement en faisant garder ses rejetons. Location d'une Boobalou (voiturette pour enfant, 2 €/heure).

GRAND-MAINE Route de Nantes © 02 41 22 75 00. C'est certainement le centre commercial le plus complet de l'agglomération. Il offre, dans l'environnement de la galerie commerciale et de l'hyper, un grand nombre de commerces : meubles, vêtements, cuisines, bureaux, etc. Et dans la galerie elle-même, de nombreuses boutiques de prêt-à-porter sont installées, cadeaux, commerces de bouche, services (banques, pharmacie) et restauration.

MOLLIERES Quartier Mollières, à l'ouest du Lac-de-Maine, tout près de Décathlon et Twinner. *Ouvert de 8h30 à 20h.* Une dizaine de commerces autour d'un supermarché Attac, l'avantage principal est d'éviter aux habitants de ce nouveau quartier de prendre leur voiture pour aller faire leurs courses quotidiennes. Boulangerie (nouveaux propriétaires), pressing, pharmacie, papeterie – presse, opticien, coiffeur, banque et restaurant, boîte aux lettres, l'essentiel est là. Il s'agit bien d'un centre commercial de proximité. Qui s'adresse donc aux habitants du coin. Une mention particulière pour le Bistrot Jules que vous découvrirez au chapitre restaurant, rubrique "Milieu de mois".

SAINT SERGE © 02 41 21 38 38. *Ouvert de 9h à 22h, de 8h30 à 21h le samedi.* Le long de la grande surface Carrefour, cette petite galerie rectiligne compte une quinzaine de commerces. On peut y prendre des repas dans une petite brasserie pizzeria ou sur le pouce dans une pâtisserie sandwicherie. Il n'est pas forcément très plaisant de parcourir cette galerie étroite et un peu vieillotte sur une partie, mais on attend avec impatience sa réhabilitation et sa modernisation qui devrait voir le jour courant 2005, avec un agrandissement de la galerie marchande. Enfin, difficile de rater le McDonald's sur le parking, le seul sur Angers à être ouvert 24h/24 et paraît-il un des plus importants de France.

DOMAINE & CHATEAU
AUZIAS
AOC Cabardès - Cité de Carcassonne
11610 PENNAUTIER - LANGUEDOC - FRANCE
Retrouvez ce vin
dans le rayon spiritueux
de votre magasin à Angers :
6, rue d'Alsace

RIVE SUD 26, rue Valentin-des-Ormeaux - MURS-ERIGNE © 02 41 79 45 45. Hyper U avec son centre commercial Rive-Sud que l'agglomération Sud-Loire connaît bien, subit quelques transformations pour recevoir de nouvelles enseignes dont le 5e Mac Do de la région, une enseigne de bricolage et un nouveau parking à étage. L'accès par la rocade est pratique mais en sortir est moins commode. On y trouve des surfaces à taille humaine : Super-Sport, Feu Vert, Gifi, les cuisine Arthure Bonnet et l'électroménager Gitem, un litier, une enseigne de jardinerie, un notaire, deux banques, une pharmacie, des bijoux, des cadeaux, des chaussures, des bonbons, on en oublie et même La Poste.

Grand magasin

GALERIES LAFAYETTE 6, rue d'Alsace © 02 41 88 05 50. Une enseigne prestigieuse à la hauteur de l'immeuble qui l'abrite. C'est un des plus beaux exemples sur la ville de l'influence Art nouveau au niveau architectural. La grande verrière et les larges escaliers donnent à l'ensemble des airs luxueux dignes d'une capitale. La répartition en étages permet l'harmonie entre les différents espaces : prêt-à-porter femmes (qui s'étend le plus), hommes et enfants, accessoires, arts ménagers, bijouterie et "shop beauté" (parfums, cosmétiques…). D'importants travaux de réaménagement au cours du printemps 2004 ont permis d'agrandir les rayons vêtements hommes et femmes. Quant à la partie alimentaire, elle se cache au sous-sol et ne dénature pas ainsi l'élégance de l'ensemble. Les Galeries Lafayette occupent une place de choix dans le cœur des Angevins.

Grandes surfaces

CARREFOUR Centre Commercial Grand-Maine © 02 41 73 29 30. Il faut bien reconnaître que la possibilité de choix des produits frais : légumes, laitiers, viandes, poissons, est impressionnante, comme dans toutes ces grandes surfaces. La partie alimentaire n'a pas de concurrence au niveau qualité et prix. En revanche, les rayons vêtements, informatique, électroménager, etc. sont d'intérêt bien secondaire. De grosses transformations sont prévues.

CENTRE LECLERC 1, boulevard Albert-Camus © 02 41 73 28 88. *Ouvert tous les jours de 9h à 20h, jusqu'à 20h30 le vendredi et 19h45 le samedi.* Aucun rayon n'est particulièrement développé (sauf celui des vins), mais chacun est bien suffisamment garni pour les grandes courses bimensuelles ou hebdomadaires. On apprécie chez Leclerc le parti pris pour promouvoir les produits alimentaires régionaux, y compris ceux de petits producteurs ponctuellement. Un bon coup de peinture ou une modernisation des abords seraient cependant les bienvenus.

GEANT CASINO Centre Commercial Espace-Anjou © 02 41 24 64 00. Comme son concurrent Carrefour à Grand-Maine, Géant possède un espace à part pour tout ce qui est multimédia, téléphonie, photo, télévision, hi-fi et électroménager ; ce second magasin est bien équipé, mais il faut parfois s'armer de patience pour trouver un vendeur, compétent, certes, mais souvent très occupé. Pour le reste, il semble que Géant aime particulièrement bichonner les enfants et le porte-monnaie de leurs parents. Les rayons jouets et vêtements layette et juniors sont particulièrement bien fournis, et, amusants, les chariots qui ont à l'avant une voiture jaune et bleue à l'intérieur de laquelle les p'tits loups pilotent dans les rayons ! Et certains rayons alimentaires ont été enrichis de produits issus du commerce équitable. Dommage qu'ils ne soient pas mieux mis en valeur. **Autre adresse : Centre Commercial du Chapeau de Gendarme 02 41 44 75 00.**

HYPER U Centre Commercial Rive-Sud - 26, rue Valentin-des-Ormeaux © 02 41 79 45 45. Doté d'un centre commercial tentaculaire, cette immense base de shopping, victime de son succès, devrait encore s'agrandir et déménager de l'autre côté de la bretelle d'autoroute dans un avenir certain. Toute la région sud-Anjou y trouve de quoi s'approvisionner dans tous les domaines.

SUPER U DES JUSTICES 6, square Louis-Jouvet © 02 41 47 55 61. Ce magasin de quartier s'est fait un check-up et relookage et le voilà refait à neuf. Enfin une surface digne des gros centres commerciaux qu'on trouve généralement à l'extérieur du centre-ville. Une clarté agréable, une propreté irréprochable, le Super U a gagné de nouveaux rayons, bien plus nombreux et donc plus étoffés orientant vers un choix de produits de consommation plus conséquent. Certains ont été entièrement repensés notamment le rayon poissonnerie, de toute beauté, se situant à l'entrée principale et qui arbore un superbe aquarium. Celui de la charcuterie a lui aussi été repensé. Désormais l'accès au magasin se fait par trois entrées (dont une par la petite place qui amène directement par la presse), le parking est plus grand et la façade est esthétique. Les résidents vous le diront : c'est plus grand, bien plus beau et c'est neuf !

maison

Ameublement

Antiquaires et brocanteurs

Pour les passionnés et fouineurs de meubles, objets d'art et vieilleries, le parcours sera facile à Angers puisque de nombreuses adresses d'antiquaires et de brocanteurs sont concentrées dans la rue Toussaint. Ils pratiquent tous achats vente et estimation de vos objets anciens mais chacun a sa spécialité, son époque de prédilection et donc vos objets intéresseront plus l'un que l'autre alors n'hésitez pas à tous les consulter avant de vous décider à vendre vos biens. A noter également le grand rendez-vous de Durtal (à 30 kilomètres au nord d'Angers) fin septembre.

ANTICA 19bis, rue Toussaint ✆ 02 41 86 05 10/06 08 01 96 75. Un peu fouillis mais la caverne d'Ali Baba en puissance avec beaucoup de jouets anciens, de costumes d'époque et surtout des costumes militaires, et des chinoiseries. Un joli bazar attachant !

ANTIQUITES JOLIVET 21, rue Toussaint ✆ 02 41 20 34 17. Une très belle boutique qui vous ravira par son charme ancien. L'antiquité dans ses nobles facettes !

L'ATELIER 9, rue Toussaint ✆ 02 41 88 74 10. Une boutique spécialisée dans les gravures, peintures, lithographie et antiquités. Attention à la tête en descendant !

BREHERET HELENE 31, rue Toussaint ✆ 02 41 88 07 60. Spécialisée dans les bijoux en argent, l'argenterie et la décoration. Maman de l'adresse ci-dessous, et rompue à la recherche des introuvables pour une clientèle avisée.

BREHERET NICOLAS 17, rue Toussaint ✆ 02 41 87 71 38/06 07 06 60 71. Une échoppe qui comporte de très beaux meubles anciens, servis par un jeune homme très "Titi parisien", au demeurant adorable et surtout pince-sans-rire. Sa moto, sur le trottoir, n'est pas à vendre. Sans blague, il nous dégote toujours d'insolites objets !

LES CAPRICES DU TEMPS 3, rue Toussaint ✆ 02 41 20 07 29. Un véritable capharnaüm, ou une femme de caractère officie entre poupées de porcelaine, parfum et figurines en biscuit. La seule du genre !

DUFLOT 19, place Sainte-Croix ✆ 02 41 87 39 33/06 07 36 33 54/06 09 39 79 59. La boutique est très luxueuse et basée sur le thème du mobilier 1900 à 1930. Là, c'est la classe et pas un défaut masqué !

GIROU GILLES 19, rue Toussaint ✆ 02 41 20 03 44/06 80 87 73 93. La galerie typique du brocanteur, avec meubles et objets de décoration en pagaille. Pas de singularisme quoi !

JEAN-PIERRE LEVEILLEY 39, rue Toussaint ✆ 02 41 88 36 45. Deux entrées pour accéder à cette boutique qui recèle de vieilleries, de vieilles pierres, de fossiles. Une cheminée viendra vous conférer sa chaleur durant l'hiver. Un homme très affable qui discute volontiers le bout de gras, mais pas trop les prix !

L'OBJET 17, rue Toussaint ✆ 02 41 87 71 38/06 07 06 60 71. Une des échoppes qui se révèle la plus diverse mais aussi la plus connue. Divers styles y sont déclinés et souvent de très belles grilles en fonte sont exposées (grilles d'entrée, pare-feu ou balustrade d'escalier).

RENDEZ-VOUS M. Philippe GUEMARD - 5, promenade de la Baumette ✆ 02 41 86 85 88. Achat, vente, estimation, antiquité, brocante, décoration d'intérieur. Une superbe boutique qui vaut le détour rien que pour le plaisir des yeux. Musique zen et parfum de bois vous transportent dans un monde fait de bois blanc, d'horloges de gare et de jouets anciens.

UN SOFA POUR DEUX 42, rue du Soleil-Levant - Impasse donnant sur l'avenue Victor-Chatenay ✆ 02 41 43 42 42. De la couleur et encore de la couleur, ce magasin regorge de mobilier ancien mais également moderne (enfin presque car ils sont si bien restaurés que l'on pourrait le croire) avec une belle collection de sièges et fauteuils, normal monsieur est tapissier. Spécialiste aussi de la restauration des luminaires anciens.

Agenda des principales brocantes

Mars : Foire aux Croûtes rue des Lices. Le premier week-end de mars la rue est envahie par les brocanteurs et les magasins par des expositions de peintres locaux.

Broc et Puces des Pays de la Loire, Parc des Expositions d'Angers. Sans doute la plus populaire des brocantes de tout l'Ouest de la France, un fabuleux grenier où chacun vient y dénicher la perle rare. Pour être sûr de son achat, des experts sont là pour assurer la bonne marche de la brocante et assurer à chacun l'authenticité de la marchandise vendue.

Avril : Salon du livre ancien et du vieux papier à Murs-Erigné. 1er week-end. Ce salon regroupe toutes les œuvres sur papiers : poésie, histoire, littérature, B.D. mais également les métiers en rapport avec le livre : créateur d'ex-libris, relieur, enlumineur…

Octobre : Dernier week-end, Salon des Antiquaires, Parc des Expositions d'Angers. Ce salon est dédié aux professionnels de la brocante et expose une large gamme de meubles et objets de décoration.

Brocantes hebdomadaires :

Puces de Montsoreau : 2e dimanche de chaque mois de 9h à 18h. 20 à 70 exposants chaque mois.

Brocantes de Montreuil-Bellay : 1er dimanche de chaque mois.

Puces de Montgeoffroy à Mazé, dans l'allée du château de Montgeoffroy. Dernier dimanche de chaque mois.

Bibliothèques

L'UNIVERS DU RANGEMENT 87, avenue Patton © 02 41 48 44 99. Voilà des années que sévit cette enseigne qui sait malgré tout renouveler ses tailles, ses teintes, ses styles de rangement du livre. Il est impossible ici de ne pas trouver une solution pour aménager son coin ou sa pièce bibliothèque avec des meubles de qualité à des prix raisonnables. Si on le souhaite la maison aide pour le montage.

Décapage

CA DECAP METALBOI ZA de Lanserre - Route de Brissac - JUIGNE-SUR-LOIRE © 02 41 79 22 00. Monsieur Falcon décape et redonne visage à tous les matériels de la maison. Portes, fenêtres, meubles, objets divers, antiquités, vieilleries renaissent dans ces locaux d'où vos précieux bijoux de famille ressortiront comme vous ne l'auriez jamais imaginé. Il ne vous restera plus qu'à peindre, teindre ou vernir vos éléments redevenus propres. Tarifs sur barème et sur devis.

Meubles

4 PIEDS 3, boulevard Gaston-Birgé ✆ 02 41 60 08 80. Tout, absolument tout ce qui a quatre pieds et qui sert à s'asseoir. Design, rétro, traditionnel, humoristique, dites-nous comment vous vous asseyiez, 4 pieds vous dira qui vous êtes. Tabouret de cuisine ou chaise paillée en passant par la banquette de bistrot et le siège de jardin et le rocking-chair, difficile de ne pas trouver les 4 pieds qu'il vous faut pour vous asseoir. Les tables, déclinées à l'infini, savent grandir au fil des rallonges présentées et si le choix vous paraît encore trop juste (difficile !) il y encore les catalogues aux multiples possibilités.

COTE BOIS/SALON 6, boulevard Gaston-Birgé ✆ 02 41 18 18 58. L'enseigne a changé (anciennement Captain Oliver) mais pas le style du magasin. On retrouve l'inspiration asiatique et africaine, dans des canapés aux couleurs chaudes, en cuir ou tissu, entourés de meubles orientaux et de magnifiques tableaux ethniques. Chine, Inde ou Afrique, l'ambiance coloniale ne se sépare pas d'une recherche du grand confort adapté au mode de vie occidental. Une petite boutique d'objets décoratifs vient compléter l'ensemble et parfaire l'agencement de votre salon.

NOUVEAU

HEMISPHERE SUD Place Romain ✆ 02 41 87 00 13. Malgré un nom qui invite à l'exotisme, Hemisphère Sud ne propose pas que du style oriental. L'impression que l'on a en se promenant dans ses allées, c'est plutôt une invitation au "home sweat home", atmosphère cosy toute faite de bois clair, de vaisselle ancienne, de beaux tissus aux tons chauds, et partout un tas de petits objets ravissants dans le genre maison de poupée anglaise. Bien sûr, il y a quelques tables en mosaïque et du fer forgé, quelques petits airs asiatiques ici ou là, mais on est loin du magasin d'import. Le rayon des courtepointes en piqué de coton et des plaids tissés donnent davantage envie d'habiter une petite maison de campagne qu'un bungalow sous les tropiques. Les deux adresses présentent des décors assez différents, mais dans l'un comme dans l'autre, il y a une foule d'idées d'ameublement, de décoration ou de cadeaux. **Autre adresse : 12, boulevard Gaston-Ramon 02 41 87 85 13.**

Une famille, une ville, une histoire

Il existe des vocations transmissibles de père en fils et en fille, qui s'inscrivent presque dans le patrimoine d'une ville. En 1929, le grand-père, André Pié, plantait son atelier d'ébénisterie avenue Victor Chatenay. Aujourd'hui, la deuxième et la troisième génération occupent le même emplacement. Mode oblige, jusque dans les années 70, c'est l'ancien et la copie d'ancien qui prédomine dans ce vaste hall d'exposition. Mais c'était sans compter sur le besoin d'oxygène de Monsieur Pié fils qui, au fil des années se laissa séduire par ses homologues italiens, dont la créativité s'inscrivait dans un courant d'enthousiasme et de nouveautés. A force de coups de cœur, il décide de s'associer avec Intérieur Design, une autre entreprise familiale passionnée, qui a pu lui transmettre son expérience dans le mobilier contemporain et l'aider dans sa logistique. De son côté, Brigitte Pié, la sœur, se forme aux Beaux-Arts d'Angers (arts décoratifs) et découvre l'extravagance des tissus Kenzo qui font de sa boutique de décoration de la rue des Arènes, une galerie éclatante de lumière et de couleurs. Aujourd'hui, la fille de Monsieur Pié assure aux côtés de son père la relève d'une maison familiale et d'un magasin hors du commun.

LIGNE ROSET 5, avenue de Contades © 02 41 87 88 59. Des lignes contemporaines, modernes, des matériaux riches, en bref on reconnaît au premier regard les lignes Roset. Toujours empreintes de modernité mais associées à des lignes sobres, les collections font appel à des designers de renom. Une boutique qui révèle de grands espaces et une belle luminosité. Verre dépoli, cuir, acier et aluminium sont associés à des bois clairs ou massifs. Attention aux prix car si les lignes sont sobres les tarifs sont quant à eux pas à la portée de toutes les bourses.

MEUBLES GEM 9-11, rue d'Anjou ✆ 02 41 88 13 32. Une enseigne qui privilégie l'authentique et la très grande qualité. 1 000 m^2 dédiés au confort du quotidien dont un vaste rayon literie et une partie élargie consacrée aux fauteuils confort. Le mobilier est assez traditionnel, mais exposé avec un soin et une originalité unique : on entre ici comme dans une maison, dont chaque pièce a été meublée et décorée comme si on était chez soi. Les lignes plus contemporaines restent modestement modernes sans se risquer dans le design. A noter la présence de la marque scandinave Northern Comfort (gros succès lors de la Foire expo 2004), qui présente des canapés dont chaque place est modulable, inclinable et adaptable au confort de chacun, dans des matériaux garantis très longue durée. A essayer absolument ! Quant à l'accueil, simplicité et enthousiasme, gentillesse et disponibilité.

MEUBLES PIE 78, avenue Victor-Chatenay ✆ 02 41 43 76 88. Comme cela vaut le coup de sortir du centre-ville pour aller visiter ce grand hall d'exposition de meubles ! Si l'on connaissait déjà la qualité des meubles traditionnels, le style contemporain a trouvé son mécène en la fille de Monsieur Pié, qui n'hésite pas à vous faire partager sa passion pour les lignes design et les dernières nouveautés de l'ameublement italien. Le nouvel espace réservé aux "créateurs", avec le nouvel aménagement du magasin en mai 2004 qui témoigne d'une volonté farouche : le moderne a envahi les vitrines. Il ne reste plus qu'à rêver devant les modèles Vénus, Oasis ou Twister de la marque Intérieur Design, composables dans tous les revêtements et toutes les couleurs imaginables, ou les grandes nouveautés Poltromec et les ahurissants canapés de Giulio Riboldi. La famille Pié n'a pas fini de nous étonner. Voir aussi Brigitte Pié, rubrique "ensembliers - décorateurs".

MMOS 87, avenue Patton ✆ 02 41 48 38 28. Une entreprise familiale spécialiste à la fois des chaises et tables et du billard. Des chaises et tables, donc en pagaille, sur 400 m^2 de surface, un grand magasin où tout ce qui permet le repos à son postérieur se décline en matières, formes et couleurs à l'infini. Les tables techniques, les matières imputrescibles pour les terrasses, les modules pour séminaires et bien entendu les tables bistrots, tous les genres sont ici disponibles. Et si la myriade de types vous laisse à sec, il y a encore le recours au catalogue. Serge Lamoureux travaille avec une centaine de fournisseurs pas moins, ce qui laisse imaginer l'étendue du choix, d'autant que chaque modèle peut changer de couleur ou de matériau, ce qui multiplie les combinaisons. MMOS s'adresse aussi bien aux particuliers qu'aux collectivités, un tabouret de bar peut d'ailleurs très bien prendre place dans un salon.

PERTUS 33, rue Boisnet ✆ 02 41 87 46 85. Depuis 1864, cette maison était spécialisée dans tout ce qui comportait des baleines (parapluies, bâches, stores et auvents). Aujourd'hui Pertus est le spécialiste du mobilier de jardin et des pièces nommées jardins d'hiver. Du luminaire extérieur au store de terrasse, en passant par les équipements de piscine et les incontournables fauteuils et chaises longues. Teck massif, fer forgé et rotin, mariés à des lignes très originales et élégantes, sont ici conçus pour se fondre à la verdure environnante ou transformer les jardins d'hiver en haltes reposantes. Quand nature et décoration font bon ménage…

02 41 43 76 88
INTÉRIEUR
DESIGN
André Pié
78, AV. VICTOR CHATENAY ANGERS

ROCHE-BOBOIS 58-64, boulevard du Roi-René ✆ 02 41 88 63 84. Une boutique difficile de mettre entre parenthèses, même en flânant tout simplement dans les rues d'Angers, on finit toujours devant la longueur de ses vitrines en plein boulevard du Roi-René, par s'écraser le nez contre l'une d'elles. On découvre et on rêve des meubles que l'on sait déjà de qualité par leur nom de marque et dont l'éventail va du style ancien au moderne, même si ce dernier se décline à l'infini. Bien sûr, cela n'est pas bon marché et l'on a vraiment un produit qui frise l'exception. Le proverbe ne dit-il pas que "l'on n'a pas toujours les moyens d'acheter bon marché" ? Tout ici est beau et l'on a l'assurance de ne pas s'équiper à l'identique du voisin.

SCENES D'INTERIEUR (EX TERRA NOVA) 23, rue de la Roë ✆ 02 41 20 06 65. Le magasin a quitté le groupe Terra Nova pour voguer seul en ce bas monde. De part le fait, il négocie au meilleur marché en se soustrayant aux irrémédiables frais de franchise. La couleur et l'agencement ont changé aussi et les beaux espaces voient garnir leurs flans de belles pièces décoratives bien choisies. Tous les trois mois de nouveaux ensembles boisés qui mêlent avec bonheur le cuir, le tissu, la pierre et le verre, attirent bien des intérieurs angevins. Un style résolument plus contemporain s'installe désormais en ces beaux murs. Au son d'une musique un peu zen et pas mal ethno-swing, on parcourt en compagnie de gens bien accueillants, une chaleureuse échoppe dédiée au confort. On notera de subtils mariages imbriqués sur des tables à manger qui n'attendent que le convive !

Arts de la table

COURBET 37, place Imbach ✆ 02 41 87 41 97. Un vrai paradis pour les passionnés d'art culinaire, et pour les néophytes, il y a ici de quoi déclencher des vocations de cuisinier. La casserole est reine, en inox, en fonte, en cuivre, et elle est aussi belle qu'efficace. Le high-tech en matière d'autocuiseurs, de robots ménagers (Kenwood), impressionnants d'élégance et de technologie. Lagostina et Cristel sont en bonne place dans des gammes semi-professionnelles de grande qualité. Un rayon d'électroménager permet aussi d'équiper le reste de la maison et ces dernières années, le magasin s'est doté d'un beau rayon de vaisselle, parce que la grande cuisine mérite une très belle table. Le client, lui, mériterait cependant un autre accueil !

COUTELLERIE DES POELIERS 7, rue des Poëliers © 02 41 87 50 38. Si la devanture présente une incroyable gamme de couteaux (technique, poche, cuisine, canif', etc.) de belle facture chez Laguiole ou Gilles par exemple, à l'intérieur, on déambulera aisément pour se doter de plats, vaisselles et autres ustensiles qui constitueront également une belle liste de mariage. Un paradis dédié à l'art de la table où la belle verrerie éblouit autant les yeux que la belle porcelaine, ou les cuiseurs wok très à la mode. Ce magasin existe depuis plus de 300 ans et oui 300 ans depuis le jour où la propriétaire de ce magasin a rasé son gendre et ainsi décidé de se spécialiser dans les couteaux et autres lames tranchantes. Le mot expérience prend tout son sens en matière de technique et préparation culinaire avec cette superbe batterie de casseroles, poêles, marmites en cuivre ! Oui, oui, oui, ce sont ces mêmes casseroles, poêles et marmites qui n'ont pas leur pareille pour répartir la chaleur de cuisson du fait justement de ces matériaux nobles. Quelques bonnes confitures en perspective !

DINER CHEZ SOI © 02 41 81 04 43. On ne surprendra personne en disant qu'ici, on trouve de la belle vaisselle pour des tables bien dressées. Villeroy et Bosch, Bernardaud, Wedgewood et Sèvres, de grands noms de la faïence, design ou classique, colorée ou blanche, la vaisselle s'admire sous toutes ses formes. On y trouve de très belles gammes de verres, mais aussi des ustensiles de cuisine en inox et appareils électroménagers haut de gamme (grille-pain, percolateurs, robots...) aussi beaux qu'utiles pour faire de la cuisine un lieu de vie qui n'a rien à envier à la salle à manger. Le magasin s'occupe de vos listes de mariage.

GALERIES LAFAYETTE Place du Ralliement © 02 41 88 39 69. L'espace vaisselle est merveilleusement aménagé en fonction des grandes marques de la table (Villeroy et Bosch, Limoges, Christofle...), avec les éclairages qui mettent en valeur la brillance des verres et des porcelaines. Un bon rayon d'ustensiles haut de gamme pour la cuisine vient compléter un du plus beau rayon des Galeries Lafayette.

MAISONS DU MONDE Centre Commercial Espace-Anjou © 02 41 20 01 30. Le salon est le lieu de prédilection de l'enseigne qui habille coussins, chaises et tables. Des fauteuils et des tables basses rustiques, souvent en style colonial, se marient à merveille aux services de vaisselles colorées et soignés. Bougeoirs, vases, statues africaines, mobiles et luminaires ont ici la faculté d'ajouter du goût au quotidien, et les prix restent abordables d'autant que côté qualité on reste dans de "l'entrée de gamme". Le dépôt de liste de mariage a laissé la place aux chèques-cadeaux (15 €). Pratique, ça sert aussi pour d'autres occasions... Les vendeuses s'appliquent à vous conseiller sur les meilleures utilisations des produits typiques. Une adresse idéale lorsque l'on cherche une bonne idée cadeaux sans toutefois atteindre l'insolite.

NOUVEAU ETABLISSEMENT OUVERT DEPUIS LA DERNIERE EDITION DU PETIT FUTE

LA PORCELAINE - LA SIGNATURE DE VOS CADEAUX 23, rue du Musée © 02 41 88 51 26. C'est davantage un espace cuisine qu'un simple magasin de vaisselle. La porcelaine (de Sologne) est assez classique, avec une majorité de teintes blanches, parfois décorée. Le gros avantage de ce magasin indépendant est sa capacité à suivre les lignes de produits. Il assure donc le réassort tant que le fournisseur possède le modèle (les grandes marques l'assurent longtemps). Ce bel espace lumineux possède un grand choix de mugs fantaisie et de verres colorés. Côté ustensiles, beaucoup de trouvailles à faire, les aciers inox Röstle et les batteries de cuisine Cristel, les faitouts de fonte émaillée, et tout plein de gadgets utiles pour les cordons bleus, qui en font à coup sûr un lieu prédestiné aux listes de mariages. Un bel espace qui suit les tendances sans fatiguer, à deux pas du magnifique musée des Beaux-Arts.

Le coin futé

CASH VAISSELLE 176, rue de la Madeleine © 02 41 66 54 52. La vaisselle est ici joliment dessinée, de qualité convenable et pas trop chère. Normal on est ici au royaume du second choix blanc, uniquement blanc. On peut recevoir dignement et casser sans pleurer ! Petit conseil : la vaisselle sobre est préférable à ce qui semble original ; car c'est de l'original qu'on risque de retrouver chez tous les copains…

Bricolage et jardinage

Grandes surfaces de bricolage

CASTORAMA ZI Beaucouzé © 02 41 73 19 35. Ce géant du bricolage accuse désormais un âge ou les intempéries ont quelque peu délavé son look extérieur. Les travaux de rénovation tardent à venir et son concurrent direct prend de l'avance au fil des mois depuis son réagencement. N'oubliez surtout pas le rendez-vous d'août (dernière semaine) afin de profiter des lots promotionnels. Conseils toujours donnés aimablement par l'équipe des matériaux à l'extérieur ainsi que celui des jeunes femmes à la déco.

ESPACE EMERAUDE Route de Sainte-Gemmes - LES PONTS-DE-CE © 02 41 66 17 17. Pour le bricolage, le jardinage, voilà une des plus grandes surfaces d'équipement de la région. Les matériaux lourds voisinent avec les motoculteurs, les graines de fleurs à semer avec les pommes de terre à planter, le choix est vertigineux, les prix très attractifs, et si c'est surtout le milieu rural qui vient se fournir ici, les citadins y trouveront tout ce dont ils ont besoin. Le service livraison et service après-vente fonctionnent de manière professionnelle et efficace. N'oubliez pas de faire un tour dans le rayon vêtements (hommes femmes), on y trouve des articles d'excellentes qualités pour la vie en plein air, à des prix défiant toute concurrence (vestes polaires, doudounes, tee-shirts, coupe-vent, pantalons, chaussures…)

LEROY MERLIN 191, route d'Angers - SAINT-BARTHELEMY-D'ANJOU © 02 41 27 21 30. On trouve effectivement tout pour réussir chez Leroy Merlin, même sur un rayon mini-brasserie pour continuer de capter le chaland dans son avidité de consommer. L'espace "cours de bricolage" est appréciable bien que le planning soit un peu désuet. On peut apprécier l'extension et le nouvel agencement par familles de produits mais on peut aussi se perdre tant l'offre est généreuse. Si la signalétique est plus claire qu'auparavant, on cherche encore et toujours des conseillers vendeurs qui nous paraissent de plus en plus rares d'année en année. On arrive toujours à "tomber" sur la conseillère outillage (très sympa) mais à la quincaillerie on cherche toujours les fantômes. Enfin, si ce n'était qu'ici ! Le rayon librairie est par contre fort judicieux.

MONSIEUR BRICOLAGE Centre Commercial Rural-Services - SAINT-SYLVAIN-D'ANJOU © 02 41 21 17 17. Une belle surface du bricolage et de l'agencement de la maison angevine. A taille humaine, bien que rien ne manque, le magasin s'articule autour de plusieurs pôles, d'un côté la cave et l'habillement, de l'autre le bricolage et enfin la partie animalerie et jardinerie. Une sorte de village, où chacun trouvera son bonheur pour construire la maison de ses rêves. Un espace matériaux gigantesque permet d'aller chercher son sable et ses parpaings sans entrer au magasin. A l'entrée les luminaires, la décoration d'intérieur et les fleurs coupées. Dans l'allée centrale les promotions du moment. Puis les rayons se décomposent par allée entre rideaux et embrases, beaux-arts, sanitaires, peintures, et écrous et vis en tout genre. Côté jardinerie le choix est conséquent et les vendeurs, nombreux et spécialisés. (Voir aussi aux rubriques : Beaux-arts, animaleries, magasins de sport, caves à vin, prêt-à-porter mixte et aussi, nouveau, à la rubrique location de matériel.). Une mention entre autres, aux jeunes conseillers du rayon électro-portatif, assurément passionnés et généreux en conseils. La jardinerie s'étoffe d'année en année et offre de bons rapports qualité/prix

Location de matériels de bricolage

Voir chapitre "Pense Futé", rubrique "Location".

Jardineries

GAMM VERT Place François-Mitterrand © 02 41 43 73 76. *Fermé le dimanche.* Bien pratique cette jardinerie pour tous les citadins qui ont jardin ou un balcon à embellir. Située en centre-ville, elle a son propre parking. Hormis l'outillage et les végétaux que l'on trouve traditionnellement dans ce type d'endroit, Gamm Vert possède aussi un petit rayon de vins régionaux à des prix très raisonnables. Bon accueil et bons conseils. **Autre adresse : 27, avenue Moulin-Marcillé - LES PONTS-DE-CE 02 41 34 16 75.**

SI J'AVAIS UN JARDIN 3, rue Toussaint © 02 41 25 06 36. On pourrait résumer l'atmosphère de ce jardin par "dedans comme dehors". L'esprit jardinerie se mêle agréablement à la fleuristerie et à la décoration. Pour cela, il faut s'aventurer dans les petits couloirs qui vous mènent dans deux autres espaces pleins à craquer d'adorables gadgets et d'outils de jardinage pour les balcons comme pour les jardins. Arrosoirs en fer-blanc, fontaines, sabots fleuris, on se croirait dans le jardin de nos grands-mères. Original et beau : les tuteurs et les claustras en branches naturelles, les pulls anglais et les tweeds Foster Maughan.

VILMORIN 30bis, avenue Mendès-France - AVRILLE © 02 41 34 25 61. *Situé sur le parking du supermarché Champion. Fermé le dimanche après-midi.* Une adresse suffisamment bien fournie pour les jardiniers qui ne recherchent pas forcément l'originalité et la grande variété de végétaux. L'essentiel est là en graines, semences, plants, composts et outils. Le choix de poteries et autres contenants est même moins standard et plus coloré qu'ailleurs, avec des prix assez attractifs. On y trouve également une petite collection de poissons et d'oiseaux. L'accueil et les conseils sont des plus aimables.

CLAUSE CA du Pin - BEAUCOUZE © 02 41 48 82 27. Chez Clause, ça dépote toujours autant, tant dans l'accueil que dans le choix des belles plantes. Sélection des meilleures semences de fleurs (ah, les graines Clause !), arbres fruitiers, systèmes d'arrosage, outils… sans oublier les éternels nains de jardin. Un beau rayon bouquets de fleurs sèches, naturelles ou en tissu devance géographiquement une immense serre où tous les végétaux adaptés à nos latitudes se côtoient. Si l'on a affaire par chance à l'un des deux patrons, amoureux des plantes (qui courent toujours entre deux clients à la saison des plantations), on aura alors quelques-uns des meilleurs conseils de plantation et de culture de la ville. A ne pas manquer pendant Noël le parcours de décoration de sapin, bougies, et tout ce qu'il faut pour habiller votre sapin et votre maison durant les fêtes. Coco, le placide ara n'est plus, au grand désarroi des enfants.

MA CAMPAGNE Centre Commercial Rive-Sud - MURS-ERIGNE © 02 41 45 76 63. Une jardinerie animalerie, implantée sur un espace laissé à l'abandon plusieurs années et qui a été complètement revue, avec en libre-service 2 000 m^2 couverts et 500 m^2 en extérieur. Son originalité, par rapport aux autres enseignes de jardin, est d'être aussi producteur. Ainsi la plupart des arbustes proviennent de leurs pépinières vendéennes. Un gage pour les clients d'avoir, comme interlocuteurs dans ce magasin, des professionnels de l'horticulture et de la viticulture, et pas seulement des commerçants. Vous trouverez également un grand choix d'articles de plein air et de matériel de pêche. Le bémol vient de la rareté des vendeurs où plusieurs samedis de mars à mai 2002, on attendait longuement les conseils. Voir aussi "Animaleries" au chapitre "Utile", rubrique "Animaux".

JACQUES BRIANT RN23 - Route de Paris - SAINT-SYLVAIN-D'ANJOU © 02 41 18 25 25. *Site Internet : www.jacques-briant.fr/jardinerie. Ouvert 7j/7. Non-stop le samedi. Fermé le dimanche du 1er janvier à mi-février et de mi-juin à fin août.* La plus grande jardinerie de la région ouest avec près de 6 000 m^2 pour le jardin et l'intérieur, à trois minutes du parc expo, avant Pellouailles. Rien ne manque ici et l'on peut dire que la famille Briant a créé l'esprit "jardinerie" en Anjou. Les végétaux d'extérieur sont la principale attraction de cette grande surface végétale et horticole, fondée par Monsieur Briant, mais on vient aussi ici pour se faire réaliser un bouquet de fleurs coupées (tout un art !) ou pour les accessoires de jardinage ainsi que les très beaux ouvrages sur les plantes et l'art de la main verte. Le personnel des végétaux extérieurs, entre autres, encadrés par Monsieur Andorin, est d'une perspicacité infaillible. On est donc entre de bonnes mains.

LE JARDIN DES ARDOISIERES ZA Le Cormier - TRELAZE © 02 41 33 03 10. *Ouvert le dimanche.* Une des plus belles jardineries ouvertes ces dernières années. Plantes d'intérieur, exotiques, de magnifiques orchidées, tout est joliment exposé sous une verrière immense qui inonde de lumière tout le magasin. Dès le printemps, c'est un des plus imposants rayons de plants de la région, on y trouve absolument toutes les variétés, annuelles ou vivaces. A l'extérieur la visite se poursuit avec les arbres, arbustes, fruitiers, bambous… ainsi que tout le matériel nécessaire pour s'aménager un jardin paradisiaque. Le conseil est professionnel, et on y trouve aussi toute l'animalerie. Le seul inconvénient : le manque de caisses à la sortie.

Jardins et paysagistes

HARMONIE VERTE Face à la chocolaterie Réauté - BEAUCOUZE © 02 41 36 01 54. Conseils, réalisation, entretien et élagage, voilà les spécialités d'Olivier Plouzennec, qui fabrique aussi des abris de jardin, des garages et de la décoration de bois pour le jardin.

Quincailleries et drogueries

DROGUERIE SAINT-JULIEN 24, rue Saint-Julien © 02 41 87 65 14. La vieille droguerie de nos grands-pères nous fait chaud au cœur, à nous les amoureux du petit commerce. Pour un vulgaire produit d'entretien, pas la peine d'aller en grande surface. Ici, en plus et même si c'est pour un article de moins de 3 €, on s'occupe de vous… et avec le sourire. On y dégotera à coup sûr les produits et articles pour lesquels on vous a gentiment rigolé au nez ailleurs. Pourvu qu'ça dure !

QUINCAILLERIE FERRE 66, rue Jules-Guitton © 02 41 87 27 79. Que, de ce qui existe, Monsieur Ferré ne possède-t-il pas ? L'adresse d'Angers qui vous déniche à l'unité ce dont la grande distribution ne veut plus s'encombrer, y compris le conseil (précis et efficace) et le sourire. Alors bricolos du dimanche, chevronnés manuels ou mamies en mal de détergent des temps jadis, voici encore l'adresse incontournable, où l'on trouve toutes les réponses à nos petits soucis domestiques. A l'étalage (ce qui fait évidemment le charme de l'endroit), on y trouve aussi des lampes à huile, des couteaux, des pare-feu, des tue-mouches, des cuiseurs de pommes, des marmites en fonte, de l'huile de lin, et bien d'autres substances miraculeuses pour rénover bien des matériels… Monsieur Ferré nous a même confié que son inévitable départ, un jour, serait remplacé par quelqu'un qu'il connaît bien et qui honorera grandement la passation.

Cuisines, cheminées et salles de bains

NOUVEAU

ARTHUR BONNET Centre Commercial Rive-Sud (Hyper U) - MURS-ERIGNE © 02 41 45 90 40. Anciennement sous la marque Teissère, voici des collections très tendance de cuisines et de salles de bains (groupe Snaidairo). Des coupes contemporaines, des matières lisses et douces à vivre, mais surtout de la couleur : kiwi, clémentine, bleu azur ou ambiance zen, ce sont des cuisines qui viennent mettre de la gaieté dans votre quotidien. Même les plus classiques sont revues et corrigées pour s'adapter au mieux à notre façon de vivre. Côté accessoires ce magasin travaille avec les plus grandes marques comme Arthur Martin Electrolux, Siemens, Smeg ou Scholtes. Pour le bain le même désir de fantaisie et de recherche de luminosité (bon à savoir, l'espace partage les lieux avec l'enseigne Gitem, électroménagers, et les patrons officient en ce domaine depuis des lustres, le service après-vente est impeccable !).

CHEMINEES ET CUISINES PHILIPPE 12, boulevard Gaston-Birgé © 02 41 43 67 67. L'originalité chez Philippe c'est la réelle adaptation aux changements de la société. Les pièces à vivre doivent être en adéquation avec les modes de vie et la taille de chacun et cela change beaucoup l'aspect et l'agencement des différents modules dans la cuisine. Du côté des cheminées, c'est la même démarche. La cheminée se fait objet de décoration à part entière en présentant tous les aspects des technologies d'aujourd'hui. Economie d'énergie oblige, le poêle revient en force tant dans son côté utilitaire qu'esthétique. Il chauffe mais il sait aussi cuisiner, réchauffer des plats, tout en s'intégrant dans n'importe quel style de décoration. Certains sont de pures merveilles de design.

DESIGN ET FONCTION 5, rue Savary © 02 41 60 36 37. Le design italien est ici maître de cuisine. La marque exclusive Snaidero ne manquera pas de surprendre par ses formes avant-gardistes ou traditionnelles revisitées, originales et fonctionnelles, surtout lorsque l'on sait que ce sont des constructeurs automobiles qui apportent pour certains modèles leur technologie et leur finition (entre autre Pininfarina). Si les lignes sont italiennes, les appareils de travail sont allemands, de quoi être rassurés sur la haute qualité du matériel de cuisine. Les plans de travail sont en matériaux lourds (ardoise, quartz compressés…), pour une durée de vie optimale et un entretien facile. Il ne reste plus qu'à trouver la maison de vos rêves pour installer autour d'une telle perfection. Pas d'équipe de vendeurs de foires comme souvent rencontrées ailleurs, ici on est pris en charge par un couple passionné, qui fera aboutir votre projet à un cheveu près. Une autre activité complémentaire à la cuisine réside dans la vente et la pose d'astucieuses, esthétiques et légères cloisons coulissantes (rail suspendu), permettant de moduler les volumes d'une pièce ou d'isoler momentanément certains espaces (comme celui de la cuisine, bien entendu).

ESPACE SAMO 87, avenue Patton © 02 41 48 56 49. 500 m² de cuisines et de salles de bains. Depuis plus de trente ans l'enseigne de Dominique et Marie-Joëlle Launay s'est imposée par le bouche à oreille sur le marché. Les prix sont sans doute un peu plus élevés que chez les généralistes, mais le style est incontestablement plus original. La pause est assurée par des gens de métier et de toute façon formés par le boss lui-même et cela se ressent par la qualité et le sérieux de l'enseigne. Le service et le conseil sont pour eux leur devise et on est à l'écoute du moindre de vos souhaits dans la limite du réalisable.

LABEL D'ANJOU (DONT ABC) 12, rue Boisnet ✆ 02 41 87 20 00. *Site Internet : www.label-danjou.com.* Un spécialiste de la cuisine à Angers chez qui on apprécie la qualité des produits, l'écoute dont font preuve l'équipe de vente et les artisans qui viennent vous monter votre rêve. Si les modèles sont d'un niveau de prix légèrement plus élevés en comparaison de ces concurrents directs cela est justifié par une qualité et un service après-vente sans faille. Le style est classique ou rustique mais les coupes sont modernes et les espaces bien pensés, aucun de perdu et des astuces de gain de place en veux-tu en voilà. Une enseigne à taille humaine où il fait bon vivre.

MOBALPA Espace Commercial Lac-de-Maine - 28, rue Grand-Launay ✆ 02 41 73 01 30. Cette enseigne nationale partage ses locaux avec les meubles Célio. La maison Rambault qui a longtemps sévi sur Angers, vient de céder ses magasins. Mobalpa propose toujours des cuisines et des salles de bains à tendance moderne même si des modèles plus rustiques persistent. La marque mise avant tout sur le contact client avec des rendez-vous sur place ou chez vous pour proposer le style et le concept le mieux adapté à vos envies et à votre espace. Le catalogue (un grand nombre de designers italiens travaillent pour l'enseigne) avec lequel elle travaille, regorge d'astuces et d'anecdotes qui permettent un gain d'espace ou une facilité d'utilisation (comme la trappe à déchet intégré dans le plan de travail). Le travail des matières nobles tel le granit, font de leur cuisine de belles pièces à vivre en élégance.

CUISINELLA ZA du Pin - BEAUCOUZE ✆ 02 41 72 30 20. L'enseigne propose deux options : soit vous montez vous-même votre cuisine, soit, si vous ne vous en sentez pas capable vous pouvez faire appel à des professionnels. L'enseigne nationale offre une petite gamme de modèles assez classiques mais à des prix raisonnables. Les grands chefs ont leur Bistrot, le groupe Schmid à son antichambre.

GODIN 5, rue du Landreau - ZA BEAUCOUZE ✆ 02 41 22 03 10. Cheminées, poêles et cuisines. Chaleur du foyer rime avec Godin depuis 1840 qui, en effet, s'est assuré le rôle de leader dans le domaine du poêle et de la cheminée. De plus en plus la cheminée devient un élément de décoration de la maison et plus seulement un chauffage traditionnel. Alors si les cheminées de parement en brique ou l'insert carré ne vous plaisent pas, vous trouverez ici des formes modernes avec des cheminées en fonte à installer au centre de votre salon, des poêles sur lequel vienne ruisseler de l'eau telle une fontaine. C'est beau et si vous déménagez tout se démonte et on l'emmène dans sa nouvelle demeure. Côté cuisine, c'est le plaisir et la gastronomie comme fer de lance avec en-tête de liste les cuisinières Châtelaine. De belles cuisines traditionnelles et un côté champêtre avec des coupes classiques de qualité. Tous les tons pour tous les goûts et un accueil soigné.

Spécialistes des salles de bains

REVE DE BAIN 32, rue des Lices ✆ 02 41 87 80 02. Comme son nom l'indique, votre salle de bains est réalisée selon vos rêves, aménagement clé en main, jusqu'aux merveilleuses faïences murales venues de Tunisie ou d'Italie, dans une recherche sans cesse tournée vers la nouveauté et l'originalité. Mais il est vrai que tout cela a un prix…

LAPEYRE LA MAISON Avenue du Pin - BEAUCOUZE ✆ 02 41 36 20 30. L'enseigne GME ayant été rachetée il y a deux ans par Lapeyre, son nom a changé aussi mais l'activité reste la même : vente d'équipement de salles de bains : carrelage, sanitaires, cabines de douches, robinetterie, meubles et toilettes. Profitez du catalogue et surtout des conseils de montage qu'il prodigue.

NUANCES BAINS 2, square de la Ceriseraie - CA du Landreau - BEAUCOUZE ✆ 02 41 39 43 00. Anciennement Sanistyle Concept (à ne pas confondre avec Sanistyle Angers, Quai Félix-Faure), Nuances Bains n'a que changé de nom et fabrique toujours du solide, de la conception à la réalisation. Un magasin de 100 m² tenu par André et Claudie Montécot, présentant une dizaine de salles de bains en exposition. Ces artisans locaux, soucieux de qualité, s'attachent à répondre au plus près à la demande du client et proposent la salle de bains clé en main de moyen à très haut de gamme. Pose et service après-vente impeccables.

PORCELANOSA 2, rue du Landreau - BEAUCOUZE ✆ 02 41 73 81 00. Cette grande surface spécialisée dans le carrelage, sanitaire et meubles de bains présente ses derniers modèles de salles de bains sur 400 m² de surface, une exposition toujours actualisée. Le carrelage reste la principale activité de Porcelanosa, mais l'enseigne a aussi une grosse activité dans l'hydromassage. La qualité des produits est très belle, faites attention au prix car le budget peut très vite exploser, même si c'est la tendance un peu partout.

Décoration

Affiches et cadres

CADR'EMOI 24, rue Poëliers © 02 41 88 09 04. On vient d'avantage dans cette boutique claire et spacieuse pour les encadrements, proposés sur mesure, dans des coloris très originaux qui se marient notamment très bien à des reproductions d'art ethnique ou à des photos de déserts ou autres paysages ensoleillés (couleurs chaudes dans les tons rouge orangé). En revanche le choix d'affiches, somme toute très convenu, semble là d'avantage pour mettre en situation les cadres que pour lui-même. On retiendra aussi l'adresse pour son éventail de cartes postales.

CADRE PASSION Centre Commercial Espace-Anjou © 02 41 88 76 33. A la demande et sur mesure, M. et Mme Maillet ou leurs employés, sauront vous guider avec goût et compétence pour choisir les baguettes d'encadrement et les formats de cadres. Le travail est sérieux et bien fait. Encore faut-il ne pas avoir trouvé soi-même le cadre idéal dans ceux déjà confectionnés. Pour les plus pressés, un choix de tableaux pré-encadrés, de posters ou de cartes postales célèbres est à disposition.

ECLAT DE VERRE 1, rue Saint-Evroult © 02 41 20 35 73. Un choix vertigineux de cadres, de matières et de couleurs pour faire faire ses encadrements réellement sur mesure et selon ses moindres caprices. Compter un délai d'une semaine environ pour qu'ici on vous fignole un travail de professionnel. Pour le débutant qui voudrait s'essayer à encadrer lui-même ses œuvres, c'est un endroit incontournable. Voir aussi rubrique "Travaux manuels" dans le chapitre "Loisirs".

EDITO ANGERS 10, boulevard du Doyenné © 02 41 42 96 61. *Ouvert tous les jours, sauf dimanche de 10h à 12h et de 14h à 19h, sauf lundi de 14h à 19h et samedi de 9h30 à 12h30 et 14h à 19h.* L'enseigne d'Edito permet de trouver aussi bien les cadres prêts à l'emploi, en abondance, que les matériaux pour bricoler le sien ou le commander sur mesure avec l'atelier cadres. De toutes tailles et de toutes matières (bois, carton, tissu…), vous trouverez forcément le châssis recherché dans des délais et à des tarifs vraiment raisonnables.

PASSE-PARTOUT 10, rue Jacques-Bordier © 02 41 88 22 77. Situé près du Pont noir vers la Baumette dans un hangar réaffecté avec petit parking attenant, cet atelier diffuse cadres, cartes postales, affiches et tout ce qu'il faut pour encadrer et personnaliser les affiches et toiles. Des cours sont dispensés dans l'atelier dans une ambiance chaleureuse et décontractée. On est bien dans l'air du temps avec le grand retour des travaux manuels et ouvrages.

Artisans encadreurs et dorures sur bois

FARDEAU 41, rue Plantagenêt © 02 41 87 44 05. Repris par Patrick Hirbec, la maison Fardeau continue d'assurer un véritable travail artisanal, voire artistique pour l'encadrement mais aussi la restauration des anciens cadres de miroirs ou de tableaux. Artiste peintre lui-même, Patrick Hirbec, ébéniste de formation, sait parfaitement comment mettre en valeur les œuvres, jusqu'à cette très haute spécialité de la pose à la feuille d'or qui est réservée ici à Arsène, un des techniciens qui l'assiste dans son magasin.

ANN'CADRES 49, rue Saint-Nicolas - SAUMUR © 02 41 59 72 01. Cette jeune femme a commencé à faire de l'encadrement pour son plaisir dans le sous-sol de sa maison, puis pour ses amis, et de bouche à oreille et de fil en aiguille, la passion l'a conduite à ouvrir une vraie boutique et deux galeries d'art en Anjou. L'encadrement comme support artistique à part entière, chaque cadre étant une prolongation du tableau, c'est là le vrai talent de cette amatrice de peinture, dont la galerie expose de véritables trésors, exclusifs en France.

Beaux objets et petits meubles

AIOUN 13, rue Pocquet-de-Livonnière © 06 08 89 47 72. Ouvert depuis près de trois ans maintenant, dans cette rue attachante et agréable à arpenter, Aïoun respire le calme et la douceur dépaysante. Les sujets marocains ou tunisiens sont de bonne facture et la gamme est sans cesse renouvelée car les jeunes propriétaires partent souvent sur les sentiers maghrébins y dénicher de beaux effets. La petite boutique croule sous les cendriers et autres plats peints en argile. Des tentures se cachent au fond avec des foulards et des babouches. Un peu d'encens et de très beaux miroirs vous plongent sous la canicule méditerranéenne du Maghreb avant de ressortir, avec au moins les petits verres à thé que l'on sert un mètre au-dessus, faut bien viser mais on s'y croirait !

CALIKO 25, rue Saint-Julien ✆ 02 41 20 15 15. Si cette minuscule boutique, charmante, n'offre que de petites pièces, ces dernières se font d'exception. De splendides lampes et abat-jour garnissent tous les intérieurs et les objets déco tels les miroirs, tablettes, plateaux et bibelots, toujours de bon goût et vantés par une délicate femme qui conçoit certains de ses modèles.

COMPTOIR DE FAMILLE 34, rue Saint-Aubin ✆ 02 41 87 98 65. Cette boutique de poche très chaleureuse renferme vaisselle et objets utilitaires du style de la maison de nos grands-parents, de la fin du XIXe siècle aux années 40. Pour les intérieurs anciens de bon goût ou pour les citadins qui veulent donner un air de campagne à leur home. Cependant, la chaleur de ce boudoir risque parfois de frigorifier le chaland qui peut se voir mal reçu en fonction des humeurs de madame.

COTE MAISON 28, rue de la Roë ✆ 02 41 20 02 00. La maison "côté créateurs" pourrait-on dire. Chaque objet a sa griffe, et les verres Leonardo rivalisent de style avec les fauteuils Starck et les ustensiles Alessi. Tout l'équipement de la maison devient ici objet d'art, et si on n'aime pas pour soi, on peut trouver de quoi offrir aux fans du design.

COULEURS ET MATIERES 18, rue des Lices ✆ 02 41 24 74 88. Un magasin qui se visite comme un musée, et le charme du site y est pour quelque chose (adeptes de la déco classique et conventionnelle s'abstenir). L'arrière de la boutique s'ouvre sur un jardin enchanteur où même les fleurs du camélia dehors, sont assorties aux objets à l'intérieur. Madame Monboussin travaille avec la même passion que les artistes qu'elle expose chez elle (80 % de création française), qu'ils soient créateurs décorateurs, ou artistes peintres (Valérie Limosin, Josiane Dima), elle choisit tout ce qu'elle vend sur des coups de cœur, du bougeoir en métal rouillé aux verres peints à la main, du tapis aux rampes lumineuses (mobilier Désio). Un vertige délicieux, fait de couleurs et de douceurs, qui tranche avec la monotonie un peu désuète de cette rue. Des idées de cadeaux à tous les prix, mais s'il s'agit d'équiper sa maison, il vaut mieux prévoir un budget conséquent.

LA FIBULE 36, rue de la Roë ✆ 02 41 86 90 60. La fibule est ce tout petit magasin qui devient au fil du temps un lieu de plus en plus indispensable aux Angevins pour les idées cadeaux et déco très colorées, quelque fois farfelues, mais toujours stylisées. Ce qui est étonnant dans cette boutique c'est qu'on y trouve autant des sacs en forme d'arrosoirs, que des boîtes pour y ranger toutes sortes de choses et facile de s'y retrouver car c'est écrit dessus (boîte pour se faire belle, boîte à bobos ou encore boîte à secrets), des plateaux de fromages sur lesquels sont peintes d'une façon originale, des vaches, des chèvres etc. Nostalgique des années 80, choisissez les produits version barbapapa.

INTERIEURS D'ASIE 70, boulevard Foch. Il faut vraiment passer devant pour voir ce magasin dont la devanture est très discrète, mais qui est très grand à l'intérieur. De l'artisanat asiatique de très grande qualité, vaisselle, meubles, et des vêtements ou kimonos de soie (satin ou soie sauvage) de toute beauté. Les murs reçoivent des expositions de peintres d'Asie. Ici, tout est délibérément axé sur l'art et l'esthétique, plus que sur l'artisanat traditionnel de base.

K.A. INTERNATIONAL Angle rue de la Roë et Bodinier. *Fermé le lundi.* Installé depuis un peu plus d'un an à la place du restaurant corse, cette boutique a su, grâce à une vitrine colorée et tendance classique, se faire une place au soleil. Enseigne d'origine espagnole, les tentures et autres tapisseries ont la part belle dans ce joli magasin qui a su se doter d'une charmante conseillère qui peut venir chez vous, voir votre mobilier et vous conseiller sur un motif ou une couleur qui s'adaptera au mieux à votre intérieur.

SYMPHONIE 11, rue Saint-Laud ✆ 02 41 87 85 97. Parfois, des meubles sont sortis dans la rue, une table en tek, un banc en fer forgé style années 20, on lève les yeux et l'on découvre l'entrée de la petite boutique. On a alors l'impression de pénétrer dans une maison d'été, la sienne si on pouvait ! Des cages à oiseaux pendent aux plafonds, étrange accord d'une commode avec une patine avec un couple de tasses de café. La responsable, toujours gaie et parfois rêveuse est prête à vous raconter l'histoire des meubles qui sont pour la plupart des imitations d'anciens ou de belles résurrections. Si les prix restent élevés, c'est ici un gage de qualité : les merveilles dénichées sont choisies avec précaution et sensibilité, le magasin fait donc souvent peau neuve avec une petite sélection d'objets seulement.

ETABLISSEMENT RECOMMANDE PAR LE PETIT FUTE

Ensembliers - Décorateurs

3D 20bis, rue du Commerce ✆ 02 41 81 09 23. Si cette adresse n'est plus une nouveauté, elle n'en fini pas de monter. Sa double vitrine présente ce qui se fait de mieux actuellement en décoration. Pointus et éclectiques les tissus et teintures sont d'une telle richesse que même dans les premiers prix on évite la fausse note. Que c'est beau toutes ces étoffes et dans un tel panel, heureusement que les gens de l'art, rompus à l'exercice du conseil, savent composer justement les mariages les plus heureux. Spécialistes aussi des peintures et effets de plafonds et lumières, ils vous présentent sur écran ce que donne votre intérieur une fois réalisé, grâce à l'effet 3D du simulateur. Leurs équipes d'artisans poseurs ont de nombreuses références sur la région, on est donc ici entre de bonnes mains.

ALAIN MURZEAU 7, rue Pocquet-de-Livonnières ✆ 02 41 20 45 63. Alain Murzeau est un décorateur créateur au service de nos intérieurs. Il connaît son métier et sait en plus bien s'entourer. Par sa propre famille d'abord puisque sa fille, accompagnée de son mari, s'est également investie dans l'histoire, et par une équipe de professionnels. Le concept couvre tous les éléments de décoration : tissus, peintures, moquettes, miroirs, luminaires, jusqu'au parfum d'ambiance ! Un seul prestataire pour réaliser la décoration complète de la maison, dans un choix de styles très variés qui conviendront à tous les goûts.

BRIGITTE PIE 21, rue des Arènes ✆ 02 41 87 53 03. Toujours à la pointe en matière de décoration, mais avec, toujours, cette originalité qui fait que cette boutique ne ressemble à aucune autre. La vitrine donne le ton d'emblée, avec son décor chatoyant, réunissant en une seule fresque, meubles, coussins, rideaux, tableaux. Brigitte Pié ose les couleurs et les motifs grandeur nature sur des tissus aériens et un art affirmé de l'esthétique d'intérieur.

CHRISTIAN CHAPEAU 23, rue Beaurepaire ✆ 02 41 88 04 76. Avec des tissus et papiers peints des marques Arte, Arlequin ou Légende, le décorateur vous fera voir la vie en rose. Le magasin vient d'être repris par un jeune décorateur mais a souhaité garder le nom connu et reconnu de son prédécesseur. Ses réalisations très au fait ou nostalgiques, très prisées, s'adaptent à toutes les exigences. Spécialiste entre autres des sols bois, il entretiendra, rénovera ou posera des parquets dans un grand choix de résultats. La tendance semi-rétro où petites fleurs pastel apparaissant ici et là, chez tous les éditeurs, est ici bien représentée.

L'HARIDON 21, rue des Lices ✆ 02 41 88 39 79. Au cœur de la rue la plus chic d'Angers, M. L'Haridon a fait de son enseigne un symbole de l'élégance et du raffinement. Voltaire, tentures ou fauteuil, vous trouverez dans cette petite échoppe des centaines de tissus différents afin de renouveler ou de rénover vos meubles de style. De belles étoffes pour des intérieurs sobres et chics. En plus du travail d'ameublement, il est possible de faire ou refaire vos matelas en laine dans la journée (ce qui ne vous empêchera pas de dormir dans votre lit le soir même).

UN SOFA POUR DEUX 42, rue du Soleil-Levant ✆ 02 41 43 42 42. Impasse donnant sur l'avenue Victor-Chatenay. Ce jeune tapissier possède des doigts d'or. Pas un siège, pas un voltaire, pas un sofa, pas un meuble, pas un luminaire qui ne ressuscite divinement de ses habiles et précieuses mains. Ce grand professionnel, délicat et exigeant, est capable de recréer au détail près, le moindre des savoir-faire acquis durant des siècles, par des générations d'ébénistes, de cordiers, de tapissiers, de tisserands, de liciers et autres restaurateurs d'art. Sa spécialité se focalise entre autres sur l'Art nouveau et plus encore l'Art Déco. Il s'est même spécialisé dans la restauration de luminaires et meubles de cette époque.

Mousse

BRICOMOUSSE 10, rue Montrieux ✆ 02 41 43 60 50. Voici une adresse qui manque à votre agenda si elle n'y est pas déjà. Ici c'est le monde de la mousse : écrins de protection pour toutes sortes de matériels ou d'objets précieux mais également de la mousse pour réparer les coussins du canapé grignoté par le chien, ou les sièges avachis de la voiture. Ne jetez plus vos poufs, ou votre vieille banquette, apportez-la chez Bricomousse et offrez-lui une seconde jeunesse.

DISTRIMOUSSE 49 246, avenue Pasteur ✆ 02 41 43 93 09. Vous avez acheté des fauteuils chez Emmaüs, et vous vous apercevez que finalement, ils sont peu confortables. Pas de panique, chez Distrimousse, on trouve tous les types de mousses à tous les prix. Garnissage, regarnissage, isolation, protection, ce sacré matériau a décidément plus d'un tour dans ses utilisations. Coupe gratuite et immédiate.

Dépôt-ventes - Troc et occase

BROCANTE LES GRENIERS BORDILLON 137bis, rue des Ponts-de-Cé ✆ 02 41 66 79 31. Plus qu'une brocante, avant tout un dépôt-vente ou tout un chacun peut venir y déposer ses bricoles et autres petits trésors sortis des greniers pour les vendre par l'intermédiaire du sympathique patron. La caverne d'Ali Baba avec des salles qui se succèdent le long de ce grand atelier, chacune consacrée à un thème : électroménager, meubles, accessoires.

LA TROCANTE 43, rue Maître-Ecole ✆ 02 41 47 97 44. Très, très mal placée cette Trocante, au bout de la rue des Noyers, à gauche par la rue Saint-Léonard pour les connaisseurs, enfin, un petit détour ne compte plus lorsqu'on cherche la lampe de chevet style année 72 et un cendrier avec l'icône d'un joueur de football de troisième division du championnat 1984. Nous disions l'an passé qu'il était "Le dépôt-vente le plus kitch et le plus bath… de la ville". A croire que l'on a été écouté puisque désormais, tout est classé par famille dans un ordonnancement plus habile !

TROC 3000 404, route de Paris ✆ 02 41 43 29 96. Dépôt-vente oui, mais pas n'importe comment. Pas de bibeloteries à foison ici, mais une sélection d'articles de maison en très bon état, meubles ou électroménagers, bien exposés, et un espace où il est facile de circuler et de s'orienter. On peut aussi trouver du neuf, déclassé ou non, et si les prix sont ici un peu plus élevés qu'ailleurs, on est en contrepartie assuré d'une certaine qualité. Grand espace de literie au fond du magasin (matelas et sommiers neufs).

LA CAVERNE DES PARTICULIERS 7, rue Vaucanson - SAINT-SERGE ✆ 02 41 34 77 71. Immense hangar où l'on circule comme dans un labyrinthe, une vraie caverne d'Ali Baba qui étonne à chaque allée. Du bric-à-brac comme on en trouve dans ce type de dépôt-vente, mais assez bien ordonné, du meuble de salon à la collection de cartes postales, de la literie aux aubes de communiantes. Cela vaut le coup de tomber sur les déstockages de magasins, car on trouve aussi du neuf à prix très réduits.

Et aussi

EMMAUS Sauloup - SAINT-JEAN-DE-LINIERES ✆ 02 41 39 73 39

Electroménager - Télé - Hi-fi – Vidéo

CONNECTIQUE BOUTIQUE 1, rue Pocquet-de-Livonnières ✆ 02 41 86 84 84. L'adresse est bien connue des musiciens et des amateurs de son qui viennent dénicher ici des prises rares ou autres câbles "jack" au mètre ainsi que les meilleures marques professionnelles (micro Sennheiser, saphirs Ortofon…). On y trouve tout ou presque en matière de "connectique" justement : débrideurs d'entrée DV pour caméscope, convertisseurs USB ou adaptateurs téléphoniques pou l'ADSL, évidemment d'actualité. Bref, un repère d'initiés mais où les problèmes de branchement trouvent à coup sûr une solution.

DARTY Centre Commercial Grand-Maine - Avenue du Grand-Launay ✆ 02 41 22 16 16. Mais que dire sur ce magasin d'électroménager ? Du radio-réveil à l'écran télévision géant, en passant par tout le matériel hi-fi et bureautique, il y a tout l'indispensable et le superflu aussi. Vous trouverez tout ce dont vous avez besoin. Le service après-vente n'est plus aussi remarquable qu'avant, quelques petites fausses notes ça et là peuvent irriter, même si le personnel fait son possible pour arranger la sauce. Le renseignement dans certains rayons de la part de quelques vendeurs laisse à désirer et le contraste est saisissant avant 12h30 ou dès la reprise à 13h30.

PLANETE MENAGER 40bis, avenue René-Gasnier - Axe place Bichon - AVRILLE ✆ 02 41 36 77 29. Implanté depuis quelques années dans le grand Ouest et aussi Cholet et Saumur, cette chaîne de magasin offre des appareils électroménagers neufs principalement et se permet de baisser les prix de 10 à 40 % car on y achète des fins de séries, des lots, du déclassé et quelques pièces à défaut d'aspect. De belles marques (Whirlpool, Siemens, etc..) côtoient du grand public (Vedette, Brandt…) et du plus pas de gamme comme LG. La marque se détache en offrant du service rarement rencontré ailleurs avec 3 ans de garantie pièces, main d'œuvre et déplacement ! On ne vous branchera tout de même pas votre lave-linge, à ce prix on aura à travailler un peu quand même, faut pas pousser mémé dans les orties !

BOULANGER 2, rue Ceriseraie - ZA du Landreau - BEAUCOUZE ✆ 02 41 22 21 22. Il semblerait que la qualité d'accueil et d'écoute se soit améliorée dans cette immense surface dédiée à "l'art ménager". Côté blanc, les jeunes femmes, bien expérimentées savent de quoi elles parlent. Les produits techniques (informatique, téléphonie, son et image) sont encore argumentés de temps à autre par quelques vendeurs peu enclins à la passion. Le niveau monte tout de même et côté choix et tarifs, pas de surprise, tout est conforme aux prix fabricants. Le service après-vente s'améliore aussi et devient plus performant que son concurrent direct de Grand-Maine. Petit bémol encore et toujours en hi-fi et autoradio. En attendant 2005 avec l'arrivée aux ex-Halles d'un sérieux confrère, Boulanger assied son avance et confirme son "incontournabilité" locale.

GITEM Centre Commercial Rive-Sud - Hyper U - MURS-ERIGNE ✆ 02 41 45 90 40. Ces gens implantés depuis de nombreuses années, restent incontournables en Sud-Loire. Un conseil de vente et une livraison installation à domicile (sans supplément) de tout premier ordre ! Et ne vous y trompez pas, les tarifs sont rigoureusement identiques à toutes les grandes chaînes de magasin, avec la convivialité et la chaleur humaine en plus. Le magasin partage sa surface avec la nouvelle marque de cuisine Arthur Bonnet (ici anciennement Teissère). C'est magnifique et très contemporain. Voir rubrique "Cuisines".

Hi-fi haut de gamme et home-cinéma (neuf et réparations)

AMBIANCE CONCERT 74bis, rue du Mail ✆ 02 41 87 51 00. Les puristes trouveront dans cette boutique quelques-uns parmi les "musts" de la hi-fi. Pour satisfaire chaque oreille et chaque style de musique, Joël Gianazza propose ce qui ce fait de mieux dans les plus grandes marques (françaises ou européennes), rarement connues chez nous, comme Dinaudio, B & W ou Tannoy. Lorsque le design s'en mêle, le matériel hi-fi devient un instrument d'art à part entière. Si la boutique s'est développée avec l'entrée de l'audiovisuel (lecteurs DVD), la boutique est un espace essentiellement voué au son, et on ne manquera pas d'ailleurs de vous donner des conseils quant à l'acoustique de votre salon de musique, afin que vous puissiez réellement obtenir une "ambiance concert" chez vous. De même, ne pas manquer les "occasions" lorsqu'elles se présentent.

BANG ET OLUFSEN 6, rue des Lices ✆ 02 41 05 07 89. *E-mail : bang. olufsen-angers@wanadoo.fr.* Réputé pour son design, Bang et Olufsen possède l'art de transformer l'audiovisuel en véritables éléments de décoration. Les téléviseurs, toujours à la pointe de la technologie, s'intègrent dans l'espace de vie avec une élégance rare. La finesse des lignes, l'intégration d'une sono audible dans toute la maison, et la possibilité de tout piloter avec une unique télécommande font partie de la réputation de la marque… de même que les prix qui s'envolent vers des sommets ! Sachez cependant qu'il existe un marché de l'occasion : tous les produits B & O sont cotés, en fonction de leur année, et le magasin centralise toutes les offres et demandes des clients. Les produits sont entièrement révisés par la maison. Alors pourquoi se priver du prestige, si une bonne occasion peut faire l'affaire ?

CADENCE 36, rue Boisnet © 02 41 24 75 92. Cadence est un salon à part dans le domaine du son et de l'image. En signe d'actualité, il s'est spécialisé dans le home cinéma et le son, haute fidélité, mais avant tout l'enseigne cible les beaux, voir très beaux budgets avec des produits haut de gamme et très haut de gamme. Composé de cinq auditoriums dans lequel vous pouvez prendre place et comparer les sons et la qualité des images. Une vraie concurrence aux salles de cinéma en terme de qualité. Ecran plasma, vidéo projecteur Barco, enceinte Bose, ou produits phare de la célèbre marque allemande Loewe, c'est la qualité et le luxe qui priment. Une vision très "domotique" du son et de l'image… à suivre en long et en très large. Une boutique à l'esprit pas ouvert à monsieur tout le monde, car l'ambiance qui y règne et les produits diffusés dressent bien le portrait prédéfini d'une clientèle déjà avisée.

DIGITAL 27, rue du Canal © 02 41 87 58 94. Petit magasin mais qui voit tout en grand : l'image grandeur nature avec les téléviseurs à écran plat et les home-cinémas high-tech, et le son en très, très grand, qui d'ailleurs vous accueille dès la porte d'entrée franchie. On a réellement l'impression d'entrer dans une vraie salle de cinéma, et on trouve soudain que la musique et l'image que l'on a chez soi sont vraiment ridicules. On aimerait rester ici plus longtemps, et carrément demander au vendeur de nous laisser tranquille avec la 5e de Beethoven, ou en compagnie de Bruce Willis. Un choix d'enceintes, très important, de grandes marques, connues ou moins courues, mais toujours hyperprofessionnelles.

Location vidéo K7 et DVD

CINEBANK. Voir chapitre "Se détendre", rubrique "Hobbies Photo et Vidéo".

Réparation électroménagers

ECLAIR DEPANNAGE 41, rue du Mail ✆ 02 41 88 86 86. Parfois il faut savoir abandonner son vieil appareil électroménager. Parfois, il s'agit juste d'une petite pièce à changer. Dans tous les cas, ce commerçant saura vous aider à faire le bon choix avec un professionnalisme et une gentillesse sans égal.

SACASPI 74, rue Baudrière ✆ 02 41 88 31 05. Plus spécialisé dans les accessoires pour aspirateurs, Sacaspi propose toutefois du dépannage de tous les appareils électroménagers. L'accueil est charmant et le travail est satisfaisant.

SIDEM 22, boulevard Gaston-Birgé ✆ 02 41 18 18 60. Grand entrepôt où vous ferez réparer tous les types d'appareils électroménagers.

Linge de maison

VOTRE LITERIE Centre Commercial Espace-Anjou ✆ 02 41 25 13 52. Enfin une enseigne privée dans cette galerie où la douilletterie prime sur le marketing. Ce vaste magasin veillant sur notre sommeil, joue la carte du choix et de la quantité. Où pourrait-on trouver un tel choix de draps et de tissus de décoration sur la ville ? Les housses de couette par centaine, sont toutes classées par ordre de couleur, c'est vraiment pratique. Les jetés de lit sont absolument magnifiques, en piqué de coton rétro, ou aux larges motifs pour les Granfoulards de Bassetti (une merveille au toucher). Et si le choix visuel fait encore défaut, les catalogues sont encore là. Au milieu de ce joli bazar évoluent des commerçants peu avares de conseils et de sourires. Voir aussi à la rubrique "Literie".

YVES DELORME 19, rue des Lices © 02 41 25 24 98. Portez le haut de gamme à la maison comme à l'extérieur : on peut rester chez soi voluptueusement, avec beaucoup de chic et de confort, éponges luxueuses, linge de maison, peignoirs en soie (Kenzo, Pierre Frey…). L'élégance déshabillée ! Dommage que la vitrine et la boutique soit un peu ternes.

Linge dégriffé

LA PINCE A LINGE 87, rue de la Madeleine © 02 41 47 46 30. *Fermé le lundi matin et désormais ouvert toute la journée.* Assez excentré mais loin de l'agitation du centre-ville, cet espace douceur a su attirer un nombre impressionnant de clients venus chercher ici la bonne affaire ou de belles collections dans de grandes marques. La qualité des produits et l'originalité du concept ont su fidéliser une clientèle de connaisseurs. Du linge de maison haut de gamme mais dégriffé, donc à des prix imbattables, et toujours de très bon goût. De nouvelles "marques" sont apparues en même temps que la nouvelle propriétaire, et c'est d'ici que sortent les nombreuses idées cadeaux de broderie personnalisée, dont la maison s'est faite une seconde spécialité.

Literie

MAISON DE LA LITERIE 1, boulevard Gaston-Birgé © 02 41 60 42 00. S'il existe autant de sommeils différents selon les dormeurs, la Maison de la literie propose le coucher sur mesure, avec une vaste surface consacrée à tous les types de matelas, sommiers ou canapés convertibles. Les posters couverts de photos et de schémas explicatifs finiront de vous persuader qu'ici, on prend soin de votre dos et de votre repos. La literie évolue comme une véritable technologie, où suspension alvéolée et air-spring font désormais partie du paysage des rêves. Simmons, Epéda, Mérinos, Pirelli, quelques-unes parmi les grandes marques vendues dans le magasin par l'intermédiaire d'une équipe de conseillers très pointue.

MEUBLES GEM 9-11, rue d'Anjou ✆ 02 41 88 13 32. Une enseigne qui privilégie l'authentique et la très grande qualité. Le mobilier est assez traditionnel, mais exposé avec un soin et une originalité unique : on entre ici comme dans une maison, dont chaque pièce a été meublée et décorée comme si on était chez soi. Les lignes plus contemporaines restent modestement modernes sans se risquer dans le design. A noter la présence de la marque scandinave Northern Comfort (gros succès à la dernière Foire expo), qui présente des canapés dont chaque place est modulable, inclinable et adaptable au confort de chacun, dans des matériaux garantis très longue durée. A essayer absolument ! Quant à l'accueil, simplicité et enthousiasme, gentillesse et disponibilité.

VOTRE LITERIE Centre Commercial Espace-Anjou ✆ 02 41 25 13 52. Le couple qui dirige cet espace d'ameublement travaille comme des professionnels plus que comme des commerçants. C'est pourquoi vous les verrez davantage assis à leur bureau en compagnie de leurs clients, avec lesquels ils passent beaucoup de temps pour éplucher tous les catalogues sur lesquels ils vous trouveront le couchage sur mesure. En effet, le magasin ne présente qu'une infime partie des matelas disponibles, mais vous êtes à la bonne adresse pour dégoter le matelas latex alvéolé dans toutes les largeurs souhaitées, le matelas à eau de la dernière technologie, ou les futons en différentes épaisseurs. Quant au linge de maison, nulle part ailleurs vous ne trouverez un tel choix en draps ou housses de couettes, des centaines, tous rangés par ordre de couleurs. Les couvre-lits, suspendus un peu partout dans le magasin, rivalisent d'originalité et de bon goût, notamment les splendides pièces tissées Granfoulard de Bassetti, légèrement molletonnées dans des tissus d'une incroyable douceur. On n'a pas seulement envie de changer de matelas, mais aussi toute la décoration de sa chambre !

LITERIE PATTON 186, avenue du Général-Patton - BEAUCOUZE ✆ 02 41 73 82 00. Enfin un magasin de literie qui porte bien son nom, la douceur et le calme y règne, on aurait presque envie de s'allonger et de piquer un somme dans les matelas mis à notre disposition dans le magasin. Dans tous les styles, le magasin offre de nombreux modèles en exposition, sommier et matelas, et si cela ne vous suffit, une collection sur catalogue vient la compléter. Le matelas est l'outil de nos nuits tranquilles et reposantes alors ne le négligez pas, grande marque ou pas, l'important est le confort. La nouvelle technologie de la marque Swiss Confort met au service du client une nouvelle matière synthétique extraordinaire, qui au toucher, ressemble à un gel dans lequel on s'enfonce dans un profond bien-être. A essayer quoi qu'il arrive.

Logement

GROUPE CIPA-CIV 14-16, place Mendès-France ✆ 02 41 23 52 52. *Site Internet : www.cipa.fr.* Ce groupe spécialiste de l'immobilier est installé place Mendès-France. Le spécialiste de l'habitat neuf avec une réelle collaboration entre leur bureau d'étude et les collectivités locales ce qui permet à un grand nombre de particuliers d'accéder à la propriété par le biais de ce partenariat. Un "service complet logement" accueille les intéressés, place Mendès-France. Sa filiale, "Pierre de France" est une activité de promoteur lotisseur sur la ville d'Angers, pour l'achat d'une résidence principale ou d'un investissement locatif. Comme bon nombre de constructeurs immobiliers il propose à la fois des produits "clé en main" (rien à faire, juste à choisir le lot qui plaît à chacun) mais aussi des logements plus personnalisés avec une étude des besoins de chacun. Maisons ou appartements, Angers ou périphérie et même en Vendée tout est possible. Le groupe assure les prêts immobiliers, voir plus bas. **Autres adresses : 7, rue Chaperonnière (agence immobilière) • Crédit immobilier 7, boulevard Foch. Voir plus bas.**

Agences immobilières

AVIS IMMOBILIER 78, avenue Pierre-Mendès-France - AVRILLE ✆ 02 41 31 17 31. *Responsable d'agence : Jacques Baillet.* La plus grosse agence immobilière de la place d'Angers à de quoi faire des envieux. Elle offre à la fois à ses clients, un travail sérieux et un suivi client mais aussi un des plus grands choix de maisons et d'appartements sur la ville et sur tout le département. On apprécie les commerciaux de l'agence d'Avrillé qui ont un vrai sens du relationnel et une conscience professionnelle acquise. Ce qui en fait une agence sérieuse au demeurant.

LA BOUTIQUE DU LOGEMENT 15, boulevard Foch ✆ 02 41 79 62 30. *Fax : 02 41 79 62 31. Site Internet : www.letoitangevin.com.* Une agence singulière de plus de 7 000 logements locatifs (de la location à la propriété). Elle a su se moderniser avec une large gamme de produits créés grâce à Internet : visualisation des annonces par leur site Internet, paiement des loyers en carte bancaire à distance et consultation de son compte perso. Un vrai service de proximité qui a été mis en place et qui fonctionne parfaitement bien, avec un choix sur mesure, adapté au budget de chacun, pas de frais d'agence, un seul mois de caution, des logements collectifs ou semi-collectifs, des loyers à terme échu et bien entendu la déduction des APL à la source. Seul ombre au tableau tout le monde ne peut pas profiter de ses avantages qui sont soumis à un barème de ressources.

CARNET D'ADRESSES - MICHÈLE DUVAL 51, rue Toussaint ✆ 02 41 25 71 25. *Site Internet : www.carnetdadresses.fr Accueil en anglais, espagnol et français.* A deux pas du château, Carnet d'Adresses offre d'abord aux nouveaux arrivants toute une gamme de services uniques et indispensables : accompagnement à la recherche du logement, accompagnement pendant le séjour pour faciliter l'intégration dans la ville, aide à la décoration et au ré-agencement du bien acheté et beaucoup de prestations inédites qui aideront rapidement les nouveaux venus à faire d'Angers leur ville chérie. Accueilli par de beaux jeunes gens sérieux, encadrés par Michèle Duval, femme adorable, on découvre une sélection de beaux appartements et villas assez haut de gamme, bien que les produits plus simples soient évidemment à la vente. Ici on écoute et comprend les désirs précis du client. Ce dernier revient facilement pour un achat/placement ultérieur tellement il a été bien accompagné la première fois. Beaucoup de communications par Internet, où les biens sont visibles en temps réel sur les photos à disposition. Et puis, on ne peut oublier que toute cette affaire est dirigée par une femme et des équipiers maîtrisant bien le marché angevin et son singularisme.

IMMO DE FRANCE 7, rue Chaperonnière ✆ 02 41 25 38 00/02 41 23 52 52. Après l'achat et la construction immobilière il ne manquait plus qu'une corde à ce groupe spécialisé dans l'habitat, la gestion immobilière. Le Groupe CIPA-CIV met à la disposition de sa clientèle, propriétaires ou investisseurs, une activité d'agence immobilière, et ses compétences en matière de syndic de copropriété et de gestion locative.

LIBRE IMMO 9, rue Plantagenêt ✆ 02 41 88 02 05. Une agence pas comme les autres, ici pas de commerciaux qui vous trimballent d'une maison à l'autre pour vous faire visiter. En effet on recherche avant tout le lieu que vous recherchez puis les critères qui pour vous sont importantes dans votre future maison. Puis on vous propose un certain nombre de maisons sur lesquelles, si elles vous intéressent, on vous exposera une première visite virtuelle par l'intermédiaire d'un reportage photo. Après visionnage, on convient d'un rendez-vous avec les actuels habitants de la maison pour la découvrir. L'agence n'intervient que peu dans les visites ce qui permet de ne régler que de modiques frais par rapport à une agence normale. Financièrement c'est un gros avantage.

Maisons individuelles (constructeurs)

Si le dur, briques ou parpaings, représente encore la grosse majorité des matériaux des maisons neuves, le bois et les agglomérés-bois sont de plus en plus en vogue. Avec un salon de la maison bois unique en France (1er au 4 octobre 2004), l'Anjou se positionne en fer de lance du domaine hors zones montagneuses. Un certain nombre de constructeurs spécialisés officient dans la région, et l'air du temps qui fait de plus en plus place à la qualité de vie et au respect des matières, a contribué au développement de ce secteur. Nos équipes en ont visité 5 modèles cette année, et le fait est que l'état d'esprit, lié aux possibilités architecturales du bois, donne des résultats spectaculaires. Il reste cependant à motiver les municipalités, par toujours enclin à accepter de tels permis de construire. Infos Salon de la Maison en Bois site Internet : www.salon-maison-bois.com.

BATIBAT 29, boulevard Ayrault ✆ 02 41 43 88 98. Un constructeur qui travaille depuis 20 ans dans les règles de l'art et le respect du savoir-faire. Sa spécialité dans le gros œuvre, est la bio'bric, brique à segments multiples un peu plus cher que le parpaing classique mais qui confère une qualité de réalisation et un confort autant acoustique que thermique. Plus fraîches l'été et plus faciles à chauffer l'hiver, ces maisons permettent des économies substantielles. Ce noble matériau, décrié par certains concurrents retrouve ici toute sa noblesse avec des études approfondies sur ses bienfaits et des professionnels garants de cette qualité. Par extension il a favorisé le développement des planchers rayonnants électriques performants à moindre coût. L'augmentation des coûts de construction et des terrains ont diminué les surfaces souhaitées alors l'impression d'espace a été sauvegardée par la généralisation des volumes décloisonnés (entrée-séjour-cuisine) et l'astuce des portes coulissantes escamotables. A noter que la domotisation est devenue abordable (volets et portes de garages électriques). Un constructeur dans l'air du temps !

HABITAT PLUS ET TRABECO 146, avenue Victor-Chatenay © 02 41 43 87 07/02 41 60 80 43. Anjou construction se cache derrière ces deux noms de maisons. Un des plus gros constructeurs, pour ne pas dire grosse cavalerie, de la région au nombre d'ouvrages réalisés. Un constructeur de qualité qui ne cache rien de sa fabrication et des matériaux employés. De la qualité avant tout pour un bon rapport qualité/prix. Selon votre budget vous pourrez vous offrir une maison confortable et chose importante le constructeur s'occupe de tout. Le grand nombre de maisons édifiées, atteste s'il en est la qualité optimale de ce constructeur au service après-vente honorable qui respecte les délais de livraison scrupuleusement.

LOGEMAINE 5, place Molière © 02 41 87 25 03. Monsieur Ouvrard, le directeur de cette agence, vous accueille avec charme et gentillesse pour vous expliquer les règles auxquelles est soumise sa profession. Il prend en compte ensuite tout ce que vous lui demandez pour se rapprocher au plus près de votre rêve. De belles maisons qui en feront rêvasser plus d'un. Autres arguments de confiance et de qualité, la plaquette remise dès la première visite qui explique tout le processus de construction de votre future maison et la liste des matériaux employés. Un vrai gage de qualité car dès le début on ne vous cache rien de la réalisation et de toutes les possibilités qui sont à votre disposition. Ses artisans, dans tous les corps de métiers sont triés sur le "volet", on ne se fera pas "rouler". Nous suivons cette enseigne depuis près de 15 ans, et sa réputation "demeure sans fissure".

MAISONS CASTORS D'ANJOU 16, rue de Bretagne © 02 41 24 13 80. Comme son nom l'indique ici on fait de la maison angevine dans les règles l'art avec des matériaux et des façades dignes de notre belle vallée de la Loire. Des lucarnes en tuffeaux (ou bien imité), de belles toitures en ardoise, et surtout de la luminosité et des projets personnalisés ce qui permet à chacun d'affirmer que sa maison est unique et qu'elle ne ressemble à aucune autre. Le constructeur propose aussi des projets "clé en main" avec des budgets plus raisonnables. Une architecture étudiée qui fait des maisons castors des maisons pas comme les autres.

MAISONS D'EN FRANCE ANJOU-VENDEE Groupe CIPA - 14-16, place Mendès France © 02 41 23 52 52. *Site Internet : ww. cipa. fr.* La filiale, Maison d'en France - Anjou-Vendée, s'impose en véritable constructeur de maisons individuelles. Une large gamme de produits est proposée sur l'ensemble du Maine-et-Loire mais aussi des départements limitrophes. Les bureaux d'études s'adaptent en fonction des lieux et des contraintes du à ceux-ci. De nombreuses agences commerciales existent aussi à La Roche-sur-Yon, aux Herbiers, à Cholet, à Rezé, à Laval et à Blois. Matériaux traditionnels ou contemporains, tous les projets sont ici réalisables.

MAISONS DU PAYS D'ANJOU 12, rue Georges-Mandel - l'Angevinière bâtiment C près de la gendarmerie de Belle-Beille © 02 41 48 03 48. Ce constructeur appartenant au groupe des Maisons rennaises, plus implanté en Bretagne, a déjà un quart de siècle de savoir-faire en matière de constructions d'habitat individuel. Réputé pouvant être un des constructeurs les moins "chers" de la place d'Angers puisqu'il propose des modèles basiques sans fioriture, ses modèles de maisons sont assez standards mais agréable à vivre avec des espaces bien pensés. Nous le conseillons entre autres à ceux qui, modestement, rêvent d'une première acquisition. En revanche, toutes les techniques et qualités de matériaux sont aussi possibles si votre budget vous le permet, allant jusqu'au moindre caprice même à la folie, comme chez les autres constructeurs.

Prêts et crédit immobilier

3615 INFOLOGEMENT

CAISSE D'ALLOCATIONS FAMILIALES 32, rue Louis-Gain © 08 20 25 49 10. *Minitel : 3615 CAF. Site Internet : www.caf.fr.* Pour calculer notamment vos droits et montants d'A.P.L…

LE CREDIT FONCIER DE FRANCE 12, boulevard Foch © 02 41 88 43 89. *Minitel : 3615 Foncier. Site Internet : www.creditfoncier.fr.* Tous prêts immobiliers : épargne logement. Sur rendez-vous.

CREDIT IMMOBILIER DE FRANCE DES PAYS DE LA LOIRE 37, boulevard Foch © 02 41 20 88 88. Filiale Régionale du groupe CIPA-CIV, dont le siège social est à Nantes, l'agence angevine, située boulevard Foch propose différentes offres de crédit. Compte tenu de la diversité des demandes, on conseillera de prendre rendez-vous pour chaque projet.

UCB 10, place de la Visitation © 02 41 87 00 00. *Site Internet : www.ucb.fr.* UCB fait partie du groupe BNP Paribas. Depuis cinquante ans, cet organisme propose une gamme complète de crédits immobiliers à taux fixes ou révisables : accession à la propriété, achat - location - revente. C'est le spécialiste du financement immobilier. Sa notoriété tient à l'innovation permanente et à l'adaptabilité de ses formules de prêts pour répondre à chaque projet. Partenaire de la fonction publique à qui il propose des crédits à taux différé sans frais de dossier ni de frais de garantie, ainsi que des prêts modulables. Il est l'interlocuteur privilégié pour les PEL, prêts à 0 % du ministère du logement, ou les prêts à 1 %. Intéressant également pour les clients qui souhaitent acheter ou construire une maison en vendant leur précédant logement. Le financement est à plus de 100 %.

Location de logements

LA BOUTIQUE DU LOGEMENT 15, boulevard Foch © 02 41 79 62 30. *Fax : 02 41 79 62 31.* Voir Agence immobilière plus haut.

Luminaires

CALIKO 25, rue Saint-Julien © 02 41 20 15 15. Dans cette petite adresse intimiste et colorée, la propriétaire présente une foule d'objets de décoration (cadres photos, miroirs, statuettes…). Mais on y vient surtout pour les lampes, design ou orientales, photophores, guirlandes lumineuses. La possibilité de choisir séparément le pied et l'abat-jour des luminaires permet de composer soi-même son ambiance.

COMPTOIR DES LUSTRES Avenue Prosper-Guilhem © 02 41 71 16 00. A côté de Décathlon. Seule (immense) boutique angevine où l'on peut se rendre dans le seul but d'acheter un luminaire. Et il y en a dans ce bâtiment croulant sous les watts. Suspendus dans tous les recoins, posés sur toutes les tablettes, il y en a pour tous les goûts, des plus kitch façon "saloon" à la plus design façon "Stark", et pour toutes les bourses. Si l'on veut éviter de se faire un torticolis, on aura tout intérêt à se renseigner de suite auprès de vendeurs et vendeuses assez agréables pour trouver l'abat-jour de ses nuits. **Autres adresses : Les grandes surfaces de bricolage, ont énormément développé leur rayon consacré aux luminaires.** Voir rubrique "Bricolage".

Revêtements et restauration de sièges

GERENOV 8, boulevard Gaston-Birgé © 02 41 60 29 52. M. et Mme Pigeon travaillent ensemble pour restaurer tout type de siège. Du vrai travail de tapissiers pour vos vieux fauteuils défraîchis jusqu'à la selle de moto en passant par le skaï très kitch des chaises de cuisine. Ils savent tout faire.

Tissus, voilages, rideaux, peintures, moquettes

Voir aussi les ensembliers-décorateurs en rubrique "Déco" un peu plus haut

EURODIF 24, boulevard Foch © 02 41 88 25 33. Il suffit aux couturières d'atteindre le sous-sol d'Eurodif, pour trouver un choix infini de tissus, et tous les articles de mercerie (dont les boutiques se font rares aujourd'hui). Pour les accros de la déco "faite maison", ils y trouveront voilages et tissus d'ameublement sous la référence Bouchara. L'accueil semble réservé, mais les conseils sont courtois et efficaces.

INTERTAPIS 70, avenue Pasteur © 02 41 43 99 08. Temple du tapis d'Orient, Intertapis est aussi une maison où la décoration d'intérieur prend une dimension toute particulière. Le grand professionnel du site vous conseillera avec un goût certain, quant à l'achat de tapis, de tissus muraux ou de moquettes. Ancien dans la profession, il connaît ce métier dans la trame, et ce qu'il vous vendra ne peluchera pas. Quand on a la fibre… on reste de bon poil !

MARCHE DE MONTPLAISIR Place de l'Europe. *Celui du dimanche matin.* Pour celles et ceux suffisamment habiles en couture et ne disposant pas a priori d'un gros budget, n'oubliez pas de venir voir les nombreux étalages de tissus, dont les chatoiements orientaux sortent vraiment de l'ordinaire. Avec un peu de chance, vous trouverez votre style et habillerez élégamment vos fenêtres à des prix défiant toute concurrence.

MYRTILLE 13, rue du Commerce © 02 41 20 94 16. La suractivé du lieu, très largement féminine, rappelle étrangement les longues descriptions d'Emile Zola dans "Au Bonheur des Dames", avec à chaque ouverture (matin et midi) une queue devant l'entrée. Le tissu se déroule sur des kilomètres de choix, des rideaux aux vêtements, l'épaisseur, la qualité et les motifs des tissus se choisissent longuement. Les boutons et autres ornements se comptent également en milliers d'unités !

SAINT-MACLOU Boulevard Ramon © 02 41 34 92 58. *Fax : 02 41 34 83 15. Site Internet : www.saint-maclou.com.* Le point fort de Saint-Maclou est toujours le bon rapport qualité/prix ainsi qu'un immense choix dans tous les domaines : sols, moquettes, parquets, tapis, tissus et papiers peints. Dans tous les rayons, il y en a pour tous les styles et toutes les bourses. A noter, les tapis d'Orient à des prix très attractifs : Perse, Inde, Chine, Caucase faits à la main et garantis par des experts. Les prix sont toujours compétitifs et tous les magasins remboursent la différence pour garantir un meilleur coût. Les services aussi ne sont pas en reste, devis gratuit à domicile, prêt d'échantillons pendant 48h, de nombreuses possibilités de crédits personnalisés, la livraison dans toute la France, et la pose à prix défiant toute concurrence.

VOTRE LITERIE Centre Commercial Espace-Anjou © 02 41 25 13 52. On se demande pourquoi l'enseigne de ce magasin se réduit à la literie, car c'est un véritable espace de décoration qui vous y attend. Les voilages et les doubles-rideaux de tout style, toutes couleurs, s'assortissent aux coussins, aux dessus-de-lit, et surtout à votre goût. Les professionnels qui tiennent boutique seront d'un très bon conseil et vous proposent les travaux de couture pour installer vos rideaux ainsi que pour glaner des idées de montage et de décoration.

mode

Accessoires

BOUTIQUE D.D. DORE-DORE 9, rue Voltaire © 02 41 88 56 96. Comme le nom ancien de cette boutique, cet endroit n'est "que pour vos jambes". Collants et chaussettes de la griffe D.D., mais aussi l'incontournable Chantal Thomas, et Gerbé c'est-à-dire la qualité, l'originalité, des motifs bariolés et parfois humoristiques pour les hommes ; des bas classiques ou coquins pour les femmes, tee-shirts et bodies pour des dessous chics et chauds.

FRANCOISE BIANNIC 3, rue Chaperonnière © 02 41 87 87 67. Un nouvel aménagement pour cette boutique vraiment classe, plus spacieuse et plus claire, mais la grande nouveauté, c'est le rayon prêt-à-porter (Rech, Rykiel, Hechter), et, en hiver, l'espace cuir et peaux lainées finlandaises. Les accessoires haut de gamme (Kenzo, Rykiel, Lacroix, Inès de la Fressange) sont toujours bien présents, bijoux, sacs à mains, foulards... Une boutique qui a su évoluer en finesse, tout en gardant son label "valeur sûre".

AU GRE DU TEMPS 11, rue des Lices © 02 41 87 06 00. Voilà un magasin qui sait remettre au goût du jour le chapeau sous toutes ses formes. Les matières sont luxueuses (plumes, velours, fourrures) ou inattendues (raphia, sisal) mais les modèles comportent tous une note de fraîcheur et d'élégance. Ici le chapeau se décline au féminin et au masculin, de la casquette de tous les jours à la crinoline des grandes occasions. La boutique tout en bois sait sublimer la variété des couleurs et des modèles qui sauront séduire le plus grand nombre en toutes circonstances.

LILI ROSE 28, rue de la Roë © 02 41 25 18 67. Cette petite boutique aux couleurs acidulées sait se faire remarquer. Que des accessoires et encore des accessoires, pourrait être la devise de la jeune propriétaire de ce magasin qui va sur Paris régulièrement choisir ses modèles. Les bijoux sont exposés sur les murs par thème et coloris, mais vous trouverez également des sacs-à-main en paille ou en fourrure, des mules aux tendances berbères, des ceintures ou des foulards. De quoi se croire en vacance toute l'année !

MOD'ISLE - FRANCOISE PRUVOST 32, rue Boisnet © 02 41 81 01 77. Voir rubrique "Créateurs", avant le "Prêt-à-porter".

WOLFORD 5, rue des Lices © 02 41 87 50 62. La marque autrichienne qui a pour vocation de travailler votre seconde peau. Grand choix de collants, bodies, robes tubes, un univers textile très près du corps, fait de mailles fines, aériennes, de Lycra nacré qui ne jouent pas sur les formes mais sur vos formes. Tout est d'une douceur où il fait bon se glisser si l'on aime le grand confort épuré. Mais l'originalité se paie, vraiment cher.

Chaussures

Artisan réparateur, créations et vente

LE BOTTIER DE LA MADELEINE Place de la Madeleine © 02 41 45 28 73. Belle devanture à l'ancienne pour annoncer la présence d'un artisan rare, comme on en n'en trouve plus aujourd'hui : cordonnier, entendez, un vrai cordonnier, pour qui une paire de chaussures n'est pas seulement une surface de colle pour semelles polyester, mais une véritable création traditionnelle. En effet, Monsieur Thaunay fabrique vos chaussures sur mesure dans des matières nobles, et les répare avec une finition parfaite. Ce n'est pas pour rien qu'il est agréé par Church, Paraboot ou Bowen. Les articles de maroquinerie vendus dans l'échoppe constituent de très belles idées de cadeaux. Epoque oblige, il reproduit aussi vos clés en service rapide, et fabrique les tampons encreurs.

CORDONNERIE D'ANJOU 4, rue d'Anjou © 02 41 88 27 94. Voir rubrique "Réparation - Chaussures", en fin de guide.

Boutiques

2e ACTE 16, rue Corneille © 02 41 87 22 30. Si l'enseigne a changé de nom de façon très subtile (chiffre à la place des lettres) elle reste cependant très raffinée dans le choix des modèles proposés. Sa position un peu en retrait de la rue Voltaire en fait une boutique calme mais riche de qualité et de chic. Alors si votre bourse ne vous permet pas d'acheter les modèles, faites tout de même un détour juste pour le plaisir des yeux.

GONTARD STEPHANE 23, rue Voltaire © 02 41 87 03 63. Dans un décor de bois où l'éclairage met en valeur la beauté des cuirs, les chaussures ni trop classiques ni trop frivoles privilégient la qualité (mais aussi les prix élevés…) aux modes furtives.

HEYRAUD 16, rue Voltaire © 02 41 87 10 72. Un classique du genre sur Angers, une destination incontournable pour qui cherche à se chausser sans style particulier. Plus classique pour les hommes, et parfois plus fou pour les femmes, Heyraud propose, à prix équivalent, moins de qualité et de finition que son voisin d'en face. L'accueil est un peu guindé.

JACK'SON 68, rue du Mail © 02 41 87 61 64. Au coin de la rue Lenepveu et de la rue du Mail se dresse une petite échoppe qui grandit dans nos cœurs d'année en année. Jack'son est devenu une institution sur Angers, même si le rayon hommes a été diminué et transféré à côté. Les femmes élégantes et branchées, qui en plus de la qualité, recherchent de la fantaisie dans les modèles ou des coupes très tendance, s'assureront une halte sans équivalent à Angers. Un Matin d'été, Pura Lopez, Marithé + François Girbaud, Kenzo, Mosquito, Clarks, tous les plus grands stylistes sont déclinés ici, des bottes aux tongs en passant par les escarpins. L'équipe féminine parfois doublée du patron est généreuse de conseils.

JOSEPH P. 6, rue Chaussée-Saint-Pierre © 02 41 88 82 65. Deux très belles vitrines pour séparer les modèles hommes et femmes, mais on retrouve le même esprit des deux côtés : les marques sûres et confortables (Campers, Paraboot, Timberland…), la mode et l'originalité de certains modèles mais sans excès. Du classique au plus rustique, le choix est important et de qualité.

TRENDY 19, rue d'Alsace © 02 41 48 15 42. *Fermé le lundi matin.* L'enseigne s'impose d'elle-même, avec une grande vitrine proposant une large gamme de baskets fashion (le nom de la boutique le faisant deviner : fashionwear) un magasin aux couleurs vives, mauve et rose, et une déco rappelant les années 60. En plus de diffuser des vêtements tendances, les Angevins pourront y découvrir les toutes nouvelles Nike version tissu ou daim, mais également un large choix de Gola et de Onitsuka et surtout les versions boxeurs super-tendance dans la mode d'aujourd'hui.

UNIVERSAL OF JACK'SON 1, rue Lenepveu © 02 41 24 96 83. La boutique spécialiste de la basket et de la chaussure décontractée sur Angers vient de relooker entièrement son intérieur. Il y a de tout et les vendeurs ne sont pas en reste pour vous parler des nouvelles collections à venir. La musique est soutenue, les vendeurs "cool" et le patron très commerçant. Difficile d'ignorer que l'endroit donne dans la tendance du moment pour un public jeune et urbain. On y retrouve les marques Dr Martin's, New Balance, Camper's, Meca, Convers, Asics, Buffalo, DDP, Asics, Gola, ou Clarks déclinées dans les gammes les plus larges que l'on puisse trouver, du plus confortable au plus hard, mais toujours super-tendance. Voir aussi rubrique "Motos", pour un riche et original rayon bottes. Un petit coin plus "classique" persiste pour les hommes citadins plus "conformistes". Bravo pour l'agencement et la nouvelle déco !

Juniors

AYA Centre Commercial Espace-Anjou © 02 41 25 19 78. Un espace a priori dédié aux parents mais au beau milieu, trône un rayon enfants, avec des modèles élégants et fripons, de marques que l'on voit moins souvent qu'ailleurs : Pampablue, Minik, Minibel. Avec un peu de chance, vos enfants trouveront leur bonheur sur l'étalage des fins de séries, avec une paire entre 25 € et 35 €.

BEBE 9 Centre Commercial Espace-Anjou © 02 41 86 04 04. De tout pour maman à tout pour bébé, difficile de ne pas y trouver au moins une idée cadeau. Le magasin propose tous les articles de puériculture, mais aussi toute la collection des peluches, doudous, hochets et chaussons Moulin Roty. Parmi les solides et chaussures colorées, la marque Chicco (de la sandalette de plage à la bottine) aidera bébé à mieux se tenir debout (voir aussi "puériculture").

NA ! 56, rue Saint-Aubin © 02 41 87 10 21. Les petits pieds (à partir du 17) et les grands pieds (jusqu'au 41) trouveront là de quoi se chausser en s'amusant. Beaucoup de fantaisie alliée au confort des cuirs de qualité, et les chaussures de sport privilégient le respect du pied sans pour autant renier la mode. Le magasin en forme de rotonde est ravissant, et les enfants y trouveront des banquettes à leur hauteur pour les essayages.

PATT'INE 37, rue de la Roë © 02 41 87 52 54. Le must de la chaussure pour enfants a de quoi être mis en valeur dans l'immense vitrine colorée. Little Mary, Aster, Mod 8, Géox, Kickers, les grandes marques signent la grande qualité ; du 17 au 41 tous les cuirs sont parfaits en finition et en confort, le respect du pied de l'enfant est la priorité absolue, aux dépens des prix qui eux, feront reculer beaucoup de parents.

Le coin futé

LA BOSSE DES AFFAIRES 10, rue du Landreau - Entre Boulanger et Mondial Pêche © 02 41 48 26 57. Les produits qui sont proposés sont issus de faillites, de fins de série, de destockages ou de liquidations de magasins. Pour toutes ces raisons l'enseigne propose des produits de marque à des prix défiants toute concurrence : de 30 à 60 % de réduction selon les produits. Chipie, Adidas, Chantal Thomas… mais ne vous attendez pas à trouver les dernières collections mais plutôt celles des années précédentes.

CHAUSSLAND Rue du Grand-Launay (près de Darty) © 02 41 48 06 72. Sur 900 m² sont exposées les boîtes et les chaussures sur des étagères, le client se sert, essaye, remet dans les boîtes. Des stocks importants, donc, qui permettent de vendre moins cher que dans les boutiques de centre-ville. Chaussures de sport, chaussures de ville, enfants, adultes, hommes, femmes, on trouve de tout et de marques assez diverses : Nike, Reebok, Aigle, Adidas, liberto, Creeks, Naf-Naf, Fila, Puma, et bien sûr Galapagos, marque exploitée par le groupe André auquel appartient cette grande surface. De bonnes chaussures, moins bas de gamme qu'à la Halle aux Chaussures, mais pas haut de gamme non plus.

MAGASIN D'USINE L'ENTREPOT La Gaubretière (Vendée, près des Herbiers) © 02 51 00 36 65. *Ouvert du lundi au vendredi de 10h à 12h et de 14h à 19h, le samedi de 10h à 18h. A 1h d'Angers par la A87 Angers/Cholet, sortie Cholet-sud, puis direction Mortagne-sur-Sèvres, Les Herbiers.* Dans ce village aux allures tranquilles surgit le bâtiment de L'Entrepôt, avec ses chouettes dessins colorés sur les murs. En face, l'entreprise Jean-Baptiste Rotureau, créateur de chaussures, dont on va découvrir, à l'intérieur de L'Entrepôt, le style à la fois classe et exubérant de ses modèles (ceux pour hommes notamment). Pour les enfants, pas de doute, on peut faire de réelles affaires avec la marque Pomme d'Api, avec des modèles classiques ou plus mode et toujours très originaux entre 25 € et 60 €. Le choix est large et les rayonnages bien organisés. Pour les femmes, les marques No Name et Free Lance garantissent style, originalité, et très belle finition. Les modèles de la collection en cours sont à 80 € en moyenne, ceux des années précédentes entre 35 € et 60 €. Une virée plaisir pour faire de bonnes affaires, très accessible d'Angers avec l'A87.

RURAL SERVICES Centre Commercial Rural-Service - SAINT-SYLVAIN-D'ANJOU ✆ 02 41 21 17 17. Dans cet immense rayon vêtements on s'adresse à tous même si les sélections privilégient la population rurale justement. Hommes et femmes trouveront de quoi s'habiller de pied en cap, accessoires y compris, gants, écharpes, couvre-chefs, ceintures, bretelles, etc. On remarquera des rayons intelligents de bottes (Aigle) et chaussures de loisirs (de sécurité par exemple) ainsi que de chauds gilets doudounes sans manches confortables pour les loisirs et travaux d'extérieur. Le rayon chaussures de loisirs et notamment celui des nu-pieds n'a rien à envier aux boutiques modes du centre-ville avec pas mal de marques tendance à petits prix. Il faudrait être fou pour… débourser plus (et oui, même les formules sont protégées !).

Cuirs et fourrures

DAIM NETT 26, rue Chateaugontier ✆ 02 41 87 04 81. Ce spécialiste du cuir, nettoie, répare et entretient vos vêtements en peau ou en cuir, mais aussi vos sacs, cartables, et ameublement. Il vend aussi un choix important de vêtements cuir à des prix qui méritent le détour.

DANIELLE PRIOU 6, rue Voltaire ✆ 02 41 88 61 10. Voir rubrique "Créateurs" à "Prêt à Porter".

AU RENARD DIFFUSION 33, rue de la Roë ✆ 02 41 39 76 12. Installé depuis près de deux ans sur la ville, le propriétaire de cette petite boutique présente des modèles dont il a les secrets de fabrication. En effet en plus de revendre des cuirs de prêt-à-porter tel Oakwood, il fabrique lui-même ses propres créations : des jupes longues en cuir à empiècement, des redingotes ou des manteaux de fourrures. Il est à votre entière disposition pour créer selon vos envies, taille, couleur, coupe. Si ce n'est pas en magasin il vous le fabrique à des prix raisonnables pour la qualité. Si vous n'avez jamais osé passer la porte, n'hésitez plus, le patron vous interprétera ses créations avec l'amour de son métier.

TWIGGY BOUTIQUE 3, rue Saint-Etienne ✆ 02 41 86 96 08. Même si la vitrine n'est pas des plus moderne le choix de cuirs pour hommes et femmes est assez important. Blousons, aviateur, redingotes ou pantalons dans des grandes marques telles que Oakwood ou Giorgio.

Dépôt-ventes

CHIC EN TROC 34, rue du Cornet ✆ 02 41 88 25 01. Très bonne idée cette enseigne ! Des vêtements d'occasion, mais de marques (qui n'ont que le nom "d'occasion" tant ils sont sélectionnés en bon état) sont vendus 40 % à 60 % moins chers que neufs et le choix est large. Il suffit de fouiller dans les penderies où s'entassent des fripes de toutes les coupes multicolores et multimatières. Tout y est rangé par teinte alors envie de rouge pour l'été ou de brun pour l'hiver il ne vous reste plus qu'à fouiller.

ZEAMI ET KANAMI 13, rue de la Roë ✆ 02 41 87 56 82. Des vêtements d'occasion (surtout pour femmes) choisis dans un style assez classique, ce qui leur évite certainement d'être trop démodés. Les prix sont un peu élevés pour de la "seconde main", ce qui fait un peu douter de faire vraiment de bonnes affaires.

Pour les juniors

BABY TROC 21, rue de la Chalouère ✆ 02 41 43 77 50. Nouvelle adresse à deux pas de l'ancienne pour cette indispensable boutique aux ravissants ensembles et habits confortables à des prix de bonnes affaires. La responsable s'est fixé une règle très simple, des vêtements d'occasion d'accord mais en bon état et toujours à la mode. Un beau rayon de poussettes et autres matériels de puériculture neufs, Graco, Combelle, Be a ba. Grosse puériculture avec Chicco, Candide pour les turbulettes, Renolux pour les sièges auto, etc. Le dépôt-vente de mini-fringues va de 0 à 16 ans, avec une hausse de la demande considérable pour le 14-16 ans souvent introuvable ailleurs.

CHENAPANS 27, rue Plantagenêt ✆ 02 41 24 04 90. Ce dépôt-vente où l'on trouve du neuf mais surtout de bonnes occasions (très abordables) est une solution en or pour les parents qui voient leurs petits grandir et leur budget prendre le chemin inverse. Un vaste choix de vêtements enfants à la mode (c'est important quand même !) et en bon état (pantalons, robes, manteaux…) côtoie des articles de puériculture (chauffe-biberons, sièges autos.) ainsi que des vêtements pour futures mamans, griffés et dégriffés, qui veulent rester féminines.

TROC'CINELLE 115, rue Saint-Jacques - Près de l'étang Saint-Nicolas ✆ 02 41 73 37 58. Dépôt-vente adultes et enfants en neuf et occasions de jouets, chaussures, vêtements et puériculture.

Lingerie

Pour elle

Qu'on se le dise, la lingerie fine n'est plus aujourd'hui montrée du doigt. Elle est entrée dans la vie des femmes (et des hommes par la même occasion) au quotidien, preuve en est le nombre de boutiques qui lui sont dédiées, en hommage à la sensualité et à l'affirmation de la féminité. Même les adolescentes ne veulent plus des sous-vêtements "fonctionnels" et des cotons imprimés "fleur bleue". Les temps changent, les matières et les formes aussi.

ATOUT CHARME 8, rue Saint-Blaise © 02 41 05 10 40. Déjà la vitrine présente un concept un peu différent qui aborde la lingerie de manière plus naturelle, et moins "femme fatale". Et puis à l'intérieur, on tombe vite sous le charme des couleurs, des matières et de l'hôtesse dont l'accueil simple et amical rassurera les hommes qui hésitent encore à entrer seul dans ce genre de boutique. Lejaby, Barbara, Chantelle pour les marques plus connues, mais aussi la fraîcheur de la ligne Marie Jo et Cotton club. Le tout dans toutes les tailles de bonnets (même oui, même A) et voluptueusement enveloppé dans les effluves des sachets parfumés aux épices.

CANNELLE LINGERIE 30, rue Saint-Aubin © 02 41 88 60 39. De la dentelle, de la soie, et des couleurs vives, pour que la sensualité soit aussi une affaire de gaieté et de fraîcheur. Beaucoup de nuisettes et peignoirs légers que l'on peut assortir à ses sous-vêtements, mais que les frileuses ne complexent pas, elles trouveront aussi des tenues d'intérieur en tissu polaire, davantage dans l'esprit cocoon que sexy.

ELLE AIME LINGERIE 29, rue Saint-Julien © 02 41 86 86 40. Ici, on aime jouer avec la séduction et la volupté, mais en restant dans un cadre très "chic". Lise Charmel, Aubade… Les lignes sont un peu plus classiques en général, de même que la boutique qui offre un cadre de standing, mais, qui l'ignore encore ? La lingerie "coquine" est désormais affaire de bon goût pour toutes (et tous).

FAITE POUR SEDUIRE 13, rue Bressigny © 02 41 24 02 75. Ouverte fin 2003, cette boutique renonce définitivement à l'ordinaire. On n'y trouve rien de classique, à commencer par le décor qui privilégie l'atmosphère intime d'une chambre, avec ses petits meubles en bois et ses rideaux en voile. Côté créateurs, on est servi : L'inspirée Chantal Thomas (collants et lingerie), l'étonnant Ravage aux fleurs brodées collées, Ambra l'Italienne aux couleurs profondes (en exclusivité à Angers), Wacoal la Japonaise, qui, si vous ne connaissez pas encore, parvient à allier le plus sexy au top du confort. Et (ça va plaire à plus d'une), on trouve dans toutes ces marques les toutes petites tailles de soutien-gorge (pourquoi toujours commencer l'alphabet de la lingerie par B…).

LA GUEPIERE 36, boulevard Foch © 02 41 87 47 30. Cette boutique pense à toutes les femmes, y compris à celles qui ont besoin de lingerie fonctionnelle après une opération (prothèses mammaires) ou pour l'allaitement (des modèles vraiment très pratiques et beaux à porter !). Et ce n'est pas une raison pour ne pas être séduisante et bien dans sa lingerie, alors, même fonctionnels, les modèles sont esthétiques et féminins.

PRINCESSE TAM-TAM 34, rue Saint-Aubin © 02 41 81 00 59. Marque exclusive d'une collection qui privilégie les matières pleines, le coton et Lycra (mais on trouve aussi de la dentelle…), pour une lingerie adaptée aux femmes qui aiment bouger dans le confort sans renier la séduction. Un style de lingerie qui s'adapte aux femmes comme aux très jeunes filles.

SECRET DE FEMME Centre Commercial Espace-Anjou © 02 41 25 22 23. Une toute petite boutique qui vient de refaire sa décoration et son agencement intérieur. Le magasin offre désormais deux cabines au fond et les modèles se veulent avant tout suggestifs et très féminins. C'est le désir de la gérante de la boutique, offrir aux femmes, de la féminité, des grandes marques et de l'élégance. Chantal Thomass, Lise Charmel, Aubade, tous des noms évocateurs de charme. Les messieurs qui hésitent encore à franchir la porte des lingeries fines pour en offrir à leurs dames, sont accueillis ici avec beaucoup de tact et une grande habitude de ce genre de soucis typiquement masculin.

SISSI 31bis, rue Saint-Julien © 02 41 88 70 51. Un espace lingerie plutôt hétéroclite, où le string dentelle côtoie la robe de chambre hyperclassique en Courtelle, des piles de boîtes sur les étagères, et des sous-vêtements en promo présentés sur un grand tourniquet au centre du magasin certaines semaines. Le reste de l'année, ce salon de la lingerie très féminine, décline les grands genres au top de la recherche sensuelle mais toujours dans la qualité. L'anticonformiste Antigel s'y plaît autant que l'éternelle Simone Pérèle ou Lise Charmel. Bref ! Chacune y trouvera ce qui lui convient et l'aisance des cabines avec le grand miroir au fond à gauche apporte le confort souhaité dans ce genre de boutique.

Pour lui

ARTHUR 4bis, rue Voltaire © 02 41 87 94 87. Ici, la taille 3 mois voisine avec le XXL, dans les mêmes matières, les mêmes couleurs. Hommes, femmes et bébés sont assortis dans l'esprit douillet des pyjamas (ou grenouillères) en pilou, des peignoirs en éponge velours, des chaussettes et sous-vêtements. Un régal pour le cocoonage en famille dans des matières et des imprimés originaux.

REVEIL MATIN 58, rue Saint-Julien © 02 41 87 64 53. Eminences, Coup de Cœur, CK, Hom… la seconde peau des hommes (même eux ont droit au string), avec un zest d'humour côté caleçons et chaussons. Sans couture, en Lycra, il y en a vraiment pour tous les goûts pour mettre un peu plus de fantaisie dans le strip-tease d'après boulot, quand ce ne sont pas ces dames qui viennent elles-mêmes provoquer votre coquinerie. Réveil Matin s'occupe aussi de l'homme courtement vêtu en pyjama et en maillot de bain.

Maillots de bain

FLIC-FLAC 3, rue de l'Asile-Saint-Joseph © 02 41 88 00 15. On aime cette ruelle (entre la rue de la Madeleine et la rue Volney) et cette boutique cachée dans une très belle maison. Un coin intime devenu depuis 15 ans le paradis des danseuses, les principales marques de vêtements ou chaussons étant présentes. La boutique offre aussi un large choix de maillots de bain pour celles qui n'entrent pas dans les normes, (Aqua Marina, Si dessous, Sun Club et Pain de Sucre) avec, c'est rare, des bonnets de différentes profondeurs.

Maroquinerie

BIANNIC FRANCOISE 3, rue Chaperonnière © 02 41 87 87 67. Se reporter dans la rubrique "Accessoires".

BLEU CERISE 22, boulevard Foch © 02 41 88 11 22. La bagagerie, toute la bagagerie, rien que la bagagerie, dans cette boutique ouverte sur le boulevard. Valises avec ou sans roulettes, bien sûr, mais aussi cartables et vanity-case s'empilent dans les rayons. Des marques, certes (Delsey, Samsonite…), mais aussi du plus abordable (5 € à 15 €) avec des sacs à main en rotin ou des sacs à dos ados. **Autre adresse : Centre Commercial Espace-Anjou 02 41 20 35 24.**

ESCARCELLE Centre Commercial Grand-Maine © 02 41 73 33 01. Une belle boutique et de beaux produits. La grande vitrine donne de l'espace et de la clarté et permet d'apprécier d'un coup d'œil la majorité de la gamme proposée sans entrer dans le magasin. Une fois franchi le pas-de-porte on découvre les sacs rangés par thèmes et couleurs. De bien jolis objets se cachent au fond du magasin. Sacs à main Longchamp ou Sequoia, sacs à dos, valises Delsey, boîtes à bijoux, cartables tout y est décliné en cuir ou textile et ce, pour tous les budgets.

SAC STORY 6, rue Lenepveu © 02 41 20 34 03. Les sacs ne sont pas l'apanage des femmes, les hommes trouveront ici valises, housses pour costumes et sacs à dos avec une moyenne de prix à 20 €. Classiques ou décontractés, sportifs ou citadins : ce n'est pas du très haut de gamme, mais à ce prix-là, on peut se permettre d'assortir un sac avec chaque tenue vestimentaire.

TENDANCE 25, rue Voltaire © 02 41 88 58 75. Cette incontournable boutique vient de se refaire une beauté, axée sur la chaleur minérale en alliant tuffeau, ardoise, verre dépoli, acier ferreux faussement rouillé et ciment stylisé. Quelques touches de bois lient ces matériaux pour mieux présenter les plus grandes marques de maroquinerie, Longchamp, Lamarthe, Lancel, Samsonite, Séquoïa, etc.... L'étage, consacré à la bagagerie, se gagne par le splendide escalier.

Optique

ANJOU OPTIQUE 23, rue d'Alsace © 02 41 88 25 39. *Site Internet : www.anjou-optique.fr.* Une adresse familiale qui a ravi des familles entières et qui aujourd'hui, toujours au top, présente plus de 4-000 paires de lunettes différentes, c'est sur qu'ici vous allez trouver votre bonheur. Autant de marques dans si peu d'espace c'est inimaginable : Kenzo, Chanel, Yves Saint-Laurent, Lacoste mais aussi Vuarnet pour le solaire. Dans une ambiance sympathique et détendue, on vous accueille et vous laisse déambuler dans le magasin au gré de vos envies et de votre nez, car c'est bien là qu'on les porte. Outre les grandes marques on vous propose aussi des produits à des prix plus raisonnables mais tout autant au top de l'élégance et de la mode. De la couleur et de la fantaisie dans notre regard. Les étudiants bénéficient de 20 % sur les montures ! A votre disposition longue-vue, jumelles et lentilles de contact.

CHARRIER OPTIQUE 8, rue d'Alsace © 02 41 87 74 05. Beaucoup de conseils avisés, alors si vous êtes seul pour choisir votre monture, pas d'hésitation vous serez bien pris en charge ici. On vous dira avec tact laquelle des montures vous va le mieux. Attention toutefois à votre porte-monnaie car la note peut être parfois un peu salée, mais rassurez-vous les petits prix sont disponibles. Seule ombre au tableau, la vitrine mériterait d'être un peu plus joyeuse vu les produits disponibles à l'intérieur.

ESPACES LENTILLES SERVICES 4, rue Montauban ✆ 02 41 87 14 96. De plus en plus convoitées pour parfaire votre style personnel et ajouter à un peu plus à votre charme déjà avéré, les lentilles permettent en plus, de changer la couleur de vos yeux. Outre ce côté un peu "décoratif", la lentille reste avant tout un palliatif aux paires de lunettes. Un espace entièrement consacré aux lentilles de contact, le conseil est hautement professionnel, attentif et personnalisé. Tous les progrès technologiques sont ici présents, et les a priori tombent vite : les presbytes et les astigmates peuvent porter des lentilles eux aussi, et les lentilles de couleurs ont si bien évolué qu'on peut vraiment les porter en toute discrétion. Comme le service prime ici sur la publicité, les stocks sont importants et beaucoup de marques des produits d'entretien sont disponibles. Vente de cosmétiques et produits de maquillage adaptés aux porteurs de lentilles. 18e année pour cet hyperspécialiste des problèmes suite aux interventions ou de demandes particulières. Une des 5 adresses françaises recommandées par l'ordre des ophtalmologistes.

MARTEAU OPTIQUE 31-33, rue Beaurepaire ✆ 02 41 87 62 09. Cet opticien est repérable de la rue car sur sa vitrine des instruments de mesures climatiques vous renseignent en permanence du temps qu'il fait. A l'intérieur, on peut trouver un choix intelligent de montures fabriquées par Mexx, Moschino, Kickers… mais on ne se perd pas comme chez dans d'autres opticiens dans les nombreuses paires mises à la disposition du client. En ce moment, la mode n'est plus vraiment aux lunettes rondes : il semble bien que les formes plus carrées voire rectangulaires soient d'actualité. Aussi, vous aurez un choix certain entre des lunettes qui suivent cette tendance et qui, en plus, sont fines, solides et épurées. Les amateurs d'astronomie pourront contempler quelques beaux télescopes et jumelles de même que deux ou trois microscopes sont en vente pour les férus de biologie. L'accueil est agréable et le conseil sérieux.

OPTIQUE DE LA ROSERAIE Centre Commercial Chapeau-de-Gendarme ✆ 02 41 68 11 45. *Opticien optométriste.* On n'imagine pas entrer dans un magasin d'optique tant la décoration vous fait oublier tous vos tracas visuels. Rassurons le lecteur, cette enseigne est un opticien avant tout et à part entière, évidemment. Rompus aux techniques oculaires, le couple Richard s'est spécialisé dans l'optométrie, technique qui adapte un grand confort de la vue en parallèle à la correction. Amélioration de la vision nocturne, de la vision périphérique, spécificité par rapport aux besoins (chez les sportifs par exemple, un tireur couché n'a pas les mêmes besoins qu'un coureur cycliste, ou encore un ajusteur en micromécanique par rapport à un professeur de fac). L'optométrie conseille également les utilisateurs accrus d'ordinateurs dans le type et l'orientation des éclairages ainsi que dans les positions et l'éloignement à adopter face à l'écran. En exclusivité sur Angers actuellement, le système Winfral, qui permet un centrage optimum des verres progressifs, encore et toujours pour le confort de toute la journée. Quelques marques de prestige comme Bugati, Tom's et Starck côtoient de plus simples montures. Espace enfant personnalisé.

REGARDS & TENDANCES 40bis, place Bichon © 02 41 48 80 28. Très, très beau magasin, qui a su de manière géniale, concevoir un décor dans lequel se fond littéralement la marchandise. La lunette, objet de déco ? L'ambiance orientale aux couleurs chaudes, le sens artistique de Zach Rouault et vous ne savez plus vraiment ce qui est à vendre et ce qui ne l'est pas. Les créateurs en matière d'optique seraient tous ravis de voir que l'on met leur art en valeur. D'ailleurs, c'est bien ici que vous les trouverez ces créateurs, loin des grandes marques redondantes, avec des montures de 180 € à 400 €. L'accueil est à la hauteur d'une si belle adresse.

La Mère Noël des vitrines d'Angers

Outre les créateurs de mode de la ville, une femme, de plus très belle, contribue à la vie des vitrines de la ville et à leur dynamisme.

Marie-Pierre Devaux, décoratrice étalagiste indépendante, organise et décore les boutiques de certaines enseignes du centre-ville, mais aussi du département et de l'Ile-et-Vilaine. Après des années de déménagements pour suivre son conjoint, ce qui lui a permis de tester son sens artistique dans divers domaines, elle finit par s'installer près de chez nous et nous ravir de son imagination et de son sens de l'esthétisme. Ce qu'aime avant tout Marie-Pierre c'est jongler avec les matières, les couleurs, les tissus et créer sans cesse de nouveaux décors et même apporter des éléments insolites à ses inventions (poisson rouge, fleurs naturelles et même un pot d'échappement repeint de couleurs vives). Ses réalisations, véritables chefs-d'œuvre toujours dans l'air du temps, sont pleines d'humour, de bon goût et d'harmonie.

Si vous ne la connaissez pas encore, allez voir ses réalisations dans des magasins comme Zapa, la Guêpière ou toutes les vitrines Verchaly du département. Elle participe aussi à la décoration de nombreuses manifestations comme le salon du mariage d'Angers, le salon du prêt-à-porter de la porte de Versailles ou des lieux de culture tels l'Office du tourisme et le musée Cointreau.

Alors Marie-Pierre, chapeau bas pour votre gentillesse, votre humour et merci d'installer un peu plus de vie et de couleur dans notre ville.

Prêt-à-porter

Créateurs de l'Anjou

En dehors des sentiers battus et des boutiques de prêt-à-porter, loin des grandes vitrines et des rues commerçantes, évoluent et travaillent des artisans, voire des maîtres artisans, qui ont su conserver un savoir-faire sans égal en même temps que présenter des ouvrages au plus près de l'élégance et de la tendance. Parce qu'on n'a plus le réflexe à notre époque d'aller voir un tailleur ou une couturière pour changer sa garde-robe, on découvre chez ces surdoués du textile une passion et un art que nous désirons partager avec vous dans les pages qui suivent.

Robes de mariées, de cérémonies et tailleurs

© Anita Nouteau

Robe de mariée par Antoine Cosneau

ANTOINE COSNEAU **47, rue Saint-Aubin** ✆ **02 41 87 21 22.** Antoine Cosneau a tout d'un créateur passionné. Installé depuis maintenant 11 ans sur Angers, ce génie de l'étoffe aux doigts de fée s'est établi une solide réputation de styliste pour femmes et principalement dans les robes de mariées. Chaque nouvelle création est un bijou de féminité, d'originalité et de fantaisie. Superposition de tissus et de matières non tissées, asymétrie de découpe, jupes évolutives (double face, à retourner le soir : 2 tenues en 1), décoration avec matériaux naturels (bâtons de cannelle ou tranches d'orange). Antoine travaille principalement la soie sauvage avec une palette de couleurs impressionnante, mais parfois comme pour la collection commandée par Cointreau, il utilise des taffetas aux imprimés madras ou créole. La plupart de ses modèles se composent d'un bustier à laçage toujours empreints d'une astuce et d'une jupe avec jupon intégré. Au bout de 5 essayages votre robe sera prête pour le jour "J". N'hésitez pas à aller découvrir son petit atelier au-dessus de la boutique IKKS, ou il travaille au coup de cœur et fera tout pour réaliser vos envies les plus folles comme les plus sages. Mais attention ne tardez pas à vous faire connaître car chaque année il fait des malheureuses car ne peut répondre à toutes les demandes.

© Mina T

En rouge et noir par Mina T

MINA T **Centre Commercial du Chapeau-de-Gendarme** ✆ **02 41 88 25 56.** Du 1er étage de la rue Plantagenêt, Sandrine Clémenceau a quitté le centre-ville pour le quartier de la Roseraie où elle a ouvert boutique et vitrine. Au départ modéliste en industrie sur Paris, elle s'est lancée dans la grande aventure en ouvrant son atelier artisanal de création pour femmes. Elle crée ses propres modèles de prêt-à-porter, et assure les travaux de couture sur mesure, les retouches et les transformations. Elle choisit ses tissus selon ses coups de cœur, toujours dans des matières de grande qualité. Les robes de cérémonie sont époustouflantes. Avant même de prendre vos mesures, Sandrine aime à passer du temps avec ses clientes, et c'est pour un véritable moment d'écoute et d'observation qu'elle les reçoit au premier rendez-vous : ainsi, les tissus, le style, les couleurs seront adaptés à vos désirs tout en tenant compte de votre physique et de votre teint. Ses tarifs sont abordables quand on sait que l'on sort d'entre ses mains avec la robe ou le tailleur de ses rêves, pièce unique cousue au centimètre près, et avec en plus le plaisir d'avoir encouragé le talent de la création. On souhaite à Mina T le succès qu'elle mérite.

Tailleurs pour hommes et dames

BEUCHER CREATION-COUTURE 51, boulevard Saint-Michel © 02 41 60 46 87. *Fax : 02 41 60 46 87.* Comment qualifier autrement ce tailleur qu'avec le superlatif de "maître". Maître artisan comme on n'en voit plus, Jean-Marie Beucher vous parle de son travail avec toute la passion dont il est capable, et lorsqu'il vous montre les étapes successives du montage d'un costume, on ne peut qu'être ébahi par l'infini de son savoir-faire, la minutie de son doigté, et l'assurance de son talent. Vous pouvez toucher chaque échantillon en sa compagnie, et choisir parmi les plus nobles tissus (anglais ou italiens) pour vous faire faire le costume le plus parfait que vous ayez jamais eu. Du grand, grand art, ajouté à cela l'extrême gentillesse de ce maître artisan, font que vous n'avez plus tellement envie d'aller acheter un costume tout fait, même si les tarifs sont peu concurrentiels.

© Jean-Pierre Nourry

Tenue de chasse par Jean-Marie Beucher

Robes, tailleurs, transformations

FIL ART MONIQUE 10, rue Saint Laud © 02 41 87 60 40. Spécialiste de la femme depuis près de 9 ans sur Angers, Monique Bernier, couturière et créatrice, a su imposer son style. Après une écoute active de la cliente, elle vous esquissera un croquis du modèle désiré et chose très importante elle fait très attention de ne faire que des modèles uniques et de ne jamais utiliser deux fois le même tissu. D'ailleurs ses tissus sont riches et très originaux, des soies sauvages, des mousselines, des dentelles perlées, des tissus façonnés ou peints et de nombreuses nouveautés de superposition de matières et de résille pailletée ou de voile perlé. Pour un tailleur compter un prix moyen de 850 €. A l'étage du n°10, elle saura vous accueillir avec la douceur et la vivacité qui la caractérise. C'est l'adresse idéale pour les femmes qui ne trouvent pas leur bonheur dans les boutiques de prêt-à-porter ou qui ne veulent pas retrouver leur tailleur sur une autre femme.

© Fab'an Beaufreton

Création pour le défilé Cointreau par Phil Art Monique

LEAME CREATION 55, rue du Mail © 02 41 25 13 22. *Du mardi au samedi de 10h à 12h30 et de 14h à 19h.* Béatrice Ruelle installée depuis maintenant 2 ans au 55, de la rue du Mail, a pour désir de faire plaisir à ses clientes, les écouter, déceler leur désir et y apporter une petite touche personnelle qui va transformer un modèle basique en une véritable création. Spécialiste du mélange des matières, des tissus et de l'asymétrie, cette jeune créatrice travaille avant tout avec des prototypes, afin de montrer à la cliente une première coupe du vêtement souhaité. Béatrice a la volonté de travailler la couleur et de sublimer la femme par des applications de dentelles ou de biais de couleur. Cette petite boutique image typique des ateliers de couture propose un service de retouche et de transformation afin de remettre au goût du jour un vêtement un peu démodé.

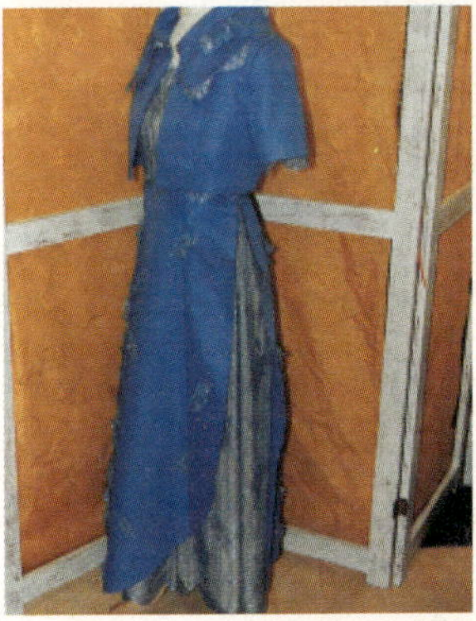

© Léame Création

Ensemble bleu par Léame Création

© Fabian Beaufreton

Boléro en fourrure par Danielle Priou

Fourrures

DANIELLE PRIOU 6, rue Voltaire ✆ 02 41 88 61 10. C'est un bonheur de rencontrer des personnalités comme cette "artisan fourreur", passionnée par son métier, et qui, tout en vous parlant de son travail, caresse amoureusement la matière dont elle compose ses créations. Dans son atelier, on découvre que la fourrure n'est pas uniquement réservée aux manteaux, mais qu'elle est une vraie base de création pour des étoles légères, des robes de cocktails étonnantes où se mêlent damiers ajourés de vison et dentelles sexy, des vestes dont les couleurs vives jouent sur les contrastes de matières et de reliefs. Danielle Priou connaît le métier de A à Z, de la prise de mesure et du patronage, jusqu'à la couture qu'elle réalise sur une ancienne machine traditionnelle. Les finitions sont parfaites, et les doublures aussi belles que l'extérieur. Aucun travail en série, mais du sur-mesure pour chacun de ses clients : elle redonne même une nouvelle jeunesse à vos anciens vêtements en retravaillant les matières et les formes. Toutes les fourrures sont issues d'animaux d'élevage : vison, renard, petit gris, castor… que Danielle Priou vous invite à choisir d'abord par le toucher : la sensualité est une dimension en plus dans son métier de couturière.

© Françoise Pruvost

Turban en buntal, chapeau crée par Françoise Pruvost

Chapeaux

MOD'ISLE 32, rue Boisnet ✆ 02 41 81 01 77. *Ouvert le mardi, jeudi, vendredi et samedi de 15h30 à 18h30.* Françoise Pruvost est une modiste et avant tout une créatrice. Elle sait comment habiller les têtes, pour les grandes occasions (mariage, cocktail, cérémonie…) ou pour tous les jours pour ne pas vaquer tête nue à vos occupations. Dans notre société le chapeau est synonyme d'élégance et de distinction. Cette échoppe recèle de petites merveilles et des splendeurs que l'on croirait tout juste sorties d'un conte de fée. Les chapeaux comme leurs cartons font la merveille des acheteurs, alors tirons notre chapeau à cette boutique et surtout à celle qui exerce un métier malheureusement de plus en plus rare.

Prêt-à-porter pour elle

A CAUSE DES GARCONS 25, rue des Poëliers ✆ 02 41 88 56 06. Une toute petite boutique aux allures très chics et qui ne propose que des vêtements haut de gamme avec pour collections principales celles de Claudie Perlot et Isabelle Marant. L'échoppe malgré sa petitesse est chargée de matières légères et de coupes modernes.

ASTUCES 6, rue Saint-Aubin ✆ 02 41 25 18 55. On aime toucher les matières dans cette boutique, jerseys fluides, mailles douces, polaires, dans un style jeune et tendance, déclinant surtout le noir et le rouge (hiver 2003-2004), les formes originales mais pas trop démodables. La marque Simple et Naturel lui convient tout à fait. Mais la véritable astuce de la boutique, est de s'être installée avec élégance au milieu de ses consœurs parmi les plus chères de la ville tout en affichant des prix vraiment doux, très doux.

BICHE DE BERE 9, rue d'Alsace ✆ 02 41 88 34 34. C'est un vent de folie (créatrice) qui anime les vêtements Biche de Bere. Même le noir (la couleur fétiche de la marque) devient flamboyant et gai, agrémenté de plumes colorées, de pièces métalliques qui sont un rappel des bijoux de la même marque. Les tissus sont vaporeux, froissés, feutrés, raidis, jamais ordinaires… On ne sait plus si ce sont les bijoux qui ont inspiré les vêtements, ou le contraire. La robe bijou, ou le collier vêtement ? Ici rien de conventionnel, c'est le royaume de la création, pas de la mode.

CARBONNE Centre Commercial Espace-Anjou ✆ 02 41 24 95 00. Une petite boutique ou l'on trouve essentiellement de belles étoffes : soie, lin, voile, crêpe, le tout dans des coupes simples mais modernes sachant mettre en valeur la femme. Les prix sont un peu élevés mais largement compensés par de beaux vêtements qui feront de ces dames de vraies élégantes.

CHATTAWAK 7, rue d'Alsace. Voilà une boutique intelligemment aménagée, où les vêtements sont rangés par taille : fini le brassage de cintres pour trouver sa taille. Et puis le style Chattawak, qui n'en est pas vraiment un, plutôt un esprit de liberté quant aux formes et couleurs. Une mode informelle qui habille les femmes mais aussi leurs filles à partir de 12 ans, dans des teintes fraîches et jeunes.

CINQ RUE MONTAULT 5, rue Montault ✆ 02 41 20 10 10. Une boutique qui prouve que les futures mamans peuvent être aussi belles et élégantes que les autres, qui propose des lignes modernes et très originales, des couleurs chatoyantes et sexy. Un lieu où les femmes se sentent femmes autant que mères, malheureusement à des prix pas toujours à la portée de tous les budgets.

COMPTOIR DES COTONNIERS 12, rue Lenepveu ✆ 02 41 48 03 02. Une adresse très chic pour les mères et leurs filles (ou inversement). Dans des coloris qui vont du blanc au kaki, les classiques de la femme sont ici déclinés à la mode "militaire" (printemps 2004) (chemises "officier", treillis, sandales Birkenstock...). De quoi se faire des ensembles originaux et très élégants (comme ceux de la vitrine par exemple). Il sera cependant préférable d'avoir l'air d'une potentielle acheteuse pour être aimablement servie.

COTES CREATEURS 9, rue Plantagenêt ✆ 02 41 86 71 39. Une superbe boutique autant dans sa décoration, toute de bois et de pierres apparentes, que dans les produits qu'elle offre. Comme son nom l'indique la boutique diffuse des vêtements pour femmes, issus des collections de jeunes créateurs ou de créateurs un peu plus connus comme Planète interdite ou Dessine moi un mouton. Un magasin qui respire la mode, le bon goût et le chic, alors attention à votre porte-monnaie.

DEVERNOIS 8, rue des Lices ✆ 02 41 20 14 14. Ce magasin lumineux et bien disposé comporte un atout majeur : sa responsable Catherine. En effet chaque cliente est accueillie avec attention et conseillée avec goût et gentillesse. Les modèles sont destinés à la femme mûre et sont empreints d'une touche d'originalité tout en gardant le classicisme qui fait la marque. De plus la responsable saura vous mettre à l'aise et même pour les dames qui ont du mal à se déplacer, elle s'arrangera pour vous rapporter vos achats une fois les retouches faites.

DS 50, rue Saint-Julien ✆ 02 41 20 18 19. DS regorge d'articles chics ou décontractés et parfois un peu excentriques. Les marques Nathalie Chaize, Zapa, Infinitif, Anne Fontaine, Ernest sont toujours là, on a adoré les pulls Azuleros, et les manteaux insolites bordés de vraies fourrures de chez Airfield et l'inimitable ligne de Nathalie Garçon. Exclusive à Angers, cette créatrice mêle habilement les tons, les façonnages et les effets. Une sorte de patchwork d'inspiration ibérique et parfois "bohémienne", aux cassures franches et déstructurées au résultat merveilleusement chatoyant. L'accueil est agréable et sans manières, et si les prix de certains modèles peuvent parfois s'envoler, que les clientes se rassurent, l'abondance de modèles assure à chacune de trouver l'article de son choix. !

EMOZIONE 8, rue Bressigny ✆ 02 41 87 56 61. Une boutique qui joue sur des registres très différents selon la saison. Plutôt austère et style "valeurs sûres" en hiver, la vitrine se débride au printemps pour offrir quelques petites folies multicolores. Si on inversait la tendance, l'hiver serait un peu moins triste, et la belle saison un peu moins démodable. Mais si comme son nom l'indique, cette boutique marche à l'émotion, alors, pourquoi pas ce va-et-vient surprenant d'un style à un autre ?

ESPRIT 1-3, rue de l'Aiguillerie ✆ 02 41 24 03 65. Avec ses trois magasins sur Angers, la marque est plutôt bien représentée. Elle présente pour l'homme et la femme de 18 à 35 ans des vêtements modernes, des coupes classiques toujours empreintes d'un brin d'originalité. Sans oublier le traditionnel mais indémodable tee-shirt Esprit, floqué au logo de la marque décliné dans toutes les collections en couleurs et impressions diverses. L'enseigne se décline en pas moins de 12 collections par an donc si vous craquez pour une fringue n'attendez pas les soldes car il n'y aura aucun réassort, 1 produit par taille. **Autre adresse : 12, rue Voltaire 02 41 88 46 90 • Men 38, rue du cornet 02 41 25 08 79.**

GAELLE 4, rue Saint-Blaise - Perpendiculaire à la rue d'Alsace ✆ 02 41 81 04 80. Dans cette petite rue à quelques mètres de la rue d'Alsace, cette boutique mérite que l'on y pénètre. Vous découvrirez une vraie caverne d'Ali baba pour les femmes jeunes et moins jeunes qui veulent être à la mode, élégantes et pas forcément vêtues comme la voisine. Si les tarifs sont parfois un peu élevés sur certains modèles, on l'oublie vite par l'originalité des spécimens tissés. Trigon (en exclusivité sur Angers), Dieu Créa la Femme, Madame Zaza of Marseille ou plus classiques Terre et Mer, sont quelques-unes des prestigieuses marques, et l'on a droit en plus à l'incontournable gentillesse de l'accueil. Il faut parfois chiner un peu dans les rayons chargés et c'est un véritable agrément d'y découvrir une coupe ou une matière sympa. L'élégance assurément.

GALAXY 6, rue Bressigny ✆ 02 41 88 48 13. Depuis le temps que Galaxy existe, on finirait par passer devant sans plus la voir. Pourtant, jamais cette boutique n'a semblé s'essouffler, et toujours le regard est attiré par ce petit quelque chose qui n'existe nulle part ailleurs. On ne sait pas trop définir le style du magasin, mais ce que l'on sait, c'est que c'est beau, de belle qualité, et toujours nouveau.

GALERIES LAFAYETTE 6, rue d'Alsace ✆ 02 41 88 05 50. Promenade circulaire sur les planchers craquants de la belle bâtisse Haussmann, comme dans toutes les Galeries de France, on fait le tour des différents stylistes qui exposent leur collection les uns à la suite des autres. Les noms changent régulièrement, et l'on trouve de plus en plus de marques jeunes et créatives (Kookaï, Lévis Strauss… entres autres).

GENARA BOUTIQUE 73, rue du Mail ✆ 02 41 24 94 65. Ouverte depuis octobre 2003, cette nouvelle

NOUVEAU

venue dans le prêt-à-porter féminin mérite bien un petit détour dans cette partie de rue. La jeune propriétaire vous accueille avec le sourire et même un petit bonbon toujours disponible à côté de la caisse. Les marques souvent exclusives (Planète interdite, les Filles à la vanille…) voient leurs modèles renouvelés tous les mois, donc impossible de retrouver votre parure sur la voisine. Les coupes sont essentiellement asymétriques, des jupes en toiles de parachutes avec des liens à resserrer au gré de vos envies, des petites robes à fermetures éclair décoratives à superposer sur des pantalons bouffants.

IKKS 47, rue Saint-Aubin ✆ 02 41 88 28 19. Une très belle adresse à tout point de vue : Un espace aéré et lumineux (malgré la peinture anthracite des murs), une déco sobre et élégante, et une ligne de vêtements extrêmement chaleureux, qui donne envie de les porter pour se sentir à la fois différente (les coupes sont toutes originales) et bien dans sa peau (lignes amples et enveloppantes). Les matières sont vraiment confortables et les finitions parfaites. La moindre quantité par rapport à d'autres boutiques est bien compensée par la qualité de chaque article.

INTUITION 14, rue des Poëliers ✆ 02 41 87 90 65. Journée continue. Ce qui est sûr c'est que la vitrine ne passe pas inaperçue, car elle s'étend sur toute la longueur de la boutique et permet de voir aussi l'intérieur du magasin. Le maître mot est sexy, ici les femmes doivent être sensuelles et un peu dénudées, façon vacances au soleil. Antik Batik, Ferré jean's ou Marlboro Classic, des marques qui parlent d'elles-mêmes, mais n'offrent ici pas seulement des vêtements mais les accessoires qui vont avec, ceintures à franges ou tongs à talons. Dommage que l'accueil ne soit pas plus sincère.

IPSO FACTO 23, rue Saint-Laud ✆ 02 41 87 97 42. Si la vitrine n'est pas toujours des plus moderne (dimension oblige) les vêtements sont plutôt classico-contemporains et élégants pour des femmes qui veulent de la qualité, de belles étoffes sans trop d'originalité. Les chaussures qui trônent souvent en vitrine, de marque Terra Cotta ou Caty Lesca sont vraiment sympas. Une valeur sûre qui s'affirme d'années en année.

JULIET ET REGINE 9, rue Chaperonnière ✆ 02 41 86 76 76. La mode est aujourd'hui haute en couleurs et en fantaisie. Mais il ne faut pas oublier qu'elle n'est pas toujours adaptée aux dames qui désirent rester élégantes sans forcément adopter le dernier cri. Ici, le grand classique est de rigueur, les tissus sont confortables, les couleurs neutres (mais pas tristes), mais les coupes sont impeccables. Karting, Bianco, Finette, habillent l'élégance intemporelle. Un accueil comme on n'en trouve plus… c'est aussi ce qui singularise nos deux agréables hôtesses.

MAIS BOUTIQUE 57, rue du Mail ✆ 02 41 87 05 55. Nouveau propriétaire, Pascal Lucquiaud a conservé le nom du magasin car il avait déjà assis une belle notoriété sur Angers. Cette remarquable boutique diffuse de vraies marques de créateurs en exclusivité sur Angers. C'est chaud, insolite, bourré de fantaisie et l'ensemble de la boutique comblerait bien des costumiers de théâtre. Voici une liste quasi exhaustive de ces génies, parfois "destroys" mais toujours de bon goût : Lilith, Louise Della, Leïko, Mia Zia, Arryal, Guess, Anne Willi, Juste In Case, Manuelle Guibal, Sarah Pacini, Linn'N Laundry, Gazebo, Hybris, S', Vassali, Agatha Ruiz de la Prada, Trippen pour la ligne chaussures et Sandrine Lavesque en création de bijoux.

MINUSCULE 28, rue Saint-Julien ✆ 02 41 87 66 76. Vraiment minuscule, mais que de choix, que de trouvailles à faire dans cette boutique ! Les chemisiers brodés et les pulls de Cachemire, les ensembles jupes ou pantalons, malgré leur classicisme (Jac-Jac, Cottonade) n'ont absolument rien d'ennuyeux et on se laisse même tenter à associer ces très beaux vêtements sobres à ses jeans décontractés. Mme Derôme veille à maintenir un des plus excellents rapports qualité/prix du centre-ville, avec le sourire en supplément.

MONELYSE BOUTIQUE 49, rue Plantagenêt ✆ 02 41 88 60 76. Les intemporelles de la mode pour les femmes qui veulent être élégantes en s'attachant aux lignes classiques. On connaît la qualité des vêtements Caroline Rohmer et Pier Bé, qui offrent ici toute une gamme de tailleurs et de très beaux chemisiers pour lesquels vous n'aurez que l'embarras du choix. Le conseil d'une couturière de métier vous permettra de trouver la tenue qui vous sierra le mieux, du 38 au 52.

SAINT JAMES Rue Saint-Aubin. Voir rubrique "Mixte".

TRENDY FASHIONWEAR 19, rue d'Alsace ✆ 02 41 48 15 42. La boutique s'adresse à une clientèle jeune et branchée fréquentant les nuits angevines, homme ou femme si vous êtes accros à mode Fashion et du look londonien alors cette boutique est pour vous. Plus besoin d'aller à Paris pour trouver des fringues du type "vintage". Cette enseigne propose un large choix de grandes marques, Dolce Gabana, Energie, Antik Batik ou Meltic pot, des jeans à multipoches, froissés, des baggies, des tops aux slogans provocants ou évocateurs et les tennis en vogue Gola ou la forme boxeur. Le petit nombre d'articles dans chaque modèle vous assure de ne pas retrouver votre nouvelle tenue sur tout le monde. Voir aussi en rubrique "Chaussures".

WO-MOST 74, rue Baudrière ✆ 02 41 87 83 04. Avec la destruction des halles, la rue et la boutique ont retrouvé une lumière qui les rend différemment visibles. La boutique diffuse la marque Mexx dans la ligne féminine (les hommes sont chez André, Most à côté), des vêtements très tendances pour tous les âges, moitié dans le vent, moitié vintage mais de collection toujours bien pensée. Les cotons et finitions de belle qualité assurent à la marque de belles années pour les contours des citadines bien dans leur peau.

ZAPA 15, rue Saint-Aubin ✆ 02 41 24 03 50. Une boutique on ne peut plus épurée, comme si on avait renoncé au décor pour ne mettre en valeur que le vêtement. Il faut dire que le style Zapa est un élément de décoration à lui tout seul. Rien de neutre ici, tout est créatif, surprenant, en formes, couleurs, et matières, sans se départir d'un vrai chic citadin. Mais le sourire des vendeuses a un peu de mal à nous faire oublier les prix affichés…

Pour les rondes

SIMONE BOUTIQUE 1, rue Saint-Aubin ✆ 02 41 88 44 02. Dans une rue où les changements d'enseignes sont très fréquents, Simone-Boutique résiste à l'air du temps et fait partie du paysage intemporel du plateau piétonnier. Un style classique mais gai, un espace plein à craquer de vêtements, offrant une très large gamme de tailles (du 38 au 60), font de cette boutique une des valeurs sûres du centre-ville, autant par la qualité des vêtements que par l'accueil très professionnel.

Le coin des affaires

LA SEGUINIERE Cholet - Aux Herbiers. *Près de Cholet.* Voir chapitre "Mode juniors" plus loin. Beaucoup déjà ont compris que l'on peut acheter les grandes marques à prix d'usine dans ce petit coin choletais où l'on peut réellement faire de très bonnes affaires. New Man et One Step à 50 % des prix boutiques, c'est le rêve. Les couturières trouveront aussi de quoi confectionner leurs vêtements avec les tissus des créateurs, tels qu'on les trouve dans les vitrines d'Angers. Il faut aussi se tenir au courant des dates des deux grandes ventes annuelles de la Séguinière (hiver et printemps), car à condition de ne pas craindre l'affluence, on peut s'offrir les plus grands plaisirs des marques à des prix sacrifiés.

Un petit tour à Saumur…

JAKLYNE BOUTIQUE 29, rue du Portail-Louis ✆ 02 41 51 24 49. Installé ici depuis de nombreuses années, ce chaleureux salon de mode présente une collection très variée et sûre de tout ce dont rêvent les femmes élégantes. Une garde-robe complète aux tissus et tombés impeccables. Les tricotés contemporains de chez Créa apportent une touche non-conformiste en opposition au classique élégant de chez Basler. Air-Field joue la légèreté estivale avec ses ensembles colorés faussement froissés, tandis que les chaudes oppositions contrastées de Bleu Blanc Rouge marginalisent les accessoires Kenzo, on retrouve la délicatesse des tissés de chez Christina PoPovich. On termine avec les incontournables Armani Jeans et la collection Blue-Willis que l'on essayera dans l'une des spacieuses cabines pour enfin, devant le miroir, juger l'allure de sa nouvelle toilette. Une valeur sûre et chatoyante dans une ville décidément attachante.

Prêt-à-porter pour lui

EDEN PARK 14, rue des Lices ✆ 02 41 77 44 56. NOUVEAU Nouvelle sur Angers l'enseigne propose aux hommes une mode sportswear héritée du rugby. Des couleurs vives, rose ou bleu ciel, et des coupes classiques et décontractées, tee-shirt, polos et maillots de rugby. Le magasin habillé de bois du sol au plafond offre un certain standing à ses clients. Même si la boutique présente une gamme féminine et junior à l'étage il est dommage d'avoir gâché de l'espace pour offrir un si petit nombre de produits, peut-être aurait-il mieux valu développer les costumes hommes ou une cabine plus confortable.

ENZO 4, rue Chaperonnière ✆ 02 41 24 75 03. Après la fusion avec l'enseigne Youri de la rue Saint-Aubin, le VIP moderne, qui veut rester classe sans pour autant faire trop guindé, trouvera doublement son bonheur dans un espace réorganisé. Du très beau costume qui suit la mode des créateurs à la semaine près, il passera aisément au faux décontracté des pulls en maille de coton de la ligne sportswear, ou à la chemise froissée tendance. On ne rigole pas avec le chic, il faut le porter mais sans en avoir l'air : c'est ainsi que se porte Hugo Boss, Versace ou Azzaro, avec des cheveux longs, mais le portefeuille bien rempli ! Mais les hommes sont si beaux en Hugo Boss, qu'on leur pardonne facilement leurs folies, d'autant que la gentillesse et la simplicité de Joël, le responsable des lieux, est un argument déterminant pour finir de convaincre ces dames.

ESPRIT 38, rue du Cornet - Place Romain © 02 41 25 08 79. L'enseigne a su adapter la mode américaine aux goûts de l'homme français. Pour les 18- 35 ans, une mode sportswear et décontractée dédiée aux hommes et rien qu'aux hommes.

GRAND ET LARGE 55, rue Plantagenet © 02 41 87 44 17. Comme son nom l'indique, la boutique est spécialisée dans le vêtement grande taille (pour les hommes grands et forts). Les marques des chemises et pantalons proposées restent sensiblement les mêmes que celles de l'ancienne enseigne (la chemiserie Georges) et la surface du magasin a gagné 25 m^2. Tailles jusqu'à 70-72 (vestes et pantalons), 10 (chemises) et XXL (tee-shirts).

JACQUES GERMAIN Centre Commercial Grand-Maine © 02 41 73 38 75. La boutique est minuscule mais les clients sont fidèles. Ici vous trouverez le classique pour les hommes de plus de quarante ans. Enzo Lorenzo, Pierre Clarence, Jean Chatel, Pionnier… Un large choix de produits allant du costume au pull, le tout dans des tons masculins sans fioriture, ni excentricité. Le classicisme dans sa pure tradition.

MOST 72, rue Baudrière © 02 41 87 83 14. Le diffuseur quasi exclusif de la marque Mexx à Angers. Une boutique qui se veut branchée et accessible à tout âge ce qui est en théorie incompatible. Les hommes branchés ou contemporains et plutôt minces sauront égayer ici leur "garde-robe". Si les modèles se veulent tendance c'est essentiellement dû aux imprimés, mais les coupes restent simples. Toutefois la boutique offre pour les hommes de la ville une gamme de jeans originaux et quelques costumes bien pensés.

SERGE BLANCO 19, rue Saint-Laud © 02 41 24 75 75. C'est aux pieds d'une des plus belles maisons à colombage d'Angers que trône la célèbre et confortable enseigne. La boutique entièrement vêtue de bois offre à ces messieurs une riche et complète collection sportswear. Marco, le patron, a su imposer la marque comme incontournable dans un pays pas forcément passionné de rugby, quoi que de plus en plus de femmes l'admirent (la France a tout de même rayé les Anglais cette année !). Les collections sont dirigées par le classicisme et le confort empreints d'une certaine originalité : des slogans porteurs ou des chemises rayées colorées très chics et dans de beaux cotons très fins. Un rayon est également dédié à de très beaux costumes et à leurs accessoires.

SPRINGFIELD Place du Ralliement © 02 41 88 40 71. Springfield amène un autre style dans ce centre-ville. Plus de douceur, plus de légèreté, et pourquoi pas, plus de féminité. Les hommes aussi ont droit aux couleurs vives ou pastels. Springfield aime les hommes qui aiment être regardés, et leur prouve qu'ils peuvent être élégants sans leur imposer le costume classique. Certaines femmes n'hésitent pas elles non plus, à chercher leur style dans ce magasin.

TERRITOIRE D'HOMMES 6, rue Voltaire © 02 41 87 43 24. Ouvert en lieu et place d'Henri André depuis le 1er mars 2003, ce magasin présente des vêtements toujours assez classiques avec Bruno Saint-Hilaire et Cardin, chemises Pierre Clarence et costumes Saint-Alban. Une partie de la boutique est consacrée aux vêtements sportswear (Marque Gentleman's farmer). Tout reste chic et pas forcément bon marché. Notons que l'accueil est irréprochable, les vendeurs se montrent particulièrement serviables sans être pour autant envahissants.

VIP 7, rue des Lices © 02 41 88 88 64. Qu'on se rassure, on peut entrer ici sans être VIP soi-même. L'équipe jeune et souriante est plutôt décontractée et vous permet de fouiller dans les grandes marques masculines sans complexes. Cerruti, Armani, Florentino se portent façon "jeans et sportswear", et pour les inconditionnels de Kenzo, il y a moyen de le porter des pieds à la tête (chaussettes, chemises, manteaux, boutons de manchettes…). Il y a de la fantaisie même pour les gens importants, et c'est tant mieux.

VIP IN FINE 16, rue des Lices © 02 41 88 88 93. La version VIP ci-dessus avec les mêmes marques (Cerruti, Kenzo, Nogaret, Estebe…) mais dans leur version très classique. La boutique aussi et même les vendeurs (euses) paraîtraient plus austères que ceux du trottoir d'en face si l'on ne titillait pas un sourire qui finalement parvient peu à peu. Un bon choix de costumes pour les hommes chics qui aiment la sophistication.

NOUVEAU — ETABLISSEMENT OUVERT DEPUIS LA DERNIERE EDITION DU PETIT FUTE

Mixte

AIGLE 7, rue Voltaire © 02 41 87 40 07. Rien que ce nom évoque les escapades en pleine nature, les raids téméraires, et le grand confort du randonneur. Le sportswear y est roi, mais on peut aussi l'aimer sans pour autant s'inscrire dans un stage de rafting dans le Colorado. C'est une mode intemporelle pour se sentir bien même en ville : chemises à poches et manches réglables, gilets en toile, chemisiers à carreaux rustiques, chaussures de marche et bottes. De quoi plaire à tous ceux et celles qui font fi de la mode et privilégient le bien-être autant que l'esthétique. Les vendeuses sont aussi sympathiques que le style qu'elles représentent.

BROOKLYN 10, rue des Poëliers © 02 41 87 10 20. Sous une belle verrière s'exposent toutes les marques du "street wear" d'aujourd'hui. Vêtements Carhartt, DDP, Oakwoad, Levi's, Be you… Chaussures Puma au sac à dos Eastpak, tout est de très belle qualité, mais les prix laissent rêveurs sur le budget exigé des jeunes pour être "branchés".

DETENTE Centre Commercial Espace-Anjou © 02 41 86 06 19. Levi's, Teddy Smith, Cimarron, Lulu Castagnette, New London, Freeman… s'affichent en gros sur les tee-shirts et sweat-shirts. La boutique ado par excellence mais où les adultes peuvent également trouver leur bonheur, en jeans de préférence. Les prix sont globalement les mêmes que dans les autres boutiques. L'avantage principal ici est sans doute de pouvoir comparer car il n'y a pas que du Levi's. Même si pulls et chemises remplissent les étalages, ils sont furieusement tendance. **Autre adresse : Centre Commercial Grand-Maine 02 41 48 20 46.**

E. LECLERC VETEMENTS 15, boulevard Saint-Michel © 02 41 43 87 87. La petite place qui jouxte le boulevard Saint-Michel a plus des allures de cour de HLM que d'espace commerçant. Il ne faut pas hésiter malgré tout à franchir la porte de cette enseigne Leclerc et à descendre au sous-sol. Car, passée la partie "senior" que peut représenter le rez-de-chaussée (vestes et chemises pour les hommes, bonnes occasions pour les femmes), on est surpris de trouver une véritable jeannerie (Wrangler, Levi's, Lee Cooper…) à des prix compétitifs et des articles de cuir très mode. Une adresse à connaître donc…

LA FH 34, rue Cornet © 02 41 25 10 80. Dans un décor "fluo et plexiglas", et derrière des vitrines minimalistes, LA FH joue la carte de la marginalité mais cela semble lui réussir. D'abord styliste, le jeune Fabien s'était essayé il y a quelques années d'implanter sa griffe et certaines clientes regrettent un peu le temps des modèles uniques et cousus main. Aujourd'hui, Paul Smith et Dolce et Cabanna entre autres s'affichent en boutique, et les vêtements sont tous plus décalés les uns que les autres. C'est dans l'air du temps, mais Fabien, pourquoi ne glisses-tu pas au milieu des portants une de tes sublimes créations de temps en temps ?

GALERIES LAFAYETTE 6, rue d'Alsace © 02 41 88 05 50. La grande surface complète de la mode pour toute la famille. Hommes, femmes, enfants, prêt-à-porter, grandes marques (New man, Jodhpur, Marlboro, Kookaï…), lingerie (Athena, Eminence, Barbara, Simone Pérèle…), sportswear (Dorotennis, Nike…), accessoires, maroquinerie mixte, sur trois étages on peut difficilement faire mieux avec un minimum de déplacements, surtout lorsqu'il pleut dehors. Les travaux de réaménagement en 2004 ont permis d'agrandir la surface du prêt-à-porter hommes et femmes, 800 m^2 de plus pour votre shopping !

LACOSTE 12, rue Saint-Aubin © 02 41 24 08 00. "L'Institution" Lacoste a son adresse à Angers, en plein milieu de la rue piétonne, et son succès n'a pas atteint que la clientèle VIP : il suffit de voir le store blindé qui descend chaque soir devant la vitrine pour savoir que le petit crocodile vert n'attire pas que les acheteurs honnêtes… Etrange mutation des modes et des genres ; qui eut cru que cette marque serait un jour vedette chez les jeunes branchés de nos villes ? Pourtant, la marque est fidèle à son image de sportswear de luxe pour toute la famille.

MEL'SON 16, rue Saint-Laud © 02 41 88 74 74. Une boutique essentiellement pour filles mais où les garçons peuvent trouver des tee-shirts et des jeans sympas. Une enseigne assez discrète dans la rue mais qui regorge pourtant de fantaisie et d'originalité. Jupes en toiles aux découpes asymétriques, débardeurs aux slogans évocateurs et jeans de toutes marques et toutes coupes. Un style jeune et branché.

QUAI N°1 Centre Commercial Grand-Maine © 02 41 48 95 85. La boutique des ados par excellence. Levi's, Lulu Castagnette, des marques et que des marques. Du jeans, des gros pulls et des tee-shirts affichant en gros la marque c'est ce qu' adorent les ados. Les coupes et fantaisies des cotons dans une avalanche de rendus, savent attirer les teenager avant même que les mamans les y aient amenés.

QUIKSILVER Place du Pilori. Nouvellement installé à la place du bagagiste, l'enseigne est à la base dédiée aux surfeurs et offre une mode très plage et décontractée. Des fleurs style Hawaï, des pantalons larges aux teintes kaki ou beige, des chemises à fermeture Eclair et des robes bain de soleil pour les filles. Une enseigne dédiée au 10 - 25 ans.

STYLE MARINE Saint-James - 8, rue Saint-Aubin ✆ 02 41 86 12 69. Les vêtements de bord de mer, mis au goût des citadins, chics et chers, mais qualité irréprochable de la maille, des lainages en pure laine vierge. Gros pulls torsadés, cabans douillets, le style marin est toujours là, mais pour ceux qui ont écumé les entrepôts de marine dans les années 80, la marque a perdu un peu de son âme et de son authenticité.

TBS 1, rue Voltaire - Angle Saint-Julien ✆ 02 41 87 43 27. TBS est très bien situé en bas de la rue et plutôt visible de l'extérieur en raison d'une belle vitrine claire. N'hésitez pas à rentrer dans cette boutique au style moderne où la décoration est épurée et l'ensemble lumineux. Le magasin, très sportswear, propose des vêtements et des chaussures (sportives ou non). Les produits sont reconnus et les prix restent abordables.

TRIBECA 28, rue de la Roë ✆ 02 41 87 08 15. Cette adresse compte son lot d'habitués et pour cause. "L'urban wear" est un domaine d'initiés où le bouche à oreille est de mise. On trouve ici des vêtements pour les jeunes (garçons mais aussi filles), larges à souhait, incontournables pour qui pratique la glisse dans toutes ses formes. La crédibilité du lieu est due à la présence des grandes marques du genre (Rusty, Kana Beach, Globe, Etnies…) mais aussi à toute une gamme d'accessoires (roues, freins de skate…) et aux précieux conseils des vendeurs avertis.

Vêtements de travail, de bricolage et de jardinage

ESPACE EMERAUDE Route de Sainte-Gemmes - LES PONTS-DE-CE ✆ 02 41 66 17 17. On y trouve bien sûr les combinaisons en gros coton kaki ou bleu, les bottes en caoutchouc et les gilets anti-froids pour les travaux extérieurs, les gants et les sabots de jardinage. Mais, surprise, également des vêtements qui, sous prétexte d'être confortables et efficaces, sont vendus dans ce magasin de bricolage jardinage alors qu'ils pourraient être vendus dans une boutique du centre-ville. De très beaux anoraks et des pulls rustiques aussi chics et chauds en ville qu'à la campagne, et même l'été, shorts et débardeurs pour toute la famille.

RURAL SERVICES Centre Commercial Rural-Service - SAINT-SYLVAIN-D'ANJOU ✆ 02 41 21 17 17. Dans cet immense rayon vêtements on s'adresse à tous même si les sélections privilégient la population rurale justement. Hommes et femmes trouveront de quoi s'habiller de pied en cap, accessoires y compris, gants, écharpes, couvre-chefs, ceintures, bretelles, etc. On remarquera des rayons intelligents de bottes (Aigle) et chaussures de loisirs (de sécurité par exemple) ainsi que de chauds gilets doudounes sans manches confortables pour les loisirs et travaux d'extérieur. La marque Lafuma constitue la nouveauté avec des parkas, des polaires et des chaussures. Un choix gigantesque de gants de travail, de vêtements de pluie, de combinaisons, de bleus et de chapeaux complète l'ensemble. Un magasin très futé !

Juniors

Sélect et stylé

LES BALLONS D'INES 4, place du Pilori ✆ 02 41 20 34 74. On y entre comme dans la jolie petite maison dans la prairie, et on se dit qu'on aimerait bien qu'il y ait des tailles adultes tant les vêtements et les tissus sont beaux et à la mode ! Par contre, on doute pour nos chers petits, de l'avenir des voiles de soie rose ou des petites chemises chics, dans la cour d'école ou les bacs à sable… Jean Bourget, Confetti, Eliane et Léna, Lili Gaufrette… de grandes marques pour de tout petits vêtements superbes et bien réalisés.

CATIMINI 40, rue Saint-Aubin ✆ 02 41 88 53 30. Toujours très originales et avant-gardistes, les tenues de chez Catiminin dans un décor de bois sombre où règne un ordre impeccable. Les matières sont belles et solides, donnant fière allure. Mais les prix en boutique restent assez élevés, ou alors il faut venir fouiner pendant les dernières démarques des soldes, ou aller dans le magasin de déstockage de La Séguinière dont on parle plus loin dans "le coin Futé".

MARESE Centre Commercial Espace-Anjou ✆ 02 41 87 79 21. Une petite merveille, un paradis de la fringue pour nos chères têtes blondes. De véritables reproductions de vêtements d'adultes remis à jour pour les tout-petits. Des salopettes avec des poches partout, des maillots de bain vendus dans son sac de plage assorti et surtout des petits fichus de toutes les couleurs et qui se marient avec bonheur aux robes et petits hauts. Des couleurs sympas et des motifs pleins d'humour. En plus les petits peuvent faire de jolis dessins pendant que les mamans s'adonnent au shopping.

Classiques

COUDE MAIL 31, rue Saint-Aubin ✆ 02 41 24 90 19. De 0 à 16 ans, malgré le logo "Lapin bleu" qui est venu mettre un petit coup de jeune sur cette marque, ce n'est pas l'endroit où vous trouverez une extrême fantaisie pour habiller vos bambins, donc n'y cherchez pas le rose bonbon ni le orange fluo. Toiles beiges, mailles jersey qui raffolent des rayures marines, le style est bon chic bon genre, mais c'est du solide à toute épreuve, indémodable, avec la qualité Coudé mail depuis toujours.

CYRILLUS 30, rue Saint-Aubin ✆ 02 41 87 74 32. La boutique qui habille toute la famille, et tout le monde dans le même style, plutôt "sport wear pouet-pouet golf", ou balade d'automne en forêt près de la maison de campagne de "bon-papa et bonne-maman". Il n'y a pas néanmoins que des robes à smocks pour les filles ou des pantalons courts gris pour les garçons. Les articles basiques sont nombreux et d'un très bon rapport qualité/prix.

ENFANCE Centre Commercial Grand-Maine - Rue du Grand-Launay ✆ 02 41 73 29 67. Le changement d'enseigne et la redécoration ont reboosté le petit magasin. Offrant des vêtements de la naissance à 12 ans et des marques traditionnelles comme Catimini ou Floriane ou plus sportswear comme Lili Gaufrette ou Jean Bourget. Des vêtements à vivre pour nos petites terreurs ou des tenues pour les jours de fête, le tout très coloré et dans des matières confortables.

Décontractés

DU PAREIL AU MEME 3, rue d'Alsace ✆ 02 41 88 94 80. Le sportswear des petits de 3 mois à 14 ans, à des prix vraiment réduits (beaucoup d'étiquettes à un seul chiffre !). Donc forcément, l'ambiance est très différente des autres boutiques un peu plus guindées de la ville : ça court partout, on se croirait dans une cour de récréation certains samedis, mais au moins l'ambiance est adaptée aux enfants, et les vendeuses comme les mamans se sentent elles aussi plus décontractées.

PETIT BATEAU 10, rue Voltaire ✆ 02 41 86 18 98. On retrouve toujours la maille coton intemporelle qui a fait le succès de la marque, les petits maillots de corps à rayures bleues, mais Petit Bateau a su évoluer sur une gamme complète de vêtements de 0 à 18 ans mais aussi d'accessoires et de parfums. Le style reste classique, et la gamme 4/10 ans est un peu à la traîne question mode.

TAPE A L'ŒIL Centre Commercial Espace-Anjou ✆ 02 41 23 45 85. Entièrement dédiée aux petits, cette enseigne diffuse des fringues à petits prix permettant aux mamans de se faire plaisir avec un budget raisonnable. Comme pour les grands la boutique recèle des trésors pour les filles : bijoux fantaisie, sacs chien en peluche, fichus assortie aux robes, pour les garçons des jouets de bain ou des sacs à dos.

Bon marché

GEMO 3, avenue Joxé - Près de Carrefour Saint-Serge ✆ 02 41 60 86 89. Gemo offre l'occasion de renouveler sa garde-robe sans se ruiner. Et toute la famille en profite, des plus petits (toute une partie du magasin leur est consacrée) aux plus âgés. L'espace s'étend sur une surface importante mais les rayons restent à taille humaine. Les modèles sont colorés, faciles à porter tout en suivant la mode du moment. Et surtout la note ne fait pas mal car les prix ici sont loin d'être élevés. A noter la présence de Gemo chaussures, juste à côté, qui propose également un très grand choix de modèles à des prix vraiment avantageux. **Autre adresse : Centre Commercial du Chapeau-de-Gendarme, près de Géant-La-Roseraie.**

Z VETEMENTS 53, rue Saint-Aubin ✆ 02 41 86 06 00. Une marque qui se veut assez abordable, mais qui a "relooké" ses boutiques, du coup plus accueillantes, avec des collections davantage soignées et mieux présentées, avec les Rues des Petits Anges, et un coin "Grain de blé" pour les 0-23 mois. Idéal pour trouver les tee-shirts ou survêtements pas chers qui ne craignent rien. Et puis en fouillant bien, avec les conseils agréables des vendeuses, on peut aussi trouver des tenues douillettes ou des petits ensembles assez mode pour les 10-14 ans, et en acheter deux pour le prix d'un.

A part

ZARA 26, rue Lenepveu ✆ 02 41 24 01 40. Cette enseigne diffuse des vêtements pour les enfants de 0 à 16 ans, des habits modernes qui suivent la tendance au même titre que pour les adultes, à des prix raisonnables. Dans une ambiance décontractée et un magasin à l'espace de vie clair et pratique, vous pourrez vaquer tranquillement aux rayons de vos bambins.

Bébés (puériculture)

AUTOUR DE BEBE 7bis, quai Félix-Faure ✆ 02 41 95 74 00. Cela fait trois ans que ce spécialiste des nourrissons fait fondre les jeunes parents qui s'équipent en poussettes, petits lits pliants et autres chauffe-biberons. Il s'agit là d'une véritable grande surface (qu'en pensent les restos de la promenade de Reculée, en face, de leur nouvelle vue outre-Maine ?) où les bébés sont rois et la puériculture l'unique sujet de conversation. Bref, l'adresse idéale pour faire, en une seule sortie, (exceptés les vêtements, absents ici) le tour des achats nécessaires à l'heureux événement. Une sortie qui compte donc…

BEBE NEUF - BEBE CASH Centre Commercial Espace-Anjou ✆ 02 41 86 04 04. Sur le parking d'Espace Anjou, cette grande surface dédiée aux futures mamans et à leurs progénitures offre tous les produits de grossesse ainsi que ceux destinés après la naissance de votre (vos) chérubin(s). Allant des vêtements pour la future maman, au chauffe-biberon, siège auto, tire-lait, ou encore poussette, landau et mobilier de chambre, tout vous attend pour confectionner avant la naissance un petit nid douillet. Côté nouveau-né, vous aurez le choix entre une large gamme de mobiles, de peluches toutes plus adorables les unes que les autres, des chaussures, des vêtements du 1 mois au 6 ans, des doudous de chez Moulin Roty bref de quoi rendre votre bébé heureux et vous aussi. Accueil et service après-vente très satisfaisant !

CINQ RUE MONTAULT 5, rue Montault ✆ 02 41 20 10 10. Une boutique qui prouve que les futures mamans peuvent être aussi belles et élégantes que les autres, qui arbore des lignes modernes et très originales, des couleurs chatoyantes et sexy. Un lieu où les femmes se sentent femmes autant que mères, malheureusement à des prix pas toujours à la portée de tous les budgets.

NATALYS 16, rue Saint-Aubin © 02 41 87 40 80. Le magasin propose à la fois les vêtemens des futures mamans, les vêtements de bébés et les articles de puériculture. Le seul magasin à proposer des vêtements miniatures pour les prématurés de 1 kg à 2,5 kg. La gamme des poussettes et sièges-bébés est ahurissante de modernisme et de technologie, le matériel de puériculture est du dernier cri en matière d'innovation, mais on se demande si bébé a réellement besoin de tout ça, et surtout à ce prix-là. Il existe un rayon "petits prix", mais tout est relatif…

Le coin futé

LA BOSSE DES AFFAIRES 10, rue Landreau - BEAUCOUZE © 02 41 48 26 57. Entre Boulanger et Mondial Pêche. Voilà une grande surface intéressante pour s'habiller à moindres frais. Des vêtements de marque vendus 30 à 60 % moins cher que dans les boutiques. Certes, il s'agit de fins de séries et déstockages, mais des affaires sont à faire. Les marques sont nombreuses, le choix plus important en vêtements qu'en chaussures, mais on peut vraiment y trouver de très bonnes affaires. En donnant votre adresse à l'accueil, vous recevez par courrier en avant-première la date d'arrivage des prochaines promotions. Pratique pour ne pas se déplacer pour rien.

Magasins de déstockage et d'usine

Avec maintenant la A87 entre Angers et Cholet, ils sont situés à 45 minutes d'Angers et près de Cholet, berceau régional des industries de la mode. On peut y faire de bonnes affaires, dans la mesure où les marques de vêtements d'enfants vendus relèvent la plupart du haut de gamme, et qu'on les trouve ici 30 % à 40 % moins chères (issus de la collection d'avant ou en cours et comportant de tous petits défauts, parfois invisibles). Attention cependant à ne pas tomber dans l'illusion de réaliser forcément de bonnes affaires, les prix de certaines marques restants relativement élevés, sauf durant les dernières démarques des soldes. Voici les trois principaux magasins situés à la Séguinière, (il y en a d'autres sur place, pour enfants et aussi pour adultes). Sortie Cholet-sud, puis direction Nantes/Noirmoutier, puis prendre la D753, vers La Séguinière. Dans le village, suivre "le circuit des marques".

LE RELAIS DES MARQUES ZI du Cormier - CHOLET © 02 41 56 88 45

Allez, sans trop vous égarer, jusqu'aux Herbiers pour découvrir les enseignes suivantes

NAF NAF Route de La Roche-sur-Yon LES - HERBIERS © 02 51 64 97 56

VECOPRI Route de La Roche-sur-Yon - LES HERBIERS © 02 51 66 91 00

LE FORUM DES MARQUES 20, rue de la Vendée - LA SEGUINIERE © 02 41 56 02 34. Kickers, Chipie, Absorba et Confetti. Autre adresse à la sortie de Cholet, direction La Roche-sur-Yon - Mortagne-sur-Sèvre.

JEAN BOURGET - IKKS - LES ROBES Rue de l'Industrie - LA SEGUINIERE © 02 41 56 01 56

STOCK CATIMINI 7, rue des Artisans - LA SEGUINIERE © 02 41 56 02 89

Retouches - Réparations

CISALINE COUTURE 119, rue de la Madeleine © 02 41 57 25 56. Conception, réalisation et retouches. Souriant et bon marché.

COUTURE LORI 57, rue Bressigny © 02 41 86 14 44

FIL ART MONIQUE 10, rue Saint-Laud © 02 41 87 60 40. Toujours accueilli avec le sourire, vous trouverez des solutions à tous vos problèmes d'accrocs ou de retouches. Voir aussi "Créateurs de l'Anjou" au début du Prêt-à-Porter.

LEAME CREATION 55, rue du Mail © 02 41 25 13 22. Cet atelier de création offre ses services pour retouches et transformation en tout genre. Voir aussi "Créateurs de l'Anjou" au début du Prêt-à-Porter.

RAPID'COUTURE 7, rue du Haras © 02 41 88 10 00. Assure toutes les réparations de couture, et les retouches. Autre adresse : 17, rue Saint-Lazare 02 41 48 02 22.

© Photos.com

multimédia

Informatique

A2 POINTS 15, rue du Haras © 02 41 25 31 31. A première vue, on pourrait croire qu'il ne s'agit que d'une énième boutique de téléphonie mobile. Mais il s'agit aussi d'un véritable espace multimédia, où l'on vous proposera soit des configurations sur mesure pour votre PC (Intel, bureautique, jeux, AMD...), soit une remise à niveau de votre ancien ordinateur : évolution, ajouts, suppression ou échange de configurations, transfert de fichiers, bref ! Tout est possible, efficace, personnalisé dans cette boutique qui a évolué positivement ces deux dernières années, où les plus pressés aussi pourront recevoir d'excellents conseils par téléphone ou par mail : magharas@a2points.com. En vente graveurs (Plextor), cartes 3D, cartouches d'encre, scanners etc. Toutes les configurations sont garanties 1 an pièces et main-d'œuvre.

CONFIG SYSTEM 3, rue de la Roë © 02 41 25 19 92. Une équipe jeune et très accueillante, qui vous propose soit un service en face à face avec moult conseils, soit en vous donnant les différentes options d'assemblage, avec leur tarif déjà pré-imprimé, pour que vous réfléchissiez tranquillement à votre projet chez vous. Toutes les nouveautés sont présentées en magasin et à la vente directe, mais aussi sur le site Internet : www.configsys.fr. Autres magasins à Laval o Saumur o Château-Gontier.

DEFCON ONE 23, rue d'Anjou © 02 41 86 78 69. L'équipe Defcon One se veut technicienne, et pas seulement commerçante. Pour cette raison elle a quitté la vitrine de la rue Baudrière pour s'installer dans une arrière-cour près de la Gare : on ne vient pas ici par hasard. Le bouche à oreille est la meilleure publicité pour cette entreprise qui a confirmé ses compétences en matière d'assemblage sur mesure et personnalisé, d'assistance et de maintenance dans toutes les marques. Le service est la priorité de l'enseigne. Il n'est pas rare qu'ici, on vous prête un ordinateur ou un portable le temps que le vôtre soit remis en état, ou même qu'on vous grave un CD vite fait pour vous dépanner, et avec le sourire en plus. Les pièces détachées (graveurs, souris...) sont en vente, dans des marques choisies pour leur qualité. L'accueil est plutôt informel et amical, et on peut y discuter de bien d'autres choses que d'ordinateurs !

FNAC 25, rue Lenepveu © 02 41 24 33 33. On ne peut pas toujours être suffisamment spécialisé en informatique pour configurer soi-même sa machine de travail. Heureusement qu'il reste pour les moins initiés un espace multimédia comme celui-là, réservé au "prêt à l'emploi", offrant une gamme très étendue d'ordinateurs et de portables dans toutes les marques (PC et MacIntosh). Service après-vente assuré.

MICRO CONCEPT 21, avenue Jean-Joxé © 02 41 27 25 00. Les inconditionnels du MacIntosh trouveront ici l'espace réservé à la petite pomme (Apple). Toutes les nouveautés Mac y trônent dans leur design inimitable, mais cela ne saurait faire oublier que l'on a à faire ici à de la très haute technologie. Miguel Guttierez, assisté d'excellents conseillers, saura vous conduire à travers cet univers informatique toujours un peu marginal par rapport au monde du PC, mais ô combien performant. Le magasin assure la maintenance et l'installation en réseau, et un espace "consommable express" met à votre disposition tous les accessoires périphériques (encre, cartes graphiques, câbles etc....). Le PC y est aussi vendu sous la marque NEC.

STATION MICRO 16, rue Denis-Papin © 02 41 27 24 00. NOUVEAU Argus informatique a changé d'adresse et de nom, pour s'offrir un vaste espace en face de la gare, mais les prestations restent les mêmes : assemblage, extensions, sur mesure informatique pour le particulier comme pour le professionnel à des prix intéressants. On peut trouver également des pièces détachées, faire faire les réparations sur son ordinateur et mais aussi trouver du "prêt à l'emploi" en matière d'unités centrales, de portables, neufs ou d'occasion. Bien entendu, pour les utilisateurs de PC...

Services multimédia

IMPRIM'COPIES 8, rue d'Anjou © 02 41 73 34 15. NOUVEAU 100 m² d'espace de travail pour organiser vos petits séminaires, colloques et conférences. Un énorme atout à cette prestation, est la présence du magasin de 4 photocopieurs noir et blanc et 1 couleur, et d'une salle multimédia équipée de 10 PC avec scanners et assistance immédiate (conception de visuel etc.), accès ADSL illimité, mise à disposition de rétroprojecteurs et vidéo projecteurs. Vous pouvez la louer pour une capacité d'environ de 5 à 40 personnes. La formation Internet est aussi assurée ainsi que celle à divers logiciels. L'espace photo numérique permet à moindre coût l'édition de photos d'identité par 24 ou 30 exemplaires. Le coin détente avec mini-bar complète ce lieu unique et bien utile dans ce quartier vivant de la gare.

Pense Futé

pense futé

Animaux

Adresses utiles

CONSEILS DE L'EDUCATEUR CANIN © 02 41 27 37 99 (régie de quartier Monplaisir). *Séances d'éducation canine, en espace vert à Monplaisir le samedi matin. Pour un rendez-vous, contacter l'éducateur canin par téléphone ou en passant à la régie de quartier de Monplaisir, centre commercial de l'Europe.*

CONFEDERATION NATIONALE DES SPA DE FRANCE BP66 - LYON © 04 78 38 71 71. *Minitel : 3615 SPAFRANCE.*

CLUB CYNOPHILE ANGEVIN Chemin de la Bodinière - Route d'Andard - TRELAZE © 02 41 93 00 45. *Club d'éduction canine.* Dans un grand terrain à la sortie de Trélazé, des professeurs vous apprendront à vous et à votre chien les bases de l'apprentissage. Vous pourrez également vous essayer à l'agility et autres disciplines des sports cynophiles.

Un gentil chien peut en cacher un autre

En effet même si un mignon petit bâtard a l'air inoffensif, il peut s'avérer méchant ou plein de puces. Alors si vous souhaitez lui venir en aide il vaut mieux prévenir les services adéquats qui s'occuperont de lui. La SPA ne le fait pas. Il faut appeler la mairie qui se chargera de venir chercher le fuyard et de retrouver ses propriétaires.

MAIRIE © 02 41 05 40 00

Alimentation animale

DECATHLON Avenue Prosper-Guilhem © 02 41 73 04 30. Au rayon chasse de ce grand magasin du sport, vous trouverez une gamme complète d'articles pour chien, adaptés en fonction des besoins de celui-ci, avec un bon rapport qualité/prix et même une carte de fidelité.

RURAL SERVICES - M. BRICOLAGE Centre Commercial Rural-Service - SAINT-SYLVAIN-D'ANJOU © 02 41 21 17 17 (standard). Tous les animaux domestiques (chiens, chats, poissons et même petites souris) trouveront leur bonheur ici, dans les nombreuses gammes d'alimentation et de soins (os pour les dents, etc.) mais aussi dans la panoplie d'accessoires, du plus simple (la balle qui couine par exemple) au plus élaboré (le petit imper pour caniche !). Pas de doute, nos amies les bêtes représentent une véritable économie à elles seules…

LES JARDINS DES ARDOISIERES Rocade-Est - ZA Le Cormier - TRELAZE © 02 41 33 03 10. Cette belle jardinerie consacre un grand espace à nos amis les animaux et pour cause ils sont partenaires de la SPA. Profitez de la carte de fidélit "coup de patte", qui vous offre le 10e sac offert.

Animaleries spécialisées

CITY ZOO Espace Anjou - Avenue Montaigne © 02 41 87 00 10. Voici la grande surface angevine dédiée aux animaux de compagnie. Chiens, chats, rongeurs ou poissons rouges, vous trouverez tout pour le bonheur de nos amis les animaux. De l'adoption d'un adorable toutou, à sa nourriture en passant par une large gamme de jouets ou friandises, votre petit compagnon sera gâté. Des vendeurs spécialisés sont aussi là pour répondre à vos petits problèmes ou vous conseiller sur l'éducation de votre animal.

JARDINERIE CLAUSE ZA Beaucouze © 02 41 48 82 27. Une des rares animaleries sur Angers qui propose en plus des produits traditionnels, une gamme de reptiles et autres petits animaux à sang-froid, et des vendeurs qui peuvent vous conseiller sur l'art du terrarium.

TOUTOU 2000 Centre Commercial La Croix-Cadeau - AVRILLE © 02 41 42 32 98. Ce magasin spécialisé dans la gente canine, offre une sélection de chiots en provenance d'élevage, alimentation, accessoires et un service de toilettage. **Autre adresse : La Tinière - GREZ-NEUVILLE 02 41 95 26 82**

Chiens guides d'aveugles

CHIENS GUIDES D'AVEUGLES DE L'OUEST Promenade de la Baumette © 02 41 68 59 23. Cette association propose à des particuliers sérieux de s'occuper de jeunes chiots le temps de leur éducation. Après deux ou trois ans de formation avec un éducateur spécialisé le chien sera confié à des personnes non-voyantes. Les chiens sont de races très affectueuses : golden retriever ou labrador. L'association recherche en permanence des volontaires pour devenir famille d'accueil, le seul petit inconvénient est de se séparer du chien au bout de plusieurs mois de vie commune, mais le geste est tellement beau et on peut vous confier rapidement un autre animal.

L'association devrait déménager courant 2005 pour l'ancienne ferme Chauffeaux Route de Beaucouzé, et ainsi agrandir sa structure.

Pensions canines et félines

SPA AUTONOME DE MAINE-ET-LOIRE Promenade de la Baumette © 02 41 66 32 23. *Ouvert au public tous les jours sauf le dimanche.* Victimes de modes ou de coups de cœur déraisonnés, nos amies les bêtes sont toujours aussi nombreuses à être lâchement abandonnées. Alors, pourquoi ne pas venir chercher ici son futur compagnon qui n'attend que ça ?

Taxidermistes

L'art de conserver l'allure d'un animal défunt, par une technique séculaire de tannage. L'animal convoité, à plumes, poils ou écailles, reprend l'apparence du vivant. De nombreuses personnes font appel à ces artisans afin d'atténuer la douleur de la perte du toutou de compagnie. Les trophées de chasse et les commandes de muséum sont tout de même les principales demandes.

LOREAU PATRICK (AUX) Ponts-de-Cé © 02 41 44 65 73

PANTERNE SERGE Saint-Georges-sur-Loire © 02 41 39 11 46

PORCHERON CHRISTIAN Saumur © 02 41 67 81 83

Toilettage

AKANTACOUPE 12, rue Beaurepaire © 02 41 88 80 06. Un salon de toilettage qui prendra bien soin de votre fidèle compagnon à quatre pattes. **Autre adresse : Avenue du Pin - BEAUCOUZE 02 41 48 04 27 (à côté du cabinet vétérinaire, après la Foire Fouille).**

J'LAV TOUTOU 33, rue Bressigny © 02 41 88 54 97. *Le Lavomatic des animaux. Douches adaptées à la taille du chien, et toilettage possible par un toiletteur professionnel.*

Business

Aide à la création d'entreprise

Pour passer d'un projet ou d'une envie d'être son propre patron à la création d'entreprise, le chemin est parfois difficile et souvent solitaire. Pourtant, afin d'aider les créateurs, il existe de nombreux organismes qui proposent toutes sortes d'aides, du simple prêt jusqu'au capital-risque. Nous en avons répertorié ici pour vous.

AGENCE NATIONALE POUR L'EMPLOI 2, square Lafayette ✆ 02 41 24 17 20. Dès votre inscription comme demandeur d'emploi aux Assedic, vous devrez passer un entretien avec un consultant qui vous aidera à retrouver un emploi ou à trouver une formation, un stage.

BOUTIQUE DE GESTION 461, rue Saint-Léonard (Village des Entrepreneurs) ✆ 02 41 66 52 52. *Site Internet : www.boutiques-de-gestion.com - E-mail : bganjou@wanadoo.fr.* La boutique de gestion est une association qui aide le futur créateur. Du simple projet à la réalisation, le conseil est personnalisé et compétent. Le premier rendez-vous est gratuit. Elle peut réaliser les budgets et aide à monter les dossiers d'aides financières. Nombreux stages gratuits pour les futurs créateurs d'entreprise. Accueil souriant et dévoué.

DIRECTION DEPARTEMENTALE DU TRAVAIL, DE L'EMPLOI, DE LA FORMATION PROFESSIONNELLE DE MAINE-ET-LOIRE 7, rue Bouché-Thomas ✆ 02 41 54 53 52. Pour toutes les questions de législation du travail, permis de travail pour étudiants étrangers, cet organisme délivre aussi la prime aux chômeurs créateurs d'entreprise.

CENTRE DE FORMALITE DES ENTREPRISES Chambre de Commerce et d'Industrie - 8, boulevard du Roi-René ✆ 02 41 20 54 20. *Site Internet : www.angers.cci.fr.* Vous êtes obligés d'y passer pour créer votre entreprise, mais en retour, le CFE peut vous aider durant toute votre première année d'activité.

CENTRE DE FORMALITE DES ENTREPRISES Chambre de Commerce et d'Industrie - 8, boulevard du Roi-René ✆ 02 41 20 54 10. *Site Internet : www.angers.cci.fr.* Très utile pour toutes les formalités administratives (inscription au registre du commerce et des sociétés), pour créer votre structure (SARL, S.A., etc.).

CHAMBRE DE METIERS DE MAINE-ET-LOIRE 5, rue Darwin ✆ 02 41 22 61 00. Garde du corps des métiers artisanaux, cette institution encercle également les formations des apprentis aux métiers manuels.

CLUB DES CEDANTS ET REPRENEURS D'AFFAIRES (CRA) 6, rue Rabelais ✆ 02 41 24 14 70. *Fax : 02 41 87 83 82.* Association de chefs d'entreprises favorisant la transmission d'entreprises. Mise en relation, évaluation des projets.

ASSOCIATION DES CREATEURS ET REPRENEURS D'ENTREPRISES DE L'ANJOU ✆ 02 41 20 54 20. Service aux créateurs, club d'échange, de compétence. Service d'entraide lors de réunion mensuelle permettant de profiter de l'expérience des autres.

COMITE D'EXPANSION ECONOMIQUE DU MAINE-ET-LOIRE 32, rue de Rennes ✆ 02 41 25 32 00 28. *Fax : 02 41 25 32 01. Site Internet : www. anjou.org.* Appui à la création, implantation, soutien financier et logistique, etc.

CCI ANGERS FORMATION Centre Pierre-Cointreau - 132, avenue De-Lattre-de-Tassigny ✆ 02 41 20 54 70. Organisation de cours de langues, formation en alternance ou par correspondance du CAP au BTS.

ESPACE ENTREPRENDRE 8, boulevard du Roi-René ✆ 02 41 20 54 20. L'interlocuteur (CCI) idéal pour toute entreprise. Assure un appui opérationnel aux entreprises, industrie, commerce et service. Assure la formation première et continue.

Communication d'entreprises

A3 NEWS PRODUCTION 34, boulevard Gaston-Birgé ✆ 02 41 34 48 89. *E-mail : contact @news.com.* Située face à Thomson cette jeune société de production audiovisuelle a été lancée par 4 professionnels angevins de l'image il y a 3 ans. Si Thomson construit des téléviseurs, A3 News fabrique les images que l'on y voit. Films d'entreprises (Geodis, Caisse des dépôts…), reportages institutionnels (conseil général de Maine-et-Loire, mairie d'Angers…). Créée par des journalistes professionnels et des cadreurs monteurs, l'entreprise possède également un département "Agence de presse" et offre ainsi ses services aux chaînes de télévision (TPS Sports…). Le professionnalisme (expérience reconnue, Caméras Béta) et la maîtrise des NTIC, Nouvelles technologies de l'information et de la communication, (Gravure DVD, montage virtuel) font de A3 News un acteur indispensable de la communication audiovisuelle dans la région.

ELECTRONIC-LOISIRS 7 ter, place de la Paix ✆ 02 41 87 66 02. *Site Internet : www.electronicloisirs.fr.* Depuis près de 30 ans, M. Morin propose du matériel électronique en vente ou en location : sonorisation, lumières, vidéo projection, le matériel complet pour animer des soirées, des fêtes de familles, mariages ou conférences. Et sur 600 m^2, il y a de la place pour en stocker du matériel : pas moins d'une cinquantaine de tables de mixage en rayons, par exemple, idéal pour comparer avant l'achat. Les clients sont bien sûr des particuliers, mais également beaucoup d'associations ou de collectivités locales. C'est Electronic-loisirs par exemple, qui chaque année sonorise la fête des quais à Angers. Voir aussi à la rubrique "Location" de la partie "Réceptions".

IMAGE CONCEPT 113, boulevard Saint-Michel ✆ 02 41 43 79 00. *Fax : 02 41 43 89 16. Site Internet : www.image-concept.fr.* "L'image comme vous la rêvez, telle que nous la concevons", c'est la vocation de cet espace professionnel tourné vers le service aux entreprises et collectivités territoriales. Il exécute impressions noir et blanc, couleurs, micro-édition, impression numérique, jusqu'au façonnage final de vos documents (pliage, assemblage, encollage). Création en PAO et édition de plaquettes tous papiers et tous formats (à A0 - 8,80 m x 1,20 m).

JET IMAGE 10 rue de la treillerie - ZI Beaucouzé ✆ 02 41 35 02 44. Site Internet : www.jetimage.fr - E-mail : jetimage@wanadoo.fr. Cette société d'imprimerie réalise des formats de toutes tailles : formats moyens en offset (jusqu'à 32 cm x 45 cm) pour les documents d'imprimerie en courts et moyens tirages, mais aussi en grands formats pour les expositions, salons et communication événementiels (jusqu'à 1,35 mètre de large). Les documents sont réalisés entièrement par la société ou imprimés à base de documents conçus sur ordinateur par le client. L'offset numérique est souple, rapide et peut répondre dans la journée à qualité égale aux impressions classiques. Jet Image présente l'atout de s'adapter à la demande du client, même pour les faibles quantités. Les dépliants et cartes techniques haut de gamme sortent aussi de cet atelier artistique.

Club d'entreprises de Beaucouzé

Un club d'entreprises est par définition le rassemblement au sein d'une zone géographique ou corporatiste, d'entreprises diversifiées afin qu'elles se connaissent entre elles, qu'elles se complètent, qu'elles optimisent leurs compétences, qu'elles achètent éventuellement en commun mais aussi qu'elles s'imbriquent dans le tissu social de leur implantation. Elles créent une dynamique et une force pour la zone qui les reçoit et elles influencent le devenir de l'extension de la zone économique, c'est tout un bassin d'emploi qui bénéficie de leur rayonnement. Ce club de Beaucouzé reçoit le soutien d'Angers Agglomération Développement. Toutes les infos sur le site Internet : www.angers-beaucouze.org.

PERSO CLIP 5, rue Poissonnerie ✆ 02 41 86 70 00. De plus en plus efficace dans les services proposés, cette adresse futée est désormais bien connue pour l'ensemble de ses prestations. Reportages, présentations de nouveaux produits d'entreprises en vidéo, montages, sonorisation, effets spéciaux, titrage, on pourra se faire réaliser un véritable film commercial, publicitaire, technique ou d'information interentreprises. Le matériel du dernier cri, permet toutes les exigences modernes en termes de vidéo. Location de matériel, vidéo, caméscopes, moniteurs, vidéo projecteurs... Transferts sur DVD également. (Voir également "Reportages de mariage", rubrique "Réceptions"). **Autre adresse : 10, rue Jean-Jacques-Rousseau - NANTES 02 40 69 54 44.**

ACC FRANCE TELEMATIQUE CA de la Garde - AVRILLE ✆ 02 41 34 29 34. *Fax : 02 41 34 47 34. Minitel : 3615 ACCF. E-mail : accf@a2points. com.* Située en périphérie d'Angers, cette entreprise officie dans la création de sites sur Minitel et sur le Net. Elle dispose également de fichiers ciblés et d'un service de télé marketing.

CALIGRAM 16, rue de la Liberté - SAINT-JEAN-DE-LINIERES ✆ 02 41 39 74 74. *Site Internet : www.caligram.fr. Contact : Jean Yves Clochard. E-mail : caligraminfo@caligram.fr.* Spécialisée dans l'organisation et la réalisation d'événements au sein d'entreprises et collectivités (inauguration, congrès, festival...) cette jeune société a développé la location de matériel de réceptions et de spectacles. Chapiteaux, tentes de réceptions, tables, chaises. Scène, couverture de scène, podiums, gradins... location de stands expo et mobilier structures aluminium, éclairage...

Congrès séminaires et location de salles

ANGERS PARC EXPO Route de Paris ✆ 02 41 93 40 40. Depuis 15 ans, il s'affirme comme l'un des parcs d'exposition les plus performants, par son taux d'occupation : 42 % pour une moyenne nationale de 27 %. Il possède dix salles de réunions de 20 à 400 personnes auxquelles il faut ajouter, les deux grandes salles, Amphitéa (3-600 places assises) et Novaxia (1-200 places assises). L'accès y est facile par l'autoroute 1 direction Paris.

CENTRE DE CONGRES 1, place Mendès-France ✆ 02 41 96 32 32. *Site Internet : www.angers-congres.com - E-mail : info@angers-congres.com.* Pouvant accueillir jusqu'à 1 300 personnes sur les 13 salles qui la composent, cette infrastructure met à disposition un hall d'exposition de 2 600 m², du matériel technique (vidéotransmission par satellite, vidéotransmission et traduction simultanée par écouteurs). En partenariat avec Angers Tourisme, la prise en charge de chaque événement est directement associée à une offre de restauration ou de réception dans les sites les plus prestigieux du département.

LA ROMANERIE (ANDRE BON-BETEND) 48, boulevard de la Romanerie - ZI Saint-Barthélémy-d'Anjou ✆ 02 41 21 15 70. *Site Internet : www.bonbetend-receptions.com - E-mail : accueil@bonbetend-receptions.com.* Les salons et terrasses de la Romanerie, demeure du XVIIe siècle superbement restaurée, sont idéals pour personnaliser vos séminaires, conférences, manifestations, colloques, congrès ou cocktails. Quatre salons d'une capacité de 30 à 300 personnes sont à disposition, avec en plus une extension jusqu'à 450 personnes sous tente. Et bien sûr le service traiteur sera assuré par Monsieur Bon-Bétend qui promet une cuisine subtile et parfois audacieuse (voir le chapitre "Traiteurs"). Des travaux d'importance sont en cours afin de créer de nouvelles cuisines et mettre à disposition un cinquième salon de réceptions.

VATELYS TRAITEUR 4, rue Botanique ✆ 02 41 60 39 22. *Fax : 02 41 60 30 44. Site Internet : www.vately.fr. Contact : l.palvadeau@vatelys.fr. Sur rendez-vous.* Installé tout près du palais des Congrès, Vatelys organise à l'intérieur de celui-ci de nombreuses réceptions mais également dans des salles privées sur un large rayon. Sous forme de buffets ou servis à table, Vatelys s'occupe de tout, nappage, vaisselle, service, cuisiniers et accueil des convives. Il s'est fait aussi une spécialité de plateaux-repas et de la livraison de plateaux thématiques dans les bureaux. Congrès et séminaires clé en main, partenariat avec le Fief de la Thioire (38 €/personne pour la salle, la pause et le repas.). Se déplace dans toute la région.

LE FIEF DE LA THIOIRE 2, chemin du Bois Guillou - JUIGNE-SUR-LOIRE ✆ 02 41 91 91 84. *Site Internet : www.fiefdelathioire.com. Contact : Gilles Macé. 5 salles (dont un chapiteau) de 10 à 500 personnes. Forfait journée selon prestation de 38 € à 54 €/personne avec repas et pauses.* Environnement : Superbes jardins et parc arboré de 5 hectares. Matériel audiovisuel.

Dans les hôtels

HOTEL D'ANJOU 1, boulevard Foch ✆ 02 41 21 12 11. *Fax : 02 41 87 22 21.* Au cœur de la ville d'Angers ce superbe hôtel rénové des pieds à la tête dispose de trois salles de réunion dont une avec balcon, qui peuvent se combiner entre elles selon l'espace désiré (de 28 à 205 m²) avec tout le matériel nécessaire à vos séminaires et réceptions de famille. La salle principale possède de superbes mosaïques bleues d'un grand artiste angevin. Possibilité de journée d'étude, de cocktail déjeuner, de buffet ou de repas gastronomiques au restaurant la Salamandre.

HOTEL DE FRANCE 8, place de la Gare ✆ 02 41 88 49 42. Bien placé à proximité de la gare et du centre-ville, l'Hôtel de France possède des salons de réunion pouvant accueillir une cinquantaine de personnes chacun. Possibilité de forfaits séminaire, comprenant : la salle de réunion, le repas et la chambre, tandis que des "bureaux appartements" seront à louer à la demi-journée ou à la journée.

HOTEL IBIS Rue de la Poissonnerie ✆ 02 41 86 15 15. *Fax : 02 41 87 10 41.* En plein centre, et non loin de sites culturels à visiter obligatoirement, l'Hôtel Ibis met à disposition des séminaristes et conférenciers, deux salles pouvant accueillir de 15 à 50 personnes. Avec l'Estaminet au rez-de-chaussée, vous pourrez organiser des pauses restauration, ou des repas à la carte.

HOTEL MERCURE LAC DE MAINE 2, allée du Grand-Launay ✆ 02 41 48 02 12. *Fax : 02 41 48 57 51. Accès par la Route de Nantes (sortie lac de Maine).* De 10 à 300 personnes peuvent être accueillies, 9 salles de réunion sont à disposition. Elles sont équipées de paper-board, rétroprojecteur, téléphone et Minitel. D'autres matériels sont disponibles sur demande. Des forfaits séminaires incluent le prix du repas ainsi que la chambre, et un club de remise en forme est alors mis à disposition des clients sans supplément.

Petits budgets jusqu'à 50 personnes

HOTEL BALLADINS Parc d'activités du Bon-Puits - Face au Parc Expo - SAINT-SYLVAIN-D'ANJOU ✆ 02 41 37 05 05. *Fax : 02 41 37 05 85. Une salle pouvant accueillir une trentaine de personnes est à disposition : 34 € la demi-journée, 61 € la journée. Forfait journée d'étude : 26 € par personne (la formule comprend le café d'accueil, location de la salle, deux pauses et menu malin). Menu de 12 € à 15 €. Chambre : 36 €, petit déjeuner : 6 €.*

HOTEL CAMPANILE Avenue Prosper-Guilhem - BEAUCOUZE ✆ 02 41 36 06 60. *Fax : 02 41 36 06 50. Salle pouvant accueillir jusqu'à 20 personnes : 68 € la demi-journée, 83 € la journée, 29 € la journée d'étude. Menu de 12,70 € à 18,70 € (sous forme de buffet).*

KYRIAD HOTEL-RESTAURANT 62, avenue Gallieni - Route de Cholet - LES PONTS-DE-CE ✆ 02 41 44 92 44.** *Fax : 02 41 44 92 24. Une salle de 40 personne : 79 € la journée, 60 € la demi-journée, 29 € la journée d'étude. Menus de 12 € à 16,50 €.*

IMPRIM'COPIES 8, rue d'Anjou ✆ 02 41 73 34 15. 100 m² d'espace de travail pour organiser vos petits séminaires, colloques et conférences. Un énorme atout à cette prestation, est la présence du magasin de photocopies et d'une salle multimédia équipée de 10 PC, de rétroprojecteurs et vidéo projecteurs. Vous pouvez la louer pour une capacité d'environ de 5 à 40 personnes.

Dans les environs

LE CAVIER Route de Laval - AVRILLE ✆ 02 41 42 30 45. *E-mail : lecavier@lacroixcadeau.fr.* Trois salles de réunion pouvant accueillir de 30 à 50 personnes et équipées de rétroprojecteurs, magnétoscopes. Les télévisions peuvent être louées sur demande et selon des forfaits incluant la chambre d'hôtel ainsi que le repas.

CHATEAU DU PLESSIS-MACE Le Plessis-Macé ✆ 02 41 32 67 93. *Tarifs variant de 60 € à 1 500 €.* Quand on sait quel plaisir on a à visiter ce superbe château, on ne peut que imaginer des séminaires réussis. Le parc y sera pour beaucoup forcément. Les trois salles en location ont une capacité de 160 m² à 235 m² pour 140 à 200 personnes.

LE BOSQUET 2, rue Maurice-Berné - LES PONTS-DE-CE ✆ 02 41 57 72 42. *Site Internet : www.le.bosquet.com. Soirées en semaine 700 €. Soirée étape 59 €. Vidéo projecteur.* Situé sur l'ancienne route de Cholet, ce petit hôtel de charme de 10 chambres reçoit les séminaires dans deux salles modulables (150 personnes maxi). Cuisines aménagées et équipées, vaisselle sur place, parking et jardins au bord de l'eau, barnum et salons de jardin, etc.. Un parc de 5 000 m² au bord du Louet équipé d'un barnum permet là de belles réceptions en perspective.

LE BUISSON 187, rue Ferdinand-Vest - TRELAZE ✆ 02 41 69 74 25. *Fax : 08 25 17 91 71. Site Internet : www.restaurant-traiteur.com - E-mail : vincentjuvin@tiscali.fr. Salles modulables jusqu'à 200 personnes, équipées, avec service traiteur ou repas. Forfaits salle incluse à 20 € et 27 €/personne, accueil compris.* Voir Chapitre "Restaurants, Location de salles et Traiteurs".

Papeterie, bureautique et informatique

BUREAU VALLEE Boulevard Eugène-Chaumin ✆ 02 41 79 27 92. *Du lundi au samedi ce supermarché du bureau est à votre disposition.* En effet ce magasin vous propose dans un vaste espace tout ce qu'il vous faudra pour aménager votre bureau et travailler à des petits prix : bureautique, papeterie et mobilier. Les vendeurs conseillent bien et se chargent de commander les produits non disponibles en magasin. L'enseigne propose également un service de photocopie et une carte d'abonnement.

BURO + EXPRESS Rue du Grand-Launay ✆ 02 41 36 85 55. A côté de Darty. La papeterie idéale où pour une fois, on trouve le cahier petit format, petits carreaux 180 pages à spirales, qui n'existe souvent ailleurs qu'en marque Clairefontaine. Aussi bien centrée vers les collectivités que les particuliers ou les PME, la boutique, de 250 m², affiche un talent particulier : le conseil et l'attention envers ses clients, qui peuvent aussi acheter ici du mobilier de bureau. On appelle ça le "libre-service assisté".

MAINE BUREAUTIQUE 10, rue du Grand-Launay ✆ 02 41 73 88 88. A côté de Darty. Informatique, imprimantes et mobilier de bureau, voilà pour l'essentiel des produits vendus aux professionnels. Maine Bureautique propose également des formations à l'informatique, ouvertes à tous les particuliers.

ANJOU BUREAU GESTION (ABG) Avenue Paul-Prosper-Guilhem - ZI Beaucouzé ✆ 02 41 22 40 40. Face à Décathlon. Mobilier, appareils de reprographie, fax ou fournitures en tous genres, tout ce qui sert à équiper son bureau se trouve à ABG, du simple crayon à papier au petit coffre-fort. Ici l'atout principal est le choix, assez intéressant, et les produits, variés, sont globalement de qualité, aussi bien pour les particuliers que pour les professionnels. La gamme de chez Gautier offre un choix solide de meubles de bureau aussi pour le particulier à prix étudiés. Les chefs d'entreprises auront ici un choix efficace et très classe pour se parer d'un environnement de bureaux confortables et surtout de bonne qualité.

HYPER BURO 4, rue Richard-Lenoir - ZAC Saint-Serge ✆ 02 41 21 30 30. 950 m² pour cette grande surface de l'équipement de bureau. Un choix immense de fournitures (les parents devraient y penser à la rentrée pour éviter les cohues des supermarchés), pour les professionnels comme pour le particulier. Du mobilier également, réellement conçu pour l'ergonomie du travail de bureau. Promotions très intéressantes en fin de collection, à surveiller de près et un accueil très souriant.

Photocopies

COPIE EXPRESS 157, avenue Patton © 02 41 73 33 63. La proximité de l'université et du lycée Bergson assure un certain succès à ce magasin de reprographie. Façonnage, signalétique ou travaux spéciaux (faire-part, papiers à en-tête…), l'activité ne se limite pas à la photocopie, pour laquelle les tarifs sont attractifs : de 0,018 € à 0,05 € la copie noir et blanc et de 0,22 € à 0,50 € pour la couleur pour les étudiants.

COPY'PAGE 1, rue du Haras © 02 41 20 08 16. *Fax : 02 41 20 96 28.* Installé ici depuis près de 10 ans, cet affable monsieur permet la duplication de tous les documents et met cette année au service de tous et des étudiants, la mezzanine avec ses 3 postes libre-service informatique directement reliés aux copieurs couleur ou noir et blanc, pratique ! (de 0,50 €/5 minutes à 3,50 €/1h), couplés à l'A.D.S.L. Abonnement de 5 à 30 heures. Tarifs dégressifs pour les sorties imprimantes. Vente de disquettes de dépannage. Le professionnalisme et l'accueil de Copy'page ont depuis longtemps installé l'adresse parmi les plus recommandées sur la place d'Angers et c'est en toute logique qu'on se fait le porte-voix d'un tel avis.

IMPRIM'COPIES SERVICES 12, rue de la Roë © 02 41 87 34 05. *Fax : 02 41 86 71 61.* Conseils et assistance pour cette boutique désormais équipée d'un poste informatique pour finaliser et imprimer un document avant de le multiplier. Copies à la pièce ou abonnement, les prix sont ceux de partout ailleurs, tout comme l'option Internet désormais incluse dans ce type de boutique, sauf que là, on vous facture au temps réel sans vous imposer le 1/4 d'heure ou la 1/2 heure (0,05 €/minute). Carte de fidélité permettant de cumuler des heures d'Internet ou des photocopies. Nouvelle direction depuis janvier 2004 et ouverture d'un deuxième espace 8, rue d'Anjou, équipée d'une salle multimédia (12 PC, ADSL, vidéo projecteur et rétroprojecteurs). Voir rubrique "Location de salles".

MEDIA COPIES 52, rue Bressigny ✆ 02 41 87 33 33. Quand on peut éviter les heures d'affluence où les étudiants viennent finaliser leur thèse ou leur mémoire, c'est un bel espace large, lumineux et fonctionnel pour vos travaux de photocopies. Naturellement on peut aussi faire relier les documents (colle, spirale, barrette) et concevoir ses faire-part ou affiches avec les photocopies laser couleurs, utiliser les PC pour Internet, ou faire imprimer les tee-shirts avec le logo de votre choix. **Autre adresse : 55, rue Beaurepaire 02 41 81 08 00.**

POINT COMMUNICATION 2, rue des Carmes ✆ 02 41 88 81 00. Vous pouvez venir les mains dans les poches (pourvu que vous ayez votre idée en tête !) puisque Point Communication dispose aussi d'ordinateurs (4 postes) où vous pouvez composer vos textes et mises en pages. Ici, comme dans la plupart des autres enseignes, tous les travaux de reprographie et de façonnage y sont également assurés avec soin et rapidité. L'accès à Internet est évidemment possible ici aussi sur deux postes.

WELCOME SERVICE COPY 28, rue Beaurepaire ✆ 02 41 88 55 67. Avec trois adresses sur la ville l'équipe à fort à faire avec l'ensemble des services de reprographies, et peut également s'occuper de faire vos travaux. **Autres adresses : 49, rue Bressigny 02 41 87 95 61 • 14 bis, rue du Commerce 02 41 88 67 24.**

Voyages d'entreprises

SELECTOUR DE BOUARD VOYAGES 27, place Imbach ✆ 02 41 87 92 80. Avec 13 agences dans la région Grand-Ouest, De Boüard Voyages fait partie du premier réseau français d'agences indépendantes (Sélectour). Près de 30 ans d'expérience sont la garantie d'un professionnalisme reconnu pour l'organisation de voyages à but professionnel ou touristique, au meilleur prix. Cette agence particulière tâche de répondre au mieux aux attentes spécifiques de chacun : des prestations entreprises avec son "Plateau affaires" pour l'organisation de voyages en France ou à l'étranger depuis le choix des horaires et itinéraires, à celui des compagnies, en passant par les réservations et l'émission des billets pour tout type de transports, la location de voitures, les réservations d'hôtel, les formalités de voyages, jusqu'à l'organisation plus complexe de séminaires ou congrès, facilitée grâce à des partenaires privilégiés. Pour le tourisme individuel ou de groupe, Sélectour de Boüard oriente son offre en fonction des desiderata de sa clientèle : séjours en famille, en groupe, en club, croisières, circuits touristiques, week-end, vols secs et charters, billetterie spectacles… L'agence se charge de l'étude du projet, propose parmi un large éventail de possibilités, la formule adéquate en apportant sa connaissance réelle de chaque produit (préalablement testé) et accompagne toute la préparation du voyage. L'agence propose aussi des prestations de voyages cadeaux pour tout événement particulier (voyages de noces, anniversaire, départs à la retraite…) avec l'ouverture d'un compte personnalisé ou "liste de voyages", et la possibilité de décider de la destination à la clôture de la liste. **Autre adresse : 3, place Delorme - NANTES 02 40 48 13 00.** *Fax : 02 40 47 83 02. Plateau affaires : 02 40 48 22 52. Site Internet : www.selectour-debouard.com - E-mail debouardnantesaffaires@selectour.com. • debouard-delorme@selectour.com.*

Environnement

Propreté - Déchets

CHIENS ERRANTS ✆ 02 41 54 56 20

ENVIRONNEMENT SANTE PUBLIQUE ✆ 02 41 05 44 21. Bruit, insalubrité, animaux nuisibles, mauvaises odeurs, pollution.

MAIRIE ✆ 02 41 05 40 00. La mairie distribue gratuitement des sacs poubelles noirs ou jaunes pour le tri sélectif.

NIDS DE GUEPES - REPTILES ✆ 18. Voir pompiers.

PROPRETE PUBLIQUE ✆ 02 41 54 56 00

TRI SELECTIF (Gratuit sur poste fixe) ✆ 08 00 41 88 00. Désinfection, désinsectisation, dératisation et autres.

AGENCE DE L'ENVIRONNEMENT ET DE LA MAITRISE DE L'ENERGIE. Fin 2003, L'ADEME s'est définitivement installée à Angers. Une adresse stratégique pour le développement durable prôné par la cité angevine depuis fort. "Bilan Carbone" ainsi que la formation auprès des entreprises sont quelques-uns de ses champs d'action. Son site Internet : www.ademe.fr.publie un bulletin quotidien de qualité de l'air.

LA MAISON DE L'ENVIRONNEMENT Avenue du Lac-de-Maine ✆ 02 41 22 32 30. *E-mail: maison.environnement@ville-angers.fr. Ouvert en semaine de 9h à 12h et de 14h à 18h. Week-ends et jours fériés de 14h à 18h.* La maison de l'environnement propose différentes animations auprès de scolaires ou du grand public ainsi que des sorties. Des expositions gratuites sont également visibles toute l'année, autour de l'écologie, de la protection de l'environnement, et de tout ce qui a trait à la nature (géologie, eau, forêt...).

Détruire

HYGIENE OUEST SERVICES La Meignanne. Transfert d'appel depuis Welcome Service Copy. Service de nettoyage et de purification à domicile, idéal contre les invasions de bestioles non désirables...

Gestion des déchets

Jours et heures de collecte des ordures ménagères au 02 41 54 56 10

DECHETS ANGERS-AGGLOMERATION ✆ 02 41 05 50 00

TOM ✆ 08 00 41 88 00. *Appel gratuit d'un poste fixe.*

Déchetteries

Les déchetteries suivantes sont ouvertes tous les jours de 9h à 12h et de 14h à 18h, le samedi de 8h30 à 18h et le dimanche de 8h30 à 12h.

DECHETTERIE D'AVRILLE Rue de la Ternière ✆ 02 41 69 21 60

DECHETTERIE DE LA BAUMETTE Allée de la Baumette ✆ 02 41 44 49 13

DECHETTERIE DE VILLECHIEN Chemin de la Paperie - SAINT-BARTHELEMY-D'ANJOU

Huile de vidange

Parce que la protection de l'environnement se vit au quotidien, il y a des gestes qu'on ne peut pas se permettre. L'huile de vidange usagée, ça ne se jette pas n'importe où ! Les grandes surfaces de la ville et les dechetteries disposent de conteneurs prévus à cet effet. Ça n'est pas bien compliqué, il suffit de vider son bidon !

Déchets piquants

Un autre geste citoyen est d'éviter de jeter des choses dangereuses à manipuler pour les éboueurs : aiguilles, verres cassés, seringues, couteaux ne doivent pas être jetés dans les ordures ménagères.

DIRECTION ENVIRONNEMENT SANTE PUBLIQUE ✆ 02 41 05 44 21 (Poste 4420). Cette antenne municipale vous aidera également en cas de problème de bruit, d'insalubrité, de mauvaises odeurs, animaux nuisibles et de pollutions diverses.

Déchets encombrants

Parce que les éboueurs ne sont pas des déménageurs, ou parce que ce qui n'est plus bon pour vous l'est peut-être encore pour quelqu'un d'autre :

MAIRIE 5 SUR 5 ✆ 08 00 49 05 05. La collecte se fera devant chez vous moyennant 11 € pour 1 à 3 objets sur le trottoir, 19 € pour un à trois objets dans une habitation ou à l'étage.

ANJOU BENNES SERVICE 63, avenue Pasteur ✆ 02 41 34 18 18. *Ouvert du lundi au samedi.* ABS vous débarrasse des gravats, déchets industriels et objets encombrants.

EMMAUS Sauloup - SAINT-JEAN-DE-LINIERES ✆ 02 41 39 73 39. Pratique pour s'équiper en mobilier d'occasion à bas prix ou en objets d'antiquités, voire en appareils électroménagers. Pratique aussi pour s'en débarrasser : les compagnons d'Emmaüs viennent gratuitement chez vous récupérer des meubles, de l'électroménager, de la literie. La tradition veut qu'un pourboire soit gracieusement attribué à ces travailleurs de l'ombre, en voie d'insertion. N'en profitez pas pour leur refiler du matériel invendable et bon à jeter !

Gestion de l'eau et de l'air

Informations sur la qualité de l'air à Angers (indicateur journalier, sous forme d'une échelle graduée) :

 AIR PAYS DE LA LOIRE ✆ 02 51 85 80 80

POLLUTION DE L'EAU ✆ 02 41 05 44 11

MESURES QUALITÉ DE L'AIR - QUALITÉ DE L'EAU ✆ 02 41 05 44 18

LA MAISON DE L'EAU 39, rue du Mail ✆ 02 41 87 33 55. Spécialiste du traitement et de la purification de l'eau, affinage sur réseau public, puits ou forage pour les particuliers, les entreprises...

Etudes

Adresses utiles

ATLAS 11, boulevard Lavoisier ✆ 02 41 35 21 40. Cette Association des techniques en langues étrangères appliquées organise des rencontres entre étudiants français et étrangers avec des week-ends sportifs, des conférences et des débats mais aussi des visites de la région et des voyages entre étudiants et étudiantes.

AUDA 11, boulevard Lavoisier ✆ 02 41 35 21 23. L'Association universitaire pour le développement et l'avenir offre aux étudiants et aux autres associations étudiantes une salle multimédia à l'Amphigouri, un point copie et photo, des prêts de vélos et a notamment mis en place le porte-monnaie électronique pour la cafétéria du campus.

AUMONERIE DES ETUDIANTS 37, rue Jeanne Quémart ✆ 02 41 48 19 80. *Ouvert durant les périodes scolaires, mardi de 10h à 23h, mercredi de 14h à 16h, jeudi de 10h à 14h et vendredi de 10h à 12h30, et tout le reste de la semaine si nécessaire (deux étudiants y résident).* Ce lieu d'accueil et d'écoute s'adresse à tous les étudiants, croyants ou non-croyants et de toutes confessions. On y trouve, bien entendu, les contacts et les manifestations avec le diocèse d'Angers. Des soirées "rencontre et débat" sont régulièrement organisées notamment le mardi soir où une eucharistie est célébrée suivie d'un repas et d'une soirée à thème.

CIJ 5, allée du Harac ✆ 02 41 87 74 47. Pas seulement réservé aux étudiants, le Centre Information Jeunesse s'adresse aux jeunes en général avec des plans voyages à tarifs réduits, concours, jobs...

CLOUS (CENTRE LOCAL DES ŒUVRES UNIVERSITAIRES ET SCOLAIRES) 35, boulevard du Roi-René ✆ 02 41 25 45 85. *Site Internet : www.crous-nantes.fr - E-mail : crous.clousangersaccueil@ac-nantes.fr. Ouvert de 9h 17h du lundi au vendredi.* Le service des étudiants à connaître impérativement, on y trouve toutes les adresses nécessaires pour obtenir les bourses, les allocations, une chambre universitaire (2 000 lits) ou d'étudiants en ville (2 000 logements) mais aussi des propositions de jobs saisonniers ou temporaires (en 1999/2000 plus de 2 700 offres). Des assistantes sociales sont également présentes et un service de voyages propose des prix "étudiants", par l'intermédiaire de l'agence OTU. Annonces, adresses de logement, dossier social étudiant... sont à consulter ou à remplir sur le nouveau site Web.

MAISON DES ETUDIANTS 4, allée François-Mitterrand ✆ 02 41 96 23 96. *Ouvert tous les jours de 9h à 18h30 sauf le week-end.* Depuis un an l'endroit regroupe la cellule d'information des étudiants sur la vie associative et culturelle angevine, pour encourager leur participation à la vie locale avec conférences, ateliers, expositions, festival universitaire. La MDE gère également la salle de l'Amphigouri (110 places) et dispose de plusieurs autres services pratiques et très divertissants, dont un bar. C'est là aussi que l'on trouve les renseignements sur le SUAPS (Service universitaire d'activités physiques et sportives) et le SUIO (Service Universitaire d'Information et d'Orientation), dont les locaux sont toujours au 2, boulevard Beaussier à Belle-Beille, mais où il n'y a plus d'accueil permanent. Les services restent cependant les mêmes : salles de répétition pour théâtre ou musique, consultation de livres ou de journaux. Service de médecine préventive.

MELTING POTES FAC 2, boulevard Beaussier. L'Association, qui a acquis un certain professionnalisme et renommée dans son accueil, se propose d'accueillir et intégrer les étudiants étrangers en leur faisant notamment visiter la ville et rencontrer des étudiants français.

BIBLIOTHEQUES UNIVERSITAIRES (BU). L'inscription à la bibliothèque est commune aux trois dont dispose Angers. Pour les emprunts, il existe deux catégories : les étudiants et personnels des universités, de l'IUFM, des lycéens et demandeurs d'emploi d'un côté, et les gens extérieurs de l'autre. Pour eux, le tarif d'abonnement est de 23 € l'année.

Selon sa situation, on peut emprunter de 3 à 15 ouvrages pour une durée variant de 14 à 28 jours, ainsi que 2 DVD pour 7 jours. En tout, sont stockés 350 000 volumes avec près de 1 300 abonnements papier et 1 700 titres de revues scientifiques numériques (sur Internet). Les fermetures annuelles ont lieu à Noël durant une semaine ainsi que les deux premières semaines d'août.

Adresses futées en cas de rattrapage en septembre

BIBLIOTHEQUE BELLE-BEILLE DE SCIENCES ET LETTRES 5, rue Le Nôtre ✆ 02 41 35 21 00. *Ouvert du lundi au vendredi de 9h à 19h et le samedi de 9h à 18h.*

BIBLIOTHEQUE MONTECLAIR DE MEDECINE ET PHARMACIE CHR d'Angers - 3, allée du Pont ✆ 02 41 73 59 30. *Ouvert du lundi au vendredi de 9h à 18h.*

BIBLIOTHEQUE SAINT-SERGE DE DROIT, ECONOMIE, SCIENCES SOCIALES ET POLITIQUES 57, quai Félix-Faure ✆ 02 41 96 21 00. *Ouvert du lundi au vendredi de 9h à 19h, samedi de 9h à 18h.*

Enseignements spécifiques

Enseignement supérieur

• Classes préparatoires

HEC générale : lycée BERGSON (public) • HEC technologie : lycée CHEVROLLIER (public) • HEC économie : lycée MONGAZON (privé) - Lycée JOACHIM DU BELLAY (public) • Lettres supérieures (Hypokhâgne) : lycée BERGSON • Maths sup. MP, maths spé. M, maths spé. P : lycée BERGSON • Maths sup. T : lycée CHEVROLLIER • Maths sup. Bio, maths sup. T : lycée LE FRESNE (public) - Sainte-Gemmes-sur-Loire.

• Etablissements publics

CONSERVATOIRE NATIONAL DE REGION 26, avenue Montaigne ✆ 02 41 24 14 50

C.R.E.A.D. 3, rue de la Roë ✆ 02 41 87 64 37. Centre régional d'études artistiques professionnel pour la danse.

E.N.A.C.T. Rue du Nid-de-Pie ✆ 02 41 22 41 22. Ecole nationale d'application des cadres territoriaux.

E.N.I.T.H.P. 2, rue Le-Nôtre ✆ 02 41 22 54 51. Ecole nationale d'ingénieurs et des travaux d'horticulture et de paysagistes.

E.N.S.A.M. 2, boulevard du Ronceray ✆ 02 41 20 73 73. Ecole nationale supérieure des arts et métiers.

E.R.B.A. 72, rue Bressigny ✆ 02 41 24 13 50. Ecole régionale des beaux-arts.

I.E.J. 13, allée François-Mitterrand ✆ 02 41 96 21 35. Institut d'Etudes Judiciaires - Faculté de Droit.

I.U.F.M. 7, rue Dacier ✆ 02 41 22 74 00. Institut Universitaire de Formation des Maîtres.

I.U.T. 2, boulevard Lavoisier © 02 41 73 52 52. Institut Universitaire de Technologie.

UNIVERSITE D'ANGERS 40, rue de Rennes © 02 41 96 23 23

• Etablissements privés

ECOLE DE NOTARIAT 45, rue Jean de la Fontaine © 02 41 86 09 17

E.S.A. 55, rue Rabelais © 02 41 23 55 55. Ecole Supérieure d'Agriculture.

E.S.E.O. 4, rue Merlet-de-la-Boulaye © 02 41 86 67 63. Ecole Supérieure d'Electronique de l'Ouest.

E.S.S.C.A. 1, rue Lakanal © 02 41 73 47 47. Ecole Supérieure des Sciences Commerciales d'Angers.

E.T.S.C.O. 50, rue Michelet © 02 41 88 98 33. Ecole Technique Supérieure de Chimie de l'Ouest.

I.D.C.E. 106, rue de Frémur © 02 41 66 13 33. Institut pour le Développement du Conseil en Entreprise.

I.F.R.A.M.E.S. 10, rue Darwin © 02 41 22 14 70. Institut de Formation et d'Animation des Métiers d'éducation sociale.

INSTITUT ALBERT LE GRAND 23, rue Edouard-Guinel - LES PONTS-DE-CE © 02 41 79 64 79

I.R.C.O.M. 23, rue Edouard-Guinel - LES PONTS-DE-CE © 02 41 79 64 64. Institut des Relations Publiques et de la Communication

I.S.A.I.P. 18, rue du 8-Mai-1945 - SAINT-BARTHELEMY-D'ANJOU © 02 41 96 65 10. Institut Supérieur d'Action Internationale et de Production.

I.S.E.R.P.A. 122, rue Frémur © 02 41 66 10 66. Institut Supérieur d'Enseignement et de Recherche en Production Automatisme.

UNIVERSITE CATHOLIQUE DE L'OUEST 3, place André-Leroy © 02 41 81 66 00

Enseignement spécialisé

CENTRE CHARLOTTE BLOUIN 4, rue de l'Abbé-Frémond © 02 41 36 05 85. Institut des jeunes sourds.

INSTITUT MONTECLAIR 51, rue du Vallon © 02 41 73 38 18. Pour non-voyants et amblyopes.

Formation continue

A.D.A.P.E.I. 12bis, rue de l'Asile-Saint-Joseph © 02 41 88 63 27. Association Départementale des Amis et Parents d'Enfants Inadaptés.

A.F.P.A. 6, rue Guillaume-Lekeu © 02 41 33 42 00. Association Nationale de Formation Professionnelle des Adultes.

C.N.A.M. 122, rue de Frémur © 02 41 66 10 68. Conservatoire National des Arts et Métiers.

C.U.F.C.O. 42, rue de Rennes © 02 41 96 23 84. Centre Universitaire de Formation Continue.

G.R.E.T.A. 3, rue de Létanduère © 02 41 24 11 11

L.E.C. 45, rue Renée © 02 41 73 06 16. Lire, Ecrire, Compter.

Logements

Les cités U

Toutes ces cités sont mixtes. Prix indiqués par mois.

Sur le campus de Belle-Beille (situé aux portes de l'université).

CITE BELLE-BEILLE 8-10, boulevard Beaussier ✆ 02 41 48 11 43. Bus 1. Labo photo, salle télévision, musique, ping-pong, volley, musculation, billard et, c'est nouveau, une salle informatique (que demande le peuple !). 604 chambres, dont 97 rénovées (entre 121,40 € et 138,70 €). Il est également proposé 11 studettes de 17 m² avec sanitaires complets dont deux accessibles aux personnes handicapées (157 €).

CITE LAKANAL 25, rue Lamarck ✆ 02 41 48 38 04. Bus 18 et 21 (week-end). Baby-foot, ping-pong, télévision, bibliothèque, club vidéo. 305 chambres avec sanitaires dont deux sont accessibles aux personnes handicapées (138,70 €).

En ville

CITE RENOVEE BOURGONNIER 19, rue Lainé-Laroche ✆ 02 41 44 45 56. Bus 2, 10 et 15. Salle de réunion aménagée, salle télévision et laverie. 122 chambres avec sanitaires (138,70 €).

COUFFON-PAVOT 1, rue Léon-Pavot ✆ 02 41 88 76 68. Télévision, bibliothèque, labo photo, ping-pong. Situé à proximité du parc sportif La Baumette. 200 chambres (121,40 €) et 140 studettes, dont une pour handicapés 15 m² avec salle d'eau complète, 157 €.

Le CLOUS propose également gratuitement un service de mise en relations entre des propriétaires et les étudiants, pour des locations de chambres ou appartements jusqu'au T2 au 02 41 25 45 81.

Les résidences universitaires

• En centre-ville

RESIDENCE CAMBRIDGE CAMPUS 2000 77, rue des Ponts-de-Cé ✆ 02 41 44 02 32/02 41 18 22 18

RESIDENCE CELESTIN PORT 25, rue Célestin-Port ✆ 02 41 44 45 56. Bus 15. 40 studios (215,58 €/mois).

RESIDENCE FAIDHERBE Rue Faidherbe ✆ 02 41 88 76 68. 57 studios (232,66 €/mois).

RESIDENCE LA MADELEINE 21, rue Lainé-Laroche ✆ 02 41 44 45 56. 43 studios (221,36 €/mois), dont deux pour handicapés.

RESIDENCE RENE ROUCHY 3, rue René-Rouchy ✆ 02 41 44 45 56. A proximité immédiate avec la faculté de droit. 108 T1 (254,09 €/mois) et 11 T1bis (320,84 €/mois) dont cinq aménagés pour les personnes handicapées.

• Proche du campus de Belle-Beille

RESIDENCE DE LA DAUVERSIERE 1, Place de la Dauversière ✆ 02 41 77 99 16. Bus 1. 1 T1bis (250,65 €/mois), 20 T2 (276,34 €/mois) et 40 T3 (332,83 €/mois). Colocation possible.

RESIDENCE DE LA DAUVERSIERE 2, Rue Joseph-Wrezginski ✆ 02 41 77 99 16. Bus 1. 82 T1 (234,60 €/mois).

RESIDENCE FLORA TRISTAN 1-5, square Flora-Tristan ✆ 02 41 77 99 16. Bus 16. 100 T1 (250,99 €/mois), 11 T1bis dont 3 pour handicapés (312,28 €).

RESIDENCE GAUBERT ET RESIDENCE BLANDIN Rue Gaubert et 4 rue Blandin - Quartier Lac-de-Maine Réservée aux couples et fratries. 20 T1bis (Gaubert) et 12 T2 (Blandin). **S'adresser à la résidence Lakanal 02 41 48 38 04.**

• Résidences privées (Gestrim)

RESIDENCE DES CARMES 25, rue des Carmes ✆ 02 41 24 89 00

RESIDENCE "LES JARDINS DU FRONT DE MAINE" 44, rue Y.-d'Aragon ✆ 02 41 24 89 00

RESIDENCE "SAINT-SERGE" Allée Mitterrand ✆ 02 41 24 89 00

RESIDENCE "VILLA AMIRAL DE GRASSE" 10, rue Dupetit-Thouars ✆ 02 41 24 89 00

 LES STUDIANTES DU PARC 15, rue du Haut-Pressoir ✆ 02 41 24 89 00

Logements en foyer

UCO 3, place André-Leroy ✆ 02 41 81 66 00. Le service social et du logement de l'UCO dispose de nombreuses adresses de particuliers pour aider les étudiants à trouver un logement. Après un entretien seulement, on vous remet un certain nombre d'adresses, ensuite à vous de choisir, mais il faut savoir que les propositions de ce service sont extrêmement disparates.

Et aussi

LA BOUTIQUE DU LOGEMENT 15, boulevard Foch ✆ 02 41 79 62 30. *Fax : 02 41 79 62 31. Site Internet : www.letoitangevin.com.* Voir rubrique Logement du chapitre "Maison" à la partie "Shopping".

Financer ses études

Petits jobs

Toute une série de "petits boulots" est régulièrement transmise au CLOUS qui les affiche, boulevard du Roi-René. Renseignements au 02 41 25 45 81.

Surveillant

Des bacs blancs aux cantines en passant par les permanences du soir ou de la journée, c'est pratique et ça peut même permettre de réviser un peu. Les conditions sont simples : être âgé de 18 ans à 28 ans et poursuivre des études supérieures. Le dossier est à retirer auprès du secrétariat de votre établissement.

Les Mutuelles étudiantes

Lors des inscriptions en Fac, la Mutuelle des étudiants et la SMEBA emploient des étudiants afin de promouvoir leur enseigne respective.

Les emplois saisonniers

Cueillettes en tout genre, vendanges, castration de maïs, baby-sittings, petits travaux ménagers ou de jardineries, les offres ne manquent pas au CLOUS et au CIJ (voir "Adresses utiles"). La Maison des étudiants possède un panneau d'informations riche en petites annonces en tous genres, n'hésitez pas à aller y faire un tour régulièrement.

Restauration

Des chaînes de restaurations à domicile (pizza, poulet…) recherchent régulièrement des étudiants mais attention, il faut maîtriser le maniement des scooters et autres engins à deux roues ainsi que les rues d'Angers. Les restaurants rapides emploient également à la carte, ça évite de tenir un guidon et là non plus, il n'y a pas d'engagement ferme, dès que votre découvert est oublié, vous pouvez brûler les vêtements infectés par l'odeur de frites. Les bars valent le coup également d'être démarché, attention les filles : les bars à hôtesse sont "différents" des bars traditionnels.

Jobs intérimaires

La solution la plus sereine, reste un dossier d'intérimaire qui n'engage à rien et qui vous permet de choisir un certain secteur d'activité (restauration, industrie, bâtiment…) et pour une certaine période. Le travail à la chaîne paye bien et vite, surtout la nuit, et répond à une production immédiate donc souvent temporaire. Les inventaires de fin d'année dans les grandes surfaces sont aussi des bons plans, mais là, il faut surveiller certaines vitrines surtout celles de la rue des Lices, côté Adecco.

Prêts

• Les prêts d'honneurs

Ils peuvent être attribués aux étudiants de nationalité française, non boursiers, non salariés et en priorité à ceux qui sont inscrits en troisième cycle universitaire. Ils sont sans intérêts, remboursables dans les 10 ans qui suivent l'obtention du diplôme pour lequel le prêt a été accordé. Les dossiers doivent être retirés avant le 31 décembre.

• L'allocation d'études

Depuis 1999, le ministère de l'Enseignement a mis en place des commissions académiques d'allocations d'études qui doivent prendre en compte la situation propre de l'étudiant (et non celle des parents) pour attribuer une aide financière. Cette aide est ouverte en priorité aux non boursiers, aux étudiants en situation de rupture familiale ou en situation de précarité mais aussi élargie aux étudiants de troisième cycle.

• Le prêt bancaire

Des prêts à taux préférentiels sont également proposés dans certaines banques, plus axées sur les jeunes étudiants (la Caisse d'épargne notamment).

• Bourses

Bourses du ministère de l'Education nationale

La demande se fait à l'aide du "dossier social étudiant" et doit être renouvelée chaque année entre le 15 janvier et le 30 avril. Ce dossier permet aussi de demander un logement. Il faut remplir ce dossier par Internet avant le 30 avril (http://des.ac-nantes.fr ou www.crous-nantes.fr ou sur minitel 3614 ACADE). Sur ces sites, une simulation de calcul est possible. Le droit à bourse est déterminé en fonction des ressources et des charges des parents de l'étudiant selon un barème national. Une réponse conditionnelle à la demande est envoyée courant juillet et confirmée au moment de la rentrée lorsque l'établissement d'accueil a confirmé l'inscription. Le paiement de la bourse est trimestriel puis mensuel, il est conditionné par l'assiduité aux cours et la présence aux examens. En cas de redoublement, une bourse de maintien est toujours possible. Attention, dans tous les cas, il faudra effectuer une connexion, soit Internet soit Minitel pour valider la demande. La bourse nationale est versée pendant 4 ans maximum pour les étudiants.

Les bourses départementales

Il s'agit d'une action sociale du Conseil général dont les modalités varient d'un département à l'autre (en Maine-et-Loire, le dossier est à déposer avant le 15 octobre). Il faut se renseigner auprès de l'Hôtel du département où résident les parents du bénéficiaire.

Autres bourses

D'autres ministères accordent des bourses (santé, agriculture, urbanisme, culture...), il faut alors se renseigner auprès de l'établissement où l'étudiant est inscrit. Certaines collectivités (Conseil régional ou Conseil général, municipalité, entreprises) peuvent également proposer des bourses ou des prêts. Des fondations privées offrent des aides, remboursables ou pas, à des catégories particulières d'étudiants. Dans tous les cas, il faut s'informer auprès du service social universitaire.

Projets à vocation humanitaire, culturelle, citoyenne

Tout d'abord, il faut veiller à bien localiser son projet : quels objectifs, quel lieu, quelle durée, etc., et prendre connaissance, avant l'envoi du dossier, des objectifs de l'organisme pour qu'ils correspondent aux vôtres.

• Mission jeunesse, service "Vie des quartiers"

Renseignements 02 41 05 45 68. Aidé par la brochure intitulée "Guidez vos projets", vous serez soutenu et accompagné pour réaliser vos idées, avec méthodologie.

• Commission culturelle de l'université d'Angers

Renseignements à l'Amphigouri 02 41 96 23 96. Cette cellule vous permettra de rencontrer des étudiants et de vous aider dans le financement de votre projet qui doit avoir un impact sur la vie universitaire, à l'aide notamment du FAVE (Fonds d'Amélioration de la Vie Etudiante). Ce fonds est financé par une somme comprise dans les droits d'inscription. Il a pour but d'améliorer la vie étudiante, il finance la culture, le sport, l'accueil des étudiants handicapés... Il doit par contre s'agir d'une action collective, présentée par des étudiants à d'autres étudiants suffisamment nombreux et priorité est faite aux actions de "citoyenneté étudiante" (revue, formation, rencontre...). La commission est constituée de représentants d'associations étudiantes, de l'université, des mutuelles, du C.R.O.U.S. et de la municipalité.

• Le Crous

Dossier à retirer et déposer avant fin janvier à la cité universitaire de Lakanal. Renseignements 02 41 48 38 04. Il délivre des bourses "Culture Action" visant à aider les étudiants porteurs de projets culturels (création, animation, aménagement du cadre de vie, rencontres internationales) ou de projets humanitaires, par l'attribution d'une bourse spécifique annuelle.

• La Fondation de France

Renseignements 02 41 88 72 18. Elle attribue des prêts d'honneur, pour les 18-30 ans pour des projets de création : artisanat, recherche, science technique, culture, action sociale.

Santé

CENTRE DE PLANIFICATION ET D'EDUCATION FAMILIALE ET DE SUIVI DE GROSSESSE 79, avenue Pasteur © 02 41 31 31 45. Informations et conseils liés à la sexualité, la contraception et aux différents problèmes de grossesse. Sous contrôle médical. Gratuit et anonyme.

SUMPPS 2, boulevard Beaussier © 02 41 36 52 10. *Service Universitaire de Médecine Préventive et de Promotion de la Santé. Ouvert de 8h45 à 17h45 du lundi au vendredi (hors congés d'été), ligne de bus n°-1, arrêt "Maison des étudiants".* Consultations médicales gratuites à la "Maison des Etudiants", notamment pour les vaccins, les certificats d'aptitude sportive nécessaires à l'inscription au SUAPS et rencontres avec de professionnels de la santé et du secteur social (psychologues, assistantes sociales). Un soutien est toujours le bienvenu même lorsqu'on est étudiant.

Transports

Transport ville

Les bus de ville de la COTRA permettent de circuler dans des conditions pratiques en ville : le ticket 1 € pour 1h, ou avec l'abonnement "Campus" réservé aux étudiants (moins de 27 ans) de 64,75 € par trimestre (42,50 € pour le second étudiant de la famille), 27,50 € par mois, 8,30 € par semaine.

Certaines lignes desservent les communes de l'agglomération angevine et parfois plus loin au nord d'Angers. La rive Sud est moins gâtée, il faut passer par la Compagnie des Autobus CAA qui dessert le département mais pas jusqu'à Belle-Beille, et qui n'a pas d'abonnement préférentiel "étudiants". Après on s'étonnera que les étudiants préfèrent l'automobile plutôt que les transports collectifs, et qu'ils encombrent les parkings et les trottoirs de la ville.

Transports départementaux

ANJOU BUS Gare Routière-d'Angers - Place de la Poissonnerie. *Renseignements détaillés à l'Hôtel du Département 08 20 16 00 49.* Pas moins de 37 lignes sillonnent l'Anjou dont l'exploitation a été confiée par le Conseil général à 12 transporteurs, à partir de la gare routière. Les lignes sont nombreuses, bien équilibrées sur l'ensemble de l'habitat et bien rares sont les personnes éloignées d'une ligne. Le choletais a notamment été renforcé, ainsi que les axes Brissac, Gennes, Doué la Fontaine et Thouarcé.

Presse

L'OUVRE-BOITES (MISSION JEUNESSE) 19, rue David-d'Angers © 02 41 05 45 68. L'Ouvre-Boîtes dresse, tous les deux mois, un panorama de la vie de la jeunesse angevine, à travers des manifestations culturelles, musicales, sportives ou des actions caritatives. La parole est donnée, une fois n'est pas coutume, sous forme de mini-interviews, aux jeunes qui font bouger les choses et la ville (étudiants, Dj's, jeunes musiciens…). On regrettera pourtant que ne soient abordés que des sujets relativement superficiels de la vie des jeunes, mais on le comprend mieux lorsque l'on sait que les éditeurs du journal sont à la même adresse que "Vivre à Angers" ou "Bords de Maine". En un mot, il s'agit d'une revue plus municipale de bon ton que d'un vrai journal d'expression de la jeunesse. Où est passée la parole des jeunes chômeurs et autres laissés pour compte d'une ville qui n'offre pas d'avenir économique mirobolant ? Les concerts ou les jumelages ne sont pas réellement la préoccupation essentielle de ceux qui n'ont pas les moyens de toute façon, d'y participer.

Famille

Aide à domicile

ANJOU DOMICILE 67, rue des Ponts-de-Cé ✆ 02 41 68 55 56. *Site Internet : http://anjou.domicile.free.fr.* L'association Anjou Domicile favorise le recours aux services des particuliers en matière de tâches ménagères notamment (ménage, linge, etc. mais aussi bricolage et jardinage) ou de soutien scolaire. Elle oriente les demandeurs vers les associations spécialisées dans tel ou tel service.

ASSOCIATION DE SOINS ET SERVICES A DOMICILE ET AIDE AUX FAMILLES ANGEVINES 10, square Dumont-d'Urville ✆ 02 41 66 27 66. L'ASSA AFA est un lien direct entre les demandeurs d'aide à domicile (personnes âgées ou handicapées, garde-malade, aide aux familles, garde d'enfants, soins infirmiers…) et les prestataires de ces services.

CENTRE COMMUNAL D'ACTION SOCIALE Hôtel-de-Ville - Dans la salle Chemellier ✆ 02 41 05 49 75. Ce service du CCAS assure l'aide à domicile, le portage des repas… Il est destiné essentiellement aux personnes âgées.

Et aussi

ASSOCIATION DIVORCE ET MEDIATION 1, rue Bardoul ✆ 02 41 31 15 65

MEDIATION FAMILIALE ET C. CONJUGAL (CAF) 49, avenue Jeanne-d'Arc ✆ 02 41 81 14 17

MEDIATION FAMILIALE (MAISON DE L'ARBORETUM) 9, rue du Château-d'Orgemont ✆ 02 41 68 49 00. *Permanence téléphonique le jeudi de 15h à 19h.* Conseil, gestion des conflits destinés aux couples en "crise". En cas de séparation, gère les problèmes liés à la garde des enfants, de manière juridique. Participation financière en fonction des revenus. D'autres adresses concernant l'aide à domicile figurent dans la rubrique "Seniors".

Conseils gratuits

A.A.P.E.I ASSOCIATION ANGEVINE DE PARENTS D'ENFANTS INADAPTES 114, rue de la Chalouère ✆ 02 41 43 93 65

ASSOCIATION DIVORCE ET MEDIATION Droits et écoute de l'enfant ✆ 02 41 31 19 20

DIVORCE-DETRESSE-NUIT 1, rue Bardoul ✆ 06 07 50 54 23

ECOUTE PARENTS ENFANTS ✆ 02 41 43 44 44

FAMILLE DE FRANCE 41, rue Desjardins ✆ 02 41 25 13 18. Arrivé rue des Jardins, Famille de France écoute, conseille les personnes en situation de surendettement et leur offre une assistance juridique.

HOTEL DES VENTES DES ARENES 12, rue des Arènes ✆ 02 41 88 63 89. Estimation gratuite de vos objets d'art et ameublement.

MEDIATION FAMILIALE ET CONSEIL CONJUGAL (CAF) ✆ 02 41 81 17 17

PLANNING FAMILIAL 35, rue Saint-Exupery ✆ 02 41 88 70 73

Rencontres - Couples - Vie A Deux

FIDELIO 5bis, boulevard Foch ✆ 02 41 20 98 28. Fidélio porte bien son nom à plus d'un titre puisque Laurence Guinet est fidèle à Angers depuis plus de 13 ans à l'écoute des âmes seules. Sa solide expérience et les multiples facettes qu'elle a côtoyées de cette société lui assurent une parfaite maîtrise du sujet. Le groupe Fidélio, avec son quart de siècle d'existence s'est garanti la reconnaissance des cœurs.

Internet

Les agences matrimoniales sont mises à mal depuis quelques années avec tous les sites Internet de rencontres. Il faut dire que pour "presque" trois fois rien, on est sûr d'y faire des rencontres. Nous en avons testé quelques-uns pour vous et de très nombreux cœurs solitaires de la région y font étape régulièrement.

Les plus gros, comme : www.meetic.fr, plus de 4 millions d'inscrits, sont très conviviaux, efficaces, mais un peu onéreux si l'on souhaite se positionner en tête des candidats. Le plus simple et le moins coûteux reste encore Netclub de Wanadoo : www.netclub.fr, 2 millions d'inscrits, mais les profiles des candidats restent un peu sommaires. Le petit qui monte, plus francophone et tendance jeunesse chrétienne ne brille pas par sa simplicité et son organisation paraît un peu fouillis : www.serencontrer.com, il ratisse large puisqu'il met en ligne les Québécois, les Suisses, les Belges, les Luxembourgeois et les Français bien sûr.

Femmes

AIDE AUX MERES ET AUX FAMILLES 19bis, rue Jean-Bodin ✆ 02 41 87 53 68. Cette association met à disposition des personnes qui se trouvent dans l'incapacité de gérer leurs tâches ménagères ou de s'occuper de leurs enfants (raisons médicales passagères ou situations exceptionnelles) des aides ménagères et familiales.

CENTRE INFORMATION FEMININ (FAM) 35, rue Saint-Exupéry ✆ 02 41 86 18 04

CENTRE DE PLANIFICATION ET D'EDUCATION FAMILIALE ET DE SUIVI DE GROSSESSE 79, avenue Pasteur ✆ 02 41 31 31 45. Informations et conseils liés à la sexualité, la contraception et aux différents problèmes de grossesse. Sous contrôle médical. Gratuit et anonyme.

LES CONCILIATEURS - TRIBUNAL D'INSTANCE D'ANGERS Place du Général-Leclerc ✆ 02 41 20 51 00. Médiation autour des litiges quotidiens, de voisinage entre autres. A l'heure où tout le monde se lance dans de coûteux (et pas toujours justifiés) procès, il semble plus raisonnable de donner au moins une chance au dialogue.

MENAGE SERVICE 13, avenue de Contades ✆ 02 41 88 25 26. Prise en charge des femmes non qualifiées, formées dans un premier temps aux tâches ménagères et familiales (4 semaines), puis orientées sur différents emplois familiaux.

PLANNING FAMILIAL 35, rue Saint-Exupéry ✆ 02 41 88 70 73

SOS FEMMES 35, rue Saint-Exupéry ✆ 02 41 87 97 22. *Permanence le lundi, jeudi et vendredi de 9h à 12h et de 14h à 17h et le mardi et le mercredi de 14h à 17h. N° national accessible jusqu'à 23h 01 40 33 80 60 (non gratuit). En cas d'urgence appelez le 17 (police).* Gratuit et sans rendez-vous, c'est l'adresse conseillée aux femmes victimes de violences dans le couple. Possibilité d'hébergement avec ou sans enfant. Totalement anonyme.

SOS URGENCE MAMAN ✆ 02 41 60 26 38

Formation - Emploi

CONSERVATOIRE DES ARTS ET METIERS (CNAM) 122, rue de Frémur ✆ 02 41 66 10 68. Pour les adultes, le CNAM propose des cours du soir et des formations en économie gestion, automatisme, communication. Il faut avoir le niveau bac et chaque formation est homologuée par l'Education nationale et sanctionnée par un diplôme d'Etat pouvant aller jusqu'à bac + 5.

GRETA 3, rue Létanduère ✆ 02 41 24 11 11. Centre de formation pour les salariés et les chômeurs, le Greta dispense des cours de rattrapage le soir en français, anglais, mathématiques. Il initie et perfectionne au traitement de texte sur informatique, au tableur et à certains logiciels de gestion.

Etudes par correspondance

CENTRE NATIONAL D'ENSEIGNEMENT A DISTANCE ✆ 05 49 49 94 94. *Site Internet : www.cned.fr.* Institut de Poitiers. Le CNED permet aux adultes ou aux étudiants de suivre des cours par correspondance. Suivis et corrigés des devoirs sont assurés par des professeurs, tous les mois.

CERCA DE L'ECOLE SUPERIEURE D'AGRICULTURE D'ANGERS © **02 41 23 55 55.** Etude de l'agriculture, l'agro-industrie, l'environnement, l'aménagement, le commerce et la distribution.

Formation professionnelle

A.F.P.A. 6, rue Guillaume-Lekeu © **02 41 33 42 00.** *Site Internet : www.afpa.fr.* Le plus connu. L'AFPA offre un large choix de formations (aboutissant au diplôme), souvent techniques, et qui ont un avenir sur le marché de l'emploi.

Réinsertion

Pour les jeunes âgés de 16 à 25 ans, qui sont à la recherche d'un emploi, ou qui sortent de l'école sans trop savoir quoi faire de leur avenir, il existe, dans chaque quartier de la ville, des antennes où un chargé d'insertion les aidera à organiser leurs recherches, à faire le point sur leur parcours, à faire CV et lettres de motivation. Tout cela gratuitement et sans aucun critère de niveau. Ces lieux d'accueil sont tous en lien avec la Mission Locale Angevine.

MISSION LOCALE ANGEVINE 46, rue Lionnaise © **02 41 24 16 00.** La MLA propose des offres d'emploi uniquement et des formations. C'est aussi un lieu d'écoute, d'information, et d'aide à la recherche de financement. **Autre adresse : 6, square Jonchères 02 41 78 62 81.**

ASCAPE (ASSOCIATION POUR CADRES PRIVÉS D'EMPLOI) 22, rue Larévellière © **02 41 60 43 20.** Association pour cadres privés d'emploi parce qu'il est nécessaire au cours d'une recherche d'emploi de ne pas s'isoler, d'échanger avec d'autres pour dynamiser sa démarche, l'Ascape organise des séances d'aides à la recherche en groupes encadrés par des cadres en activité ou à la retraite. Les groupes travaillent aussi sur les échanges de compétences, entraide oblige.

ASSOCIATION. POUR L'EMPLOI DES CADRES (APEC) 25, rue Lenepveu © **08 10 80 58 05.** *E-mail : act.cour@apec.asso.fr.* Cette association gère le recrutement des cadres, la gestion de la mobilité interne et informe et conseille sur la conduite de son évolution professionnelle.

CENTRE DE BILAN DE COMPETENCES ANGEVIN (C.E.B.I.A./C.I.B.C.) 4, rue du Daguenet © **02 41 21 58 10.** *Site Internet : www.cibc49.com.* Après un licenciement ou au cours de sa vie professionnelle, chaque salarié peut faire le point sur ses motivations et projets en réalisant un bilan de compétence, encadré par des spécialistes des ressources humaines et psychologues du travail. L'entreprise de travail temporaire Manpower a signé, le 2 septembre, une convention avec les CIBC des régions Bretagne et Pays de la Loire afin d'améliorer l'accès et l'orientation des travailleurs intérimaires, en matière de formation professionnelle.

CENTRE D'INFORMATION ET D'ORIENTATION (CIO) 14, rue Anne-Franck © **02 41 66 84 42.** Le CIO fournit toutes les informations sur les métiers et les parcours qui en permettent l'accès. Il s'adresse en priorité aux scolaires et aux étudiants.

JOB 3, rue de l'Ecriture - MONTPLAISIR © **02 41 43 97 77.** En partenariat avec la Mission locale, cette association accueille les jeunes du quartier Monplaisir, gratuitement et les aide dans leur démarche pour trouver un emploi (CV, compétences, orientation professionnelle).

ANPE

AGENCE LOCALE ANGERS I 6, square Lafayette © 02 41 24 17 20

AGENCE LOCALE II Agence Montesquieu - 4, rue des Basses Fouassières © 02 41 72 13 50

AGENCE LOCALE III 11, rue de Normandie © 02 41 96 18 18

ANPE 34, boulevard Jacques-Portet © 02 41 64 04 30

ASSEDIC

ANGERS SUD 3, rue Bouché-Thomas

ANGERS NORD-OUEST 25, rue du Général-Lizé. *2 adresses ouvertes le lundi de 8h30 à 16h, mardi et jeudi de 8h30 à 15h15, mercredi et vendredi de 8h30 à 13h.*

Juniors

Animations et anniversaires

Clownesques, magiques, etc.

Voir rubrique "Réception", puis "Animation".

VIENS FETER TON ANNIVERSAIRE A LA PATINOIRE. *Renseignements et réservations : Patinoire municipale 6, allée du Haras © 02 41 88 28 45. Les mercredis après-midi, à la patinoire municipale, de 15h à 17h.* L'encadrement est assuré par un animateur diplômé. Maximum 10 enfants, minimum 5. Tarif : 8,50 € par enfant, gratuit pour celui qui fête son anniversaire. Le tarif comprend : l'entrée, la location des patins, un goûter + une boisson et en cadeau : une plaquette photos.

Baby-sitting et modes de garde

A domicile

ASSOCIATION ANGERS PROXIM'SERVICES 50, rue Lionnaise © 02 41 20 77 03. *Ouvert du lundi au jeudi de 8h à 12h, et de 13h30 à 17h30 et vendredi de 8h à 12h, et de 14h à 17h. Tarifs au 30 juin 2003 : Adhésion annuelle 15,30 €/famille, puis tarif horaire de garde de 2,35 € à 10,45 € selon quotient familial pour les Angevins, 16,20 €/h hors Angers et pour les services ponctuels sans adhésion. Lien entre parents et baby-sitter.*

CAISSE D'ALLOCATIONS FAMILIALES 32, rue Louis-Gain © 02 41 88 30 30. *Minitel : 3615 CAF. Site Internet : www.caf.fr.* Informations sur aides à la garde des enfants ou sur emploi à domicile de baby-sitter.

CENTRE INFO JEUNESSE 5, allée du Haras - Face à la patinoire © 02 41 87 74 47. *Les lundis, mardis, jeudis et vendredis, ouvert de 13h à 18h, le mercredi de 10h à 18h, et le samedi de 10h à 12h.* Affichage de petites annonces.

CLOUS 35, boulevard du Roi-René © 02 41 25 45 81. *Ouvert du lundi au vendredi de 9h à 17h. Affichage de petites annonces.*

SERVICE D'ENTRAIDE DES ETUDIANTS (DE L'UCO) Place André-Leroy © 02 41 81 66 20. *Ouvert pendant la saison universitaire du lundi au vendredi de 9h à 12h et de 15h15 à 17h.* Les demandes des parents à la recherche d'une ou d'un baby-sitter sont à adresser à ce service.

SERVICE DE LA PMI 26 ter, rue de Brissac 02 41 81 49 49 • **RELAIS ASSISTANTES MATERNELLES** 3, allée du Haras 02 41 87 33 91. Ces deux adresses regroupent des assistantes maternelles indépendantes et agréées.

SOS URGENCE MAMAN © 02 41 60 26 38. *Fonctionne de 7h30 à 19h, sauf les week-ends, vacances scolaires et jours fériés.*

Les centres de loisirs

Les centres de loisirs municipaux (de 2 à 14 ans)

• **De 2 à 6 ans.** *Ouverts toute l'année :*

LA BLANCHERAIE 19, rue de l'Esvières ✆ 02 41 87 26 71

BOIS DE MOLLIERES 1, rue Shakespeare ✆ 02 41 36 35 87

DAGUENET Rue Alexis-Gillier ✆ 02 41 43 50 83

FRANCOIS RASPAIL 11, rue Raspail ✆ 02 41 48 44 47

HENRI CHIRON 281, avenue Pasteur ✆ 02 41 43 78 91

LE HUTREAU - PETITS (4 à 7 ans) Route du Hutreau - SAINTE-GEMMES-SUR-LOIRE ✆ 02 41 66 66 46

JULES VERNE Square François-Mauriac ✆ 02 41 44 22 03

LEBAS 5, rue Lebas ✆ 02 41 47 45 64

MARIA MONTESSORI Boulevard Monplaisir ✆ 02 41 43 15 16

MARIUS BRIAND 123, boulevard Saint-Michel ✆ 02 41 43 89 06

LES GRANDS MAULEVRIES 9, square Gaston-Allard ✆ 02 41 68 12 24

PIERRE ET MARIE CURIE Rue Colonel-de-Sauveboeuf ✆ 02 41 48 49 94

LA SOURIS VERTE Square Maurice-Geslin ✆ 02 41 43 98 18

TART'Y FUME 14, rue Renée ✆ 02 41 48 22 37

Ouvert uniquement l'été : **CONDORCET** Rue Gutenberg ✆ 02 41 66 45 78.

• **De 6 à 14 ans :**

BELLE-BEILLE Rue du Colonel-de-Sauveboeuf ✆ 02 41 48 59 22

LA BLANCHERAIE 19-21, rue de l'Esvière ✆ 02 41 87 26 71

LA CLAVERIE Route de Sarrigné - SAINT-BARTHELEMY-D'ANJOU ✆ 02 41 43 76 38

LE HUTREAU GRANDS Route du Hutreau - SAINT-GEMMES-SUR-LOIRE ✆ 02 41 66 48 20

JULES FERRY (4 à 14 ans) 12, chemin de Montéclair ✆ 02 41 48 49 18

L'eau, source de croissance

Lorsque l'enfant paraît, il passe d'un monde aquatique à l'air libre. Mais toute sa vie, l'eau restera l'élément prioritaire de son corps. Les laits dont il se nourrit dès sa naissance, sont composés de 85% d'eau, qu'ils soient maternels ou "maternisés". La plupart des parents pensent que l'enfant n'a donc pas besoin de boire de l'eau en plus. Et pourtant ... Les mécanismes de sa croissance entraînent une demande en eau nettement supérieure à celle des adultes et chez les prématurés ce besoin est encore plus important. L'eau permet à l'enfant de s'hydrater et pas seulement en été.

En revanche, il faut éviter de donner de l'eau sucrée et des jus de fruits qui développent le goût du sucre et une accoutumance. Les parents peuvent parfaitement faire comprendre aux enfants que l'eau est le meilleur remède contre la soif. Tout est question d'éducation...

Le conseil futé : Boire Thonon ou Pierval. Pour les nourrissons, il faut choisir une eau non gazeuse, peu minéralisée et qui contient moins de 15 mg/l de nitrates. Thonon et Pierval sont deux eaux pures et équilibrées recommandées pour l'alimentation des bébés.
Pour les plus grands, on peut donner un peu d'eau "qui pique", plus ludique à leurs yeux, comme Vernière, qu'ils apprécient pour son goût léger et ses fines bulles.

PAUL BERT **2, rue Edgar-Quinet © 02 41 88 72 83**

LES PERRINS (CENTRE D'ACCUEIL DES GENS DU VOYAGE) **97, route de Cantenay-Epinard © 02 41 22 12 76.**

Infos complémentaires concernant ces centres municipaux : Direction Education Enfance de la ville : 02 41 05 43 96 ou 97/98 ou 02 41 05 44 02.

Cadeaux

Voir chapitre "Shopping".

Mode junior

Voir chapitre "Shopping".

Communication parents enfants

LA COCCINELLE **115, rue Lareveillière © 02 41 43 28 40.** Halte-garderie.

LA MAISON CHOUETTE **5, rue Saint-Exupéry © 02 41 87 63 11.** Lieu d'accueil des enfants de 0 à 4 ans.

RELAIS ASSISTANTES MATERNELLES **3, allée du Haras © 02 41 87 33 91**

Protection de l'enfance

AMBRAY-TOURNEMINE **3-5, rue Boileau © 02 41 36 33 66**

ASSOCIATION D'ACTION EDUCATIVE DE MAINE ET LOIRE **34, avenue de Chanzy © 02 41 86 82 82**

L'ENFANT DANS LA CITE **5, rue Saint-Exupery © 02 41 24 01 07.** Gère notamment "La Maison Chouette", voir plus haut.

Locations

Logement

LA BOUTIQUE DU LOGEMENT **15, boulevard Foch © 02 41 79 62 30.** *Fax : 02 41 79 62 31. Site Internet : www.letoitangevin.com.* Voir rubrique "Locations Immobilières" au chapitre "Maison".

Instruments de musique

CHEVEAU MUSIQUE **121, avenue Pasteur © 02 41 43 72 96.** Les amateurs de MAO (Musique Assistée par Ordinateur) trouveront ici conseils, matériels de location et un accueil tout à fait serviable.

DESEVEDAVY **59, boulevard Foch © 02 41 88 16 11.** Le grand manitou du piano, Desevedavy propose aussi la location de tous les instruments de musique.

Matériel audiovisuel

PERSO-CLIP **5, rue de la Poissonnerie © 02 41 86 70 00.** Spécialisé dans le montage vidéo, Perso-Clip vous proposera de louer du matériel ou de l'utiliser sur place. Egalement location de téléviseurs, magnétoscopes et matériel hi-fi.

Matériel agricole, de jardin et d'outillages

ARTILOC **13, rue Joseph-Cugnot - ZA Vernusson (près du Karting des Ponts-de-Cé) - LES-PONTS-DE-CE © 02 41 47 38 38.** Anciennement Arti-Mat, cette adresse propose de la location de matériel de bâtiment (bétonnières, échafaudages, etc.), parcs et jardins (outils de jardinage), mais aussi de la vaisselle.

ATTELAGES ET REMORQUES DE L'OUEST **108, avenue Victor-Chatenay © 02 41 43 67 78.** Voir rubrique "Auto accessoires".

MISTER LOC Centre Rural-Service (Monsieur Bricolage) - SAINT-SYLVAIN-D'ANJOU © 02 41 21 17 13. Un service indispensable dans cet ensemble dédié aux travaux du logis, la location d'un très grand nombre d'appareils que l'on utilise finalement rarement et pour lesquels on ne peut faire l'investissement. Jardinage, bricolage, nettoyage, bâtiment, échafaudages, pompes, etc. Une carte de fidélité à points permet des cadeaux et les tarifs sont dégressifs en cas de durée prolongée. De moins 20 % (2 jours) à moins 50 % (5 jours et +).

TAKALOUER ZAC du Moulin-de-Marcille - 11, rue Henri-Jarry - LES PONTS-DE-CE © 02 41 21 03 21. *Fax : 02 41 21 03 22. Ouvert du lundi au samedi.* Parce qu'on n'utilise pas un échafaudage tous les matins, qu'on ne bétonne pas toutes les semaines, qu'on n'amortira jamais un scarificateur ou qu'on ne sait pas entretenir une mini-pelle mécanique, il vaut mieux les louer, quitte à y revenir souvent. Location à la demi-journée (5h) ou à la journée (11h) de tout ce que l'on utilise à la maison ou au jardin, y compris des barbecues de grande taille et les incontournables nettoyeurs haute pression.

Location de plantes

L'ATELIER FLORAL 7, rue E.-Canelle - ZA de Marcille - LES PONTS-DE-CE © 02 41 69 19 90. Ce décorateur floral loue aussi toutes espèces de plantes, à la journée (mariages, fêtes, salon, foire) ou à l'année sous contrat avec les entreprises et collectivités. De cette manière, on est sûr d'avoir en permanence des végétaux reluisants en bonne santé. Il est le spécialiste du mur végétal, en concevant des panneaux quasi verticaux remplis de compost et garnis de plantes miniatures et d'un système automatique d'arrosage. Cela a beaucoup de classe !

Location de Vidéo K7 et DVD

CINEBANK. Voir chapitre "Se détendre", rubrique "Hobbies Photo et Vidéo".

Pressing et teintureries

Il faut bien distinguer les artisans des discounters. Ainsi vous choisirez en fonction d'un rapport qualité/prix qui varie étonnamment, ce qui correspond le plus à vos attentes.

Les discounters

Les prix sont ici intéressants, et le travail effectué par des mécaniques qui n'ont guère le souci de la qualité et du détail. Mais il en faut pour toutes les bourses…

BEL ET BLANC Centre Commercial Géant-Casino 02 41 88 02 08 • Centre Commercial Grand-Maine 02 41 73 28 14.

Les artisans

Les artisans assurent, en plus du nettoyage, de l'apprêtage et des traitements spécifiques des vêtements, un service de retouches et de réparations de qualité. Confiez-leur sans aucune inquiétude, vos robes de mariée et costumes précieux.

PRESSING 49 19, rue Bressigny © 02 41 87 44 50. La vitrine est toujours habillée d'une robe de mariée du dernier cri du créateur angevin Antoine Cosneau, et les employées de ce pressing artisanal sont toujours près à vous rendre service pour une petite tache persistante.

PRESSING DU CENTRE 10, rue Montault © 02 41 25 19 65. Dans cette petite rue que se partagent les instituts de beauté ou les restaurants, le pressing de M. et Mme de Jenlis résiste à l'air du temps en offrant des services incontournables. Outre le nettoyage à sec, on peut y faire nettoyer son tapis, le daim et le cuir, les tissus d'ameublement, et même faire faire ses petits travaux de couture.

Et aussi

PARIS PRESSING 3, rue de la Gare 02 41 87 00 16 • 128, rue de Létanduère 02 41 88 96 04

Spécial couettes

COUETTE SERVICE Intermarché - Boulevard Jacques-Millot © 02 41 69 19 19. Le spécialiste du genre dégraissera, regonflera et apportera une touche de fraîcheur aux couettes, sacs de couchage et couvertures. Trois adresses très pratiques et peu onéreuses. **Autres adresses : Intermarché Avrille • Z.A. Marcille - Sorges - LES PONTS-DE-CE.**

Réceptions

Animations

Animateurs, organisateurs, disc-jockey et orchestres

ALAIN ROUSSEAU ANIMATION © 02 41 78 55 50/06 15 16 52 17. Alain Rousseau est une référence incontournable de l'animation régionale. On le voit partout (mariages, spectacles de mode, animations commerciales…) et pour cause. Il sait allier son expérience musicale à l'écoute des attentes de ses clients pour un résultat personnalisé et une programmation musicale qui fait bouger tout le monde (son matériel haut de gamme ne gâche rien !). Dans ces cas-là, on aimerait que la soirée dure toujours mais qu'on se rassure, Alain nous offre à la fin le CD gravé de ce moment inoubliable… Un conseil tout de même : réservez à l'avance.

MICKEY ANIMATION 10, rue Saint-Exupery © 02 41 20 00 89/06 08 96 88 15. Un sobriquet à la Disney ! Et oui il s'appelle Mickey, comme la souris emblématique de l'Oncle d'Amérique, et comme lui, il distille sa bonne humeur aux personnes qui l'entourent. Sa devise : écouter les goûts de ses clients pour les divertir par des jeux, des blagues, des chansons mais surtout le rire. Soirées Dj et animations commerciales, bien sûr.

PETER ANIMATION KARAOKE 139, avenue Patton ✆ 02 41 73 39 19/06 19 30 09 23. *Fax : 02 41 36 08 01. Site Internet : www.machineadanser.fr.* La machine à danser, car c'est bien cela que cet établissement vous propose, une machine qui fait karaoké pour vous. Des titres préalablement rentrés dans la machine grâce à un questionnaire que l'on vous fera remplir pour mieux connaître vos goûts musicaux. 7h de musique pour un tarif de 199 € le week-end. Une sono simple d'utilisation pour toutes vos soirées. Peter s'occupe aussi des animations de mariages depuis plus de 24 ans.

ANJOU ANIMATION 3, rue Marcel-Azema-Bila - BRAIN-SUR-L'AUTHION ✆ 02 41 66 69 69. *Site Internet : www.anjouanimation.com.* Pascal et Seb, sont des conseillers et des animateurs professionnels, issus du milieu de la radio, des discothèques, et ils animent vos soirées privées, tant au niveau du son que de l'éclairage.

DJBI ANIMATION Mont-Benault - FAYE-D'ANJOU ✆ 02 41 80 54 80/06 81 32 20 66. DJ bien connu sur la région, Patrick Bodin anime toutes sortes de soirées privées, collectives ou grand public, pour une fête de fin d'année, un événement au club sportif, un mariage. Il loue aussi des vidéos projecteurs, bien pratiques pour les mariages et les finales de foot que vous pouvez regarder sur écran géant. Et en plus, il vend et loue du matériel de sono, son et lumière, neuf ou d'occasion.

SYLVAIN ANIMATION Mûrs-Erigné ✆ 02 41 45 93 45/06 03 03 53 87. Ancien DJ, ancien animateur radio, Sylvain arrive à 53 ans avec une longue expérience des soirées réussies et pleines d'ambiance. Régulièrement associé aux fêtes de fin d'année à la Romanerie ou au gala de remise des diplômes de l'ESEO, il est le partenaire idéal des évènements qui ne souffrent aucune organisation hasardeuse. Sa collection de vieux vinyles de rock des années 60 sait tenir compagnie aux tout derniers tubes de la Modern Music, pour que tout le monde puisse trouver le bonheur de danser.

PHILIPPE BILLARD - SPECTACLES ET LOCATION DE MATERIELS DE LOISIRS 1, impasse de la Mare - SAINT-SATURNIN-SUR-LOIRE ✆ 02 41 54 65 65/06 07 87 10 93. *Fax : 02 41 54 65 00.* Inouï le choix des prestations que Philippe Billard peut vous offrir pour l'animation de vos loisirs : rodéo mécanique, peluches géantes pour les parades, châteaux gonflables, de véritables Sumo, marionnettes… et en plus toute l'animation qui entoure vos évènements. A titre d'exemple cette année il sera présent sur une exposition d'oiseaux, une animation de voyance, un cirque, un spectacle de music-hall… Il travaille avec les particuliers, les entreprises, et même la télévision.

Orchestres

ORCHESTRE GOLDEN SAX 16, rue Gandhi ✆ 02 41 37 15 70. Guy Sagnier, saxophoniste, est accompagné de 1 à 3 chanteurs et musiciens pour animer vos soirées dansantes, mariages, fêtes associatives ou de comités d'entreprises. Il vous rencontre avant pour évaluer vos besoins et tâter l'ambiance de la fête, et ainsi, il peut vous donner un résultat sur mesure. Soirées "live" sans blanc entre les morceaux grâce à l'utilisation de CD pendant les pauses, avec les tubes du moment. La programmation est évolutive en cours de soirée. Tous les tarifs sur le site Internet : www.goldensax.com.

ORCHESTRE MICKAEL PERCHER ✆ 02 41 32 19 13/06 60 72 41 80. Passionné et attentif aux différents courants musicaux de son époque, Mickaël Percher apprend le solfège dès neuf ans. Si l'accordéon demeure son instrument de prédilection, sa carrière et son "apprentissage continu" l'ont amené à participer à de multiples concours départementaux et nationaux. Il devient Champion de France en 1988 après avoir investi la scène dès l'âge de treize ans, scène qu'il n'a plus quittée depuis. C'est tout naturellement qu'il créera ensuite son orchestre en s'entourant de professionnels : Artistes musiciens, chanteurs, chanteuses et techniciens son et lumière… Aujourd'hui, il sillonne l'hexagone et se produit souvent chez lui en Anjou et anime entre autres, les thés dansants du Fief de la Thioire. La formation comporte de dix à vingt personnes, techniciens compris, avec chanteurs, choristes et danseuses. Cette formation, une des plus importantes de la région, joue tous les répertoires y compris les plus récents dans des genres inattendus. (Animations musicales de proximité en fixe ou déambulantes, Tziganes, New-Orléans, pendant les cocktails par exemple).

ORCHESTRE MONTECHRISTO ✆ 02 41 32 89 44/06 11 70 02 07. *Soirées publiques : 1 200 €, soirées privées : 2 000 €.* L'orchestre Montechristo est composé d'une base de 6 musiciens (clavier, bassiste, accordéon, saxophone, batterie, guitare) mais peut augmenter leur groupe de nouveaux éléments si nécessaire. Ils sont experts dans les reprises des plus grands tubes que tout le monde connaît et qui assurent sans conteste le succès de bien des soirées.

Animateurs pour enfants, magiciens, clowns (Egalement à domicile)

CAMEMBERT - LE CLOWN DES RUES D'ANGERS © 02 41 87 10 47/06 15 65 04 63. Qui n'a jamais croisé ce sympathique clown au détour d'une rue ou en pleine animation d'une terrasse de restaurant ? C'est en effet une vraie figure locale. Mais ce que l'on sait moins c'est qu'il anime toutes sortes d'événements (mariages, anniversaires…), 24h/24, 7j/7. Un rayon de soleil et d'humour pour une fête sous le signe de la bonne humeur…

CLOWN GERALD PINEAU - ALIAS GAÉTAN-LA-PLUME 7, rue d'Artois © 02 41 43 44 75/06 87 13 57 84. Gaétan la Plume a été formé au café-théâtre. On ne peut rêver mieux quand on compte faire carrière (et oui déjà 32 ans de chemin !) dans l'animation et le spectacle. Cette année encore il ravira les enfants par sa bonne humeur et son humour communicatif. Et comme notre homme sait tout faire (animer, rire et… chanter), il promène son tour de chansons québécoises dans les foyers logements et maisons de retraites (ce sont les derniers à le trouver jeune, confie-t-il en plaisantant !).

RECTO VERSO - ANHUTA ET COCO 8, rue du Pressoir - SAINT-BARTHELEMY-D'ANJOU © 02 41 93 07 22/06 07 58 10 90. Sous ces noms d'artistes se cachent une multitude de talents. Interprètes de variétés, animateurs spécialisés dans les jeunes publics, clowns, conteurs, musiciens, ils animent les fêtes d'anniversaire, les fêtes de famille. On les retrouve aussi dans les galeries marchandes en période de fêtes, qui maquillent les visages des promeneurs. Toutes les prestations et leurs spectacles sont présentés sur leur site Internet : www.clowns-rectoverso.com.

Costumes, cotillons et feux d'artifice

ANJOU FETES 40, rue Saint-Laud © 02 41 87 76 49. Farces et attrapes, cotillons, et tee-shirts à messages, bonbons au poivre, bref ! Si vous voulez faire le pitre avec ou sans occasion, vous trouverez tout un tas d'accessoires pour amuser la galerie, ou simplement faire une farce à ceux que vous aimez ou que vous n'aimez pas ! La mode des enterrements de vie de célibataires revient en force à Angers, et c'est la dernière boutique du genre sur la ville. Profitez-en vite… Location d'un très grand choix de costumes et tous les accessoires aux déguisements bien sûr !

CARNAVAL ET DIVERTIMENTO 92, rue Pasteur © 02 41 60 00 15. Voilà une échoppe que tous les amateurs de bal costumé et soirée déguisée se doivent de connaître. Des centaines de costumes originaux, voir même des milliers, des robes de théâtre du Moyen Age à l'Empire en passant par les robes à crinolines de Louis XIV. Mais également le sympathique père Noël, une authentique armure d'Henri IV, des clowns, des danseuses du ventre… Les accessoires sont également fournis : chapeaux, perruques, épées, maquillages. Tout pour qu'une fête soit réussie. Avec la fermeture de l'enseigne Carnaval les propriétaires recherchent un lieu plus grand pour offrir à leurs clients à la fois la location de costume et l'ensemble des accessoires pour faire la fête.

Décoration et équipement

FAVRY EMBALLAGES 24, rue du Maine © 02 41 43 62 18. Une fois le thème de la soirée choisi, c'est ici que vous devez vous rendre pour toutes vos fournitures, nappes, cotillons, boîtes à dragées et toutes sorte de papiers de décoration et d'emballages (de soie, canson, crêpon, ondulé…). Le choix étant gigantesque, on prendra soin de fouiller et déambuler dans ce vaste et incroyable lieu où l'on découvre des myriades de matériaux auxquels nous n'aurions jamais songé. Tous les thèmes de fêtes et décorations sont possibles Une adresse indispensable. Voir aussi rubrique "Papeterie" dans ce guide.

RETIF **Rue Champfleur - Parc d'activités la Romanerie - SAINT-BARTHELEMY © 02 41 37 01 62.** Normalement cet immense entrepôt de fournitures de bureau est réservé aux professionnels. Ce grossiste fourni décoration, agencement de magasin, papeterie en tout genre, utile dans les commerces, petit matériel informatique, mais également décoration de fêtes, cotillons ou encore vaisselle jetable pour vos cocktails ou pique-nique. On parera les salles destinées aux réceptions et autres événements festifs.

Location

Calèches et autos

LES ATTELAGES DU PONTAVRAIN **Les Chandonnières - BLOU © 06 08 34 18 32.** Olivier Perré vous propose différents types d'attelages pour différents types d'événements (mariages entre autres). Il fait aussi l'élevage et le débourrage.

LES ATTELAGES DU LONGUENEE **La Quenouillère - BRAIN-SUR-LONGUENEE © 02 41 95 22 46/06 78 24 48 28.** Site Internet : www.attelage.com/attelages-du-longuenee. Pour les mariages, calèche, paire de chevaux, meneur et groom en habit. 400 € + kilométrage. Organisation de randonnées attelées tout au long de l'année.

AUTO PASSION 49 **Axe Le Mans-Saumur - VERNANTES © 02 41 51 43 08/06 08 05 12 65.** Pour épater la galerie, faites monter vos invités dans de somptueuses limousines populaires françaises, Tractions ou Cadillac. Location 300 € mais la Cadillac ne se déplace que dans un rayon de 50 kilomètres. A noter que l'activité principale d'Auto Passion, c'est l'achat-vente-échange de voitures de collection.

Location de salles

Salles privées

CHATEAU DE REZEAU **RN147 - ANDARD © 02 41 74 09 21.** *Contact : Catherine et Christian Beziau. Ouvert toute l'année. E-mail : chateauderezeau@wanadoo.fr. Prix de 450 € à 1 000 €.* Située à une dizaine de kilomètres sur l'axe Angers-Beaufort, cette superbe bâtisse du XVIe siècle sait vous accueillir avec gentillesse et discrétion pour tous types de manifestations. A l'intérieur du logis deux salles pouvant accueillir 45 personnes sont à votre disposition. La grande cheminée saura vous réchauffer en hiver. Pour les réceptions jusqu'à 100 personnes les écuries ont été élégamment aménagées et offrent leur fraîcheur en été. Une tente peut être ajoutée à l'extérieur. Egalement 4 chambres d'hôtes (3 épis) et désormais table d'hôte.

DOMAINE DE LA BERGERE **La Bergère - BAGNEUX © 02 41 51 30 33.** *Contact : M. Girardeau.* Deux très belles salles de 330 et 400 personnes dans une propriété familiale, dont Monsieur Girardeau, traiteur de France, assurera lui-même la composition de vos repas de réception.

LA GRANGE **Le Petit-Tertre - BEAUCOUZE © 02 41 48 51 94.** *Contact : Mme Lemasson.* Une salle au cœur de la campagne de Bouchemaine avec une capacité de 100 personnes. Une charmante salle rustique typique de l'Anjou.

LE CHAIS DE ROUSSON **Brain-sur-l'Authion © 02 41 80 40 77.** *Contact : M. Barthélemy.* Deux salles pouvant accueillir 180 et 50 personnes. Des salles très prisées et rustiques à proximité d'Angers.

LA PLOTINIERE **Brain-sur-l'Authion ✆ 02 41 76 16 96.** *Contact : Mme Gergaud.* Une salle de 160 personnes. Une jolie salle typique de l'Anjou entièrement rénovée dernièrement, à proximité d'Angers (environ un quart d'heure).

DOMAINE DES BARDOUILLERES **Cantenay-Epinard ✆ 02 41 32 07 09.** *Contact : Mme et M. Monnier 02 41 69 20 03.* Contenance jusqu'à 280 personnes. Une salle dans une superbe ferme rénovée. Extension sous tente possible. Equipement : tables, chaises, linge de table, vaisselle, cuisine. Traiteur imposé (voir rubrique "Traiteurs", un peu plus loin), logique puisque le lieu lui appartient.

ORANGERAIE DE LA MAULNY **Manoir de la Maulny - CANTENAY-EPINARD ✆ 02 41 32 79 65.** *Contact : Danielle et Remy Mourin. E-mail : contact@manoir-de-maulny.com.* Une très belle salle pouvant accueillir 220 personnes assises, et un magnifique jardin ou les mariés pourront faire de belles photos. Située à 15 minutes d'Angers, cette superbe orangerie lumineuse saura vous enchanter. Un chapiteau permanent vient la compléter.

ETANG SAINT-CHARLES **Bois de la Hinière - CHAMP-SUR-LAYON ✆ 02 41 78 86 95.** *Contact : Grégory Bellanger.* Au printemps, le site est romantique à souhait avec l'étang entouré d'arbres fleuris, paysage que l'on peut avoir sous les yeux grâce aux baies vitrées de la grande salle. Celle-ci peut accueillir 200 personnes, et elle est accolée à une salle de danse. Il est possible de louer la cuisine aussi, et même de dormir sur place grâce aux mobil-homes tout confort, disséminés dans la verdure. Bien pratique pour ceux qui ont trop bu pour rentrer le soir.

LES NONAINS **Les Nonains - CHAMP-SUR-LAYON ✆ 02 41 78 85 37.** *Contact : Mme et M. Thomas.* Située au bord d'un étang, cette petite salle accueillant au maximum 50 personnes vous séduira par son côté champêtre. Idéal pour les fêtes de familles avec en plus un gîte rural de quatre chambres à votre disposition. Attention, en juillet et août, ce sont les Gîtes ruraux qui s'occupent des réservations.

LA TABLE DU MEUNIER **"Le Moulin" - CHENILLE-CHANGE ✆ 02 41 95 10 98.** *Contact : M. Bouin.* Dans un petit village de campagne qui à su allier la gastronomie au tourisme et surtout au cours de sa rivière qui berce les habitants. La Table du Meunier possède 5 salles pouvant accueillir de 10 à 105 personnes. Le cadre est pittoresque et la pierre ancienne ajoute au charme de cette table d'hôte qu'on ne saurait trop vous conseiller. Etant également restaurant, le choix des mets est imposé avec une belle carte.

LE FIEF DE LA THIOIRE **2, chemin du Bois Guillou - JUIGNE-SUR-LOIRE ✆ 02 41 91 91 84.** *Contact : Gilles Macé. Site Internet : www.fiefdelathioire.com.* Dans un décor superbe, jardins, parc boisée de 5 hectares, immense terrasse avec la possibilité de l'agrementer d'un chapiteau. 5 salles sont à votre disposition pour les séminaires, réceptions, mariages et cocktails pouvant accueillir de 10 à 500 personnes. Immense parking. Barbecues géants pour les rôtissages de bêtes entières. Grand confort pour les traiteurs. Prix de la location (mariages) : 1 800 € le samedi (plus 500 € pour le dimanche) et salle du pressoir (50 personnes) : 380 € la journée. Sans aucun doute l'une des plus belles salles de la région qui n'en reste pas là car de nombreux projets vont encore y voir le jour.

LE PARC DE LA MAUNY **La Meignanne ✆ 02 41 32 77 56.** *Contact : Catherine et Daniel Pineau.* Dans un très joli cadre idéal pour les mariages et les réceptions de famille, cet agréable couple vous propose cinq salles de 50 à 150 personnes. Depuis peu ils vous offrent la possibilité de loger sur place avec une vingtaine de lits à votre disposition.

LE PARC DE TIRPOIL **Le Pigeonnier - MONTILLIERS ✆ 02 41 56 10 83.** *Contact : M. Beaumont.* L'étang est certainement un des atouts majeurs de ce site bucolique, qui propose une belle salle (pour 150 personnes) dans les dépendances du château, avec toute l'authenticité de la pierre et du bois.

LES JARDINS DE L'ANJOU **Chemin du Vaujou - LA POMMERAYE ✆ 02 41 35 11 00.** *Contact : Franco Fancello.* Les Jardins de l'Anjou vous proposent un mariage clés en main (mais toute autre manifestation également), de la location de la salle, à l'hébergement des invités (bungalows tout confort avec télévision pour 2 à 6 personnes), l'organisation du repas, la restauration et l'animation de la journée. Le tout dans un joli parc à la japonaise, avec mares aux canards et petits ponts de bois, 17 salles dont une grande salle de sport, et une capacité de 10 à 800 personnes (possibilité de 500 couverts). Bungalow pour une nuit de 40 € à 80 €, pour la semaine de 160 € à 550 €.

LE BOSQUET **2, rue Maurice-Berné - LES PONTS-DE-CE ✆ 02 41 57 72 42.** *Site Internet : www.le.bosquet.com. 10 chambres de 5 € à 58 € dont une familiale de deux pièces à 79 €. Petit déjeuner 6,50 €. Télévision par satellite, téléphone direct, prises ADSL en projet. Table d'hôte sur réservation et soirée étape à 59 €.* Situé sur l'ancienne route de Cholet, ce petit hôtel de charme de 10 chambres vient de connaître des changements notoires : Le restaurant gastronomique longtemps tenu par le couple Adam vient de changer de mains et rouvre l'hôtel entièrement refait à neuf, équipé de meubles différents dans chaque chambre. Le bar, la salle des petits déjeuners et les communs ont été refaits aussi et les grandes salles reçoivent 150 convives pour les réceptions, mariages et séminaires. Cuisine équipée pour traiteurs, vaisselle, etc. Un parc de 5 000 m² au bord du Louet équipé d'un barnum permet là de belles réceptions en perspectives.

L'OREE DES BOIS **Place de l'Eglise - SAINT-AUGUSTIN-DES-BOIS ✆ 02 41 77 04 51.** *Contact : Mme et M. Devy.* Avant tout un bon restaurant, cet endroit offre en plus de leurs fabuleux buffets un service de location de salles. Quatre espaces d'une capacité de 30 à 300 personnes.

LA ROMANERIE **Saint-Barthélemy-d'Anjou ✆ 02 41 21 15 70.** Toute la zone industrielle de Saint-Barthélémy s'est construite autour de cette oasis, faisant ressortir l'anachronisme merveilleux de cette superbe demeure du XVIIe siècle. Le parc immense et magnifiquement entretenu, ses terrains de tennis feront de votre séjour un vrai dépaysement au milieu de la ville. Les salons ont été récemment rénovés, et agrémentés de nouvelles tentures. Il y en 4 au total, pour recevoir de 20 à 250 personnes, mais l'été, 450 personnes peuvent se retrouver sous les tentes. Tout le matériel dont vous avez besoin pour vos sessions est disponible, jusqu'au matériel audiovisuel. Quant à la gastronomie, il vous suffit d'aller voir plus bas dans la rubrique "traiteurs" pour vous faire une idée du standing de la Romanerie et du talent de Monsieur Bon-Bétend.

BEAUSITE **Rue des Peupliers - SAINT-GEORGES-SUR-LOIRE ✆ 02 41 39 36 77.** *Contact : M. Lequeux.* Le site se compose de trois salles et un grand hall dont une pouvant accueillir plus de 250 personnes. Au total le site peut accueillir jusqu'à 500 personnes. Service de traiteurs.

CHATEAU D'AVRILLE **Lieu-dit "L'Homois" - SAINT-JEAN-DES-MAUVRETS ✆ 02 41 54 80 59/02 41 91 22 46.** *Contact : M. Biotteau.* Deux salles dont une au rez-de-chaussée avec terrasse et une en étage pouvant accueillir chacune 150 à 200 personnes. Tarifs sur demandes.

SALLE DES TAILLES **Château des Grandes-Tailles - SAINT-LAMBERT-DU-LATTAY ✆ 02 41 78 49 61.** *Contact : M. Oger. 535 € le samedi et 610 € le week-end complet.* A proximité de l'hyrôme, adorable site des Côteaux du Layon, une grande salle typique avec des cuisines bien aménagées, puisqu'on peut venir ici avec son propre traiteur. Capacité de 160 personnes assises. Monsieur Oger peut préparer lui-même vos menus.

LE BUISSON **187, rue Ferdinand-Vest - TRELAZE ✆ 02 41 69 74 25.** *Fax : 08 25 17 91 71 Site Internet : www.restaurant-traiteur.com. E-mail : vincentjuvin@tiscali.fr.* Le Buisson vous propose trois salles de réceptions pouvant accueillir de 50 à 220 personnes (180 assises) louées de 200 € à 500 € mais aussi les services du traiteur avec 8 menus de 14,50 € à 45 € ainsi qu'une carte des vins à la bouteille ou en forfait. Le restaurant possède un vaste parking approprié aux grandes réunions de famille. Vincent Juvin a pris le relais de son père et propose aussi l'organisation de séminaires (50 € la journée pour une salle de 50 personnes).

Salles dans un lieu insolite

BATEAU-PROMENADE L'HIRONDELLE ✆ 02 41 95 10 83/02 41 95 14 23. Départs de Chenille-Changé, Grez-Neuville ou Angers. Le bateau l'Hirondelle déploie une grande palette de croisières sur la Mayenne et propose des soirées à thème, des thés dansants, dîners, buffets, cocktails, mariages ou séminaires (les repas sont préparés par La Table du Meunier). Laissez-vous glisser sur les chemins de halage et par le bateau tracté par des chevaux de trait. Le bateau propose une salle de réception de 45 m² et deux grandes terrasses.

LE MOULIN DE SARRE Route de Louerre - GENNES ✆ 02 41 51 81 32. Avant tout un restaurant original et un superbe moulin à farine toujours en fonctionnement. Preuve en est les délicieuses fouaces que vous pourrez déguster à table. Le restaurant met à votre disposition trois salles pour les mariages et les séminaires. De 25 à 110 personnes, les salles communiquent et sont offertes à ceux qui réservent leurs repas de groupes. Voir à restaurants "Virées Gourmandes".

Salles dans les châteaux

CHATEAU DES BRIOTTIERES Champigné ✆ 02 41 42 00 02. Au milieu d'un parc de 50 hectares et à proximité d'un vaste étang, ce magnifique château privé du XVIIIe siècle accueille les convives dans l'un des cinq salons pouvant accueillir jusqu'à 200 personnes. Pour les réceptions, on peut aussi louer l'Orangerie (200 personnes) et les anciennes écuries (100 personnes) pour 1 600 € les deux salles ; enfin, ce château dispose aussi d'une piscine de plein air chauffée, d'un court de tennis, d'un billard.

CHATEAU DU PLESSIS MACE Le Plessis-Macé ✆ 02 41 32 67 93/02 41 81 41 18. Dans le cadre somptueux de ce Monument historique classé, c'est le succès assuré auprès de vos invités de marque. La cour a été entièrement refaite cette année pour vous accueillir noblement dès votre arrivée. Le parc donne au tableau une touche bucolique et permet les promenades après le dîner. Trois salles pour accueillir de 140 à 200 personnes, et plus d'une trentaine de tarifs adaptés à vos besoins : 70 € pour un vin d'honneur dans les caves, 175 € à 285 € pour une réception de 4h, 1 080 € à 1 660 € pour une journée complète de 10h à 4h.

CHATEAU DE FESLES Bonnezeaux - THOUARCE ✆ 02 41 68 94 00. *Fax : 02 41 68 94 01. E-mail : loire@vgas.com.* La célèbre propriété viticole où coulent les nectars parmi les meilleurs de la contrée, loue ses salons pour vos repas et organise aussi des repas à thème sur les vins. Des séminaires de 15 à 50 personnes, peuvent être accompagnés de plats concoctés, entre autres, par des traiteurs comme André Bon-Bétend ou Vatel ou des restaurateurs comme le Relais de Bonnezeaux (voir aussi chapitre "Vins"), mais on peut venir aussi avec son propre traiteur. Tarif dégustation : 3,20 € par personne. Voir autres tarifs avec location des salons et chapitre "Vins" en fin de guide.

Sonos et éclairage

CHEVEAU MUSIQUE 121, avenue Pasteur © 02 41 43 72 96. Une petite boutique qui n'en finit plus de suivre l'air du temps et de s'adapter aux besoins de plus en plus sophistiqués en matière de son et lumière. Le matériel est hautement technologique, du dernier cri, et le conseil professionnel est là pour vous aider non seulement dans le choix mais dans l'installation du matériel. Musique assistée par ordinateur et organisation technique de vos karaokés sont quelques-uns des derniers-nés parmi les nombreux services que Monsieur Cheveau peut vous apporter.

ELECTRONIC-LOISIRS - ANGERS SONO 7 ter, place de la Paix © 02 41 87 66 02. *Site Internet : www.electronicloisirs.fr.* Cette maison réputée a plus de vingt-cinq ans d'expérience sur Angers, puisqu'elle a ouvert ses portes en décembre 1977. Sur un espace de 600 m^2, Monsieur Morin (et son fils) propose vente et location de matériel électronique en tout genre, qu'il s'agisse de sonorisation, lumière ou vidéo projecteurs. Depuis 2004 Electronic-Loisirs propose en exclusivité du matériel de la marque Behringer. Dans le"show room", vous pourrez avoir une démonstration du matériel avant de vous décider.

S.E.R.A.L. 2, rue de la Liberté - SAINT-JEAN-DE-LINIERES © 02 41 39 73 37. Un nom incontournable des manifestations angevines et même au-delà, dont il gère toute la sonorisation de manière professionnelle. Il sera votre partenaire comme il l'est déjà des spectacles et concerts de la ville d'Angers.

Vaisselle et matériel de réception

ANJOU RECEPTION 30, boulevard du Doyenné © 02 41 60 29 51. Dans un rayon d'action qui traverse tout l'Ouest, Anjou Réception vous fournit la location de vaisselle, tables, chaises, nappages, du service de base au très haut de gamme. On trouve même des seaux à champagne et de splendides chauffe-plats à louer. Et en plus, ils se chargent du lavage de la vaisselle et de la livraison à domicile. L'accueil est, en plus d'être compétent, convivial. Le grand parking avec un accès direct au magasin facilite beaucoup le chargement du matériel.

LE BEAU SERVICE 42, rue Jeanne-de-Laval - ANDARD © 02 41 54 97 13. Cette adresse revêt une complète offre dans du beau matériel. Toujours impeccables, la vaisselle et le matériel comptent parmi les plus qualitatifs. On loue de la vaisselle que l'on rend, comme ailleurs, sale, tout comme les nappes et serviettes qui l'accompagnent. Le prestataire est très sérieux dans les affaires, alors il faut bien suivre ses recommandations. Location pour réceptions de 10 à 4 000 personnes et même de la vaisselle jetable.

ALPHA SERVICE 10, impasse Maryse-Bastié - AVRILLE © 02 41 34 28 05. *Fax : 02 41 34 28 31. Fermé le samedi à 12h. Réservation par téléphone et confirmation minimum 72h avant.* La fête c'est bien, mais on n'est pas toujours équipé pour. Heureusement, Alpha Service s'occupe de tout en proposant à la location un éventail de matériel, des simples couverts, en nombre impressionnant, aux plats de toutes sortes (suivant le thème du repas). La cerise sur le gâteau, pas besoin d'attribuer la corvée de vaisselle. Ici, on s'en charge pour vous…

CALIGRAM 16, rue de la Liberté - SAINT-JEAN-DE-LINIERES © 02 41 39 74 74. *Site Internet : www.caligram.fr. E-mail : caligraminfo@caligram.fr. Contact : Jean Yves Clochard.* Spécialisée au départ dans l'organisation et la réalisation d'événements au sein d'entreprisse et collectivités (inaugurations, congrès, festivals…) cette jeune société a développé la location de matériel de réceptions et de spectacles. Chapiteaux, tentes de réceptions, tables, chaises… Scène, couverture de scène, podiums, gradins… Voir aussi rubrique "Location pour séminaires".

Dragées et pièces montées

BARTHELAIX JEAN-PIERRE 3, rue Saumuroise - Place de la Madeleine © 02 41 66 79 36. Une adresse incontournable pour les futurs mariés et les parents de nouveaux nés. La dragée y est déclinée dans toute sa gamme, amande, chocolat, couleur tendre ou plus flashy, et surtout nougatine pour des décors de folie. En effet monsieur ne se contente pas de la facilité, il aime surprendre ses clients par des décors originaux : Bateau ou berceau. Un pâtissier qui vous fera des pièces montées qui ne manqueront pas d'équilibre. Il faut goûter au chocolat maison nommé le "Chocolat de l'Anjou", une pâte d'amande aux zestes d'orange et cointreau sur cacao 70 %. Un régal fondant !

JEFF DE BRUGES 40, rue Saint-Laud © 02 41 24 79 25. En petites boîtes, en aumônières de tulle, en sachets de soie froissée, sur le dos d'éléphants en peluche, la dragée s'offre de plusieurs adorables façons mais toujours sous la marque Martial. Elles sont allégées en sucre et parfumées à la vanille pour plus de goût, fourrées de différentes sortes d'amandes ou de chocolat, déclinées en 15 couleurs. Il vaut mieux passer sa commande 15 jours à l'avance. Voir aussi "Produits gourmands" en début de guide.

TOUT POUR LA PATISSERIE 57, rue Plantagenêt © 02 41 87 55 83. C'est chouette une boutique aussi spécialisée et qui propose autant de produits liés de près ou de loin à la pâtisserie. Que l'on soit novice ou professionnel en la matière, on prend un véritable plaisir à acheter son chocolat ou ses amandes au poids. On admire la variété de fruits secs ou confits (leur couleur appétissante ne vous laissera pas de marbre) et de gâteaux, ainsi que les nombreuses dragées.

Photos et vidéo reportages

ANITA NOUTEAU 5, rue Corneille © 02 41 88 02 38. Anita, chérie des Angevins, a reçu en 2004 le premier prix de la photographie au concours européen de la qualification. Un travail magnifique et surtout le soucis constant de saisir grâce à son objectif la vraie personnalité des sujets. Affichant une nette préférence pour le noir et blanc et un refus des mièvreries et de la banalité. Son travail est principalement dédié au portrait d'enfant en studio ou en extérieur mais aussi les photos de mariages.

COIN PHOTO 16, avenue Patton © 02 41 48 89 71. *Fermé le lundi.* Patrice Février s'est spécialisé dans la photo de mariage, d'ailleurs il a été nommé portraitiste de France en 2002. Le photographe a une nette préférence pour le romantisme et ses scènes au bord d'une rivière et d'un lavoir, dans un champ de fleurs, dans le foin ou au cœur une clairière. Un des rares photographes travaillant le sépia, cette nuance un peu jaune des illustrations d'antan.

PHOTO STOP 59, rue Plantagenêt © 02 41 87 65 42. Au cœur du centre-ville face aux ex-halles, ce photographe a tourné son travail autour de trois axes : celui du portrait, avec photo studio et mariage ; celui du développement qui d'ailleurs est plutôt bon prix avec des forfaits développement en 1h (5 € 12 poses, 10 € 24 poses et 15 € 36 poses sur papier de qualité supérieure Kodak Royal) ; et enfin le travail labo avec retouche, agrandissement et aussi le "déjaunissement" de vos anciennes photos de famille.

Complément au studio, Norbert Cadeau et Philippe Lefray éditent de belles et insolites cartes postales avec leurs propres vues. **Autre adresse : Photocarte 2, rue Maréchal-Vieilleville - DURTAL 02 41 76 36 40.**

LE STUDIO DES PHOTOGRAPHES 31, rue Boisnet ✆ 02 41 88 72 73. On n'oserait plus présenter un album de mariage dans les conventions familiales. Heureusement l'art photographique a lui aussi évolué, et l'on fera confiance aveuglément à des passionnés comme Bernard Bachelot. La photographie est avant tout un jeu de lumière, de clair et d'obscur mais aussi la mise en scène des sujets par le lieu et l'attitude. Ici pas de photos banales mais la recherche de la perfection et de la passion. Souvent on n'a pas deux fois l'occasion de réussir les événements alors autant les confier à de vrais pros.

Reportages vidéo

PERSO CLIP 5, rue Poissonnerie ✆ 02 41 86 70 00. *Site Internet: www. video-persoclip.com.* L'adresse à retenir pour les événements familiaux pour les transferts (vidéo, diapos, photos et super 8 sur VHS), les montages (régie professionnelle à disposition et technicien si on le souhaite), reportages et vidéos (personnelles ou d'entreprises). On vient chercher ici le matériel et la connaissance qu'on n'a pas forcément chez soi. Un reportage professionnel du plus beau jour de votre vie mérite bien clip perso de chez Perso Clip. Voir aussi à "Location".

Habillement de cérémonie

Accessoires

AU GRE DU TEMPS 11, rue des Lices ✆ 02 41 87 06 00. La splendide boutique toute de bois vêtue vous chapeautera pour vos jours de fêtes et vos hivers douillets. Les matières sont tendance ou classique, les couleurs tendres ou vives mais les têtes seront à coup sûr élégantes. Mariées ou invités tout le monde trouvera son bonheur. Voir aussi rubrique accessoire du chapitre "Mode".

GALERIES LAFAYETTE 6, rue d'Alsace ✆ 02 41 88 05 50. Les conseillères du mariage vous le diront : les jeunes mariés aujourd'hui ont besoin de beaucoup de conseils : le choix des pièces indispensables pour la cuisine, le nombre d'assiettes, l'utilité d'acheter un robot ou plutôt un faitout... Pour les aider, les Galeries prennent en main de A à Z la préparation du mariage, en s'associant avec de nombreux partenaires sur la ville (photographe, traiteur, caviste, coiffeur, voyagistes...). Rien n'est laissé au hasard. Et avec les progrès de l'informatique, les listes de mariages sont réalisables sur toutes les Galeries de France.

Lingerie

Voir chapitre "Mode".

Robes de mariée

ANTOINE COSNEAU ATELIER 47, rue Saint-Aubin ✆ 02 41 87 21 22. Dès le mois de septembre il accueille les futures mariées de l'année à venir dans son atelier sous les toits de la rue Saint-Aubin. Adaptés à la femme, les modèles d'Antoine Cosneau sont faits pour mettre la femme en valeur et les matières telles la soie sauvage sont là pour les sublimer. Très à l'écoute des jeunes femmes qui poussent sa porte, il souhaite avant tout les mettre à l'aise et répondre à leurs envies tout en les embellissant. Romantisme ou folie des couleurs et des formes, tout est une histoire de goûts. Pour le budget compter de 650 € pour un tailleur à 1 500 € pour une création originale. Voir aussi au chapitre "Shopping", rubrique "Mode" puis "Créateurs".

COMPLICITE (LES MARIÉS) 48bis, rue Baudrière ✆ 02 41 87 40 30. Il paraît qu'à la sortie des classes, les petites filles de l'école primaire d'en face s'extasient devant la vitrine, très parlante, de la boutique. Il leur tarde sans doute de choisir leur future robe de satin blanc... Une boutique simple mais de jolies matières et des coupes modernes (soie sauvage, organza, mousseline...). Le romantisme dans toute son élégance. Une collection par an, donc n'attendez pas trop longtemps avant de choisir votre robe.

MARIEPHIL 5bis, rue Montauban ✆ 02 41 25 46 16. Une adresse à ne pas oublier car ici même si on vous propose des robes de mariées de prêt-à-porter on peut aussi vous arranger un modèle selon vos désirs. Des couturiers sont à votre disposition pour la moindre de vos envies. Le cortège peut également trouver son bonheur, ainsi le marié, les témoins et la famille pourront trouver leur tenue de noce et même être en accord avec la robe de la mariée en suivant les conseils des vendeuses sans pour autant connaître la robe.

PRONUPTIA 20bis, rue des Lices ✆ 02 41 81 09 75. L'enseigne s'est installée dans la rue la plus chic de la ville et ce n'est pas une occasion. La boutique sur deux étages offre aux jeunes femmes un large choix de robes mais aussi d'accessoires. Les collections ont pour parrains Christian Lacroix ou Elizabeth Barboza, des coupes simples mais élégantes.

ESPACE MARIAGE 215-217, rue Nationale - CHEMILLE ✆ 02 41 30 61 46. Même si c'est un peu loin d'Angers, les futures mariées n'hésiteront pas à aller voir leur superbe collection. Un mélange de champêtre et de moderne avec des matières comme le sisal, mais aussi le classicisme de la robe blanche version Sissi. Un des plus gros choix du département qui voit passer toutes les prétendantes au titre de jeune mariée.

Smokings et costumes

ARROW 16, rue des Lices ✆ 02 41 87 02 66. Tout est dit dans le logo du magasin : American's classics. C'est du classique américain, c'est-à-dire, ni vraiment classique, ni vraiment sportswear. Une ligne de vêtements un peu indéfinissable, aux couleurs ternes (même dans la collection féminine), qui habille hommes et femmes d'affaire peu enclins à la véritable élégance. Le magasin est froid, la déco sans attraits, et le fond réservé aux costumes ressemble à un atelier de tailleur. Il semblerait que le rayon femme disparaisse, on ne le pleurera pas ! Ce n'est plutôt pas donné question prix, et la marque Arrow est exclusive : si on n'aime pas, c'est fichu.

ENZO 4, rue Chaperonnières ✆ 02 41 24 75 02. Le grand style des grands jours, allié à l'esprit de la mode vous attend chez Enzo. La gamme sera étoffée fin 2004 puisque la fusion avec Youri (rue Saint-Aubin) permettra d'agrandir l'offre des grandes marques (Azzaro, Versace, Hugo Boss).

TERRITOIRE D'HOMMES 6, rue Voltaire ✆ 02 41 87 43 24. Smokings et costumes ultrachics pour les grands moments portent la griffe Ugo Ferrini pour la plupart. Taillés dans des matières étonnamment fluides et légères pour les mariés de l'été, les modèles sont originaux et pas toujours si BCBG qu'on l'imagine. On peut s'offrir la fantaisie d'un col Mao ou d'un petit gilet à fleurs. Pourquoi pas la lavallière assortie, puisque les prix ici, sont vraiment abordables. De la plus petite à la plus grande taille.

VIP IN FINE Rue des Lices ✆ 02 41 88 88 64. La grande élégance des grands jours se montre dès les premiers jours du printemps dans la vitrine de VIP IN FINE. Le jeune marié ou son témoin y trouveront les redingotes, les smokings, les gilets damassés en soie, les lavallières assorties et même les chaussures. Couleurs claires ou noires intenses, à rayures ou unis, il y a de quoi satisfaire tous les goûts à travers quelques grands noms comme Sherrer ou Kenzo.

ANTOINE ET BARTHELEMY Quai Victor-Hugo - CHALONNES-SUR-LOIRE ✆ 02 41 78 02 29. Les vêtements de cérémonie que vous trouverez dans cette boutique, sauront vous mettre en valeur, dans des coloris et des matières très élégantes et agréables à regarder. Les créateurs comme Maxim's, David Kieffer, Pierre Cardin, ou Rodier s'y bousculent pour proposer une gamme et un choix très large et pour tous les goûts.

Listes de mariage

LA PORCELAINE - LA SIGNATURE DE VOS CADEAUX 23, rue du Musée ✆ 02 41 88 51 26. Ce bel espace lumineux possède un grand choix et beaucoup de trouvailles à faire, les aciers inox Röstle et les batteries de cuisine Cristel, les faitouts de fonte émaillée, et tout plein de gadgets utiles pour les cordons bleus, qui en font à coup sûr un lieu prédestiné aux listes de mariages. Un bel espace qui suit les tendances sans fatiguer, à deux pas du magnifique musée des Beaux-Arts.
Voir aussi les autres adresses au chapitre "Shopping", partie "Maison", rubrique "Arts de la table".

Traiteurs

BON-BETEND - LA ROMANERIE 48, boulevard de la Romanerie ✆ 02 41 21 15 70. Une des grandes adresses d'Angers, et un nom reconnu au niveau national dans le réseau de qualité des Traiteurs de France. Le cadre somptueux du manoir et ses arbres gigantesques permettent d'apprécier par exemple carré de veau poêlé à la badiane avec sa charlotte de légumes ou un dos de St-Pierre et filet de rascasse aux tomates confites et spaguettis de légumes, un demi homard Thermidor à l'estragon. Que de ce qui existe en matière de bouche André Bon Bétend ne sait-il pas sublimer ? Son savoir-faire, en accord avec la prestance des lieux, lui a permis de s'évader sur des sentiers aromatiques internationaux en mêlant les arts culinaires occidentaux et extrême-orientaux pour de somptueux et insolites buffets très colorés. Comme pour toutes les meilleures adresses, il est prudent de réserver, des mois, voir des années à l'avance pour être sûr d'y réaliser son rêve.

VATELYS TRAITEUR 4, rue Botanique ✆ 02 41 60 39 22. *Fax : 02 41 60 30 44. Site Internet : www.vately.fr. E-mail : l.palvadeau@vatelys.fr. Sur rendez-vous.* Installé tout près du palais des Congrès, Vatelys organise à l'intérieur de celui-ci de nombreuses réceptions mais également dans des salles privées. Sous forme de buffets ou service à table, Vatelys s'occupe de tout, nappage, vaisselle, service, cuisiniers et accueil des convives. Originalité des menus et des recettes pour les cocktails : cuillères chinoises, sushi, bavarois présenté dans de petits verres, millefeuille du Val-de-Loire au vinaigre balsamique, foie gras, magret, pomme verte, ballottine de filets de rouget et rascasse au safran, coulis provençal au cucurma, croustillant de râble de lapereau aux noisettes et crème de morilles… Autant d'originalités qui marient la tradition et la cuisine internationale, très en vogue. Voir aussi à "Congrès et séminaires".

DANIEL MONNIER 72, avenue Mendès-France - AVRILLE ✆ 02 41 69 20 03. Aussi affable dans la vie que dans la marmite, Daniel concocte de somptueux buffets et l'excellence de ses préparations lui vaut une reconnaissance assurée. Ses buffets régalent de nombreux mariages et réceptions. La finesse de ses exécutions et la générosité des portions sont souvent commentées dans les soirées angevines. La tradition a du bon jusque dans la simplicité des pâtés, jambons, rillauds, museaux, langues en gelée, lards au poivre, et mille autres confections "cochonneuses". Les pièces de viande crue sont aussi dépecées dans l'art boucher français pour de justes cuissons. Chaque année voit son lot de nouveautés en terme de salades fraicheurs, de plats cuisinés, de volailles préparées, ainsi qu'en filets de poissons aux fines sauces. Le couple Monnier possède sa propre salle de réceptions, le domaine de la Bardoulière, à Cantenay-Epinard, qui peut accueillir jusqu'à 250 personnes assises. Voir rubrique "Charcutiers-Traiteurs et location de salles".

TRADITION BRETAGNE 6, rue du Moulin - CHAMPTOCE-SUR-LOIRE © 02 41 39 88 82. *E-mail : angers@tradition-bretagne.com. Annick et Loïc Poirier.* Pour sortir des sentiers battus tout en restant "traditionnel", on peut régaler ses invités avec une formule unique en Anjou, qui consiste à déguster une myriade de "bouchées" faites de mini-galettes et mini-crêpes exécutées devant vous. Ce couple breton a décroché cette belle idée et présente magnifiquement un buffet composé de fines dentelles garnies de frais ingrédients savamment cuisinés. De 30 à 1 000 personnes, les réceptions, cocktails, mariages, congrès, ou buffets dînatoires, prennent ici des airs de légèreté. Des repas complets sont aussi proposés, ainsi que des buffets permanents lors de soirées dansantes.

STEPHANE HAMARD TRAITEUR (ex Bellion Traiteur) La Maladerie - DENEE © 02 41 78 72 51. *Site Internet : www.belliontraiteur.com.* Stéphane Hamard ne se contente pas de cuisiner, il flatte tous vos sens à commencer par celui des yeux. Pour lui, somptuosité et sens artistique n'en finissent plus de nous étonner au travers de présentations culinaires merveilleusement sculptées et de montages incroyables. Mais la beauté ne cache pas une moindre qualité gustative loin de là. Chaque ingrédient est parfaitement choisi pour sa fraîcheur, et son accord avec la saison. Poissons, viandes, volailles s'agrémentent de mille saveurs et couleurs, qui décorent aussi bien qu'elles flattent le palais. A voir, et à goûter…

LE SAINT-LAMBERT RECEPTION Place de l'Eglise - SAINT-LAMBERT-LA-POTHERIE © 02 41 77 59 45. Claudia et Patrick Botto sont aux manettes du Saint-Lambert. Ils accueillent et cuisinent des plats à emporter uniquement. Préparations de poissons et de viandes froides ou mijotées, cuisine à thèmes (couscous, paella, cassoulet, pasta), lunchs campagnards, buffets champêtres et buffets délicatesse varient à partir de 7,30 €. Et la petite idée gourmande, c'est de vous proposer des buffets au kilo !

LE BUISSON 187, rue Ferdinand-Vest - TRELAZE © 02 41 69 74 25. *Fax : 08 25 17 91 71. Site Internet : www.restaurant-traiteur.com. E-mail : vincentjuvin@tiscali.fr. Le Buisson vous propose trois salles de réception pouvant accueillir de 50 à 220 personnes louées de 200 € à 500 € mais aussi les services du traiteur avec 8 menus de 16 € à 45 € ainsi qu'une carte des vins à la bouteille ou en forfait.* Le restaurant possède un vaste parking approprié aux grandes réunions de famille. Vincent Juvin a pris le relais de son père et propose aussi l'organisation de séminaires (50 € la journée pour une salle de 50 personnes).

Retour de banquets

CENTRAL BUS CAFE 124, avenue Patton © 06 72 35 99 08. *Catherine Cosson. Du lundi au vendredi de 11h à 14h30 au rond-point de la Romanerie, ZI de Saint-Bart. Formule express à 5 €.* Quel succès ce petit bus jaune qui a su se rendre utile dans les quartiers de travailleurs dépourvus de restauration à l'heure du déjeuner ! Galettes garnies à 2 €, crêpes beurre/sucre à 1,50 €, paninis ou frites, boissons fraîches ou chaudes. Le bus se déplace sur les lieux festifs et l'on peut même se le garder pour des fêtes privées. Alors voilà un bon plan pour les retours de noces ou les anniversaires un peu surchauffés.

Mais aussi

Voir les adresses suivantes en charcuteries au chapitre "A Table". Ils ne réalisent pas les grands mariages car tous s'accordent à dire que Traiteur est un autre métier, et ils ont raison, cependant, ils assurent de beaux buffets pour un nombre plus restreint de convives, sans assurer le service.

CHARCUTERIE VIGNAUD 1bis, place du Lycée ✆ 02 41 20 09 00

CHARCUTERIE DE LA VISITATION Patrick Subileau - 9, place de la Visitation ✆ 02 41 87 40 25. Ils n'ont que 23 et 25 ans…

JEAN JOUIS Rue Jules-Guitton ✆ 02 41 87 46 79

NOEL AMIOT - A LA RENOMMEE 13, rue Saint-Lazare ✆ 02 41 48 09 72

AU PETIT SAINT-ANTOINE Florence et Luc Fusil - 4, place de la Madeleine ✆ 02 41 66 95 71

AUX RILLAUDS D'OR 59, rue Saint-Laud ✆ 02 41 88 03 13

Réparations et dépannage

A domicile

MAISONING Rue de la Caillardière - BEAUCOUZE ✆ 02 41 73 22 22. *Numéro Azur 08 10 30 73 07.* (Anciennement STP-dépannage) Interventions 24h/24, 7j/7 pour les cas d'urgence (fuite d'eau ou de gaz, vitrier, serrurerie, appareils ménagers), mais assure aussi des travaux plus importants, grâce à son réseau d'intervenants spécialisés. Abonnement d'entretien pour les chaudières.

SERVICE APRÈS-VENTE MENAGER-COUTURE 88bis, rue des Pont-de-Cé ✆ 02 41 68 06 96. Toutes les réparations y sont possibles, sur tout votre matériel électroménager et sur les machines à coudre, à domicile ou au magasin.

Argenterie

L'ARGENTEUR 3, rue l'Oisellerie ✆ 02 41 87 66 33. Cet artisan vous emmène avec lui au cœur de l'histoire et de ces artisans. Grâce à lui vos objets ont droit à une nouvelle jeunesse, casseroles en cuivre, couverts en argent, statuette en bronze, ou horlogerie seront réargenté, redoré et polis. En un mot comme neuf.

Bois dorés et tableaux

ATELIER BARUCCO 8, rue Saint-Aignan ✆ 02 41 87 11 06. Caroline Chupin fait l'examen ainsi qu'un devis personnalisé de tous les tableaux anciens et modernes.

FARDEAU 41, rue Plantagenêt ✆ 02 41 87 44 05. Dorures à l'ancienne (avec feuilles d'or), et réfection de tous cadres. Voir rubrique "Décoration – Artisans encadreurs".

Céramiques

BOULOUX SYLVIE 6, boulevard Arago ✆ 02 41 86 82 88. Spécialiste de la réparation et de la restauration de porcelaine et des objets de collection, cette artiste bichonne aussi les pièces de musées et les trouvailles archéologiques. Elle s'est installée depuis peu avec sa collègue qui elle, restaure les vieux tableaux.

Chaussures et cuirs divers

LE BOTTIER DE LA MADELEINE Place de la Madeleine ✆ 02 41 45 28 73. Un artisan rare, comme on n'en trouve plus aujourd'hui : cordonnier, entendez, un vrai cordonnier, pour qui une paire de chaussures n'est pas seulement une surface de colle pour semelles polyester, mais une véritable création traditionnelle. En effet, Monsieur Thaunay fabrique vos chaussures sur mesure dans des matières nobles, et les répare avec une finition parfaite. Ce n'est pas pour rien qu'il est agréé par Church, Paraboot ou Bowen.

CORDONNERIE D'ANJOU 4, rue d'Anjou © 02 41 88 27 94. On aime voir perdurer ces petits métiers dans nos rues angevines grâce à une nouvelle génération comme ce jeune artisan qui répare vos chaussures et fait revivre les souliers auxquels on tient tant, mais aussi recoud vos sacs, cartables et réalise les clés et tampons encreurs.

Couteaux

COUTELLERIE DES POELIERS 7, rue des Poëliers © 02 41 87 50 38. La boutique spécialisée qui assurera en sous-traitance, réparation et affûtage de vos couteaux les plus piqués.

ROBERT CARTIER 107, rue de la Chalouère © 02 41 60 86 70. Un artisan coutelier qui affûtera dans les règles de l'art, couteaux, ciseaux et tout ce qui tranche, émince, etc. On peut également faire refaire à neuf ou restaurer toute son ancienne ménagère quelle que soit la matière des manches, nacre, os ou bois précieux (pensez également à vos peignes). Cet artisan possède des doigts de fée.

Cuirs et nettoyage de peaux

DAIM NETT 26, rue Chateaugontier © 02 41 87 04 81. Ce spécialiste du cuir, nettoie, répare et entretient toutes sortes de peaux de bêtes, daim ou cuir, vêtements mais aussi sacs, fermetures Eclair, siège de motos, fauteuils…

TECHNOCUIR 10, rue Beaurepaire © 02 41 24 00 10. On sait le prix que l'on attache à son salon en cuir, ou au joli fauteuil club que l'on a déniché à la brocante. Alors il faut compter sur Technocuir pour rénover, restaurer vos trésors, bref, leur donner une deuxième jeunesse.

Décapage bois et métaux

CA DECAP METALBOI ZA de Lanserre - Route de Brissac - JUIGNE-SUR-LOIRE © 02 41 79 22 00. Portes, fenêtres, meubles, objets divers, antiquités, vieilleries renaissent dans ces locaux d'où vos précieux bijoux de famille ressortiront comme vous ne l'auriez jamais imaginé.

Livres

LEDEVIN CHRISTOPHE 30, boulevard Ayrault © 02 41 88 12 18. Reliure à l'ancienne, restauration et cours de reliure sur rendez-vous.

SEGUIN JEAN-MARC 26, rue David-d'Angers © 02 41 87 60 64. Un des rares artisans d'art à restaurer les livres à l'ancienne.

Matelas de laine

L'HARIDON 21, rue des Lices © 02 41 88 39 79

Montres

L'HORLOGEUR Centre Commercial Espace-Anjou © 02 41 88 78 78. Voir rubrique "Bijoux" du chapitre "Cadeaux".

Paillage, cannage, rotin

SCHLICK 2, rue Parcheminerie © 02 41 88 51 32

Poupées

LES CAPRICES DU TEMPS 3, rue Toussaint © 02 41 20 07 29

Sièges, chaises et selles de deux-roues

GERENOVE Boulevard Gaston-Birgé. Le dernier atelier du genre à Angers où peut encore faire restaurer n'importe quel siège, fauteuil, canapé (travaux tapissiers) et selle de deux-roues et motos. Le plus extraordinaire vient du fait que même les similicuirs et autre Skaï des années 60 à 75 sont encore disponibles, si kitsch soient-ils.

Toiles de tentes et bâches

ANJOU PLEIN AIR 34, rue de la Mare ✆ 02 41 34 35 06. Vente, réparation, création de toutes toiles, tentes et bâches en tissus, en toiles grasses, et tissus enrobés. Toutes dimensions et utilisations à la demande.

BOISARD RN23 - CORZE ✆ 02 41 32 20 01. Cet artisan conçoit et répare toutes les toiles de tente et bâches. Il réalise aussi de petits chapiteaux et loue et fabrique des stands de toiles.

Verres et vitraux

ATELIER CLAUDE GUERY 25, rue Saint-Laud ✆ 02 41 87 47 33. Voir chapitre "Maison", rubrique "Ensembliers-décorateurs".

L'ARTISAN VERRIER VITRAILLISTE Les Moulins-de-la-Haie-Joulain - SAINT-SYLVAIN-D'ANJOU ✆ 02 41 69 97 01. Outre la restauration de vitraux anciens, cet artisan créateur revisite l'art du vitrail en imaginant et en créant des objets absolument originaux.

Seniors

Foyers, logements et restaurants

BELLEFONTAINE 2, rue de la Rame ✆ 02 41 87 55 11

LA CORBEILLE-D'ARGENT 14, boulevard R.-Schuman - MONPLAISIR ✆ 02 41 43 63 43

GREGOIRE BORDILLON 45, place G.-Bordillon ✆ 02 41 86 00 70

LES JUSTICES 4, rue Manet ✆ 02 41 44 00 40

LA ROSE DE NOEL 53, rue H.-Hamelin - BELLE-BEILLE ✆ 02 41 48 33 61

LA ROSERAIE 5, rue Henri-Bergson ✆ 02 41 44 40 31

RESIDENCE - ACCUEIL CESAR GEOFFRAY 15, rue César-Geoffray ✆ 02 41 24 15 30

RESIDENCE GASTON BIRGE 66, boulevard Gaston-Birgé ✆ 02 41 21 13 00

RESIDENCE SAINT-MICHEL 87, rue Lardin-de-Musset ✆ 02 41 43 33 33

Services à domicile

ASSAD-AFA (AIDE À DOMICILE) 10, square Dumont-d'Urville ✆ 02 41 66 27 66

ASSADOM (ASSOCIATION D'AIDE À DOMICILE) 1, rue Dupetit-Thouars ✆ 02 41 86 49 00

ASSOCIATION D'AIDE FAMILIALE ANGEVINE (AAFA) 20, rue Géricault ✆ 02 41 79 82 79

ASSOCIATION AIDE ET PRESENCE AU MALADE 90, rue Saumuroise ✆ 02 41 44 33 10

REPAS A DOMICILE ✆ 02 41 44 11 66

SERVICE SOUTIEN A DOMICILE 5, rue Henri-Bergson ✆ 02 41 44 37 87

Service animation retraités

ASSOCIATION ET ENTRAIDE 2, rue des Buttes-de-Pigeon ✆ 02 41 60 42 55

CENTRE COMMUNAL D'ACTION SOCIALE (CCAS) ✆ 02 41 05 49 49 (standard mairie)

ESPACE WELCOME Place Maurice-Saillant ✆ 02 41 23 13 31

RELAIS ACCUEIL JEAN VILAR Rue François-Mauriac ✆ 02 41 66 38 65

SERVICE D'ACTION SOCIALE CCAS ✆ 02 41 05 49 49. Un service bien utile puisqu'il s'occupe, entre autres, d'aides sociales (matérielles, financières et morales) aux personnes âgées. Le CCAS organise non seulement le portage à domicile des repas pour les personnes qui ne peuvent plus assurer leur autonomie, et gère aussi les foyers logements. Il édite également une revue mensuelle gratuite : "Bords de Maine" qui donne les informations récentes sur les activités du service et annonce les animations prévues pour les mois suivants.

Le CCAS propose aussi aux retraités de la ville (un guichet leur est réservé à la mairie), des ateliers hebdomadaires toute l'année : de nombreuses activités sportives, artistiques, culturelles, de loisirs, et d'échanges.

Adresses utiles

Lire en "Service à domicile".

ASSOCIATION ANJOU ALZHEIMER (C/O Jacques Chuche) - 15, rue César-Geoffray - BP91031 - 49010 CEDEX 01 ✆ 02 41 87 94 94. *Permanence les mercredis et vendredis de 14h30 à 17h30.*

EATL (Université Angevine du Temps Libre) 14, rue Pocquet-de-Livonnières ✆ 02 41 88 96 41

Garder la forme

ECOLE DE DANSE JOEL CRUVEILHER 6, rue de la Douma ✆ 02 41 87 22 77. Pour entretenir sa verve et son sens du geste rien de tel que la danse. Cette école permet aux tempes blanches et grises de garder la forme dans une atmosphère ludique et musicale. Elle vous permettra de briller aussi bien en dansant le tango ou la valse que la salsa, la samba, le chacha et pourquoi pas le rock'n roll.

Solidarité

Entraide - Bénévolat

ASSOCIATION FRANCE SERVICES 152, avenue Pasteur ✆ 02 41 34 11 22. *Numéro vert 08 00 77 77 00.* Service d'aides à domicile pour les personnes démunies.

ATD (AIDE A TOUTE DETRESSE) QUART-MONDE 1, rue Jean-Bodin ✆ 02 41 87 83 88. Actions d'aide sociale et de conseils aux plus démunis.

BANQUE ALIMENTAIRE DE MAINE-ET-LOIRE 56, boulevard du Doyenné ✆ 02 41 60 33 05. La banque alimentaire collecte fonds et nourriture pour les reverser aux associations d'aide aux personnes démunies et en difficulté. On peut faire un don simplement, en faisant ses courses et en achetant quelques denrées supplémentaires que l'on donne aux personnes de la Banque, régulièrement présentes à la sortie des supermarchés.

CLCV FILALINGE 105, avenue Patton ✆ 02 41 36 00 58. *Du lundi au vendredi de 14h à 17h.* Cette association qui existe depuis 15 ans permet à ses adhérents les plus démunis de venir "laver leur linge" presque en famille. Autour d'une table de repassage ou d'une préparation culinaire, on peut discuter, se sentir moins isolé et renouer avec la vie de quartier. Elle offre aussi des places dans les spectacles de la ville.

CROIX-ROUGE FRANCAISE (Conseil départemental) 1, rue Joubert ✆ 02 41 88 82 20. La Croix-Rouge a toujours autant besoin de dons pour accomplir ses missions médicales si nécessaires. **Cours de secourisme 02 41 88 58 90 • Direction départementale urgence et secourisme 02 41 87 26 43. Cabinet dentaire pour les personnes sans couverture sociale 62, boulevard Saint-Michel 02 41 42 60 28.**

RESTOS DU CŒUR 11, rue du Mail ✆ 02 41 88 71 42 (centre de distribution). *Ouvert le jeudi matin.* Les restos du cœur sont reconnus par tous mais il faut savoir que la lutte contre la misère ne s'arrête jamais et que les dons de vêtements, nourriture, argent et bien sûr le don de soi, par l'intermédiaire du bénévolat, sont toujours autant nécessaires. **Autre adresse : siège social départemental 02 41 25 40 59.**

SECOURS CATHOLIQUE (CARITAS FRANCE)

Délégation de Maine-et-Loire - (impasse) 15, rue Brissac 02 41 88 85 65 (siège social) • Centres d'accueil 75, rue Blaise-Pascal 02 41 47 22 66. Les lundis, mercredis et vendredis de 14h à 17h • La Halte 7, rue Choudieu 02 41 87 96 32.

SECOURS POPULAIRE FRANCAIS 1, rue Albéric-Dubois ✆ 02 41 25 11 75. Distribution d'aliments et de vêtements, et depuis peu écrivain public et atelier d'informatique. Braderie ouverte tous les 2e samedis du mois.

Défense des citoyens

ASSOCIATION D'AIDE AUX VICTIMES D'ABUS SEXUELS 8, rue Ambroise-Paré ✆ 02 41 36 02 07

ASSOCIATION DEPARTEMENTALE D'AIDE AUX VICTIMES Palais de Justice - Place Général-Leclerc ✆ 02 41 20 51 26. Accueil, écoute, assistance juridique et aide psychologique pour les victimes d'agressions ou d'accidents. Permanences au palais de justice et, selon les jours, dans les mairies et maisons de quartier (Monplaisir, Roseraie, Verneau…).

DISCRIMINATION RACIALE ✆ 114. Les pouvoirs publics proposent un numéro d'urgence de trois chiffres seulement.

LIGUE DES DROITS DE L'HOMME 1, rue Bardoul ✆ 02 41 27 32 64. Les hommes et les femmes confrontés à toutes sortes de discrimination trouveront ici l'écoute et surtout les réponses à leur problème en apprenant clairement quels sont leurs droits pour y faire face. **Autre adresse : 23, rue Côte-de-Bellevue 02 41 48 42 73.**

Urgences - Utile

Secours aux personnes

ALLO ENFANCE MALTRAITEE ✆ 119

CENTRE ANTIPOISON 4, rue Larrey ✆ 02 41 48 21 21

CLINIQUE DE LA MAIN ✆ 02 41 86 86 41

PHARMACIES DE GARDE (APPELER LE COMMISSARIAT) ✆ 02 41 57 52 00

POLICE SECOURS ✆ 17

POMPIERS ✆ 18

SAMU (MÉDECINS DE GARDE) ✆ 15

URGENCES ✆ 02 41 35 37 12

URGENCE DENTISTE (LE WEEK-END) ✆ 02 41 87 22 53

- **Et aussi**

La pharmacie du Centre Commercial Saint-Serge (Carrefour) est pratiquement toujours de garde la nuit.

Secours aux biens

POLICE MUNICIPALE ✆ 02 41 05 40 17. *Ouvert du lundi au samedi, de 8h à 0h.* Les policiers interviennent prioritairement en centre-ville. La brigade canine patrouille de 17h30 à minuit. Après, il faut (malheureusement) faire le 17.

ASSAINISSEMENT ✆ 02 41 05 51 51. Voir également rubrique "Environnement : déchetteries, vidanges, curage…"

EAU ✆ 02 41 05 50 50

EDF ✆ 08 10 33 30 49

GDF ✆ 02 41 43 65 65

HOTEL DE VILLE Boulevard de la Résistance-et-de-la-Déportation ✆ 02 41 05 40 00. *Accueil du lundi au vendredi de 9h à 12h30 et de 13h30 à 17h30.*

MAIRIE 5 SUR 5 ✆ 08 00 49 05 05. Ce numéro, facile à mémoriser : 08 ligne gratuite ; 49 notre département ; et "5 sur 5" ; est à la disposition des habitants pour signaler tout problème d'intendance de la ville : lampadaire défectueux, signalisation routière endommagée, etc.

MAIRIES DE QUARTIER

LA ROSERAIE **6, square des Jonchères** **02 41 66 47 40 • MONPLAISIR** **7, rue de Normandie 02 41 27 22 60 • BELLE-BEILLE** **5, rue Eugénie-Mansion** **02 41 48 12 81 • SAINT-NICOLAS** **La Doutre - 47, rue Saint-Nicolas** **02 41 87 21 61 • LAC-DE-MAINE** **Place Guy-Riobé** **02 41 73 37 04 • VERNEAU** **1, rue du Général-Lizé** **02 41 35 10 59 • JUSTICES-MADELEINE-SAINT-LEONARD** **42, place des Justices** **02 41 79 14 40.**

OBJETS TROUVES ✆ 02 41 05 44 79. On n'y pense pas forcément mais sachez qu'il y a heureusement encore beaucoup de gens qui rapportent les objets trouvés ici, au 4, rue des Ursules (géré par la police municipale).

COMMISSARIAT CENTRAL **15, rue Dupetit-Thouars ✆ 02 41 47 75 22**

GENDARMERIE ✆ 02 41 88 53 80

Secours solidaires

ANGERS PROXIM'SERVICES (GARDE D'ENFANTS) ✆ 02 41 20 77 03

CENTRE COMMUNAL D'ACTION SOCIALE ✆ 02 41 05 49 49

CLIC ✆ 02 41 25 01 11. *De 14h à 17h (Centre local d'information et de coordination gérontologique).*

DIVORCE-DETRESSE-NUIT ✆ 06 07 50 54 23

ECOUTE PARENTS ENFANTS ✆ 02 41 43 44 44. Dépend du GIP (groupement d'intérêt public pour la prévention de la violence envers les enfants). Cet organisme propose aussi des groupes de paroles pour les parents ainsi que des informations et une sensibilisation sur les maltraitances familiales (se renseigner au 02 41 34 70 00).

PLANNING FAMILIAL ✆ 02 41 88 70 73. Pour tout conseil ou problème de contraception, grossesse, avortement, prévention des maladies sexuellement transmissibles, viol, violence, inceste.

POINT D'ACCUEIL SANTE SOLIDARITE **5, rue de Crimée ✆ 02 41 88 87 40**

RELAIS ASSISTANTES MATERNELLES **3, allée du Haras ✆ 02 41 87 33 91**

SAMU SOCIAL SANS-ABRI ✆ 115

SERVICE SOS URGENCES MAMANS (garde d'enfants) ✆ 02 41 60 26 38. *Du lundi au vendredi de 7h30 à 19h, sauf jours fériés et vacances scolaires.*

SOS AMITIE ✆ 02 41 86 98 98

Vins d'Anjou et de Saumur

vins d'Anjou et de Saumur

Informations pratiques sur les vins locaux

INTER LOIRE (BUREAU D'ANGERS) Hôtel de la Godeline - Rue de la Roë ✆ 02 41 87 62 57. Anciennement CIVAS, ce bureau regroupe les interprofessions du vin de Maine-et-Loire et d'Indre-et-Loire dans un premier temps. Son aura rassemblera sans doute un jour l'ensemble du Val-de-Loire. Toujours est-il que cet organisme est habilité à répondre aux questions des consommateurs dans le domaine du vin mais pour une meilleure approche, le visiteur pourra découvrir plus intimement la région viticole en faisant une visite à la maison du vin, ci-dessous.

MAISON DU VIN 5bis, place Kennedy - ANGERS ✆ 02 41 88 81 13. *E-mail : mdesvins-angers@interloire.com. Du 1er avril au 30 septembre, du mardi au dimanche, de 9h à 13h et de 15h à 18h30 ; du 1er octobre au 31 décembre et du 1er au 31 mars, du mardi au samedi, de 9h à 13h et de 15h à 18h30. Documentation et renseignements.* Dans un chaleureux décor face au château, cette maison du vin constitue assurément la plus belle vitrine des vins d'Anjou-Saumur. On peut y goûter les 30 appellations de ce vignoble aux multiples expressions, et choisir parmi 45 flacons, lauréats d'une dégustation à l'aveugle parmi 400 échantillons, fournis par les vignerons, les négociants et les coopératives. Toutes sont facturées quasiment au même prix que chez les producteurs. Un choix très vaste, des millésimes les plus récents jusqu'aux plus anciens (depuis 1961). On peut même y découvrir dans des bocaux les six raisins les plus travaillés de ce vignoble. Bref, un lieu parfait pour qui veut avoir une vue d'ensemble de la viticulture angevine et pour qui n'a pas le temps de musarder dans tous les terroirs.

Les 30 AOC d'Anjou et de Saumur

Afin de ne pas y perdre votre latin, le Petit Futé a dressé pour vous une liste exhaustive des appellations d'origine contrôlée du vignoble d'Anjou qui font la richesse et l'originalité de notre terroir. Seule région au monde où tous les types de vins peuvent être réalisés.

6 rouges : anjou rouge, anjou-gamay, anjou-villages, anjou-villages-brissac, saumur rouge, saumur-champigny.

5 blancs secs : anjou, saumur, savennières, savennières-roche-aux-moines, savennières-coulée-de-serrant.

12 blancs moelleux et liquoreux : anjou-coteaux-de-la-loire, bonnezeaux, coteaux-de-l'aubance, coteaux-du-Layon-faye-d'anjou, coteaux-du-Layon-beaulieu-sur-layon, coteaux-du-Layon-saint-aubin-de-luigné, coteaux-du-Layon-rochefort, coteaux-du-Layon-saint-lambert-du-lattay, chaume 1er cru des coteaux-du-Layon- (seul cru du Val-de-Loire), coteaux du-layon-rablay, coteaux-de-saumur, quarts-de-chaume.

2 rosés secs : rosé de loire, cabernet de saumur.

2 rosés tendres à moelleux : rosé d'anjou et cabernet d'anjou.

3 pétillants : crémant de loire, saumur brut et anjou méthode traditionnelle.

Vinivegas… Le casino du vin

Organisation de cours d'initiation et perfectionnement à la dégustation, des animations apéritives, des initiations au sabrage, des animations repas en accords mets vins, des organisations de voyages vinicoles, des séminaires et animations spécifiques, même à la carte, en français et/ou en anglais. Tous les thèmes sont abordés à la demande ou programmés : vins, spiritueux, portos, rhums, etc. Le Vinivegas, quant à lui, destiné aux séminaires, cocktails, événements festifs et soirées jeux dans les hôtels et autres lieux de rencontres bachiques. Pas d'argent ici, mais de vraies tables de jeux où l'on mise sur tous les sujets se rapportant à la divine boisson.

CINEREA Arnaud Houles - AVRILLE ✆ 02 41 31 21 31. *Site Internet : www.cinerea.com.*

Découvrons maintenant le vignoble de l'Anjou, village par village d'Ouest en Est, ainsi que toutes les appellations répertoriées. Nous aborderons chaque appellation au gré de ce périple. Comme chaque année, le Petit Futé vous présente le vignoble et ses acteurs à sa façon, de sorte que vous puissiez rencontrer les producteurs chez eux, au travers des merveilleux paysages viticoles de l'Anjou. Nous vous les livrons, dans l'intention de repartir avec quelques bonnes bouteilles, non sans avoir tenté de vous guider au mieux.

Montjean-sur-Loire et la Pommeraye

Appellations principales : anjou, anjou-coteaux-de-la-loire et anjou-villages.

Les coteaux-de-la-loire en quelques mots

Des vins qui feraient pâlir certains layons avec de surprenantes notes boisées dans le cas de récoltes en surmaturité. Vous l'aurez compris : il s'agit de vins modérément doux à moelleux, voire très moelleux dans le cas de tri rigoureux. En règle générale, comme pour les coteaux-de-l'aubance, on peut les différencier par les notes de fraîcheur et de nervosité, dues en partie au zeste d'acidité qu'ils contiennent. Leur cépage est le chenin ; on les identifie souvent par leur jolie couleur jaune citronnée et ils dévoilent tout de suite leur arôme en bouche. Très axé sur des notes évidentes de fruits exotiques, le panel varie des saveurs d'abricot sec, de kiwi, de citron (très souvent), d'ananas confit (parfois) et de quelques rappels mentholés sur certaines cuvées. En revanche, les notes d'amande, de mirabelle et de datte sont plus souvent l'apanage des layons. En fait, ce sont des vins trop peu connus et leurs prix savent rester sages, très sages. Les producteurs vendent d'ailleurs la totalité de leur production grâce, entre autres, à cet exceptionnel rapport qualité/prix.

© Château d'Epré

Vignoble de Savennières sur fond de vieilles pierres

CHATEAU DE PUTILLE Putille - LA POMMERAYE (COUP DE CŒUR) ✆ 02 41 39 02 91. *Pascal Delaunay. Depuis Montjean-sur-Loire, direction Chalonnes par la route des vignerons puis suivre les panneaux. Enfin, tourner à droite vers Putille.* Ce hameau viticole est l'un des fiefs de l'appellation anjou-coteaux-de-la-loire, hélas peu exploitée, les volumes produits étant même confidentiels. Raison de plus goûter à cette merveille née des schistes et calcaires du plateau de Montjean. Chez Pascal Delaunay notamment, son Clos du Pirouet étant un des meilleurs exemples de ce qu'offre sur ce terroir un chenin surmûri, sa cuvée Pierre Carrée (au prix de 8,50 € en 50 cl en 2002) étant plus remarquable encore. Sa couleur citron orangée, sa richesse de corps et de gras sans lourdeur, ses notes friandes citronnées et exotiques, son extravagante longueur vive et acidulée et son prix raisonnable en font assurément un des meilleurs au château, la cuvée Hu Boyau savennières 2002 élevée en fûts à 10,50 €, est joliment ronde et extrêmement fruitée. Vins de garde pour la plupart. La gamme va de 8,60 € à 15 €.

DOMAINE DU FRESCHE La Pommeraye ✆ 02 41 77 74 63. *Alain Boré. Dans le bourg de la Pommeraye, tourner vers Chalonnes-sur-Loire, sortie du bourg à gauche (circuit des courses de côtes).* Président de l'appellation anjou-coteaux-de-la-loire, Alain Boré est aussi l'un de ses meilleurs producteurs, sa cuvée Vieille Sève des belles années étant une pure gourmandise, très miellée, et d'un parfait équilibre entre sucré et vivacité. Ce vigneron signe aussi un bel anjou rouge, très fruité et d'une belle persistance en bouche. Pas mal non plus, son rosé de loire mérite d'être bu très frais sous une tonnelle. En vente au domaine, la cuvée vieille sève 2002 cépage chenin, au prix de 6,80 € et ne pas passer son "grains nobles" Chalet 2001 8 €/50 cl. On a beaucoup aimé sa bouche liquoreuse, devenant si fraîchement mentholée et citronnée en finale. Puissant et vif. Très beau vin de soif gourmande, qui accompagnera pourquoi pas un gâteau fin au chocolat amer. Gamme de 3,50 € à 11,50 €.

DOMAINE PUTILLE Lieu-dit Putille - BAS-DE-LA-POMMERAYE ✆ 02 41 39 80 43. *Isabelle Sécher et Steve Roulier. Depuis Montjean-sur-Loire, direction Chalonnes par la route des vignerons puis suivre les panneaux. Enfin, tourner à droite vers Putille.* 15 hectares essentiellement plantés sur les bas de la Pommeraye (ou hauts de Montjean) où mûrissent de suaves cabernets et de riches chenins pour donner des coteaux de la loire bien faits qui nous ont effectivement séduits par leur grand équilibre. En 2004, on découvre une première vinification d'anjou blanc élevé en fûts. Le 2001 les claveries. 5,95 €, est facile à boire, frais et friand, avec une belle sucrosité qui se jouera d'une matelote de joues de lotte. La sélection de grains du coteau-de-la loire 2001 Hautes Blanches 12,90 €/50 cl, est très élégant à la bouche ronde et ample sur de jolis fruits confits. C'est un bon ambassadeur de son terroir.

Savennières et la Possonnière

Appellations principales : savennières, anjou, anjou - coteaux-de-la-loire.

Les savennières en quelques mots

L'une des plus prestigieuses appellations du monde, le fameux vin de Savennières. Nommé officieusement "cru", il régale les grandes tables de ce monde. Celui-ci est issu de cépages chenins qui grandissent sur les derniers schistes bretons sur de belles pentes (ou coulées) orientées Sud-est ou Sud-ouest. Récoltés au plus mûr possible, ces raisins bénéficient du microclimat généré par la Loire à leur pied, et donnent un blanc sec aux reflets verts, très caractéristique. Leur franche minéralité, les puissantes notes florales ainsi que leur douce amertume, accompagnées d'un gras sans impression de sucre font qu'un savennières, long en bouche, s'apprécie assez frais, tant en dégustation que pour accompagner des plats légers. Ce sont donc des vins à boire dans l'année ou à laisser vieillir 5 à 10 ans, voire beaucoup plus. S'ils accompagnent évidemment merveilleusement les poissons et fruits de mer, ils se dégustent très bien sur les salades composées estivales, les fromages à pâtes cuites et sur les cuissons légères de viandes blanches (pintade aux navets et jeunes carottes, assiette de jambon de montagne et viandes des Grisons, poule au pot, ou encore sur un chaud-froid de poulet).

CHATEAU D'EPIRE Chais du Château-d'Epiré - SAVENNIERES ✆ 02 41 77 15 01. *Luc Bizar. Site Internet : www.chateau.epire.com. E-mai : luc.bizard@wanaddo.fr. Dans Epiré, juste à droite derrière le château, l'entrée se situe contre une ancienne chapelle du XIIe siècle.* Ce charmant village s'enorgueillit en son cœur de ce château très Grand Siècle dont la cave est située dans l'ancienne église romane du bourg. Luc Bizard exploite avec autant de talent que de passion ce domaine de référence, son château d'Epiré étant notamment servi sur de grandes tables américaines. Ample en bouche, avec, schiste oblige, une pointe d'amertume et de minéralité. Cette caractéristique de l'appellation rend élégants ces savennières aux arômes de coing et de tilleul et toujours d'un parfait rapport plaisir/prix. Dans les années les plus riches (en sucre), la maison produit aussi une cuvée en demi-sec, voire en moelleux : ne pas hésiter ! En vente par des tris de vendange ainsi qu'une vinification en barrique et un élevage sur lies. Ils ne sont pas filtrés et la mise en bouteille est réalisée un an après la récolte. Une incomparable note minérale constitue, entre autres, la typicité du savennières.

CHATEAU DE CHAMBOUREAU Savennières © 02 41 77 20 04. *Pierre Soulez. Sortie du bourg d'Epiré à gauche en allant vers Savennières. Dégustation tous les jours sauf le dimanche.* Le domaine surplombe la Loire sur 25 hectares. Pierre Soulez produit également un excellent savennières - Roche-aux-Moines, seconde appellation locale. Les cuvées d'Avant tentent de respecter une méthode traditionnelle rapports plaisir/prix des liquoreux d'Anjou. L'anjou rouge 2003 récompensé d'un Lys d'Or en 2004, joliment fruité avec sa robe noire impénétrable, possède une opulence avec de beaux tannins fondus. et la gamme de 3,70 € à 8,50 €. Des vins authentiques dans une grande régularité, donc. Pour amateurs de moelleux sans excès de sucre, on conseillera le clos-du-papillon moelleux cuvée d'Avant qui, pour un peu plus de 16 €, ravira les papilles délicates lors d'apéritifs ou desserts légers en sucre. La maison produit également un anjou rouge bien travaillé vendu aux alentours de 5 €.

DOMAINE DE LA MONNAIE Savennières © 02 41 72 22 51. *Eric Morgat. Après Epiré, descendre tout en bas vers Savennières, à gauche, 150 mètres avant la ligne de chemin de fer. A déguster aussi au château du Breuil à Beaulieu-sur-Layon, route de Saint-Aubin-de-Luigné.* Eric exploite ce vignoble de chenin et élève trois à quatre cuvées de savennières selon les millésimes. L'élevage en fûts apporte bien évidemment une fine élégance et lorsque la vigne et le soleil ont gorgé de sucre ce nectar dont on raffole et que la notion d'équilibre atteint son apogée, on obtient une belle fraîcheur comme ces dernières années et un beau coup de cœur sur 2001 avec son nez fruité très frais, gras et délicatement amer, idéal sur des mets nobles, y compris sur des viandes rouges cuisinées. Le savennières 2001 l'enclos, à moins de 14 € possède toutes les caractéristiques de l'AOC avec le gras et les parfums exotiques en sus. A essayer sur du comté ou du beaufort ou au dessert avec une tarte fine à la banane sur pâte feuilletée.

CLOS DE FREMUR La Bénéterie - Butte de Frémur - SAINTE-GEMMES-SUR-LOIRE (COUP DE CŒUR) © 02 41 72 25 54. *Depuis Angers, passer devant le centre de tri de La Roseraie et continuer toujours tout droit en direction de Sainte-Gemmes et Bouchemaine : c'est sur la gauche à la hauteur du lycée du Fresne, derrière une entreprise horticole.* Cinq hectares clos de murs situés dans la fourchette formée par la Maine et la Loire et bénéficiant d'un microclimat exceptionnel donnent des vins très aromatiques élaborés sur un sol chaud constitué de divers schistes. Ce jeune vigneron est à suivre de très près car il possède un don évident à vinifier les blancs secs dont il obtient très régulièrement les honneurs des divers concours. Retenir en savennières la cuvée La Belle Ouvrage, les Genêts 2002 consacré Lys d'Or en 2004 avec son opulent fruité hors du commun (quel succès aux Greniers Saint-Jean). On est là devant un beau produit qui confirme le savoir-faire de ce tout jeune vigneron. Ce type de vin accompagne idéalement une salade tiède de joue de porc et rillauds sur méli-mélo de crudités au vinaigre balsamique.

Rochefort-sur-Loire

Appellations principales : 1er cru de coteaux-du-Layon, coteaux-du-Layon, quarts-de-chaume, anjou, anjou-villages.

Les coteaux-du-Layon-chaume en quelques mots

Le coteau-du-layon-chaume est l'une des sept appellations coteaux-du-Layon villages et a obtenu en 2002 la consécration suprême, à savoir l'appellation "1er cru de coteaux-du-Layon", la première et donc la seule du Val-de-Loire. Cette AOC, cru donc, couvre 71 hectares, principalement sur Rochefort. Peut-être un peu plus gras que les "génériques", ces moelleux issus de cépages chenin sont souvent récoltés par tris successifs et se consomment en apéritif ou en dégustation en dehors des repas.

Les quarts-de-chaume en quelques mots

L'appellation la plus renommée en Anjou avec le bonnezeaux, même si l'on peut regretter un manque de publicité pour ce vin de prestige. Malheureusement, le prix est souvent élevé (à la propriété, il est vendu de 12 € à 25 € et atteint même les 40 € dans certaine cuvées millésimées et récoltées grain par grain). Ce vin voué naturellement à vieillir reste toujours aussi mystérieux, moelleux et délicieux. Par sa situation sur le versant Sud, au-dessus du Layon, et parce qu'il est entièrement consacré au cépage chenin, le terroir qui porte les quarts-de-chaume est véritablement la perle de Rochefort. Ne serait-ce que pour y flâner, l'endroit vaut le détour. En contrebas de la route, le village de Chaume a des airs italiens avec son microclimat. D'après les spécialistes, cette appellation devrait présenter, par rapport aux autres moelleux de la région, une plus grande vivacité, une plus grande nervosité et par là même, une moins forte viscosité, donc un gras moins présent.

CHATEAU BELLERIVE Chaume © 02 41 78 33 66. *E-mail : chateau.bellerive@wanadoo.fr. En descendant à Chaume, depuis la route du haut, suivre les panneaux et descendre tout en bas. Franchir la grille et continuer jusque dans la cour.* "Superbe robe vieil or à reflet bronze… Beaucoup de complexité de confit dans le fruit, d'épices douces… Beaucoup d'ampleur en bouche confirmant à souhait une généreuse évocation de confiserie, toujours avec une délicatesse évidente dans le superbe équilibre entre le moelleux et la vivacité… entre le miel et le fruit. A suivre avec gourmandise…" : il suffit de lire la fiche de dégustation du quarts-de-chaume 1998 du château Bellerive pour saliver déjà… et imaginer sa douceur vous tapisser le palais. Du sucre naturel, fruit de vendanges tardives, les vendanges en cinq tris ayant eu lieu cet automne-là entre le 5 octobre et le 26 novembre. Combien d'autres merveilles au sein de ce domaine de 12 hectares qui produit chaque année des grains confits dont le délicat contenu donne des arômes et des équilibres alcool/sucre/vivacité insolents. Le quarts-de-chaume 2001 Quintessence à 32,50 € est décidément un beau vin très harmonieux qui n'admet que les compliments. Minéral, frais et puissant, que du bonheur !

CHATEAU DE PIEGUE Piéguë © 02 41 78 71 26. *Antoine et Anita Van-Der-Hecht. Accès depuis Angers vers Cholet, sortir à Murs-Erigné, prendre la corniche angevine vers Chalonnes et ce sera entre Denée et Rochefort en montant sur la gauche.* Quand on arrive au domaine, on est saisi par la beauté des lieux aux airs de Toscane avec leurs 300 pins parasols. En plein cœur des coteaux-du-Layon, on retient évidemment la cuvée noble du Clos de l'âne, un classique bien équilibré, encore sur 2002, qui se savoure seul à l'apéritif ou accompagne les foies gras ou les desserts tels un gratin d'ananas. Si la maison produit pas mal de cabernets en rouge et de délicieux gamays, les anjous blancs (Croix des Gardes) élevés 12 mois en barriques bourguignonnes neuves assurent une séduction sur de beaux poissons nobles de Loire ou une matelote d'anguilles. L'anjou rouge 2000 vieilles vignes, coup de cœur du Petit Futé en 2003 garantit la truculence d'un repas fait de pièce de bœuf rôtie sur julienne de jeunes légumes.

DOMAINE DES BAUMARD 8, rue de l'Abbaye © 02 41 78 70 03. Dans le bourg de Rochefort. Vinificateur de talent, Florent Baumard signe ainsi un savennières vraiment remarquable, tiré du Clos du Papillon. D'une étonnante épaisseur et d'une richesse aromatique, très fruits exotiques, il s'impose en véritable gourmandise. On se régale aussi avec les liquoreux de ce domaine, qu'il s'agisse de la cuvée Clos de Sainte-Catherine en coteaux-du-Layon, ou, mieux encore, de l'opulent quarts-de-chaume au nez d'agrumes confits et d'une subtile fraîcheur derrière ses sucres. Riche et élégante la dégustation termine souvent sur des notes de papaye bien mûre (1990, 1995, 1997). Ajoutez à cela un anjou rouge comme on aimerait en boire plus souvent et vous aurez compris que les raisons ne manquent pas pour s'arrêter une petite demi-heure dans ce bâtiment du XVIe siècle magnifiquement restauré. Le Clos Sainte-Catherine 2002 est au prix de 17,80 €. Gamme de 3,65 € à 29,10 €. La cuvée le paon 2001 à moins de 16 € est issue de vieilles vignes, sa robe est intense et son nez très friand ; elle s'exprime puissamment et généreusement en bouche. A réserver aux apéritifs et desserts très pauvres en sucre.

DOMAINE GROSSET 60, rue René-Gasnier © 02 41 78 78 67. *Serge Grosset. Traverser le bourg en direction de Chalonnes : le domaine se situe dans les dernières demeures du village sur la droite.* En quête d'un vieux millésime ? Vous trouverez chez les Grosset des layons qui ont de la bouteille, puisqu'on peut remonter là le temps jusqu'en 1960. On est ici chez l'un des rares producteurs à élever ses vins dans des fûts d'acacia. Exploitant huit A.O.C., cette discrète maison mérite d'être plus connue pour ses liquoreux, d'un parfait rapport plaisir/prix, tant en layon générique qu'en chaume et en Rochefort, le grains nobles 97 de cette appellation étant un pur régal évidement. La cuvée Chaume 1er cru, coteaux-du-Layon 2002 est proposée au prix de 12 €, possède un nez de fleurs blanches et son délicat fruité à l'attaque s'estompe d'abord sur une belle fraîcheur puis sur une légère amertume typique du chenin. A réserver à l'apéritif au début d'un repas léger de printemps. Gamme de 3,60 € à 24 €.

Saint-Aubin-de-Luigne

Appellations principales : coteaux-du-Layon-saint-aubin, chaume 1er cru de coteaux-du-Layon, anjou, anjou-villages.

DOMAINE CADY Valette © 02 41 78 33 69. *Philippe Cady. Traverser Saint-Aubin et aller vers Chaudefond en passant à gauche de la belle mairie. Continuer : le domaine se situe en bord de route sur la gauche.* Zone géographique située à l'épicentre de l'appellation Coteaux-du-Layon qui bénéficie des brumes matinales salvatrices. Si la cuvée saint-aubin 2000 les Varennes offrait un nez et une bouche cacao et agrumes expressifs (à essayer sur un fondant au cacao amer et orange), la 2002 semblait plus florale et mieux équilibrée. En 2001, les Varennes attaquaient sur une bouche explosive longue et fruitée, 2002 et ses notes de miel et coing se rapproche des nuances de bonnezeaux, très belle expression du terroir en tout cas. Retenir enfin la cuvée coteaux-du-Layon volupté (grains nobles), environ 14,50 €/50 cl. élevée quasi tous les ans. Le chaume 1er cru de coteaux-du-Layon 2001, médaillé Or aux Ligers 2003 nous a étonné par la richesse de son gras sans pour autant emporter le palais. Un bel équilibre et une fraîcheur attendue et récompensée.

DOMAINE DU PETIT METRIS Le Grand-Beauvais © 02 41 78 33 33. *Renou Frères. Depuis la route Beaulieu - Saint-Aubin, descendre vers Saint-Aubin-de-Luigné et tourner à droite dans le hameau du Grand-Beauvais.* Ces vignerons, spécialisés entre autres en chaume 1er cru de coteaux-du-Layon et quarts-de-chaume, ont toujours réalisé de fraîches cuvées aériennes et bien marquées en fruits mûrs. Le raisin est bien là, alors que bien souvent on occulte le fruit même de la vigne lors de dégustation. On a affaire là à des vins vineux et bien équilibrés. Souvent de haute garde pour les amateurs, on ne saurait les conseiller plutôt jeunes pour s'imprégner du fruité inégalé des vins moelleux de Loire. De bons savennières sortent aussi de parcelles chaudes pour accompagner les poissons fins et autres viandes blanches. Le nouveau chai, immense et confortable, n'a pas occulté la petite salle de dégustation.

DOMAINE DES FORGES Les Barres © 02 41 78 33 56. *Stéphane Branchereau. Dans le bourg de Saint-Aubin, prendre direction la Haie Longue et monter la route jusqu'aux Barres, c'est à gauche.* Cette exploitation tenue de père en fils jouit d'un positionnement central pour l'élaboration de vins moelleux. Si ses cuvées de chenins secs apportent une belle expression du terroir avec de fines notes minérales et florales, les fruits sont toujours marqués et la fraîcheur est bien au rendez-vous. Comme nous sommes ici au royaume des liquoreux, on retiendra évidemment le chaume 1er cru de coteaux-du-Layon 2001 et surtout le 2002, consacré Lys d'Or en 2004 et sur la marche supérieure du podium on se régale d'avance à l'idée d'humecter nos lèvres dans le quarts-de-chaume 2002 qui lui aussi a décroché le même titre. Un vrai coup de cœur encore cette année, qui possède un superbe nez à pleine maturité de fruits confits et gorgés de sucre. Sa longueur en bouche tarde sur un savant mélange de fraîcheur, d'amertume et de fruits secs. De merveilleux vins à réserver aux apéritifs et foie gras. Retenir aussi, cela va sans dire, la production de savennières (Moulin du Guet) qui trône bien souvent en tête de l'AOC avec ses expressions très aromatique et une minéralité toute vivace !

Saint-Lambert-du-Lattay

Appellations principales : coteaux-du-Layon-saint-lambert, anjou, anjou-villages.

Les coteaux-du-Layon en quelques mots

Le layon générique. Des layons doux mais qui ont une certaine vivacité en attaque, pas trop mielleux ni trop sirupeux. Ils sont en général récoltés au maximum des volumes autorisés. On peut les boire en milieu d'après-midi avec un dessert assez sucré par exemple, car ils dégagent moins cette senteur de coing, typique des layons plus élaborés.

• Coteaux-du-Layon plus élaborés

Des vins représentatifs de leur terroir schisteux et sablonneux. Gras ou brûlants à l'origine, les layons s'équilibrent toujours en vieillissant, pour devenir sublimes dans des arômes de miel dans leur grand âge. La plupart des vignerons procèdent ici à des tris afin de réguler l'état de la vendange. La quantité de souffre utilisée tend à diminuer, même si elle demeure indispensable pour stopper la fermentation.

• Les coteaux-du-Layon-villages

Vin plus gras. Beaucoup d'arômes de coing, de datte, de banane, de pomme, de miel. Les parfums de fruits blancs et notamment ceux d'eau-de-vie de poire sont une forme typique du millésime 1997, 2000 et 2001 par la présence de fruits surmûris. Rappelons aussi 1993, année classique au niveau climatologique, qui a donné des vins très réguliers. Ces vins sont en général bichonnés et surveillés de très près puisqu'ils sont la perle des vignerons. Récoltés par tri, voire grain par grain comme chez les célèbres "fous" du coin (que nous admirons par ailleurs), ils sont l'objet de toutes les attentions et de toutes les promotions. Admirés de plus en plus sur les tables du monde entier, ils n'ont plus les complexes d'antan face aux vins de Sauternes. Les foies gras n'ont qu'à bien se tenir !

DOMAINE JO PITHON Les Bergères - SAINT-LAMBERT-DU-LATTAY ✆ 02 41 78 40 91. *Site Internet : domaine-jopithon. com. E-mail : jopithon@terre-net.fr.* Ce personnage haut en couleur signe en effet des layons de grande race. Il tire la quintessence du chenin, élaborant ses cuvées terroir par terroir, en fonction de leur richesse : du bel anjou sec au grand liquoreux. Le sommet fut atteint avec son extravagante Ambroisie 97, dont les… 420 g de sucre résiduel tapissent le palais : un vrai sirop de chenin, né d'un travail au grain par grain, histoire de montrer l'exceptionnel potentiel de ce cépage ! De ses six terroirs, cinq en coteaux-du-Layon et un en quarts-de-chaume, Jo Pithon tire des cuvées plus classiques, mais tout de même d'une sacrée opulence, toutes élevées en barriques pendant 12 à 18 mois… qu'il s'agisse de son beau layon-beaulieu ou de son superbe layon-saint-lambert du Clos des Bonnes-Blanches, cette parcelle donnant un vin plus minéral et plus long à se livrer. Gamme de 10 € à 70 €.

DOMAINE DU LANDREAU Le Landreau ✆ 02 41 78 30 41. *Lecorre-Morin. Depuis Saint-Lambert, sortir du village en direction de Cholet et monter jusqu'en haut de la côte : c'est de suite à gauche. Un grand domaine de 50 hectares dans les hauts de Saint-Lambert.* Spécialiste de la production de vins rouges dont la proportion couvre la moitié des plantations, la maison Morin aime vinifier les moelleux qu'elle réussit parfaitement. On peut s'offrir un joli panel de layons-villages (Saint-Lambert, Rochefort et chaume 1er cru) puisque 22 hectares y sont consacrés. Installés aussi en Touraine, ils produisent aussi des cuvées de bourgueil et de chinon cultivées sur 5 hectares et 15 hectares de vignoble là-bas. Nous réitérons nos compliments pour la cuvée chaume 1er cru de coteaux-du-Layon 2001 (Grain Noble), coup de cœur l'an passé lors de nos dégustations. En un an, la palette aromatique s'est encore complexifiée sur des notes de caramel et de pomme cuite, non sans rappeler les spécificités des bonnezeaux. Le chenin sec a aussi évolué et l'on conseille d'en acquérir ici quelques bouteilles.

MUSEE DE LA VIGNE ET DU VIN D'ANJOU Place des Vignerons - SAINT-LAMBERT-DU-LATTAY ✆ 02 41 78 42 75. *Site Internet : www.mvvanjou.com. Du 1er juillet au 31 août, tous les jours, de 11h à 13h et de 15h à 19h. Du 1er avril au 30 juin et du 1er septembre au 11 novembre, de 14h30 à 18h30, les week-ends et jours fériés. La visite s'impose !* Installé dans les celliers de la Coudraye, ce passionnant musée est une étape obligée pour tout œnophile : à travers cinq salles, d'innombrables outils, objets et documents entendent faire connaître la vigne, le vin et le vigneron. A ce parcours s'ajoutent les antiquités de la cour des pressoirs et une salle audiovisuelle avec des films sur les tonneliers, les bouilleurs ou les vendanges à l'ancienne. Un spectacle en multivision, "L'Anjou : des vins au soleil du temps", est aussi présenté. Expositions temporaires et boutique et une animation pour les enfants : Les Clefs du Musée. Visite guidée tous les jours à 16h en juillet et août.

DOMAINE OGEREAU **44, rue de la Belle-Angevine - SAINT-LAMBERT-DU-LATTAY (COUP DE CŒUR) © 02 41 38 30 53.** *Dans Saint-Lambert, vers Chemillé, rue principale en face du restaurant Le Bignon.* Quel que soit le millésime, on est sûr de trouver chez Vincent Ogereau des cuvées qui ont été bien vinifiées. Rappelant volontiers que les vignerons les plus patients sont souvent récompensés de leur prise de risque, il signe des coteaux-du-Layon-saint-lambert parmi les plus convaincants de l'appellation. Sa cuvée Prestige, fermentée en bois neuf ou récent, "pour une meilleure valorisation des acquis de surmaturité", offre toujours un beau niveau de concentration. Elevé sur lies en tonnes, sec et floral, l'anjou blanc du domaine est aussi exemplaire. Ne pas manquer, le soyeux anjou-villages de tradition, c'est-à-dire élevé en cuve, à la fois souple et puissant dont sa Côte de la Houssaye 2002 vient à nouveau de recevoir le Lys d'Or 2004. Les productions de rosés (notamment le cabernet d'anjou) sont devenues ces quelques années l'autre signature de Vincent Ogereau dont les tables régionales s'enorgueillent de posséder. Le fringant rosé de loire, tiré d'une macération d'une nuit de groslot, gamay et cabernet est aussi un beau phénomène rafraîchissant.

DOMAINE DU SAUVEROY **Pascal Cailleau © 02 41 78 30 59.** *E-mail : domainesauveroy@terre-net.fr. A la sortie de Saint-Lambert-du-Lattay vers Chemillé, en haut à droite de la côte.* On retient sans nul doute le Clos des Sables 2000 sur chenin sec, élevé en barriques de 500 litres, au corps charnu, l'anjou-villages Andécaves 2000, élevé 18 mois en fûts neufs et le coteaux-du-Layon Nectar 2001 aux contours exotiques avec une belle pointe acidulée. L'anjou blanc Clos des Sables 2002 devient un classique très bien fait avec ses notes de noisette et de fleurs blanches réglissées, belle prise en bouche et rondeur assez grasse. Le fruit explose et se termine sur de fines acidités d'abricot. Le terroir est à nouveau bien représenté dans cet anjou blanc très équilibré. L'anjou villages 2001 Andécaves peut commencer à être ouvert et ses tanins désormais bien fondus en font un bel élève des tables raffinées en famille. On terminera le repas sur une soupe de pêches blanches à la menthe ciselée (surtout pas trop sucrée) pour apprécier, sur sa jeunesse, la complexité aromatique du coteaux-du-Layon saint-lambert 2002 (Lys d'Or en 2004) dont la fraîcheur sera remarquable en fin de repas légers.

Beaulieu-sur-Layon

Appellations principales : coteaux-du-Layon, anjou, anjou-villages.

Les deux adresses ci-dessous ne sont pas situées dans le bourg mais sur la route de Rochefort-sur-Loire à partir de la nationale Angers-Cholet.

CHATEAU PIERRE-BISE **Claude Papin - Pierre Bise (COUP DE CŒUR) © 02 41 78 31 44.** *Depuis Angers, aller à Beaulieu-sur-Layon. Au nouveau rond-point de la Promenade depuis la nationale, prendre à droite direction Rochefort et Saint-Aubin. Premier hameau sur la gauche.* Claude Papin produit une grande variété de vins superbes. Ses cinq coteaux-du-Layon, issus d'autant de parcelles, témoignent de l'importance des sols. Dès lors, à chacun de déterminer lequel choisir de ces fabuleux liquoreux dont le sucre résiduel (de 120 g à 300 g) ne pèse jamais trop en bouche compte tenu de l'acidité toujours présente : quel bel équilibre, qu'il s'agisse des Raycelles en rochefort, des Rouannières en beaulieu, ou encore de l'impérial quarts-de-chaume, dont la "polyphonie aromatique" en fait un nectar d'exception, pas donné c'est vrai. Ses savennières Clos de Coulaine en 2000 et 2002 sont d'une classe raffinée et exemplaire, mêlant tous les éléments de très bons vins avec beaucoup de subtilité dans les arômes et la teneur en bouche. Mais Claude Papin sait aussi faire bien pour trois fois rien : goûtez donc son rosé de loire, frais et franc, sans le moindre sucre ajouté : du bon grolleau sec pour soif en terrasse. Bref, tout œnophile passionné par la civilisation du vin doit passer par le château Pierre-Bise.

CHATEAU DU BREUIL **Le Breuil - Route de Rochefort-sur-Loire - Corniche angevine © 02 41 78 32 54.** *Chantal et Marc Morgat. Depuis Angers, aller à Beaulieu-sur-Layon. Au nouveau rond-point de la Promenade depuis la nationale, prendre à droite direction Rochefort et Saint-Aubin. C'est le premier château sur la droite au lieu-dit le Breuil.* Marc Morgat a donné en deux décennies ses lettres de noblesse au château du Breuil. Il produit moelleux et liquoreux qui font toujours référence. Issu de très vieilles vignes de plus d'un siècle, le coteaux-du-Layon-beaulieu, élevé en fûts de chêne pendant un an au moins, offre les plus belles expressions du chenin, aux arômes de coing et de miel d'acacia. Les fanatiques de "grains nobles" doivent même succomber à l'exceptionnelle cuvée Orantium d'une richesse et d'un équilibre qui mériteraient qu'on s'agenouille et qu'on ferme les yeux pour s'en pourlécher. Chantal, sa femme, a écumé toutes les tables régionales pour hisser bien haut la production de son mari, ce qui a contribué à faire rayonner le nom du château. Leur fils, Eric, est installé à son compte à Savennières (voir plus haut). Les anjou-villages comptent toujours parmi les valeurs sûres en rouges. En vente au château, la cuvée Orantium 2002, au prix de 26 € la bouteille de 50 cl. La maison vend aussi des millésimes anciens. Gamme de 4,10 € à 26 €.

Rablay-sur-Layon et Champs-sur-Layon

Appellations principales : coteaux-du-Layon, coteaux-du-Layon-rablay, anjou, anjou-villages.

Ces deux communes possèdent, sur certaines parcelles, un sol légèrement différent des autres villages du Layon. Une forte présence de graviers et de silice apporte une minéralité exceptionnelle qui confère aux vins blancs surtout, une palette aromatique très vaste que l'on pourrait comparer au terroir de Savennières. Les parfums floraux mêlés de notes de "pierre à fusil" et de fruits du verger confèrent à ces vins une place particulière parmi les blancs secs de l'Anjou.

DOMAINE DE LA BERGERIE La Bergerie - CHAMP-SUR-LAYON (COUP DE CŒUR) ✆ 02 41 78 85 43. *Marie-Annick et Yves Guégniard. Depuis Angers, aller à Beaulieu-sur-Layon, descendre à Rablay-sur-Layon, remonter le bourg et sortir vers Champs-sur-Layon ; avant le bourg de Champs, tourner à droite au panneau "Domaine de la Bergerie".* Avec patience, humilité et ambiance sereine, ce couple adorable a su s'entourer des meilleurs commentaires quant à l'ensemble de leur production. Les côtoyer est déjà gage d'authenticité et les "déguster" comble les palais les plus attristés. Si l'anjou blanc Pierres Girard 100 % chenin prépare bien le terrain aux meilleurs moelleux locaux, les cuvées de rouge de la Bergerie n'envient rien aux plus grands, à commencer par l'infatigable cuvée la Cerisaie, toujours d'un rapport qualité/prix exceptionnel, en suivant par l'anjou villages Le Chant du Bois qui en 2002 promettait déjà un soyeux durable pour de belles pièces de bœuf rôties. Les coteaux-du-Layon Fragrance et le chaume 1er cru de coteaux-du-Layon 2003 sont attendus avec impatience et seront appréciés dès l'hiver 2004-2005 sur de belles tables apéritives. Ne pas oublier le quarts-de-chaume 2002, vendu en 50-cl qui peut constituer un cadeau d'exception à ceux qu'on aime.

DOMAINE DES QUARRES 66, grande-Rue - RABLAY-SUR-LAYON ✆ 02 41 78 60 69. *Sylvaine et Luc Arnou. Depuis le pont du Layon en bas du village, prendre direction Champs-sur-Layon en remontant la rue principale, ce sera un peu plus haut sur la droite.* Situées en plein cœur du Layon, les parcelles de ce domaine se partagent bien des zones géologiques différentes. Celles, exploitées en terrasses sont assez uniques dans la région et profitent d'une exposition plein sud au-dessus du Layon. Le chenin sec les Graviers aux racines encrées aux graviers spécifiques d'autres parcelles situées plus bas de l'autre côté de la rivière, impose puissance, complexité, minéralité et longueur extravagante. Elégance et longueur restent son apanage. Nous suggérons de l'accompagner sur des poissons fins en papillotes aux aromates provençaux ou au fromage sur des comtés ou beauforts. Le label Loire Renaissance (ambassadeur des fins chenins secs) est en parti né à Rablay puisque Luc Arenou en est un des pères fondateurs. Essayez aussi le coteaux-du-Layon la Magdeleine, fleuron opulent de la maison, produit chaque année.

DOMAINE DES SABLONNETTES L'Espérance - RABLAY-SUR-LAYON (COUP DE CŒUR) ✆ 02 41 78 40 49. *Joël Ménard. Sortir du bourg en direction de Champs-sur-Layon et suivre le panneau du lieu-dit l'Espérance à gauche, en haut du village.* De culture biodynamique s'extraient des vins qui représentent superbement le terroir du Layon. Nous adorons l'anjou blanc les Genêts 2001 et 2002 se tient en étalon du domaine par sa richesse et son équilibre. Le coteaux-du-Layon-rablay Noblesse 2001 reste très frais et aérien sur des notes de fraise des bois associées à la pomme cuite. On termine sur une noble et incomparable cuvée le Chant du Cygne, conditionnée en 50-cl à moins de 16 € d'une puissance à l'attaque presque effrontée et d'une longueur extravagante.

Mozé-sur-Louet

Appellations principales : coteaux-de-l'aubance, coteaux-du-Layon, anjou, anjou-villages.

Les coteaux-de-l'aubance en quelques mots (voir Saint-Melaine-sur-Aubance un peu plus loin).

Les anjous-villages en quelques mots (voir Brissac et Vauchrétien un peu plus loin).

DOMAINE DU PRIEURE 1bis, place du Prieuré ✆ 02 41 45 30 74. *Cécile et Franck Brossaud. Dans le bourg de Mozé en contournant l'église. Accueil sur rendez-vous.* La production se partage équitablement sur rouges et blancs dans une culture dite raisonnée et contrôlée par un organisme extérieur. Les élevages ont lieu en cuve inox et certaines cuvées ont le privilège de séjourner dans des fûts. Fermentation et élevage pour les aubances et le chenin sec, puis élevage uniquement pour les rouges (leur Brissac 2002 se prépare à de belles discussions de tablées en fête). De jeunes viticulteurs par ailleurs techniciens et œnologues pour le compte d'autres organismes viticoles, qui ont su allier technique, culture, vinification et commercialisation sur des registres divers et ont déjà été récompensés. Il ne faut rater sous aucun prétexte leurs cuvées de coteaux de l'aubance dont la Promesse, déjà Or en 2001 a su combler bien des palais sur le millésime 2003, tout juste sorti de cave. La cave est complétée par une petite production de rosé de loire, de crémant, de sauvignon, de gamay et de chardonnay.

DOMAINE RICHOU Chauvigné ✆ 02 41 78 72 13. *Didier, Damien et Catherine Richou. Depuis Angers, aller vers Cholet ; au rond-point de Mozé, tourner vers Denée et continuer jusqu'au domaine situé sur la gauche. Dégustation sur rendez-vous.* Les fameux coteaux-de-l'aubance, dont les Trois Demoiselles, augurent ce qui s'élabore de mieux en la matière. Souvent étagé à la dégustation on attaque sur la pomme cuite et le miel pour s'en aller sur du coing et fruits secs pour terminer sur un savant mélange de datte et de prune confite, quel beau produit ! Les anjous-villages-brissac vieilles vignes symbolisent l'autre cheval de bataille du domaine, par leurs belles robes aux fruits noirs et aux bouches suaves et bien fondues. On s'essayera au chenin sec avec un vif anjou blanc les Rogeries 2002 assez gras, opulent et marqué d'eau-de-vie de poire très fine. Il accompagne idéalement une pintade aux oignons confits et poivrons rouges (façon basquaise quoi !). Les repas d'été seront ponctués de cabernets d'anjou souvent très colorés ou du merveilleux gamay, un des vins originaux de la famille Richou.

Saint-Melaine-sur-Aubance et Soulaines-sur-Aubance

Appellations principales : coteaux-de-l'aubance, anjou, anjou-villages-brissac.

Les anjous-villages en quelques mots (voir Brissac et Vauchrétien un peu plus loin).

Les coteaux-de-l'aubance en quelques mots

De cépage 100 % chenin, les coteaux-de-l'aubance sont des vins doux à moelleux. On les achète pour leur fraîcheur et leur minéralité. Ils ne doivent être ni lourds ni pâteux, mais doivent laisser en bouche une fraîcheur presque mentholée, comme les coteaux-de-la-loire et les coteaux-de-saumur et ont, à l'inverse de la majeure partie des layons, une pointe de vivacité. A déguster en apéritif, ou loin des repas et à la rigueur en dessert, par exemple sur un gâteau au chocolat. Les curieux s'intéresseront à ce qui semble être une hérésie : des grains nobles en coteaux-de-l'aubance. Pourquoi pas ? D'ailleurs, certains vignerons excellent en la matière !

DOMAINE DE HAUTE PERCHE 9, chemin de la Godelière - SAINT-MELAINE-SUR-AUBANCE ✆ 02 41 57 75 65. *Christian et Agnès Papin. Depuis la voie rapide Angers-Cholet, sortir direction Poitiers-Brissac, et tourner à droite après le restaurant la Villa Romane. Dégustation tous les jours sauf le dimanche.* Christian Papin est un vigneron attaché à l'histoire de son terroir et aux histoires de vignerons. Ici il les connaît tous et leur voue un respect sans faille. S'il est souvent consulté par ses paires, c'est bien que son grand savoir lui a donné les titres de grand viticulteur. Bien entouré d'une équipe fidèle, il vinifie de superbes brissac aux tanins soyeux et au fruité incomparable. Quel enchantement lorsque l'on déguste un coteaux-de-l'aubance encore médaillé Or aux Ligers pour son 2001 et l'on remarque de suite un grand équilibre avec fraîcheur aérienne et note mentholée-citronnée en fin de bouche. Un pur plaisir ! Christian Papin est un des premiers a avoir compris la noblesse du chenin sec et de chez lui partent quelques-uns de ses meilleurs représentants (à déguster avec le plateau de fromages).

DOMAINE DE ROCHAMBEAU Soulaines-sur-Aubance ✆ 02 41 57 82 26. *Maurice Forest. Depuis Angers, aller à Murs-Erigné et suivre les panneaux Saint-Melaine et Soulaines-sur-Aubance. Passer sur le pont de la voie rapide et continuer tout droit en traversant le hameau de Rochambeau, le caveau (bâtisse blanche surplombant le cours d'eau) est en contrebas à droite. Dégustation tous les jours ou sur rendez-vous.* On est reçu dans le chai surplombant la vallée de l'Aubance, dont l'architecture ne passe pas inaperçue. La salle de dégustation évoque, par sa charpente, l'intérieur d'un moulin, et c'est devant une vue plongeante que l'on dégustera les productions locales. Notons un anjou blanc 2002 riche en fruits, avec une belle amertume qui lui donne une longueur soutenue. Les coteaux-de-l'aubance grains nobles représentent à chaque fois des monstres de puissances mais doués d'un équilibre qui frise l'impertinence. De petits plaisirs purs à partager entre bons amis ou fins connaisseurs. Offrir cette "liqueur" aux dames lors d'apéritifs sera gage de courtoisie ! L'anjou blanc 2002 Matin d'Automne est bien plus équilibré que son prédécesseur et ses notes minérales aux fruits soutenus sont gage d'authenticité.

Brissac-Quincé et Vauchrétien

Appellations principales : anjou-villages-brissac, coteaux-de-l'aubance, anjou, cabernet d'anjou, rosé de loire.

Les anjous-villages-brissac en quelques mots

Cette appellation donne des vins rouges issus de cépages cabernet franc ou cabernet sauvignon, ou les deux, très structurés, avec de belles épaules, très fruits rouges. A boire 6-7 ans après leur production. On peut, bien sûr, conserver encore longtemps les bouteilles de 1996 et 1997 avec des tanins bien fondus, des matières et une puissance qui vous réveillent le palais. Les brissacs 1997 sont des rouges puissants, merveilleusement travaillés, à la bouche de fruits noirs très prononcée. Les 2001 se sont extrêmement refaits en début d'été 2003 après un hiver, où amertume et forte astringence masquaient le fruit et le velouté. La matière est belle. Les 2002 sont en général bien vinifiés mais les 2003 ont ce petit côté mieux mûri qui leur a apporté une grande rondeur appréciée des dames. Les brissacs sont de toute façon des vins à attendre pour en apprécier toute la complexité aromatique. Nul doute que 2002 restera un beau millésime de début de siècle.

Les anjous rouges en quelques mots

Vins de fruits rouges qui ne se livrent pas dans l'année et pour lesquels les vignerons ont fait énormément d'efforts ces dernières années. Issus de cépage cabernet franc ou cabernet sauvignon, ou les deux, ce sont des vins légers, faciles à boire et gouleyants. De plus, il existe des anjous vieilles vignes qui se rapprochent de la structure des anjous-villages. Pourquoi fabriquer un tel vin ? Parce qu'on peut le vendre en vrac, alors que cela est "interdit" dans le cas des anjous-villages. L'année 2002 est assurément un excellent millésime et selon les parcelles, 2003 aura atteint des sommets de fruités par de très belles maturités.

DOMAINE DE BABLUT Brissac-Quincé ✆ 02 41 91 22 59. *Christophe Daviau. Depuis Angers, tourner à droite dans le bourg de Brissac, le caveau se situe à gauche avant la caserne de pompiers. Dégustation tous les jours, le dimanche sur rendez-vous.* La référence en coteaux-de-l'aubance ! Porte-drapeau de ce terroir de 150 hectares, Christophe Daviau a largement contribué à donner ses lettres de noblesse à cette appellation qui fut assez peu connue jusqu'à son renouveau des années 90, ce millésime d'anthologie ayant d'ailleurs produit par là de pures merveilles, dont on peut encore tenter de se procurer (à un certain prix) quelques flacons. Depuis 1995, l'enthousiaste héritier du célèbre Domaine de Bablut (dont la superbe étiquette d'avant-guerre est toujours utilisée) n'a d'ailleurs signé que de belles "liqueurs" de chenin, témoignant bien de la pointe de fraîcheur propre aux liquoreux de ce terroir minéral (qu'il cultive en bio). Sa cuvée Grand-Pierre et son vin noble de Bablut sont "simplement" remarquables. Selon les années, il produit deux ou trois cuvées de coteaux-de-l'aubance confortées dans l'interprétation passionnelle "Suave Nervosité" dont les producteurs les ont affublées. Ne pas passer à côté de l'anjou blanc sec 2002 (Lys d'Argent) à la fine sucrosité résiduelle ne manquant pas de charme. Gamme de 4,25 € à 20,90 €.

CHATEAU LA VARIERE Vauchrétien (COUP DE CŒUR) ✆ 02 41 91 22 64. *Anne, Marie et Jacques Beaujeau. E-mail : chateau.la.variere@wanadoo.fr. Tout près du château de Brissac (à 200 mètres) sur la route de Vauchrétien et de Mozé. Ouvert du lundi au vendredi, le samedi sur rendez-vous.* Attention pluie de médailles, Lys d'Or pour brissac 2002, bonnezeaux 2002 et bonnezeaux les Melleresses 2002. Fruit de vendanges tardives par tris et d'un élevage en barrique, marqué par des arômes de fleurs blanches, d'agrumes, de fruits confits et de fruits cuits, complexe, puissant et délicat, le bonnezaux les Melleresses n'est que l'une des merveilles de la cave de Jacques Beaujeau habitué aux distinctions. A ses merveilleux liquoreux, ce personnage de la viticulture angevine ajoute un fringant rosé de loire et de très beaux rouges. L'anjou-villages-brissac de la Grande Chevalerie, est très harmonieux. Olivier Poussier, meilleur sommelier du monde en titre l'a d'ailleurs beaucoup aimé : "La complexité est superbe, la finesse, impressionnante. La bouche est concentrée, riche, dense, racée. La texture d'ensemble se montre soyeuse et veloutée". Le millésime 2000 est au prix de 17 €. Le bonnezeaux 2001 les Melleresses 18 €/50 cl. coup de cœur du Petit Futé est un formidable nectar abricot-mirabelle, long et riche. Une petite merveille à réserver aux apéritifs, aux foies gras ou aux tartes aux mirabelles. On termine évidemment sur les opulents quarts-de-chaumes les guerches 23 €/50 cl. qui raflent toutes les médailles à chaque millésime. Bon a savoir, le vignoble de Jacques Beaujeau possède des terres en saumurois d'où sortent un champigny (Clos de Chaumont) et de se suaves et rares coteaux de saumur (les Rôtissants). La propriété étant en plus magnifique, c'est ici que l'on s'emplira de toute la délicatesse de l'Anjou

DOMAINE DITTIERE **1, chemin de la Grouas - VAUCHRETIEN (COUP DE CŒUR) © 02 41 91 23 78.** *Joël et Bruno Dittières. Depuis Brissac, fléchage dans le bourg en contournant l'étang paysager. On est reçu dans un caveau tout pimpan afin de mieux apprécier les qualités générales de ce domaine.* Ces vins nous convainquent toujours par leur excellent rapport qualité/petits prix. On peut ici créer toute sa cave d'Anjou puisque le panel comprend tous les vins possibles, y compris le chardonnay et le sauvignon. On débute à l'apéritif sur un suave et nerveux coteaux-de-l'aubance, frais et toujours équilibré. Suivront sur une viande cuisinée les anjous rouges et un anjou-village brissac 2002 très souple et aux fruits noirs cuits très agréable (réserver aussi un clos de la Grouas 2003 qui sera bu trois ans après la mise en bouteille). Pour les salades d'été ou les pique-niques un cabernet d'anjou 2003 sera merveilleux avec ses notes minérales et sa pointe d'amertume.

DOMAINE DE LA DOUESNERIE **Rue Principale - VAUCHRETIEN © 02 41 54 81 62.** *Michel Rabineau. Dans le bourg, dans la rue principale en direction de Mozé.* Déjà planté en 1801, le vignoble familial s'est inscrit dans la mémoire vigneronne de l'Anjou. Michel Rabineau affine bien son travail dans son joli chai dont bon nombre de cuves ciment persistent et veillent aux bonnes vinifications. 53 hectares sur les parcelles les plus au sud de l'appellation anjou-village-brissac apportent chaleur et matière à d'onctueux rouges charpentés que l'on consommera sur le fruit ou après 10 ans de vieillissement. On appréciera le rapport qualité/prix des vins du domaine et la superbe cuvée de coteaux-de-l'aubance Prestige 2001 issue de tris rigoureux sur les vignes de Princé. Le brissac 2002 se déguste déjà, même si l'on est convaincu que la patience sera récompensée en 2005 pour l'apprécier pleinement. Ne pas rater pour tous les jours de bons "petits" vins comme le friand sauvignon, le charmeur chardonnay, le poivré grolleau et le frais gamay.

Juigné-sur-Loire et Saint-Jean-des-Mauvrets

Appellations principales : anjou-village-brissac, coteaux-de-l'aubance, anjou, cabernet d'anjou, rosé de loire.

DOMAINE DE GAGNEBERT **2, chemin de la Naurivet - Gagnebert - JUIGNE-SUR-LOIRE © 02 41 91 92 86.** *Jean-Yves et Daniel Moron. Depuis le bourg, suivre le fléchage en direction du village de Martigneau. Attention, on peut rater l'entrée du caveau.* Daniel, Jean-Yves et son fils, sont de dignes représentants de la viticulture locales. Ils règnent sur un vaste domaine au chai extrêmement accueillant, tout en bois et ardoises, configurés. Voir d'ailleurs le joli chai à barriques à l'arrière. On rencontre les cuvées dans un grand nombre de restaurants angevins, que ce soit de l'aubance ou du brissac (Clos du Grésillon coup de cœur en 2000 au Petit Futé). Si les AOC de prestige sont immanquables, les cuvées plus "humbles" n'auront pas à pâtir du choix de la clientèle venue chercher ici autant le vin quotidien en gamay, sauvignon et anjou rouge que les doux et expressifs coteaux-de-l'aubance. Ces derniers, frais, guillerets, doucement sucrés et toujours équilibrés, satisfont les apéritifs et parfois les desserts légers au cacao.

DOMAINE DE MONTGILET **Montgilet - JUIGNE-SUR-LOIRE (COUP DE CŒUR) © 02 41 91 90 18.** *Victor et Vincent Lebreton. E-mail : montgilet@terre-net.fr. Ouvert tous les jours, sauf le dimanche. Depuis Angers, passer Murs-Erigné et tourner de suite à gauche en direction de Gennes. En entrant dans la commune de Juigné-sur-Loire, tourner à droite au panneau Domaine de Montgilet.* Vincent et Victor Lebreton ont contribué à relancer les coteaux de l'aubance dont ils produisent quelques-unes des meilleures cuvées, toujours très riches, voire confiturées, celle du Tertereaux, fruit de vendanges tardives, étant une des valeurs sûres de ce domaine dont on peut aussi retenir un bel anjou blanc, net et puissant, d'un prix tout à fait sage pour un tel caractère. Il obtint même en 2001 un coup de cœur Petit Futé par sa classe superbe et sa robe dorée intense, son nez confit et élégant, ses expressions boisées si délicates à obtenir. En vente au domaine la cuvée Les Trois Schistes coteaux de l'aubance 2002, chenin 100 %, élevée en fûts, au prix de 13,50 €. Leurs brissacs comptent parmi les mieux vinifiés de la région. Gamme de 3,50 € à 25 €.

DOMAINE DES DEUX MOULINS **20, route de Martigneau - JUIGNE-SUR-LOIRE © 02 41 54 65 14.** *Daniel Macault. E-mail : domaine.2moulins@wanadoo.fr. Depuis Angers, suivre Cholet, Gennes par Juigné-sur-Loire, traverser tout le village d'ardoises et tourner à droite après l'église. Au joli moulin restauré sur votre droite, c'est en face.* Daniel Macault exploite un vaste vignoble au cœur du site ardoisier de Juigné-sur-Loire. Grand producteur d'anjou-village-brissac, son 2002 s'apprécie déjà et 2003 mijotait encore lors de nos visites. Une belle intensité aromatique sur des tanins souples et des fruits bien mûrs pour 2002 donc, à boire dès maintenant pour sa fraîcheur relative. L'autre fierté de la maison se positionne sur le chenin 100 % dans les coteaux-de-l'aubance, dont la cuvée Exception 2001 à 8,50 €/50 cl. a décroché notre coup de cœur aux dégustations 2003. Elégant et très typé, c'est un aubance sans défauts, d'une très belle fraîcheur que l'on réservera pourquoi pas sur un confit de porc au foie gras et julienne rissolée.

Au revoir Christian Biotteau

On ne pouvait présenter cette année le domaine historique de l'Anjou qu'est le château d'Avrillé à Saint-Jean des Mauvrets, sans rendre hommage à Christian Biotteau, brutalement disparu à la fin du printemps 2004 d'une maladie qui l'a terrassé, à la grande surprise de tout le monde viticole, de la restauration et de la région de Brissac. Ses grandes moustaches et son sourire typique ont accompagné durant toutes ces années la grosse production de vins du domaine familiale. Il conduisait la culture en gérant une trentaine de personnes dans les rangs de vignes sur quelque 180 hectares. Il laissait la commercialisation à Pascal, son frère, et Martine, sa femme et les autres membres de la famille, dont le tonton, se partageaient la comptabilité et l'accueil au caveau. La vie continue, bien sûr, et Christian rejoint son grand-père Eusèbe Biotteau, qui en son temps a porté bien haut la viticulture angevine. Le Petit Futé salue ici tous les siens et ses nombreux amis.

CHATEAU D'AVRILLE L'Homois - SAINT-JEAN-DES-MAUVRETS © 02 41 91 22 46. *Famille Biotteau. Lieu-dit boisé et isolé, bien visible au bord de la 4 voies, à droite entre Murs-Erigné et Brissac. Prendre le nouvel échangeur "l'Homois" pour accès direct.* La célèbre et ancienne famille vigneronne perdure au cœur de l'Anjou et s'est même constituée dominante foncièrement (180 hectares sur 6 communes). On est reçu dans un immense caveau aux multiples salles superbement agencées. Gaëlle Biotteau, qui en est la décoratrice, reçoit fidèlement tous les visiteurs et participe hautement à l'aura du domaine. Des immenses parcelles disséminées sur cinq communes sortent des coteaux-de-l'aubance "génériques" toujours frais, minéraux et peu chargés en sucre. La cuvée d'anjou-village-brissac 2002 commence à sortir des cartons et apporte son doux fruité sur des tanins bien fondus. La maison produit aussi du crémant blanc et rosé. Attendons également la seconde cuvée de Brissac élevée en fût. La première était très bien vinifiée.

DOMAINE DES ROCHELLES Saint-Jean-des-Mauvrets (COUP DE CŒUR) © 02 41 91 92 07. *Jean-Yves, Jean-Hubert et Anita Lebreton. Depuis Angers, passer les Ponts-de-Cé, Murs-Erigné, Juigné-sur-Loire et à l'entrée de Saint-Jean-des-Mauvrets, prendre de suite à droite. Ouvert tous les jours du lundi au samedi, fermé le dimanche.* Amateurs d'anjou-village-brissac, faites le plein ! Cet autre Lebreton s'est fait un nom pour ses rouges d'un parfait équilibre, à la fois fruités et charpentés, souvent aptes à s'épanouir en cave de cinq à dix ans. Maîtrisant parfaitement la culture et la vinification du cabernet-franc et du cabernet-sauvignon, ce vigneron signe quasiment dans chaque millésime des cuvées parmi les meilleures de l'appellation, sa Croix de Mission 2002 en étant la quintessence, en vente au domaine au prix de 8,50 €. Si vous ne connaissez pas les moelleux de Loire et que votre "culture" ne s'est pas encore étendue au-delà du Sud-ouest français, goûtez et adoptez le coteaux-de-l'aubance Ambre de Roche des Rochelles vendu 23 €/50 cl. coup de cœur en 2001 au Petit Futé pour son opulence, ses saveurs ananas et gingembre, à la fois liquoreux et frais. Trois générations se croisent ici sans se gêner et tout le panel de clientèle profite de cet attachant patchwork familial. Gamme de 4 € à 23 €

Coutures, Charcé-Saint-Ellier et Blaison-Gohier

Appellations principales : anjou, anjou-villages, rosé de loire et cabernet d'anjou.

Ces communes empiètent sur le bassin parisien et, suivant les parcelles, on passe du schiste aux craies du saumurois. Même si l'appellation brissac n'a pas été accordée, sur Charcé-Saint-Ellier, certains lots pourraient avoir l'agrément.

DOMAINE DE BOIS BRINCON Blaison-Gohier © 02 41 57 19 62. *Xavier Cailleau. A la sortie de Saint-Saturnin-sur-Loire en direction de Coutures, on aperçoit le château à gauche à la patte d'oie qui indique Saint-Mathurin. Tourner de suite à gauche, et contourner le château par la gauche pour se garer dans la cour. Visites sur rendez-vous.* Bientôt huit siècles d'existence pour ce domaine qu'exploite Xavier Cailleau, le jeune vigneron du beau petit château de Bois-Brinçon ayant repris le vignoble paternel vingt jours avant la tragique gelée du 21 avril 1991. N'ayant pas baissé les bras face à l'adversité, il ne lui faudra que quelques années pour s'affirmer comme l'un des producteurs les plus convaincants de ce coin d'Anjou. As de l'anjou rouge, il signe notamment une tannique cuvée du Clos Bertin issue de vignes centenaires, qui mérite de s'assagir au moins cinq ans en cave avant de s'épanouir dans un verre. Ses coteaux-du-Layon faye-d'anjou et coteaux-de-l'aubance sont aussi des valeurs sûres. En vente au château la cuvée Les Clos des Cosses anjou-villages 2002 au prix de 6,60 € et la première cuvée d'anjou blanc 2001 Terre de Grés. 5,95 € à la belle expression de terroir. Gamme de 4,50 € à 25 €.

DOMAINE DES QUINZE DENIERS (Maugin Père et Fils) Charcé-Saint-Ellier © 02 41 54 21 18. *Aller vers Brissac et tourner à gauche vers Coutures, Chemellier et Charcé. Sortir du village de Charcé en direction de Coutures et tourner à gauche au lieu-dit le Haut-Coudray.* Ce domaine se situe à cheval sur deux types de sols, et deux paysages bien limités. Le tuffeau, déjà bien présent ici, donne du corps et de la légèreté aux rouges et aux rosés qui égayeront les repas de grillades et thon blanc au barbecue. On peut cette année 2004, piocher de sa cave le trophée Lys d'Or obtenu par l'anjou rouge 2001. Nous avons aimé l'anjou blanc 2002 avec sa belle fleur blanche au premier plan, elle possède plus de finesse et d'élégance que 2001. La tête de cuvée d'anjou rouge se tire fort bien des vicissitudes du temps et on l'apprécie sur des repas légers de viandes blanches mijotées comme un tendron de veau aux pleurotes.

Notre-Dame-d'Allençon et Chavagnes-les-Eaux

Appellations principales : rosé de loire, cabernet d'anjou, anjou, anjou-villages, bonnezeaux et coteaux-du-Layon.

Les rosés en quelques mots

En Anjou, les rosés étaient autrefois la principale production. Pour cette raison, nous vous le présentons un peu plus en détail que ses confrères. Qui, de par la France et au-delà des frontières, ne connaissait pas le fameux cabernet d'Anjou ? Même si notre époque ne ressemble en rien au temps de jadis en matière de production viticole, les rosés ont récupéré une cote dans le cœur des connaisseurs. Ces vins sont "roses" car il leur est infligé une courte période de macération en cuves (6 à 24h en moyenne), pendant laquelle le jus de goutte s'imprègne des colorants naturels des pépins et de la peau du grain ; cette courte macération se nomme aussi la "saignée". Une autre méthode consiste à verser directement la vendange dans le pressoir et à attendre toute la nuit afin d'en extraire un jus légèrement coloré pendant le sommeil. Certains viticulteurs pensent que cette méthode donne un vin plus fin et plus élégant. Elevés à basse température le plus souvent, ces vins rosés révèlent des notes d'agrumes rafraîchissantes que l'on n'obtiendrait peut-être pas à des températures plus élevées.

Le rosé de Loire, issu de cépages cabernet et/ou grolleau et/ou gamay, est un vin sec récolté légèrement moins mûr que les cabernets d'Anjou. Redevenu très à la mode ces dernières années grâce à de sérieux vignerons qui y ont cru, il se consomme à la belle saison qui suit sa mise en bouteille. Vin de soif par excellence, il se dégustera assez frais (8°C à 11°C).

Le cabernet d'anjou issu du cépage cabernet franc et sauvignon exclusivement, est classé demi-sec à moelleux selon les millésimes et les modes de vinification du viticulteur. C'est le seul rosé "doux" produit en France et sûrement dans le monde. L'engouement pour ce vin il y a quelques décennies s'effondra bien vite à cause de sa qualité, qui a énormément baissé dans les années 70 à 80. Désormais, ses protagonistes le bichonnent autant que les autres AOC et en font un doux breuvage fort apprécié. Dévoilant des parfums légers de fruits rouges tels que la groseille, la framboise, la cerise ou encore, à l'opposé, le pamplemousse rose, les cabernets d'Anjou sont idéals entre 12°C et 14°C, à l'apéritif ou sur un dessert léger comme une tarte aux clémentines et pamplemousses.

Le rosé d'anjou, plus simple que les précédents, peut être le fruit du mélange de divers cépages sans clause précise (cabernet, grolleau, pineau, etc.), mais souvent issu du seul grolleau et traditionnellement demi-sec servi de 9°C à 11°C.

DOMAINE DE TERREBRUNE Notre-Dame-d'Allençon (COUP DE CŒUR) © 02 41 54 01 99. *Alain Bouleau et Patrice Laurendeau. Site Internet : domainedeterrebrune. fr. Depuis Brissac, tourner à droite dans le bourg de Notre-Dame en direction de Vauchrétien ; l'exploitation se trouve à gauche avant la forêt. Dégustation sur rendez-vous.* Ces gens de terroir ont longtemps observé les bienfaits de la nature et les ont en partie domptés, si tant est que cela puisse se faire. Résultat ? Des vins le plus proche possible des "types" attendus. Spécialistes du moelleux en bonnezeaux, en rouges pour brissac, plus encore pour les rosés et maintenant pour les crémants de loire, ils viennent de décrocher en 2003, et pour la première fois en Anjou, 3 Lys d'Or au concours Interloire. Le rosé de loire 2002, le rosé d'Anjou 2002 et le crémant de loire 2001 de Terrebrune ont réussi ce tiercé gagnant ! Nous recommandons donc tous les ans les friands et frais rosés (22,60 € les 6 bouteilles), de belles petites gourmandises couleur fraise, fraîches, légères et très fruitées. On les recommande sur des salades de la mer et viandes blanches grillées ou grillades et barbecues de poissons gras. Récompensés à nouveau en juin 2004 pour le rosé de loire par un Lys d'Or, ces vignerons sont décidément comblés.

DOMAINE GOIZIL Le Petit Val - CHAVAGNES-LES-EAUX © 02 41 54 31 14. *Denis Goizil. A la sortie du bourg à droite en direction de Martigné-Briand, face à un château dominant un bel étang au bord de la route. On est accueilli dans un caveau fort réussi entièrement aménagé sous la maison.* Le cépage chenin, sur ce terroir bien spécifique, donne de prestigieux breuvages, comme ces délicats bonnezeaux ou de veloutés coteaux-du-Layon comme le 2003, honoré d'un Lys d'Or en 2004. Le millésime 2002, justement en bonnezeaux, donne une bonne impression du type dans ses notes de miel, de coing, de datte en fin de bouche et son équilibre toujours optimum est porté par une nervosité bien spécifique au Val-de-Loire. Denis élabore une magnifique cuvée de crémant de loire depuis seulement trois ans et l'enthousiasme des dégustateurs ne se fait pas attendre. Pleine de finesse et d'élégance elle envoûte les apéritifs des soirées conviviales. Sa robe aussi dorée que celle des jolies dames un soir de 31 s'apprécie sur ses intenses éclats de microbulles qui jaillissent de sa légère effervescence. Quant à son prix, là aussi on baigne dans l'élégance.

Bonnezeaux, Thouarcé, Faye d'Anjou et Faveraye-Machelles

On découvre d'autres producteurs de bonnezeaux sur Chavagnes, Notre-Dame-d'Alençon, Vauchrétien…

Appellations principales : bonnezeaux, coteaux-du-Layon, anjou, rosé de loire, cabernet d'anjou.

Le bonnezeaux en quelques mots

Moins de cinquante domaines se partagent cet excellent terroir installé entre la rivière (le layon) et la commune de Faye d'Anjou. On peut dire qu'il s'agit aussi d'un coteaux-du-Layon puisqu'il s'agit du même cépage (le chenin) et des mêmes modes de productions. Ce que l'"on nomme de plus en plus à tord "Les cuvées Génériques", plus présentes en layons, le sont normalement moins dans les bonnezeaux, avec des pics de grains nobles le plus souvent. Le bonnezeaux possède son identité naturelle avec son archétype de terroir : le coing. Même si les non-initiés peuvent confondre certains bonnezeaux avec des layons, il en est de même pour les vignerons qui avouent eux-mêmes s'y perdre lors d'une dégustation à l'aveugle. Planté de chenin exclusivement, ce terroir de 130 hectares s'identifie cependant par son doux climat dû aux vents d'Ouest dominants, qui sèchent, dans la journée, les rosées du petit matin. Sachons qu'en règle générale, les collines du Choletais, les Gardes, créent une barrière naturelle ; ainsi, les précipitations s'amenuisent avant d'atteindre la vallée du Layon. Ce vin se récolte généralement par tri en forte maturité, avec une préférence pour des grappes noblement botrytisées. Reconnu "officieusement" comme l'un des trois crus de l'Anjou, puisque le seul vrai cru, son voisin, est le "chaume 1er cru de coteaux-du-Layon", il est original dans ses parfums. C'est un vin complet, comme un quarts-de-chaume ou certains layons, malgré de grosses puissances, avec un équilibre naturel entre le sirop et l'alcool. Sa robe, dorée à ambrée, peut varier aux teintes cognac dans les vieux millésimes. Les bonnezeaux peuvent aussi se consommer jeunes pour leur fruité incomparable. Nous constatons souvent une dominante effective de saveurs de coing, de mirabelle, de fruits confits, de pomme cuite, souvent de datte en fin de bouche et parfois de pruneau certaines années. Dans quasi tous les cas, c'est tout de même le coing qui domine.

CHATEAU DE FESLES Vignoble Germain - BONNEZEAUX-THOUARCE © 02 41 68 94 00. *Site Internet : www.vgas.com. E-mail : loire@vgas.com Depuis Brissac, aller jusqu'à Chavagnes-les-Eaux et tourner à droite dans le bourg, c'est bien indiqué. Le château d'eau sera votre repère. Dégustation tous les jours de 9h à 19h.* L'un des plus anciens domaines viticoles de la région, le château de Fesles possède des fondations qui remontent au XIe siècle. On vient ici admirer la propriété et sa collection de rosiers nichée au cœur de chênes pluri-centenaires et acquérir quelques bouteilles, notamment les bonnezeaux et les chaumes issus du vignoble Fesles, mais aussi les savennières issus du château de Varennes.

Régulièrement encensé, le savennières maison confirme à lui seul le positionnement de ce vignoble. Bernard Germain, passionné de vins liquoreux, exploite nombre de châteaux en France, mais assure que l'Anjou reste le berceau de ces vins moelleux mais vifs. On se procure donc ici les vins provenant de 4 propriétés de l'Anjou. La production de ses quatre propriétés (Fesles, la Roulerie, la Guimonière, Varennes) présente un bel échantillonnage des appellations locales. Nous avons dégusté un nouvel anjou blanc 2002 (13 €) nommé "La Chapelle" produit sur des chenins qui servaient d'habitude à élaborer des bonnezeaux. Bien ronde et riche à l'attaque, une fine minéralité traine doucement sur de beaux fruits vifs. Hormis le bonnezeaux typiquement “mirabelle et coing”, les autres moelleux se déclinent sous les noms de julines, un coteaux-du-Layon (chaume produit à Saint-Aubin de Luigné vendu en 50 cl) ou encore le château de la Guimonnière, autre chaume trié apportant son lot de notes vanillées et confites. Une nouvelle gamme nommée Vincent Saincrit destinée à un large public, concentre les meilleures grappes de chenin (anjou blanc et coteaux-du-Layon), de cabernet franc (champigny et anjou rouge) puis un rosé d'anjou très bonbon fruité légèrement doux (tendre est le terme convenable). Une autre gamme plus orientée à l'international destinée à la restauration japonaise, nommée Suschiwine, a été élaborée en 2003. Le vignoble possède sa propre tonnellerie (1 100 fûts par an dont 550 pour les productions maison).

DOMAINE DES GRANDES VIGNES La Roche-Aubry - THOUARCE ✆ 02 41 54 05 06. *Jean-François, Dominique et Laurence Vaillant. Depuis Brissac, prendre direction Thouarcé. Traverser Thouarcé en direction de Valanjou, franchir le Layon et monter la légère pente jusqu'au lieu-dit la Roche-Aubry. Tourner à gauche.* Les blancs (bonnezeaux, coteaux-du-Layon, anjou secs) ainsi que certaines cuvées de rouge passent par un élevage sous bois, ce qui leur confère une note vanillée et, surtout, une micro-oxygénation. Grand spécialiste, entre autres, des blancs secs ces vignerons insistent sur la patience car ces vins ne seront appréciés qu'après une période d'assimilation des divers ingrédients entre eux. En effet la fusion des fruits, l'accalmie du bois, l'apaisement des acidités et la réduction des amertumes sont les étapes toutes naturelles que l'on doit respecter avant d'apprécier pleinement la complexité de ces vins trop peu connus (hors Anjou). La cuvée d'anjou villages 2000 les Cocainelles, coup de cœur l'an passé a persisté en 2002 sur un velouté attractif aux notes de sous-bois qui ravira les cuissons de gibier de tous poils. Une mention pour l'anjou blanc 2002 qui brave bien des vins de bourgogne pour son équilibre et sa richesse de fruit.

DOMAINE DES CLOSSERONS Faye-d'Anjou © 02 41 54 30 78. *Dominique, Yannick Leblanc. Depuis Angers, direction Cholet, traverser Beaulieu-sur-Layon direction Faye ; dans les débuts du bourg, c'est à gauche.* Si les vins sont aussi réussis que ces gens sont sympathiques alors on les consommera sans réserve ! Les frères Leblanc règnent sur 51 hectares au cœur géographique de l'Anjou dont près de la moitié est destinée aux blancs sur chenin. Leur grolleau est à réserver l'été servi un peu frais mais leur production de coteaux-du-Layon s'avère un passage obligé car Faye d'Anjou possède des terroirs exceptionnels et particuliers sur des minéralités de schistes altérés mêlés à des veines de différentes roches, apportant des notes fumées et pierre à fusil bien spécifiques. Le bonnezeaux aux reflets de gelée de pomme et aux arômes délicats de coing, de datte, de figue et de mirabelle sont de beaux représentants des moelleux du Val-de-Loire.

DOMAINE DES PETITS QUARTS Faye-d'Anjou (COUP DE CŒUR) © 02 41 54 03 00. *Jean-Pascal Godineau. Depuis Faye-d'Anjou, prendre direction Bonnezeaux. Rouler doucement afin de ne pas rater l'accès à droite au bord de la route. Ouvert tous les jours, sauf dimanche et jours fériés.* Cela fait cinq générations que bonnezeaux rime avec Godineau. Issues de vendanges manuelles, faites par tris qui se concluent parfois en décembre, et dans un rendement qui ne dépasse pas les 20 hl/hectare, leurs cuvées font toutes l'objet d'une longue fermentation en fûts de chêne, certaines étant ensuite élevées en barriques neuves. Le bonnezeaux générique de la maison est assurément d'un bon rapport plaisir/prix. Réparti sur trois communes "spécialisées" dans les moelleux, ce vignoble de 65 hectares est géré par un vigneron adorable, reconnu comme un des tous meilleurs de sa catégorie. Il présente tous les ans, quoi que le millésime réserve, de belles cuvées de layon (comme son Faye d'Anjou 2002 Lys d'Or en 2004), riches, grasses, onctueuses et d'une longueur en bouche extravagante. La quintessence de la production, elle, coûte une petite fortune, mais la cueillette grain par grain prend un certain temps. Rien que l'histoire de sa récolte et de son pressurage vaut son pesant d'or. En vente au domaine la cuvée Malabé bonnezeaux 2001, chenin blanc, au prix de 15 €, également à connaître le bonnezeaux 1996 élevé en fûts. Gamme de 4 € à 60 €.

DOMAINE DE LA GRANDE VARANE Faveraye-Machelles © 02 41 54 14 66. *Claude Buchet. Depuis Thouarcé, aller à Machelles, c'est dans la rue principale du bourg.* Claude Buchet, inénarrable vigneron d'une grande humilité, n'a pas son pareil pour évoquer ses mille et une péripéties accomplies lors de ces tournées de ventes à Paris ou en Bretagne. Le côtoyer, c'est frayer avec le burlesque et goûter sa production c'est se rafraîchir les idées autant que le gosier. Si son rosé, rafraîchi comme une fraise récemment ôtée à son stolon au petit matin, son layon incarne légèreté et compagnon de repas estivaux sans prétention. Ses blancs demi-secs et ses cabernets délicatement parfumés à la groseille se consomment sur tous les mets, puisque vifs, clairs, légers et même s'ils ne symbolisent pas la lourdeur, ils renferment le sucré dont on se fait des amis. Ses vins ont en plus la délicatesse de demeurer bon marché, on viendra les savourer dans un caveau simple et familial pour suçoter un gouleyant cabernet d'anjou comme on en fait plus (un coup de cœur a été décerné en 2002 à celui de Claude, partagé avec Annick, son adorable épouse).

Martigné-Briand et sa région (Lieux-dits : Sousigné, les Noyers, Moulin-Turquais, commune de Brigné au hameau Linière et bourg de Martigné)

CHATEAU DES NOYERS Les Noyers - MARTIGNE BRIAND (COUP DE CŒUR) © 02 41 54 03 71. *Christophe Decron, Maître de Chai. Depuis Martigné, prendre la route à droite le long de la gendarmerie en direction de Faveraye-Machelles, passer le lieu-dit Cornu et continuer jusqu'à ce que le château se présente à votre droite dans le bourg des Noyers.* La majestueuse bâtisse médiévale est entourée de douves et de tours de défense et possède également une ancienne ferme fortifiée. Toute la production du château fait merveille. Les anjous blancs sont bichonnés (en fûts de chêne) et leur léger sucre résiduel leur confère un authentique compagnon de riches mets élaborés 5,70 €/2001. Les moelleux ne savent plus se tenir aux concours, ils les remportent tous (Réserve vieille vigne 2002 12 €/50 cl, Liger d'Or 2004 et Médaille d'Or au C.G.A 2004). Le Layon 2003 vient tout juste de rafler le Lys d'Or aux Greniers Saint-Jean. Le cabernet apporte un fruit mûri à souhait tous les ans pour des anjous villages (Lys d'Argent en 2002 pour seulement 4,60 €) à la robe noire pour un velouté à boire pas trop frais.

1er quotidien de l'Anjou !
Le Courrier de l'ouest

DOMAINE DE LA COUR DU PUY DAVYAU 1, rue du Général-de-Gaulle - MARTIGNE-BRIAND ✆ 02 41 59 42 80. *Jacques Brochet. Dans le village de Martigné, contourner le château par la gauche depuis la rue principale et tourner deux fois à droite. Le domaine est sis au pied du château.* Le fameux coteaux-du-Layon-Poil de Lièvre, élaboré les belles années, dégage une présence et une finesse presque paradoxale. Riche et légère, amère et acidulée en toute élégance, cette cuvée est insolente d'équilibre presque chaque année. Les rouges puissants récoltés à pleine maturité seront meilleurs après 2 à 3 années de garde. On fera acquisition sans réserve des rouges (anjou et anjou-villages) et enfin, comme précité et à caresser dans le bon sens, une cuvée de coteaux-du-Layon - Poil de Lièvre qui aussi en 2002 a su tirer partie d'une météo pour le moins capricieuse. Si l'anjou rouge 2000 vieilles vignes a obtenu notre coup de cœur, le 2003 (dégusté sur cuve) est promis aux plus élogieux commentaires.

DOMAINE LEDUC-FROUIN Sousigné - MARTIGNE-BRIAND ✆ 02 41 59 42 83. *Chantal, Nathalie et Antoine-Leduc. Depuis Angers, aller à Martigné-Briand. A l'entrée du village, tourner à gauche après la courbe en passant devant le château d'eau décoré, en direction de Sousigné, un peu plus loin sur la gauche. Voici l'un des rares domaines du coin assis sur un village troglodytique aux mille cavernes.* La famille Leduc exploite ce lieu un peu hors du temps et rafle souvent les médailles, justement attribuées et notamment pour ces éblouissants rosés. Secs ou tendres et parfois bien moelleux, ces robes fraise à groseille bien mûre en passant par des tuilés ou pelure d'oignon, les reflets bienfaiteurs de ces compagnons estivaux sont sans égal dans le monde. Seule région du globe à les proposer, l'Anjou tire partie du savoir-faire de gens comme eux, afin d'offrir aux fêtards de belles soirées enthousiastes. Les anjous-villages demeurent tout aussi beaux et c'est bien la craie du sous-sol qui leur confère leur finesse et leur légèreté.

DOMAINE DE PIED FLOND Martigne-Briand ✆ 02 41 59 92 36. *Franck Gourdon. Accès entre Brissac et Martigné. Après Chavagnes et le hameau de Millé, ce sera sur la gauche. Fermé le dimanche.* Ce jeune et guilleret vigneron de 30 ans à peine règne sur un domaine situé sur un ensemble de petites collines successives entre Bonnezeaux et le début de l'aire d'appellation saumur. 15 hectares encerclent le chai sur des terres argilo-calcaires, réputées chaudes, qui contribuent à une précocité des maturités. La dernière parcelle plantée en raisins blancs permettra en 2005 d'élaborer une première cuvée de chenin. Ses vendanges sont accueillies avec ferveur et ses récompenses ne sont que le juste retour d'une belle implication dans la viticulture locale. Encore Lys d'Argent pour son infatigable gamay pour 2003 il maîtrise parfaitement la vinification des coteaux-du-Layon. Son grain noble en atteste et sera réservé aux apéritifs avec les meilleurs amis du monde.

DOMAINE DU MOULIN TURQUAIS Sousigné - MARTIGNE-BRIAND ✆ 02 41 59 42 97. *Bruno Vergne. Depuis Angers, aller à Martigné-Briand. A l'entrée du village, tourner à gauche après la courbe en passant devant le château d'eau décoré, laisser Sousigné à gauche et tourner de suite à droite, c'est un peu plus loin sur la droite.* Bruno Vergne exploite un domaine de près de 40 hectares dominant la vallée du Layon, offrant une vue quasi infinie sur le Sud-est du département. A cheval sur le bassin parisien (premier sous sols de craie donnant l'appellation saumur), les terres sont ici assez chaudes et minérales, ce qui apporte des notes fruitées en légèreté à l'ensemble des cuvées et notamment sur les cabernets francs. Huit hectares sont réservés au chenin pour réaliser du coteaux-du-Layon en tris, qui reçoit une fermentation sous bois, et de l'anjou blanc.

DOMAINE DES HAUTES OUCHES 9, rue Saint-Vincent - Linière - BRIGNE-SUR-LAYON ✆ 02 41 59 30 51. *Joël et Jean-Louis Lhumeau. Depuis Angers, passer Brissac en direction de Doué la Fontaine et à l'entrée de Noyant la Plaine tourner à droite vers Martigné, observer le panneau au lieu-dit Linière.* Les anjous blancs sont vendangés à point et disposent d'un nez de moelleux, des arômes cuits et possèdent une longueur extravagante. Ces qualificatifs sont ici une véritable signature puisque vérifiés chaque année. Passés maîtres dans le rosé de loire, ces vignerons apportent chaque année tout ce qu'on attend de ce type de vin : belle couleur pelure d'oignon à groseille selon l'année (ce qui a été le cas en 2003), un nez friand et beaucoup de fraîcheur sur une complexité de fruits. Le résultat est à l'image du cabernet d'anjou, autre fleuron de la maison, équilibré et franc, au parfum de bonbons de notre enfance. Le dernier rosé, d'anjou, celui-là, a obtenu notre coup de cœur en 2002 et le 2003 s'est rangé fidèlement dans les mêmes registres, vin de soif à l'équilibre remarquable, indispensable aux pétanques estivales et fort agréable sur une salade de jambon à l'os au cœur d'artichaut.

Passavant-sur-Layon

Appellations principales : anjou, anjou-villages, rosé de loire, coteaux-du-Layon.

Cette région constitue le Haut Layon et se caractérise par une grande diversité de sols dont la richesse en matières organiques colore les terres en nuances assez foncées. La région est peu propice aux rosées matinales salvatrices pour les liquoreux.

CHATEAU DE PASSAVANT PASSAVANT-SUR-LAYON © 02 41 59 53 96. *François-David et Olivier-Leconte. Depuis la route Vihiers-Doué-la-Fontaine, suivre la direction de Passavant ; le chai se trouve à l'entrée du village à droite. Dégustation sur rendez-vous.* François David et Olivier Leconte prospèrent sur un grand vignoble totalement converti à la production bio, mettent sur le marché quelques-uns des fleurons de la viticulture angevine. Les anjous blancs riches en arômes et puissants d'alcool sont élaborés sur lies en fûts bien au frais dans le cavier d'un moulin séculaire. Les riches cuvées d'anjou-villages comme les nepperons et la sublime foulque nerra dressent les repas festifs en véritables ambassadeurs de l'Anjou. Un grand nombre de restaurateurs ne s'y sont pas trompés et présentent fréquemment ces vins sur leur carte. Nos coups de cœur sont fréquemment destinés à leur production de rosés, tant en sec qu'en doux (tendres, serait le terme plus adéquat) qui possèdent chaque année les caractéristiques attendues de ce genre de vins. Les cépages grolleau ou cabernet se révèlent alors dans une juste proportion entre fruité, vivacité, amertume, fraîcheur gouleyante et notes friandes rappelant les bonbons acidulés (obtention en 2004 d'un Lys d'Or pour le sec 2003).

Saumur et Champigny et ses environs

Appellations principales : crémant-de-loire, saumur brut, saumur-champigny, saumur rouge, saumur blanc et coteaux-de-saumur.

Le saumur-champigny en quelques mots

Les cartes des restaurants plébiscitent bien les deux vignobles d'Anjou et de Saumur, mais si le champigny est souvent roi en son propre territoire, il symbolise la légèreté, même sur les tables d'Angers. Cette appellation, qui s'étend sur neuf communes de la région de Saumur (Saumur, Dampierre, Souzay, Turquant, Montsoreau, Saint-Cyr-en-Bourg, Chacé, Varrains et Parnay), sur un terroir délimité par l'INAO depuis 1957 et qui produit environ 1 500 hectares, est une appellation très morcelée avec seulement quelques grands domaines, mais beaucoup de petites parcelles intéressantes pour faire des assemblages avec des natures de sols, des expositions et des âges de vignes très différents. Un vin complexe dont la typicité est faite de légèreté et de fruits rouges, 2002 en cuves non boisées a globalement donné des vins absolument merveilleux. On préférera le boire, en fonction des goûts, souple et de suite, ou plus charpenté dans quelques années pour les cuvées vieilles vignes. La typicité du champigny est, en effet, d'être un vin bien coloré, mais pas trop noir ; facile à boire, mais avec de la matière ; léger, mais avec le maximum de fruits et un soupçon de gras derrière. La garde, qui dépend du millésime, ne doit normalement pas dépasser 3 ou 4 ans. Cette belle appellation aux parfums de violette et de lys a su se faire un nom chez tous les amateurs.

• **Saumur (Saint-Hilaire-Saint-Florent)**

ACKERMAN-REMY-PANNIER 19, rue L.-Palustre - SAINT-HILAIRE-SAINT-FLORENT © 02 41 53 03 21. *Fax : 02 41 53 03 32 Site Internet : www.ackerman.fr. De mai à septembre, ouvert tous les jours de 9h30 à 18h30. D'octobre à avril, ouvert tous les jours (sauf le dimanche) de 9h30 à 12h30, et de 14h à 18h30. Adulte/3 €, gratuit pour les moins de 15 ans.* En 1811, après un long séjour en Champagne, Jean Ackerman fut le fondateur, à Saumur, de la méthode traditionnelle. Il constate que les vins blancs de la région avaient une tendance à pétiller naturellement et que les caves réunissaient les conditions optimales pour élaborer le saumur brut. Pendant 40 ans, il fut le seul à élaborer le fameux vin connu aujourd'hui dans le monde entier. A travers plus de 7 kilomètres de galeries, Jean-Baptiste et Emélie nous plongent dans l'histoire à la découverte d'objets et de techniques sortis du passé et nous font découvrir les secrets des vins à bulles. Un film DVD abordera les nouvelles techniques de production. La visite se termine par une dégustation et la boutique propose plus d'une vingtaine de références de vins tranquilles de la maison mère : Rémy Panier. Nous retenions l'an passé un superbe crémant de loire cuvée laurance à 8 €. Son nez flatteur (levures fondues), sa bouche puissante ronde et grasse sur fruits blancs était portée par de délicates bulles aériennes. Cette année encore la maison a connu les honneurs avec un Lys d'Or pour sa cuvée privilège (brut) et un autre pour son rosé d'anjou 2003. La maison étant implantée aussi sur la Touraine, c'est une large palette qui s'offre au visiteur afin qu'il garnisse son panier sans faire trop de route.

VEUVE AMIOT Rue de l'Abbaye - SAINT-HILAIRE SAINT-FLORENT © 02 41 83 14 14. *Site Internet : www.veuve-amiot.com. Du 1er juillet au 31 août, tous les jours, de 10h à 19h. Du 1er avril au 30 juin et du 1er septembre au 31 octobre, tous les jours, de 10h à 18h.* Cette entreprise historique (une des plus anciennes de Saumur) produit annuellement quelque quatre millions de bouteilles. Lesquelles, selon les cuvées, reposent en caves de douze à quarante-huit mois. Quatre kilomètres de caves au sein desquelles les visiteurs sont conviés à découvrir de visu le processus d'élaboration de ce vin de "moustille", ce parcours en tuffeau profond étant suivi d'une dégustation. Parmi les cuvées de saumur brut proposées à moins de 9 €, on retiendra l'excellente "esprit d'amiot" vieillie trois ans, d'une grande finesse et qui vient de décrocher un Lys d'Argent en 2004. Vient ensuite la plus délicate, la cuvée "élisabeth amiot" millésimée issue en partie du clos situé au-dessus des caves et élevée quelques semaines en fûts de chêne avant quelque quatre années de repos. Elle révèle au nez des arômes de jasmin et d'aubépine, et offre en bouche des notes de fruits à chair blanche. Elle tapisse longuement le palais et comme un saumur brut est un vin, elle s'offre ici le luxe de rester "vineuse", quand bien des "mousseux" s'égarent sur divers registres. On comprend que cette cuvée, toujours millésimée, ait déjà reçu maintes distinctions… et qu'il faille laisser du temps au temps.

BOUVET-LADUBAY 1, rue de l'Abbaye - SAINT-HILAIRE-SAINT-FLOREN ✆ 02 41 83 83 83. *Fax : 02 41 50 24 32. Ouvert tous les jours de 9h à 19h du 1er juin au 30 septembre et de 9h/12h30 et 14h/18h du 1er octobre au 31 mai. Adulte/1 €, enfant/0,50 €.* Passage obligé de ceux qui aiment concilier l'art et le vin en un seul éloge, Bouvet-Ladubay est une maison dynamique et entreprenante qui ne cesse d'étonner le visiteur en quête d'authenticité et de bien vivre. Au cours d'une visite qui nous dévoile toutes les étapes de l'élaboration de ses vins, cette maison montre son souci permanent d'allier tradition et technique de pointe, produit artisanal et produit d'exportation. Lors de notre progression dans le dédale de galeries souterraines, on sera, ici et là, surpris par de géologiques et artistiques rencontres. On sera alors sous le charme des cathédrales englouties, qui révèlent au son d'opéras classiques, la présence inopinée de vestiges sculpturaux de morceaux de cathédrales, incrustés dans la craie souterraine. L'instant est magique et en l'espace d'une visite, on efface de notre esprit toute notion de temps. Pour clore idéalement un circuit au cœur des caves, une dégustation vous permet de découvrir les vins de la maison, notamment le saphir, produit ambassadeur de Bouvet-Ladubay, et la fameuse cuvée trésor. Complétée par une sœur écarlate, cette cuvée trésor partage donc désormais son rang avec une insolite fine bulle rouge élaborée avec 100 % de cabernet franc en dosage demi-sec. Sa vinification en fûts de chêne neuf, réclame un minimum de 18 mois d'élevage sur lattes. Sortie de l'ancienne tradition et testée il y a quelques années, une cuvée nommée brut zéro a fait son apparition au catalogue. Une bien belle maison dont l'aura gagne plusieurs pays d'Europe et même ailleurs.

DOMAINE LANGLOIS CHATEAU **3, rue Léopold-Palustre - SAINT-HILAIRE-SAINT-FLORENT (COUP DE CŒUR)** ✆ **02 41 40 21 40.** *Fax : 02 41 40 21 49. Ouvert tous les jours du 1er avril au 15 octobre, de 10h à 12h30 et de 14h30 à 18h et sur rendez-vous toute l'année. Visite et dégustation : 2 €.* Depuis 1885 Cette maison maîtrise complètement la production de ses vins, de la culture jusqu'à la commercialisation (82 hectares). Une grande expérience et une passion, qui, d'année en année, ne se dément pas, au service d'un public qui découvre de belles caves (4 kilomètres de visite, sur un nombre beaucoup plus conséquent en réalité) et qui profite d'explications lumineuses sur la méthode traditionnelle d'élaboration des vins de mousse. Dans une somptueuse salle d'accueil, le public amateur de vins fins pourra découvrir, au cours d'une dégustation commentée, la production de cette maison qui sait rester attentive aux règles qui font la qualité des vendanges, du pressurage à la durée du vieillissement sur lie. A noter un Lys d'Or décerné au cabernet de saumur 2002 puis cette année une pluie de médailles avec un Lys d'Or pour son saumur rouge fruité à souhait et d'une légèreté aérienne rafraîchissante. Deux Lys d'Argent pour son cabernet de saumur 2003 et son saumur blanc 2003. Enfin un Lys de Bronze pour son crémant de loire sans compter notre coup de cœur pour le chenin sec 2001.

GRATIEN-MEYER **Route de Montsoreau** ✆ **02 41 83 13 32.** *Site Internet : www.gratienmeyer.com. Ouvert du 1er avril au 11 novembre, tous les jours de 10h à 18h30 et du 12 novembre au 31 mars de 10h à 12h et de 14h à 17h30 (fermé en janvier sauf le week-end), visites guidées et dégustation. Adulte : 2,50 €.* Depuis Saumur par le bord de Loire, direction Montsoreau. Un nouvel accès aux caves, plus pratique et très esthétique, confirme la qualité des lieux présentés. Véritable chef-d'œuvre de l'architecture industrielle, son impressionnant bâtiment à flanc de coteau domine la route de Montsoreau et au-delà, la Loire. Riches de mille recoins dont le visiteur peut mesurer l'immensité lors d'un enrichissant périple en sous-sol, les caves veillent sur trois millions de bouteilles sommeillant dans l'immensité de ces galeries troglodytiques. Connue surtout pour son saumur brut, la célèbre cuvée flamme témoigne de l'harmonie tirée d'un subtil mariage à trois en combinant le chenin, le cabernet franc et le chardonnay. Assemblant cabernet et grolleau, la cuvée flamme a aussi sa version rosée, aussi délicate. Autre valeur sûre, la cuvée cardinal est délicieusement insolite, puisqu'il s'agit là d'un vin de "moustille" demi-sec d'une belle couleur rubis, tout en fruits rouges.

• Champigny et sa région

CLOS DES CORDELIERS **Champigny** ✆ **02 41 52 95 48.** *Michel et Sébastien-Ratron. Depuis le village de Champigny, aller en direction de Saint-Cyr et tourner à gauche à la hauteur du clos Cristal.* Ce vignoble est bien particulier puisqu'il est équipé d'un système de chauffage pour éviter les gelées de printemps sur un terroir très sensible au froid. Paradoxalement, ce terroir au sous-sol extrêmement calcaire et caillouteux (dit lacustre), donc classé en sol chaud (le mot champigny vient de campus, qui signifie champ, et de ignis, qui signifie feu), démontre que ce sol, moins froid que d'autres, permet une belle et précoce maturité. Seuls des champigny sont élevés dans ce chai familial, qui arbore fièrement un des fleurons de l'appellation. Nous sommes restés cois sur le millésime 2002, y compris sur la cuvée "simple" qui répond immanquablement à ce que l'on souhaite chez ce type de vin. Un nez très net de fruits mûrs un peu pain grillé et une attaque très ample et charnue aux beaux tanins à peine perceptibles. Sa longueur réclame de suite une seconde gorgée pour s'imprégner plus encore de son fin velouté. Quel beau vin !

CHATEAU DU HUREAU Dampierre-sur-Loire © 02 41 67 60 40. *Philippe Vatan. Arrivé dans Dampierre en venant de Saumur par le bord de Loire, ne pas rater l'accès au panneau en montant sur la droite.* Niché dans un site troglodyte du meilleur effet, la production de ce domaine se bonifie dans les bouteilles conservées dans de longues cavernes de tuffeau où il vaut mieux ne pas se perdre. Philippe Vatan est depuis longtemps réputé comme un des très bons producteurs saumurois et il est vrai que tous les ans, ces cuvées, heureusement différentes, apportent toutes un réel plaisir à la dégustation. On ne peut parler de Philippe Vatan sans évoquer ses rares et incontournables coteaux-de-saumur. Uniquement produits les belles années, à l'image de l'inoubliable 1995 ou encore 1990 (la référence), ces nectars savent rester vifs et frais en laissant bien le sol s'exprimer. Une pointe d'amertume en fin de bouche vient juste comme il faut, pour finir de rendre ce champion excellent sur des notes poussées de fruits exotiques confits et cacao amer.

CHATEAU DE TARGE Parnay (COUP DE CŒUR) © 02 41 38 11 50. *Edouard Pisani-Ferry. Site Internet : www.chateaudetarge.fr. E-mail : edouard@chateaudetarge.fr. Au bord de la départementale longeant la Loire, à droite en sortie de village, en surplomb dans le sens Saumur-Montsoreau.* Superbe site que celui de Targé, à fleur de tuffeau, composé d'un corps de logis massif encadré de quatre tours de section carrée. Edouard Pisani, adepte de la lutte intégrée, a ainsi enherbé son vignoble et réintroduit certains insectes pour limiter les pesticides. Il adhère ainsi au label TerraVitis. Les 23 hectares fournissent au châtelain-vigneron trois belles cuvées de champigny. Le "Targé", élevé en cuves inox pour l'essentiel, restituant bien sûr des tanins soyeux et des arômes de fruits rouges. Plus puissante, la cuvée ferry est élevée en barriques et mise en bouteille lors du deuxième printemps suivant la récolte. Ses tanins riches et son boisé justifient qu'on le laisse s'épanouir au moins cinq ans en cave. Autre réussite du domaine, le "blanc de Targé" est issu de tris sur de petits rendements et d'un élevage en barrique, ce chenin sec offrant un gras tout en finesse. Le saumur champigny 2001, château de Targé a reçu l'an passé notre coup de cœur et nous l'avons à nouveau remarqué en 2002 sur des notes plus violette et cumin dont la bouche ample dégage un doux velouté aux accents de cuir et de réglisse.

Chacé, Varrains et Saint-Cyr-en-Bourg

Appellations principales : saumur-champigny, saumur rouge, saumur blanc, crémant-de-loire, saumur brut et coteaux de saumur.

CAVE DES VIGNERONS DE SAUMUR Route de Saumoussay - SAINT-CYR-EN-BOURG © 02 41 53 06 18. *Site Internet : www.vignerons-de-saumur.com. E-mail : infos@vignerons-de-saumur.com. Depuis Saumur, passer Varrains et continuer tout droit vers Saint-Cyr. D'octobre à avril, du lundi au samedi, de 9h30 à 12h et de 14h à 18h. En mai, juin et septembre, tous les jours, de 9h30 à 12h et de 14h à 18h30. En juillet et août, tous les jours, de 9h30 à 18h30. Visite guidée en juin et septembre, tous les jours, à 16h30 ; en juillet et août, du lundi au vendredi, à 16h30, les week-ends et jours fériés, à 10h30, 14h, 15h30 et 17h.* Premier site de vinification du Val-de-Loire, cette institution représente ainsi environ 30 % du volume des appellations du Saumurois, notamment avec le saumur-champigny dont elle est, depuis trente ans, le porte-drapeau sur la place parisienne. Plus de 300 coopérants apportent ici leur production et les lieux-dits sont tous vinifiés séparément. Le visiteur découvrira donc ici tout le panel des vins du coin et s'il pénètre sous terre il découvrira un monde inimaginable et gigantesque Le champigny représente un tiers de la production, sans négliger, les vins de Saumur, tant en blanc qu'en rouge, le rosé de loire, le saumur brut, le crémant de loire ou l'insolite rouge mousseux demi-sec. Bref, on est bien là dans un haut lieu du vin de Loire, sur un terroir de tuffeau qui a déjà de la bouteille : dans les quatre-vingt-dix millions d'années. Gamme de 3,30 € à 6,65 €.

DOMAINE DE NERLEUX 4, rue de la Paleine - SAINT-CYR-EN-BOURG (COUP DE CŒUR) © 02 41 51 61 04. *Régis-Neau. En venant de Saumur, c'est en plein cœur du bourg sur la droite. Franchir l'étroit porche en tuffeau, annoncé par une superbe enseigne en fer forgé représentant les loups qui jadis hantaient la région.* Des locaux modernes et bien intégrés au tuffeau environnant accueillent le client à la recherche d'une des meilleures maisons de la région, magnifiquement restaurée où la blancheur du tuffeau éclate telles des sculptures magistrales. Ce tuffeau, assise souterraine parfois riche de plusieurs dizaines de mètres d'épaisseur, n'est autre que le support de l'expression du terroir, berceau des vins du saumurois. Les champigny de Régis Neau sont de merveilleux représentants de l'A.O.C. avec une souplesse et une richesse supérieure à ceux de bon nombre de producteurs. Si le clos des chatains 2001 (7,25 €) a reçu notre coup de cœur l'an passé, la cuvée du domaine en 2003 (5,60 €) a reçu un Lys d'Or en 2004 et nous convergeons sans ambages vers cette distinction. Notre confrère Gilbert et Gaillard a même décerné sa meilleure note de tous les temps à un rouge de Loire (91/100) au petit dernier (au bel habillage noir et or qui honore l'enseigne en fer forgé), appelé les loups noirs (13,70 €). C'est un vin d'exception élevé intimement en secret pour se dévoiler merveilleusement une fois passé en carafe. En projet, ça tombe sous le sens, les cuvées les loups blancs et les loups dorés vont faire leur apparition et l'on aura compris qui s'agit des futures cuvées haut de gamme en saumur blanc et coteaux de saumur (seul moelleux du saumurois).

DOMAINE LAVIGNE **15, rue des Rogelins - VARRAINS © 02 41 52 92 57.** *Dans le bourg de Varrains. Dégustation sur rendez-vous.* Gilbert Lavigne et Antoine Veron travaillent sur un domaine remarquable, à l'image de leur terroir. On vous conseille d'acheter la cuvée des Aïeuls, peut importe le millésime car c'est une des cuvées de champigny les mieux réussies tous les ans dans la région. Nos coups de cœur vont donc encore une fois au saumur champigny 2001 domaine, et à son remplaçant 2002 qui allie grâce au nez sur des notes épicées et fraîches et une bouche ample et soyeuse dès l'attaque. La cuvée les aïeuls 2001 est encore un bel étalon mais 2002 la surclasse aisément par le charnu de son fruité exemplaire. Un joli gras, rare sur les champigny, et surtout un velours aux effluves de raisin bien mûrs qui persiste agréablement. Une autre cuvée, non encore testée pour cause d'élevage encore en fût, est nommée la chesnaie des moulins et née il y a quelques années. On aura droit cette année à un rare coteau-de-saumur qui s'appréciera à l'apéritif évidemment.

Montreuil-Bellay, le Vaudelnay et le Puy-Notre-Dame

Appellations principales : saumur blanc et rouge, coteaux-de-saumur (en partie).

CHATEAU DE FOSSE SECHE **Brossay - LE VAUDELNAY © 02 41 52 22 22.** *Ulrich-Keller et Guillaume-Pire. Site Internet : chateaudefosseseche. com. Accès depuis Angers, Doué-la-Fontaine-Montreuil, panneau de chaque côté de la nationale. A 4 kilomètres du Puy-Notre-Dame, cette ancienne dépendance du prieuré de Montreuil-Bellay doit son nom au fait qu'elle était jadis cernée de douves.* Ce domaine fut le berceau, il y a un siècle, du fameux cabernet-d'anjou. C'est un homme au parcours original, Ulrich Keller, qui fait aujourd'hui office de châtelain. Originaire de Zurich, ce vigneron barbu au regard vif a passé une partie de sa vie à Madagascar avant de rencontrer son futur associé, Guillaume Pire, qui lui parla si amoureusement du vignoble du Puy-Notre-Dame, que les deux compères s'associèrent bientôt pour donner un nouvel élan à ce château. Ils produisent de beaux saumur blancs riches et gras, ainsi que des rouges très fruités, dont certains sont élevés en fûts. Le saumur blanc "les tris de la chapelle", récolté à raison de 10 hectolitres/hectare, donne un vin généreux, riche, gras et onctueux en arborant une palette aromatique complexe. Son bel or paillé dévoile de suite ce que la bouche retient. Très long, ce doux nectar laisse échapper quelques effrontées sucrosités résiduelles très plaisantes. Quant au champigny "réserve du pigeonnier" il se positionne hautement sur des registres de grands vins singuliers, aux lourdes matières bien fondues et aux notes compotées et réglissées. La gamme, pour contenter tout le monde s'étale de 6 € à 30 €.

CHATEAU MONTREUIL-BELLAY **Montreuil-Bellay © 02 41 52 33 06.** Derrière ses remparts et ses hauts murs, l'intérêt de ce château réside dans son ensemble, à la fois massif et impressionnant, mais toujours plein de grâce et de beauté. "Mis en bouteille au château". Et quel château ! Un château aux treize tours qui fut un grand témoin de l'Histoire et dont les vins ont jadis égayé les festins royaux. Propriétaire d'une unique parcelle de 10 hectares sur le coteau en face "chez lui", le comte Xavier de Thuy produit à partir de vendanges manuelles de très honnêtes saumur, en cabernet-franc surtout, tirés de cuves thermorégulées et vendus à des prix fort raisonnables, le cabernet de saumur, parfait rosé d'été, étant doté d'une superbe étiquette signée d'un grand peintre angevin, Mercier. Le domaine produit aussi un saumur brut d'une plaisante légèreté... Ainsi qu'une cuvée des "mousses" obtenue à partir de raisins de chenin très mûr, marqué cépage et terroir en accord parfait. Rond et gras, sa richesse le rend bon compagnon des nobles carnassiers de Loire au beurre blanc. Gamme de 3,80 € à 6 €.

CHATEAU LA TOUR GRISE **1, rue des Ducs-d'Aquitaine - LE-PUY-NOTRE-DAME © 02 41 38 82 42.** *Françoise et Philippe-Gourdon. Tous les jours de préférence sur rendez-vous. 2 chambres d'hôtes 3 épis.* Françoise et Philippe Gourdon travaillent en biodynamie et sont passés maîtres dans l'art de vinifier le chenin, leur très vive et florale cuvée les fontenelles étant un bel exemple de saumur sec, la cuvée des amandiers se révélant plus ample et charnue (le gras les diffère et selon le vigneron, il s'agit bel et bien de l'effet terroir puisque seule la géologie intervient sur cette différence). Superbe aussi, leurs coteaux-de-saumur, un rare moelleux, élevé plus d'un an et produit seulement les bonnes années. En cabernet aussi, ce sont de fort beaux saumur rouges que signent les gourdon. La cuvée bleue, tout en souplesse et en fruits rouges, atteste même qu'un cabernet franc peut être soyeux en bouche sans avoir été boisé. Très réussis aussi, le rosé sec, et le saumur brut qui a mûri deux ans sur lattes. Le saumur 2000, cabernet-franc, est au prix de 7,70 €, et la gamme s'étend de 6 € à 15 €.

DOMAINE DE LA GIRARDRIE 1, rue Fontaine-de-Cix - Hameau de Cix - LE PUY-NOTRE-DAME © **02 41 52 25 10.** *Falloux Père et Fils. Depuis la collégiale (église imposante à trois clochers), suivre les panneaux Cix par la rue Sainte et suivre les indications du domaine.* On vous reçoit désormais dans un caveau entièrement réaménagé avec vue plongeante sur les entrailles du sous-sol de tuffeau. Dans une salle dominant l'entrée de plusieurs petites galeries creusées dans le tuffeau par leur grand-père, déjà vigneron, les adorables frères Falloux nous ont permis de déguster un très beau saumur blanc en 2001. à qui nous décernions l'an passé un coup de cœur. Ses acidulés d'ananas et de fruits confits le rendent vif, frais et très plaisant. Un très beau vin à tout petit prix. Le saumur rouge 2002 reste un bon vin bien équilibré, même s'il lui manque un tantinet de matière.

DOMAINE DES GUYONS 7, rue Saint-Nicolas - LE PUY-NOTRE-DAME (COUP DE CŒUR) © **02 41 52 21 15.** *Franck et Ingrid-Bimont.* Cette maison-là a de la bouteille. Voilà douze générations (soit 300 ans) que le vignoble de Franck Bimont est travaillé par la même famille. Conjuguant le savoir-faire des anciens et ses connaissances d'une formation scientifique, ce jeune et cordial vigneron vinifie de convaincantes cuvées de saumur blanc, dont une, baptisée "vent du nord", bénéficie d'un séchage naturel des vignes par grands courants d'air, favorables au mûrissement en tenant en respect les éventuelles pourritures. Issu d'un clos attenant au domaine et donnant des fruits bien mûrs, son meilleur et onctueux saumur rouge porte le doux nom de murmure 2001 et en vente au domaine au prix de 4,08 €. Le merveilleux clos de l'Ardille est de plus en plus superbe d'année en année, voilà les résultats d'une belle remise en question quotidienne. Bien typé "chenin", il honore toujours son sous-sol et sa bouche est grasse, vive et souvent acidulée. 2001 en atteste plus encore avec une belle expression du terroir et des fruits très fins, tout en élégance et équilibre. Très beau vin donc, dont le millésime 2003, découvert sur cuve au salon d'Angers, augure un bel aboutissement !

DOMAINE DU VIEUX PRESSOIR 205, rue du Château-d'Oire - LE VAUDELNAY (COUP DE CŒUR) © **02 41 52 21 78.** *Bruno et Jocelyne-Albert. Accès par l'axe Doué, le Puy, Thouars et à l'entrée du Hameau de Méssemé, 1re à droite.* Ce domaine compte parmi les plus réputés de cette partie de l'Anjou, pour avoir su produire tous les ans, en fonction de ce que permirent les millésimes, des vins fins et délicatement parfumés. Les parcelles du domaine forment un vignoble de 24 hectares assis sur des roches mères calcaires datées du jurassique et du turonien. Ces craies confèrent aux cépages locaux l'élaboration de vins élégants et légers que ce soit en blanc ou en rouge. Certaines cuvées sont en partie élevées en fûts comme la cuvée Céline, issue de vieilles vignes. Les saumurs blancs tels la cuvée élégance, notre coup de cœur l'an passé, garde de classe avec un joli fruité, frais et puissant et qui plus est, d'un excellent rapport qualité/prix. On n'hésitera pas à découvrir les rares et exotiques coteaux-de-saumur que l'on désigne d'office meilleurs compagnons des apéritifs ou sur des desserts cacaotés faible en sucre. Le fleuron du domaine vient alors sur les plats rustiques de la cuisine française, en la joliment nommée cuvée céline, un saumur rouge très fin, issu de vieilles vignes et longuement élevé sur des tris rigoureux.

MANOIR DE LA TETE ROUGE 3, place Jules-Raimbault - LE PUY-NOTRE-DAME (COUP DE CŒUR) © **02 41 38 76 43/06 84 76 72 15.** *Guillaume-Reynouard. E-mail : greynouard@manoirdelaterouge.com. Depuis Angers et Doué-la-Fontaine, suivre Saumur et tourner à droite vers Le Puy. Au début du bourg à la fourchette formant une place, c'est en face.* Une jolie maison pudique sise autour d'une vaste cour rehaussée de hauts murs comme on en rencontre des tas en cette région attachante, cache un chai repris il y a quelques années par un jeune vigneron. Guillaume tire partie de ses parcelles pour extraire de suaves saumur rouges toujours bien vinifiés. Rond et soyeux, son 2002 bagatelle est une explosion de fruits frais sur un bel équilibre. Les vieilles vignes de l'Enchantoire à moins de 8 € assurent la réussite d'un dîner copieux fait de viandes et légumes grillés à la provençale. Un vin à boire de suite sur le fruit ou à garder encore quelques années grâce à sa solide matière.

index général

- 101 idées de voyages insolites ..... 15,00€
- Açores Madère ..... 14,00€
- Afrique du Sud ..... 18,00€
- Algérie ..... 18,00€
- Allemagne ..... 13,00€
- Amsterdam ..... 10,00€
- Andalousie ..... 12,00€
- Angleterre ..... 12,04€
- Argentine ..... 13,57€
- Arménie ..... 17,99€
- Asie centrale ..... 15,09€
- Australie ..... 15,09€
- Autriche ..... 13,00€
- Bahamas ..... 15,00€
- Baléares ..... 12,00€
- Barcelone/Catalogne ..... 12,00€
- Bavière ..... 13,00€
- Belgique ..... 14,00€
- Bénin ..... 16,00€
- Berlin ..... 12,00€
- Birmanie ..... 14,00€
- Bolivie ..... 15,00€
- Bosnie ..... 16,00€
- Botswana ..... 17,00€
- Brésil ..... 13,99€
- Budapest/Hongrie ..... 14,00€
- Bulgarie ..... 14,00€
- Burkina Faso ..... 15,00€
- Californie ..... 14,00€
- Cambodge ..... 13,99€
- Cameroun ..... 16,00€
- Canada ..... 15,00€
- Cap Vert ..... 15,00€
- Chili/Ile de Pâques ..... 13,57€
- Chine ..... 15,00€
- Chypre ..... 12,00€
- Colombie ..... 16,00€
- Comores Mayotte ..... 15,00€
- Corée ..... 13,57€
- Costa Rica ..... 16,00€
- Crète ..... 12,00€
- Croatie ..... 12,00€
- Cuba ..... 14,00€
- Danemark/Iles Féroé ..... 11,99€
- Dublin ..... 10,00€
- Egypte ..... 13,00€
- Equateur ..... 15,00€
- Espagne ..... 14,00€
- Finlande ..... 14,00€
- Floride ..... 13,00€
- Géorgie ..... 15,09€
- Ghana ..... 16,00€
- Grande-Bretagne ..... 14,00€
- Grèce/Iles Grecques ..... 13,00€
- Guadeloupe ..... 13,00€
- Guatémala ..... 15,09€
- Guide du voyageur ..... 15,00€
- Guinée/Guinée-Bissao ..... 16,00€
- Guyane ..... 15,00€
- Haïti ..... 14,99€
- Himalaya ..... 15,09€
- Hong Kong/Canton ..... 14,00€
- Hongrie ..... 12,04€
- Iles anglo-normandes ..... 14,00€
- Iles Canaries ..... 13,00€
- Iles Grecques ..... 11,99€
- Inde du Nord/Rajasthan ..... 15,09€
- Indonésie ..... 11,99€
- Iran ..... 19,99€
- Irlande ..... 12,00€
- Islande ..... 15,00€
- Istanbul ..... 10,00€
- Italie ..... 15,00€
- Italie du sud ..... 10,52€
- Jamaïque ..... 16,00€
- Japon ..... 14,99€
- Jordanie ..... 16,00€
- Kenya ..... 13,99€
- Laos ..... 15,00€
- Liban ..... 15,00€
- Lisbonne ..... 10,52€
- Londres ..... 10,00€
- Louisiane ..... 15,00€
- Madagascar ..... 13,00€
- Madrid ..... 12,00€
- Malaisie Singapour ..... 13,00€
- Maldives ..... 16,00€
- Mali ..... 16,00€
- Malte ..... 13,00€
- Maroc 13,0
- Marrakech 12,0
- Martinique 13,0
- Maurice Rodrigues 12,0
- Mauritanie 16,0
- Mexique 15,0
- Milan/Lombardie 13,0
- Mongolie 18,0
- Moscou/Volga/St-Pet 16,0
- Mozambique 15,0
- Namibie 14,9
- Naples/C. Amalfitaine 13,0
- Népal 15,0
- New York 14,0
- Niger 16,0
- Norvège 14,0
- Nouvelle-Calédonie 14,9
- Nouvelle-Zélande 17,0
- Oman 16,0
- Ouzbékistan 17,0
- Pays Baltes 16,0
- Pays de Galles 12,0
- Pékin 15,0
- Pérou 15,0
- Philippines 15,0
- Pologne 15,0
- Portugal 12,0
- Prague 13,0
- Québec 12,0
- Rép. Dominicaine 13,0
- Réunion 13,0
- Rome 12,0
- Roumanie 15,0
- St-Martin/St-Barth. 13,0
- Saint-Pétersbourg 15,0
- Sardaigne 14,0
- Sénégal 12,0
- Seychelles 16,0
- Sibérie 30,34
- Sicile 12,0
- Slovénie 16,0
- Sri Lanka 14,0
- Suède 13,0
- Suisse 12,9
- Syrie 14,0
- Tahiti/Polynésie 16,0
- Tanzanie Zanzibar 17,0
- Tchad 15,0
- Thaïlande 14,0
- Toscane/Florence 13,0
- Trinidad et Tobago 15,0
- Tunisie 12,0
- Ukraine 17,0
- Uruguay 13,57
- Venezuela 15,0
- Venise et sa région 13,0
- Vienne 11,9
- Vietnam 14,0
- Wallonie 11,0
- Yémen 13,57
- Zimbabwe 15,09

et retrouvez toutes nos nouveautés au jour le jour sur internet !

www.petitfute.fr